U0908120

纵横百家

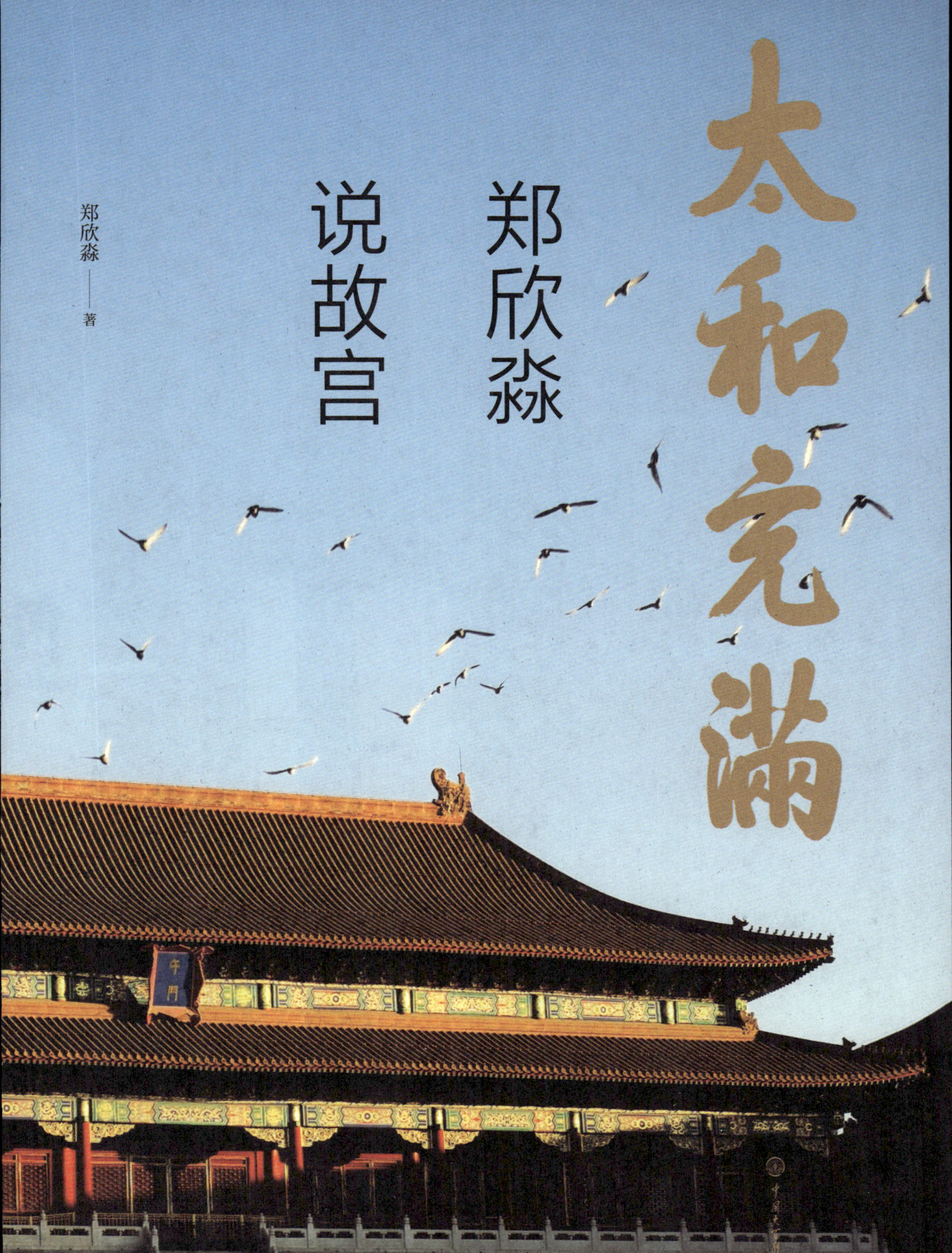
太和充满
郑欣淼
说故宫
郑欣淼——著
午門

图书在版编目（CIP）数据

太和充满：郑欣淼说故宫 / 郑欣淼著．— 北京：中国大百科全书出版社，2022.1
ISBN 978-7-5202-1045-4

I. ①太… II. ①郑… III. ①故宫—介绍—北京
IV. ① K928. 74

中国版本图书馆 CIP 数据核字 (2021) 第 278631 号

出 版 人：刘国辉
策 划 人：王一珂 曾 辉
责任编辑：鞠慧卿
营销编辑：王 廓
责任发行：绳 蕴
责任印制：魏 婷
装帧设计：今亮後聲 HOPESOUND 2580590616@qq.com · 张今亮 王秋萍
出版发行：中国大百科全书出版社

地 址：北京阜成门北大街 17 号 邮政编码 100037
电 话：010-88390969
网 址：http://www.ecph.com.cn
印 刷：北京地大彩印有限公司
开 本：710 毫米 ×1000 毫米 1/16
印 张：27.25
字 数：381 千字
印 次：2022 年 1 月第 1 版 2022 年 1 月第 1 次印刷
书 号：ISBN 978-7-5202-1045-4
定 价：108.00 元

本书如有印装质量问题，可与出版社联系调换。

前言

已经六百年的故宫与近百年的故宫博物院，在中国、在世界的地位和影响不言而喻，它几乎是中国为数不多的、不需要过多语言甚至是不用“翻译”就能走向世界的文化符号。

正因此，介绍故宫与故宫博物院的各类书籍可谓汗牛充栋、层出不穷。也正如一千个读者眼中就有一千个哈姆雷特一样，每个作者笔下的故宫、故宫博物院都有着这样那样的不同。

故宫是说不完、写不完的。

这本书由故宫的“物”“事”“人”三部分组成。“故宫物”即故宫（包括紫禁城古建筑与文物珍藏），这是实实在在的物质文化遗产；“故宫物”也包括故宫博物院，它依故宫而建，是故宫遗产的管理者，通过博物馆这个公共文化机构，履行着保护、整理、研究、展示故宫遗产，传承、弘扬中华优秀传统文化的责任。“故宫事”即故宫博物院的各种举措、各项工作，这些大大小小的事，是故宫生命力勃勃律动的体现，是当代中国人保护这一人类文化瑰宝的业绩与水平的反映。其实，在笔者看来，故宫、故宫文物、故宫博物院也都是由“事”构成的。“故宫人”即在故宫工作的人及与故宫有关的人。事是人干的，故宫博物院的历史，在某种意义上说就是人的历史。笔者以为，这三个部分紧密相连。

故宫、故宫文物、故宫博物院作为“物”的三个方面，本身都是很大的题目，有着丰富的内容。为了避免一般知识性的介绍，笔者这里结合自己在故宫的工作实践和研究体会，提出一些新的观点或认为值得重视之处，自是一孔之见，亦为献曝之意。

书中所写到的“故宫人”，自然都是在故宫院史上占有一定地位或有相当贡献的人。余生也晚，无缘亲睹许多老前辈的风采，但却认真了解过他们的事迹，甚至写过有关文章；“虽不能至，然心向往之”，应该不是泛泛之谈。其中有幸交往过的先生，笔者则试图从不同角度去叙说或记述，不拘一种写法，因篇幅所限，往往觉得言犹未尽。

需要说明的是，在“故宫人”中，为了条理清晰，根据人物特点及贡献，设了十个类别，以有大致的区分，但其中不少人难以简单列入某一类。如马衡先生，他当过院长，又是学问大家；对故宫的捐献，无论数量和质量也都相当可观。鄞县（今宁波鄞州区）邱隘盛垫的马氏是文化家族。马裕藻、马衡、马廉、马鉴、马准五个亲弟兄，是20世纪二三十年代中国教育界著名的“五马”，马裕藻、马廉二位还被聘为故宫博物院专门委员会委员。就是说，在前六类，马衡及“三马”都是可列入的。但马衡先生最重要的贡献，无疑是在十八年院长任上与故宫同人对中华文化瑰宝的典守，于是就列进了“院长侧影”。又如孙瀛洲先生，他捐献的数千件文物是无价之宝，同时他又是瓷器鉴定大家，现在被列入“景仁荣榜”中。沈兼士、朱家溍等也是学术大家，则列入“名门风采”。这当然留下难以周全的遗憾。看来，任何分类都有它的局限性。但不管列入哪一类，笔者在述说时，则注意对他们的业绩做全面的介绍，以尽量弥补分类带来的局限性。

前辈专家单士元、朱家溍两先生所写的故宫，堪称经典，已立下了一个标杆，使故宫后来者不敢率尔落笔。因此，当笔者准备提笔写故宫时，便有些踌躇了。但是，传播故宫文化是社会的需要，是故宫人的职责，也应是两位老先生的心愿。笔者以老前辈为榜样，虽是小书，也不敢马虎，尽力而为；遂不揣浅陋，将自己的一些体会和认识与读者交流分享，亦期得到指正。

书名中“太和充满”四个字，为故宫宁寿宫区颐和轩内乾隆帝的一个题匾，今存原地。“和”是中国传统文化的核心价值理念。“太和”即“大和”，是和的最高境界。太和殿是紫禁城最重要的建筑。在中国，帝制被推翻已一百余年，紫禁城也早已变成“故宫”。穿过历史的风雨，拂去往昔的烟尘，太和殿仍巍然屹立。金光闪闪的“太和”二字，作为中国“和”文化的重要载体和象征，它所蕴含的中国的智慧、理念，以其历久弥新的普世价值，散发着恒久的魅力，连接着今天。

郑欣淼

2021年8月10日

于故宫清稽查内务府御史衙门

目录

故宫事

故宫人

故宫物

故宫古建筑与故宫文物作为物质文化遗产，一个是不可移动的，一个是可移动的，它们一起构成了完整的故宫遗产。在故宫古建筑与故宫文物基础上建立的故宫博物院，以保护故宫遗产、研究与展示故宫文化为其根本职志。

故宫遗产是有生命的，因为文化是活的生命。经历了蜕变、经历过风雨的故宫，承袭着中国的传统文化，今天又接续着我们的现代文明。故宫遗产是民族的，也是世界的；是传统的，也是现代的；是历史的，也是未来的。

故宫

“故宫”是明清两代的皇宫，又叫“紫禁城”。严格说来，紫禁城这个名称，大约是明代立国百年后才有的叫法，此前则称“皇城”。此后，它虽经多次重修和扩建，但仍保持了初时的格局。从1420年建成至1911年清朝统治结束，先后有明代十四位和清代十位皇帝在此执政，诸多中国重大历史事件都与这一空间紧密联系。它是见证明清之际中华文明发展的重要历史场所。“故宫”，即旧时的宫殿。1912年末代皇帝溥仪退位后，“故宫”一词逐渐代替“紫禁城”，专指明清时期的旧宫殿遗址。1925年故宫博物院建院后，“故宫”则成为紫禁城宫殿遗址和故宫博物院的简称。

壹 从南京到北京的皇宫

中国历史上第一个由南而北统一全国的王朝是定都于南京的明朝，明永乐皇帝为巩固自己的权力中心和进取北方边疆而迁都北京，建造了宏伟、壮丽的紫禁城。这是中国历代都城东移北上的终点。它直接影响了明朝的历史，也对此后的中国政治发展产生了深远影响。

皇帝居住和理政的皇宫是皇权统治赖以安身立命之本，是国家的中枢，是宫廷建筑的核心。皇宫的建设自然是迁都的前提。从永乐

明人绘《宫城图轴》（南京博物院藏）

四年（1406）开始准备，永乐十四年（1416）正式动工，永乐十八年（1420）十一月，北京宫殿城池告成。“初营建北京，凡庙社、郊祀、坛场、宫殿、门阙，规划悉如南京，而高敞壮丽过之。”（《明太宗实录》卷二百三十二）北京宫殿也沿用了南京宫殿的名称。永乐十九年（1421），都城正式由南京迁到北京。

故宫是在经过全面规划、长期准备、周密计划、充足备料的基础上认真地施工建成的，其中也体现了令人钦敬的工匠精神。

在总体规划方面，文献多记载太宁侯陈珪、工部侍郎吴中和太监阮安的规划设计才能；而据故宫古建专家于倬云先生研究，实际上贡献最大者为蔡信。他有瓦木各作的丰富知识、精湛的设计才能，使设计和施工紧密结合，因此他的设计方案为各作所敬佩。营建北京宫殿的石、瓦、木作的匠师代表人物是陆祥、杨青和蒯祥。陆祥石作技术高超、操作认真，他所掌管的北京宫殿坛庙石活都能雕琢精细，尺寸严格，工精料实，一丝不苟。从钦安殿的白石钩栏到三台螭首的“千龙吐水”，都可以看出他的精湛技术。瓦工杨青擅长估算，精于调配工料。他的工料估算对完成宫殿施工起了很重要的统筹作用。蒯祥的父亲曾主持过南京宫殿的木作工程，他在少年时代随父学艺，后到北京主持宫殿的施工。古代木构建筑的营建中，由于很多用料的尺寸都是以斗拱的模数计算出来的，因而木骨架的设计是各种专业设计的基准。蒯祥既能绘图、设计，又有操作技术，因此人们称他为“蒯鲁班”。

修建故宫的建材主要是木、砖、石。它们的征集和制作是相当艰巨的任务。

以砖瓦为例，其用量大不仅在于房屋之多、城垣之大，而且与一些特殊的工程做法是分不开的。如庭院地面，至少墁砖三层，甚至墁上七层。全部庭院估计需用砖两千余万块。城墙、宫墙及三台用砖量更大，估计所用城砖数达八千万块以上。其中有一种澄浆砖，在制坯前，先将泥土入池浸泡，经过沉淀，澄出上面的细泥，晾干后做坯。澄浆砖质地细，宜用作干摆细磨的面砖。这种细泥澄浆砖主要产自山东临清。

故宫主要宫殿室内地面所铺墁的细料方砖，颗粒细腻、质地密实，敲起来有金石之声，所以叫“金砖”，为苏州所造。制作金砖须经取土、澄泥、造坯、装窑、焙烧、出窑等多个环节，每个环节又需经过更为细致的工序。不仅工序复杂，对时令要求也非常严格。焙烧时又分为软火和硬火两种。不仅烧造过程复杂，金砖铺墁也十分讲究，包括砍磨分位、黏接挤缝和表面处理等三道工序。金砖铺墁之前，务须砍磨分位。铺墁金砖，黏接挤缝需用灰、桐油、白面等料。关于每种材料的用量配比，几斤、几两、几钱都有具体规定。金砖表面处理还需经过水磨、钻生泼墨、烫蜡等几个步骤。因此，凡铺墁金砖必须水磨铺墁方能平整，极其干燥，始可烫蜡。金砖烫蜡对气候要求甚严，先行加工磨平，俟八九月间，金砖干燥时再行烫蜡。如每年九月以后，天气寒冷，金砖不能干燥，难以烫蜡；故俟次年春天金砖干燥时再行烫蜡。烫蜡工序则需黄蜡、黑炭、江米、木柴等料。

人们都知道，故宫宫殿地基为三合土夯基，属“满堂红”式地基基础，十分坚固；但具体结构怎样、做法怎样，则不大清楚。2014 年 8 月，故宫慈宁宫花园东院西侧进行高压线铺设工程、开挖一条南北向的施工沟时，发现一处保存较好、规模宏大、工艺考究的大型宫殿建筑基址。经国家文物局批准，故宫考古研究所对该遗址进行了抢救性考古发掘，发掘总面积六百七十平方米。考古报告说，该基址由地钉、桩承台、磉墩、夯土层、夯砖层等遗迹构成，至迟始建于明早期、废弃于明后期，与始建于明永乐、废弃于明嘉靖时期的大善殿相对应。根据层位关系和遗迹现象，可以推测该宫殿建筑基础的营造工艺顺序为：下挖大型斗型基槽；基槽内打木质地钉，地钉上铺设舞台式桩承台；台上铺土衬石，周边夯筑碎砖；土衬石之上再砖砌建筑磉墩；磉墩之间层层交替铺设夯土层、夯砖层作为拦土墙，磉墩之外的基槽内同时也层层交替铺设夯土层、夯砖层。这种在软质基础上建设大型宫殿建筑的基础做法，与北宋《营造法式》所记载的建筑基础做法基本一致。正因为有了这样一丝不苟的处理，有了如此坚固牢靠的基

慈宁花园鸟瞰图（引自于倬云主编：《紫禁城宫殿》，香港商务印书馆，1982 年）

慈宁花园东遗址发现的墩台建筑基础底部木结构垫层与地钉（徐华烽摄）

从故宫文渊阁旁流过的内金水河

故宫护城河

础，历经六百年风雨沧桑的紫禁城宫阙才得以巍然屹立。

故宫的排水系统也至今为人所称道。故宫建造之时，对排水系统进行了精密设计和精细施工。北京城地形北高南低，水向东南流。故宫的地面与此相顺应，整体走势亦呈北高南低、中间高两边低，而且略有坡度。这一坡降为自然排水创造了有利条件，使积水能缓慢排泄。故宫内的排水沟渠全部通向内金水河。内金水河自西北向东南，流经大半个故宫，在故宫东南角流出，汇入护城河；护城河又与北京城水系相连，消纳故宫的雨水。在此基础上，故宫整个排水系统经过统筹规划，设计营造了主次分明、明暗结合的庞大人工排水网络。疏通各个宫殿院落的排水系统有干沟、支沟，有明沟、暗沟，有涵洞、流水沟等众多排水设施。近年来，每逢北京出现特大暴雨，故宫就会展示难得的“千龙吐水”场景，院内地面也未出现明显积水，显示出其完善的排水系统和强大的排水能力。

贰 故宫是明清两朝文化的结晶

清崛起于东北一隅，夺取了大明政权，并逐渐统治了以汉族为主的整个中国，接受了汉文化；他们也没有毁坏明代宫殿，而是利用了现成的紫禁城。有清一代，紫禁城内虽有多次的重建、新建、改建，乾隆时代达到高潮，并且出现了满汉及南北建筑风格的交融；但紫禁城在明代形成的总体形制布局、主要建筑群的配置模式，以及中轴线上主体建筑的梁架结构等都没有改变，并在继承明代宫殿建筑的基础上有所变化与发展，形成了今日紫禁城建筑的规模。

李自成给清人留下了一个破烂不堪的紫禁城。宫内很多建筑被毁。新王朝的统治者只能将就着在紫禁城遗存的建筑中居住和办理朝政。清廷的重要任务是修复宫殿。顺治二年（1645）五月，决定修皇极、中极、建极前三殿。耐人寻味的是，还未动工，首先就把三大殿名称改为太和、中和与保和。

紫禁城的修复，自顺治元年至十四年（1644—1657），主要在原宫殿建筑基址上逐步复建宫阙，其中仅有少数宫殿因毁坏严重又亟待使用，不得不进行重建。为了恢复朝仪，以帝居及嫔妃居处为主要内容，复建了大内前部之午门、天安门，外朝太和门及前三殿。太和殿等三大殿整修工程的竣工，使定鼎北京不久的清王朝结束了以武英殿为施政中心的时期。通过修缮，紫禁城稍具观瞻之雄，外朝、内寝皆有其所。此时的建筑基本上沿袭了明代建筑的格局和规制，概从简朴，没有什么重要更动。

在内廷的整修中，又根据使用的需要进行过一些改建。变化最大的是坤宁宫。坤宁宫位于紫禁城中轴线上，是明朝皇后

坤宁宫祭萨满处

养心殿西暖阁

的寝宫。顺治十二年（1655）仿沈阳盛京清宁宫规制重修。嘉庆三年（1798）仿照盛京清宁宫的规制又进行了改造，变为专供宫中萨满教祭神场所及皇帝大婚的洞房。它也成为紫禁城内最具满族文化特色的建筑。

康熙初年，仍以整修前三殿和后三宫为主。从康熙二十二年至三十四年间（1683—1695），进行了大规模复建。康熙十八年（1679），太和殿因不戒于火又遭焚毁。重建太和殿经历了十余年的准备。太和殿此次重建，以“掌尺寸”的匠头梁九贡献最大。

雍正时期只有十三年，紫禁城内修建工程不多，主要有城内西北隅的城隍庙，东一长街之南仁祥、阳曜二门中的斋宫等。雍正年间紫禁城内最大的变化却是养心殿功能的转换。从雍正帝开始，养心殿就一直作为清代皇帝的寝宫。养心殿区经不断的改造、添建，成为一组集召见臣工、处理政务、皇帝读书及居住为一体的多功能建筑群。一直到溥仪出宫，清代共有八位皇帝先后居住在这里。

乾隆帝在位六十多年，清朝政局稳定、国库财力雄厚，是康乾盛世的高峰，也是紫禁城宫殿建设的高潮。从乾隆元年（1736）的寿康宫工程，至乾隆六十年（1795）的毓庆宫改建，整修和建筑工程几乎从未停止过，据记载共有五十五项。在这些工程中，对紫禁城最具贡献的还是那些新建筑，重要的有重华宫、建福宫、建福宫花园、雨花阁、宁寿宫、宁寿宫花园等；不仅工程量巨大，而且都颇具特色，甚至成为经典之作。乾隆时期，宫中园林、休闲和宗教建筑或设施不同程度地增加，生活气息加浓。

东西六宫之北，各建有五所并排的院落，为皇子住所，统称为乾东五所、乾西五所。乾西五所初为皇子所居，清初沿明制，乾隆帝即位前于雍正五年（1727）成婚居二所。即位后乾西五所改建为重华宫、漱芳斋、建福宫花园。重华宫成为皇帝新年受贺、茶宴、接见外藩与文臣赋诗联句之地。重华宫及其周围建筑之改建具有开创性意义，它在不违背严肃、规整的礼制布局的基础上，力求创造具有生活气息、舒适合用，并有园林意境的宫室空间，对后来清代紫禁城规划有着一定的影响。

内廷西六宫之西为雨花阁区，包括雨花阁、梵宗楼、宝华殿、中正殿，是紫禁城中最大的，也是最重要的一处藏传佛教的活动场所。雨花阁是宫中唯一的一座汉藏形式结合的建筑。在紫禁城一片黄色屋面的海洋中，兀立着如此精巧、高峻、蓝金色调屋面的楼阁，不仅是对整个宫殿天际构图的调节，更突显了其艺术魅力。

乾隆帝自认最为精美的建筑还是位于紫禁城东北部的宁寿宫区。宁寿宫是清康熙二十八年（1689）在明代仁寿殿、哕鸾宫基址上改建的奉养东朝之所。乾隆三十五年（1770），乾隆帝为履行自己在位不超过其

漱芳斋内的小戏台

雨花阁外景

祖父康熙帝六十一年的诺言，决定在宫中建立太上皇宫殿，作为自己归政后颐养天年的居所。宫址就选在宁寿宫区，于乾隆三十六年（1771）动工，历时五年建成，仍称宁寿宫。

宁寿宫全区“左倚城隅直似弦”，占地约五万平方米，周围有高大的红墙。中轴线贯穿南北，仿三大殿、后三宫，前有九龙壁、皇极门、宁寿门，后有皇极殿、宁寿宫、养性殿、乐寿堂、颐和轩、景祺阁等六座中路建筑，是一个缩小的前朝与内廷。中路外又有东路、西路。东路有具备三层台面的畅音阁大戏楼，楼后有书房和三进排房，最后为景福宫及佛日楼、梵华楼两座佛楼。西路是一个幽深的宁寿宫花园，俗称乾隆花园。前后是四个以山景为主相通连的景区，占地六千五百平方米，间以轩、亭、楼、阁等各式建筑，共有景点二十余处，是一处宫殿环抱、别有洞天的“仙境”。位于花园最北端的倦勤斋，室内空间分隔巧妙，装饰装修大量采用竹黄、镶嵌、双面绣等特种工艺，其室内西为方形亭式小戏台，四壁为一百七十平方米的绢本重彩通景画卷所覆盖，系由郎世宁的弟子王幼学等人绘制。

宁寿宫全区建筑类型齐全，俨然一小型紫禁城。又由于吸收了清初百余年来的建筑经验，其造园艺术、修建技术均达到了封建社会的最高峰，也是乾隆盛世期宫殿的代表作。据档案记载，这一项工程，修建殿宇、楼台、房座共计一千一百八十三间，除官办松木等价银外，耗银一百二十七万余两。

紫禁城众多的楹联、匾额留下了乾隆帝的印记。紫禁城的殿、堂、宫、斋以及楼、台、亭、阁，一般都有楹联，甚至多副。这些楹联大都出自皇帝的手笔。乾隆时是紫禁城楹联题写的一个高峰。今天的前三殿、后三宫、东六宫、宁寿宫、御花园各处的楹联大多为乾隆帝所写，至今仍按原状悬挂于宫内各处，抒发着当年主人的心声，记载着宫廷的历史，并以其精美的形式与古建筑融为一体。

总之，要把故宫作为明清两代的文化遗产。这两个中国历史上的重要王朝，

倦勤斋西三间的室内戏台与线法通景画

皇极殿外的楹联

既处于我国封建社会行将灭亡的衰落时期，又处在封建专制主义发展的巅峰时期。从社会形态角度考察，其政治、经济、文化有诸多共同点和延续性。故宫作为明清两代的皇宫也充分反映了这一点。故宫不仅是明朝修建的，而且在明清四百九十余年的宫廷史中，长达两百二十余年的明代有着丰厚的积淀；清承明制，例如宫殿建筑、典章制度、宫规习俗等都有其明晰的因革变化过程与痕迹。因此，它在世界文化遗产中被称作“明清故宫”。这个名称有着特定的、丰富的含义。由于清朝离我们现在比较近，清宫留下的遗存相对多，有些人似乎认为故宫就是清故宫；其实，此前是明故宫，明宫留下的遗存也不少，明清之间的联系不能无视或者割断。

叁 故宫的集大成性

建筑是实用艺术的典范，从一个侧面展示着人类文明的发展轨迹。伟大的建筑往往成为一个城市、一个民族甚至一个国家的象征物。中国建筑与其文明一样悠久而辉煌。人们普遍认为，中国古代建筑是“皇宫本位”的建筑体系，宫殿建筑是最能代表中国建筑风格和成就的类型；而紫禁城是中国古代宫殿发展的集大成者。

皇宫是封建帝王发布政令的统治中心和豪华生活、奢侈享受的所在，因此总是力求宏大、壮丽。西汉初年，天下还未定，萧何大发民役营作未央宫，“壮甚”！汉高祖刘邦以为过度，怒责萧何。萧何回答说：“天下方未定，故可因遂就宫室。且夫天子以四海为家，非壮丽无以重威，且无令后世有以加也。”刘邦听后大悦。因此，宫殿营造的指导思想是儒家礼制，是尊卑贵贱的等级制度，它鲜明地反映了中国传统文化中注重巩固人间社会政治秩序的特点，特别是体现统治者的权威与财富，也象征着封建王朝的强大。

明清两代是中国封建专制主义发展的高峰，也是封建典制最为完善的时期。

太和殿广场

这个时候修建的紫禁城，虽然没有未央宫规模宏大，但它却是中国历代宫殿建筑的集大成者，并成为我国古代宫城发展史上现存的唯一实例和最高典范。紫禁城这种集大成性，充分反映在宫殿的规划理念、文化蕴含、审美观念等多个方面。

紫禁城规划设计的指导思想是“天子至尊”“国中立宫”，这是皇权建筑语言最集中的体现。《周礼·考工记》记述了周朝的王城规划制度，但这些制度在秦汉的都城及宫殿中没有明显的反映。明朝紫禁城建筑倒成为历史上最符合这一记载的实例。

紫禁城继承了传统的宫城、内城、外城的三重城制度，居都城中央。其主要建筑，可以看到是附会《周礼·考工记》而布置的。例如，前三殿与后三宫的关系体现了“前朝后寝”的制度；位于宫城前面东侧（左）的太庙与西侧（右）的社稷坛，表现了“左祖右社”的制度。又如，奉天、华盖、谨身三殿，反映了“三朝”之制；奉天殿前有大明门、承天门、端门、午门、奉天门五重门，以象征“五门”之制。《国朝宫史续编》又称，内廷部分的乾清、坤宁二宫象征天地，以乾清宫东西庑日精门、月华门象征日月，以东西六宫象征十二辰，以乾东所、西五所象征天干等。可见，宫殿建筑除具体的使用功能外，更重要的是以建筑形象表现封建皇权至高无上的地位，体现儒家的理想和封建礼制。反映秩序和等级的“礼”无所不在。它不只体现在总体布局上，也制约和影响着单体建筑，并且通过体量、规模、形式甚至色彩和装饰等的差别而表现出来。

如果说秦汉宫殿主要是通过高台建筑形式追求“非壮丽无以重威”，那么隋唐宋元以来，则通过纵向排列，从空间序列上取得整齐、庄重、威严的艺术效果；而紫禁城正是将以往的实践经验兼收并蓄，成为我国封建社会后期宫殿建筑的典范。在建筑布局上，故宫强调所谓“中正无邪”，即中轴对称的方式，从永定门开始，经前门、天安门、端门、午门、太和殿、景山、地安门、鼓楼、钟楼，北京城市和皇家建筑形成一条长约八千米的中轴线。故宫在这条中轴线的中部，其中最重要的建筑外朝三殿和内廷三宫都坐落在这条中轴线上，其余建筑则对称布置左右，形成强烈的反差与对比。同时以层层推进、步步深入的手法，给人以深远、悠长之感。太和殿是整个宫殿建筑的中心，它不仅占据了最主要的建筑空间，而且在布局和建筑上被建设者调动了种种手段来衬托，集中体现了皇帝至高无上的封建威权，“非壮丽无以重威”在此得到了绝好的印证。

紫禁城凝聚着丰富的传统文化，例如风水、阴阳、五行等。风水是古人居住价值观的反映，其外在表现是山水，本质是气。阴阳学说是中国古代的一种宇宙观和方法论。五行的金、木、水、火、土与阴阳是相辅相成的。阴阳学说又是古代中国风水理论的基础。按照风水理论，北面必须有“镇山”，即“靠山”，又要配以水；只有二者的结合，才是完美的福地。于是便在宫城四周开挖护城河，引护城河水入紫禁城，同时将开挖的大量土方运至宫城北侧，堆砌成山，即今天的景山；它与金水河共同构成紫禁城依山面水的气势，宛如一道天然屏障，守护着紫禁城。金水河的命名又来源于五行学说，因河水从皇城和宫内的西方流入，西方属金，金又生水，故名为金水河。阴阳五行对建筑的影响，主要体现在方位的选定、环境的处理、建筑的装饰、色彩的运用等方面，手法比较含蓄，然而寓意深刻。一条南北中轴线将宫城分为东西阴阳二区，东为阳，

故宫前朝三大殿

五行中属木，色彩为绿，表示生长，因此东部的某些宫殿为太子居住和使用。西方为阴，五行中为金，属秋季，生化过程为收，所以部署了与“阴”有关的建筑内容，如皇太后居住的寿安宫、寿康宫、慈宁宫等。对外朝与内廷而言，外朝为阳，内廷为阴，等等。这些都是中国古代建筑与文化融合的特色所在。

紫禁城的建筑艺术也体现了中国建筑的特点及中国传统的审美观念。例如，中国建筑有集群性特点，即建筑物往往是群体的组合，这在紫禁城反映尤为突出。紫禁城实际是个庞大的建筑群，它强调和追求的不是向空中的发展，而是在地面上的延伸和量的积累。辽阔才是伟大，集群方显崇高，这种以平面延伸为壮美的观念体现了中国人的空间意识，同时群体的序列有助于渲染统治王朝的威严。但紫禁城的庞大群体不是散在的，如前所述，它是通过贯穿南北的中轴

乾清门前的铜鎏金狮子

山墙上仿木的琉璃梁架和博风

线，使这些群体呈现为极规则的分布。这种分列也是从尊卑、亲疏的区别出发，由近及远地相对排开，使宫中大量的建筑组成一个轴线突出、主从分明、统一和谐的整体，形成一种中高边低、群星拱月的格局。从伦理层面上说，这种格局体现了儒家的等级观念，把君臣、父子、夫妇等封建伦常关系，通过建筑空间形象体现出来。从审美的层次上看，强调群体组合，强调有序化和对称性，追求平面伸展、主次对称，又是中华民族普遍的审美观的体现。同时，紫禁城中这些大小规模不同的院落和建筑外形的差异又造成多种多样的空间形式，使其在总体的统一和谐中又富于变化，充分体现了中国古代建筑中院落式布局的特点和艺术表现力。

故宫建成后，当时的文渊阁大学士金幼孜作了《皇都大一统赋》称颂："萃四海之良材，伐南山之巨石"；"以相以度，以构宫室。栋宇崇崇，檐楹秩秩。以盖以覆，陶冶埏埴。以绘以图，黝垩丹漆。焕五彩之辉煌，作九重之严密。""超凌氛埃，壮观宇宙。规模恢廓，次第毕就。奉天屹乎其前，谨身俨乎其后。惟华盖之在中，竦摩空之伟构。文华翼其在左，武英峙其在右。乾清并耀于坤宁，大善齐辉于仁寿。""左祖右社，蔚乎穹窿；有坛有庙，有寝有宫。"

故宫在历史上还具有重要的政治意义。它既是至高无上的皇帝威权的反映，也是中国古代中央集权和国家统一的重要象征，是一个政治符号。在中国历史上，坚持传统的宫殿制度又与政权的继承性、正统性联系在一起。因而，少数民族建立的全国政权，为求争取汉族上层分子的支持与合作并减少汉族民众的反抗，在所建政权的形式和宫殿及都城、礼仪等典章制度方面，都不同程度地比附、效法汉族传统，尊崇儒家，以表明自己的正统地位。元新建的大都及宫殿就是如此，而清人则完全使用了明朝的宫殿。当然，历代在宫殿建设上也会有其自身的一些特色，但基本格局则是逐渐形成并不断完善的。

作为皇宫的故宫，是皇权的象征，是封建王朝的中枢所在地，成为鲜明的政治符号，有着至高无上的地位，它庄严、肃穆，也充满神秘感。

肆 故宫与明清宫廷建筑

宫廷具有宫室和朝廷的双重含义。由于中国封建社会“家国同构”的政治特征，宫廷的地理范围并不局限于宫城之内。完整的宫廷建筑，既要有宫殿，又必须有坛庙、陵寝以及供王室使用的园囿、行宫等。

明清两代宫廷建筑的主体，是以皇帝居住和理政的紫禁城为核心，还包括以祖社与天坛为代表的礼制建筑、陵寝，以及其他从属性宫廷建筑。从建筑布局上来说，北京皇城就是以紫禁城为中心展开规划设计的，太庙、社稷坛、西苑三海、景山、大高玄殿、皇史宬、中央衙署等在其四周分布，天坛、地坛、日坛、月坛、先农坛等坛庙在其四周散设。西郊的三山五园、散布京城的皇家寺观以及皇家陵寝、各地行宫等，无不与紫禁城关系密切。

例如坛庙，“国之大事，在祀与戎”。明清时有庞大的祭祀体系。根据历史传统、政治需要与祭祀对象之间的差别，祭祀仪式分大、中、小三祀。明初所定的大祀有圜丘、方泽、宗庙、社稷、朝日、夕月、先农等。清初大祀有圜丘、

太和殿内

长春园海晏堂铜版图（乾隆五十一年）

方泽、祈谷、太庙、社稷，后又加常雩。天地、宗庙、社稷象征国家政权，这三大祀都是由天子主祭的最隆重的祭祀。

又如园囿，清代尤以“西苑三海”“三山五园”及承德避暑山庄最为精华荟萃，它们不只是帝王游娱之处，也是其长期居住、处理政务之所，兼具“宫”与“苑”的双重功能，曾是重要的政治舞台。清朝从康熙帝开始，诸帝都有暑热时在宫苑理政的习惯。其主要原因是清皇室来自寒凉的东北，不耐酷暑，形成传统心理因素，加之园中水土好、空气清新、环境安静，适于热天理政。勇于创新的康熙帝在《畅春园记》一文中对宫苑理政做了新的诠释，赋予其“文武之道，一弛一张”的积极内涵，反映了一种与传统不同的施政理念。

康熙帝作为避暑山庄的缔造者，来过山庄二十八次，每次驻留一两个月甚至四五个月。乾隆帝在六十年的皇帝生涯中，有四十九年来过避暑山庄。嘉庆帝即位后二十五年间十九次来到避暑山庄。清朝去世的九位皇帝中，顺治、乾隆、同治三帝逝于紫禁城养心殿；其他都逝于紫禁城外的皇家园囿：康熙帝逝于畅春园，雍正帝、道光帝逝于圆明园，嘉庆帝、咸丰帝逝于避暑山庄，光绪帝则逝于西苑瀛台涵元殿。

故宫与其他明清宫廷建筑的这种关系，启示人们不能就故宫认识故宫，而必须树立联系的观点，这就形成了近年来流行的“大故宫”概念，即从整体上理解紫禁城建筑与相关宫廷建筑及其之间的密切联系。

宫廷建筑的类型很多，依据明代历朝《实录》修纂凡例，它既包括宫殿、园囿、行宫、都城、天地宗庙社稷及一应神祇坛场、山陵，也包括国家和皇家衙署、学校、王府、公主府、王坟、公主坟，还包括敕建和使用国家钱粮及内帑营造的寺观及其他建筑等，它们大部分为“官式建筑”。除故宫外，天坛、颐和园、避暑山庄、明清皇家陵寝也已列入世界文化遗产行列。

由故宫博物院和中国紫禁城学会共同编纂的《明清宫廷建筑大事史料长编》，以编年体的体例将有关明清宫殿、坛庙、陵寝、园囿、行宫等皇家建筑的

康熙帝题“避暑山庄”匾

清冷枚绘《避暑山庄图》(故宫博物院藏)

营造、修缮、使用等文献记载汇编成册。《明代宫廷建筑大事史料长编》已出版洪武至天顺等朝三部十二册；《清代宫廷建筑大事史料长编》的顺治、康熙两朝也即将出版。

伍 故宫与宫廷文物存藏

在帝制时代，宫廷既是政治中心，也是文化艺术品的中心，宫殿建筑与文物收藏自然有着密切的关系。但是在清代，这种关系尤为重要，甚至建筑与文物融为一体、不可分割，具有特殊的意义。出现这种状况，有三方面原因：

宫殿建筑与文物存藏的依存关系

这突出表现在“三希堂”与“四美具”的命名。王羲之的名迹《快雪时晴帖》原放在乾清宫，此为皇帝之正式寝宫。王献之的《中秋帖》则置于御书坊。乾隆帝在乾隆十一年（1746）得到王珣的《伯远帖》后，遂在自己进行日常政务的养心殿居所中，辟专室存放这三件晋人名迹，并铭之为“三希堂”。他为此写有《三希堂记》，认为这三件书迹不仅是中国书法的“希世之珍”，而且是分别经过宋、金、元诸代皇室收藏的“内府秘笈”，三帖的重聚因此就有着非凡的意义。

“四美具”同样具有重要意义。所谓“四美”，即晋顾恺之的《女史箴图》和传为宋李公麟的《潇湘卧游图》《蜀川胜概图》《九歌图》。这四件国之瑰宝，在明代即被董其昌称为“四名卷”，他对此四件巨迹散佚后自己只能得其一而为之感慨不已。乾隆年间，在有史以来最大规模的艺术蒐集行动中，这四件名品相继进入清宫；至乾隆十一年（1746）夏，“四美”重新团聚。乾隆帝对“千古法宝，不期而会”叹为“不可思议”，非常高兴，御题《蜀川概胜》有“乃今四美具一室，赏心乐事无伦比”的诗句。于是，特在建福宫花园静怡轩辟出专

民国时期故宫“天禄琳琅”图书陈列室

室存放“四美”，并命名曰“四美具”；又命董邦达绘《四美具合幅》，并御题《“四美具”赞》。

清乾隆九年（1744）开始在乾清宫昭仁殿收藏内府善本书，题室名为“天禄琳琅”。“天禄琳琅”便成为这批清代皇室典藏珍籍的代称。“五经萃室”也是一例。乾隆年间，纂修《四库全书》时，南宋岳珂所校刻的《易》《书》《诗》《礼记》被征入宫中，后在“天禄琳琅”的藏书中，找到了宋版《春秋》。乾隆帝很高兴，就在昭仁殿的后面一间屋子专门收藏这五经，题名“五经萃室”。乾隆帝专门写有《五经萃室记》，紫檀边髹漆《五经萃室记》围屏及青玉“五经萃室”印至今还收藏在故宫。

在清宫，还有文渊阁存藏《四库全书》、摛藻堂存藏《四库全书荟要》、养心殿存藏《宛委别藏》等；收藏皇室藏品的殿阁还有古董房（专司收贮典籍、古玩器皿）、建福宫花园（收藏乾隆帝的珍奇文物）、懋勤殿本房（入藏明清官私刻本和抄本）、端凝殿（贮放御用冠袍带履）、南薰殿（尊藏历代帝后暨先圣名贤图像）、交泰殿（收藏御用二十五宝），等等。

这些宫殿，与文物存藏的关系自然非同一般。

宫廷文物的陈设性

中国历代御藏文物，向来为集中、分类保管，宋、元、明三代都是如此，宫内有专门保管历代文物的机构。到了清朝则有重大改变，除例如《四库全书》等典籍有专门储放地外，大多数文物往往分散存放在宫内外的宫殿里，带有陈设性质。

譬如，清代宫中御藏的书画，都著录在一部卷帙繁多的目录《石渠宝笈》中。根据这部目录，可知这些书画分别存藏在包括紫禁城及圆明园、静寄山庄等故宫内外的四十处殿堂中，即它们既不集中在某一个地方保管，也不按类保管。这样做的目的，应是为了皇帝的需要；即不论帝王行至任何所在，甚至宫外的苑囿，都随时有历代书画可供玩赏。而每一宫殿之中所保管的书画，历代的山水、人物、花鸟、释道诸重要门类都占有相当的数目。

清宫藏书也有这个特点。除一些专门藏书地外，在皇帝、后妃、皇子生活的居所及其常临之处，也会陈设数量不等的书籍。如宫内的乾清宫、重华宫、养心殿、寿皇殿、上书房、颐和轩、漱芳斋、御花园和慈宁花园等。宫外的颐和园、圆明园、香山、玉泉山、盘山、热河等各处行宫、园囿也都陈设有不少重要的图书和佛典，有的地方储书多达数百种、万余册，有的处所还备有书目和排架图。至今，故宫图书馆还保存有《古董房书目》《毓庆宫书目》《长春宫书目》《养心殿陈设书目并排架图》等二十余种，以及《热河都统恭呈前宫各殿陈设书目清册》等。

故宫博物院现收藏的清代《内务府陈设档》是清宫内务府每年对其所辖各处

储秀宫陈设

大禹治水玉山。乾隆年制。高两百二十四厘米，宽九十六厘米；重约五千三百多公斤。（故宫博物院藏）

殿堂陈设物品进行清点时所立的陈设清册，共含康熙三十三年（1694）至宣统十四年（1922）陈设档六百八十二册。陈设档真实地反映了清代宫殿陈设的特点与变迁情况，对研究清代宫廷陈设规律、帝后生活以及恢复宫廷原状陈列等具有重要价值。例如，据嘉庆七年（1802）十一月所立《养心殿西暖阁陈设档》，其中三希堂"紫檀木炕桌一张"上的陈设为"汉玉九喜筒一件（紫檀木座，乙，内插笔二支、钱维城字无名画扇一柄），青白玉葫芦洗一件（有缺，紫檀木座），青白玉三羊一件（有缺，紫檀木座），白地龙凤瓷圆盒一件（紫檀木座），青白玉钟一件（有缺，紫檀木座），汉玉筒一件，白玉螭虎花插一件（有缺，紫檀木座），刻字澄泥砚一方，紫檀木刻字匣盛汉玉水盛一件（珊瑚匙，紫檀木座，甲），冻石图章笔山一件（上刻诗，紫檀木座），汉玉乳钉璧墨床一件（紫檀木座，甲）；'茹古涵晖'紫檀木罩盖盒一件，内盛《御临三希文翰》册页一册、汉玉六件；犀角花篮一件，内盛硝石花（紫檀木座）"。

重逾一万斤的"大禹治水玉山"，于乾隆五十二年（1787）八月安设在宁寿宫乐寿堂以后，除前几年因乐寿堂维修曾临时移动，修复后又返回原来的位置外，到今天两百三十多年间再没有过丝毫的挪动。这座玉山与乐寿堂就这样联结在一起。

原状佛堂

故宫原有独立佛堂三十五处、暖阁佛堂十处，其中雨花阁、宝华殿、宝相楼、吉云楼、佛日楼、梵华楼等二十多处至今保存比较完好；不仅建筑完整，而且室内保留的清代匾联、供案、神佛造像、佛塔、供器、法器、唐卡、壁画等基本维持原样。

现存清宫佛堂的建造年代，除少数为明代遗留的佛殿（如英华殿）和清初顺治帝、康熙帝所建的慈宁宫后殿外，几乎全部为乾隆时期新建，或在旧建筑基础上改建。每座佛堂供奉的主神不同，均有宗教崇拜的不同功用，其内的陈设布

雨花阁内坛城

梵华楼正门

局依据格鲁派（黄教）教义，模拟西藏寺庙神殿，所以清宫佛堂内几乎囊括了西藏神殿中的各类神像、神器。因历史的原因，许多殿堂至今仍保持了乾隆时代的原始状态，从建筑到文物完整地展现了清代原貌，以近似一个凝固的历史空间，如实地反映出清帝对藏传佛教的信仰实况。这是极其珍贵的文化遗存，为故宫所独有。我们现在称之为“原状佛堂”。

例如，作为清宫“六品佛楼”的典型和成熟代表的梵华楼，账上文物一千零五十八件，重要文物有一层的六座形态各异、高达两点五米左右、“大清乾隆甲午年（1774）造”的掐丝珐琅塔；二层的五十四尊大型铜佛、七百三十二尊小型铜佛，每尊佛都有佛名，是庞大而直观的藏传佛教神系。这些原状文物保留了更多的历史信息，具有特殊的重要价值。

陆 故宫保护第一要务：防火

木结构建筑最怕火。紫禁城从建成时起，宫殿就屡遭火灾，史书上常有“不戒于火”的记载。因此，故宫保护的第一要务是防火。明清宫廷防火设施主要是水缸，清晚期有了激桶。

从永乐十八年（1420）到崇祯十七年（1644）明朝倾覆，总计两百二十四年，宫内共发生大小火灾四十五次之多；其中人为二十八次，雷击十七次，平均每五年发生一次。

故宫最为雄伟、重要的奉天、华盖、谨身三大殿，在永乐十九年（1421）、嘉靖三十六年（1557）、万历二十五年（1597），各焚毁一次，俱为雷击引致。

乾清门前的铜鎏金水缸

清晚期的铜水激桶

单士元先生曾说："似乎老天诚心和'天子'为难，每次火灾都是由于雷电引起。当时无避雷针的科学知识，中国建筑又是木结构，三殿是一组高大的建筑，一失火便延烧无遗，乃至顺廊房一直烧到午门。无论皇帝怎样'修省'也无济于事。今天看来，这是由于建筑高大，缺乏避雷装置和消防设备所致。"

明代在使用北京皇宫初期，制定了比较严格的防火制度，例如"禁中不得举火，虽阁老亦退食于外"，为的是尽可能减少明火。但有次明宣宗朱瞻基得知后，竟下令可以在院子中烹煮膳食。如此，阁老们不用退出宫外吃饭了。到天启年间，各宫值房与外廷就没有区别，都设置了厨房举火做饭。上行下效，轻视了防火，是明代宫中火灾频繁的一个重要原因。内廷的乾清宫、交泰殿、坤宁宫，在明代的两百七十多年间，有四次遭到火灾，皆是人为。第一次是成祖永乐二十年（1422），第二次是武宗正德九年（1514），第三次是穆宗隆庆二年（1568），第四次是神宗万历二十四年（1596）。明正德时的火灾很严重，皇帝还为此下了《罪己诏》。今存中国第一历史档案馆的其中一件成为中国历代帝王

《罪己诏》的唯一实例。

明末故宫的最后一把火是李自成放的。崇祯十七年（1644）三月十八日，起自陕北的李自成农民武装起义军围攻北京，从彰义门涌入。崇祯帝与宦官王承恩在煤山自缢。十九日中午，李自成穿着缥衣、头戴毡笠，骑着乌驳马进入午门。他成了紫禁城的新主人，但是为时很短。一个月后，李自成被吴三桂联合清军打败。四月二十九日晚，李自成在武英殿仓促称帝。这一夜又“先运薪木积于内殿，纵火发炮，击毁诸宫殿，通夕火光烛天”。三十日黎明，李自成带着一长串装有金饼的骡车，在大队人马簇拥下离开了京城，故宫在火光中结束了一个时代。

在清代故宫的两百七十六年中，共发生大小火灾十六次，其中人为九次、雷击七次，平均十七年一次。较之明朝减少七成。从史料中可看出，清朝接受了明朝的教训，设立了专职的防火机构，建立了日常的防火值班巡查制度，引进制造了灭火设备——激桶，有关防火的“圣谕”也增多了。

清康熙十八年（1679），太和殿因不戒于火又遭焚毁。重建太和殿经历了十余年的准备。在备料中，巨材楠木最难筹办，康熙帝决定以塞外“大而可用”的松木取代楠木作殿材。火灾后的第十六年，即康熙三十四年（1695），重建太和殿工程才正式启动。越两年，太和殿告成。在复建时有意地增加了防火墙、防火门和防火檐。

清道光二十五年（1845），东六宫之一的延禧宫被一场大火烧毁，只剩下宫门。为此，按《大清律》严厉处置了十余名有关太监。至宣统元年（1909）始在延禧宫开建灵沼轩（俗称水晶宫），至宣统三年（1911）又因国库空虚停建，现在灵沼轩的框架尚存。

清末两次大火带来的损失也不算小。一次是武英殿之灾。自康熙年始，武英殿就作为刊刻图书之所。同治八年（1869），武英殿不戒于火，延烧房屋三十余间，书籍版片也焚烧殆尽。另一次是贞度门、太和门、昭德门之灾。光绪十四年（1888）十二月十五日深夜，太和门等焚毁。这离来年正月二十日的

延禧宫失火后，清末未完工的灵沼轩框架。

光绪帝大婚仅一个多月时间，而太和门局势宏敞、建筑壮丽，若按原式重建已经来不及。此事震惊朝野，认为是不祥之兆。为了不影响原定的大婚吉期，决定在原址赶搭一座彩棚应急，同时由工部会同内务府勘查现场，准备在大婚后实施重建。彩棚按太和门原有形制搭建，据《天咫偶闻》记载："高卑广狭无少差。至榱桷之花纹，鸱吻之雕镂，瓦沟之广狭，无不克肖。虽久执事内廷者，不能辨其真伪。而且高逾十丈，凛冽之风不少动摇。"

中华民国时期的故宫也发生过几起火灾，最为严重的是建福宫花园之灾。1923 年 6 月 26 日，故宫建福宫花园大火，敬胜斋、静怡轩、延春阁一带焚烧殆尽。此处许多殿堂库房都满装当年乾隆帝的珍宝玩物。乾隆帝去世后，嘉庆帝把所有宝物封存起来，有的库房至少一百年未打开过。这里还有溥仪结婚时的礼品等。据内务府大臣写给溥仪的报告称，火场清理共捡拾熔化佛像、经版、铜、锡等五百零八袋，金色铜片及残伤玉器等共四十三项，交中正殿保管，择其较完整者四十九件上交。建福宫花园火灾过后，溥仪还拿出六万元对参加救火的外国消防队、各水会及宫中大臣、太监进行奖励，同时，致函美国使馆表示感谢。这次火灾损失最大，影响深远，加速了溥仪出宫的进程。

故宫博物院成立后，对安全防火相当重视。成立了专门的守卫队，京师警察厅（后改为市公安局）派驻溥仪所居内廷的消防队仍继续驻守。1931 年，首次从北平自来水公司引进自来水。位于前朝的古物陈列所新成立不久即建有消防队，1916 年就引进了自来水。

1923 年 6 月，建福宫花园延春阁火后残迹。

1931 年，驻守故宫的消防队员在道奇救火车上。

2003 年 11 月 17 日，太和殿消防演习现场。

2016 年 10 月 10 日，故宫博物院院庆日时太和殿前消防演习。

中华人民共和国成立以来，党和政府高度重视故宫消防事业，不断加强基础设施的改造与消防装备的更新，加强制度建设；虽没有出现过大的问题，但仍然发生了不少火险事故，有的还相当严重。

1950 年 6 月，驻院消防队撤离。经批准，故宫博物院成立了专职消防队，规模最大时达到五十人。消防队于 1969 年撤销后，北京市公安局消防大队派来一个消防分队到院驻守，现扩编为中队。

近年来，随着“平安故宫”工程的推进，故宫消防安全取得了新的进步：一是消防责任体系进一步完善，严格执行三级防责任制，全面推行消防安全“网格式”管理。二是消防安全环境全面改善，特别是从 2013 年起全院实现禁烟，禁止观众带火种入院。五千六百七十四个智能感烟点式探测器，一百一十三台吸气式火灾探测器与岗亭、安检口等重要部位建立联动，确保了“一处着火，多点响应”。三是消防基础设施进一步完善。正在进行的火灾自动报警系统、高压消防给水系统、古建筑防雷设施等改造工程的完成，将把故宫消防提升到一个新的水平。

柒 故宫百余年来的新建筑

从中华民国到中华人民共和国的一百多年间，古老的故宫增加了四处新的建筑物，其中三处是文物库房。

第一处 宝蕴楼库房

为了保藏奉天、热河二行宫所运来的文物，中华民国于1914年2月建立了古物陈列所。经多方勘察，古物陈列所决定在已烧毁的原咸安宫旧址空地上筹备修建一座先进的文物库房，是为“宝蕴楼”，取蕴藏宝物之意。它由建筑师马荣主持设计，由天合、广利两家木厂承修；自1914年6月1日开工，至1915年6月竣工，耗时一整年。加以附属工事，共计花费两万九千六百九十五元三角一分，由美国退还的庚子赔款支出。宝蕴楼修建使用了大量的珍贵木料，包括拆卸天安门外朝房的木料。宝蕴楼共建设有三层，其中最下层是地下室。总建筑面积两千零七十三平方米。

宝蕴楼库房建成以后，古物陈列所二十余万件古物皆庋藏于此。

民国初年，建筑选用中式布局，西式装饰成为一种时尚。宝蕴楼采用了封闭的周边式布局，北、东、西面各建一座砖木结构的楼房，均为一楼一基，下部还有半截露明的地下室。其中以北楼为主，体量最大，外观也别致，东西两楼相峙，左右对称，三楼均采用大块的城砖砌筑墙身，屋顶是高耸的四坡式，没有曲线、出檐，不铺琉璃瓦，而是铺以绿灰两色的片石。宝蕴楼的建筑风格具有明显的时代特征，选用西式的外观使其可以运用当时较为现代化的建筑材料和装

宝蕴楼（北楼）现状

修风格。砖木结构的楼房较之木建筑更为坚固，在防潮、防震等方面也更为突出。它同时采用中国传统的院落式建筑布局，这样既与周围建筑保持了相对的和谐，更重要的是保留了中式建筑封闭性好的优势。

2017年，宝蕴楼入选“第二批中国20世纪建筑遗产名录”。

第二处　延禧宫库房

建筑保险仓库为故宫博物院多年之计划。至民国二十年（1931）夏间始筹备就绪。此项工程由彭志云、汪申两人设计，拟围绕延禧宫“水晶宫”的四周建筑库房：（一）利用水晶宫东西北三面之空地建筑库房。整个库房呈“凹”字形，分上下两层；库身均用铁筋、洋灰筑成，并配有德国最新式保险钢铁库门；窗有三层，均具有中国式生铁篦子一层、外围铁窗一层、保险护窗铁板一层。（二）“水晶宫”改为库内特别展览室。周围添装汉白玉石栏杆，补齐、修补门窗及内部装修，顶子改筑铁筋、洋灰、混凝土的中国式驼架。（三）库房大楼外观采用传统宫殿式，屋顶覆以黄色琉璃瓦，油饰按照宫中旧式办理。

这一年 4 月，故宫博物院召开第一次建筑仓库委员会会议，议定库房建筑设计方案。6 月，组织库房工程招投标。经半年之经营，延禧宫防火险库房于次年春间落成，费用共二十万元。新建成的延禧宫库房，在建筑材料和内部结构上是完全按照当时防火险库房的要求来设计营建的。除了库房屋顶的琉璃瓦件由北平琉璃窑厂烧制外，延禧宫库房所用的其他材料大多为现代建筑装饰材料，例如华信工程司承办铁筋材料、协泰铜铁厂承制铁门铁窗、明达商行承装电灯、德商新民洋行采购保险门、自来水公司安装消防水管、天津新通贸易公司购买救火机及附属材料，等等。

1931 年，延禧宫库房西面修建时的状况。

延禧宫库房内景

第三处　地下库房

20 世纪 80 至 90 年代，故宫博物院为了使院藏文物有一个安全、科学的保护环境，在院内修建了地下文物库房，这在故宫博物院发展史上具有里程碑的意义。这是故宫的第三个库房，也是当时国内最大、最先进的现代化地下文物库房。

地下文物库分为两期建设，一期工程于 1986 年开工，到 1990 年竣工，建筑面积为五千多平方米。二期工程从 1994 年开始，到 1997 年完工，建筑面积达一万七千平方米，两期合计面积达两万二千平方米。地下文物库设计为地下三层全埋式钢筋混凝土结构，底板和四周采取双层围护，确保地面水和潮气不侵入库内。地库主体按照三级人防标准设防，有战争防护能力，具备抗震能力。故宫地下库房采用了先进的技术设备，其中包括消防系统、防盗系统、空调系统、文物运送系统和计算机自控系统。其中，消防系统采用了火灾自动报警和气体灭火装置，按照防火区域配备了足够的灭火剂。一旦发生火灾，系统可在三十秒内完成自动灭火喷洒，在不损伤文物的前提下，迅速、准确地扑灭火灾。而防盗系统从地上到地下已完全达到了“立体化设防”的标准，可确保文物库房的绝对安全。空调系统则采用恒温恒湿机组，由计算机实施全自动控制，保证库内温湿度的控制。库房内现已存贮文物约九十七万件。

2018 年 4 月 17 日，“故宫博物院地下库房改造及通道工程”正式启动。改造工程旨在完善地下库房的结构，改善地下库房的防水措施，提升设备的运行能力，增大地下库房的储藏面积；通过建设温湿度分区调控，改善现有一、二期地下库房内温度统一的现状，解决部分文物对保存环境有长期或临时特殊要求的问题等。具体项目包括：一是在原一期、二期地库之间加建地库，面积八千二百八十五平方米，使地库建筑总规模达到两万九千零七十三平方米；二是建设地库至西河沿文物保护综合业务用房的地下连接通道。该工程计划的完成，对故宫文物保护与管理水平的提升有着重要意义。

此外，1975 年，在西华门两侧，紧贴西城墙建造了高度超过十六米的五栋楼房。当年是为了遮挡北京饭店东楼对中南海的视线，俗称“屏风楼”，建设之时野蛮地拆除了西华门两侧城墙的马道。“屏风楼”为特殊年代的产物，而且早已失去了当初建造时设想的功能，严重破坏了故宫内外环境和历史景观原貌，违反历史真实性与完整性原则。社会各界与故宫仍在继续努力，呼吁将其早日拆除，以尽快地恢复故宫的完整风貌。

捌 故宫是一个文化整体

故宫有着深厚的历史文化内涵，人们可以从不同角度去研究和认识。但是不管怎样，我们都无法回避它作为皇宫时特有的价值与意义。

故宫文化就是宫廷文化、皇家文化，是紫禁城作为皇宫时的文化。故宫文化是丰富多样的，它包括宫殿建筑、宫廷收藏以及宫中的文化活动。当然，这些都离不开宫廷的各种人物，特别是紫禁城的主人——贵为天子的皇帝。

故宫文化有三个特点：

故宫文化属于大传统，是上层的、主流的文化

文化人类学有一个大传统与小传统的概念，主要研究一个文化中的上层文化和民间文化的关系。以此来看，故宫文化属于大传统，是上层的、主流的文化。

从物质层面看，故宫只是一座古建筑群，但它不是一般的古建筑，而是皇宫。中国历来讲究器以载道，故宫及其皇家收藏凝聚了传统的，特别是辉煌时期的中国文化，是几千年来中国的器用典章、国家制度、意识形态、科学技术以及学术、艺术等积累的结晶；它既是中国传统文化精神的物质载体，也是中国传统文化最有代表性的象征物，就像金字塔之于埃及、雅典卫城神庙之于希腊一样。

太和殿前的鼎炉

太和殿的轩辕镜

故宫文化与社会文化相互影响

故宫文化虽属上层文化、宫廷文化，但与民间文化、地域文化有着密切的关系。皇帝的爱好、宫中的习尚，往往对整个社会产生极大的影响。如清宫重视戏曲活动对京剧的形成就起了推波助澜的作用，特别是乾隆时期四大徽班进京，直接促进了京剧的诞生。反过来，宫中的节令活动也吸收民间的传统习俗，诸如端午龙舟竞渡、七夕祭牛女星君、中秋节祭月、重阳登高、腊月二十三日祭灶神等。当然，其中又有宫廷特色，如每年二月初一，养心殿院内要摆太阳供以祭日。档案记载，乾隆时太阳糕一个重五十四斤，一桌共重三百五十斤八两。当时民间亦有此俗，相传自唐代开始。宫廷音乐与民间音乐也有联系，如宫廷音乐中的《导迎乐》和寺庙中、京剧中的《朝天子》以及宫中曲牌《银钮丝》与民间音乐《探亲家》同出一辙，宫中曲牌《海青》也竟在

清宫唱戏旧影

交泰殿门神旧影

承德寺庙音乐中出现。

故宫文化也包括中外文化交流以及国内各民族文化交流融合的成果

故宫所存清宫遗留外国文物约三万件左右，包括艺术品（陶瓷、书画、织绣等）、科学仪器、钟表、武备、书籍、生活用品及其他类别。其中多为藩属国贡品及外国礼品，有朝鲜的高丽纸、高丽布，琉球的织物、泥金折扇、漆器、武备，廓尔喀（今尼泊尔）的武器、珊瑚串，缅甸的刀具，西方国家的天文仪器、千里镜、鼻烟、药膏，马戛尔尼使团进贡的自来火枪以及西洋传教士进献的大量钟表及科学仪器等。

这些外国文物种类丰富，相当一部分是艺术珍品，为明清不同时期的收藏，且涉及多个国家，是一个难得的外国文化艺术宝库。这些外国文物大多具有重要的历史价值，往往与一些重大历史事件相联系，是中国明清时期外交史、文化交流史和宫廷史的重要载体与见证。

廓尔喀国王进献的铁把绒鞘藩刀

故宫藏满文精写七卷本《几何原本》。明万历年间，利玛窦与徐光启合译《几何原本》前六卷，首次把古希腊数学名著欧几里得的《几何原本》较系统地介绍到中国。康熙帝对西洋科技有着强烈的兴趣，命法国传教士张诚、白晋以满语为其讲《几何原本》。满文《几何原本》即为张诚、白晋在康熙二十九年（1590）奉敕依他们的满文讲稿编辑而成。陈寅恪先生对此评价甚高，认为《几何原本》一书，“赤县神州自万历至康熙六百年之间，已一译再译，则其事之关系于我国近世学术史及中西交通史者至大，尤不可以寻常满文译稿等视之矣”。

清宫宴飨时所用之乐，包括瓦尔喀部乐（为满族之一部分）、朝鲜乐、蒙古乐、回部乐（分金川之乐和班禅之乐，金川之乐又分阿尔萨兰、大郭庄及四角鲁三种形式）、番子乐（从曲谱看，属于古老乐种木卡姆音乐，现仍流传于新疆刀郎地区）、廓尔喀部乐、缅甸国乐、安南（今越南）国乐等。北京故宫珍藏的清内府泥金精写本《笳吹番部合奏乐章满洲蒙古汉文合谱》共辑蒙、藏少数民族音乐评章和以上国乐章百余首。北京故宫珍藏的《塞宴四事图》描绘了乾隆帝在承德避暑山庄开筵设宴时蒙古族音乐“什榜”的演奏情况，真实地记录了蒙古乐在清宫的使用情况。

故宫文化虽然相当丰富，涉及许多方面，但这些方面之间不是杂乱的、毫无关联的，而是有着紧密的内在联系，是一个文化整体。

所谓故宫是一个文化整体，

乾清宫“正大光明”匾，清廷立储的传位诏书匣放置在匾后。

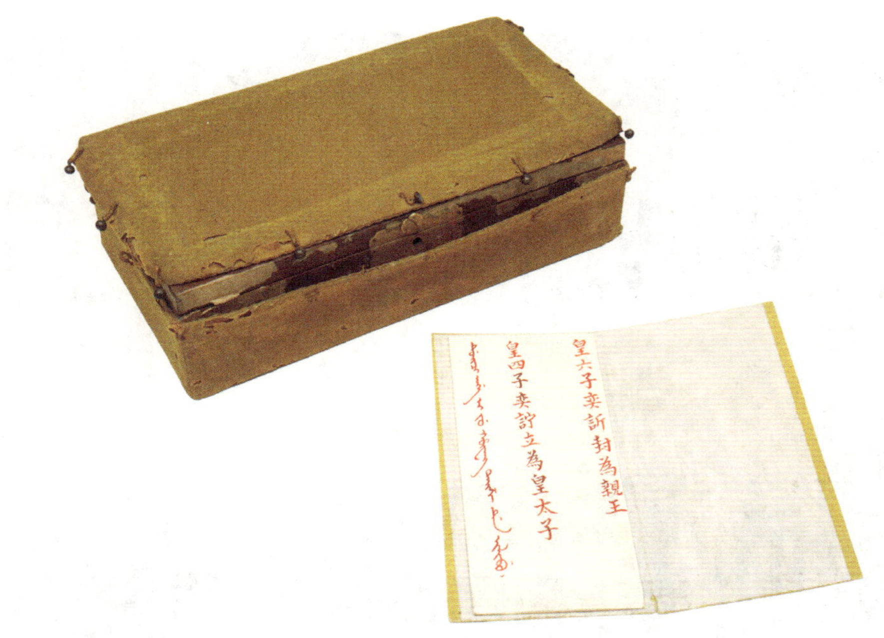

清道光帝立储密匣（中国第一历史档案馆藏）

也就是说，故宫遗产价值是完整的、不可分割的。

故宫是一个文化整体，可从空间和时间两个方面来认识。从空间来看，紫禁城的千门万户、院藏的各种文物，以及宫殿与文物藏品背后曾经的人和事、种种秘辛内幕、宫廷的文化生活，是一个鲜活的统一体。很显然，离开了宫阙往事，没有了附着其中的历史内涵，那些宫廷旧藏的意义和价值势必受到影响。同样，要保护完整的故宫，不只是七十二万平方米以内的紫禁城，还要保护与它有密切关系的一些明清皇家建筑，以及它的保护区、缓冲区。从时间来看，故宫藏品虽为清宫旧藏，但其中文物则包括了中国古代文化与艺术的各主要门类，而且反映了五千年的文明史。又以紫禁城为例，它虽然建成六百余年，但却是中国几千年来宫殿建筑的集大成，是历史悠久的中国传统官式建筑的结晶和典范。

认识故宫文化的整体性，要树立“故宫建筑、文物藏品关系密切”的观念。

养心殿东暖阁——垂帘听政处

故宫作为一个巨大的稀世之珍，囊括了所有古建筑、可移动文物以及非物质文化遗产。但故宫古建筑不是一个简单的“壳”，故宫也不只是“藏宝”之所。故宫的每一件文物、每一处建筑，都不是互不相干的、孤立的存在，其中都有人，有宫闱旧事。宫廷文物，它的收藏、陈设保管、整理，以及皇帝的赏鉴题跋，都有故事、有细节、有记载，离不开宫殿，也离不开人；其中蕴藏着生动的人物和事件，且有着这样或那样的联系，它们共同构成了宫廷历史文化多姿多彩的场景与长卷。这就是故宫文化的整体性。

把故宫当作文化整体看待，全面认识故宫的价值，在认识上有个过程，其实质是文物保护理念的不断提升。如对文物概念的认识，从具体的“古玩”“古物”到一切历史文化遗存的拓宽，从可移动文物到不可移动的古建筑的重视，从有形文化遗产到无形文化遗产的发展，从保护文物本体到同时重视保护它的环境等，都是不断拓展、逐步提升的。对故宫人来说，还应注意正确认识、妥善处理故宫保护与博物院发展的关系。在努力接受先进的文物保护理念、树立正确的文物观的基础上，认真探求故宫的价值，同时使博物院的内涵更为丰富，从而更进一步加强文物的保护，突出文物的文化价值，实现文化遗产对当代社会的重要作用。

玖 作为世界遗产的故宫

价值是人类评判事物的一种尺度。故宫的价值是其本身所固有的，是客观存在的，也是多方面的；但能否对它进行深刻的、全面的评价，则与人们受一定社会历史条件制约的认识水平有关。

在 20 世纪 20 年代，故宫同人就认识到了故宫的世界价值。1928 年，南京国民政府委员经亨颐提出废除故宫博物院、拍卖故宫文物的提案，张继以大学院古物保管委员会主席名义驳斥了此种谬论，其中的一段话，对故宫价值、特别是“世界价值”做了至今看来仍然是十分深刻的阐述：

> 一代文化，每有一代之背景，背景之遗留，除文字以外，皆寄于残余文物之中，大者至于建筑，小者至于陈设。虽一物之微，莫不足供后人研究之价值。明清两代海航初兴，西化传来，东风不变。结五千年之旧史，开未来之新局，故其文化，实有世界价值。而其所寄托者，除文字外，实结晶于故宫及其所藏品。近来欧美人士来游北平，莫不叹为列入世界博物院之数。即使我人不自惜文物，亦应为世界惜之。还观海外，彼人之保惜历史物品也如彼。吾人宜如何努力，岂宜更加摧残？

这段话有三层意思：一是文物为“一代文化背景”之见证，二是“结五千年之旧史，开未来之新局”的故宫文物具有“世界价值”，三是中国人保护故宫文物就是为世界做贡献。难能可贵的是，文中把故宫宫殿建筑的价值与宫廷文物珍藏同等看待。张继的文章系后来成为故宫博物院秘书长的李宗侗所代拟。

1972 年，联合国教科文组织在巴黎通过了《保卫世界文化遗产与自然遗产公约》。价值观是文明和文化的核心组成部分。当今人类主体价值观包含的基本内容是和平文化的气氛、文化尊重的关系、全球共同的持续发展。世界遗产起着诠释全人类主体价值观的作用。

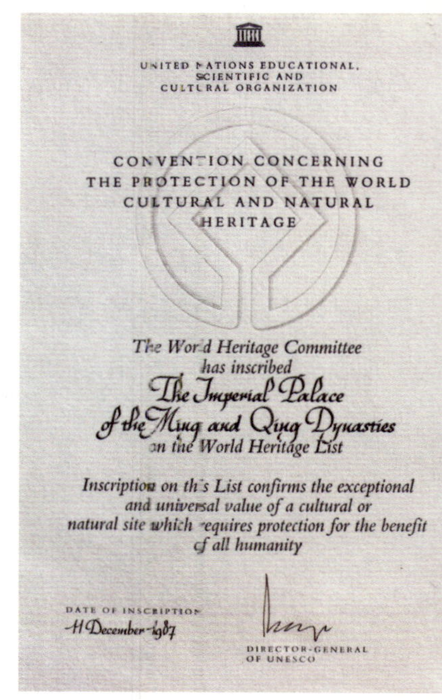
UNITED NATIONS EDUCATIONAL, SCIENTIFIC AND CULTURAL ORGANIZATION

CONVENTION CONCERNING THE PROTECTION OF THE WORLD CULTURAL AND NATURAL HERITAGE

The World Heritage Committee has inscribed

The Imperial Palace of the Ming and Qing Dynasties

on the World Heritage List

Inscription on this List confirms the exceptional and universal value of a cultural or natural site which requires protection for the benefit of all humanity

DATE OF INSCRIPTION

11 December 1987

DIRECTOR-GENERAL OF UNESCO

故宫世界遗产证书

1987 年，故宫被列入世界文化遗产，是中国第一批列入世界遗产名录的项目。根据 2011 年世纪遗产第二轮定期报告要求的对遗产突出普遍价值表述的调整，故宫的突出普遍价值为：

北京故宫是我国古代宫城发展史上的最高典范，是世界上现存规模最大、保存最完整的古代宫殿建筑群。它为中国古代社会的后期发展，特别是礼制文化和宫廷文化提供了独特的见证，在中国文明与文化发展史上具有杰出的历史文化价值。在建筑群体布局、空间序列设计上，它传承和凝练了轴线布局、中心对称、前朝后寝等中国古代城市规划和宫城建设传统特征，成为中国古代建筑制度的典范。其宫殿建筑技术与艺术反映了中国古代官式建筑的最高成就，对清朝三百年间的中国官式建筑产生了广泛的影响。宫内的宗教建筑、特别是一系列的皇家佛堂建筑汲取了丰富的民族文化特色，见证了14世纪之后满、汉、蒙、藏等民族在建筑艺术上的融汇与交流。同时，它所拥有的上百万件的珍贵皇家藏品、皇家生活用具以及大量古代工程技术的文字、图纸、烫样等档案载体，见证了中国明清时期的宫廷文化和典章制度。所有这些珍贵遗存与宫殿建筑群共同构成了突出的世界普遍价值。

“文化遗产”概念的引入，突破了传统的“文物”观念的局限性，强化了遗产的环境意识、共享意识，以及全社会都必须承担管理和保护的理念，促使人们从“大故宫”的观念来看待故宫保护。这在故宫保护中得到充分体现。不仅要保护故宫本身，还要保护它的环境。过去只重视对故宫本身的保护，后来认识到了与皇宫连在一起的护城河也是皇宫的当然组成部分，必须治理；于是就有了20世纪90年代投资六亿元人民币、费时三年的护城河治理，改变了长期存在的脏、乱、差面貌。根据世界遗产委员会的要求，在文化遗产地的周边必须划定“缓冲区”，以保护其周边原有的历史风貌和环境。2005年，故宫缓冲区方案确定，总面积达到一千四百六十三公顷。这一方案的实施，将使故宫外围环境传统风貌的历史真实性得到有效保护。北京旧城是以故宫为中心规划发展起来的，人们更认识到，北京旧城的整体保护必须重视作为中心区域的故宫的保护。这种不断提升的文物保护意识与理念有力地推动着故宫的整体保护。

“文化遗产”概念对中国文物保护事业也起到了积极促进作用，特别是保护理念、视野的交流与启发。2005年12月，国务院下发了《关于加强文化遗产保护的通知》，并决定从2006年起，将每年6月的第二个星期六定为我国的“文化遗产日”。《通知》指出：“文化遗产包括物质文化遗产和非物质文化遗产。”认为物质文化遗产是具有历史、艺术和科学价值的文物，其具体内容包括现在《文物保护法》公布的“文物”的内涵。在继续保留“文物”用法的同时引入文化遗产概念，绝不是简单的重复；而是对文物概念的丰富、拓展与提升，或者说用一种新的视角来认识文物保护。

从“文化遗产”看待故宫价值，既有物质遗产，也有非物质文化遗产。非物质遗产主要是传统的文物修复技术以及故宫官式建筑修造技艺，这些非物质遗产既是保护故宫及其文物藏品的重要手段，也是故宫文化的重要组成部分。现列入国家级非物质文化遗产的有“故宫官式古建营造技艺”“古书画修裱技艺”“青铜器传统修复复制技术”和“古书画人工临摹复制技术”四项。故宫这些传统工艺技术都有着清晰的传承脉络。故宫珍视这些工艺技术，对其进行有效保护，并重视传统工艺与现代技术的结合。

按照世界遗产组织的要求，从2008年7月开始，故宫博物院根据实际启动了遗产监测方案的研究起草工作；2011年12月26日，“故宫世界文化遗产监测中心”正式成立；2012年全面启动监测项目。故宫世界文化遗产监测中心所编的《故宫博物院世界文化遗产监测工作报告（2012年）》，2014年由故宫出版社出版。

拾 故宫的活力

1929年10月10日，故宫博物院成立四周年，作为故宫博物院的创始人与理事长，李煜瀛先生有个讲演，回答了如何使故宫博物院成为一个“完全美满”的文化机构的社会期望。他指出，清故宫须成为“活故宫”，“活故宫”的精神在于坚持一个“公”字。（《清故宫须为活故宫》，载《李石曾先生文集》下册，

谢辰生、罗哲文先生为“故宫世界文化遗产监测中心”揭牌。

台湾中国国民党中央委员会编辑出版，1980 年 5 月）

作为文化遗产的故宫，本身就充满活力，这是遗产的生命力。当然，活力也需要激活，需要创造一定的条件促其成长。李煜瀛先生强调的这一“公”字，即发挥故宫博物院公共文化机构的作用，面向公众，社会参与，使故宫成为人们喜欢的故宫。

故宫博物院重视公众教育，努力传播故宫知识，让人们从中认识中华优秀传统文化。学生是故宫教育工作的主体对象。2004 年，故宫博物院在全国率先实行中小学生集体参观免票政策，为青少年参观故宫、了解故宫提供了便利的渠道。自 2005 年至 2020 年，故宫共为两千六百九十四批来自全国各地中小学、大专院校等机构的六十多万名学生提供了免费参观故宫的机会。与此同时，故宫致力于在讲解工作之外开展多种类型的教育活动，为包括青少年在内的各类观众提供适合的教育项目。通过有主题的、互动型的教育项目，让更多观众了解一个有趣的故宫。十余年来，故宫宣教形成了“以学校教育为基础、以儿童教育为特色、以成人教育求发展”的教育理念，多种类型教育工作全面发展。

2012 年起，故宫博物院面向社会公众推出了有计划的系列公益讲座活动，其中以“故宫讲坛”最具代表性。截至 2020 年底，“故宫讲坛”已累计举办一百六十六场，惠及公众逾一万五千人次。

为更好地服务于前来故宫参观的中外观众，故宫博物院的自动讲解服务历经三十多年的发展，不断地探索创新，形成了符合自身特点的自动讲解服务体系，在自动讲解服务的内容、语言及运营模式上具有开创性意义。2008 年，故宫讲解语言种类已达四十种：中文有普通话、广东话、闽南语、维吾尔语、藏语，外语有英语、日语、法语、俄语、韩语、德语、泰语、阿拉伯语、意大利语、西班

故宫进行观众问卷调查活动。

故宫学院苏州分院故宫讲座现场

牙语、葡萄牙语、蒙古语、印度尼西亚语、印地语、菲律宾语、越南语、柬埔寨语、匈牙利语、捷克语、斯洛伐克语、波兰语、波斯语、豪萨语、斯瓦希里语、僧伽罗语、希腊语、荷兰语、丹麦语、瑞典语、土耳其语、保加利亚语、罗马尼亚语、芬兰语、马来语、世界语。截至 2020 年，自动讲解导览器的内容已超过一百万字。

以文博培训教育及传播故宫文化为宗旨的故宫学院从 2013 年成立以来，面向故宫博物院自身、文博行业以及社会和国际持续开展培训教育工作，面向院内员工举办满文高级培训班，承办原文化部、国家文物局、地方市级文物局等单位委托的培训班若干，培养了一批批学员，为国内文物博物馆界培养了专业人才和新型管理人才。故宫学院还在景德镇、西安、深圳等七地成立分院，“故宫讲坛”也随之落户七地，产生了积极的社会影响。

故宫博物院在故宫文化传播中，追赶时代潮流，善于运用数字新媒体技术。

2015 年，故宫博物院出品的 App 获得的各种奖项。

故宫新媒体团队着力研究受众群体的变化，更新传统文化的传播方式，通过更新官方网站、发送官方微博、开通微信公众号、营销文化创意产品等灵活的线上、线下互动方式，准确地把握青年人的接受兴趣和关注特点，将博大精深的中华文明以富有内涵且饶有趣味的形式推广传播，在年轻网民中积聚了大量人气，成为中华文明网络传播的成功实践。例如“数字故宫社区”中的“数字故宫”在线项目，就包括全景故宫、故宫出品系列 App，以及数字展厅的关联、分享与互动，展示故宫博物院在古建筑修缮、藏品保护、观众服务、科学研究、文化传播等各个方面的最新进展、最新成果。端门数字展馆从 2015 年 12 月开放以来，一直受到观众的欢迎。

故宫博物院的文化创意产品也成为传播故宫文化的一种形式，在社会上引起强烈反响，获得了公众的关注和喜爱。目前故宫累计研发文化创意产品超过一万种，获得相关领域奖项数十种，形成了多元化的故宫文化创意产品系列。故宫发展文化创意产品的宗旨是让文物的故事以公众喜闻乐见的形式深入人心，走进人们的文化生活。许多故宫文化产品，在注重历史性、知识性、艺术性的同时，又强调创意性及功能性，增加了趣味性、实用性、互动性。“朝珠耳机”“朕亦甚想你折扇”“故宫猫”等风趣幽默的文化创意产品，通过观众期望与文化创意产品升级的互动，使人们真实感受和充分理解到故宫博物院所传递的文化信息。

我们高兴地看到，通过多年来特别是近几年的努力，故宫文化得到大力传播，故宫的良好形象得以树立，故宫更加受到社会关注。人们发现，原来故宫与他们的生活也有这样那样的联系，故宫离他们越来越近了，因此对故宫产生了一种亲近感。故宫的举措经常成为社会热议的话题，而社会对故宫文化的这种关注、重视就像深厚的沃土，则成为故宫保持活力的难得的基础。

三希堂
深心託豪素
懷抱觀古今

故宫文物

故宫博物院成立，其中所有藏品都来自清宫，所以故宫文物就是清宫文物。后来虽然通过接受捐赠等多种形式增加了不少非清宫文物，但清宫旧藏仍达百分之八十六，即其主体还是清宫的，所以习惯上仍称故宫文物。

故宫文物包含两类：一类是传统的古物珍玩，如铜瓷书画、各种工艺品及图书典籍等；另一类是反映宫廷典章制度以及日常文化生活、衣食住行的物品，明清档案等，它们大多是当时的实用之物，在今天也是珍贵的文物，有其重要的历史文化价值。我们把前一类称为“古代艺术珍品”，后一类称为“宫廷历史文物”，统称其为“故宫文物”，它们都是可移动文物。

壹 清宫收藏的盛与衰

收藏作为一种活动，贯穿于人类社会发展的始终。现代重大考古发现证明了史前人类收藏行为的存在。从商代起，王室就重视文物的搜集和保存。殷商的文物多集中于宗庙。周代王室文物、珍品收藏之处名曰“天府”“玉府”，并有专职官员负责管理。汉朝的“天禄”“石渠”和“兰台”，则是汉宫贮藏珍贵文物及图书之所。到宋徽宗时，收藏尤为丰富。《宣和书谱》《宣和画谱》《宣和博古图》

清人绘《弘历是一是二图》（故宫博物院藏）

就是记载宋徽宗宣和内府收藏的书画鼎彝等珍品的目录。清代帝王重视文物收藏，特别是乾隆帝更使宫廷收藏达到了极盛。清宫收藏除承袭前朝皇室收藏外，还通过征求、进贡、抄没、制作等方式，积累了闳富无比的珍贵文物。

清宫古代艺术珍品收藏，以书画、青铜器、陶瓷为大宗。举书画为例，中国宫廷书画收藏始自汉代，历经魏晋、唐宋、元明，在乾隆年间进行的有史以来最大规模的艺术品蒐集活动中，存世的唐、宋、元、明书画几乎收罗殆尽。这是继宋徽宗宣和内府后的最大一次集中。乾隆帝在自己处理日常政务的养心殿居所中，辟“三希堂”专室存放王珣的《伯远帖》、王羲之的《快雪时晴帖》和王献之的《中秋帖》这三件晋人名迹。他又在建福宫花园静怡轩辟出专室存放晋顾恺之的《女史箴图》、传为宋李公麟的《潇湘卧游图》《蜀川胜概图》和

乾隆御览之宝

养心殿鉴藏宝

《九歌图》，并命名曰“四美具”。清宫将所藏书画编纂成《秘殿珠林》与《石渠宝笈》两部巨著，共收录上起魏晋、下至清代中期近两千年的书画作品一万余件。

清宫收藏除书画、铜、瓷外，尚有其他众多的艺术品珍藏，主要有玉器、珐琅器、漆器、竹木牙角匏器、金银器、玻璃器、石鼓与石器、织绣、照片以及文房用具、鼻烟壶、珠宝盆景、成扇、古建筑文物等；可以说，包括了中国古代文化艺术的各个主要门类，而且有的是宫中所特有的。这些艺术品虽然也有很多流散，但其主要的部分仍然留存在北京故宫以及台北故宫。

清宫旧藏由内务府总管。藏品主要收藏在紫禁城，此外热河行宫、盛京（沈阳）故宫、颐和园、圆明园、西苑、景山也都有收藏。其中以紫禁城的乾清宫、重华宫、养心殿、御书房为古书画收藏最集中的殿阁。在故宫、北海、颐和园等地还有皇帝为收藏喜爱的藏品而专门辟出或修建的一些殿阁，如养心殿三希堂、五经萃室、文渊阁、快雪堂、淳化轩、阅古楼、墨云室、玉瓮亭等。除收藏外，皇室藏品还大量陈设于养心殿、圆明园、颐和园内的多处殿阁，藏品在殿阁里陈设的基本情况，在内务府宫殿陈设档都有记载。

清自乾隆以后，宫廷收藏日渐衰落，主要有两个原因：一是康乾盛世表象下的危机的爆发，内忧外患不断，清朝走向了不可遏止的下坡路，已没有歌舞升平、赏玩游乐的社会环境了。二是即位的嘉庆帝对进贡制度带来的官场腐败有深刻认识，宣谕严禁贡物。

2004 年 5 月 14 日，郑欣淼在大英博物馆文物库房观看固定在墙上的我国古代名画——顾恺之《女史箴图》。清末以来，大量清宫珍贵文物被劫掠到海外。

臣工的进贡是清宫收藏的重要来源，特别在乾隆朝，进贡达到了顶峰。嘉庆帝亲政后，在宣布拿办和珅的同时，即宣谕严禁贡物，并免除年节王公大臣向皇帝呈进如意之例。嘉庆帝在上谕中说："再年节王公大臣督抚等所进如意，取兆吉祥，殊觉无谓。诸臣以为如意，而朕观之，转不如意也，亦著一并禁止，经朕此次严谕之后，诸臣等有将所禁之物呈进者，即以违制论，决不稍贷。"对违禁事件，则坚决查处，严申呈进贡物之禁。在上谕颁发后，当嘉庆帝得知，叶尔羌为进贡而采集的大块玉石在由新疆运送进京时非常困难，立即下令，将"所解玉石，行至何处，即行抛弃，不必前解"。由于嘉庆帝坚决反对和阗玉石的进呈，使得乾隆朝价格不菲的和田玉在嘉庆朝身价大跌。清朝宗室大臣、史学家昭梿在《啸亭杂录》中记载了有关情况："今上亲政时，首罢贡献之诏，除盐政、关差外，不许呈进玩物，违者以抗旨论。……时和阗贡玉，辇至陕、甘间，上即命弃诸途中，不许解入。故一时珠玉之价，骤减十之七八云。"以瓷器为例，康乾时是宫廷瓷器烧造的黄金时代，但到嘉庆帝时，不仅先后变卖了库存的康、雍、乾及本朝的瓷器四十四万余件，而且烧造瓷器的用银一再减少，直至最后十年，连盘碗盅碟等圆器也不再烧造了。这些举措对宫廷收藏产生了重大的影响。

后来，随着国势日衰、外患频仍，宫廷收藏屡遭厄运，大量珍贵文物遭遇劫掠、毁损和流失，但仍留存下相当丰富的文物藏品，成为中华历史文化的实物见证与中华文明的重要载体。

贰 清宫收藏的文化传承意义

人类收藏的动机与目的是多方面的。宫廷收藏不仅具有政治意义，还有财富意义，以及文化意义。在中国封建社会，皇权至高无上，财富、权力、尊严集中于皇家。这和西方国家有很大不同。欧洲的历史文化积淀一般不在宫殿，而是在教堂。中国则完全不同，宫廷既是政治中心，也是文化艺术的中心。皇家的收藏自然是中国历代艺术的瑰宝，是中国人民智慧与创造的结晶。

乾隆帝不仅着力于文物的收藏，而且重视鉴赏，对内府收藏进行了全面性的整理编目。

《秘殿珠林》《石渠宝笈》是对书画作品的分类编目，不但详记作品名称、尺寸、质地、书体、题材内容、本人款识、印记、他人题跋等项，还集中了张照、梁诗正、励宗万、董邦达等一批饱学之士研究、考证、鉴定等语。全书的编纂过程前后长达七十四年之久，共收录上起魏晋、下至清代中期近两千年书画作品一万余件。《石渠宝笈》是继宋《宣和画谱》《宣和书谱》之后的又一部大型内府

《石渠宝笈》

《西清古鉴》

秘藏书画目录专著；不但反映了清宫书画收藏的宏富精美，也反映了参与鉴定的内廷翰林的鉴赏水平。该书尽管存在诸如真赝错谬、体例欠妥、难于检索等弊端，但仍不失为一部可资了解和研究清宫庋藏历代书画作品的重要参考书。

包括《西清古鉴》《西清续鉴（甲编）》《西清续鉴（乙编）》《宁寿鉴古》在内的“西清四鉴”收录了清宫所藏的铜器四千零七十四件（另附录三十一件），其中有铭铜器没有发现重出者，共计一千一百七十九件，此外有铭铜镜一百一十四件。“四鉴”虽然在辨伪、断代、释文、考证等方面尚未达到宋代人的水平，但仍有其重要的学术价值，不仅在当时推动了金石学的发展，其中保存的珍贵资料，时至今日也是十分难得、无可替代的。

《四库全书》共收书三千五百零三种，七万九千三百三十七卷，约九亿九千七百万字。它基本上囊括了乾隆以前中国古籍的精品，在一定程度上起了保存、整理和传播中国古代文献的作用。《四库全书》对清代考据学、校勘学、目录学及辑佚、丛书辑刻等各方面都产生了巨大影响。乾嘉朴学之风自此兴起。

《钦定四库全书》

《四库全书总目》在目录编撰体例、文献分类、提要撰写和文献考订等方面均有独特成就，是中国古典书目的集大成之作、四部分类法的典范之作，在中国目录学史上占有重要地位。《四库全书》分抄七部，其中江南三部（镇江金山寺文宗阁、扬州大观堂文汇阁、杭州圣因寺文澜阁）允许江南士子阅览、誊抄。

乾隆年间，于昭仁殿庋藏宋、金、元、明之精善藏书，编有《钦定天禄琳琅书目》（前编）十卷；嘉庆二年（1797）昭仁殿失火，前编书尽毁，乾隆帝又令再辑宫中珍藏《钦定天禄琳琅书目后编》二十卷。《天禄琳琅书目》为我国第一部官修善本目录，沿袭汉代以来书目解题传统，在版本著录体例方面多有创见，如记载收藏家印记即为其中一大创举，于清代藏书家讲究版本鉴定、注重善本著录之风影响深远。

乾隆帝对收集的许多珍贵法书名作，不仅自己摹写欣赏，还热衷于书法艺术的普及推广，命令于敏中、梁国治等大臣组织刊刻了《三希堂法帖》《敬胜斋法帖》《淳化阁帖》等供人临摹。

《天禄琳琅书目》

《三希堂法帖》

《钦定重刻淳化阁帖》

《三希堂法帖》因刻入养心殿三希堂内所藏王羲之的《快雪时晴帖》、王献之的《中秋帖》、王珣的《伯远帖》等三件稀世墨宝与大量《石渠宝笈》初编法书故名。共收魏晋至晚明一百五十三位书家的三百四十件楷、行、草书名作，几乎包括了明代著名丛帖所收的历代珍品。全帖三十二卷，规模之大、收罗之富，胜过古代任何官刻丛帖，可谓前无古人。此帖原石四百九十五块，现存北京北海公园阅古楼壁间。道光年间修剔时增刻了花边，现在依旧保存得大致完好。

从中世纪到近代的过渡中，明清两代宫廷所起到的知识构建与传承作用，在宫廷收藏的瓷器中同样有所体现。如对宋代名窑瓷的认知，现代的知识基本来自明清宫廷的传承与晚明博物君子的记述，而后者又是在前者基础上发展的。以乾隆帝为代表的清代宫廷知识分子群在文物收集、鉴定中虽有个别讹错与张冠李戴之事，但总体上继承了明代晚期的相关知识，并以文籍、图谱与器物相对应的方式传承下来；尤其是清代宫廷在器物所粘贴的黄签标识的时代、名称，对我们现在的文物研究与考证有着重大意义。

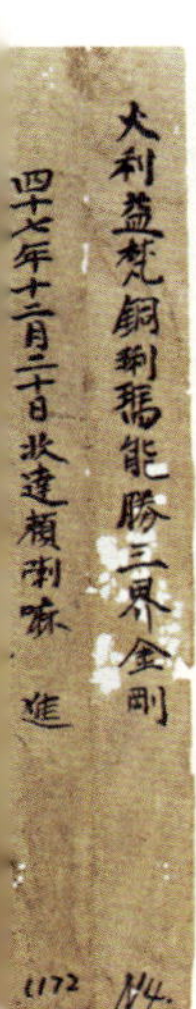

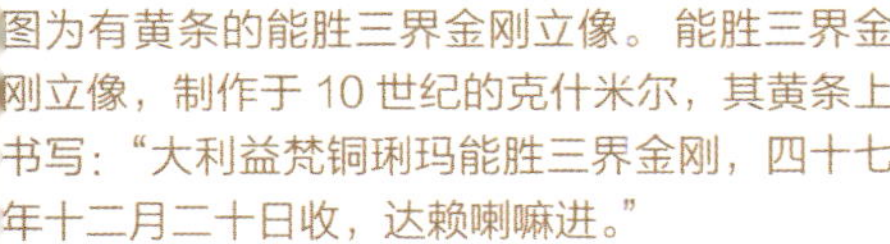
图为有黄条的能胜三界金刚立像。能胜三界金刚立像，制作于 10 世纪的克什米尔，其黄条上书写：“大利益梵铜琍玛能胜三界金刚，四十七年十二月二十日收，达赖喇嘛进。”

马嘎尔尼进献的自来火枪。乾隆五十八年（1793），英王乔治三世的特使马嘎尔尼率团来华贺乾隆帝八十寿诞，进献了大量物品，此枪即其中之一。

中华民国成立后，古物陈列所与清室善后委员会在接收清宫财产时，所记文物账目率以器物上的黄签和当时宫中的财产分类账目为准；也就是说，故宫博物院关于古代瓷器，也包括其他各类文物的名称均来自清代宫廷积累下来的知识，并传承至今。不过，明清两代宫廷在文物知识之构建、传承、传播方面的作用至今尚未被学术界重视，仍是一个亟待深入研究的问题。

清宫藏品的收集、鉴赏、存藏、流传是一个文化保存、文化累积、文化建设的过程，因而起到了文化传承的作用。

叁 清宫文物所有权之争

辛亥革命爆发，清帝溥仪逊位，“暂居”紫禁城内廷。内廷也是清宫文物

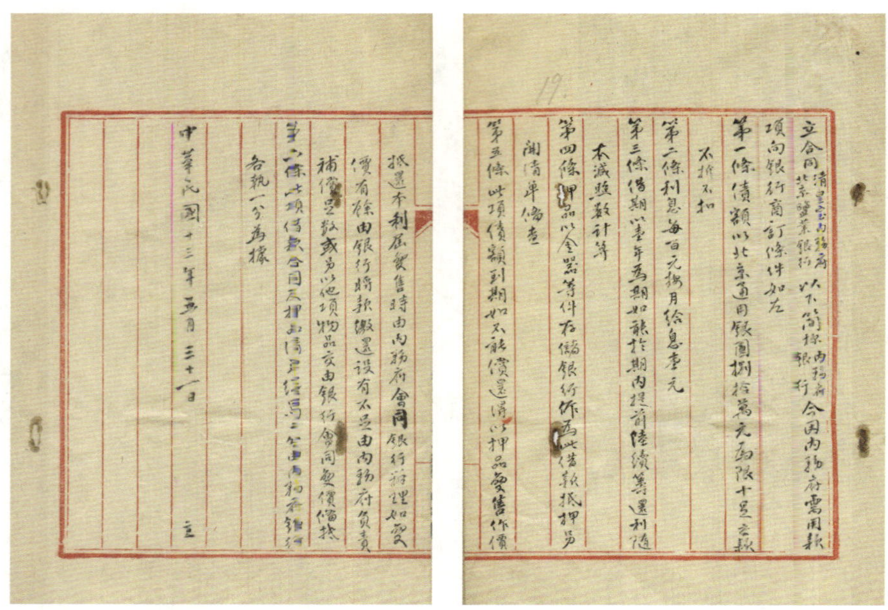

立合同清室内務府北京鹽業銀行以下簡稱內務府銀行今因內務府需用款項向銀行商訂條件如左

第一條 債額以北京通用銀圓捌拾萬元為限十足交款不折不扣

第二條 利息每百元按月給息壹元

第三條 借期以壹年為期如能於期內提前陸續籌還利隨本減照數計算

第四條 押品以金器等件存儲銀行作為此借款抵押另開清單備查

第五條 此項債額到期如不能償還得以押品變售作價抵還本利在變售時由內務府會同銀行辦理如變價有餘由銀行將款繳還設有不足由內務府負責補償足數或另以他項物品交由銀行會同變價備抵

第六條 此項借款合同立押兩份清單繕寫二分由內務府銀行各執一分為據

中華民國十三年五月三十一日 立

逊清内务府与北京盐业银行所立合同

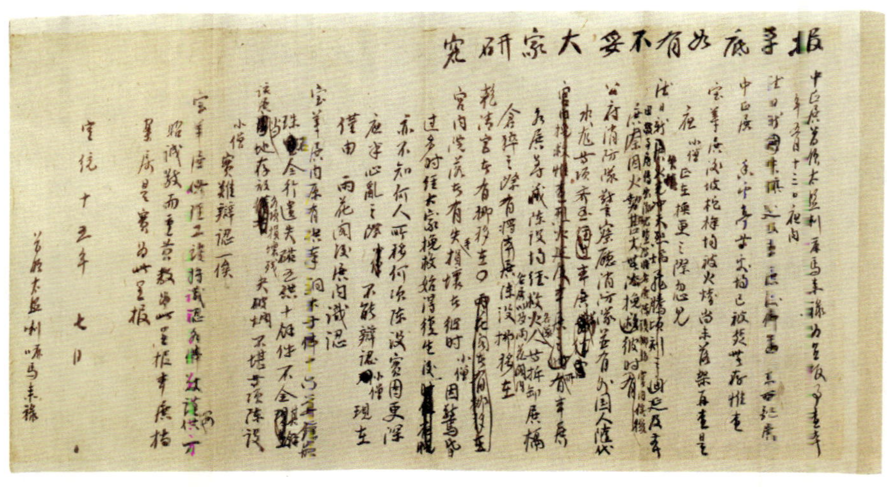

報單底如有不妥大家研究

建福宫花园失火后，中正殿首领太监喇嘛马来禄呈报底单的一部分。

主要庋藏之处。围绕这些清宫旧藏的所有权问题展开了一场旷日持久的争论和斗争。争论和斗争的过程，也是对这些藏品的性质认识以及赋予新意义的过程，其所有权的最终解决，也就促成了故宫博物院的诞生。

在封建时代，整个天下都是帝王的，皇宫里的所有物品，包括文物珍藏，自然都是帝王的财产，谁也动不得。不仅溥仪认为清宫旧藏是他的私人财产，当时的中华民国政府也理所当然地认为这些文物产权属于皇室。皇室的财产不只在紫禁城，还包括沈阳奉天行宫和热河避暑山庄的珍藏。1914 年，民国政府在紫禁城外朝（即三大殿）一带成立古物陈列所，陈列从今沈阳和承德皇宫运回的珍宝，共约七十万件之多。民国政府认为这些宝藏是皇室私有财产的一部分，又由清室派员约同古玩商家逐件审定估价，有些物品由于是无价之宝和稀世珍品而无法估计。根据皇室与民国政府的双边协议，所有物品中，除了皇室收回的以外，均由民国政府按估定的价格收购；由于财力紧缺，民国政府不能当即支付购买款项，这些宝藏暂被当作民国政府借自皇室的债款（总计三百五十一万一千四百七十六元），直到民国政府财力允许彻底支付时为止。

对清宫旧藏是否为皇室财产的争论，开始于 20 世纪 20 年代初，这与当时清宫所藏文物珍宝的流失有关。

逊清皇室由于入不敷出，只好靠借债抵押维持。为了还债，筹款的办法之一就是大量拍卖宫中的金银、珍宝、古玩等。拍卖珍宝仍满足不了所需，还经常拿出一些金银珍宝抵押和变价。

对清室拍卖抵押珍宝一事，北京大学研究所国学门委员会 1923 年 9 月 26 日发布公函表示坚决反对，并认为这些珍宝应由民国政府收回并保管：“据理而言，故宫所有之古物，多系历代相传之宝器，国体变更以来，早应由民国收回，公开陈列，决非私家什物得以任意售卖者可比。”湖北省教育会 1923 年 11 月 12 日致电内务部，坚决要求制止清室出售古物：“窃我国与埃及、希腊、印度同为数千年前古国，其文明久为中西所慕。清室之古物，尤为历代帝室递嬗相传之珍秘，并非一代一人所得私有。合全国五千年之文物，集于首都之清室，一涉疏忽，不徒散佚堪虞，即立国精神且将无从取征。清室以经费短绌，转售东邻，不啻将五千年立国精神捐弃一朝，念及此，能勿痛心。”

1923年6月26日，紫禁城建福宫花园大火，此处的许多殿堂、库房都装满珍宝玩物，火灾的损失是巨大的。已有舆论指出，所烧毁的是国家的财产，与民族历史有关。

对清室珍藏的所有权争论，是与其所具有的特殊价值的认识联系在一起的。教育界、知识界有关机构呼吁：这些清宫珍藏关乎中国历史文化，是历代相传之物，应属国有。清室的行径也引起北洋政府的关注和干预。1924年5月3日，总统曹锟派冯玉祥、颜惠庆、程克等十人为保存国有古物委员，会同清室所派会员十人，共筹保管办法：“其所决定者，为凡系我国历代相传之物，皆应属于国有，其无历史可言者之金银宝石等物件，则可作为私有。属国有者，即由保管人员议定保管条例，呈由政府批准颁布，即日实行。其属于私有者，则准其自由变卖，此项保管条例已在起草中，大约明后日即可提出讨论，俟通过后，即呈由政府颁布。”

1924年11月，冯玉祥将军发动北京政变，修正清室优待条件，驱赶溥仪出宫，组织清室善后委员会，顺应了时代需要，受到普遍拥护。《修正清室优待条件》第五款规定：“清室私产归清室完全享有，民国政府当为特别保护，其一切公产应归民国政府所有。”1924年11月，国立八校联席会议接连专门召开会议集中讨论清室古物保管问题。再次讨论决议：“清室古物，于文化上有极大关系，……希望其成立一完全美满之图书馆与博物馆，由国家直接管理，并邀集各机关参加监视，期在公开保存，俾垂久远。”

但公产、私产怎么划分，以什么作为标准，则是人们所关注的焦点。1924年11月5日，溥仪出宫，《晨报》指出：“此公产私产如何划分，划分之后，应由何人点收，何人保存，其标准方法皆不可不从速规定。”11月7日，《社会日报》则明确提出以“有无历史的价值及与文化有无关系为标准”。据吴瀛先生《故宫博物院前后五年经过记》所记，对清宫公私产的具体划分，在实际中并没那么复杂；例如，藏于库内的元宝银，共六千三百三十三斤，合十万一千三百二十八两，因该元宝均镌有“福、禄、寿、喜”字样，每颗均重达十余斤，确系当时清帝用以为犒赏之用者，遂留数颗以为将来陈列展览所用，其余则悉数发还。溥仪两次派人到养心殿取东西，曾要求带走乾隆瓷器及仇十洲的《汉宫春晓图》，委员会未允许，唯取走不少衣物首饰；其所带走的物品详账，已附记在《清宫物品点查报告》第三编第四册《养心殿报告》后。驱逐溥仪出宫时，即点收印玺，搜查他的行李时，发现了藏在其中的《快雪时晴帖》便扣留了下来；因为这是祖先遗留下来的珍贵艺术品，不能视为他的私人财产。

这一争论的过程，使社会在清宫珍藏上有了共识：其一，在价值上，这些珍藏反映了中华数千年文明，关乎中国的历史文化，为立国精神的寄托；其二，在所有权上，这些珍藏为历代帝室递嬗相传，并非一代一人所得私有，因此是国家的财产；其三，在保护方式上，应该设图书馆与博物馆，集中保护。故宫博物院于是应运而生。

肆 从皇家国宝到中华文化根脉

故宫文物，从过去皇家国宝到今天中华文化根脉的地位，有一个形成、转变并强化的过程。

长期以来，故宫的文物藏品被称为“国宝”。现在人们也把一些极为珍贵的文物称为“国宝”，意为国之瑰宝。

我国文博界用“国宝”称呼相当珍贵的文物，大约与日本的影响有关。日本于 1928 年就颁布了《国宝保存法》。对重要的文化财富，他们从世界文化的角度考虑，把其中认为具有较高价值的、不同类型的国民之宝指定为“国宝”，有美术工艺品，也有建筑物。在 1947 年 11 月 29 日故宫博物院第七届理事会第一次常务会议上，李济理事就有“‘国宝’应如何审定以便保存”的提议。

但是，把故宫文物称为“国宝”，则有别于一般的“国之瑰宝”的概念，有着国宝本身所具有的特殊含义，即皇家收藏的国宝意义。

什么是“国宝”？所谓国宝，指的是国家的宝器，又称国器，是祭祀之器。在古代，“国之大事，在祀与戎”。《周礼·春官·天府》云：“天府，掌祖庙之守藏与其禁令。凡国之玉镇、大宝器藏焉。若有大祭、大丧，则出而陈之；既事，藏之。”国之宝器，原本皆指宗庙祭祀之器，这些祭器象征着王位。宗庙为国家象征，其宝器之存亡，往往作为国家存亡之标志。“国宝”又特指传国玺，更是与国家的统治权联系在一起。

人类收藏的动机与目的是多方面的。源远流长的皇室收藏不仅是“宜子孙”的一笔宝贵财富，也不是只供皇帝个人赏玩的珍稀艺术品；更重要的是，这些藏品所具有的强烈的政治与文化的象征意义。皇室收藏文物，更重视这些文物所寓有的

清“皇帝之宝”

江山社稷金殿

某种至高德行的含义，认为它的聚集可被视为天命所归的象征。因此，皇室收藏与王朝命运紧密联系，这些藏品就成为皇权的象征。因而，清宫旧藏本来就具有国宝的意义。

1925 年，故宫博物院成立，象征君主法统的清宫旧藏为人民所共有并同享，为其国宝意义赋予了维系中华民族文化、传续中华文明根脉的新内涵。

特别是抗日战争中故宫文物南迁，进一步强化了故宫文物的文化根脉地位。

1931 年，日本发动“九一八”事变，第二年秋天故宫博物院即着手文物南迁的准备工作。1933 年，故宫文物南迁消息见诸报端后，舆论哗然，形成反对和支持两种声音。反对的一个主要原因是认为大敌当前，政府应首先保护土地和人民，现在政府却如此重视故宫古物，因为故宫古物是古董，是值钱的才要搬迁。

故宫文物该不该南迁？争论虽然激烈，但其实质是如何看待故宫文物，即这些文物是一般所谓值钱的古物、古董，还是具有特殊的、不可代替的价值？这也是从故宫博物院成立以来就存在的争议。1928 年，南京国民政府接管故宫博物院后，就有国府委员提出“废除故宫博物院，分别拍卖或移置故宫一切物品”的议案；理由是，故宫的文物是“逆产”；通过争论，此议案被否决。就在此次故宫文物南迁准备中，北平政务会议却于 1932 年 8 月 3 日做出“呈请中央拍卖故宫文物，购飞机五百架”的决定。经故宫同人多方努力，劝阻拍卖行动，终于制止了这一荒唐决定。

故宫文物虽然来自清宫，曾为皇帝个人所有，但“为我国数千年文化艺术之结晶，尤于学术方面关系非浅，即在世界文化上亦占重要之地位”。(《北平学生抗日救国会致故宫博物院函》，1932 年 8 月 16 日，存故宫博物院档案室。) 故宫文物不是一般的古物、古董，而是国宝，是民族的历史文化遗产，是文化的根脉。它的价值是不可用币值衡量的，这已成为许多人的共识。故宫文物南迁是基于敌强我弱、抗日战争将是一个持久长期过程的现实所做出的决策。政府方面认为，敌人入侵，失掉土地还有收复的可能，唯有文物留在原地不动，只有受

1938 年，故宫文物转移北路途中竹排载着文物卡车过河的情形。

毁损的危险，于是不顾一些人的反对，仍然坚持进行迁运。

随着抗日战争的全面爆发以及故宫文物的西迁，故宫文物的安危得到人们的不断关注。八年之中，这批文物万里间关，多次险遭灭顶之灾，例如九千余箱文物由重庆运往乐山而暂寄宜宾沿江码头时，上游乐山及下游泸县皆受到敌人狂轰滥炸，独有处于中间地带的宜宾幸免；长沙湖南大学图书馆自文物搬出后不到四个月即被炸毁；重庆的几个仓库在文物搬出不到一个月，空房也被炸掉；从陕西南郑运往成都时，将存在南郑文庙的文物抢运出才十二天，南郑文庙就被敌机投下的七颗炸弹夷平。马衡院长 1947 年 9 月 3 日在北平广播电台所做的《抗战期间故宫文物之保管》演讲中说，像这一类的“奇迹”，简直没有办法解释，只有归功于国家的福命了。或如许多人认为的那样：“古物有灵，炸不到，摔不碎。”

抗日战争是中华民族走向振兴的伟大转折，促进了中华民族的觉醒，极大地改变了中华民族的精神面貌。故宫文物是源远流长且从未中断的中华文明的载体与见证，是中华民族重要的文化根脉。所谓“国家的福命”“古物有灵”，就是把故宫文物与中华民族的命运连在了一起，与民族独立、民族尊严连在了一起，其中倾注了深沉的民族情感。

故宫文物的保护过程，对抗战精神的形成、民族认同感的增强起到了积极的作用。同样地，伟大、壮烈的抗日战争也进一步确立并强化了这些珍贵的皇家收藏不同寻常的文化根脉的地位。

因此，故宫文物的这种地位也是历史形成的，是不可代替的。

伍 故宫散佚文物的征集

对故宫散佚文物的关注与征集，是在故宫博物院成立之后。1924 年以前，在小朝廷内务府大臣和师傅们清点字画时，逊帝溥仪从他们选出的最上品中挑选最好的，以赏赐溥杰为名，把一千多件字画、二百余种宋、元、明版书籍陆续运出宫外，存到天津英租界的房子里。后溥仪前往长春的伪“满洲国”当“皇帝”，他偷运出宫的这批古物就存放在伪皇宫东院图书楼楼下东间，即所谓的“小白楼”。1945 年 8 月 10 日溥仪匆匆出逃长春之后，小白楼遭到了守护伪皇宫“国兵”的哄抢，大批书画被偷运，成为有名的“东北货”。这些流散出来的书画，大部分流往关内，一部分再经香港等地流往国外。

民国时期故宫散佚文物的征集

1925 年 7 月 31 日，清室善后委员会在点查养心殿时，发现了一沓《赏溥杰单》及溥杰手书的《收到单》。故宫博物院后来将此密件及此前发现的《诸位大人借去书籍字画玩物等糙账》编辑成书，取名《故宫已佚书籍书画目录四种》，向社会公开发行。弁言中称，被溥仪、溥杰兄弟盗运出的书籍字画，“皆属琳琅秘籍，缥缃精品，《天禄》书目所载，《宝笈》三编所收，择其精华，大都移运宫外。国宝散失，至堪痛惜！兹将三种目录印行，用告海内关心国粹文化者”。

抗战胜利后，故宫博物院北平本院接管和收购了一批散失在外的故宫旧有文物和物品。

一是接收溥仪天津旧宅留存的文物和溥修宅中留存的溥仪物品。溥仪宅中文物计一千零八十五件，分藏于十九个小铁匣和两个皮匣中，其中珍品古玉达数百件之多，如商代鹰攫人头玉佩即为无上精品；宋元人手卷四件，宋马和之《赤壁赋图》卷、元邓文原《章草》卷、元赵孟頫设色《秋郊饮马图》卷及《老子像道德经书》卷；此外，有古月轩珐琅烟壶、痕都斯坦嵌宝石玉碗、嵌珠宝珐琅怀表等，至于黄杨绿翡翠扳指等，更是价值连城。王世襄先生经手了这批文物的接收，他在《锦灰不成堆》一书中对此有详细的记述。

二是接收清宗人府余存玉牒等。北平孔德学校于1947年3月6日，将清宗人府原存满汉文玉牒七十四册，清代八旗户口册六百九十册、档簿七十册，共计八百三十四册交给故宫博物院。

三是对“故宫已佚书籍书画”的收集。根据1946年10月21日故宫博物院第六届第二次理事会做出的“溥仪赏溥杰书籍书画如有发现，即由马院长商请

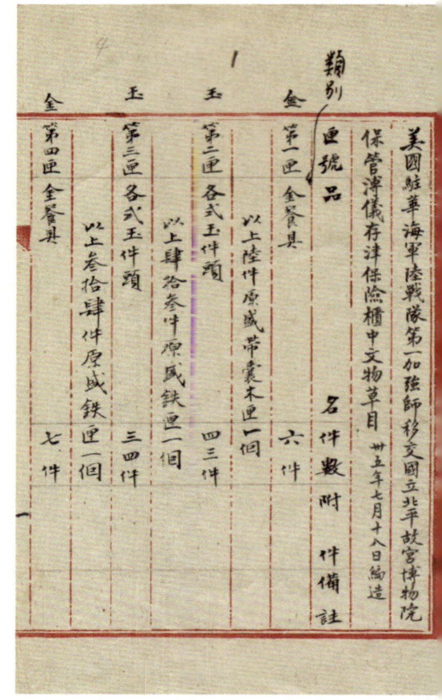
美國駐華海軍陸戰隊第一加強師移交國立北平故宮博物院
保管溥儀存津保險櫃中文物草目 卅五年七月十八日編造

類別	匣號品名	件數	附件備註
金	第一匣 金餐具	六件	
	以上陸件原盛帶囊木匣一個		
玉	第二匣 各式玉件頭	四三件	
	以上肆拾叁件原盛鐵匣一個		
玉	第三匣 各式玉件頭	三四件	
	以上叁拾肆件原盛鐵匣一個		
金	第四匣 金餐具	七件	

1946年7月18日，美驻华海军陆战队移交的溥仪存津文物草目。

《刊谬补缺切韵》是珍贵的书法作品。唐代进士科考试，诗赋用韵要求严格，应试举子入场考试是可以带韵书的。因此，《切韵》及有关《切韵》补缺刊谬本等韵书广为流行。有一叫吴彩鸾的女子，工于书法，一生写了近百部王仁昫撰的《切韵》。清宫旧藏《刊谬补缺切韵》，即为唐王仁昫撰，吴彩鸾写本。书的卷首、末钤有宋宣和及清乾隆帝诸玺，收入《石渠宝笈初编》，溥仪未出宫前散佚在外。1947 年故宫用国币一亿元购得。此书共二十四页，楷书体颇具唐书风韵，六万余字。装帧形式为龙鳞装，宋人称为"旋风叶"，是传世仅有的一件古书旋风装的实物。

在平理事决定后设法收购"的决议，从 1947 年 1 月至 8 月，对发现的散佚书籍书画，均系先由专门委员会审查、选定精品，评定价格后，再经在平理事谈话会决定，总计六次收购书画、书籍十四种，用去收购专款两万六千七百七十万元。重要的有宋版《资治通鉴》一部（共二百册，另目录十六册）、米芾《尺牍》一卷、唐国诠写《善见律》一卷，宋高宗书《毛诗闵予小子之什》（马和之绘图）一卷、《明初人书画合璧》一卷、宋版《四明志》一册、元人《老子授经图书画合璧》、龙鳞装王仁煦书《刊谬补缺切韵》一卷及雍正帝、乾隆帝等《朱批奏折》四十一本等。这批书籍、书画都是从东北流入北平的清宫藏品。相对古书画，贮藏在长春"小白楼"的古籍基本上保存完好，损失不大。1948 年 4 月 13 日，故宫博物院接收了由沈阳故宫博物院转交的这批珍籍八十二种、一千二百四十一册，又接收了文管会和北平图书馆送来的《天禄琳琅》旧本《经典释文》二十三册。

中华人民共和国成立以来故宫散佚文物的征集

中华人民共和国成立后，十分重视故宫散佚文物的征集。文化部于 1952 年

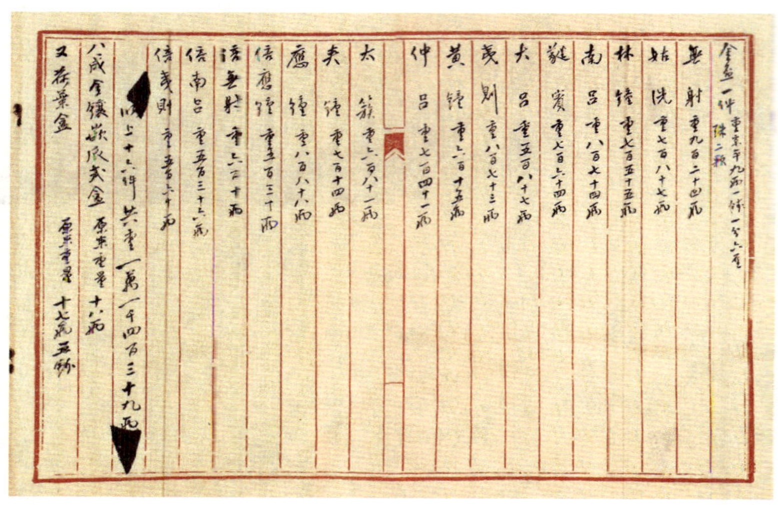

金盒一件 重京平九兩一錢一分六厘 珠二顆
無射 重九百二十四兩
姑洗 重七百八十七兩
林鐘 重七百五十五兩
南呂 重八百七十四兩
蕤賓 重七百六十四兩
大呂 重五百八十七兩
夷則 重八百七十三兩
黃鐘 重六百十五兩
仲呂 重七百四十一兩
太簇 重六百八十一兩
夾鐘 重七百十四兩
應鐘 重八百八十六兩
倍應鐘 重五百三十兩
倍無射 重六百十兩
倍南呂 重五百三十六兩
倍夷則 重五百六十兩
以上十六件 共重一萬一千四百三十九兩
八成金鑲嵌成式金 原票重量 十八兩
又存葉金 原票重量 十七兩五錢

金编钟抵押合同

向全国发出收回故宫文物的通知，通知要求：“为了保存这些古代最优秀的文化遗产，经报请政务院文教委员会批准，凡在各地‘三反’‘五反’运动中发现的故宫古物，其已判决没收和已由当地政府收回的，均应及时送缴中央，拨还故宫博物院集中保管。”故宫博物院故宫文物征集的途径，主要是国家拨交、文物收购、接受捐赠等三个方面。

一是国家拨交。由国家有关部门拨交给故宫博物院的文物中，有许多是流失出去的故宫旧藏，如当年溥仪抵押给盐业银行的玉器、瓷器、珐琅器、金印、金编钟等，就是由国家文物局于1953年拨交给故宫，并由故宫博物院工作人员到储藏地点收运回故宫的。

1965年，故宫从溥仪等人交出的一千一百九十四件物品中，挑选、接收了两百四十五件溥仪的物品，包括古文物、稀有珍宝、宫廷用品及价值很高的艺术品等，这些艺术品绝大部分是溥仪留居紫禁城内廷时期，在1924年以前以赏赐名义携出宫外，并由溥仪在服刑期间随身所带，后向政府主动交出的。其中贵重的有：康熙帝用过的金镶猫儿眼宝石坠，乾隆帝搜集的六朝小玉璧、周朝清玉子、黄玉子、汉玉饰、清朝白玉龙纹佩等，特别是乾隆帝用的三联黄玛瑙闲章（溥仪在《我的前半生》中误写为“三颗青田黄石刻印”）颇为罕见。

慈禧太后的贵重装饰品有白金镶钻石戒指、白金镶蓝宝石戒指、祖母绿宝石白金嵌钻石戒指，碧玺十八子手串、珊瑚十八子手串，金镶翠袖扣，金镶祖母绿宝石领针等。还有隆裕太后用过的宫廷用品六件。另接收了伪满洲国张景惠等九名战犯的十四件文物珍宝。20 世纪 50 年代，国家文物局把五代黄荃的《写生珍禽图》及北宋张择端的《清明上河图》、李公麟的《仿韦偃牧放图》、赵伯驹

收回的金编钟

溥仪上交的乾隆帝三联黄玛瑙闲章

的《江山秋色图》等四件绘画作品经由辽宁省博物馆拨交故宫博物院。

二是文物收购。从20世纪50年代以来，故宫博物院确定了以故宫流失出去的珍贵文物为主、兼及中国历代艺术珍品的文物收购方针；国家在资金上给予支持，购回了大量珍贵文物。收购的途径主要有文物商店、古玩铺、文物收藏者和拍卖公司等。50年代初，国家动用了大量外汇，从香港购回"三希堂"中的"二希"——王献之的《中秋帖》和王珣的《伯远帖》以及唐代韩滉的《五牛图》、五代南唐顾闳中的《韩熙载夜宴图》、五代南唐董源的《潇湘图》、宋徽宗赵佶的《祥龙石图》、南宋李唐的《采薇图》、南宋马远的《踏歌图》、元王蒙的《西部草堂图》及倪瓒的《竹枝图》等一批名珍巨品。

20世纪50年代至60年代初是故宫购藏文物的高峰期。为此，故宫专门设立了"文物征集组"，并引进文物鉴定方面的专门人才。当时社会上流散文物多，琉璃厂一带的古董店得到一件珍贵文物后，首先是送故宫，这就为故宫创造了一个大量购进珍贵文物的极好机会。截至2005年12月底，共购得

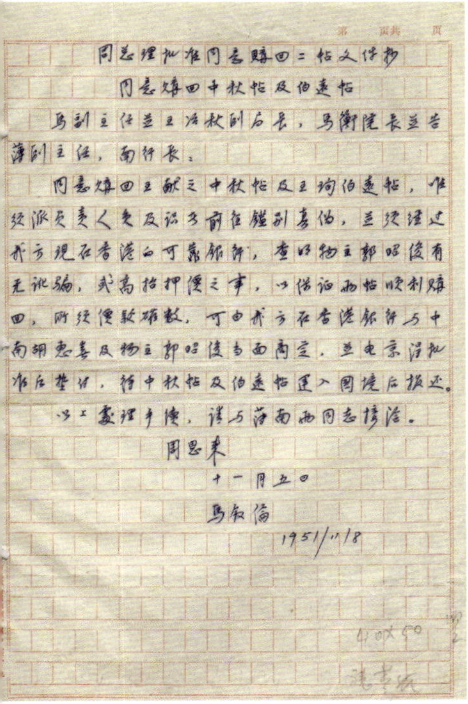

951 年 11 月 5 日，周恩来总理批准赎回押与香
港外国银行的晋王献之《中秋帖》和王珣《伯远帖》
二件，拨交故宫博物院收藏。图为周恩来批文
文件。（引自《故宫博物院九十年》，故宫出版社，
2018 年）

五万三千九百七十一件，其中一级文物一千七百六十四件。特别是书画珍品，如隋人书的《出师颂》、唐周昉的《地宫出游图》、唐颜真卿的《竹山堂连句》、宋王诜的《渔村小雪图》、宋刘松年的《卢仝煮茶图》、宋马和之的《鹿鸣之什图》、宋夏圭的《雪堂客话》、宋马远的《石壁看云》、宋张先的《十咏图》、宋欧阳修的《灼艾帖》、宋苏轼的《三马图赞》、宋米芾的《兰亭序题跋》《苕溪诗》，以及元、明、清书画精品，其中一些为清宫旧藏。

三是接受捐赠。截至 2007 年底，北京故宫共接受捐赠文物、文物资料及图书约三万三千九百件（套），其中有一些清宫流失出去的珍贵文物。特别是张伯驹先生捐献的西晋陆机的《平复帖》、隋展子虔的《游春图》以及唐李白的《上阳台帖》、唐杜牧书《张好好诗》、宋黄庭坚书《诸上座帖》、宋蔡襄的《自书诗》、宋范仲淹书《道服赞》、元赵孟頫草书《千字文》等书画巨品，极其珍贵。

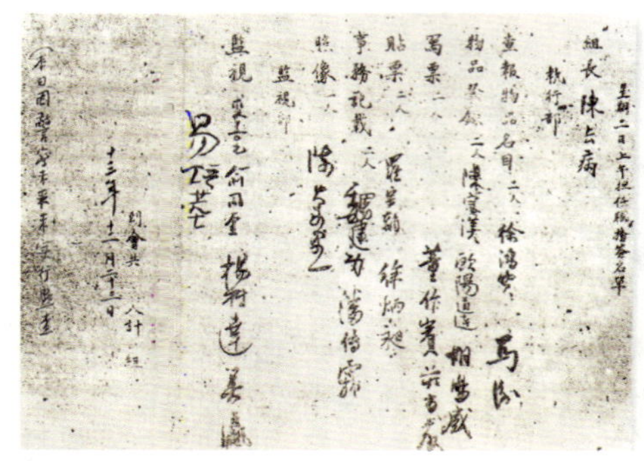

出组单与签牌

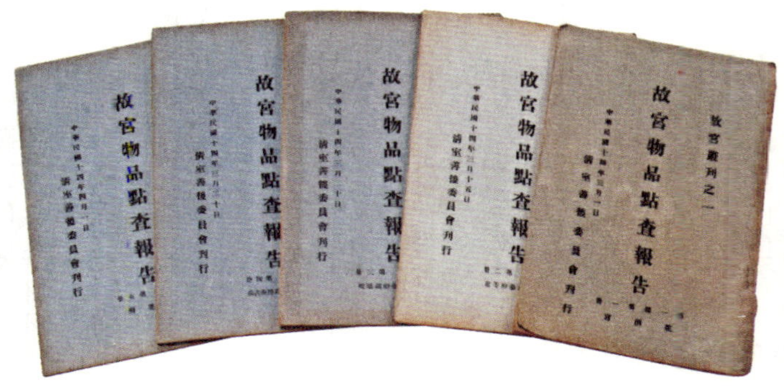

《故宫物品点查报告》

陆 故宫文物的六次清查

从 1924 年至 2010 年，故宫共进行了五次全面的文物点查清理，彻底地查清了文物的庋藏家底。

第一次：清室善后委员会时期对清宫物品五年多的点查

1924 年 11 月 5 日，逊清皇帝溥仪被逐出紫禁城。1924 年 11 月 20 日，清室善后委员会正式成立，宣布紫禁城完全收归民国政府，并着手对清宫文物进行系统的查点。直至1930年3月，清宫物品点查方告结束，登记造册，出版了《清宫物品点查报告》六编二十八册，清宫遗留之物共计一百一十七万余件，包括三代鼎彝，远古玉器，唐、宋、元、明各代的书法名画，宋、元陶瓷，珐琅，漆器，金银器，竹木牙角匏，金、铜宗教造像以及大量的帝后妃嫔服饰、衣料和家具等。除此之外，还有大量的图书典籍、文献档案等。这些文物就成为1925年成立的故宫博物院的藏品。当然，清宫旧藏的数量远不止这些，当时有些殿堂尚未清点，清点过的一些物品，因计算方法的原因，与实际数量亦有不少出入。例如故宫的一些档案，原来是按包扎，以一包为一件，实际上一包之中所含的物件等，多者竟达一二百件。

存沪文物点收清册

存沪文物点查所用教育部点验章

第二次：南迁初期对平、沪两地文物的三年半点查

1933年故宫文物南迁上海后，发生了“易培基盗宝”案。这是一起冤案。由于这起案件的影响以及新旧院长的交替，对南迁文物以及北平本院文物进行了一次全面的点查。1933 年 7 月，理事会议讨论存沪文物的安全问题，议决成立临时监察组织。1934 年 1 月，行政院下令点查平、沪两地文物。故宫博物院为此制定了“点收文物出组须知”“点收存沪文物规则”。

运沪文物的点查从 1934 年 1 月开始，1937 年 6 月完成。这些文物自北平装箱运出时，清册上只记了品名与件数，没有编造详细清册。这次点收则是按箱登记，核对检验，铜器、玉器、牙器都要记明重量；瓷器还要标明颜色、尺寸（包括口径、底径、腹围、深度等）、款式，有无损伤，巨细靡遗。点查的同时，又按照马衡院长制定的“全材宏伟”“沪上寓公”八字，分别重造三馆一处南迁文物的编号与箱号。点验过的文物全部钤盖上“教育部点验之章”。此外，又将每日点查结果汇集整理为《存沪文物点收清册》，并油印装订，成为故宫南迁文物最完整的著录，其品名、编号、数量等款目资料，目前仍具有重要的参考价值。

北平故宫本院留存文物的点查于 1935 年 7 月全面开始，1935 年 10 月结束。

其做法为仅登录品名及件数，虽不如上海清查详尽，成果仍极为丰硕。凡清室善后委员会于仓促中遗漏的，或载于清室旧目从未发现的皆逐件检出，并予以补号登录；文物种类因而骤增数千，件数则不下数万。

第三次：“文革”结束后对库藏文物的十年整理

这次整理自 1978 年至 20 世纪 80 年代末。“文革”期间，故宫的文物保管工作停顿。恢复工作后，清理了一级藏品，健全了一级品档案。1978 年，恢复保管部建制，重新制定了《库藏文物进一步整理七年规划》和《修缮库房的五年规划》。这次整理的主要任务，是把库房中过去还没有完成和没有做好的工作继续做好。具体工作是：划分级别、鉴定年代、给文物贯号、做好文物排架、补齐文物卡片、核对文物数字。此次整理的难点是实物、账卡、单据上的混乱。混乱的原因，主要是以前的工作指导思想上有“甩包袱”的想法，将批

20 世纪 50 年代，在杂乱物品中发现的宋徽宗赵佶《听琴图》。

金嵌珍珠天球仪（故宫博物院藏）

量的认为重复品太多的文物单拨调出来，准备做“拨交”出去用，因此打乱了原来按年代、级别、类型分类存放的基础；加之“文革”中工作中断，长期无专人管理，使库房工作的许多头绪没能有效地衔接上，出现了一时的混乱。这次整理先后用了十年完成。大部分分类库房在完成整理后都进行了小结，并通过了保管验收组的验收。

第四次：20 世纪末地下文物库房建成后的十年核查

这次检查自 1991 年至 2001 年。1990 年，故宫博物院地下库房第一期工程完工，1997 年第二期建成。从 1991 年到 2001 年的十年中，院藏文物的百分之六十从地面库房搬向地下库房。地面库房的大迁移和大调整，几乎移动了所有文物。院内先后制定并修订了《故宫博物院文物出院出库管理制度》《故宫博物院藏品管理条例》和《故宫博物院地下藏品库房管理细则》等，提出并实施了“对移入地下库房的藏品进行分类验收和更换院内在陈文物提单”的工作，核查文物数字，登录文物信息，解决历史遗留问题，分清保管与陈列责任；为进一步摸清家底，实现数字化管理打下坚实的基础。

第五次：21 世纪初的七年文物清理

经过几代故宫人的整理、鉴别、分类、建库等，基本上做到账目比较清楚、管理制度逐步健全。但是，由于宫廷藏品及遗物数量巨大、种类繁多、存贮分散，以及过去对文物认识的局限性等原因，虽进行过多次清理，仍存在某些文物账物不相符合、许多重要的宫廷藏品未列为文物、一些库房尚待进一步清理、院藏文物还没有一个确切数字的问题。故宫博物院认识到，只有弄清故宫藏品的种类和确切数量，才能对其有效地实施保护，才能对它的内涵、特点以及价值有更为全面、准确的认识，也才会对它进行更为深入的研究和挖掘。这是博物馆的基础工作，是科学管理的前提；同时，故宫的丰富藏品是中华民族珍贵的文化财产，故宫博物院代表国家进行保管，弄清这些财产的底数并认真妥善地加以保管，是对国家、对民族负责任的表现，是不容许有半点疏忽与懈怠的。

故宫博物院通过调查研究、充分讨论，决定从2004年到2010年，用七年时间对全院文物藏品进行一次全面、彻底的清查，弄清楚“家底”到底有多少。时任文化部部长的孙家正同志于9月2日做了批示：“故宫文物的清理是一项基础性浩大工程，是加强保护、陈列、展示、研究等各项工作的前提。意义重大，责任重大。要有全面的规划、科学的操作程序，明确的责任和严格的纪律。此项工作与古建的维修结合进行，工作量巨大，同志们会很辛苦，但意义深远、责无旁贷。此件可改写成一份《文化要情》上报党中央、国务院领导同志知悉。”

文物清理的目标是家底清楚、账物相符、科学管理。按照七年规划，第一，要完成在册近百万件文物的账、卡、物三核对，完善名称、定级、计件及统计工作，解决历史遗留问题，确立准确的文物数量，更换院在陈文物的提单，建立定期审核和更换提单的制度。第二，对在册或不在册的文物资料进行认真整理，根据文物保护法给予登记、造册、统管，符合文物标准的要提升为文物；仍为资料的，也应予建账，妥善保管。第三，对近二十万册古籍善本、特藏及院藏二十多万块珍贵的书板，逐步完成整理、核对、定级、编目，登录文物信息系统，使之纳入全院文物管理。第四，在认真清理的基础上，摸清家底。适时编印《故宫博物院文物藏品总目》和《故宫博物院文物珍品分类大系》（后来出版时定名为《故宫博物院藏品大系》），向社会发行。在搞好文物藏品清理的同时，还要提高文物管理的信息化水平，重视文物藏品的修复与抢救，加强对文物库房的建设与管理，探索并完善文物管理新体制，等等。

故宫的文物清理工作，其成果有以下四点：

第一是解决总账与分类账不一致的问题。文物管理处所管全院文物藏品总账与各部门所管各自门类的分类账存在部分不一致的情况。解决这些问题，库房人员需要根据总账、分类账的记录，与库房卡片、实物进行核对，之后查阅相关单据，找出差错的原因，核实后对总账或分类账进行相应修改。具体来说有四方面的问题：

藏品管理权限移交、提陈手续不清的问题。如毛泽东主席委托中办转交故宫收藏的“钱东壁临兰亭十三跋卷”，先由保管部工艺组的国内礼品库保管，后移交至书画组管理。移交时，老号未销，又贯了新号，导致总账与分类账数字不符。

数字、计件不一致的问题。如“清乾隆点翠嵌珠钿花”，总账为四件，而分类账则为一份。经过核实，统一了计件。

类别错误。类别错误主要是由于藏品号登录错误而产生。九龙壁瓷器库有不少类别错误的情况，如总账记为铜镜的文物，分类账记为“清雍正青花山水人物罐”等。经过核对，找出错误原因，对账目进行了修改。

拨、销情况不一致的问题。此问题多发生在总账与分类账重复品撤销分号上。如“明黄团龙缎”，总账记录拨出了分号二一七，而分类账记录拨出的为分号二七一。经核实，分号二一七仍然在库，属调拨错误。又如“楠木边油画山水围屏”，分类账上记录拨给了民族文化宫，但总账未有记录。为此，专门到民族文化宫查找到了该件文物，证明是总账漏登了拨交记录。

第二是解决账物不符的问题。故宫建院以来，历经坎坷，其间文物藏品拨入拨出、借入借出、销号处理、文物资料提级和降级等多有反复，情况极为复杂。在此过程中，库房人员任何一点的疏漏或登记报批不规范都可能造成账物的不一致。同时，很多账物不符的现象都是由于账目统计标准不一致造成的。解决账物不符的问题，是本次清理验收工作的重点，也是最大的难点之一。任何一个问题的解决，都离不开库房人员耐心细致、坚持不懈的查找。其中的工作，既包括对库房内文物的仔细核对，也包括对相关文物、账目单据的追查。有时，还需要库房人员根据有限的线索进行缜密的分析和推论，才能得出准确和令人信服的结论。具体来说，解决了有账无物、有物无账、登记错误、调拨错误四个方面的问题。

第三是完善文物管理体制。主要是解决个别门类文物交叉管理问题。由于历史上形成的文物分类不完善，故宫个别同一门类的文物分散于不同的科组或部门进行管理，给账、卡、物三核对造成了困难。这一问题的解决仅靠本类库房、本科组甚至本部门的努力，运作起来也很费劲。因此我们确定了由相关部门或科组作为牵头单位，组织跨组、跨部门的力量协同查找，收到了成效。同时，为了完善文物管理体制，由院里统一协调，根据文物藏品的属性，对相关科组和部门文物交叉的问题统一进行了管理归属权的变更。

文物管理处作为全院文物总账的管理者，之前也一直管辖着一些珍宝等门类的文物和资料，账物未能实现分离。此次清理，文物管理处将原来所辖文物和资料，根据文物属性，分别移交给了宫廷部、古器物部、古书画部、古建部，共计十三万一千九百六十二件，实现了文物、账物的完全分开管理。

第四是彻底清查全院文物藏品。过去，由于认识的局限性，许多珍贵的宫廷遗物长期被忽略，从未进行过系统点查与整理，或没有真正纳入文物账进行管理。这次把这一类文物和资料全部纳入清理范围，在清理过程中不放过库房的任何死角，逐一进行登记，对以往作为资料或“非文物”的藏品，根据重新鉴定，已有相当数量被提升为文物，统一进入文物管理系统。不仅将过去从未进行过系统整理的藏品，如对十三万件清代钱币、两万二千七百零三件清代帝后书画等进行了系统整理；而且对所有资料藏品进行了重新鉴定、研究，完成了共计十八万零一百二十二件资料藏品的提升工作。

新提升为文物的藏品中，如织绣类文物里有来源于“文革”时期从北京房山上方山、云居寺中收缴的数千件经书的封面，它们绝大多数是纪年准确的明代织物，且品类众多、织工精细、纹样精美、保存完好，这在全国博物馆同类藏品中也十分罕见和难得，对研究明代丝织品具有重要意义。又如八百八十八件盔头、鞋靴，过去未当作文物管理，从戏曲演出看，盔头和鞋靴与身上的戏衣一样，都是传统戏装“行头”的有机组成部分，同样具有历史价值，这次列入了文物。

010 年 12 月 28 日，七年文物清理工作总结表彰大会召开，故宫博物院院领导与获奖人员合影。

整理前的武英殿书版

整理后的武英殿书版

还有反映清代官员觐见皇帝制度的近万件红绿头签、反映皇宫警卫制度的上千件腰牌等，也在本次清理中提升为文物。

古籍、古建类藏品首次纳入文物管理序列。古籍类藏品之前虽得到妥善保管，但在保管形式上沿用了图书馆界的做法，未按文物要求管理，也是故宫唯一没有定级的藏品。图书馆将这些古籍、善本、书版按照文物管理要求进行了清点。十九个文物库房的五十六万四千七百一十三件文物、三万八千三百四十八件资料，共计六十万三千零六十一件（册、块、幅、包等）藏品终于全部清点完毕，并按照文物要求完成了相应账目的编制和录入工作。这是自 1925 年故宫博物院图书馆建立以来最全面、最彻底的一次大清点。

古建部的文物库房是在原古建部实物存放地的基础上，于 2004 年文物建档工作开始后建立的，起初只有一本简单账目，基础工作非常薄弱。通过此次清理，古建部不仅完全按照院里对文物核对工作的要求，完成了古建实物四千一百八十件的清理核对，而且还对所核查文物进行了信息收集，对每一件核查过的藏品都按照要求贯以文物资料号，增写了卡片，形成了一套较为完整翔实的、便于增添和调用的古建文物资料电子账目。

2010 年 12 月 28 日，“故宫博物院 2004—2010 年藏品清理工作总结表彰会”隆重召开。历时七年之久的故宫博物院藏品清理工作终于圆满结束

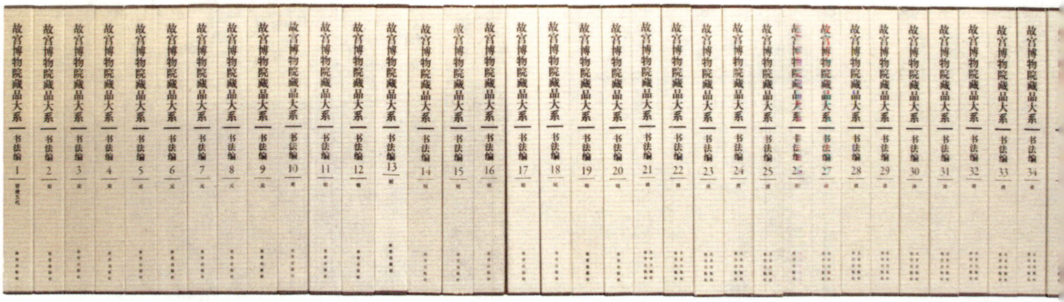

《故宫博物院藏品大系·书法卷》

了。经过清理，故宫藏品总数达到了一百八十万七千五百五十八件，其中珍贵文物一百六十八万四千四百九十件、一般文物十一万五千四百九十一件、标本七千五百七十七件。这是故宫自建院以来在文物藏品数量上第一次有全面、科学的数字。这是故宫向国家、向社会交出的一份合格的财产账，也标志着故宫博物院的藏品管理工作进入一个历史性的新阶段。约五百卷的《故宫博物院藏品大系》同时开始出版，《故宫博物院藏品总目》从 2013 年 1 月陆续在故宫网站向社会公布。

故宫博物院文物藏品是个动态的概念，以后还会有所变化，但这次清理是最基本的基础建设。

第六次：2014 年至 2016 年的三年文物清理

2012 年 10 月 1 日，国务院印发了《关于开展第一次全国可移动文物普查的通知》（国发 [2012] 54 号），决定从 2012 年 10 月到 2016 年 12 月，对我国境内（不含港澳台地区）全部国有单位收藏保管的文物进行全面普查登记。故宫博物院又继续开展了第六次文物清理（2014—2016）工作，又称“三年藏品清理”。

虽然第五次藏品清理完成了“账卡物”三核对，但仍然有大量的后续工作需要继续开展，部分藏品需持续和深化清理，如院藏“乾隆御稿”，基本包含了乾隆帝一生的诗文作品，既有御笔稿（朱笔），也有大臣誊写稿（墨笔），仍基本按年编号，尚未按诗文或页数进行细整理。又如甲骨，故宫博物院收藏总数初步估计有两万二千四百六十三件，占世界现存殷墟甲骨总数的百分之十八，属于世界第三大甲骨收藏单位。目前，仅《甲骨文合集》著录一千四百四十片，绝大部分未进行科学化的整理与保护，更遑论对甲骨内容的研究和探讨。

三年藏品清理由“乾隆御稿”“明清尺牍”“瓷片、窑址标本”“旧存瓷器”“甲骨”“石碑”“散置全院各处的文物箱柜架”“旧有席、垫、褥等文物资料”“清宫老照片”“清宫老照片玻璃底片”“古建库房整理”“石刻构件”“原存材

慈禧太后着色照片（故宫博物院藏）

慈禧太后在颐和园乐寿堂与外国公使夫人合影照片（故宫博物院藏）

大婚后的溥仪玻璃底片（故宫博物院藏）

溥仪、婉容在天津合影照片（故宫博物院藏）

料”“古建筑及其附属物品登记”“部分无收藏价值的藏品报请国家文物局退出藏品序列”等十五个工作项目组成。

经过三年努力，与2010年相比，增加藏品五万五千一百三十二件。其中增加较多的文物门类包括：新整理的乾隆御稿与尺牍七百二十六件，新整理的甲骨类文物一万六千五百一十一件，新整理的陶瓷类文物四千四百二十五件、标本七千八百零八件。

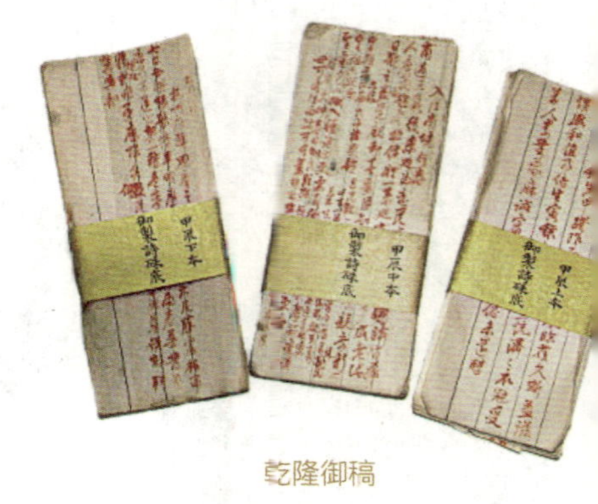

乾隆御稿

柒 故宫的非文物处理

故宫是皇宫，自有其日常生活需要的大量物品，其中有的也为赏赐之用，主要来自贡品。倘积累数量颇多，为防止霉变，清廷往往将其折价变卖。如档案记载，雍正十二年（1734），缎库所贮高丽布三万匹发卖，获银两万二千八百八十余两。乾隆年间，两次折价出售安南进贡的漆扇；乾隆三十一年（1766），茶库的七十余万张高丽纸，以头号纸每张价银四分、二号纸每张三分、三号纸每张二分变价。

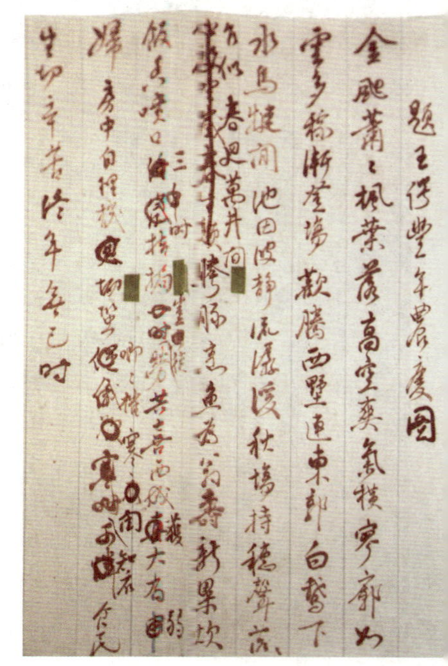

乾隆御稿

故宫博物院成立就接收了这些东西，

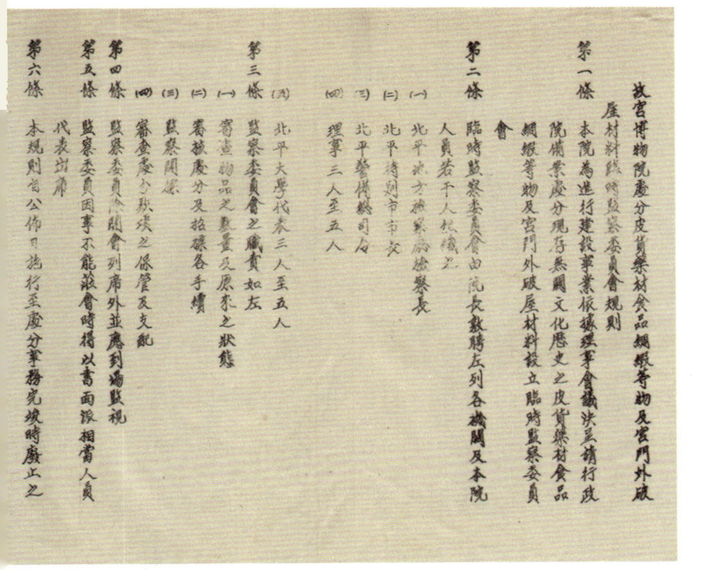

故宫博物院處分皮貨藥材食品綢緞等物及宮門外破屋材料臨時監察委員會規則

第一條 本院為進行建設事業依據理事會議決呈請行政院備案處分現存無關文化歷史之皮貨藥材食品綢緞等物及宮門外破屋材料設立臨時監察委員會

第二條 臨時監察委員會由院長敦聘左列各機關及本院人員若干人組織之

(一) 北平地方法院檢察長

(二) 北平特別市市長

(三) 北平警備司令

(四) 理事三人至五人

(五) 北平大學代表三人至五人

第三條 監察委員會之職責如左

(一) 審查物品之數量及原來之狀態

(二) 審核處分及招標各手續

(三) 監察開標

(四) 審查處分款項之保管及支配

第四條 監察委員除開會列席外並應到場監視

第五條 監察委員因事不能蒞會時得以書面派相當人員代表出席

第六條 本規則自公佈日施行至處分事務完竣時廢止之

1929 年 4 月 10 日，理事会通过的《处分故宫无关文化物品临时监察委员会规则》。

39

故宮博物院用箋

逕啟者查本院舊有金沙金葉業經臨時監察委員會議決處分在案茲以投標方法招商承買業經擬定投標規則及投標人應行注意事項訂於本月二十一日上午九時至十二時為看貨日期二十二日上午十時至下午四時為投標日期二十三日上午十一時當衆開標相應檢同規則及注意事項二種函請

查照飭知有關係各科分別遵照辦理為荷此致

總務處

附投標規則五份 投標人注意事項五份

秘書處啟

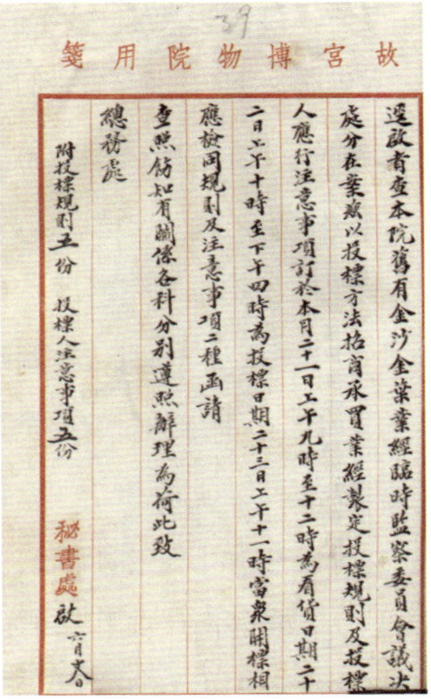

1931 年 6 月 18 日，秘书处处分金砂、金叶等物品的通知。

主要是茶叶、皮货、绸缎、布匹、药材等。据那志良先生回忆，光茶叶就装了七个屋子。

故宫博物院建院初期境况艰难、财政拮据。1926 年 5 月，故宫博物院维持员庄蕴宽就以个人名义向银行借款三万元以维护故宫日常开支，本定于 1927 年 1 月到期偿还，但因故宫实在无力还款而延搁下来，直到 1936 年才由政府解决。维持会时期，就曾决定处理一批与历史文化无关的物品，如金砂、银锭、茶叶、药材、绸缎等，以弥补院内日用开支，但因北洋政府令阻而未能实现。

1931 年夏，处理事宜正式开始，其中绸缎、皮货每周公卖一次，而普洱茶、燕窝等物则交出版物发行所代售。至 1932 年，处理永寿宫金砂、养心殿金叶及部分药材等，处理永寿宫、景仁宫无关文化与历史的金质器皿，共得款四十八万七千三百余元。每次售物所得价款随存银行，开立基金专户，备用于博物院建设事业、宣扬流传事业及一切扩充事业，不得用于办公用费及薪金。每次结束后，都将经过情形缮印成册，刊印了《故宫博物院三次标卖残废金质器皿经过情形》专册，分送有关机关及社会各界，以便公众监督。

非文物处理造成了故宫博物院院长易培基的下台。1932 年 8 月 29 日，故宫处分金质器皿完事后，有人突向北平政务委员会检举，并控告易培基院长侵估盗卖古物。10 月，监察院监察委员周利生、高鲁奉命来院调查此事，历时两周。1933 年 1 月 7 日，周利生、高鲁向南京国民政府政务官惩戒委员会提出弹劾易培基出售金器违法。加上文物南迁工作，1933 年 3 月停止每周公卖活动，发行所代售茶叶事照旧进行。易培基院长的罪名，最后则变成了盗窃故宫珍宝。

故宫南迁文物暂存上海时，也曾着手处理南迁文物中的非文物。这主要是皮货。共有四十一箱，内有两箱系全装衣片，又两箱系全装皮货及衣片；除衣片外，计共皮货八千七百零四件，内除貂尾两千九百一十七毛外，计皮货五千七百八十七件。这些皮货，除成衣件之皮外，整只兽皮实占多数，如整貂、整狐等，虽品类相同，而质地优劣不一，经按其品质分别等级，将貂皮分别为白貂、大毛貂、板貂、次大毛貂、次板貂五级；将狐皮分别为白狐、次玄狐、刷狐三级；由驻沪办事处提前点收，并经先后三次聘请南北两地专家鉴定品名、估定价格。故宫博物院理事会多次讨论这一提案，并组织了皮货处分委员会，以马衡院长、李济理事、周诒春理事为委员，请行政院，内政、教育两部派员参加，由常务理事监标。后经调查，当时市情与原标价相差甚远，南北两地专家的估价也差距不小，遂决定暂缓处分，以免损失。

1959 年，故宫博物院南京分院处理花盆两百四十六箱，应该是南迁非文物的唯一一次正式处理。

故宫非文物的大规模处理是 1954 年至 1959 年。

1953 年 5 月，时任文物局局长的郑振铎亲自拟写了《故宫博物院改进计划的专题报告》，说到故宫博物院“在非文物物资中，以皮筒九万九千七百七十一件，

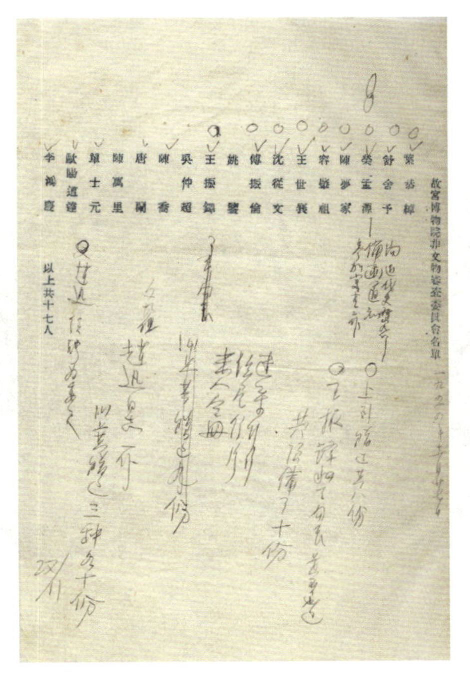

故宮博物院非文物審查委員會名單

葉恭綽　舒舍予　[illegible]　陳夢家　容肇祖　王世襄　沈從文　傅振倫　姚鑒　王振鐸　吳仲超　[illegible]　唐蘭　陳萬里　單士元　歐陽道達　李鴻慶

以上共十七人

故宫博物院非文物审查委员会名单

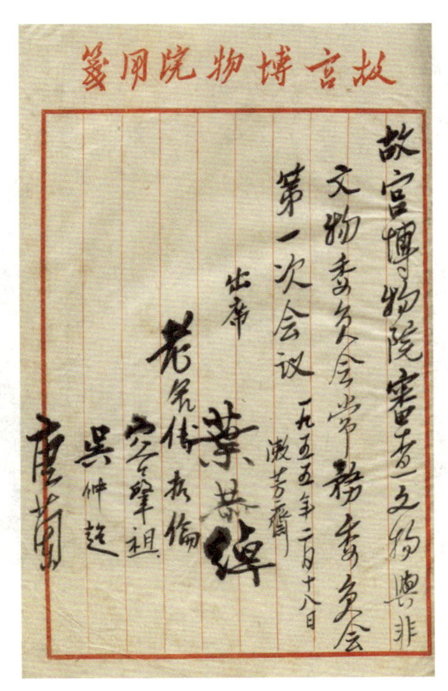

故宫博物院用笺

故宫博物院审查文物与非文物委员会常务委员会第一次会议

一九五五年二月十八日

出席

到会委员签名簿

瓷器两万九千七百四十三件，绸缎三万三千六百件，杂灯两万八千五百五十六件，丝绦两万六千二百五十件，玉石料一万五千四百八十二件，武器一万一千三百五十九件为大宗。其中有使用价值者，凡五十一万一千二百四十六件。已破烂不堪，无使用价值者，凡两万八千四百四十件。共占用房屋三百三十八间。其他，散置各宫殿廊庑中，尚未整理分类物品，凡三十六万余件，占用房屋一千六百十三间，计占故宫全部建筑百分之四十八。估计此项未清理的物品中可能有一部分是文物”。(《郑振铎文博文集》，文物出版社，1998 年)

1954 年，故宫博物院制定了以清理文物、处理非文物、紧缩库房、建立专库为主要内容的《整理历史积压库存物品方案》以及《清理非文物物资暂行办法》，开始了全面整理工作。工作分两个步骤进行。第一步，从 1954 年至

1954 年 11 月，故宫拟处理的非文物（木器类）。

1959 年，主要是清理历史积压物品和建立文物库房，成立了处理非文物物资审查小组，政务院批示由中央监察委员会、最高人民检察院、最高人民法院、文化部社会文化事业管理局及故宫博物院组成故宫博物院非文物物资处理委员会，先后共处理各种非文物物资七十万件又三十四万斤（十七万千克）。对全院库藏的所有文物，参照 1925 年的《故宫物品点查报告》和 1945 年的《留院文物点收清册》，逐宫进行清点、鉴别、分类、挪移并抄制账卡。在整理中，从次品及"废料"中清理出文物两千八百七十六件，其中一级文物五百余件，如商代三羊尊、宋徽宗《听琴图》及一批瓷器等都极为名贵。第二步，从 1960 年至 1965 年，按照《以科学整理工作为中心》的规定，对藏品进一步鉴别、划级，建立全院的文物总登记账，并核实各文物专库的分类文物登记账。

故宫非文物处理是必要的，取得了有目共睹的成绩，但也有遗憾，不少宫廷遗物被当作非文物做了简单处理；例如处理宗教画，拆毁乾隆年制的八旗甲胄卖

太和殿前的铜铸品级山

清钦天监官员、比利时传教士南怀仁于康熙八年（1669）制作的铜镀金浑天合七政仪

铜钉、革，清代两万多幅帝后书画作品也没有被当作文物对待。为了适应展览需要，或因其他原因，撤除一些殿堂的原状陈设或改造其内部格局；例如皇极殿、奉先殿的室内原状陈设被撤除并处理给另外的文物单位，乾清宫东西侧的端凝殿、懋勤殿、上书房、南书房等处的室内原状皆被拆除等（朱家溍《忆单士元兄》，《中国文物报》1998 年 6 月 10 日）。

这反映了当时的一种文物观念及人们对宫廷遗产价值的看法，应该说是 20 世纪 50 年代中国文物博物馆界普遍的认识水平的反映。当然，我们不能苛求于前人。在不断提高认识的基础上，故宫博物院从 20 世纪 80 年代后期以来，对所留存的非文物物资和资料进行了认真的清理，原已注销的一些文物又收库保存；21 世纪初的文物清理则是在充分认识宫廷历史文物价值的基础上进行的。

捌 故宫的宫廷历史文物

宫廷是封建社会国家的中枢，是朝廷的中心。故宫因此存有大量宫廷历史遗物，如卤簿仪仗、乐器舞具、宫廷冠服、八旗盔甲、武备器具、宗教文物、戏衣道具、药材药具、家具地毯以及外国文物等，品类繁多。作为宫廷历史文化的见证和载体，它们不仅是研究明清史的重要资料，而且是了解宫廷历史文化的珍贵实物，同样是具有相当价值的文物。

过去，不少宫廷历史文物长期未被视为文物，或仅被列为“文物资料”。例如北京故宫博物院藏有两万多件清代帝后的书画，数千件绘画作品包括了顺治、乾隆、嘉庆、道光、光绪、溥仪等皇帝和慈禧、端康、隆裕等后妃的作品，又以乾隆帝、慈禧为最多，仅乾隆帝的作品就有一千六百余件。万余件书法作品包括了自顺治帝到宣统帝十位清代皇帝的书迹，乃至慈禧、隆裕的墨迹，其中乾隆帝书法多达一万多件。这些都保存得非常完整。但受观念限制，过去未将其视为文物，甚至未纳入“文物资料”之列，而现在它们的重要史料价值逐步受到关注。书画本身就是艺术品，帝后的审美取向比文人的趣味更能影响当时的文艺潮流。同时，它们又是重要的历史资料，尤其是对皇帝和后妃们艺术、文化、

康熙帝书《药师琉璃光如来本愿功德经》

乾隆帝《仿李迪鸡雏待饲图卷》

思想的深入研究具有重要的价值。由于这些作者身份的特殊，相关文物社会上流传量小，现在收藏界对此也颇为关注。

宫廷遗存中有的重复品多。一般来说，文物的存量与价值成反比，某类文物的存量越少，其中每件文物的价值就会相对提高。但是，故宫藏品的这个“多”，是就皇宫而言；从全国来说，则还是相当少的。例如，当时有大量八旗盔甲，现在保存很少，人们以为保存大量的重复品对个体的认知并无意义；今天来看，有了大量的重复品，才能体现出八旗的军威和气势。

对宫廷历史文物价值的认识，既是一个文物保护理念问题，也牵涉到对故宫价值、故宫博物院性质的认识问题。保存至今的各种宫廷收藏和遗物是故宫的最大特色，也是故宫的特殊价值，而保护好一个完整的故宫则是故宫博物院的使命。

故宫的七年文物清理就坚持了这一理念，把相当多的宫廷历史遗存提升为文

1955年，故宫博物院档案馆移交国家档案局前，全体工作人员在御花园合影留念。

物。如故宫戏曲文物中，戏衣已作为文物保管，但八百八十八件盔头、鞋靴却未列入文物；从戏曲演出看，盔头和鞋靴与身上的戏衣一样，都是传统戏装“行头”的有机组成部分，同样具有历史价值，这次便列入了文物。此外还有两万件帝后书画、十三万件清代钱币、二十余万件武英殿书版、四千件“样式雷”建筑图样及八十余具烫样、近万件官员觐见皇帝的红绿头签，上千件腰牌等，也在本次清理中被提升为文物。

玖 故宫文物的外拨

中华人民共和国成立后，在国家及有关单位和大批捐献者的支持下，故宫博物院的文物藏品不断得到丰富与完善，但与此同时，故宫大量院藏文物曾被向外调拨。这种调拨是在国家文物主管部门批准协调下进行的，种类多、数量大、持续时间长。所拨出的主要有档案文献、典籍图书以及古代艺术品与宫廷历史文物，其中档案文献八百二十万件，典籍图书数十万册；陶瓷、书画、珐琅、织绣等艺术品，宗教文物及宫廷历史文物共八万多件，总数超过八百五十万件，散存于国内许多档案馆、博物馆、图书馆及其他机构。

明清档案部门的整体划出

清宫的明清档案一直是故宫博物院的重要藏品。中华人民共和国成立后，十分重视明清历史档案，宣布档案为国家财富，实行集中统一管理的原则，又陆续接收和征集散失在有关机关单位及私人手中的四百万件（册）明清档案。1955 年，故宫博物院的明清档案划归国家档案局，包括清代内阁、军机处、宫中、内务府、宗人府、清史馆等处所藏档案文件以及明末档案文件，共计六百四十四架、一千一百六十七箱、一千六百九十四麻袋，约四百三十余万件，加上南迁档案两千六百零八箱、一百五十余万件，共约五百八十余万件。1969 年，这些档案又回归故宫博物院管理。过了十年，即到 1980 年，合计已有八百二十万件的明清档案连同保管的十万册（函）图书资料再一次拨交国家档案局，改称中国第一历史档案馆。北京故宫现仅留有少量清宫档案，以及实录、圣训、本纪、历书、则例、舆图、书版、陈设档案、服饰画样等。故宫博物院曾保存宫中舆图五千九百多件。随着明清档案的拨交，遂把其中与清宫历史有关的一百五十八件保存下来，其他五千七百四十七件舆图则移交国家档案局。

明清档案部门的整体划出，是 1949 年以后故宫博物院在机构及业务上的最大变化。

典籍图书的外拨

故宫博物院图书馆长期以来是个重要的业务部门。1949 年至 1953 年，在国家支持下，故宫博物院仍然致力于收购清宫流失出去的珍籍，继续充实着故宫的典籍收藏。

20 世纪 50 年代初，故宫已将一百九十部、四万余册宫中书籍拨给了中国科

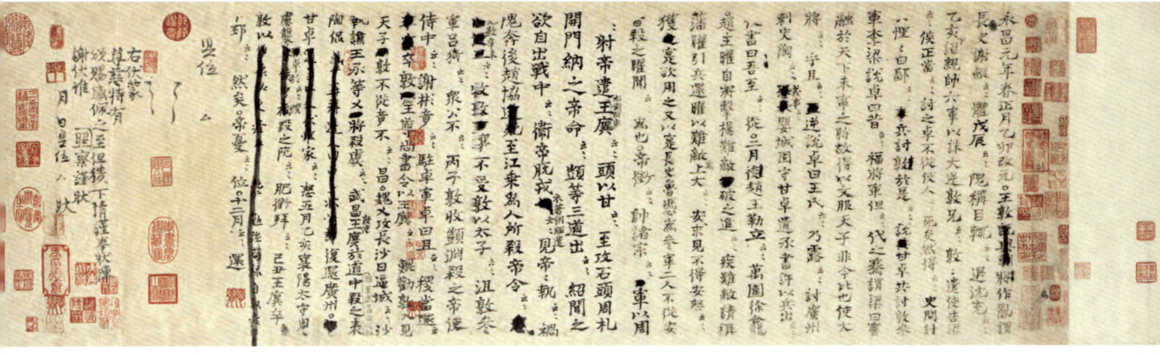

司马光《资治通鉴》残稿。故宫博物院理事会 1947 年 6 月 18 日决定，以一亿零三十万元购买昭仁殿旧藏宋版《资治通鉴》。全书两百册，又目录十六册，分装二十锦套，总计五千七百零六页。据专门委员审定，为南宋初年刻本，现藏中国国家图书馆。

司马光《资治通鉴》残稿共计四百六十五字，记载了自东晋元帝永昌元年（322）正月王敦作乱起，至同年十二月慕容廆遣子皝入令支而还止，一年间的史实。为今通行本第九十二卷内容，但与之有很多不同。

学院、北京图书馆、吉林省图书馆、中国人民大学、北京大学及部分省市大学等二十三个单位。后来，还先后将不少宫廷藏书拨交给一些省区市图书馆等单位。

接收故宫外拨书籍最多、质量最好的是北京图书馆，即今天的中国国家图书馆。1955 年，故宫将存在柏林寺的完整的 18 世纪《龙藏》经版外拨给北京图书馆，计一百架七万八千二百八十九块。1982 年，这批经版又移交北京市文物局，现由云居寺收藏。1958 年 9 月，故宫拟将藏书中的重复本及与业务无关的书籍约二十三万余册拨给北京图书馆，并由北京图书馆把其中一部分分配给需要这些书籍的机关、单位。北京图书馆则提出要“天禄琳琅”图书，故宫也答应了。“天禄琳琅”是清宫秘藏善本书中的精华。清室善后委员会当年查昭仁殿存书时发现，属于天禄琳琅藏书者仅得两百八十八部，不到《天禄琳琅续编》所著录的一半。原来，逊帝溥仪暂居内廷期间，把其中两百余种珍版书偷运出宫外。后来这批书籍散落在东北，1949 年以后，逐渐收回，重聚于北京故宫。1959 年 5 月，故宫博物院移交北京图书馆《天禄琳琅书目续编》中的共两百零九种、两千三百四十七册，另拨交非“天禄琳琅”却系宫廷珍本二十九种、五百零九册。

器物的外拨

查阅故宫博物院的文物调出档案，首次调拨文物是1954年。从1954年至1990年的三十多年中，除1967年至1970年及1988年、1989年没有拨出外，其余每年都有向外调拨的文物。最后的记载是1990年，给上海中医学院医史博物馆调拨清代青花瓷研钵（故字号）一件，杭州的中国茶叶博物馆瓷器、生活用具八件（故字号）。调出文物最多的一年是1959年，达两万三千九百五十五件，1974年也多达一万一千三百八十二件；最少的是1987年，给苏州丝绸博物馆调拨清代苏州造织绣材料四件。一些属于借出的清宫文物，以后则改为调拨。截至1990年，故宫博物院调拨出的文物共计八万四千件另八十七斤一两，其中约有两千四百多件不属清宫旧藏（一千三百三十六件为国际礼品）。

故宫器物的拨给单位，包括国内外的博物馆、事业单位、企业、人民团体、科研机构、寺院、学校、国家机关、电影厂等。根据档案记载，其中拨往文物最多的单位是现在的国家博物馆（即原来的中国革命博物馆和中国历史博物馆），多达七千九百七十件。1959年中国历史博物馆成立，北京故宫曾把包括虢季子白盘、《乾隆南巡图》等在内的三千八百八十一件珍贵文物拨了过去。北京故宫拨出文物涉及十个国家及国内二十七个省、自治区、直辖市和部队单位。其中，国内共八万二千九百九十九件另八十七斤一两，拨往国外文物一千零一件。故宫外拨藏品的类别有：陶瓷、铜器、玉石器、漆器、珐琅器、织绣、绘画、法书、铭刻、雕塑，以及其他工艺品、文具、生活用具、钟表仪器、宗教文物、武备仪仗、古籍文献、外国文物、其他文物等。

故宫博物院外拨的文物，有些是在特殊历史条件下形成的。1973年，故宫大佛堂的两千九百余件佛教文物迁运河南洛阳，佛像被安置于某寺院，其余文物如两座九级木塔等则为其他文物部门分别占用。大佛堂是故宫西路慈宁宫后殿，明嘉

虢季子白盘（中国国家博物馆藏）

靖十五年（1536）建成，为后妃礼佛之所。该殿面阔七间，进深三间，殿宇宏敞；直至 1973 年佛堂被拆之前，仍完整地保持着明清皇宫内佛堂的历史原貌。佛堂中有目前国内仅存的整堂元代干漆夹苎十八罗汉像、三世佛像、天王像、韦陀像等二十三尊，均属一级文物。干漆夹苎像是佛教造像中最珍稀的品类，它靠多层麻布、彩漆成型，重量较轻，造型精美；但因不易保存，存世极少，堪称国宝。根据故宫整体维修的规划，恢复大佛堂是其中的重点项目；而且于明清宫廷藏传佛教研究以及故宫的完整保护，都具有极为重要的意义。多年以来，为实现故宫文物藏品的完整性，故宫博物院与文博界为其归还故宫仍在不懈地努力着。

拾 故宫的非清宫文物

故宫博物院的一百八十余万件文物中，以清宫旧藏为主，但仍有二十五万件套非清宫文物，占藏品总数的百分之十四。这部分藏品也很重要，有些还因其数量的巨大或相对集中以及价值的珍贵等，在中国文化艺术史上占有一定的甚至重要的地位。例如：

世界现存殷墟甲骨据调查统计共有十三万片。故宫所藏甲骨总数，据 20 世纪60年代清点，粗估有两万二千四百六十三片，占世界现存殷墟甲骨总数的百分之十八，仅次于中国国家图书馆（三万四千五百一十二片）和台湾“中央研究院”历史语言研究所（两万五千八百三十六片），属于世界第三大甲骨收藏单位。许多铭文内容十分重要。从殷商世系讲，包括了武丁、武乙、文丁、帝乙、帝辛各期；从占卜内容讲，保留了殷王社会活动和日常生活的诸多方面的史实。经过多年整理研究，六十卷册的《故宫博物院藏殷墟甲骨文》将陆续出版。

殷王武丁贞卜妇好分娩刻辞牛骨

故宫藏各类汉地佛教造像三千五百余件，最为著名的是两百七十一件出土于河北曲阳县有明确记年的白石佛造像。这批造像始自北魏晚期、止于盛唐天宝年间。排列有序的纪年造像为造像研究提供了断代依据；丰富的内容，对研究造像题材发展演变规律，提供了可能；温润洁白的材质，高超的雕刻技艺，特别是镂空雕刻的广泛使用，在中国佛造像中占有重要地位。

殷王武丁贞卜妇娕忌疾刻辞龟甲

出土于清代与民国年间的石刻墓志二百三十四方，许多都曾名动一时。这些墓志在时代上从三国直至清代。其中1919年河南洛阳城北马坡村出土的西晋永嘉二年（308）“晋尚书征虏将军幽州刺史城阳简侯石尟墓志”与

“处士石定墓志”同刊同出，殊属难得，为国家一级文物。1919 年河南洛阳城北出土的“魏征东大将军大宗正卿洛州刺史乐安王元绪墓志铭”“魏故卫尉少卿谥镇远将军梁州刺史元演墓志铭”及北魏孝昌二年（526）“魏武卫将军征虏将军怀荒镇大将恒州大中正于景墓志铭”等，书法价值颇高，内容亦为史籍之重要补充。

阳修德寺出土的张延造石思惟像

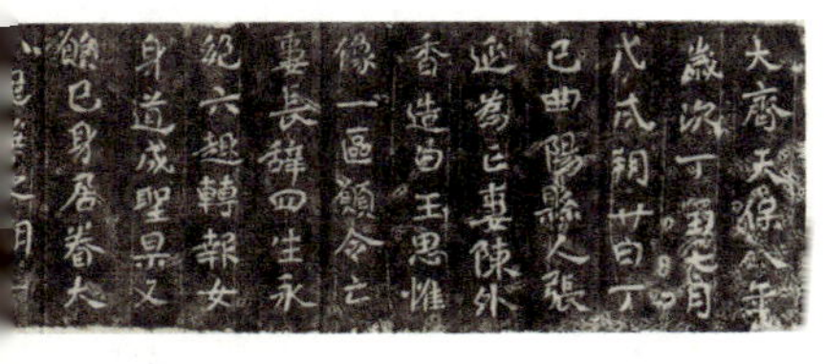

上图造像背面所刻发愿文

1987 年安徽省含山县发现的凌家滩是一处新石器时代遗址，其所反映的文化内涵晚于同一地域的河姆渡文化而早于良渚文化，被命名为“含山文化”。该遗址出土了一百九十七件陶、玉、石器，故宫收藏了一百零四件玉、石器。即出土物的绝大部分与重要文物都进入了故宫。其中的环套合璧、多孔玉璧、双虎首玉璜、最早制成的玉器皿——勺，有着神秘纹饰的玉板，世不多见的玉龟甲和玉整体直立人等，都引起考古界的高度重视，也反映了含山文化玉器的特性。

明清尺牍四万三千二百一十件，除个别明以前和部分近代尺牍外，其中明代尺牍一万余件、清代尺牍三万余件。许多尺牍为名人收藏，如张珩收藏的《明代名人墨迹》有六十册一千一百八十件，陈时

凌家滩出土的玉龟背甲与腹甲复合器

凌家滩出土的玉刻图长方形片

利收藏的《秋醒楼集前人尺牍》五十二册两千五百一十六件，等等。专题收藏较多也是这批尺牍的特点，如分别以名人、时代、专业或职业、地区学者、品德等分类收藏的，还有一些国外人的尺牍，如《朝鲜名人尺牍册》等，这些尺牍具有文献及书艺的双重价值。

古玺印总计两万一千余件套。这些玺印主要是向社会的征集以及收藏家的热情捐献。捐献者凡二十二人。著名收藏家陈汉第的五百方古印，1945 年就进入故宫收藏。晚清陈介祺金石文物收藏被海内推为第一，其数千方藏印转入故宫。还有吴式芬的“双虞壶斋”藏印、陈宝琛的“徵秋馆”藏印以及徐茂斋、黄浚等人的收藏，经国家文物局收购名家藏印入藏故宫者也不下数千件之多。遂使故宫成为全国古印的渊薮。

封泥类文物三百四十五件，其中三百件属官印，其余属私印。时代为两汉、魏晋、南北朝时期。在玺印学分期断代方面，这正是一个相对独立的时期。这些文物涉及这一时期的王国、侯国等封爵内容，中央多个机构职官，地方行政州、郡、县、乡职官，将军名号与武职属官，国家特设官与颁赐少数民族职官，姓名私印和宗教印等。我国早期玺印以其多个方面作为文物而存在，尤以实物文献、文字体现其珍贵内容，而当实物在历史上遗佚后，封泥就成为极重要的遗蜕实物。故宫所藏封泥的原印多已不存于世，因而这批封泥就相当珍贵。

陶俑四千余件，始自战国，历经秦、汉、魏晋南北朝、隋、唐、五代、宋、元、明、清，逾两千余年而未间断，构成一部完整的古代陶俑发展史。其中汉与唐所占比例较重。众多的考古发掘品价值最引人关注。1951 年河南辉县百泉发掘的东汉动物俑、具有典型四川陶俑特征的听琴俑以及有明确出土地点或考古发掘地的隋唐五代陶俑等，都有鲜明的特点。陶俑传世精品也不少。

此外，故宫还收藏两百四十件敦煌吐鲁番文献文物、五十尊广东韶关慧能传法之地南华寺的北宋木雕罗汉像、两万五千件碑帖拓本等等。

灰陶伎乐女俑群

神武門
故宫博物院

故宫博物院

故宫博物院于 1925 年 10 月 10 日成立，是依托故宫遗产建立起来的。“宫”与“院”的合一，是故宫博物院与生俱来的身份，故宫博物院因此成为一座同时兼具宫廷史迹、古代建筑、古代艺术和清宫藏书档案几大特性的博物馆，是世界上极少数同时具备艺术博物馆、建筑博物馆、历史博物馆、宫廷文化博物馆等特色，且符合国际公认的“原址保护”“原状陈列”基本原则的博物院和文化遗产。

在今天兴起社会主义文化建设新高潮的伟大实践中，故宫博物院努力探索在保护中利用、在传承中创新、在弘扬中发展的新思路、新举措，为实现中华民族的伟大复兴和中华文化的继往开来做出应有的贡献。

故宫博物院有着不同寻常的历史，它曾与五四新文化运动的倡导者在故宫遗产的保护与利用上留下光彩的一页；它曾与中华民族共命运，一起经历了伟大的反法西斯战争的炮火洗礼，今天又是认识中国历史文化的重要场所。故宫不仅与中国博物馆事业有着密切的关系，而且代表着中国当代博物馆发展的水平，是颇具魅力的世界著名的博物馆。

正确认识和处理好“宫”与“院”的关系，是故宫博物院发展的关键，这方面的经验教训不少。

壹 故宫博物院的划时代意义

庄严的紫禁城变成故宫，是中国近代伟大的民主革命的成果，也是中华民族迈向新时代的开端。

1911 年的辛亥革命是中国近代完全意义上的民族民主革命运动。民主共和政体是辛亥革命的最重要成果。此后，末代皇帝仍“暂居宫禁”十三年，企图使逊帝溥仪复位的一股逆流汹涌不断。1917 年张勋复辟，溥仪更再次登上了乾清宫的宝座。

1924 年第二次直奉战争中，冯玉祥倒戈；10 月 24 日，他发动了震惊中外的“北京政变”，软禁曹锟，解散国会，成立黄郛摄政内阁。在冯玉祥主导下，摄政内阁于 11 月 4 日召开会议，通过《修正清室优待条件》，其中最重要的有两条；第一条：“大清宣统帝从即日起永远废除皇帝尊号，与中华民国国民在法律上享有同等一切权利。”第三条：“清室应按照原优待条件第三条，即日移出宫禁。”11 月 5 日，溥仪交出“皇帝之宝”和“宣统之宝”两方印玺，表示已交出政权，并在《修正清室优待条件》上签了字，携同眷属出宫，暂居其生父载沣的醇王府。

就如何管理故宫及清宫珍藏，在溥仪出宫后三天，摄政内阁令国务院组织“清室善后委员会”，以“会同清室近支人员，协同清理公产私产”；而“所有接收各公产，暂责成该委员会妥慎保管。俟全部结束，即将宫禁一律开放，备充国立图书馆、博物馆等项之用，藉彰文化，而垂永远”。

国务院随即聘请李煜瀛为委员长，于故宫神武门内东耳房办公地址设善后委员会筹备处，接收查封宫中各处所贮事物。12 月 20 日，清室善后委员会召开第一次会议，讨论并通过了《点查清宫物件规则》。22 日，清室善后委员会举行点查预备会议，并就开放故宫为公共博物馆与图书馆等展览场所事进行讨论，议决设立国立图书馆、博物馆筹备会，以易培基为主任；设工厂筹备会，以吴敬

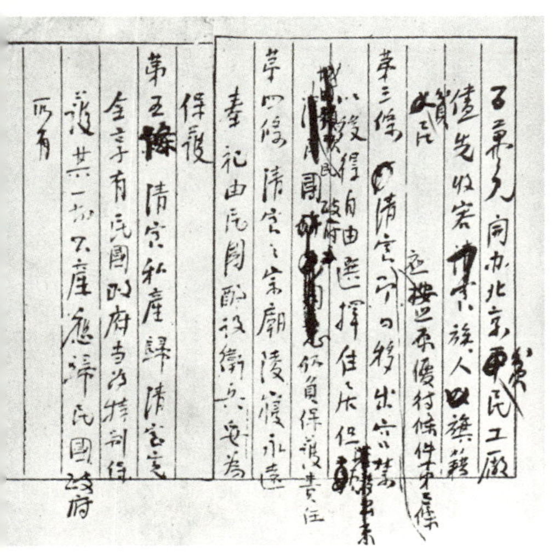

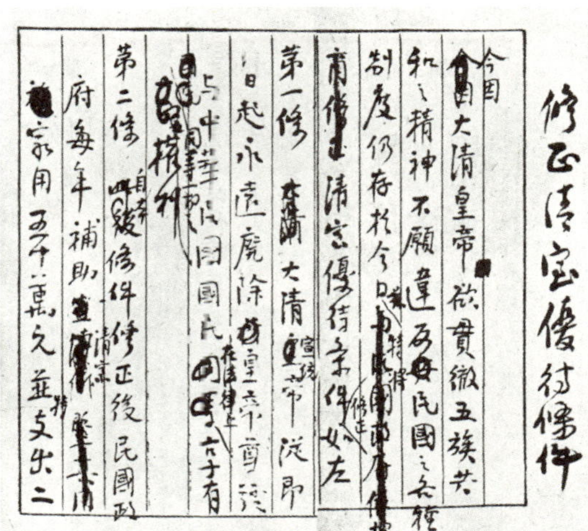

摄政内阁司法总长张耀曾撰拟、经黄郛修改的《修正清室优待条例》

恒为主任，规划古建筑维护事宜。点查清宫物品，是以宫殿为单位，各宫殿按“千字文”编“字”。点查是从乾清宫开始，乾清宫内物品就皆编为“天”字号。当时，进殿首先看到的是一个二层木踏凳，点查登记的清宫文物“天字第一、二号”竟然是“二层木踏凳”，三号才是“二层雕花大红木柜”，这成了清宫点查中的一件逸事。

在查点清宫物品的过程中，善后委员会与清室及段祺瑞临时执政府的反对、抵制、阻挠等活动进行了坚决的斗争，坚持开展工作并为成立博物院做了充分准备。特别是1925年7月在养心殿发现清室密谋复辟的罪证，认为事关国家共和政体的安危，当即抄录致函京师地方检察厅（后转向京师高等检察厅），请其对有关人员分别提出公诉；而在段祺瑞执政府包庇下，最后却不了了之。清室善后委员会鉴于情势之孤危，非急急成立博物院，使速成公开之局，无以杜觊觎之心，遂于1925年10月10日，即中华民国的国庆节，正式宣告了故宫博物院的成立。

新生的故宫博物院精心筹划，为参观者开辟了多处专门展览室，首度将清宫

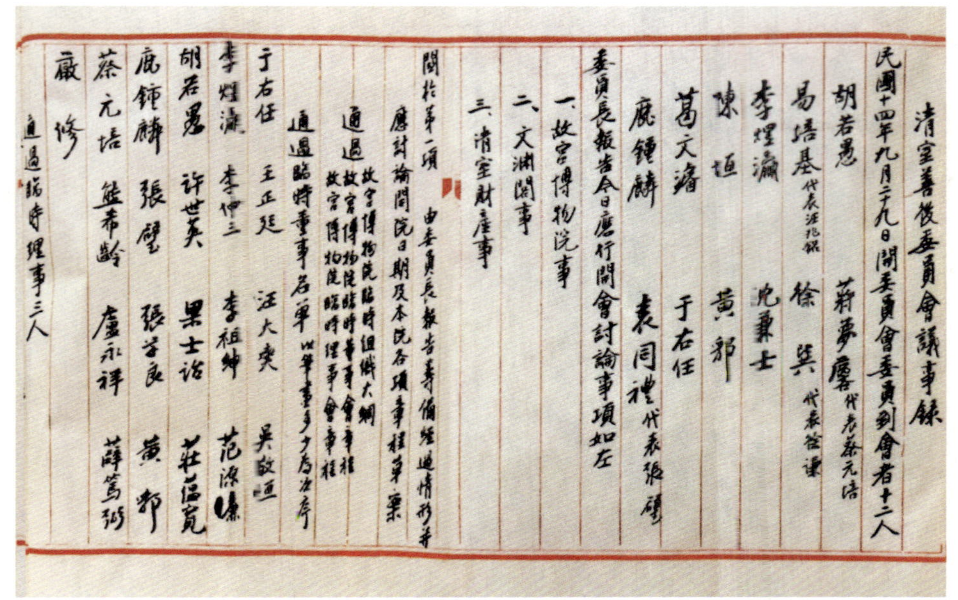
清室善後委員會議事錄

民國十四年九月二十九日開委員會委員到會者十二人

胡若愚　蔣夢麐代表蔡元培

易培基代表汪兆銘　徐謙代表[illegible]

李煜瀛　沈兼士

陳垣　黄郛

葛文濬　于右任

鹿鍾麟　袁同禮代表張璧

委員長報告今日應行開會討論事項如左

一、故宮博物院事

二、文淵閣事

三、清室財產事

關於第一項　由委員長報告籌備經過情形并應討論開院日期及本院各項章程草案

通過　故宮博物院臨時組織大綱

通過　故宮博物院臨時董事會章程　故宮博物院臨時理事會章程

通過臨時董事名單　以筆畫多少為次序

于右任　王正廷　汪大燮　吳敬恒

李煜瀛　李仲三　李祖紳　范源濂

胡若愚　許世英　梁士詒　莊蘊寬

鹿鍾麟　張璧　張學良　黄郛

蔡元培　熊希齡　盧永祥　薛篤弼

嚴修

通過臨時理事三人

1925 年 9 月 29 日，清室善后委员会议事录。

所藏历代文物公诸国人。设于坤宁宫北侧的古书画陈列室分书画、铜器、瓷器三馆；设于文渊阁、昭仁殿的图书陈列室展陈《四库全书》及历代善本册籍；设于养心殿、乐寿堂的文献陈列室展陈康熙、乾隆两帝盔甲戎装、乾隆帝鞍马戎装画像、后妃画像、南巡图、大婚图，以及雍正以降诸帝朱批谕旨等文献，金梁等人密谋复辟文献，溥仪与妻妾生活照片等。顺贞门内竖起了大幅《故宫略图》，指引参观路线。

故宫博物院在民国的国庆日正式对外开放，京城人士及百姓无不大喜过望。故宫又将 10 日、11 日票价由一元减为五角。据统计，仅这两日参观故宫的游客即达五万余人次。当时报纸对此热烈场面都有生动的记述，如北京城“万人空巷”“人们无不向此同一目的涌进故宫，一窥此数千年神秘的蕴藏”等。

故宫博物院的成立是体现建立在自由、平等、民主基础上的文化共享与文化

故宫博物院成立开幕典礼

参与。西方博物馆的诞生以文艺复兴、启蒙运动提供的精神养料为其思想前提。故宫变为博物院，使皇室珍藏社会化，其深层意义是继辛亥革命从政治体制上打倒皇权，进一步通过改造文化事业，以冲击、打破由“家天下”政治形态所模塑的各种传统观念，反映着新型的国家意识，以及与之相伴生的市民意识，也为宫廷藏品赋予了维系中华民族文化、传续中华文明血脉的新内涵。

故宫博物院成立于五四运动高潮之后，北京大学积极参与，在建院上起了重要作用；其研究所国学门学术研究的新方法和风气，对博物院也产生了积极影响。皇宫变为博物院不只是重大历史变革，还具有用新文化的思想审视、研究传统文化的意义。皇宫紫禁城在转变成为博物馆的同时，也经历了一次文化上的转变，即从皇家文化向博物馆文化的转变。这种文化转变是在中国传统文化向现代文化转型的大背景下发生的。

故宫博物院的成立是中国博物馆事业发展中划时代的大事。建院时制定的《临时组织大纲》及《临时董事会章程》《临时理事会章程》，直接借鉴西方博物馆管理的经验，运用董事会与理事会的形式，说明中国博物馆自起步就与国际通行做法接轨。南京国民政府颁布的《故宫博物院组织法》是中国历史上第一部有关博物馆的法律，接着又颁布了《故宫博物院理事会条例》；这两个文件，标志着博物院由草创走向成熟。故宫博物院的成立，则标志着中国博物馆事业进入一个新阶段，同时促进了中国博物馆学科的形成。正如马衡所说："吾国文化上之建设，图书馆方面规模粗有可观；而博物馆之设施，尚在萌芽。民国以前，无所谓博物馆，自民国二年政府将奉天、热河两行宫古物移运至北京，陈列于武英、文华二殿，设古物陈列所，始具博物馆之雏形。此外大规模之博物馆，尚无闻焉。有之，自故宫博物院始。"

神秘的紫禁城内廷、无与伦比的文物瑰宝、曲折的成立经过、新型的管理体制、法律文件的保障、奋发向上的气象与卓著的工作成就，特别是与近现代中国社会、政治、文化的密切关系，都清楚地向世人宣告了这座博物馆所承载的丰富内涵，也使故宫博物院具有了至今人们仍在探讨的不寻常的意义。

故宫博物院成立后，由于北洋军阀政府的内战及对博物院的干扰，加上经费的困难，举步维艰。1926 年"三一八"惨案发生，3 月 19 日段祺瑞临时政府忽然以共产党的"罪名"，通缉筹建故宫博物院的组织者李煜瀛、易培基，二人被迫匿居于东交民巷，故宫博物院顿失首领。自此至 1928 年 6 月间的两年多时间里，故宫博物院处于异常艰难困苦的时期，经过了"维持员时期""保管委员会""维持会"和"管理委员会"四次改组，在动荡局势中勉强维持，庄蕴宽、陈垣、江瀚以及俞同奎、马衡、吴瀛等都对保存故宫博物院做出了贡献。南京国民政府建立后，国民革命军第二次北伐成功，1928 年 6 月接管了故宫博物院。从此，故宫博物院走上了稳定发展的重要时期。

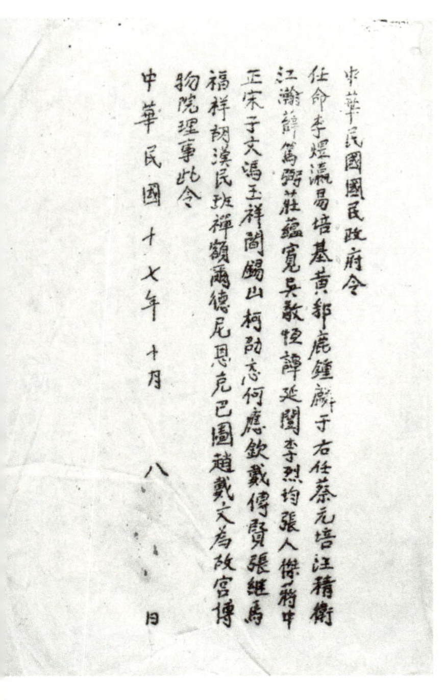
中華民國國民政府令
任命李煜瀛易培基黃郛鹿鍾麟于右任蔡元培汪精衛
江瀚薛篤弼莊蘊寬吳敬恒譚延闓李烈鈞張人傑蔣中
正宋子文馮玉祥閻錫山柯劭忞何應欽戴傳賢張繼馬
福祥胡漢民班禪額爾德尼恩克巴圖趙戴文為故宮博
物院理事此令
中華民國十七年十月八日

1928 年 10 月 8 日，中华民国国民政府令，任命李煜瀛、易培基等二十七人为故宫博物院理事会理事。

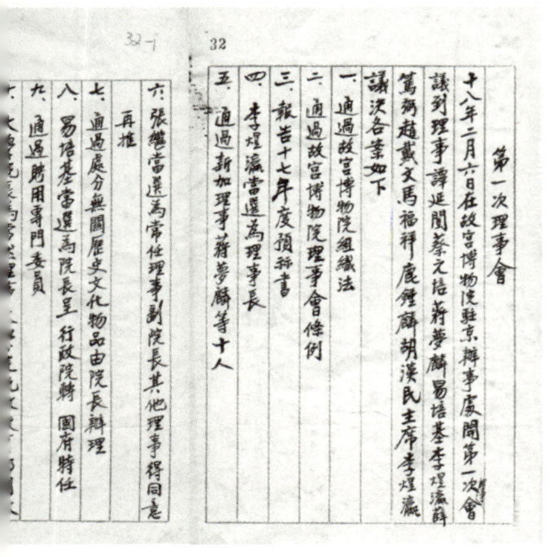
第一次理事會
十八年二月六日在故宮博物院駐京辦事處開第一次會
議到理事譚延闓蔡元培蔣夢麟易培基李煜瀛薛
篤弼趙戴文馬福祥鹿鍾麟胡漢民主席李煜瀛
議決各案如下
一、通過故宮博物院組織法
二、通過故宮博物院理事會條例
三、報告十七年度預算書
四、李煜瀛當選為理事長
五、通過新加理事蔣夢麟等十人
六、張繼當選為常任理事副院長其他理事得同意
再推
七、通過處分與國歷史文化物品由院長辦理
八、易培基當選為院長呈行政院轉國府特任
九、通過聘用專門委員

1929 年 2 月 6 日，故宫理事会第一次会议记录。

贰 故宫博物院理事会

1925 年故宫博物院成立，与当时国内所有博物馆的管理体制不一样，它采用了欧美博物馆普遍的管理方式，即董事会、理事会的形式。欧美的博物馆，无论是公立还是私立，都有董事会或性质相同的委员会。对公立博物馆来说，董事会是体现博物馆属于“公共财产”的具体象征；对私立博物馆来说，董事会制度是“化私为公”的手段。董事会为博物馆的最高权力机构，博物馆的日常事务是由董事会挑选、任命的馆长全权负责。

北京政府时期，因故宫博物院成立不久即遭遇厄运，董事会与理事会的作用都没有得到发挥。1928 年南京国民政府接管故宫后，继续实行理事会制度，历经八届。第一届理事会长达五年多，基本是易培基院长执政时期。从 1934 年 4 月至 1949 年，为第二届至第八届理事会期间。在这十五年间，马衡任院长。1949 年 1 月 14 日的第八届第二次常务理事会，成为中华民国时期故宫博物院理事会的最后一次会议。

1928 年 10 月 8 日，中华民国国民政

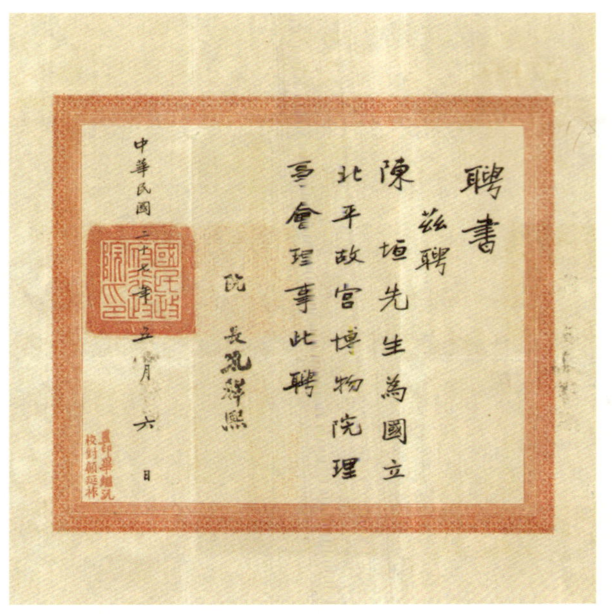

聘書

茲聘

陳垣先生為國立北平故宮博物院理事會理事此聘

院長孔祥熙

中華民國二十七年五月六日

行政院聘任陈垣为理事的聘书

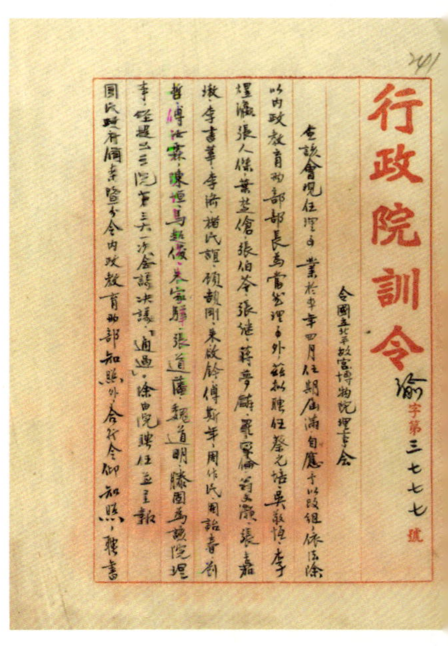

行政院訓令 渝字第三七七七號

令國立北平故宮博物院理事會

行政院关于聘任故宫理事会理事的训令

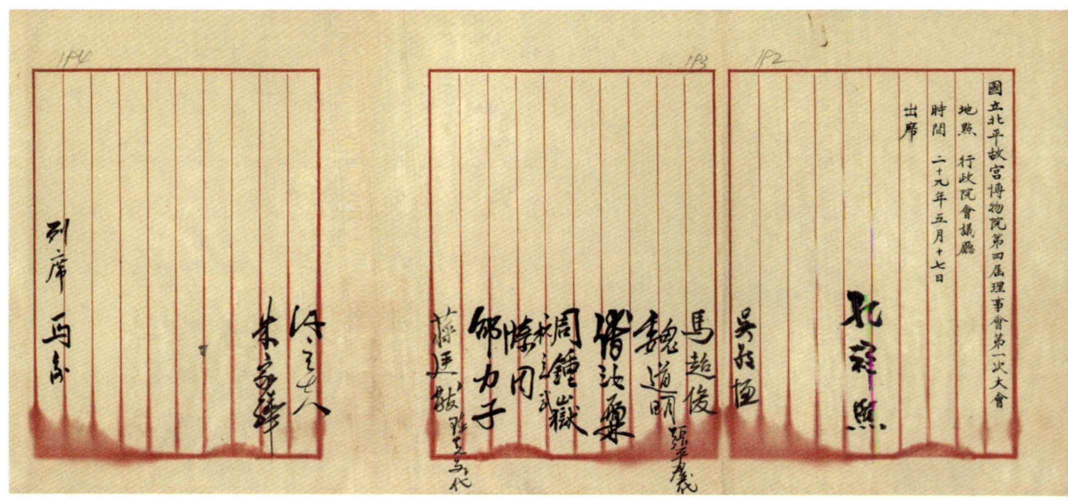

國立北平故宮博物院第四屆理事會第一次大會

地點 行政院會議廳

時間 二十九年五月十七日

出席

故宫理事会议签到

府令，任命李煜瀛、易培基、蒋中正等二十七人为故宫博物院理事会理事。

故宫博物院理事会有如下特点

不断完善的理事会制度提高了决策的水平

故宫理事会的设立与运行，都依据故宫博物院的组织法规（《故宫博物院临时组织大纲》《故宫博物院组织法》《国立北平故宫博物院暂行组织条例》等）及有关理事会规则（《故宫博物院临时董事会章程》《故宫博物院临时理事会章程》《故宫博物院理事会条例》《国立北平故宫博物院理事会议事规则草案》等）。南京政府时期，从第二届理事会起，重视理事会制度建设，条例越来越详细，不断得到完善。西迁时期，因战时原因，会议较少，但每次都能研究解决一些具体问题。根据需要也召开临时常务理事会。

理事会组成人员坚持了努力保护故宫遗产的精神

绝大多数清室善后委员会委员及监察员参与了故宫博物院的擘画与肇建，在保护故宫生存的斗争中起了力挽狂澜的作用。他们的名字都在尔后的故宫博物院理事会名单中不断出现。直到最后一届理事会，李煜瀛、蒋梦麟、陈垣仍然是理事。他们的连任，以及更多的人加入进来，使典守故宫国宝的精神一脉传承。

国民政府 1928 年 10 月 8 日公布的故宫博物院理事会的二十七位理事，包括了国家首脑及政治、军事、宗教、文化、教育等各方面的最有影响力的风云人物。出现这一绝无仅有的豪华阵容其实有着深刻的时代背景，是特殊历史条件下的产物。1928 年 8 月，蒋介石完成二次北伐，实现了自辛亥革命以来中国第一次在形式上的统一。公布的这个理事名单，几乎都是国民政府委员，还有展现共襄盛事景象的少数民族及宗教界代表，甚至前清遗老等。鉴于故宫在皇权时代的独有地位与故宫博物院的巨大影响，作为故宫博物院最高领导机构、决策中心的理事会便成为新的当权者表现新气象的依托，自然有着重要的象征或宣示意义；但也同时说明了故宫博物院在国人心目中的地位。

随着故宫博物院的发展，理事会的组成由显赫名流为主向专门人才倾斜，体现了故宫博物院向纯粹的学术机构发展的趋势。

理事会由行政院直接领导，加强了决策实施的效力

行政院为国民政府最高行政机关。1934年，原为国民政府管理的故宫博物院改由行政院所属，故宫理事会就由行政院直接领导。理事会办事处附设行政院内。理事会的组成、换届及理事的选任皆由行政院决定，以“行政院训令”下达。所遴选的理事都是政府里有重要地位的人物与文化教育界有影响的人士。公布后有的人不愿担任，提出辞职便另行选任。理事长、常务理事长及秘书则由理事推举。理事会议一般都在行政院礼堂举行。理事会记录及附件要检送行政院秘书处，“呈请鉴核”；行政院院长则以“指令”形式函复。

行政院负责人与故宫理事会有着重要关系。从1934年至1948年，大多数行政院长都曾任过理事会理事。如，孔祥熙从1938年7月至1944年11月任代理理事长、理事长六

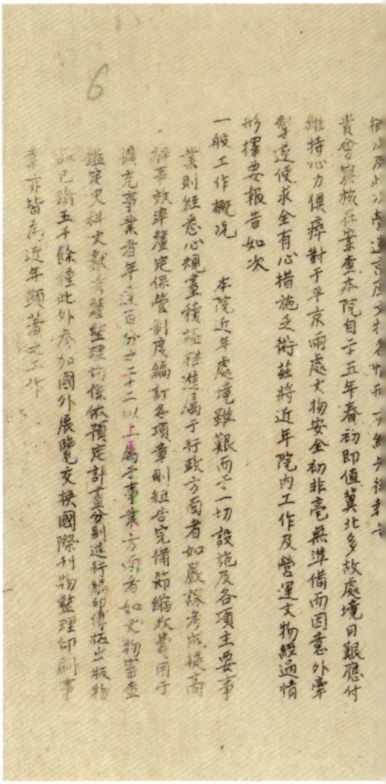
6
貴會察核在案查本院自二十五年春初即值冀北多故處境日艱應付
維持心力俱瘁對于平京兩處文物安全初非毫無準備而因意外牽
掣遂使求全有心措施乏術茲將近年院內工作及營運文物經過情
形擇要報告如次
一般工作概況　本院近年處境雖艱而于一切設施及各項主要事
業則經悉心規畫積極推進屬于行政方面者如嚴務考成提高
辦事效率釐定保管制度編訂各項章則組皆完備節縮經費同于
擴充事業者年達百分之二十二以上屬于事業方面者如文物審查
鑑定史料文獻之整理仍係依預定計畫分別進行總印傳拓出版物
品已逾五千餘種此外參加國外展覽交換國際刊物整理印刷事
業亦皆為近年顯著之工作

1938年7月13日，马衡院长在故宫第四届理事会首次大会上作的院务报告（部分）。

年，这期间的理事大会、常务理事会议、座谈会，基本都是他亲自主持。这是抗战的关键时期，也是文物西迁保管的重要阶段。理事会直属行政院，有利于故宫文物南迁中许多问题的解决。

马衡院长的充分准备是开好会议的基础

从1934年第二届理事会起，故宫院长在理事会开会时只是列席的角色，但这个会能否开好，院长却是关键。故宫博物院工作现状如何，有什么需要研究和解决的问题，都要院长做好准备，并写成书面材料提前送给各位理事。理事会的决定，又要通过院长去落实。正因为马衡院长是西迁的主持者、落实者，对情况了如指掌；作为理事会的列席人，他就能汇报得清清楚楚，并提出需要解决的实际问题。

故宫博物院采取理事会领导体制，体现了对保护故宫这样一个重要民族文化财产的慎重态度，反映了社会各界共同参与管理“公共财产”的理念，也是一个大胆的探索。故宫理事会留下的大量文献，比较完整地记录了一系列重大决策的形成过程，反映了故宫博物院的发展演变历史。这个管理体制的结构、运作方式，以及它的发展历史，对今天故宫博物院以及中国博物馆探索新的理事会管理模式都有启发与裨助。

叁 故宫文物南迁

文物南迁是故宫博物院的一段峥嵘岁月。1933年至1949年间，为防日寇劫毁，故宫博物院约一万三千箱文物精品自1933年2月起迁存于上海、南京；1937年11月后又疏散于西南后方；至1947年6月全部东归南京。时延十年，地逾万里，辗转颠沛，备尝苦辛，这批中华文明的重要瑰宝才得以基本完整保存。

故宫文物南迁准备工作从1932年秋开始，主要是选择精品及装箱。日寇于

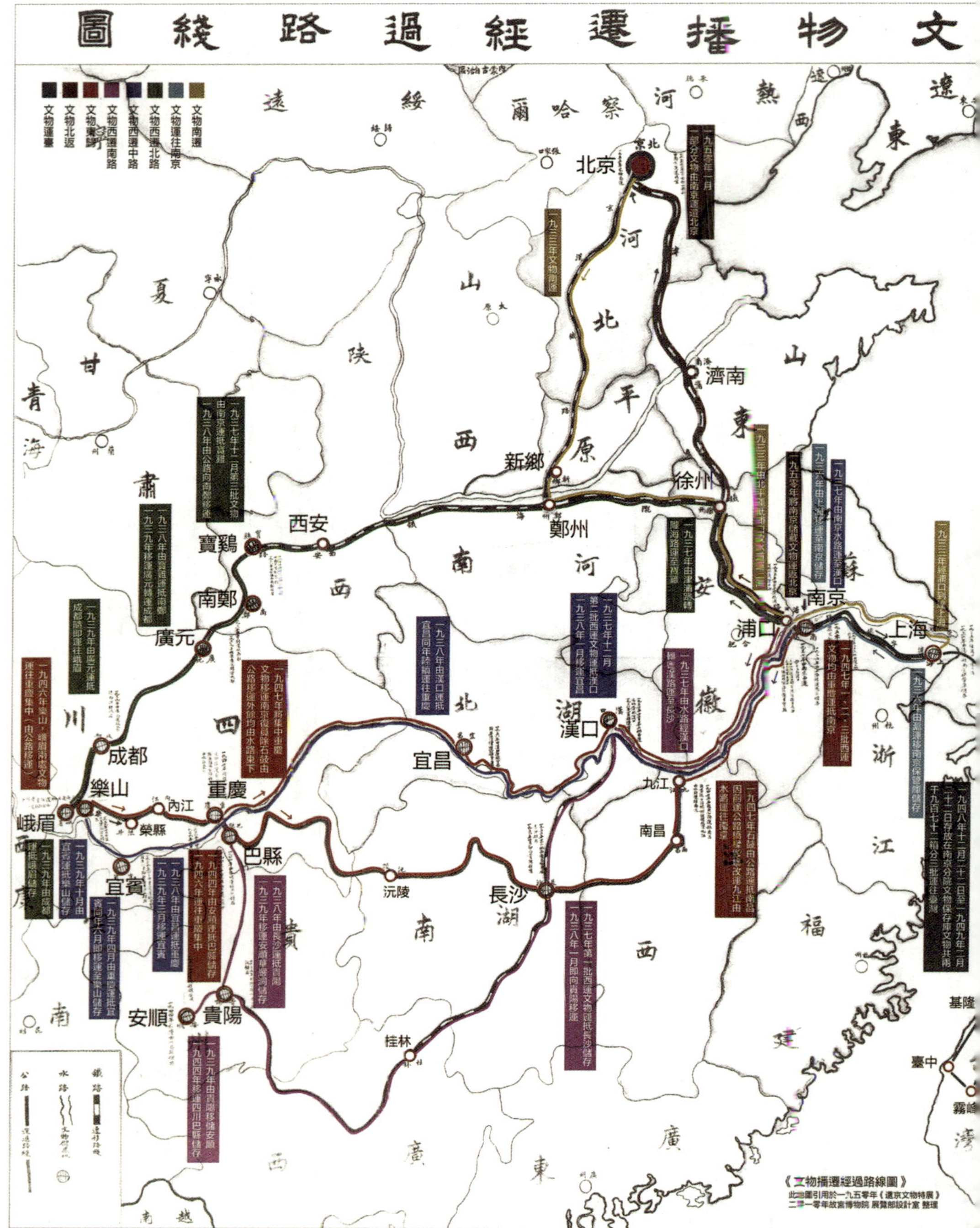

故宫文物迁徙路线图

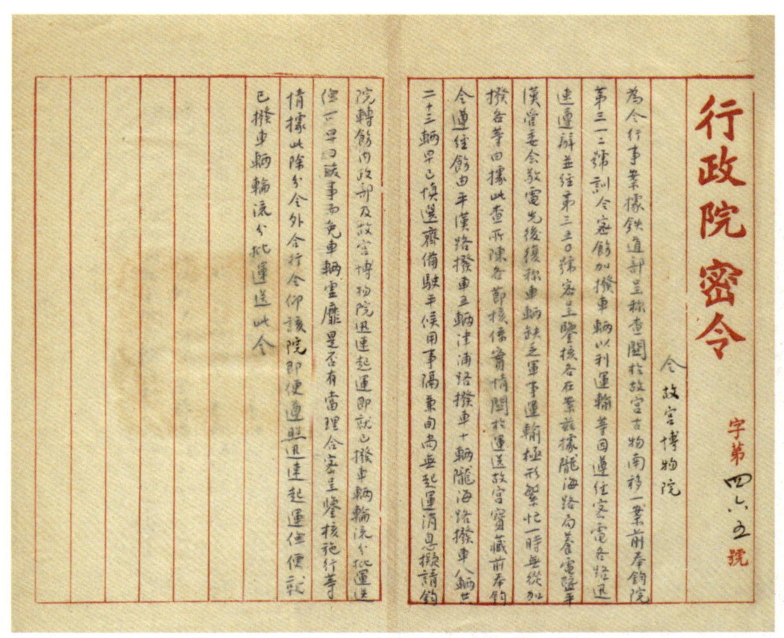

行政院密令

字第四六五號

令故宮博物院

為令行事案據鐵道部呈稱查關於故宮古物南移一案前奉鈞院第三一三號訓令密飭加撥車輛以利運輸等因遵經密電各路迅速遵辦並經第三三〇號密呈鑒核在案茲據隴海路局養電暨平漢管委會敬電先後復稱車輛缺乏軍事運輸極形繁忙一時無從加撥各等由據此查所陳各節核係實情關於運送故宮寶藏前奉鈞令遵經飭由平漢路撥車五輛津浦路撥車十輛隴海路撥車八輛共二十三輛早已挨選齊備駛平候用事隔兼旬尚無起運消息擬請鈞院轉飭內政部及故宮博物院迅速起運即就已撥車輛流分批運送俾得早日蕆事而免車輛虛靡是否有當理合密呈鑒核施行等情據此除分令外合行令仰該院即便遵照迅速起運俾便就已撥車輛流分批運送此令

行政院关于故宫南迁文物起运的密令

1933 年 1 月 3 日攻陷山海关，26 日又大举进攻热河，故宫文物遂决定于 1 月 31 日南运，但因受到阻挠，2 月 5 日才正式起运。

故宫南迁文物共计一万九千四百九十二箱七十二包八件，其中故宫博物院一万三千四百二十七箱又六十四包，还兼管古物陈列所、颐和园、国子监等文物六千零六十五箱八包八件。文物运到上海后全面点查，点查工作分存沪文物和留平文物两部分，对点验过的文物编印成“存沪文物点查清册”。1936 年在南京建设朝天宫保存库，建立南京分院。

1937 年，日本帝国主义在北平发动“七七”事变，接着又在上海发动“八一三”事变，中日战争全面爆发。根据行政院命令，刚存放在南京库房的南迁文物又被分为三路避敌西迁：南路八十箱暂存长沙，又绕道桂林，移至贵州安顺，最后迁四川巴县（今重庆巴南区）；中路九千三百三十一箱溯长江，经重庆，存于乐山安谷；北路七千二百八十七箱循津浦又转陇海路，小驻陕西宝鸡，旋越

石鼓　田车石

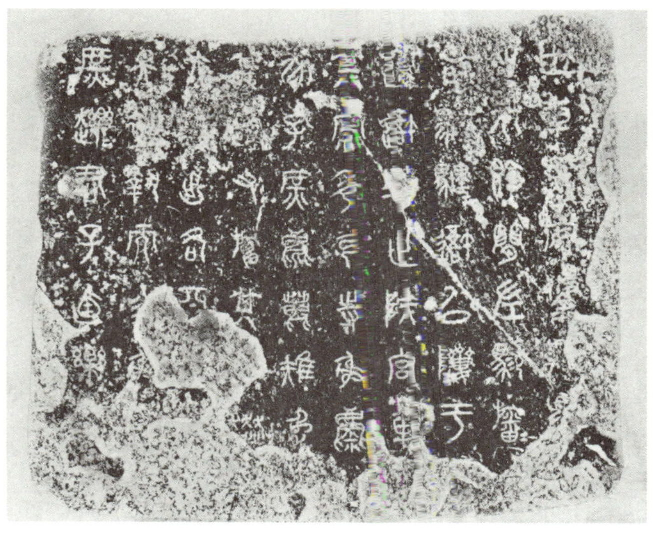

石鼓　田车石拓文

石鼓南迁

十个花岗石材质的战国时期秦石鼓，每个约一吨重，上面都凿有文字，为著名的国之重器，也经过了南迁。鼓上的字在石皮上，但石皮与鼓身已分离，稍有不慎，石皮就可能脱落下来。故宫人经过反复商量，使用浸湿的高丽纸覆在石鼓面上，用棉花轻捺，使纸张接近石身，干了后就固定在那里，即把石皮上的字紧贴于鼓身上；然后每个石鼓包上两层棉被，棉被外又用麻打成辫子，缠紧棉被；再把石鼓放在厚木板做的大箱子中，箱内用稻草塞严实，箱外包上铁皮条。这样的包装，翻山涉水，甚至经过翻车事故，石鼓都没有出现问题。

秦岭迁于汉中，又穿古道到成都、终贮峨眉。

抗战胜利，从 1946 年开始，故宫文物分为两个阶段东归复员：先将巴县、乐山、峨眉文物集中于重庆，再分批运回南京。

故宫文物南迁具有保护民族文化命脉的意义，对它的保护是社会各有关方面共同努力的结果。故宫文物南迁，具体的筹划、组织、协调由故宫院长马衡等领导所承担，重大决策由故宫博物院理事会部署，押运及具体管理由故宫同人负责；但是，仅凭故宫上下，要完成如此旷日持久、组织缜密、复杂多变的迁徙行动，显然无法实现；离开了应有的支持和帮助，甚至寸步难行。抗日战争是全民抗战，作为抗日战争组成部分的故宫文物南迁，同样体现了全民抗战的特点。在整个南迁、西迁中，得到国民政府以及有关省市政府和铁道、公路等部门的支持；在文物迁移途中与存放地，文物都有军人押送和守卫，起到了安全保障作用；特

1947 年春初，故宫文物东返到重庆后，故宫博物院旅渝同人南泉修禊留影。

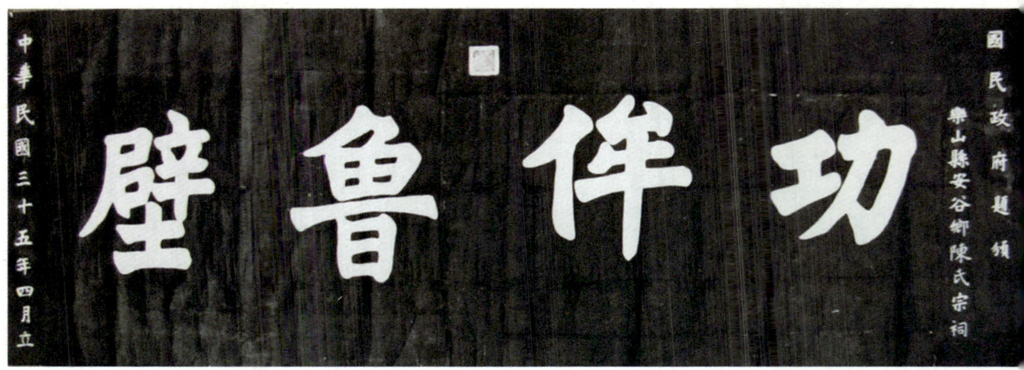

马衡院长为乐山六家守护过国宝的祠堂题写的“功侔鲁璧”匾额拓片

日本降将根本博在投降书上签字。

别是得到文物存藏地民众的大力支持。1946 年，为奖励乐山县（今四川乐山市）安谷乡协助故宫存放文物事，故宫博物院呈请国民政府题颁“功侔鲁壁”，匾额分赠安谷乡储存文物各寺庙，以表彰安谷民众。事实上，不仅是安谷民众，在各个文物存放地，广大民众在故宫文物保护中都做出了极大贡献，都是“功侔鲁壁”。

故宫同人在本院已有精神资源的基础上，也形成了具有鲜明特色的故宫精神。故宫精神的核心是视国宝为生命的典守精神，这是从故宫博物院成立以来逐渐树立、在文物南迁中不断强化的观念。这是源于对自己所保护的珍贵文物的重大意义以及自己所担当的神圣责任的深刻认识，是故宫同人的价值取向。正如马衡院长所说：“本院西迁以来，对文物安危原无时不在慎微戒惧、悉力保护之中，诚以此仅存劫后之文献，俱为吾国五千年先民贻留之珍品、历史之渊源，秘籍艺事，莫不尽粹于是，故未止视为方物珍异而已矣。”

1945 年 10 月 10 日，华北战区受降仪式在庄严的故宫太和殿前举行。第十一战区司令长官孙连仲代表受降方，日军华北方面司令官根本博代表投降方在投降书上签字。是日，十余万人目睹了这一壮观的历史场面。这一天又恰逢故宫博物院建院二十周年纪念日，古老的皇宫、新生的博物院与中华民族的伟大独立解放事业如此休戚与共，大约也是冥冥之中的安排！

肆 故宫与中国博物馆事业

很多人感到不解，按照习惯，“故宫博物院”的匾额应挂在南边的午门，为什么却在北边的神武门？其实，故宫博物院从成立那天直到现在，其匾额就一直挂在神武门上。这是因为，故宫博物院成立时，进入的通道只有神武门。它的南面即外朝部分，古物陈列所在此已存在了十多年。不仅如此，端门、午门还为历史博物馆所占用。就是说，从端门、午门到故宫的全部，同时有历史博物馆、古物陈列所与故宫博物院三个博物馆。这是 20 世纪 20 年代以故宫为中心

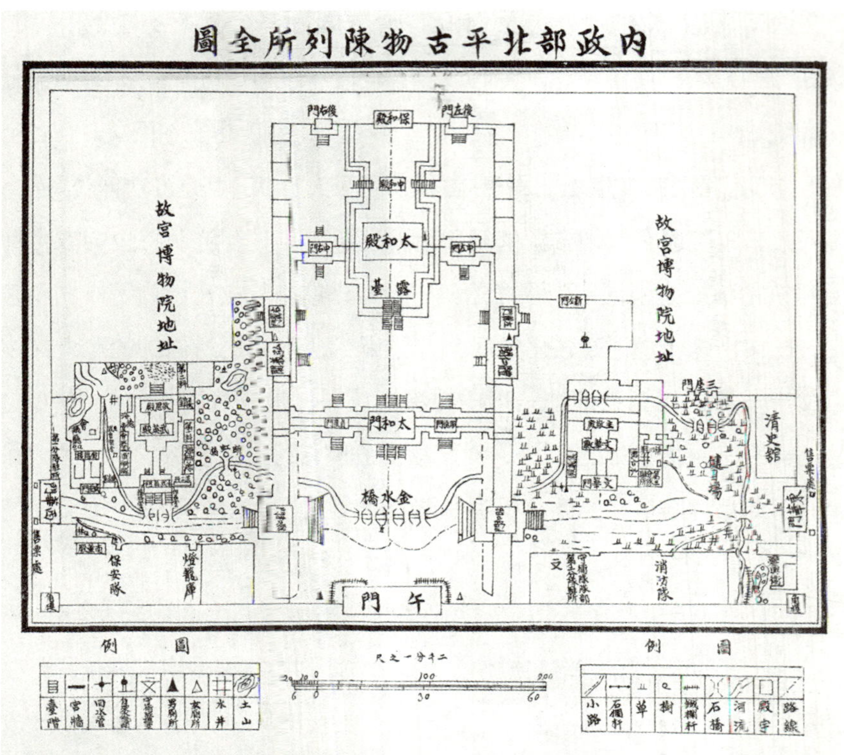

20 世纪 30 年代所绘《古物陈列所全图》

的古都北京的一个文化奇观。

这三个中国最重要的博物馆，由三个部门管理，故宫博物院是民国政府，古物陈列所是内政部，历史博物馆是教育部。

古物陈列所是民初内务部总长朱启钤一手办起来的。朱氏在北京城市近代化建设上起了极为重要的作用，又拟将奉天（沈阳）故宫、热河（承德）行宫两处所藏文物集中于北京故宫，筹办古物陈列所。此议获袁世凯批准后，从 1913 年 11 月到 1914 年 10 月，民国政府内务部偕同清室内务府人员，先后赴热河行宫与沈阳盛京故宫，将两处二十余万件陈设物品运京，存于太和、中和、保和、武英诸殿。1913 年 12 月 24 日，内务部同意于京师设立古物陈列所，并公布了《古物陈列所章程》，其设立宗旨是：“默察国民崇古之心理，搜集累世尊秘之宝藏，于都市之中辟古物陈列所一区，以为博物院之先导。”

1914 年 10 月 10 日，古物陈列所在武英殿正式开幕。1916 年 6 月，又扩大到文华殿等陈列室，并由美国退还庚款余款内所拨二十万元，在武英殿西边修建宝蕴楼作为文物库房。

应该明确的是，清代以紫禁城为主体的整个皇家建筑是一个整体，这些建筑物所存藏的文物都与宫廷有关，或是由宫廷直接移送去的。沈阳故宫文物就完全来自北京。例如乾隆四十四年（1779），清宫一次就拨送康、雍、乾年款各色瓷器十万件。热河行宫亦是如此。这二十万件都是清宫文物。古物陈列所因此就成为中国第一个以帝王宫苑和皇室珍藏辟设的博物馆，这也是近代民主革命的重要成果。尤其是在 1914 年至 1924 年的十年间，在逊帝溥仪仍居后宫，封建复辟阴影几度笼罩下，有论者认为，古物陈列所犹如一面共和大旗，在封建堡垒的中心猎猎飘扬；古物陈列所代表了我国 20 世纪 20 年代博物馆的水平，也受到观众欢迎。1925 年故宫博物院成立前，人们说到的“去故宫”，就是看古物陈列所。毛泽东主席曾向美国记者埃德加·斯诺谈到他当年“在公园里，在故宫的庭院里”看到了“北方的早春”；这个故宫，当然是紫禁城前朝的古物陈列所。

但是，古物陈列所的不足是明显的。“陈列所”的定位使它在发挥博物馆功能上存在欠缺，如鲁迅批评其展品陈列“殆如骨董店耳”，也有人指出它“纷若列市，器少说明，不适学术之研究”的不足。特别是北洋政府曾以各种名义多次提取古物陈列所文物作为馈赠品，例如“乾隆款冬青釉中碗”一件，估价仅一角钱。当然，这种状况后来得到了纠正。1926 年又设立鉴定委员会，分书画、金石、陶瓷、杂品四组，从社会上聘请了一批专家分任鉴定。业务建设也得到了发展。应该说，古物陈列所的工作对故宫博物院也起了一定的借鉴作用。

故宫的前朝与内廷是一个不可分割的整体，故宫文物的文化精神也是相互关联的。从博物院成立一直到抗战胜利后，为争取故宫的完整性保管，故宫博物院做了不懈的努力。1930 年，国立北平故宫博物院理事会以理事蒋中正领衔，十二位理事签名，向国民政府呈送了“完整故宫保管”计划：“伏求准请国府令行内政部，即将故宫外廷保管之权转移故宫博物院，使故宫博物院之牌额得悬张于中华门外，则观听正而处置为博物院之形式，亦可整个计划完全实现。”11 月，此计划获政府核准：“故宫博物院门额不必悬中华门，馀照通过，由行政院备案。”同意自中华门以内均划归故宫博物院管辖，据此故宫收回太庙、堂子，也办理了古物陈列所归并故宫博物院之事宜。其后因战争原因，合并古物陈列所工作中断，完整故宫保管计划在当时也并未完全落实。

抗日战争胜利后“完整故宫保管”的意愿在终于真正实现。1946 年 12 月 3 日，行政院决议，故宫博物院改隶行政院，古物陈列所归并故宫博物院，古物陈列所留存北平文物（八万八千二百零二件）及所辖房屋馆舍，拨交故宫博物院。1948 年 3 月 1 日，古物陈列所正式并入故宫博物院。故宫前朝与内廷合一，格局乃臻完整。“故宫博物院”的匾额曾短暂地悬挂在午门中间的门洞上。

但严格来说，故宫院区还没有实现完全的统一，因为午门尚为历史博物馆所占。历史博物馆是今天中国国家博物馆的前身。

1912 年 7 月，由教育总长蔡元培主持，在国子监旧址设立了国立历史博物馆筹备处。这是中华民国成立后的第一个博物馆。1917 年，教育部决定该馆筹备处迁往故宫午门。1918 年，将端门、午门略加修葺，实行迁移。午门城楼及两翼亭楼作为陈列室，门下东西两朝房作为办公室，两廊朝房作为储藏室，端门楼上储粗重物品。这个时候，就发生了轰动一时的出卖明清档案的“八千麻袋事件”。

故宫博物院成立的第二年即 1926 年，已筹备达十三年之久的历史博物馆正式对社会开放。1948 年后，它先后更名为“北平历史博物馆”“国立历史博物馆”“国立北京历史博物馆”“北京历史博物馆”。博物馆仍在老地方。

1954 年 5 月 17 日，毛泽东主席在故宫东北角楼南的城墙上小憩。
陪同者为故宫博物院保卫科科长韩炳文。

1954 年，北京历史博物馆和社会科学院考古所联合举办了“全国基本建设工程中出土文物展览”，影响很大。毛泽东主席于 4 月 18 日下午进入神武门，由神武门东登道登上城楼，沿城墙向东再向南直至午门，参观该展览，并由午门城楼下城墙，回中南海。主席似意犹未尽，20 日下午直接进入午门，登上午门城楼，继续参观，后下城楼回中南海。21 日下午，主席又进入神武门，由神武门西登道登上城楼，沿城墙向西再向南直至午门，因天色已晚，未能继续参观。有意思的是，毛主席参观故宫，一次是古物陈列所，两次是历史博物馆。最为重要的内廷部分的故宫博物院，他只在城墙上俯视过，却始终没有进入过院区。这也引起人们的多种猜想。

还要说的是，1950 年国立革命博物馆筹备处在北京正式成立，后更名为中央革命博物馆筹备处，迁至故宫西华门宝蕴楼办公，是为中国革命博物馆的前身。2003 年，中国历史博物馆与中国革命博物馆合并成立中国国家博物馆。可见国家博物馆与故宫的渊源。

1950 年 4 月 1 日，又一个国家级博物馆——中央自然博物馆筹备处成立，裴文中任主任，在故宫文华殿办公。1955 年 10 月 6 日，中央自然博物馆筹备处与水利部、黄河水利委员会联合举办的“治理黄河展览会”在故宫博物院开幕。中央自然博物馆后改名北京自然博物馆，1959 年 10 月 1 日新馆建成开放。

中国国际友谊博物馆 1981 年筹建，其藏品来自故宫博物院，故宫文华殿为其办公用地和文物库房，1983 年在故宫钟粹宫和景阳宫举办了第一次展览。

古老的故宫，见证了并伴随着中国博物馆事业不断发展！

伍“废除故宫博物院”的提案

故宫博物院是依托故宫遗产建立起来的。在故宫与故宫博物院的关系中，故宫处于主导的、决定性的地位。回顾故宫博物院九十五年的历史，有许多

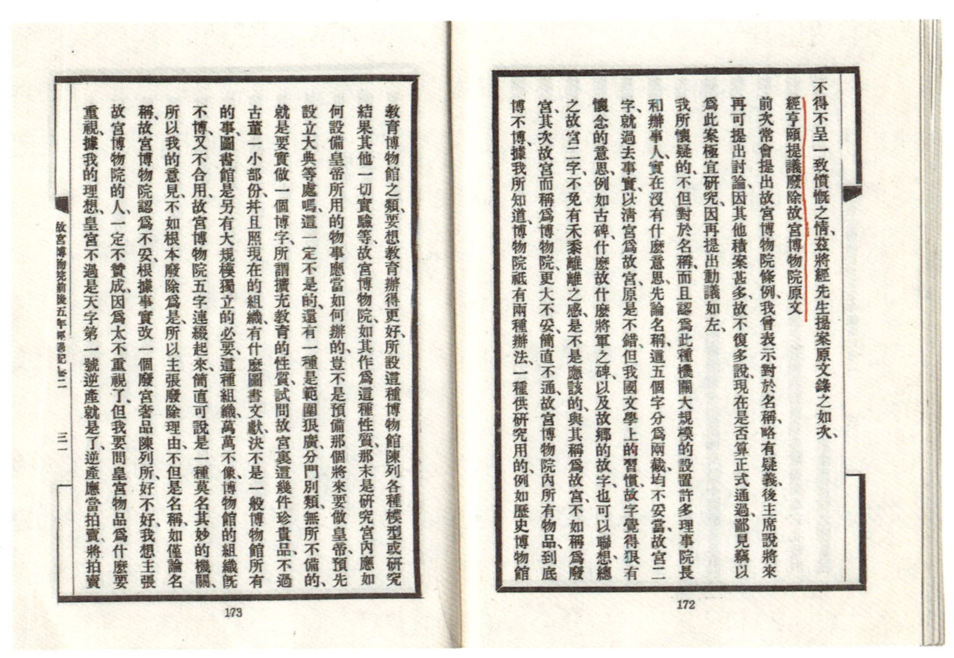
不得不呈一致憤慨之情、茲將經先生提案原文錄之如次、

經亨頤提議廢除故宮博物院原文

前次常會提出故宮博物院條例、我曾表示對於名稱、略有疑義、後主席說將來再可提出討論、因其他積案甚多、故不復多說、現在是否算正式通過、鄙見竊以爲此案極宜研究、因再提出動議如左、

我所懷疑的、不但對於名稱、而且認爲此種機關大規模的設置許多理事院長和辦事人、實在沒有什麼意思、先論名稱、這五個字分爲兩截、均不妥當、故宮二字、就過去事實、以清宮爲故宮、原是不錯、但我國文學上的習慣、故字覺得很有懷念的意思、例如古碑、什麼故什麼將軍之碑、以及故鄉的故字、也可以聯想總之故宮二字、不免有禾黍離離之感、是不是應該的、與其稱爲故宮、不如稱爲廢宮、其次故宮而稱爲博物院、更大不妥、簡直不通、故宮博物院內所有物品、到底博不博、據我所知道、博物院祗有兩種辦法、一種供研究用的、例如歷史博物館

172

教育博物館之類、要想教育辦得更好、所設這種博物館陳列各種模型或研究結果其他一切實驗等、故宮博物院、如其作爲這種性質、那末是研究宮內應如何設備皇帝所用的物事應當如何辦的、豈不是預備那個將來要做皇帝、預先設立大典等處嗎、這一定不是的、還有一種是範圍很廣、分門別類、無所不備的、就是要實做一個博字、所謂擴充教育的性質、試問故宮裏這幾件珍貴品、不過古董一小部份、并且照現在的組織、有什麼圖書文獻、決不是一般博物館所有的事、圖書館是另有大規模獨立的必要、這種組織、萬萬不像博物館的組織既不博、又不合用、故宮博物院五字連綴起來、簡直可說是一種莫名其妙的機關、所以我的意見、不如根本廢除爲是、所以主張廢除理由、不但是名稱、如僅論名稱、故宮博物院認爲不妥、根據事實改一個廢宮奢品陳列所、好不好、我想主張故宮博物院的人、一定不贊成、因爲太不重視了、但我要問皇宮物品爲什麼要重視、據我的理想、皇宮不過是天字第一號逆產就是了、逆產應當拍賣、將拍賣

故宮博物院前後五年經過記 卷二　三一

173

经亨颐提议废除故宫博物院全文（引自吴瀛：《故宫博物院前后五年经过记》）

经验，也有不少教训。这些经验教训归纳到一点，就是要处理好“宫”与“院”的关系。故宫遗产保护与故宫博物院的发展是相互依存、相互促进的关系。

在故宫博物院九十余年的历程中，凡是对故宫遗产价值认识发生偏颇之时，故宫博物院的发展就会遇到麻烦、受到挫折，例如 20 世纪 20 年代末经亨颐提出的废除故宫博物院、拍卖故宫文物事件，50 年代末北京市对故宫进行“革命性改造”的方案；同样，如果对故宫博物院性质的认识有了偏差，故宫保护也会出现重大失误，如“艺术性博物馆”的定位，就影响到了故宫文物的收藏重点以及对宫廷历史文物的正确认识。

庆幸的是，几代人的探索和追求，使人们清醒地认识到了这一点。多年来，对故宫作为中国与世界的伟大遗产，故宫人不断加深着对它的价值与意义的认识。这个认识，体现在故宫博物院的发展视野、指导思想，反映在一件件的具体举措中。故宫博物院正是通过各项工作，使故宫文化进一步走向大众、走向世界，使故宫价值更好地得到彰显。这就是互相依存、互相促进。

从1925年故宫博物院成立到20世纪50年代末，在故宫与故宫博物院关系上，出现过三次大的争论或倾向性的问题。

第一次是围绕经亨颐“废除故宫博物院，分别拍卖或移置故宫一切物品”议案的争论。

民国十七年（1928）六月，北伐成功，南京国民政府派员接收了故宫博物院。故宫同人没有想到，在危难中挣扎过来的故宫又到了生死存废的紧急关头。此时，国府委员经亨颐乃有“废除故宫博物院，分别拍卖或移置故宫一切物品”的提案。6月29日，国民政府开会讨论并通过了经亨颐的此项提案，并提请中央政治会议再行复议。故宫博物院同人得知这个消息后，非常震惊和气愤，决定分头筹划对策。

北平方面，由代表易培基接收故宫博物院的马衡等五人于7月3日拟写了传单，将故宫博物院创建经过、建院的必要性及经亨颐提案之不当等情况陈述于国人面前，并于7月9日借招待蒋介石、冯玉祥、阎锡山、李宗仁、邵力子、李济深、吴敬恒、张群等军政要人来院参观的机会，将传单发给他们，博取其同情，争取其支持。传单中说：“故宫文物为我国数千年历史所遗，万不能与逆产等量齐观。万一所议实行，则我国数千年文物，不散于军阀横恣之手，而丧于我国民政府光复故物之后，不幸使反动分子、清室余孽、当时横加非议者，今乃振振有词；同人等声誉辛苦，固不足惜，我国民政府其何以自解于天下后世？拟请讯电主持，保全故宫博物院原案，不胜万幸！”

在南京的张继则以“大学院古物保存委员会主席”的名义向中央政治会议呈文。

经亨颐的提案有五项理由，其中之一：设故宫博物院，就要“研究宫内应如

经亨颐，字子渊，晚号颐渊。此为经亨颐所画水仙，并书诗成扇，赠与马衡。

何设备皇帝所用的物事应当如何办的，岂不是预备将来哪个要做皇帝，预先设立大典等处吗？”之二：“皇宫物品为什么要重视？据我的理想，皇宫不过是天字第一号逆产就是了。逆产应当拍卖，将拍卖大宗款项，可以在首都造一所中央博物馆。”经氏的根本错误是视故宫为前清逆产，是逆产就要拍卖处理；同时他对博物馆性质与作用的认识也是偏颇的。

对经氏的第一项理由，张继驳斥：“是说诚荒唐之尤者。研究以前的历史，是完全学术之供应，而非为实行彼时之现象。”“如医生研究病状，是为得治病之方法，而绝不是预备患此病也。”“故宫博物院亦何不可作此观察？参观者见宫墙高且多，无异囹圄，见宫中生活之黑暗，一无乐趣，或可兴起其薄视天子重视平民之念乎？”对“逆产应当拍卖”之说，张继反驳：“逆产应否全数拍卖，已成问题。法国大革命，其雄伟之风，激昂之气，迈越往古，为后来各国革命者之先导。然方其拍卖法王室之产业也，亦有‘与历史有关之建筑物物品等除外’

之令。且故宫已收归国有，已成国产，更何逆产之足言？故宫建筑之宏大，藏品之雄富，世界有数之博物院也，保护故宫，系为世界文化史上尽力。”呈文对故宫博物院“大可列入世界博物院之数”的崇高地位所做的充分肯定，对故宫价值、特别是“世界价值”所做的深刻论述，振聋发聩。

后经中央政治会议及中常委先后议决，经氏提案被否决，维持原案，公布了《故宫博物院组织法》。命悬一线的故宫博物院得以保存了下来。

故宫博物院的成立，使清宫旧藏的身份、性质发生了根本变化，它们已成为人民共享的文化财产。但故宫又曾是封建皇宫，在许多反对封建、推翻帝制的革命者头脑中，总有一个阴影挥之不去：如此看重故宫对不对？保护故宫与反封建宗旨是否相一致？经亨颐是位民主革命者、著名的教育家。他对故宫博物院及清宫旧藏的认识是片面的，这既有以推翻帝制为职志的一些革命者的感情因素，同时也由于对故宫及故宫文物所承载的多重政治文化内涵解读的差异所致。应该看到，维护故宫博物院、认识故宫文物价值的是多数，但持有经亨颐态度的人在当时也不是个别。如思想一向并不激烈的吕思勉，也曾在此前不久提出过“毁清宫迁重器”的看法，直指清宫的存在引起遗老怀念故君之思，他提出的解决办法也是将宫内文物“迁之武昌，建馆贮之，光复之业，子孙不忘”。（吕思勉：《毁清宫迁重器议》，《吕思勉诗文丛稿》下册，上海古籍出版社，2011 年）

蒋介石 1929 年 6 月 27 日曾参观故宫，在日记中也留下颇为不佳的印象：“下午，到清宫参观几遍，只感宫殿生活为一变相之牢狱，其腐败、污秽、杂乱，不堪名状。观其历代帝王之像，以顺治为首，次则乾隆，其余无足观者也，只可作为遗迹而已。”6 月 28 日：“游观雍和宫，污秽之处也，其拉马堪布之污浊，亦令人欲呕。”（见《蒋介石日记》）对封建帝制的残余物（紫禁城及其他皇家建筑和古物），当时人的心理是十分复杂的。

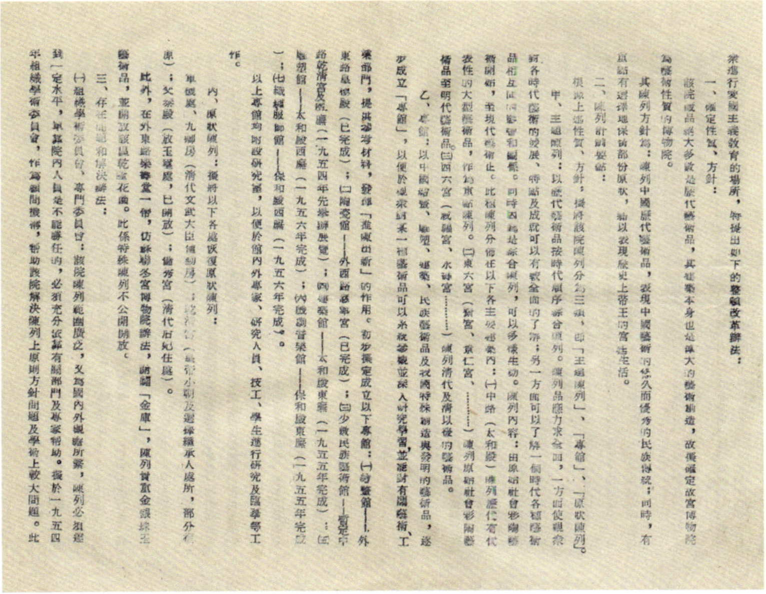

來進行愛國主義教育的場所，特提出如下的整頓改革辦法：

一、確定性質、方針：

該院藏品絕大多數是歷代藝術品，其建築本身也是偉大的藝術創造，故應確定故宮博物院為藝術性質的博物院。

其陳列方針為：陳列中國歷代藝術品，表現中國藝術的悠久而優秀的民族傳統；同時，有重點有選擇地保留部份原狀，輔以表現歷史上帝王的宮廷生活。

二、陳列計劃要點：

根據上述性質、方針，擬將該院陳列分為三類，即「主題陳列」、「專館」、「原狀陳列」。

甲、主題陳列：以歷代藝術品按時代順序綜合陳列。陳列品應力求全面，一方面使觀衆對各時代藝術的發展、特點及成就可以有較全面的了解；另一方面可以了解一個時代各種藝術品相互間的影響和關係。同時因為是綜合陳列，可以多樣生動。陳列內容：由原始社會彩陶藝術開始，至現代藝術止。此種陳列分佈在以下各主要建築內：(一)中路（太和殿）陳列歷代有代表性的大型藝術品，作為東西路陳列。(二)東六宮（齋宮、景仁宮、……）陳列原始社會彩陶藝術品至明代藝術品。(三)西六宮（咸福宮、永壽宮……）陳列清代及清以後的藝術品。

乙、專館：以中國繪畫、雕塑、建築、民族藝術品及我國特殊創造與發明的藝術品，逐步成立「專館」，以便於觀衆對某一種藝術品可以系統參觀並深入研究學習，並能對有關藝術、工藝部門，提供參考材料，發揮「推陳出新」的作用。初步擬定成立以下專館：(一)繪畫館——外東路皇極殿（已完成）；(二)陶瓷館——外西路慈寧宮（已完成）；(三)少數民族藝術館——暫定中路乾清宮及兩廡（一九五四年先舉辦展覽）；(四)建築館——太和殿東廡（一九五五年完成）；(五)雕塑館——太和殿西廡（一九五六年完成）；(六)[illegible]音樂館——保和殿東廡（一九五五年完成）；(七)織繡服飾館——保和殿西廡（一九五六年完成）。

以上專館均附設研究室，以便於館內外專家、研究人員、技工、學生進行研究及臨摹等工作。

丙、原狀陳列：擬將以下各處恢復原狀陳列：

軍機處、九卿房（清代文武大臣值勤房）；乾清宮（[illegible]小朝及選擇繼承人處所，部分存原）；交泰殿（放玉璽處，已開放）；儲秀宮（清代后妃住處）。

此外，在外東路樂壽堂一帶，仿蘇聯冬宮博物院辦法，開闢「金庫」，陳列貴重金銀珠玉藝術品，並開設該區乾隆花園。此係特殊陳列不公開開放。

三、存在問題和解決辦法：

(一)組織學術委員會、專門委員會：該院陳列範圍廣泛，又為國內外觀瞻所繫，陳列必須達到一定水平，單靠院內人員是不能勝任的，必須充分依靠有關部門及專家幫助。擬於一九五四年組織學術委員會，作為顧問機構，幫助該院解決陳列上原則方針問題及學術上較大問題。此

文化部整改方案的讨论意见（引自《故宫博物院九十年》，故宫出版社，2018 年）

陆“艺术性博物院”的定位

第二次是“艺术性博物院”定性的影响。

故宫博物院的定性、定位很重要，它决定着故宫的文物收藏、陈列展览、学术研究以及整个工作的重点。1953 年 5 月，文化部文物局与故宫博物院共同研究，拟订改进计划，提出故宫博物院的性质是：“文化、艺术、历史性的综合博物院，而以艺术品的陈列为其中心。这是和克里姆林宫及冬宫博物院的性质有些相同的。”1953 年 12 月 21 日，文化部第三十七次部长办公会议讨论了《故宫博物院整顿改革方案》，提出故宫博物院的陈列方针，首先应以能充分表现中国历代艺术为主，同时注意现代的少数民族艺术品陈列，设立国际礼品馆，可先举办国际礼品展览。1954 年 4 月 14 日，故宫博物院试行《故宫博物院整顿改革方

案》，确定故宫为“艺术性博物馆”，要在普及与提高相结合、以普及为主的方针下，首先进行中国艺术品陈列；既要组织好古代文物艺术品的陈列，也要做好宫廷史迹的陈列，在陈列展览工作中要不断提高思想性、艺术性和科学性。（国家文物局编：《中华人民共和国文物博物馆事业记事 1949—1999》，第七十三页，文物出版社，2002 年 9 月）

故宫是艺术性博物院的定性，直接影响到故宫文物的收藏。故宫的文物藏品分为两大部分，一部分为传统的古物珍玩，如铜瓷书画、各种工艺品等，另一部分是与典章制度、衣食住行等有关的物品。为了充实故宫院藏，中央政府高度重视，社会各界也积极支持。20 世纪 50 至 60 年代，故宫接收政府部门和各地博物馆拨交的文物约十六万件（套），其中有许多是流失出去的原清宫旧藏，特别是一批书画名迹。这一时期，故宫又从社会上收购了大批书画珍品，接受了社会捐赠的大量珍贵文物。这些古代书画及工艺品的充实，为故宫博物院的发展打下了良好基础。同时，故宫也先后把大量宫廷藏品及珍贵文物调拨给不少博物馆、图书馆及其他机构。

但是，对博物院定位及文物认识的偏颇，也给故宫文物管理的完整性带来了消极影响，这主要反映在两个方面：

其一，在文物与非文物认识上的偏颇，以非文物名义处理的许多物品今天看来仍具有相当价值。20 世纪 50 年代中后期，故宫博物院进行的清理文物、处理非文物、紧缩库房、建立专库的工作，成绩很大，使清宫堆积如山的物品得到认真清理，藏品中玉石不分、真赝杂处的状况得到彻底改变；但其中也有教训，即所处理的非文物中，有些仍有独特价值。

其二，对艺术类文物与非艺术类文物认识的偏颇，把大量认为不符合艺术性要求的文物划拨了出去。故宫从艺术博物院要求来对待和处理文物藏品，这突出反映在明清档案和图书典籍两个方面。今天看，这些文物其实都是清宫历史文化的重要组成部分，都与“艺术性”文物有着密切联系。例如明清档案，它规范整肃的外形、精美的装潢、优质的纸墨等，反映了当时的文书制度和文化用品的工艺水平。特别是各种字体有很高的艺术水平和鉴赏价值，不仅其本身有着很高的艺术性，而且有着重要的价值，其中的内务府档案，对研究清宫历史文化更有特殊意义。

故宫是艺术性博物院的定性，给故宫古建筑保护也带来一定影响。

对故宫的价值，毛泽东主席有着深刻的认识。1949 年 1 月 16 日，他在给平津前线总前委林彪等的电报中，专门就保护北平文化古迹问题做出指示：“力求避免破坏故宫、大学及其他著名而有重大价值的文化古迹。”中华人民共和国成立以来，国家对故宫古建筑的保护十分重视。20 世纪 50 年代初，故宫博物院组建了专业施工队伍，制定了修缮保护方针。人民政府逐年增加维修保护经费，除对古建筑实施正常保养之外，还完成了一大批重点修缮工程，使古建筑的整体状况大为改善。故宫古建筑的三大灾害是雷灾、火灾与震灾。1957 年，故宫开始在高大建筑上安装避雷针。1972 年，国家拨款重点解决故宫的热力供应问题。1974 年 4 月 29 日，国务院批准《故宫博物院五年古建筑修缮规划》，项目的实施收到了明显的效果。1977 年引进热力工程系统，故宫从此结束用煤取暖，保障了古建筑的防火安全。1976 年唐山地震，北京震感强烈，故宫部分古建筑受损，遂引起对防震的高度重视，积极研究应对措施。

但在重视古建筑保护的同时，由于认识上的一些偏颇，又使故宫古建筑的真实性、完整性受到影响；特别是极“左”思潮的干扰，甚至使故宫管理一度面临危机，这主要反映在三个方面：

其一，对古建筑的人为的不恰当处理改变影响了故宫的真实性。故宫一些古建筑的格局、装饰和建筑材料，甚至构造，由于种种原因改变了原状。例如，钦安殿前原有抱厦被拆除；熙和门、协和门的东西庑房和坤宁门东板房原后檐柱不知何时、何故被撤去，威胁到了建筑安全；乾清宫东西庑房的支摘窗改为现代玻璃窗；故宫一些室外青砖地面改为水泥砖地面等。还有一些改变是为了陈列展览的需要。1914 年古物陈列所成立，武英殿、文华殿内部就改建成适合展览的场所。后来，为了扩大展室面积，保和殿东西庑房的外廊被取消。1966 年 11 月，为了展出著名的泥塑“收租院”，“工”字形的奉先殿被改建成了方形大殿，拆除了奉先殿前的“焚帛炉”。1972 年，慈宁宫大佛堂近三千件文物被运往洛阳，宫内的整个结构、设施被拆除一空。

其二，新增建筑物破坏了故宫的整体风貌和格局。1974 年，以故宫生活用房的名义添建了高度超过十六米的五栋楼房，俗称“屏风楼”。因建楼的需要，还拆除了西华门两侧城墙的马道，对古建筑造成了破坏。更严重的是，“屏风楼”位于故宫博物院内，但从风格和内涵上与故宫博物院古建筑极不协调，严重破坏了故宫的整体风貌和格局。

其三，一些古建筑的拆除给故宫完整性带来了不可挽回的损失。主要有三次：一是解放初期，二是在 1958 年“大跃进”中，三是在“文革”初期，后两次都是受极左思潮的严重影响。例如在“大跃进”和人民公社化的 1958 年，故宫博物院做出了“清除糟粕建筑物计划”，将绛雪轩罩棚、养性斋罩棚、集卉亭、鹿囿、建福门等一批不能体现“人民性”的“糟粕”建筑清理拆除，造成了难以弥补的损失。

柒 对故宫“革命性改造”之议

第三次是对故宫进行“革命性改造”方案的处理。

因受时代背景以及政治文化等因素影响，对故宫价值的认识在中华人民共和国成立初期也曾出现过反复。20 世纪 50 年代末，受极左思潮的干扰，故宫古建筑保护及博物院发展曾一度面临严峻的危机。

1958 年 7 月，故宫博物院下放北京市文化局领导。这一年 10 月 13 日，根据中共北京市委主要领导和市委要求故宫博物院在国庆十周年前完成大革命的

故宫太和殿内所悬“建极绥猷”匾

指示，北京市文化局党组提出了一个对故宫“进行革命性改造”的报告。报告对故宫的现状和问题进行了分析，认为：“过去由于清规戒律的限制，不准动原状，不准用灯光，各次陈列迁就主要宫殿，分散零乱，多而不精，参观极不便利。而且对封建落后的陈迹不能大力铲除，保留得过多。房屋及环境的清除整理，阻力更大，至今未能摆脱残败零乱的现状。库房虽然积极清除了一百多万件非文物，但尚远不彻底。”因此，需要“坚决克服‘地广物稀，封建落后’的现状，根本改变故宫博物院的面貌”。报告随后提出两个改革方案，第一个方案：“是将紫禁城内前后两部分划分为二，后半部从乾清门后由故宫博物院办陈列，前半部分交园林局建设成为公园。这样博物院的陈列成一线，可以大大精

“普天同庆——清代万寿盛典展”展厅

干，在紫禁城东西后部开辟两个便门后，故宫可以四通八达，参观便利。”第二个方案：“是按第一方案多保留从太和门起三大殿及两庑中间主要宫殿，此外交园林局管理。”

1959 年 6 月 22 日的中宣部部长办公会议否定了北京市文化局的故宫改革方案。中宣部部长陆定一在会上说：“故宫改革方案文件的精神要整个考虑一下。……我们就是要保留一些封建皇帝的东西。不然的话不能古为今用。新中国成立后几年以来，人们对故宫的兴趣越来越少，恐怕是因为故宫改得多了，应该再恢复一些。”“什么是精华？什么是糟粕？文件中的提法值得考虑，我看冷宫应算精华，而不是糟粕。”“我们对故宫应采取谨慎的方针，原状不应该轻易动，改了的还应恢复一部分。”“故宫的性质，主要应该表现宫廷生活，附带可搞些古代文化艺术的陈列，以保持宫廷史迹。”“讲解说明要实事求是地讲清这些史迹即可，少说一些标语口号。”“关于故宫藏品的清理，不要忙于进行，外面向故宫来要东西的先压一压，不必有求必应，大量外调。仓库不够可另搞一些，仓库要现代化，以免藏品受损失。关于房子改造问题，小房、小墙可以拆一些，但要谨慎。马路可以宽一些，这是为了消防的需要，不是为了机动车进去。故宫就是要封建落后，古色古香。……搞故宫的目的就是为了保留一个落后的地方，对观众进行教育，这就是古为今用，这点不适用于其他各方面的工作。”“故宫的方针，第一条是保持宫廷史迹，使人能详细地、具体地了解宫廷生活；第二条才是古代文化艺术的陈列。”陆定一的指示相当重要，特别是在当时“左倾”思潮泛滥的情况下，他的话不啻当头棒喝，对故宫保护起到了力挽狂澜的作用。故宫避免了一场灾难。此后还出现过类似的改造故宫的设想，也都没有产生多大影响。

这一指示也使故宫博物院领导解除了疑虑。故宫也曾受到极左思潮、“大跃进”的干扰，但许多故宫人对故宫进行“大革命”的主张还是觉得思想认识跟不上。按照中宣部的指示精神，故宫博物院重新明确了关于故宫的方针任务：“故宫博物院的任务是，要尽可能地保持清代宫廷原状与历史遗迹联系清史进行陈列，让人们可以从这里得到一种形象的历史知识与政治教育，因此宫廷史迹是故宫博物院的主要内容之一。”“紫禁城范围内的建筑必须加以保护，保持古建筑的原有面貌。修缮以复原为原则，保持原有风格。对与建筑整体无关之后添的附加建筑物，如小墙小屋等，必要拆除时，也须采取慎重的态度。建筑周围的空隙地点除清除积土、平整地面等工作外，要在保持古典的、民族形式的，并与宫殿建筑相协调的原则下，进行园林风景的点缀，成为观众的休息场所。”

故宫博物院的这一方案无疑是正确的，也是故宫多年保护实践的总结，从中也可见故宫人在完整故宫保护中的探索和坚守。

乐寿堂是珍宝馆重器陈列之所，也是公众最多的地方。

穿行在三大殿区域汉白玉石栏杆间的观众。

捌 宫与院：保护与利用

故宫是个古遗址，是古代皇宫建筑群，是国家级 5A 级旅游景区，又是一个博物院。宫、院结合的好处在于：一是使一个完整的明清皇宫以博物院的形式保存了下来，是“原址保护”“原状陈列”；二是故宫许多宫殿、佛堂都有原来陈设的物品，甚至一直未动过，使宫殿、文物保留了更多的历史文化信息，宫殿与文物是一个不可分割的文化体，这才是完整的故宫价值，这也是为什么故宫文物不能简单地划拨出去的原因；三是一些殿堂作为展厅，与古物展览相得益彰。

但是，宫、院之间的矛盾又很突出，主要是故宫安全的刚性保护要求与日益增长的观众数量、日益完善的观众服务标准的矛盾：一是故宫巨大的观众量引起人们的担忧，这一矛盾在 2010 年前后特别突出。例如，2002 年游客七百余万，2011 年一千四百余万，2012 年达到一千六百余万，对故宫保护、游客安全及参观质量带来很大影响。日益完善的服务标准和现代化设施正挑战着故宫保护标准和安全要求。二是古代宫殿建筑格局与现代化博物馆陈列展示要求之间的差距。展览空间不敷使用，现代化展示手段受到限制等。

太和门广场前，最后一批离开故宫的观众。

宫、院的这种关系，也可以理解为保护与利用的关系，或者说是故宫古建筑保护与博物馆建设的关系。宫、院结合的故宫博物院，既不能因为要确保故宫的安全而关门大吉，把观众拒之门外；也不能完全照搬一般旅游景点的服务标准而漠视对故宫真实性、完整性的保护要求。妥善处理二者关系，兼顾故宫的有效保护与适度利用，寻求两者的最佳结合点，在保护中实现彰显价值、发挥作用的使命，促进故宫保护与故宫博物院建设协调可持续发展。

过去多年采取的解决办法主要有：一是加强基础设施建设，新建故宫综合业务基地和文物科技保护中心，筹建新的展厅。二是在有效保护的前提下最大限度地满足公众的参观要求。最为各界关心、甚至也引起世界遗产组织密切关注的是故宫游客量问题。故宫博物院经过科学论证，把每天的游客量限制在八万，并且开发了电子票务系统，进而升级开发为更全面的游客管理系统，以平衡观众流量。三是努力建设数字故宫，特别是数字新媒体技术的广泛运用，还建立了端门数字展馆，收到很好的效果。

这说明，宫、院之间，在一些具体问题上尽管有矛盾，甚至是比较尖锐的冲突，但这些问题都是可以解决的。通过多年不断努力，采取多种办法，这些问

故宫，永远的人流。

题已经或正在得到妥善解决。而宫殿建筑利用得好，还更能显示其特有的优势。

玖 一个故宫、两个博物院

1948年9月以后，国内政治军事形势变化很快。中国人民解放军发动的辽沈战役行将解放东北全境，平津战役与淮海战役正在准备进行之中。平津被围，徐蚌紧急，南京岌岌可危，南京国民政府准备逃往台湾。11月10日，行政院长兼故宫博物院理事长翁文灏邀集常务理事朱家骅、王世杰、傅斯年、李济及故宫博物院徐森玉等，以谈话会的方式密议，商定选择故宫精品，以六百箱为范围先运台湾，而以参加伦敦艺展的八十箱为主。在会上，朱家骅以教育部部长的身份提出“国立中央图书馆”的善本书、傅斯年以“中央研究院”历史语言研究所所长的身份提出该所收藏的考古文物亦应随同迁台。迁运的筹划工作由理事会秘书杭立武（时任教育部政务次长）负责。后“中央博物院”筹备处亦决定选

择精品一百二十箱，会同故宫文物运台。接着，故宫博物院与中央博物院筹备处理事会合议决定，第一批文物运台之后，应尽交通工具之可能，将两院其余藏品，一并运往台湾。

1948年底与1949年初，终占故宫南迁文物总数四分之一的两千九百七十二箱分三批从南京运往台湾，开始贮存于台中糖厂。1950年，在台中县雾峰乡北沟觅地修建库房，并搬运文物入库。1957年，北沟陈列室开放。1965年，在台北近郊外双溪建立台北故宫博物院，从此形成一个故宫、两个故宫博物院的局面。

1965年8月，台北"行政院"公布《"国立"故宫博物院管理委员会临时组织规程》，以"整理、保管、展出故宫博物院及中央博物院筹备处所藏之历代古物及艺术品，并加强对中国古代文化艺术之研究"为其设置宗旨。《临时组织规程》规定："'国立'故宫博物院管理委员会隶属'行政院'"；"原隶属教育部之国立中央博物院筹备处在台人员，暂列入本会编制，俟大陆'光复'时，应连同所保管该筹备处之古物一并归还原建制"。博物院内部的组织，是由院长一人总理政务，副院长一至二人，襄助院长处理院务。设有古物组、书画组、总务处、出版室、秘书室、安全室、会计室、人事室等八个部门。《规程》还强调：“博物院得聘请专家五至七人为研究员，三至五人为副研究员。并得设研究发展委员会。”《“国立”故宫博物院管理委员会临时组织规程》后又经多次修订。

台北故宫博物院的陈列展览在不断发展之中。1965年对外开放之初，仅有十六间陈列室和八处画廊，展出文物一千五百七十三件；现在经过几次扩建，陈列室已增加三十四间，展出的文物达四千余件。目前展览大楼的三个楼面的常设展陈列室共十六间，展览的类别则包括：一楼的商周青铜礼器、历代佛像雕塑艺术；二楼的汉至五代陶器、宋元明清瓷器；三楼的中国历代玉器、明清雕刻、珍玩多宝格等。书画在二、三楼的八间书画陈列室展出。另外，有不定期推出的各项特展，以进入21世纪以来为例，如“千禧宋代文物大展”（2000年）、“大汗的世纪：蒙元时代的多元文化与艺术”（2001年）、“乾隆皇帝的文化大业”（2002年）、“大观：北宋书画、北宋汝窑、北宋图书特展”（2006年）、“雍正：清世宗文物大展”（2009年）、“文艺绍兴：南宋艺术与文化”（2010年）、“山水合璧：黄公望富春山居图特展”（2011年）、“康熙大帝与太阳王路易十四特展”（2011年）、“十全乾

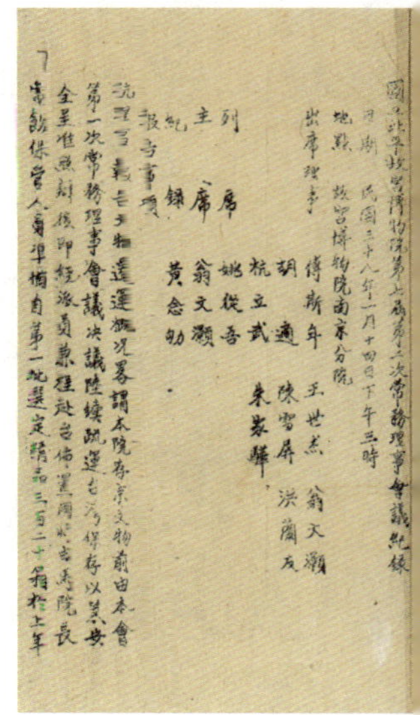
国立北平故宫博物院第六届第二次常务理事会议纪录
日期 民国三十八年一月十四日下午三时
地点 故宫博物院南京分院
出席理事 傅斯年 王世杰 翁文灏 胡适 陈雪屏 洪兰友 杭立武 朱家骅
列席 姚从吾
主席 翁文灏
纪录 黄念劬
报告事项

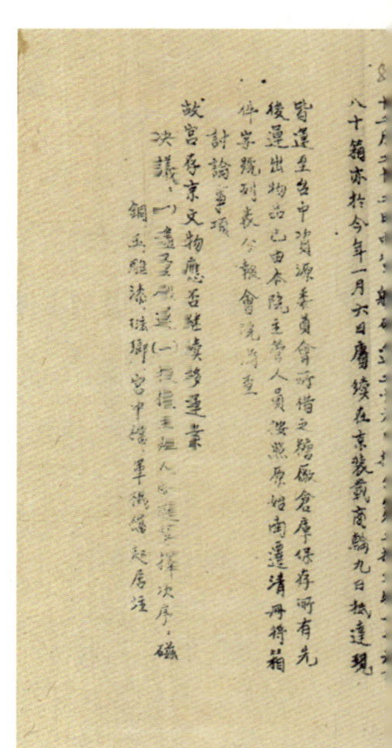

故宫博物院理事会最后一次会议讨论南迁文物运台，此为会议记录。

故宫博物院迁台同人于台中糖厂仓库合影。前排左起：申若侠、吴凤培、庄严、刘奉璋、王世华，后排左起：吴玉璋、黄居祥、牛仁堂、那志良、梁廷炜、王振楷。

隆——清高宗的艺术品位”（2013 年）等。台北故宫博物院 1999 年从大陆引进“三星堆传奇——华夏古文明的探索”展览，此后又举办了“天可汗的世界——唐代文物大展”（陕西文物，2001）、“汉代文物大展”（主要为马王堆汉墓与南越王墓的文物）、“赫赫宗周——西周文化”（陕西文物，2012）“商王武丁与后妇好——殷商盛世文化艺术”（部分文物来自中国社会科学院考古研究所与河南省博物院，2012 年）等展览。台北故宫博物院多年来又引进了一系列西方的绘画与雕塑等展览。在此期间，台北故宫文物也多次到国外展出；1961 年到 1962 年赴美国巡回展览，1996 年赴美四大城市巡展，1998 年赴巴黎大皇宫博物馆展出，1999 年赴中美洲展览，2003 年赴德国展出等。

台北故宫在文物保护、学术研究、教育推广与艺文体验、数字化与资讯科技等方面都下了很大工夫，取得了重要成果。

落成后的台中北沟文物库房

台中北沟文物库房内

台北故宫外景

拾 两岸故宫博物院文物藏品概况

两岸两个故宫博物院都有丰富的文物藏品。当然，北京故宫在数量和种类上更多。

截至2010年底，北京故宫博物院文物总数为一百八十万七千五百五十八件套，其中珍贵文物一百六十八万四千四百九十件、一般文物十一万五千四百九十一件、标本七千五百七十七件；约一百五十五万件套是清宫旧藏和遗存，占藏品总数的百分之八十六，其余约二十五万件套为建院以来的新收藏，占藏品总数的百分之十四。北京故宫文物藏品品类丰富、体系完备，依据不同质地、形式和管理的需要，分为陶瓷、绘画、法书、碑帖、青铜、玉石、珍宝、漆器、珐琅、雕塑、碑帖、铭刻、家具、古籍善本、文房用具、帝后玺册、钟表仪器、武备仪仗、宗教文物等，共二十五大类，又可分为两百四十三个细类，反映了宫廷文物遗存的丰富多彩。

截至2014年，台北故宫博物院典藏文物共计六十九万六千三百四十四件册，可分为基本文物典藏与到台后新增加的文物两大部分。其中，故宫博物院运台文物五十九万七千五百五十六件，数量尤巨，约占台北故宫现有文物总数的百分之八十六，并且无比珍贵，使台北故宫博物院成为清宫旧藏的另一个重要庋藏地。现在台北故宫的文物藏品，还包括原中央博物院筹备处迁台文物，其主要来源于古物陈列所，因此也基本属于清宫文物。具体来说，有铜器两千六百三十一件、瓷器一万八千三百九十一件、玉器九千七百六十八件、文具一千六百六十四件、漆器五百六十一件、珐琅一千零三十件、雕刻三百零九件、杂器一万零五十六件、丝绣两百三十二件、折扇一千五百九十九件、名画三千八百八十八件、法书一千一百三十九件、碑帖三百零七件、善本书籍十四万七千九百零九件册、清宫档案文献三十八万六千五百七十三件、满蒙藏文献书籍一万一千四百九十九册。

两岸故宫博物院的文物藏品，各有特点。

书画收藏 台北故宫现藏书画总计一万余件。据资料介绍，运台的故宫书画共五千七百六十件，除去墨拓、缂丝及成扇外，总数为四千六百五十件。经审查，精品一千四百七十一件，其中法书两百三十七件，名画一千二百三十四件。“国宝”与“重要文物”者，逾两千件。北京故宫有书画十四万七千七百件，约占世界公立博物馆所藏中国古代书画的四分之一，其中约三分之一具有较高的学术价值和欣赏价值。文物南迁时，当时故宫的书画精品几乎都运到了台湾，但溥仪此前偷运出宫的一千多幅书画瑰宝，其中不少后来又回到紫禁城。北京故宫通过持续征集，已成为海内外宋画收藏最多的博物馆。据浙江大学编印的《宋画全集》，其中北京故宫卷收录两百五十四件、台北故宫卷收录两百二十四件。元以前书画总收藏，在数量上北京故宫低于台北故宫。但相对严格的鉴定工作，使得北京故宫早期（元以前）书画中，很少有早期和晚期（明清）之争。就宋代绘画而言，台北故宫的山水画珍品多于北京故宫，但北京故宫的人物画珍品则占有重要地位。北京故宫绘画藏品种类较全面，除卷轴画

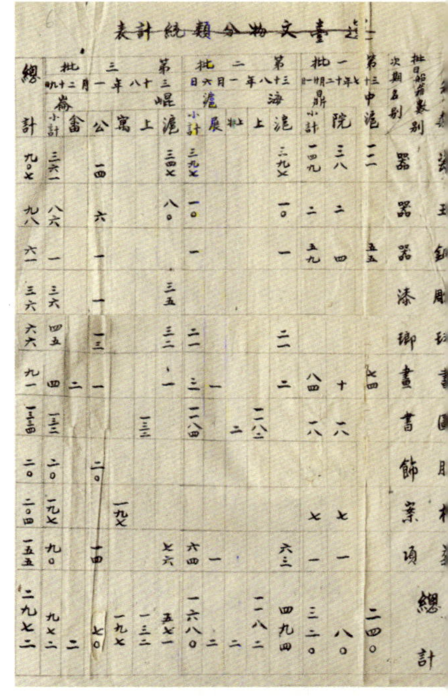

運臺文物分類統計表

類別	第一批 三十七年十二月二十一日 中鼎 滬	院	小計	第二批 三十八年一月六日 海滬 滬	上	批	展	小計	第三批 三十八年一月二十九日 崑崙 滬	上	寓	公	畲	小計	總計
器	一一一	三八	一四九	三九七				三九七	三四七			一四		三六一	九〇七
器		二	二	一〇				一〇	八〇			六		八六	九八
器	五五	四	五九	一				一				一		一	六一
漆									三五			一		三六	三六
瑯				二一				二一	三二			一三		四五	六六
畫	七四	十	八四	二			一	三	一			一	二	四	九一
書		八	八		一一八二	二		一一八四		一三二				一三二	一三二四
飾												二〇		二〇	二〇
案		七	七								一九七			一九七	二〇四
項		一	一	六三			一	六四	七六			十四		九〇	一五五
總計	二四〇	八〇	三二〇	四九四	一一八二	二	二	一六八〇	五七一	一三二	一九七	七〇	二	九七二	二九七二

《故宫运台文物统计表》

郑欣淼:《天府永藏》，紫禁城出版社，2008 年

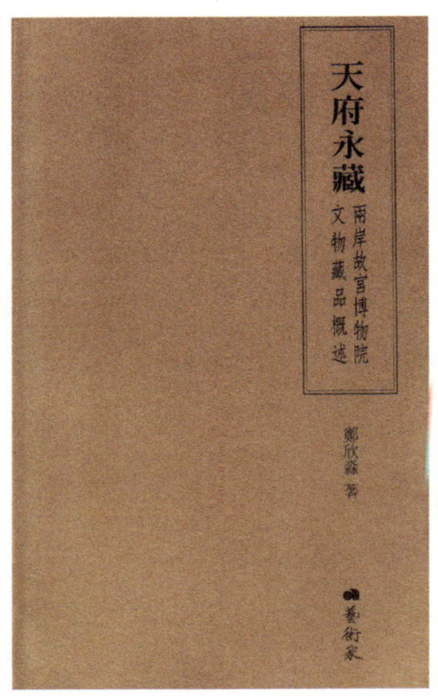

郑欣淼:《天府永藏》繁体字版，台北艺术家出版社，2009 年

外，还藏有版画、年画、清宫油画、玻璃画、屏风画、帖落等，这些是台北故宫所缺乏和不足的。两万余件的清代帝后书画是北京故宫颇具特色的一项收藏。此外，北京故宫还有十件唐宋壁画、七件唐五代敦煌纸绢画、一铺元代大幅壁画等。北京故宫庋藏的明清大幅宫廷书画也是台北故宫所缺少的，因为这些在文物南迁时有一定运输难度。

青铜器 北京故宫藏历代铜器一万五千余件，其中先秦青铜器约一万件，有铭文的一千六百余件，这三个数量均占中外传世与出土数量总和的十分之一以上，北京故宫是国内外收藏中国青铜器数量最多的博物馆。另外，有历代货币一万余枚、铜镜四千面、印押一万余件，以及清宫原存从康熙至光绪各朝未曾流通的钱币十三万余枚。总体数量恢宏庞大、品类具备。台北故宫收藏有五千六百一十五件青铜器，先秦有铭文的约五百件。两岸故宫青铜器都以传世品为主，台北故宫藏品的总量和精品数量都较少，但毛公鼎、散氏盘、宗周钟等重器则十分有名。

陶瓷器 北京故宫有三十七万件，如果再加上暂存南京博物院的十万件清代

玉镂雕谷纹“长乐”璧（北京故宫藏）

翠玉白菜（台北故宫藏）

御窑瓷器，北京故宫的藏瓷总数超过四十七万件。台北故宫博物院收藏瓷器两万五千四百二十二件。两个故宫合计藏瓷近五十万件，是世界公私收藏单位中存藏中国古代瓷器最大的个体。两个故宫博物院瓷器的最显著特点在于它们都是对清代皇宫旧藏的继承。台北故宫博物院在宋代五大名窑（汝、官、哥、定、钧）瓷器、明代官窑瓷器以及清代康、雍、乾官窑瓷器尤其是珐琅彩瓷器收藏方面，均占有一定优势。例如著名的清代康、雍、乾三朝珐琅彩瓷器，原清宫旧藏四百一十八件，现北京故宫仅收藏五十八件，另外三百余件绝大多数都收藏在台北故宫。但北京故宫的收藏数量是台北故宫无法比拟的，特别是在新石器时代彩陶、三国两晋南北朝隋唐五代瓷器、清代嘉庆至宣统官窑瓷器、历代民窑瓷器以及古陶瓷窑址标本、实物资料收藏方面，北京故宫均占有明显优势。北京故宫在历代官窑瓷器收藏方面，无论数量还是质量，也都相当可观，不容忽视。在古陶瓷收藏方面，两岸故宫各有千秋。

工艺类藏品 北京故宫藏有玉器三万余件，数量上多于台北故宫的一万三千四百件，而且又征集了考古发掘出土的珍贵玉器数百件，其中安徽凌家滩遗址与六安杨公乡战国墓出土的一些玉器，为世所罕见，目前仅北京故宫有收藏。另外，北京故宫的“大禹治水”玉山，重逾万斤；还有重量数千斤的几件玉山，是台北故宫所不能及的。漆器、珐琅、玻璃、金银器、竹木牙角雕刻，以及笔墨纸砚等“杂项”，台北故宫总计不到八千件，北京故宫则有十万余件。漆器总体上台北故宫精品较少；金属珐琅器，两岸所藏特点相近，但北京故宫的一些大型金属珐琅制品则是台北故宫所没有的；从台北故宫出版的有关如意、文玩等出版物所选文物看，其工艺水平明显逊于北京故宫藏品。另外，北京故宫还藏盆景一千四百四十二件，匏器五百九十件，而台北故宫几乎无此收藏。

宫廷类文物 北京故宫具有极大优势，从代表皇权的典制文物到皇家日常生活用品文物，无所不藏。例如清代玉玺“二十五宝”、卤簿仪仗等为台北故宫所无，帝后冠服也最为齐全；反映清代科技发展水平以及中外文化交流的天文仪器、钟表亦为北京故宫特藏。清代皇帝稽古右文，重视文玩鉴赏，其鉴赏所用的印章，绝大部分藏在北京故宫。清代皇家信仰多种宗教，以本民族传统的萨满教、道教与藏传佛教为主。北京故宫收藏有大量萨满教与藏传佛教的法器、祭器、造像、唐卡等，还完整地保存了宫廷中一些藏传佛教及道教殿堂的原状。

图书典籍 台北故宫所藏版本时代早（宋、元、明版较多）、卷帙完整、书品好者居多，如文渊阁《四库全书》、摛藻堂《四库全书荟要》《宛委别藏》及部分“天禄琳琅”藏书等，多是独有的巨帙或孤善之品，相当珍贵。北京故宫所存数量不多的宋元版书多已拨交国家图书馆，但现存的明清抄、刻本，品种、数量众多，包括内府修书各馆在编纂过程中产生的稿本，呈请皇帝御览、待刻之书的定本，从未发刻的清代满、蒙、汉文典籍，为便于皇帝阅览或携带而重抄的各式书册，以及为宫内外殿堂陈设而特制的各种赏玩性书册。此外，还有翰林学士、词臣自撰的未刊行书籍，各地藏书家进呈之书；一大批宫中戏本和档案；帝后服饰和器物小样、“样式雷”建筑图样、舆图等特藏文献，等等，以上共约四十万册（件）。清内府书版材质讲究、雕刻精美，具有重要的文献与文物价值，现北京故宫博物院尚保存二十三万七千九百二十四块。

档案文献　台北故宫有三十八万多件，占到其文物总数的一半以上。北京故宫的档案划归到国家档案局，专门成立了中国第一历史档案馆，现收藏明清档案已达一千多万件，故宫仅有《陈设档》等少数存藏。

由于多种原因，许多人对北京故宫文物藏品的状况不很清楚，有人以为好东西都到了台湾，有的甚至说：“台北有文物没有故宫，北京有故宫没有文物。”这显然是误解。当然，文物自有其本身的艺术价值和历史价值，是不可以互相替代的。两岸故宫的收藏本来就是一个整体，有着很强的互补性，只有从整体上来看待，才能全面地认识中华文化的源远流长和丰富多彩。

运往台湾的文物都来自南迁文物，这些文物与北平本院就有着联系，加之第三批原计划运送一千七百箱，由于舱位有限以及军舰停留时间短等原因，只运走九百七十二箱，剩下的七百二十八箱又运回到库房。在看到两岸故宫文物藏品的不同时，还应注意到它们之间的联系。

乾隆时期敕编的文渊阁《四库全书》从大陆带到台湾，而用来存放四库全书的文渊阁至今伫立在紫禁城，当年珍藏《四库全书》的柜子也在北京故宫。2009年10月台北故宫举办的“雍正大展”，展览以雍正帝的一颗玉玺“为君难”为主题，而这颗玉玺就在北京故宫。因此，策展小组向北京故宫提出借展品以充实展览内容。藏文泥金写本《甘珠尔》共两套，康熙时期的一套在台北故宫，按《秘殿珠林初编》中的命名称为《龙藏经》；乾隆时期的一百零八函，台北故宫藏三十六函，北京故宫藏七十二函；台北故宫要出版康熙时期的《龙藏经》，但因为相隔三百四十年之久，其中一函无法揭开，便请北京故宫的《甘珠尔》协助，解决了问题，并以送两部《龙藏经》作为交换。许多互有关联的书画分藏两岸故宫，甚至台北故宫有些文物如唐代怀素《自叙帖》等精美的原包装盒还留在北京故宫，珠椟相分，令人感慨。被乾隆帝并称为“三希帖”的王羲之的《快雪时晴帖》藏于台北故宫，而王献之的《中秋帖》、王珣的《伯远帖》则存于北京故宫。

两岸故宫藏品的共同特点，决定了加强合作研究的重要性。例如，两岸故宫青铜器因系出一源，故时代序列完整和器类齐全且多传世品是其收藏的共同特色，有不少成组的器物分藏于两岸故宫，如清代晚期山东益都县苏埠屯出土的亚丑组器，台北故宫收藏鼎六件、簋两件、尊五件、角一件、觚两件、觯一件、卣两件、方彝一件；北京故宫则收藏鼎三件、簋一件、尊一件、觚一件、斝一件、卣一件、罍一件。成周王铃是一对仅存的西周早期有铭文的青铜乐器，传世仅两件，一件阳文的藏于北京故宫，另一件阴文的藏于台北故宫。西周中期的追簋两岸合藏其三。西周晚期的长铭颂组器，北京故宫藏颂鼎一、颂簋一、史颂簋一；台北故宫藏颂鼎一、颂壶一、史颂簋一。春秋晚期的能原镈存世两件，两岸故宫各藏其一，这是一组用越国文字记事的青铜乐器。越国文字多将越王名等短铭记于兵器上，释读十分困难，是目前金文研究中尚未取得彻底解决的课题之一。这两件镈铭中台北故宫的一枚存六十字，北京故宫的一枚存四十八字，由于长铭便于从上下文推知文意，故两铭等于为我们提供了可能解读全部越国文字的钥匙。宋徽宗倡新乐，制作大晟编钟，流传至今者成为研究音乐史、考察宋代雅乐的珍贵标本，该编钟北京故宫现藏六枚，台北故宫藏两枚。

两岸故宫藏品中都有大量记录族名的青铜器，其中有几件族名器被考证为记录重要古国名的铭文，如北京故宫有记录孤竹国和无终国国名的铜器等，台北故宫也存有许多族名铜器。族名金文的释读和研究是一个十分困难的课题，迄今尚未得到很好的解决。两岸故宫这批资料的充分利用，无疑会促进这一课题的研究。

亚醜方尊（北京故宫藏）

《甘珠尔》（北京故宫藏）

亚醜方尊（台北故宫藏）

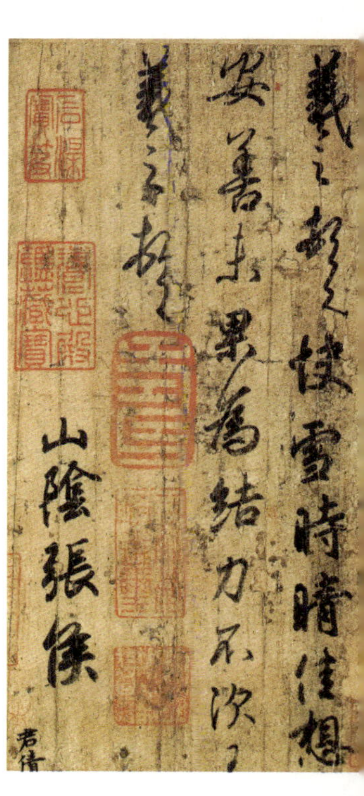

晋王羲之《快雪时晴帖》（台北故宫

《龙藏经》（台北故宫藏）

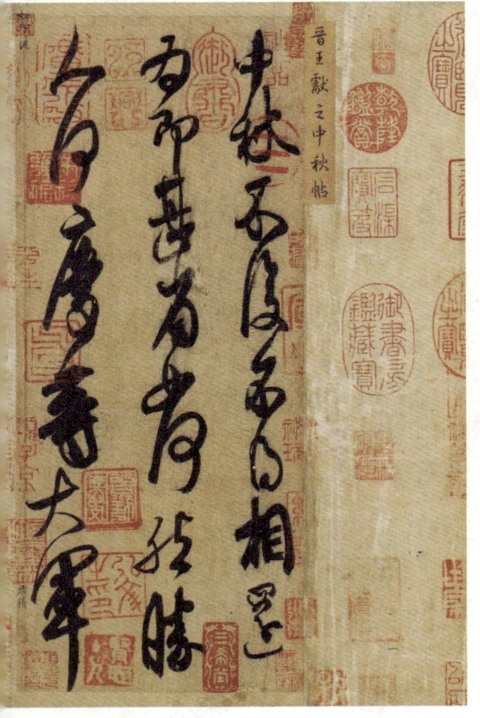

晋王献之《中秋帖》（北京故宫藏）

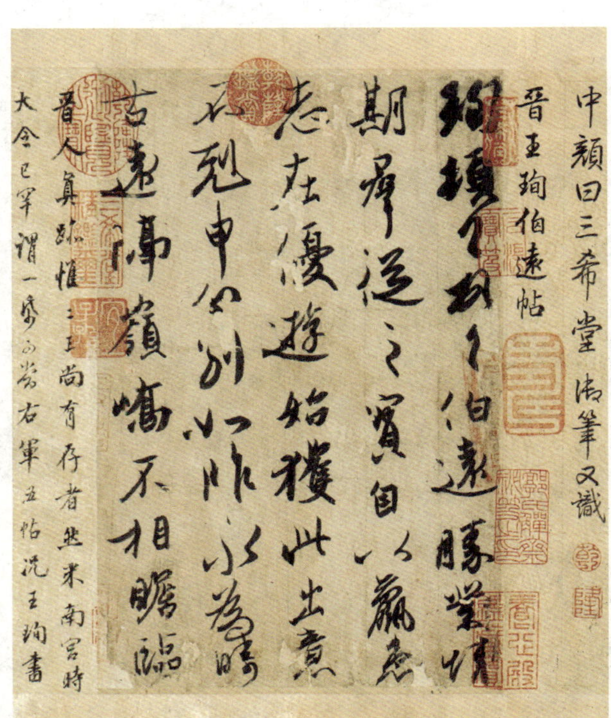

晋王珣《伯远帖》（北京故宫藏）

故宫事

珍藏着一百八十万件文物瑰宝、依托已有六百年历史的古老皇宫，最多一天中外游客曾超过十八万人次的故宫博物院，自然每天都发生着无数的事。其中有大事，也有小事；有经常性的事，也有临时性的事；有主动抓的事，也有偶发的事。故宫通过这些事在发展，人们在这些事中看到了故宫的变化。

故宫博物院的首要任务是全面、完整地保护故宫遗产；作为博物馆的重要职能，故宫要努力办好陈列展览，为川流不息的观众展现故宫的精华和价值；作为一个学术机构，学术研究是故宫博物院发展与故宫保护生生不息的内在力量；开放合作既是永葆故宫活力的保证，也是向世界弘扬中华优秀传统文化的需要。以上四个方面，就是基础性的、经常性的工作，是故宫最重要的事。当然，人们也高兴地看到，努力提升的信息化水平为故宫插上了飞跃的翅膀，日益丰富的文创产品显示出无比的魅力，不断创新的观众服务使故宫更加走向大众，等等等等，这些都是说不尽的。

故宫遗产的全面保护

故宫古建筑及文物藏品是物质文化遗产，是故宫博物院赖以存在的基础；故宫博物院作为故宫遗产的守护者与传承者，其首要任务就是保护好故宫（紫禁城），保持它的完整性与真实性，使其延年益寿，永世长存。

进入 21 世纪后，随着对故宫整体保护认识的加深，故宫博物院先后立项了两项重大工程。一是 2002 年正式启动、历时十八年的“故宫整体修缮保护工程”。二是 2013 年启动、历时八年的“平安故宫”工程。“平安故宫”工程是一个宏观的保护工程体系，旨在进一步解决故宫存在的火灾隐患、盗窃隐患、震灾隐患、藏品自然损坏隐患、文物库房隐患、基础设施隐患、观众安全隐患等重大安全问题，同时明确了北院区建设、地库改造工程、基础设施改造工程、世界文化遗产监测项目、故宫安全防范新系统、院藏文物防震项目、院藏文物抢救性科技修复保护等七个子项目。这两大工程的实施，为故宫保护与博物院发展做出了积极贡献。

壹 故宫修缮

故宫建筑的土木结构特点，决定了对其需要经常不断地进行维修和保养，从而避免和减少古建筑的损坏，防止出现大面积的损毁。

故宫建成已六百年，其中绝大多数建筑物经历数百年，短的也有百余年。故宫至今巍然屹立，壮丽雄伟，保持着原来的格局和风貌，坚持不懈地维修起了重要的保证作用。

清内务府的营造司，掌宫廷缮修工程事务。各宫殿、园庭除重大工程会同工部办理外，寻常装修工程都由营造司承办，分别定保固年限。紫禁城沟渠每年二月淘挖一次；城上之草，每年三伏及十月各拔除一次。每年照例兴修的工程为“岁修”，按工程繁简，分为大修、小修。其工费各有定额，如有增加，须先奏准。如有节省或缓修，要照数归款。所报如查有浮冒之处，驳回更正，如仍不能核实造报，则将该官员奏请议处。

中华人民共和国成立以来，故宫博物院在 20 世纪 50 年代初组建了专业的施工队伍，制定了修缮保护方针。人民政府逐年增加维修保护经费，除对古建

1955 年 10 月 22 日，参加修缮景运门竞赛运动的全体工人合影。

筑实施正常保养之外，还完成了一大批重点修缮工程，使古建筑的整体状况大为改善。故宫古建筑的三大灾害是雷灾、火灾与震灾。1957年，故宫开始在高大建筑上安装避雷针。1972年，国家拨款重点解决故宫的热力供应问题。1974年4月29日，国务院批准《故宫博物院五年古建筑修缮规划》，项目的实施收到了明显的效果。1977年引进热力工程系统，故宫从此结束用煤取暖，保障了古建的防火安全。1976年唐山地震，北京震感强烈，故宫部分古建受损，遂引起对防震的高度重视，积极研究应对措施。

故宫博物院向来有“十年一大修，一修要十年”的说法。这是古建筑保护最基本的、经常性的工作。从1925年博物院成立后，除1927年因博物院自身处境艰难未安排项目，1970年仅有零星工程外，其余每年都有维修项目，即使在抗日战争时的沦陷期间维修工程也未停过。从1949年至2001年，故宫的各种维修项目达六百余项；同时坚持了严格的修缮制度，保证了修缮的质量，对故宫的完整保护起了重要作用。但是，从清末直至20世纪末，由于社会的动荡或经济条件的限制，从总体上看，故宫没有得到足够的维护机会，很多问题积累了下来，有些是非常严重的。最主要的是自然力造成的影响。

例如，西华门内原内务府和造办处的一批房屋在20世纪初期倒塌，慈宁宫、寿康宫、英华殿等建筑群整体长年久待修。有一些大木结构材料存在严重隐患。外表完整的钦安殿、武英殿、熙和门、太和殿都在检修中发现部分承重梁、柱严重糟朽。建筑外表面材料、艺术品损坏普遍：约八万平方米石质材料和总长约六千五百米石栏杆普遍风化或严重风化，局部污染。故宫屋顶琉璃瓦和琉璃装饰构件自身的破碎和脱釉现象非常普遍，造成瓦强度降低，污染变黑，古建筑屋顶色彩和光泽改变。具有鲜明历史价值的外檐彩画老化严重，有的甚至百年未修，完全破损。地面、墙体的砖普遍风化。抹灰层少量空臌脱落。红涂料色调不一。古建筑的内装修基本未维修，老化破损严重，大部分亟待抢救。

2001年11月19日，国务院副总理李岚清视察故宫博物院并主持会议，研

维修中的太和殿

究故宫古建维修和文物保护问题，对“努力做好故宫古建筑的维修保护”“做好故宫古建筑和文物的合理利用”以及“加强故宫古建筑和文物的科学管理”提出了具体要求。

21 世纪之初，国务院做出了故宫修缮的重大决策。这是一百年来故宫规模最大的一次维修，被世人称为“百年大修”。

故宫维修原则深受中国营造学社影响，并随时代变化和文物保护理念提升而发展。这就是“不改变文物原状”，就是最少干预、尽最大可能保存原构件，亦即尽可能多地保留原有建筑历史信息，保持文物的真实性和完整性，以达到“祛病延年”的目的；对故宫来说，不仅仅是古建筑本体，故宫的人文历史环境也

应该得到保护，即它所具有的、在全人类视域下突出普遍的价值要得到完整的保护。

这次保护维修坚持“完整保护，整体维修”的原则。故宫博物院制订的《故宫保护整体规划大纲》由国务院授权国家文物局做了批复。贯穿“规划”的原则是保护和保存文物及其环境的真实性、完整性，实现文物价值的延续。明确了展现庄严、肃穆、辉煌的风貌，充分展示历史文化价值与内涵的目标。在确定的故宫保护对策中，把通过合理利用促进古建筑保护列为一项，认为科学地拓展开放有利于古建筑的保护，从根据古建筑相对价值划定的类别及其可辟为展室的几种形式出发，把古建筑保护工程与为将来使用配置的有关设施建设结合

故宫修缮：瓦（wà 去声）瓦

在一起。以上这些提法的形成是故宫博物院成立以来故宫保护经验教训的总结，在故宫修缮中发挥着重要的指导性作用。

延续十八年的维修计划分为两个阶段：从2002年到2008年，把中轴线及其以外的主要建筑修复好；从2009年到2020年紫禁城建成六百周年时，全面完成古建筑内外环境整治和整体保护工作，实现制度化、规范化、数字化的维护管理，进入良性循环。

《中华人民共和国文物保护法》规定不可移动文物保护的总原则是“不改变文物原状”。故宫修缮过程中，与文物“原状”关系最大的是木结构材料、琉璃瓦与建筑彩画三个方面；故宫对此都进行了认真的探索与实践，较好地解决了碰到的问题，积累了经验。

在木构件的保护上，遵循最少干预和减少扰动的工作原则，根据木构件的不同病害，有针对性地采取不同的方法进行维修和保护，主要有加固（木材加固、

故宫修缮：刷墙

2007 年 9 月 5 日上午，太和殿正脊合龙，宝匣被郑重放回正脊正中的“龙门”位置。图为郑欣淼在安放仪式上宣读《太和殿修缮工程纪事》，宣读完毕后该《纪事》被一并放入宝匣。

铁活加固）、局部剔补、拼接及木构件的更换等方法。

故宫古建筑屋顶覆盖的琉璃瓦和琉璃构件是宫殿建筑的主要特征。故宫维修对实施揭瓦的屋顶琉璃装饰构件，采取清洗、黏接及必要时对严重风化部位修补、封护的办法，尽最大可能地让构件回到原来的位置上。

对琉璃瓦在揭取过程中逐块编号，要先了解每一块瓦的保存状况，再决定或复位或更换。对外檐彩画的保护处理，是根据价值评估和保存状况，进行具体研究。新复原的彩画，一般不“做旧”。故宫彩画维修都是由故宫古建部进行设计，专业彩画工人施工，完全使用传统工艺和技术。

此外，故宫一些古建筑的格局、装修和建筑材料，甚至构造，由于种种原因改变了原状。这次维修中，为了保存古建筑的原状，经过勘察、调研和认真论证，加以修复。

太和殿维修无疑是最引人关注的工程。故宫于 2004 年 5 月开始着手对太和殿进行详细的勘测和反复的调查研究，历时一年零四个月完成工程方案设计。分别对具体维修项目和外檐彩画复原做出了详尽的设计图和说明。在施工过程中，贯彻尽可能少干预的思想，尽可能多地保存原材料。在维修屋顶时对约十万块琉璃瓦和构件全部进行了编号，拆卸后逐块甄别，凡是不破碎的均力争把它们安装回原来的位置。故宫古建修缮中心在每一工序前都对原状进行数据测量，如每坡瓦的垄数、每垄瓦的块数、坡长、屋顶各面的坡度曲线等，保证屋顶恢复健康后与原屋顶具有同样的外观。太和殿的外檐旧彩画是 20 世纪 50 年代末的作品，当时并没有完全尊重历史原状。这次按照太和殿内檐彩画（康、乾时期）复制外檐彩画。复制按照传统工艺技术操作，彩画色彩丰富，龙纹饱满，与维修后的整个太和殿一体，展现了恢宏富贵的皇家气势。

故宫古建筑的重要地位以及故宫的大规模维修实践，都为古代官式建筑营造技艺传承提供了一个难得的机遇。故宫努力通过大修工程，挽救一些濒临灭绝的传统工艺，培养更多的能工巧匠，使各个传统的工种都有一些接班人，实现长

养心殿修缮首现彩绘宝匣，经修复保护完工时“归安”。图为养心殿宝匣及其中“镇物”（修复后）。

远地保护故宫历史真实性的目标。

故宫十分重视古建筑维修中的科研工作，积极引入现代科技。2005 年 3 月，故宫成立古建筑科技保护工作小组，负责故宫古建筑及其修缮工程中科技保护项目、古建筑环境监测以及涉及新材料、新工艺的试验和使用工作。2007 年 4 月，故宫又成立了古建筑研究中心。2008 年 6 月，“官式古建筑营造技艺”被国务院列入第二批“国家级非物质文化遗产”。2014 年 8 月，成立明清官式建筑保护研究国家文物局重点科研基地及故宫研究院古建筑研究所。

作为百年大修收官之作的养心殿工程，鉴于其地位重要、影响巨大以及文物建筑复杂的特点，故宫特确定其为“研究性保护项目”，即突出维修工程中的科学性，加强学术研究，力求使维修的每一个步骤、每一个方面都能有科学的依据，都是扎实可行的。《养心殿研究性保护项目课题》共设置了三十五个分课题，涉及与养心殿工程有关的清宫历史文化、文物陈设、文物保护（包括防震）、古建筑技艺以及工程管理等，基本上包括了维修工程的各个方面。据我统计，参与的有器物部、宫廷部、文保科技部、古建部、修缮技艺部、研究室、科研处等七个部门，参加课题的研究人员共两百三十四人次，其中十人及十人以上参加的课题即达十个，最多的一个课题有十四人，这充分反映了筹划者的用心、周到。这一课题的设计，是从维修工程实际需要提出的，也提供了故宫保护工作与故宫学术研究相互结合的一个范例。过去故宫维修也有类似做法，但像养心殿项目这样涉及学科门类之广、动员力量之多、组织规模之大，还是第一次，因此也具有开创性意义。

故宫从大修开始，就系统地开展了整理紫禁城古建筑保护历史文献的工作。《明代宫廷建筑大事史料长编》已出版从洪武到天顺等朝三部十二册，《清代宫廷建筑大事史料长编》的顺治和康熙两朝也即将付梓。

《故宫古建筑保护工程实录》的

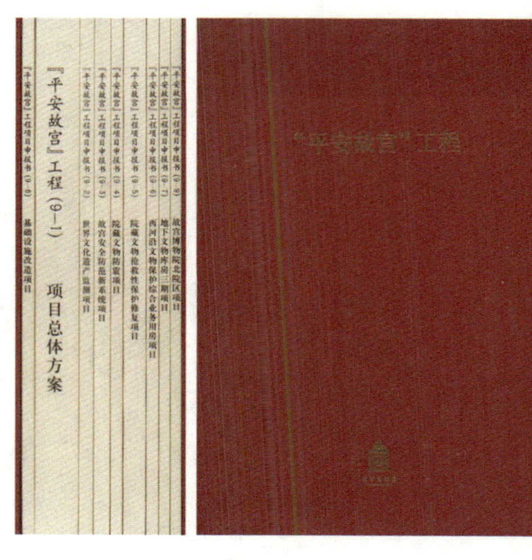

《“平安故宫”工程》文本

《故宫古建筑保护工程实录——武英殿·一》

出版具有标志性意义。根据故宫维修的整体安排，需要及时地整理、编写并出版维修工程报告，收录有关维修的信息资料和相关的档案文献，为故宫以后的维修保护以及研究工作留下完整的资料。故宫博物院决定编写《故宫古建筑保护工程实录》大型丛书，《武英殿（一）》（2011 年）就是百年大修的第一份科学报告。工程报告会进一步推进故宫古建筑保护工作的科学化和规范化，进一步促进故宫古建筑的保护研究工作，也为故宫学研究提供了第一手资料。《钦安殿》（2013 年）、《慈宁宫花园》（2015 年）也已陆续出版。目前正在进行编辑整理的有《武英殿（二）》《太和殿》《神武门》《太和门东、西庑》《宝蕴楼》《毓庆宫》等。

21 世纪初期，同时开始的北京故宫、天坛和颐和园三处世界遗产地的修复工程引起国际社会的关注，也引起一些疑虑。2007 年 5 月，中国国家文物局、国际文化财产保护与修复研究中心、国际古迹遗址理事会和联合国教科文组织世界遗产中心在北京联合举办了“东亚地区文物建筑保护理念与实践国际研讨

2007 年 5 月，东亚地区文物建筑保护与理念国际研讨会专家在故宫修缮工地考察。

会”。与会专家通过对故宫等三处世界遗产地维修工程的考察，进行了热烈的讨论，澄清了事实。会议做出的《关于北京世界遗产地保护与修复的评价与建议》（即《北京文件》附件），不仅统一了国际社会对故宫等三处世界遗产维修状况的认识，而且在此基础上产生了更为重要的成果，即《北京文件——关于东亚地区文物建筑保护与修复》。这个文件所强调与阐述的原则与精神，不仅有助于故宫等世界遗产地的进一步保护，而且为地区合作奠定了基础，从而得以更好地制定针对东亚地区其他古迹遗址保护与管理的理论和实践指导原则。

从2002年10月17日武英殿试点工程开工、拉开故宫百年大修序幕以来，这项工程成为一个不断接力的过程。单霁翔2012年初继任故宫博物院院长。此前，他作为国家文物局局长，一直担任文化部故宫维修工程领导小组副组长。故宫的维修从一开始，他就是指导者、参与者。这些年来，以“把一个壮美的紫禁城完整地交给下一个六百年”为理念，故宫维修保护事业全面推进。如今，故宫在王旭东院长领导下，把紫禁城六百年作为一个新的起点，在古建筑保护和博物院发展上迈出了更加坚实的步伐。总之，经过十八年、三任院长的持续努力，基本完成了故宫的修缮任务，达到了预期目标。

贰 实现故宫完整格局的努力

民国初年，古物陈列所在故宫的“前朝”部分即三大殿一带建立。1925年10月，故宫博物院成立，但只占有故宫的后廷部分，而非整个故宫，所以李煜瀛理事长书写的“故宫博物院”石匾只得安装于神武门。在故宫各项工作逐步走上正轨、博物馆事业蓬勃发展之际，如何整体地保管故宫，就成为一个十分紧迫的问题。1930年，国立北平故宫博物院理事会以理事蒋中正领衔，十二位理事签名，向行政院呈送了一份“完整故宫保管”的提案，提出将故宫的“前朝”划归故宫博物院管理等。行政院很快批准了《完整故宫保管》提案，同意将设

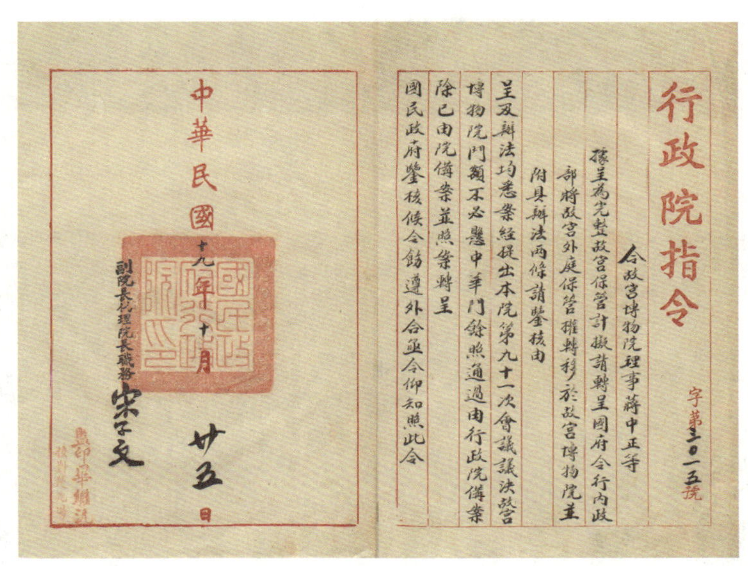

行政院指令

字第三〇一五號

令故宮博物院理事蔣中正等

據呈為完整故宮保管計劃請轉呈國府令行內政部將故宮外庭保管權轉移於故宮博物院並附具辦法兩條請鑒核由

呈及辦法均悉案經提出本院第九十一次會議議決故宮博物院門額不必懸中華門餘照通過由行政院備案除已由院備案並照案轉呈國民政府鑒核候令飭遵外合亟令仰知照此令

中華民國十九年十月廿五日

副院長代理院長職務 宋子文

关于“完整故宫保管计划”的行政院指令

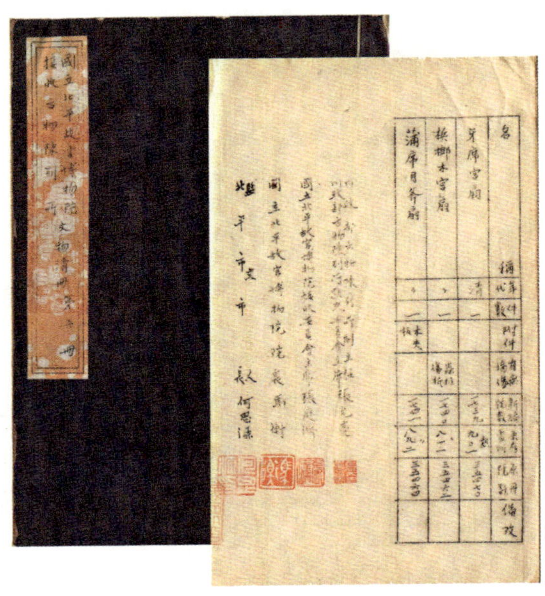

故宫接受古物陈列所文物清册

2015 年 4 月 2 日，故宫举办大高玄殿修缮工程开工仪式。

在紫禁城外朝的古物陈列所与故宫博物院合并，将中华门（即大清门，在天安门外，今已拆除）以内至保和殿直至景山，以及大高玄殿、太庙、皇史宬、堂子等处一并归入故宫博物院，一同保管。后因形势的变化，合并事宜暂时搁置，完整故宫保管的意愿在抗日战争胜利后终于真正实现。

“完整故宫”，即故宫的完整性，包括故宫古建筑的完整性与故宫文物藏品的完整性。这一“完整”概念的形成，基于故宫同人对故宫价值的深刻认识。故宫的空间是完整的，它不能只有后廷而没有前朝，也不能只有孤立的一个故宫而没有与其关系极为密切的其他一些皇家建筑物；故宫的文物也是一体的，需要完整地保护。这种完整性是由其价值的整体性所决定的。因此，争取故宫的完整并不是出于扩大自身地盘的狭隘意识，而是故宫价值自身的要求。“完整故宫”体现了故宫人守护民族文化遗产的责任感，也成了故宫保护工作的一个理念。

“完整故宫”的理念，必然要求全面恢复故宫建筑的整体格局和历史原貌。由于历史原因，故宫博物院院内外的一些文物建筑被外部单位长期占用，有的长达数十年，严重影响了故宫的完整性；有些建筑未得到有效保护，状况很差，有的已成危房。故宫是世界遗产，这种状况不能再继续下去了。可贵的是，对收回这些文物建筑，不仅故宫院内，而且在社会上形成了共识。从 20 世纪 90 年代以来，院内外坚持不懈，多方努力，克服困难，取得显著成效。其中大高玄殿的收回很有代表性。

大高玄殿（俗称大高殿）建于明代嘉靖二十一年（1542），为我国唯一的皇帝进行“玄修”的大型道观。位于西城区景山前街，占地一万三千平方米，总建筑面积五千三百零二平方米。清代因避康熙帝玄烨之讳，改称大高元殿。大高玄殿与故宫宫廷建筑为一整体，且布局严整，建筑保存明代特征。1996 年被列为全国重点文保单位。1950 年，大高玄殿借给某单位使用，后拖延不还，形成历史问题。大高玄殿是文物价值极高的古代建筑，但由于使用单位长期把它作为宿舍、仓库、车库和伙房使用，且有多处临时建筑，不仅对古建筑造成破坏，还存在严重的安全隐患。20 世纪 90 年代以来，大高玄殿问题引起各界人士包括人大代表、政协委员以及专家学者、普通民众的关心，他们以保护文化遗产为己任，不遗余力地呼吁，向有关部门反映这个问题，提出解决建议。党中央、国务院也十分重视，有关领导就大高玄殿回收以及故宫完整保护问题做出重要批示，协调解决具体问题。2010 年 6 月 11 日，大高玄殿在六十年后正式回归故宫。

陆续收回的还有端门及清稽查内务府御史衙门。

端门位于天安门与午门之间，形制与天安门相同。端门内两庑为连檐通脊

午门西雁翅楼

的长房，各四十二楹，为六部九卿朝房及六科公署，现建筑完好。1917 年划归历史博物馆。国家博物馆建成后，经文化部主要领导的主持协调，于 2011 年 4 月 29 日划转故宫博物院。

御史衙门全称稽查内务府御史衙门，设于清雍正四年（1726），位于现陟山门街，大高玄殿北，与景山西门相直。20 世纪 20 年代辟为故宫博物院供职人员宿舍，最初主要还是院级管理人员居住，以后逐渐沦为大杂院，但房屋规制、格局未变，主体仍旧是清代晚期建筑。2003 年 6 月，北京市西城区政府决定将陟山门街作为历史文化保护区，对其环境进行整治。借此契机，故宫博物院决定对院内居民进行搬迁，对整个院落进行保护维修。稽查内务府御史衙门占地两千四百平方米，建筑面积两千平方米，是目前所知北京仅存的一处保留最为完整的宫廷衙门。

故宫内外还有一些建筑被外单位作为文物库房长期占用，对故宫博物院的安全管理带来一系列问题，通过多年多方面的工作，也陆续收回。主要有雁翅楼、宝蕴楼等。

午门城台上东西各有长庑十三间，俗称东西雁翅楼。建筑面积四千四百平方米，曾被外单位借作文物仓库，2011 年收回。

1914 年古物陈列所成立，将武英殿及敬思殿改造为陈列室，又在武英殿西边已毁咸安宫的基础上，建设宝蕴楼文物库房。1948 年故宫收回。后被外单位借作库房，2011 年收回。

这些建筑物的先后收回，不仅对故宫的完整保护有着重要意义，也极大地拓展了故宫博物院的文化空间，为更好地服务社会提供了契机。故宫院内还有“屏风楼”，因其为特殊年代的产物，而且早已失去了当初建造时设想的功能，严重破坏了故宫内外环境和历史景观原貌，违反历史真实性与完整性原则，社会各界与故宫仍在继续努力，呼吁早日将其拆除，尽快恢复故宫完整风貌。

叁 匠心技艺的传承

我国特有的传统文物（包括可移动文物与不可移动文物）制作修复与复制工艺，不但包含了精巧的技术，还包含了中国千年的文化精粹，有着自己独特的发展轨迹，是研究和保护中国古代历史文物的重要途径之一。

故宫在这方面就很有代表性。故宫博物院不但收藏了一百八十余万件的文物精品，还保存了许多中国古代特有的传统手工技艺——传统文物修复复制技术。其中包括古书画的装裱与修复、青铜器的修复与复制、宝玉石的雕刻与镶嵌、传世漆器与木器的修复、古书画临摹复制技术、古钟表的修复技术、囊匣的

故宫官式古建筑营造技艺被评为国家级非物质文化遗产

故宫漆器修复组在太和殿修复蟠龙金柱。（韩童摄）

制作技术、古建修缮技术等。这些技术，都有着上百年的历史，有的历史甚至更为悠久，是经过世代相传，在不断完善和发展中形成的有着完整工艺流程的技术，具有中国鲜明的民族风格。它们大多是在“故宫”这个特殊环境下完善和发展的，是具有故宫特色的“非物质文化遗产”。《故宫博物院2003—2020年发展总体规划纲要》中提出：“要特别注意进一步挖掘、存留、传承非物质文化遗产”，故宫博物院在2008年制定的《故宫博物院近期科研规划》中把“加强我院非物质文化遗产的整理和传承工作，整理出我院非物质文化遗产的具体项目并初步制定包括传承在内的保护措施和申报工作”作为近期的科研发展目标之一。2007年以来，已有“故宫官式古建营造技艺”“中国传统书画装裱修复技术”“古字画人工临摹复制技术”“中国青铜器传统修复、复制技术”“古代钟表传统修复技术”“宫廷传统囊匣制作技艺”等六项被列入国家级非遗名录项目，另有“传统百宝镶嵌制作与修复技艺”“传统木器制作与修复技艺”“传统漆器修复技艺”三项列入北京市级非遗名录项目。

例如，建成至今六百余年的时间里，故宫古建筑在建造、维修的过程中，在中国古建营造技术的基础上，形成了一套完整的、具有严格形制的宫殿建筑施工技艺，被称为“官式古建营造技艺”，其内容包括瓦、木、石、土、油漆、彩画、镶嵌、裱糊等各工种匠作，其主要特点为各部位做法、工序都有严格的定式，选料上乘、工艺严谨、做工精细。正是由于这种工艺技术的保证，以故宫为代表的中国宫殿建筑，数百年来始终保持着华贵精美、壮丽辉煌的面貌，原汁原味地呈现着其独有的魅力。同时，作为中国古建营造技术的精华，这种工艺也直接影响着整个中国古建营造技术的发展，在中国古建技术领域，特别是中国北方地区的古建技术发展中，发挥着重要的作用。20世纪50年代初期，故宫博物院延聘社会上高师良匠，重新组建了古建修缮队伍，至今一直担负着故宫古建筑的主要维修工作，多年来师徒口传心授，始终延续着故宫这种传统的古建营造技艺。近年来，国家重视中国传统文化的发掘和弘扬，故宫官式古建营造技术

徐文璘先生在修复钟表。

孙承枝先生在修复《五牛图》。

的研究、整理也日益受到大家的重视，一些过去多年没有实践、濒临失传的传统做法，如室内装修裱糊等工艺，也得到发掘应用。2008 年，“故宫官式古建营造技艺”被国务院公布为国家非物质文化遗产项目。2014 年，故宫博物院又被确定为明清官式建筑保护研究国家文物局重点科研基地。

故宫保存的中国古代书画临摹复制技术是中国各博物馆中仅有的。中国书画临摹技术的历史非常悠久。按历史文献记载，公元 3 世纪，东晋画家顾恺之不仅创作了很多名画，同时临摹了许多绘画作品；公元 5 世纪，南朝刘宋时期的画家刘绍祖，是个“善于传写”的摹画高手；公元 6 世纪，南齐谢赫撰写的画论《古画品录》中有六法之一的“传移模写”；唐初，皇家设立掌理秘书图籍的官

赵振茂先生在指导修复司母辛方鼎。右起：贾文超、赵振茂、王有亮、王五胜。

署“集贤院”，曾大规模地进行临摹和研究古书画的工作；宋代大书法家米芾因爱好古人书画，遍临晋唐名迹，可以乱真；宋代以后随着绘画艺术的发展，书画临摹的风尚也随之更加普遍，特别是明清以来，临摹书画之风更盛。但是，随着社会的发展，书画艺术品进入社会经济领域。人们由于利益的驱使，开始利用特殊的技术进行古书画临摹复制，即古书画“作伪”。从明末开始，赝品书画的制作不仅手法多样，且带有地区特色，出现了“湖南造”“河南造”“广东造”“苏州片”“扬州皮匠刀”等。民国初期，上海地区集中了一批专以临摹传世名画作伪的书画临摹高手，成员主要有谭敬、汤安、金仲鱼、郑竹友、胡经等等。他们分工合作，制作赝品书画，或绘画、或写字、或摹刻印章、或装裱做旧，所摹作品

故宫钟表修复组成员王津在修复皇极殿自鸣钟。（韩童摄）

故宫器物修复组成员高飞在修复青铜器。

惟妙惟肖，几乎可以乱真，现在包括故宫博物院、上海博物馆等很多博物馆还收藏有当时他们临摹的作品。与此同时，北京、天津画坛也出现了一批绘画高手，其中包括“湖社画会”的陈林斋和著名女画家冯忠莲（陈少梅之妻）以及专门临摹书法印章的金禹民。中华人民共和国成立后，故宫博物院成立文物修复工厂，聘请金仲鱼、郑竹友、冯忠莲、金禹民、陈林斋等大师临摹故宫收藏的国宝级书画文物。金仲鱼摹制的宋代郭熙《窠石平远图》、冯忠莲摹制的宋代张择端《清明上河图》、陈林斋摹制的五代胡瑰《卓歇图》等，都成了经典之作。这些大师在故宫传承技艺，培养了包括刘炳森在内的一批书画临摹大师。

故宫古书画装裱修复也曾大师聚集。孙承枝主持修复的唐代韩滉《五牛图》、杨文彬主持修复的宋代米芾《苕溪诗卷》、徐建华主持修复的明代林良《雉鸡图》等以及装裱修复工作室集体完成的倦勤斋通景画，都已成为这一技艺的典范。事业在继续，人才在成长。纪录片《我在故宫修文物》里的杨泽华，已是徐建华传授的古书画装裱修复技艺的第三代传承人。

故宫钟表的制作、修复技术成形于18世纪后半叶，已延续了三百多年。这项技术源于清宫造办处做钟处，当时的做钟处是承制御制钟的地方，也兼修宫廷钟表，主要技术集广钟制造、西洋钟表修复、清宫钟表技术于一身，以宫廷钟表为主要修理对象，传承有序。直到清末，清宫造办处做钟处仍负责宫廷钟表的制作、维修与保养。辛亥革命后，原做钟处的工匠仍然留在紫禁城中从事清宫钟表的修复与维护。1925年故宫博物院成立，原做钟处的工匠又被留在了故宫博物院，并在为故宫修复钟表文物。中华人民共和国成立后，这些工匠继续在故宫博物院从事古代钟表修复工作，同时传承技艺，培养了一批技术精湛的钟表修复专家。

这一批批接力传承的文物修复者，在红墙下、在小室中，青春入宫，皓首穷“艺”，经年累月，满怀对历史文化遗产的感情，修复着这些凝聚千百年光阴的稀世珍宝，演绎着新时代的“工匠精神”。

国宝的展示

故宫是中华文明的最重要载体之一，也是最有特色的中国符号。日复一日、川流不息的海内外游客前来故宫，为的是饱览雄伟壮丽的紫禁城宫殿与精美绝伦的中华国宝，感受源远流长、博大精深的中国文化。

陈列展览是博物馆发挥其功能的最重要工作。近百年来，故宫博物院把不断改进、提升展览水平作为永恒的课题来抓，力争讲好故宫文物故事，传播故宫文化。

壹 与时俱进的展陈

以宫殿建筑为陈列展览的场所，以丰富的皇家收藏为陈列展览的主要内容，以再现明清时期宫廷政治、生活场景为主旨的宫廷史迹原状陈列，是故宫博物院陈列展览的主要特色。

陈列展览作为故宫博物院最重要的日常工作，是不断发展、提升的。

1925 年 10 月 10 日，故宫博物院宣告建立。这一天，新生的博物院精心筹划，为参观者开辟了多处专门展览室，首度将清宫所藏历代文物公诸国人：设于坤宁宫北侧的古书画陈列室分书画、铜器、瓷器三馆；设于文渊阁、昭仁殿的图书陈列室展陈《四库全书》及历代善本册籍；设于养心殿、乐寿堂的文献陈列室展陈康、乾两帝戎装盔甲、乾隆帝鞍马戎装画像、后妃画像、《南巡图》《大婚图》，以及雍正帝以降诸帝朱批谕旨等文献、金梁等人密谋复辟文献、溥仪与妻妾生活照片等。顺贞门内竖起了大幅《故宫略图》，指引参观路线。北京城内万人空巷，争睹皇家宝藏。

皇宫成为博物院，陈列展览是个探索的过程。1928 年后，故宫博物院逐渐走向正轨，陈列展览也有了重大发展。在故宫博物院历史档案中，陈列展览始有专门记录是在 1929 年。

故宫陈列展览与古物清理、宫殿修缮结合在一起。1929 年 3 月至次年 3 月，故宫博物院继续清室善后委员会的文物清点工作，出版《清宫物品点查报告》，于是有了更多文物可以展出；同时制定完善提取库房文物制度，也是对展览文物管理的规范化。

宫殿的修缮更是陈列展览的基础工作。清室善后委员会接收清宫之初，宫内建筑除养心殿、储秀宫、长春宫、永和宫、重华宫等处尚未破旧外，其余殿、宫多年久失修，荒芜残破。从 1929 年后半年开始，故宫得到国内外不少资金，陆续将神武门及钟粹、慈宁、景仁、承乾、景阳、咸福等宫修缮、粉饰，为展览创造条件。

为了加强文物展览工作，故宫制定了三项处理原则：对具有历史意义的重要宫殿（如乾清、坤宁、储秀、慈宁、交泰、养心殿等），保留原有格局，对其加以修缮后，以宫廷原状形式开放，使观众能感受到昔日帝王日常生活之实景；凡原为文物集中贮放处所（如“四库全书”所在之文渊阁、“四库荟要”所在之摛藻堂、“宛委别藏”所在之养心殿等），且保存条件良好、具有历史意义之宫殿，皆维持原状，保留原有典藏风貌；对与典制无关或不太重要的配殿，则将原存其中的文物分类迁存于各库房集中保管，在整理装修后，辟为文物陈列室，举办各类主题展览。如改造建福宫和抚辰殿为家具陈列室、承乾宫为瓷器陈列室、修缮斋宫为玉器陈列室，修缮咸福宫为乾隆珍赏物陈列室、景阳宫为瓷器陈列室、

1930年10月1日，承乾宫、景仁宫陈列室开幕时来宾于绛雪轩前留影。

景仁宫为铜器陈列室等。

故宫的文物管理机构分为古物馆、图书馆、文献馆，即三大馆。故宫大致将奉先殿、斋宫、毓庆宫及东六宫划于古物馆，以奉先殿为总陈列室，斋宫及毓庆宫为美术品陈列室，东六宫为古物分部陈列室。外西路之寿安宫、英华殿各处则划属于图书馆，作为收藏室及阅览室。宁寿宫各宫殿，划属于文献馆，作为各史料陈列室及办公室。

故宫陈列室的布置摆设，皆由各馆自行负责，总务处则派员协同照料。新增文物陈列室颇多。院内展览极一时之盛。中路包括乾清、坤宁两宫，以及交泰殿、御花园、神武门城楼等处，足显皇宫建筑之宏伟。辟有陈列室近二十间，展出雕刻、文房四宝、珐琅、法器、郎世宁作品、鼻烟壶、如意、朝珠、图书、

1930年，寿安宫的殿版书库陈列。

1930年，神武门城楼上的銮舆仪仗陈列。

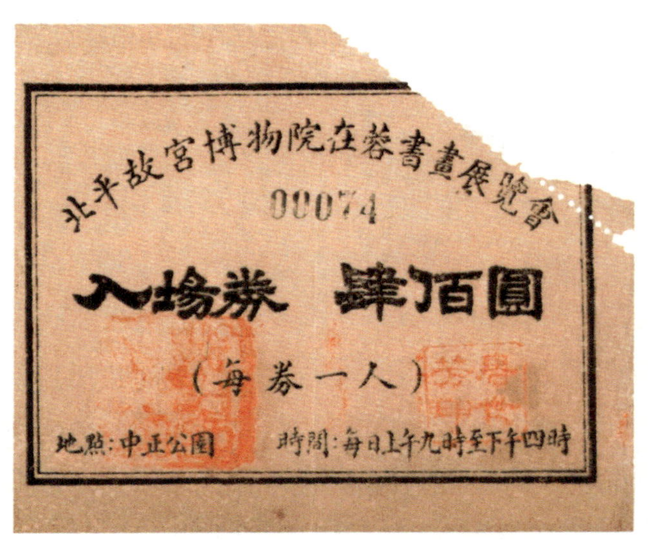

1946 年，故宫博物院在成都举办的书画展览会入场券票根。

1946 年 10 月，故宫博物院与中央博物院筹备处在南京举办联合展览，图为瓷器陈列室一景。

碑帖、剔红、扇子、象牙、瓷花盆、织绣、武器、銮舆仪仗等。西路包括西六宫、养心殿及慈宁宫等处，展现宫廷生活状况。计有陈列室五间，展出多宝格、木器像俱、佛画像与刻本佛经、武英殿版图书等。东路包括东六宫、斋宫、皇极殿、宁寿宫等处，为故宫主要文物展示区。计有陈列室十余间，展出宋元明书画、清瓷、商周铜器、宋元明瓷、钟表、玉器、历代名臣图像、乾隆南巡图、戏衣、剧本、奏诏档案、图书、皇帝盔甲服饰等。

鉴于当时院内职员、军警人数有限，无法全面兼顾，因此采用中、西、东三路轮流开放的方式，规定除周二闭馆外，每路每周各开放两路；太庙、景山经整理修葺，亦开放参观。1930 年 10 月 10 日为纪念建院五周年，故宫五路同时开放三天，并开始出售紫禁城环游券。

1931 年日本发动“九一八”事变，故宫文物开始准备南迁，故宫展览再没有大的变化。

中华人民共和国成立后，故宫展览有了重大改进与发展。1954 年，故宫试行《故宫博物院整顿改革方案》，确定要在普及与提高相结合、以普及为主的方针下，首先进行中国艺术品陈列：既要组织好古代文物艺术品的陈列，也要做好宫廷史迹的陈列，在陈列展览工作中要不断提高思想性、艺术性和科学性。基于上述思想，故宫博物院对陈列展览格局进行了一次完整规划，确定前三殿、后三宫、养心殿、西六宫等处为原状陈列的重点，采取“保存清代历朝发展中的原状，表现某一时代特色”的方法，在大量调查研究的基础上，重新进行了布置。后又陆续开辟重华宫、体顺堂、燕喜堂、军机处等宫廷史迹原状陈列。在艺术品陈列方面，规划设计了大量专门用于陈列展览的区域。开辟前三殿及东西两庑建成展示历代艺术品为主体的综合性陈列馆，内东路、外东路开辟陶瓷、青铜、书画等陈列专馆。这次陈列展览格局的规划与实施，使原状与艺术品陈列两个重点方向得以兼顾，基本确立了故宫博物院的两大展览体系。

在 20 世纪七八十年代，故宫原状与艺术品陈列两个主要方面内容未做调整，

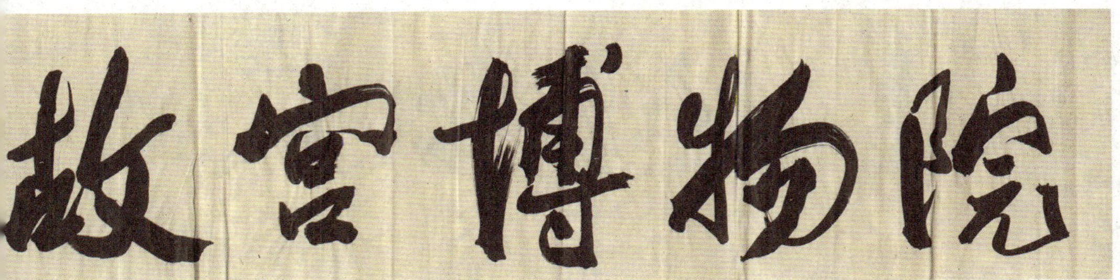

971 年 7 月，神武门“故宫博物院”匾额改用郭沫若题字。此为郭沫若手迹原件。

1971 年 7 月 5 日，故宫恢复开放第一天，神武门外排队购票的观众。

太和殿外的观众

随着改革开放新时代的到来，原状陈列内容得到进一步丰富，艺术品陈列方面也取得了巨大成果。20 世纪 90 年代中期，又对陶瓷馆、青铜器馆和绘画馆进行了一次大规模的改陈工程，称为“三馆”改造。

进入 21 世纪，根据《故宫保护总体规划大纲》，整个展览格局重新调整，将展览区域做了明确划分：故宫中轴线和西六宫主要殿宇继续保持皇家的政务活动和内廷生活原状；中轴线西庑房，紧密围绕皇室政务和典章制度举办相关的长期展览和临时展览，如中和韶乐卤簿仪仗、车马轿舆及其他典制文物等；书画、陶瓷、青铜等器物类展览逐渐移至紫禁城两侧；开辟文华殿、武英殿、慈宁宫等新展区，以进一步扩大开放参观面积。继续保持、完善钟表馆和珍宝馆两个亮点的展览；于 2014 年正式开放宁寿宫新石鼓馆以替代原有的老石鼓馆，于 2015 年开放慈宁宫雕塑馆、东华门古建馆、寿康宫系列展区；改陈更新乾清宫两侧的万寿展和大婚展。

故宫陈列展览一直都在殿堂中进行，虽往往可收相得益彰之效，但也受到诸多限制：一是缺乏大型陈列展示场所，二是老宫殿密封性不好，又缺乏恒温恒湿的设施，不利于书画、服饰等珍贵易损文物的展出。过去为了办展览，有时不惜破坏宫殿的内部结构。为了解决“宫”与“院”的这一矛盾，故宫博物院多年来着力于筹建新的现代化展馆，在选址、论证上做了大量工作，至今仍在继续推进。

2005 年，午门城楼的改造缓解了这一矛盾。午门城楼内部格局早已改变，地处故宫南门入口，有利于吸引游客，也便于管理。改造工程在保持原古建不受损坏的前提下，在室内营造颇具现代感的玻璃房，形成与古建相隔离的展示场所。这里配置了先进的灯光照明设备、安防报警设备、气体灭火设备、恒温恒湿设备、安全美观的钢木结构现代化展示柜。午门展厅成为设备一流的现代化多功能综合性展厅，于 2005 年获得联合国教科文组织颁发的“文化历史遗产保护创新奖”，同年还获得“2005 年全国十大科技成就奖”。午门展厅自启用以

午门展厅获联合国教科文组织颁发的亚太文化遗产保护创新奖

故宫午门城楼上的现代化展厅

来，举办了一系列引进的国外重要展览。

故宫博物院于2013年又启动了午门的整体修缮工程，对午门城楼内部展厅进行了改造。原展厅内部钢架结构较多，考虑到对午门承重的影响，在新设计中，采用了更轻、更实用的结构和材料。此外还对午门东西的雁翅楼和崇楼，在不破坏古建原貌的前提下，将其改造为现代展厅和配套设备房间。总体改造工程于2015年完工，展厅空间由原来的七百五十平方米扩展为两千一百平方米，并开放东南城墙，令午门展区与东南角楼城墙及东华门城楼展厅相连接，形成一个大展区。这为故宫展览迈上新台阶创造了极好的条件。

进入新世纪，故宫博物院展陈设备与手段的更新也向前迈了一大步。重新设计改陈的钟表馆、珍宝馆，引进大量现代高科技技术，在灯光照明、展柜设计、环境控制等方面均有所创新。陈列内容更加丰富，形式新颖独特，并引入了现代多媒体技术，为观众营造出优雅的参观环境。故宫也重视先进展柜的引进与更新。2011年，在午门举办的兰亭特展上，试点采购了三台世界上最为先进的德国汉氏展柜，收到了最佳的展示效果。该展柜目前均应用于故宫最为重要的珍贵文物展示上。随后，故宫博物院提出结合故宫和故宫文物本身特点的一些技术要求，并进行新一批的展柜整体更换。最新的展柜除了具备和汉氏展柜一样的硬件条件外，还采用了最新的低反射玻璃和文物隔震系统。

故宫的陈列展览分为古代艺术品展览、宫廷史迹陈列展览和特别展览三大类。

贰 琳琅满目的专馆

专馆陈列是指通过特定的主题或者内容来介绍中国古代文化历史的一种展览形式，它建立在故宫的文物藏品优势上，一般都经过多次改陈，是故宫建院以来持久不断地举办且深受公众喜爱的展览项目。故宫博物院比较著名的专馆陈列主要有历代艺术馆、珍宝馆、钟表馆、陶瓷馆、书画馆、青铜器馆等。2015 年，故宫博物院九十周年院庆期间开辟东华门区域为古建馆，外西路宝蕴楼作为故宫院史陈列馆，慈宁宫辟为故宫雕塑馆。

历代艺术馆

历代艺术馆是故宫于 1959 年 9 月布置完成的一个大型陈列专馆，展览分布于保和殿及其东庑、西庑，展览面积达四千一百四十余平方米，是故宫博物院迎接中华人民共和国成立十周年的献礼之一。历代艺术馆是一个综合陈列馆，按中国艺术发展的历史进行布置，扼要展示了中国各个时期艺术发展的概况。内容分为绘画与雕塑、铭刻与法书以及陶瓷、青铜、织绣、玉石、漆器、金属器、竹木牙雕、文房四宝等门类的工艺美术品，展品共计一千五百八十三件（套）。主要是清宫旧藏，还有许多展品为中华人民共和国成立后，通过国家调拨、故宫收购、私人捐献、兄弟单位支援等途径入藏故宫的。更有一些重大考古发现出土的珍贵文物，如长沙马王堆汉墓的丝织品、西安秦始皇陵兵马俑也曾于历代艺术馆陈列。此馆于 20 世纪 80 年代重新进行改陈，一直持续到 90 年代，是一部形象的中国古代艺术发展史。

珍宝馆

珍宝馆于 1958 年 7 月 1 日在养性殿、乐寿堂开馆。养性殿陈列文物一百八十一件，乐寿堂陈列文物六百二十二件，其陈列的文物除金、银、珠宝和玉器外，还有一部分织绣品。颐和轩为原状陈列。故宫博物院特请郭沫若先生为珍宝馆题写了馆名。

珍宝馆自正式开放以来，已经成为故宫博物院历史上展出时间最长的常设展览。其间，无数中外游客在此品赏精美的瑰宝，追寻历史的脚步。从 1958 年至 2004 年，根据形势的变化和人们的需求，珍宝馆先后进行了五次大的改陈，大

珍宝馆与石鼓馆。原位于皇极殿东庑的石鼓馆于 2017 年移入宁寿宫。

致每十年进行一次，每次改陈都有明显的进步。1990 年的第四次改陈，采用了与古建协调一致的黄铜展柜，展室内采用了人工照明与自然照明相结合的方法。展室内增加了环境照明，为专馆陈列的首次使用，成为展览形式上的重大突破。

2016 年又对皇极殿东庑展厅进行了大规模的改陈，东庑南屋设为“珠光宝气”——珠宝饰品与珠宝镶嵌类器物展室，东庑北屋为“金昭银辉”——金银器展室。本次改造的一个亮点是根据每一件文物的形状制作金属展架，令文物可立起展示。

钟表馆

清宫留存了一千五百余件中国制造与外国进口的钟表。这些钟表是故宫博物院藏品中一个十分特殊与珍贵的种类。

20世纪30年代，故宫就在永和宫举办过钟表专题陈列。中华人民共和国成立后，故宫从50年代开始展出院藏的钟表，60年代设立专馆展览，深受中外游客的欢迎。1985年，奉先殿设为钟表馆，后因1998年奉先殿大修，曾短期将展览移至保和殿东庑，后又重归奉先殿。钟表馆精选了一百六十二台钟、二十三只表，其中中国钟五十三台、英国钟八十三台、法国钟二十一台，其他还有美国、日本、瑞士、意大利钟共五台。所选的二十三只表系由英、法、瑞士

钟表馆（后移回奉先殿，现位于奉先门前的南群房）

等国制造，属首次公开展出。另外，博物院还将故宫保存的最大的自鸣钟和铜壶滴漏移置钟表馆内，增强了陈列效果。因此，故宫钟表馆可以称得上是一座世界性的钟表工艺品陈列馆。2004 年，钟表馆进行了一次大规模改陈，在展柜、照明光源、展览形式以及室温控制和安全保卫等方面都有了较大改善和提高。琳琅满目、金彩绚烂的各式精致钟表与气势恢宏、富丽堂皇的殿堂原状风格交相辉映。

陶瓷馆

故宫博物院现收藏有约三十五万件陶瓷文物。故宫建院初期，就有瓷器陈列室。20 世纪 50 年代，故宫开辟了陶瓷陈列专馆，并在 1985 年和 1995 年进行过两次大规模改陈。2008 年，新陶瓷馆建在文华殿正殿及东西两庑，面积约一千平方米，收藏、展览四百多件具有代表性的精品，曾是故宫最重要、最知名的展厅之一。

2021 年 5 月 1 日起，故宫陶瓷馆又从文华殿“搬家”到武英殿。新陶瓷馆在展览空间、主题设计以及展示形式与古建筑融合等方面进行创新，力求给公众以全新的观感体验。新改陈的陶瓷馆反映了中国陶瓷八千年延绵不断的历史，展品从原来的四百余件套增加到一千余件套，按照年代和类别划分为十七个主题，展品的时代从原先的新石器时代至清代，延长到了民国时期。在新陶瓷馆内，“五大名窑”汇聚一堂。展览不但提供了丰富的背板内容，与展出文物相呼应，体现出文物展品丰富的学术内涵；而且根据最新学术研究成果，还会更新、丰富文物展品的信息。

书画馆

故宫博物院收藏有丰富的中国古代书画，自建院起就设有书画馆；20 世纪 30 年代到 50 年代，故宫将钟粹宫辟为书画馆；60 年代至 80 年代，书画馆移至

文华殿原陶瓷馆，现已改为书画馆。

皇极殿及东西庑展厅，展出故宫藏历代名画直至近代百年绘画通史与各类书画专题临时特展；进入 90 年代，故宫书画馆除皇极殿西房外，又增设保和殿西庑展厅。

2008 年，故宫博物院正式将武英殿展区开辟为故宫书画馆，并推出常设“故宫藏历代书画展”，展览分为“晋唐宋元书画”“明代书画”和“清代书画”三大部分，以中国美术史为脉络来展示院藏古代书画，所选展品均为中国美术史

武英殿原书画馆，现已改为陶瓷馆。

上的经典之作；每一部分都以这一历史时期内的绘画特点、画风转变、主要流派和代表画家为展示重点，每一件作品都具有很强的代表性，较为完整地体现了中国美术史体系。“故宫藏历代书画展”是故宫博物院的常设展览之一，共计九期，自 2008 年起每年三期，2012 年起每年两期进行轮展。众多深藏宫中难得一见的书画国宝呈现在广大观众面前，既适于一般观众普及美术史知识，也为专家学者与高等院校相关专业学生的学术研究提供实物参考。

自2018年起，故宫书画馆与陶瓷馆对调，文华殿成为故宫新书画馆。2018年6月3日开幕的“铁笔生花——故宫博物院藏吴昌硕书画篆刻特展”，为文华殿的首个展览。

青铜器馆

青铜器馆

故宫博物院的青铜器藏品达一万五千余件，是国内外收藏中国青铜器数量最多的博物馆。故宫博物院的青铜器馆也历经数次变迁。20世纪50年代，寿康宫为故宫青铜器馆；70年代后，青铜器馆迁至斋宫、诚肃殿及景仁宫展厅；90年代承乾宫东庑也曾作为青铜器馆展厅；2005年，故宫博物院正式将承乾宫开辟为青铜器馆；2013年，青铜器馆进行升级改造，除承乾宫外，又增设永和宫及同顺斋展厅。青铜器馆的展览共分为“青铜与礼制”“青铜与军事”“铜与音乐”“青铜与生产、生活”四部分。

位于慈宁宫内的雕塑馆

故宫鼓浪屿外国文物馆

在专馆发展中，故宫又走出红墙，大胆与地方合作。2017 年 5 月 13 日，由厦门市政府与故宫博物院合作建设的故宫鼓浪屿外国文物馆开馆。该馆是故宫博物院在地方设立的第一个主题分馆，集中展示故宫博物院收藏的明清两代的外国文物。这也是一个创举。

叁 宫廷特色的原状陈列

故宫原状陈列是将宫廷历史文物，乃至艺术珍品、图书典籍与宫廷史迹有机结合，力图反映某一史迹（殿堂）的历史原貌，或某一史迹在历史上某一特定时期状貌的一种长期陈列。目前宫廷史迹原状陈列主要有三大殿、后三宫、西路殿堂等十六处，另有宫廷历史常设陈列，如宁寿宫区的珍宝馆、奉先殿的钟表馆，畅音阁、阅是楼的戏曲馆以及慈宁宫的雕塑馆、东华门城楼的古建筑馆、南大库的家具馆、箭亭的武备馆等；还有清宫历史常设的专题陈列，如清宫卤簿仪仗展、皇朝礼乐展、清帝大婚庆典展、天府永藏展、宫阙述往展等。朱家溍先生对故宫原状陈列的贡献很大。

太和殿是明清两朝举行重大仪式的地方，它的原状陈列很有意义。朱家溍先生与故宫专家通过查阅大量的档案并去文物库房遴选，最终完成了原状陈列。据朱先生研究，清代的太和殿内陈设，正中固定的一组宝座陈设，其余地面上也是空洞无物，遇朝会临时设宝案、诏案、表案等。这都和明代基本相同。所不同的是，明代中和韶乐的乐器悬在殿内，清代则移至殿外檐下。

恢复原状的太和殿，正中设须弥座形式的宝座。宝座的正面和左右都有陛（即上下用的木台阶，俗称“搭垛”），宝座上设雕龙髹金大椅，这就是皇帝的御座。椅后设雕龙髹金屏风，左右有宝象、香筒、甪端等陈设。宝座前面在陛的左右还有四个香几，香几上有三足香炉。当皇帝升殿时，炉内焚起檀香，香筒内插藏香，于是金銮殿里香烟缭绕，更为肃穆。1915 年，袁世凯称帝时，把殿

修整后的太和殿宝座

内原有的乾隆帝所题匾额“建极绥猷”以及左右联“帝命式于九围，兹维艰哉，奈何弗敬”“天心佑夫一德，于时保之，遹求厥宁”尽都拆掉；把雕龙髹金大椅也挪走了，但椅后的雕龙髹金屏风还是保留了下来。乾隆的匾额和对联找不到了，就重新复制。原来的雕龙髹金大椅也遍觅不得。1959年，朱家溍先生在一张光绪二十六年（1900）的旧照片上，看到了从前太和殿内的原状。于是根据这张照片进一步查找，终于在一处存放残破家具的库房中，发现了这个已相当残破的髹金雕龙大椅。朱先生说，此大椅很可能是明嘉靖时重建皇极殿后的遗物。

清康熙时重修太和殿，这个龙椅经修理后继续使用，直到袁世凯时代才被撂出去。此件明代龙椅经修配后重新陈列在太和殿宝座上，其形体非常美观，与雕龙髹金屏风浑然一体。

中和殿、保和殿的原状陈列也都是由朱家溍先生主持复原的。

乾清宫一区的布局，明清两朝基本相同，现存建筑为清嘉庆时期重建，布局为清代原状。

交泰殿殿内东西两侧分别安放体积庞大的铜壶滴漏和自鸣钟，格外引人注目。这件庞大的自鸣钟是明代万历年间意大利传教士利玛窦进献给万历帝的礼物。大钟被送至工部，皇帝下令为大钟建造一个木阁楼，共花费了一千三百两白银才建造成。清朝入主紫禁城后，大钟才被移至交泰殿中。这座自鸣钟一直运行稳定、报时准确，而且操作简单，只需每月上发条一次，其钟声可以传到乾清门外。直至光绪年间，这座大钟才停止使用。殿内东侧，同样十分庞大的铜壶滴漏建造于清乾隆十一年（1746），安置在殿内左侧，表示它作为计时工具的地位要高于西洋的自鸣钟。嘉庆二年（1797）十月二十一日，交泰殿发生火灾，自鸣钟和铜壶滴漏等被烧毁。嘉庆三年八月二十二日，重新制作的自鸣钟和铜壶滴漏陈设于殿内，一直保存至今。御座左右是清代二十五宝玺。装置宝玺的宝盝为两重，木质，外罩黄缎绣龙纹罩。

坤宁宫位于故宫中轴线的最北端，明代为皇后寝宫，清代正间为萨满教祭祀场所，西暖阁作为萨满教祭祀时，萨满祭祀人员的出入场所，东暖阁则作为皇帝大婚时的洞房。1959 年，由朱家溍先生主持，先后对明间萨满教祭祀原状和东暖阁清代大婚洞房进行了原状恢复陈列。朱家溍先生在《坤宁宫原状陈列的布置》一文中，曾对布置的依据和具体实施过程有过详细的记述。“文化大革命”中，坤宁宫萨满教祭祀原状又被拆除，文物收入西暖阁临时库房保存。2002 年，宫廷部重新恢复了坤宁宫明间萨满教祭祀原状。这次恢复的总体设想是原状式，而不是原状恢复，因此确定不再只做一般的某一具体场景的复原，更多着重于文

万岁千秋——寿康宫原状陈列展

物的展示，与朱先生的设计理念略有不同。

寿康宫为原状式展览。寿康宫是乾隆帝为其生母钮祜禄氏（乾隆帝即位后被尊为“崇庆皇太后”，逝后谥号“孝圣宪皇后”）所建。其母在此居住长达四十二年，宫殿保存完好。寿康宫展览为复原展，展览复原时间定位为崇庆皇太后居住时期，具体时间为乾隆三十六年（1771）皇太后八旬万寿庆典之后至四十二年（1777）去世之前。原状展旨在展示崇庆皇太后的日常生活场景。寿康宫的收藏有等级最高、御笔集中、品类繁盛、数量庞大等特点，这与皇太后三次大庆的寿礼密不可分。展览总计选取文物两百八十四件，其中御笔六十四件，占展品的百分之二十二点五三，彰显出太后的尊崇与皇帝的孝行，承载着母亲与儿子之间的骨肉亲情。而寿康宫旧藏以及与档案记载相关的文物有两百一十三件，占总数的百分之七十五；首发文物九十三件，占百分之三十二点七四。整个展览由“万岁千秋奉寿康——寿康宫原状陈列展”和“庆隆尊养——崇庆皇太后专题展”两部分组成，于2015年10月10日开展，为常设展览。展览由故宫宫廷部原状陈列组承办。展出后得到业内外专家、学者的首肯，也受到广大观众的欢迎。

1955年在奉先殿举办的敦煌文物展览

肆 令人期待的特展

特展是有别于常设展览的一些临时展览，其共同特点是展览主题引人关注，投入人力、物力较多，花费时间较长，所用的文物也比较重要、比较多，往往需要借用本院以外机构的相关文物，一般都会举行学术研讨会甚至国际学术研讨会，都要印制图录、开发有关文创产品等。可以说是特别准备的展览，或称大展。有的特展会产生重大而长久的影响，因此是故宫院内展览的重要组成部分。

20 世纪五六十年代，故宫就举办过“反对美国侵略集团阴谋劫夺我国台湾文物展览”“敦煌石窟艺术展览”“五省重要出土文物展览”“明定陵出土文物展”“永乐宫壁画展”等一系列具有政治意义和文物研究价值的临时性展览。70 年代举办了“‘文化大革命’出土文物展览”“西沙群岛出土文物展览”“陕西宝鸡市出土文物展览”“长江水文考古展览”“各省市自治区征集文物汇报展”“战国中山王墓出土文物展览”等。八九十年代，故宫博物院临时展览的举办数量剧增，许多展览在当时产生了非常巨大的反响。如“中国古代体育文物展”“中国文物精华展”“故宫建院六十周年纪念展览”“故宫博物院五十年入藏文物精品展”等。

进入新世纪，故宫博物院自办和引进的临时性展览为数不少。其中有很多具有重要意义的临时性专题展览和引进展览，社会反响强烈，以下四个具有代表性：

铭心绝品——两晋隋唐法书名迹特展

2003 年 7 月 10 日，隋人书《出师颂》被北京故宫博物院行使优先购买权从拍卖市场以两千二百万元购藏。不仅使宫藏国宝重归故里，而且弥补了故宫藏品中隋代书法的不足，使故宫两晋隋唐之早期书法名迹形成系列。

为庆祝隋人书《出师颂》重回故宫，故宫博物院遂于 2003 年 8 月 24 日至 8 月 29 日在保和殿西庑绘画馆举办“铭心绝品——两晋隋唐法书名迹特展”，与《出师颂》共同展出的有本院收藏的西晋陆机的《平复帖》、东晋王献之的

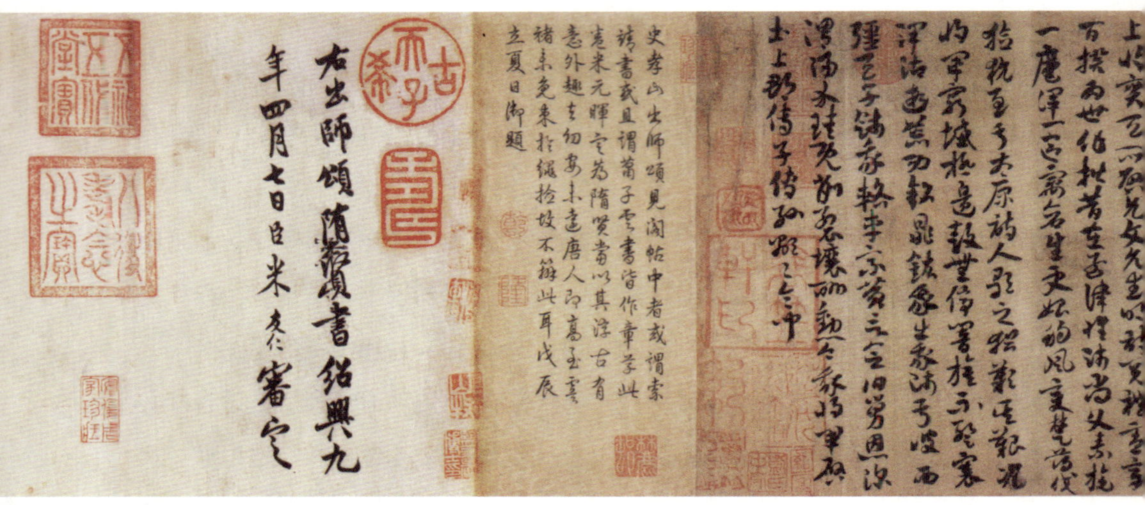

隋人书《出师颂》

《中秋帖》、王珣的《伯远帖》和唐代冯承素摹的《兰亭序帖》等存世名迹。展览共展出法书墨迹五件、刻帖六种十一件，将诸墨迹和与之相关的法帖拓本中上佳者一并展出，以期使观众更加深入地了解这些作品的艺术价值和历史影响。

本次展览得到了社会的广大关注。2003 年 8 月 22 日及 8 月 29 日，故宫两次召开“铭心绝品——两晋隋唐法书名迹特展”学术报告会。多位书画界专家学者及北京众多文博单位的业务人员和高校相关专业的师生参加了报告会。

兰亭特展

该展为故宫博物院 2011 年推出的年度大展。“兰亭特展”位于午门展厅，展品共计一百一十件，展期自 2011 年 9 月 21 日至 12 月 5 日。“兰亭特展”展出了故宫博物院及境内外兄弟博物馆珍藏的综合书法、碑帖、绘画和器物等各类“兰亭”文物。其中十六件套为外借展品（东京国立博物馆两件、香港中文大学十件、南昌市博物馆两件、黑龙江省博物馆一件、南京市博物馆一件）。故宫博

物院藏品则有晋陆机的《平复帖》、王珣的《伯远帖》，唐代虞世南、褚遂良和冯承素等最早、最接近原作的摹本和历代名家临本。乾隆帝集诸家大成的“兰亭八柱”帖首次全部与观众见面。另有陶瓷、玉器、文房用具中与兰亭有关的文物共同展出。

展览以独特的角度，通过“王羲之的兰亭”“唐太宗的兰亭”“乾隆皇帝的兰亭”“谁的兰亭：中国特有的文化现象”四部分，展现《兰亭序》的产生、至尊地位的确立以及对后世的影响，从而剖析在威权社会中帝王对文化艺术的巨大引导和推动作用，以及后世书法追踪的方向、文人的生活情趣、生活方式的潮流和对普通人生活的示范效应。

在展览的形式设计上，设计师将展览形式表达划分为三个层次：表现书法艺术的美感；对书法创作背景的展现；文人雅集，传统文人精神的传递。设计师最终将展览基调界定为“随心所欲、顺其自然”，以最简洁的形式出现，从展墙到文物展台不带有任何装饰，令观众感悟玄学之境界。

午门的展览广告

配合兰亭展进行的书法活动，孩子们在写“之”字。

故宫举办了“2011 年兰亭国际学术研讨会”。来自中国大陆、中国港澳台、日本、德国、美国等国家和地区的六十二位学者出席会议，提交论文四十五篇。出版了《兰亭图典》《兰亭纪实》等书籍。举办院内外专家讲座、故宫知识课堂“兰亭专场”“北京城中寻找兰亭印记”、征集临摹作品、集字创作诗文对联、交流论坛“共叙兰亭”、志愿者宣教等一系列活动，配合利用故宫网站进行宣传、通过媒体发布信息等形式，取得了良好的效果。在短短的两个半月的展期内，“兰亭特展”参观人次达十三余万人次，许多观众是专程为参观展览而来。

石渠宝笈特展

该展为 2015 年故宫博物院庆祝建院九十周年的重点项目。展览分为武英殿及延禧宫两个展区，由“典藏篇”和“编纂篇”两个部分组成，武英殿展区展陈面积为一千一百二十二平方米，延禧宫展区展陈面积为四百五十三平方米。展览于 2015 年 9 月 8 日上午正式开幕，分为两期：第一期为 2015 年 9 月 8 日至 10 月 11 日，展出文物一百三十八件套；第二期为 2015 年 10 月 13 日至 11 月 8 日，展出文物一百七十六件套。展品多为宋元时代的一级文物，如《游春图》《清明上河图》及《伯远帖》《冯承素摹兰亭帖卷》《写生蛱蝶图》《渔村小雪图》《听琴图》《明宣宗行乐图》等家喻户晓的名家书画作品。展览以《石渠宝笈》著录书画为主轴，详细地介绍了作品的流传经过、递藏经历，同时也展示了故宫博物院在建院九十年中征集、保存、维护书画中所取得的成就。两个展区相互呼应、共为一体，可使观众更深入、全面地了解、研究《石渠宝笈》及其著录的书画珍品。

展览在形式设计上体现《石渠宝笈》编纂者乾隆帝的文人理想与艺术品位，在展厅中营造宫廷书屋与庭院的意境；并注重细节设计，以低调的方式阐释中国书画的意韵，展现皇帝的审美趣味，向传统文化致敬。

出席“2015 年《石渠宝笈》国际学术研讨会”的有来自中国大陆、中国港澳台、美国、加拿大、英国、德国、日本及新加坡等国家和地区的六十四位正式

石渠宝笈书画特展

观众排队参观“石渠宝笈书画特展”

代表参加，中央美术学院、北京大学、清华大学、中国社会科学院等约一百五十位青年学子及数十位媒体、社会人士列席会议。

“《石渠宝笈》特展”自开展以来便引起社会各界的极大关注，展览期间共有十七万余名观众慕名前来，争相一睹《清明上河图》《伯远帖》《五牛图》等国宝级传世书画的风采。第一期展览期间，武英殿客流量平均每日达两千六百人次，其中，10 月 10 日及 11 日分别出现四千六百人、四千八百人的参观高峰。武英殿两日的参观结束时间则分别延长至次日凌晨两点和四点，呈现出难得一见的文化盛况。

丹宸永固：紫禁城六百年

2020 年既是紫禁城建成六百年，又是故宫博物院成立九十五周年，故宫博物院为此筹办了四十多项系列纪念活动，“丹宸永固——紫禁城建成六百年”为其中最重要的展览。这是在控制新冠疫情斗争中所举办的展览。

展览通过“宫城一体”“有容乃大”“生生不息”三大单元、十八个历史节点介绍紫禁城规划、布局、建筑变迁及其所涉及的宫廷生活，重点展示故宫博物院成立九十五年来，特别是中华人民共和国成立以来，在文化遗产保护方面的努力和成果。展览使用午门区域的西雁翅楼、正楼及东雁翅楼三个展厅，展出文物及史料照片四百五十余件。展览于 9 月 10 日正式向公众开放，11 月 15 日结束。

第一单元西雁翅楼展厅的主题为“宫城一体”，展示的是这座巍峨的皇家宫殿是如何建设的。它分为“1405 年朱棣营北京”“1420 年紫禁城建成”“1535 年钦安殿奉道”三个时间节点。

第二单元午门正楼展厅的主题为“有容乃大”，展示的是清代紫禁城内的建筑变迁，有八个时间节点：“1655 年 · 改建坤宁宫”“1695 年 · 重建太和殿”“1723 年 · 入主养心殿”“1738 年 · 改乾西五所”“1776 年 · 建成宁寿宫”“1859 年 · 连通长春宫”“1902 年 · 重建武英殿”“1909 年 · 探秘灵沼轩”。

“丹宸永固——紫禁城建成六百年”展厅

第三单元东雁翅楼展厅的主题为“生生不息”，通过“1914年·初开紫禁城”“1925年·肇建博物院”“1933年·战时护古物”“1949年·重整修缮队”“1961年·首荐颁国保”“1987年·瑰宝列世遗”“2002年·大修百年计”七个历史节点，讲述了昔日皇宫成为博物院后发生的故宫文物南迁、中轴线建筑测绘等事件。

为了更生动地展现明代紫禁城的建筑特色，筹备组更是从南京博物院借调了

“丹宸永固”展海报

明中都工程遗址出土的龙、凤纹滴水勾头及仙人兽头。

这是一个成功的展览。公众徜徉其间，在对紫禁城六百年历史的回望中，能够体味贯穿紫禁城“时”“空”的历史文化，感受宫殿技术与艺术完美结合的最高境界，感悟中华优秀传统文化的无穷魅力，也便于更有针对性、更加系统地参观紫禁城。

故宫也是一个学术机构

故宫是博物院，也是一个学术机构。

故宫及其珍藏是一个巨大的文化宝库，也是一方有待开发研究的学术沃土。故宫博物院的创始者敏锐地认识到了这一点。李煜瀛在主持组建“办理清室善后委员会”时，就主张“多延揽学者专家，为学术公开张本”，又提出故宫“学术之发展，当与北平各文化机关协力进行”。（李煜瀛：《故宫博物院记略》，《故宫周刊》1929年第2期）故宫博物院从一开始，就被定位为一个学术机构。

1979年，《故宫博物院院刊》复刊

壹 故宫的学术传统

故宫博物院民国时期的专业学术机构是专门委员会。依照《故宫博物院组织法》，故宫1929年开始聘任以学术为职志的专门委员，后又成立了书画、陶瓷、铜器、美术品、图书、史料、戏曲乐器、宗教经像法器、建筑物保存设计等九个专门委员会。专门委员除本院人员外，还聘有社会上颇有名望的众多专家学者。

专门委员会大致历经了初建、1934年的调整及1947年的重建三个阶段，聚集了一大批中国当时最著名的文史及古物研究方面的专家学者。1934年聘任通信专门委员共四十三人：朱启钤、汪申、梁思成、容庚、沈尹默、王禔、钢和泰、邓以蛰、俞家骥、金绍基、柯昌泗、钱葆青、狄平子、凌文渊、严智开、吴湖帆、叶恭绰、陈寅恪、卢弼、陶湘、洪有丰、江瀚、马裕藻、蒋穀孙、钱玄同、蒋复璁、刘国钧、朱希祖、徐炳昶、吴承仕、朱师辙、傅斯年、罗家伦、周明泰、齐如山、顾颉刚、蒋廷黻、郑颖孙、吴廷燮、姚士鳌、溥侗、张珩、徐骏烈；特约专门委员十二人：朱文钧、郭葆昌、福开森、陈汉第、唐兰、张允亮、余嘉锡、赵万里、陈垣、孟森、胡鸣盛、马廉。他们参与故宫文物的审查鉴定、明清档案的整理刊布、清宫典籍的清点出版、文物展览的策划筹备以及古建库房的修缮营建等工作，为推进故宫博物院的文物保护及学术研究做出了突出贡献。

专门委员会的工作成果与有益探索，积累了从故宫实际出发的学术研究的特点与方法，丰富了故宫学术的内涵。特别是明清档案的整理研究，是当时“整理国故”的重要组成部分，不仅对推动明清史研究起了重要作用，而且成为确立现代学术的一个契机，在中国传统学术向现代学术转变过程中有着重要意义。

从20世纪50年代开始，故宫博物院的重点工作是文物清理、鉴定等基础建设，其学术的研究方向也体现在这一方面。如唐兰亲自动手对院藏青铜器进行编目制档，有着很高的学术含量。罗福颐于1957年到故宫博物院工作，负责筹建

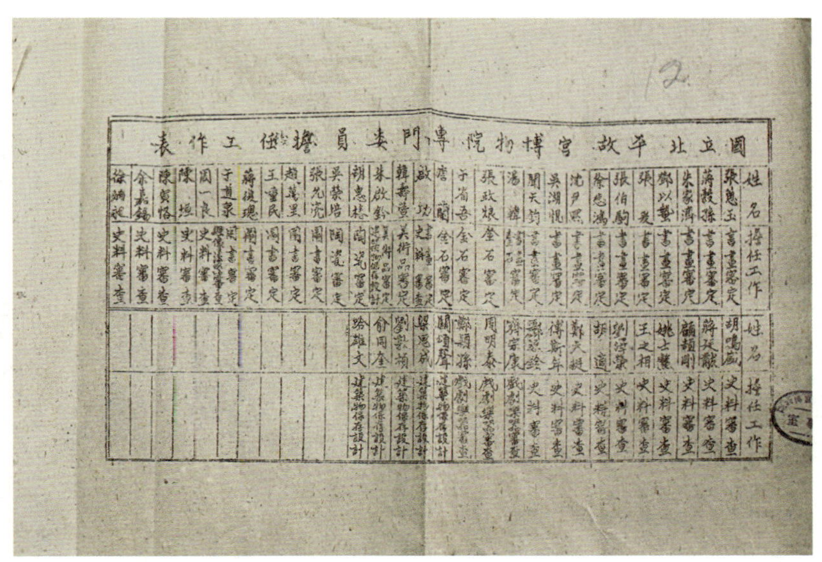

國立北平故宮博物院專門委員擔任工作表

姓名	擔任工作	姓名	擔任工作
張蔥玉	書畫審定	胡鳴盛	史料審查
蔣穀孫	書畫審定	蔣廷黻	史料審查
朱家濟	書畫審定	顧頡剛	史料審查
鄧以蟄	書畫審定	姚士鰲	史料審查
張爰	書畫審定	王之相	史料審查
張伯駒	書畫審定	劉澤榮	史料審查
徐悲鴻	書畫審定	胡適	史料審查
沈尹默	書畫審定	鄭天挺	史料審查
吳湖帆	書畫審定	傅斯年	史料審查
[illegible]天鈞	書畫審定	[illegible]	史料審查
湯[illegible]	金石審定	[illegible]	戲劇樂器審查
張政烺	金石審定	周明泰	戲劇樂器審查
于省吾	金石審定	鄭穎孫	戲劇樂器審查
唐蘭	金石審定	關頌聲	建築物保存設計
啟功	書畫審定 文獻審查	梁思成	建築物保存設計
韓壽萱	美術品審定	劉敦楨	建築物保存設計
朱啟鈐	美術品審定 建築物保存設計	俞同奎	建築物保存設計
胡惠春	陶瓷審定	哈雄文	建築物保存設計
吳榮培	陶瓷審定		
張允亮	圖書審定		
趙萬里	圖書審定		
王重民	圖書審定		
蔣復璁	圖書審定		
于道泉	圖書審定 [illegible]審查		
周一良	史料審查		
陳垣	史料審查		
陳寅恪	史料審查		
余嘉錫	史料審查		
徐鴻寶	史料審查		

1948 年聘任的故宫博物院专门委员会委员名单

整理内阁大库档案情形

青铜器馆。陈万里、孙瀛洲、冯先铭等系统、全面地对院藏的三十余万件清宫藏瓷进行整理、鉴定、定级，做出了重大贡献。陈万里运用考古学的方法对古窑址进行实地考察，为现代陶瓷学奠定了基础。孙瀛洲运用类型学方法对明清瓷器进行排比研究，使清宫旧藏的一些被错划时代的瓷器得到纠正，尤其是对明清带年款的官窑瓷器的研究取得突破性进展。他发表的一些论述瓷器鉴定与辨伪的文章，为明清瓷器的科学鉴定奠定了基础。徐邦达与王以坤、刘九庵等一起，对院藏书画鉴别整理，并进行认真、细致地考证，发现了许多问题，《古书画伪讹考辨》一书就是他这一时期的收获。朱家溍等人在恢复宫廷原状方面做了重大贡献。结合故宫古建筑修缮的实践，王璞子的《工程做法》注释补图体现了当时古建筑维修的成果与古建筑研究的水平。这一时期成就了一批文物鉴定专家。

20世纪80至90年代，故宫博物院学术委员会成立，并诞生了全国博物馆系统唯一的出版社——紫禁城出版社（2010年改名为故宫出版社），在办好《故宫博物院院刊》的同时，又创办了面向社会大

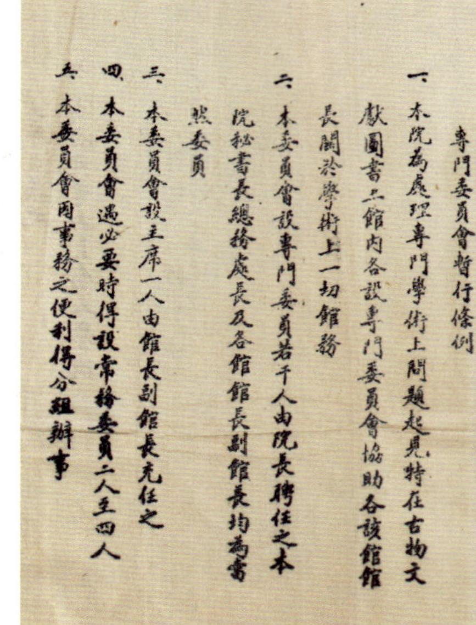

專門委員會暫行條例

一、本院為處理專門學術上問題起見特在古物文獻圖書三館內各設專門委員會協助各該館館長關於學術上一切館務

二、本委員會設專門委員若干人由院長聘任之本院秘書長總務處長及各館館長副館長均為當然委員

三、本委員會設主席一人由館長副館長充任之

四、本委員會遇必要時得設常務委員二人至四人

五、本委員會因事務之便利得分組辦事

《专门委员会暂行条例》（1929年4月）

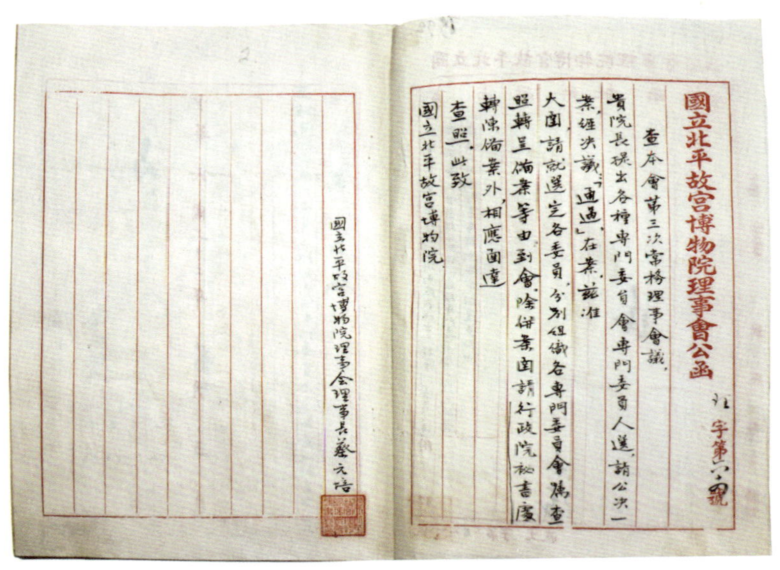

國立北平故宮博物院理事會公函

北字第[illegible]號

查本會第三次常務理事會議，貴院長提出各種專門委員會專門委員人選，請公決一案，經決議「通過」，在案。茲准大函，請就選定各委員，分別組織各專門委員會，為查照轉呈備案等由到會。除併案函請行政院秘書處轉陳備案外，相應函達查照。此致

國立北平故宮博物院

國立北平故宮博物院理事會理事長蔡元培

故宫博物院理事会批准故宫设立各种专门委员会的公函

众的普及性刊物《紫禁城》杂志，1999 年故宫博物院又和北京大学合作创办了大型明清研究集刊《明清论丛》。这一阶段，故宫博物院的老一辈专家出了一批学术硕果，如唐兰对马王堆帛书的整理、罗福颐的古玺印调研、徐邦达的古书画鉴定、单士元的《故宫札记》、顾铁符的《夕阳刍稿》、冯先铭主编的《中国陶瓷史》、于倬云主编的《紫禁城宫殿》、耿宝昌撰写的《明清瓷器鉴定》以及刘九庵、杨伯达等先生的相关著作，涌现了相关学术著作集出版的小高潮。一批经过长期培养与实际工作锻炼的专业人才成长起来，一些人担任了《中国美术全集》《中国大百科全书》《当代中国》等丛书中的主编、副主编、编委等。这一时期，许多中青年研究人员也在崛起。特别是故宫列入世界文化遗产后，中国紫禁城学会及清宫史学会成立，吸引了社会上更多的力量参与故宫研究。

在研究过程中，逐渐形成了所谓的“故宫学派”，涌现出一批著名的，甚至是“国宝”式的专家学者。

贰 应运而生的故宫学

故宫学是在对故宫价值的深刻认识基础上提出来的。通过长期探索，如前所说，人们认识到故宫是一个文化整体。故宫是个文化整体的实质就是要从联系中看待故宫遗产的价值，认识一个全面的、立体的、生动的、丰富的故宫。也只有这样，对故宫及其文物的研究才能获得更为宽广的视野、更为丰富生动的内容，故宫文化也因此可以得到深刻的阐扬。

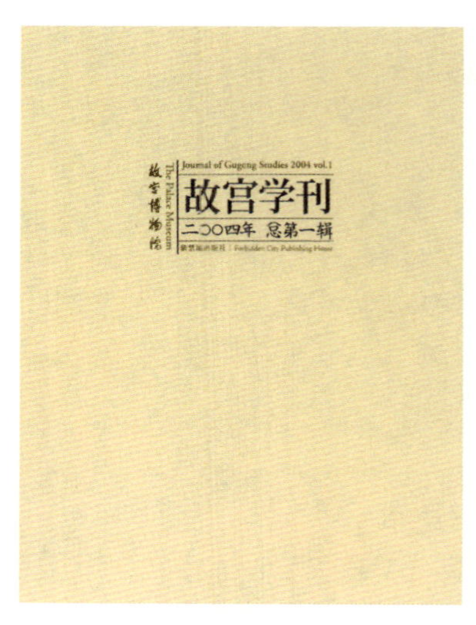

2004 年 10 月，《故宫学刊》创刊。

正是从故宫的文化整体性来考察，故宫学术研究虽已有诸多成就，但仍存在明显的不足，突出的是学术研究的“碎片化”。故宫研究的材料十分丰富，研究者是在不同领域中进行的，但多是就文物研究文物、就建筑研究建筑，而没有注意把文物、古建、文献档案等看作一个不可分割的整体，没有从更为广阔的视域挖掘、认识所研究的具体对象的价值与意义。随着时代发展，其他学科都在发展中努力打破学科界限，产生新的研究成果。故宫博物院的学术研究也要求研究者重视从理论上对实践工作进行探索和总结，要求研究者站在一定的学术高度来审视自

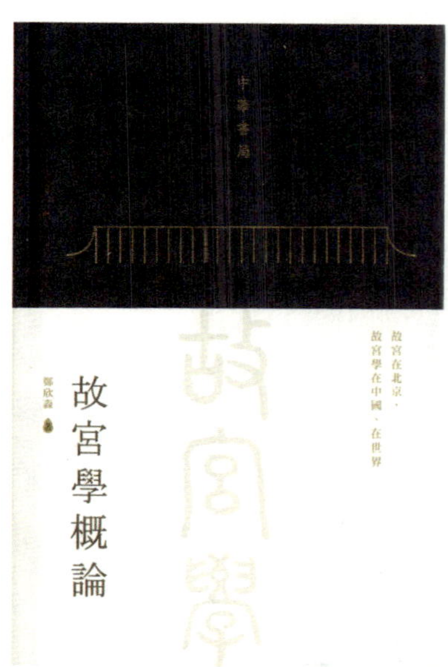

郑欣淼：《故宫学概论》繁体版，香港中华书局，2018 年

“故宫学视野”丛书

2010 年 9 月 26 日，文化部副部长王文章、国家文物局副局长宋新潮为故宫学研究所揭牌。

己所从事的具体工作，这是故宫博物院学术发展的大趋势。然而，在故宫博物院研究者的群体中，知识结构欠缺、研究方法单一、理论知识不足、学术视野狭窄等，仍是较为普遍的问题，从整体上影响着故宫研究的继续深入和重大成果的出现。

文化整体性也因此成为故宫学方法论的哲学基础。故宫学倡导的就是从文化整体的角度去评估故宫的文物价值和文化内涵，提出打通学科界限，将院藏文物、古建筑和宫廷史迹这三方面作为互相联系的整体来研究。这种研究将开拓人们对单体文物研究的思路进入哲学化的思维方式（即强调联系与发展），进入美学化的思维方式（即导向审美与评赏），进入历史化的思维方式（即注重社会与背景），并且扩展到对其他学科的认识，防止孤立地看待文物，防止文物研究（可移动与不可移动文物）的“碎片化”。这就是故宫学的精要所在。故宫学促进着故宫遗产价值的挖掘，也推进着故宫知识的传播、故宫精神的弘扬。

故宫学虽然是 2003 年提出来的，但其萌蘖则始自故宫博物院的成立，尔后随着以故宫博物院为主体的研究队伍的不断扩大、研究成果的不断涌现，为这门学科的形成打下了良好的基础。这是故宫学术由自发到自省再到自觉的过程，是向更高层次、更高境界的提升，因此也是水到渠成、应运而生。

故宫学的研究及成果带有博物馆事业的特点，即学理性与实践性的结合。故宫学是以文物（可移动的文物藏品与不可移动的古建筑）作为研究对象，这不同于一般的主要以文献为对象的研究机构。故宫学研究与文物的收藏、保护、展示不可分割。以鉴定来说，要收藏，就要鉴别真伪，就要划分等级，这就需要科学地鉴定，这是硬功夫，也是博物馆工作的基本要求。因此，故宫学研究不是经院式的烦琐论证，也不是从书本到书本；它直接面对故宫的文物、古建筑、档案、文献，对此进行客观分析、比较，解决宫廷历史人物和事件的物证和历代文物的真伪鉴定及其艺术价值、文化联系等诸多问题。总而言之，即以物证史、以物论史，或以物鉴物、以史论物等，都离不开史与物的辩证关系。

正因此，故宫科学研究的成果除学术论著外，还有大量的成果与业务工作如文物的编目制档、陈列展览、文物修复等结合在一起。这就是学理性与实践性的结合。例如，故宫博物院有一项特殊的陈列，即用宫廷史迹陈列来展示宫廷原状，使人们准确而直观地了解宫廷的有关礼仪活动，澄清“戏说”之风带来的一些错误认识。但这却是一项极为细致和繁难的工作。故宫保护维修工程更是离不开古建筑研究。

叁 从研究中心到故宫研究院

2005年至2011年间，故宫博物院从院藏文物资源特点以及学术研究优势出发，陆续成立了古陶瓷研究中心、古书画研究中心、古建筑保护研究中心、明清宫廷史研究中心、藏传佛教文物研究中心等五个研究中心，设立古陶瓷保护研究国家文物局重点科研基地，为国内外专家学者开展合作性课题研究提供了一个“开放、流动、联合、竞争”的学术平台。同时，通过签署战略合作协议、合作开展文物保护项目和科研课题项目、合办学术会议、合办学术刊物、联合办学等方式，全力拓展与国内外知名博物馆、高等院校、科研院所及其他学术机构的学术交流与合作，拓宽学术研究的视野与渠道，并在数字故宫和信息技术、文化遗产保护、陶瓷考古发掘和藏传佛教艺术研究和保护以及培养人才方面取得了明显的成绩。

如2005年起与四川省文物考古研究院进行了长达十年的合作，对四川甘孜、阿坝藏族地区进行考古和民族学调查，先后出版了《穿越横断山脉——康巴山区民族考古综合考察》(2007年)、《木雅地区明代藏传佛教经堂碉壁画》(2012年)、《2013年穿越横断山脉——阿坝藏羌文化走廊考古综合考察》(2014年)三本书，其中“四川石渠吐蕃时代石刻考古调查项目”为唐蕃古道走向或文成公主进藏路线的考证提供了新的论据，填补了青藏高原东部唐蕃古道走

2005 年 10 月 10 日，故宫博物院古书画研究中心、古陶瓷研究中心成立。
左起：耿宝昌、杨伯达、郑欣淼、李季。

向重要环节的资料空白，对研究吐蕃历史、佛教史、佛教艺术、唐蕃关系史具有重要的意义，因此被评为“2013 年度全国十大考古新发现”。

2008 年 8 月，故宫博物院、首都师范大学和甘肃永登鲁土司衙门博物馆三家单位对甘肃永登鲁土司的属寺进行联合考察，第一次完整、系统、详尽地收集了鲁土司属寺的图像学方面的资料。2007 年开始与浙江省文物考古研究所、德清县博物馆合作发掘浙江省德清县火烧山原始瓷窑址，其成果反映在《德清火烧山》（文物出版社，2008 年）一书中，“浙江原始青瓷及德清火烧山等窑址考古成果汇报展”于 2011 年 10 月在故宫延禧宫展厅开幕。2012 年，故宫古陶瓷研究中心与湖北省文物考古研究所联合对位于湖北省东北部丹江口市习家店镇青塘村的一座明代琉璃窑进行考古发掘。国际上，2007 年与德国马普研究学会科学

2013 年 10 月 23 日，故宫研究院成立。揭牌者为文化部副部长项兆伦（左）与故宫博物院院长单霁翔（右）。

设立在故宫城隍庙的故宫研究院

技术史研究所（Max Planck Institute for the History of Science）合作开展“宫廷与地方——十七至十八世纪的技术交流”科研项目。

2013 年 10 月，故宫研究院成立。这是“学术故宫”建设的有力举措，也标志着故宫学研究进入新的阶段。故宫研究院是故宫博物院设立的学术研究与交流的非建制机构，是以故宫研究院为基本力量，吸纳故宫博物院学术人才，汇集国内外知名专家学者，共同搭建的开放式高端学术平台。故宫研究院以创建“学术故宫”为宗旨，以服务“平安故宫”为指针，引领学术发展，制定科研规划，考评学术成果，实现故宫学术研究、人才培养、学术出版和对外交流等事业的可持续发展；以“科研课题项目制”为基点，创新管理模式，努力发展成为国家级重大科研课题项目学术基地和故宫学研究的中心。

经过多年发展，故宫研究院已有一室十五所，即研究室及故宫学研究所、考古研究所、古文献研究所、明清档案研究所、古建筑研究所、宫廷戏曲研究所、明清宫廷技艺研究所、文博法治研究所、书画研究所、陶瓷研究所、藏传佛教文物研究所、中外文化交流研究所、中国画法研究所、宫廷园艺研究所、书法研究所；在故宫博物院初步形成覆盖全面、专业突出和梯次完备的学术团队。故宫研究院成立以来，以其开放的学术胸襟、创新的机制接纳国内外学术界热心于故宫学术研究的人才，且与院内的专家学者共同构建高端学术研究平台。

例如，考古研究所主要以历代王朝遗存考古、古陶瓷窑址考古为基础，结合出土文物，开展对中国古代文明和院藏文物的研究。其中对紫禁城的考古研究尤为人关注。考古所把紫禁城考古作为大型综合课题，以逐年配合院内工程建设进行考古发掘为切入点，建立相应的工作程序、科研路径和保护方案，逐步拼缀、完善紫禁城地下文化遗存地图。2014 年 6 月至 11 月，故宫博物院在基础设施改造过程中，经国家文物局批准，对故宫内南三所、南大库、慈宁花园等三处发现古代遗迹的施工区域进行抢救性考古发掘，取得了一系列重要收获和对明清

2020 年 10 月，故宫清宫造办处旧址考古发掘取得重要收获。此区域是迄今紫禁城内发现面积最大、遗迹类型最多样、时代序列最完整（元、明、清）的遗址区，也是紫禁城古今重叠型建筑考古的重要实证。

紫禁城的新认识：首次对故宫城墙的现代地面以下部分进行了考古解剖，认清了生土之上城墙基础、墙基、墙体乃至排水系统的完整结构；首次在多处宫殿建筑群范围内通过考古发掘揭露出年代明确、布局特殊的早期宫殿建筑遗址；首次在宫内库房区域科学发掘一处御窑瓷器的集中埋藏坑，填补了研究宫廷内残损御用瓷器管理制度的空白；首次将紫禁城视为一个整体，将城内各处考古发现的早期建筑基础进行精密测绘、科学记录，同时开展多学科的检测，为研究紫禁城建筑群的格局变化、工艺传承与制度沿革等提供了重要的第一手材料。专家们认为，故宫明清建筑基址考古项目体现出故宫考古理念与方法的新尝试，具有多方面的重大学术意义。

2013 年 8 月获批设立的故宫博物院博士后科研工作站，是首批文博系统博士后工作站之一，使故宫跻身高端学术人才培养基地的行列。目前在站博士后人员二十八名，研究专业方向涵盖了考古、古建筑研究、文献整理、宫廷

2013 年 8 月，故宫博物院博士后科研工作站获批准成立。

史、工艺史、文保科技、古代书画鉴藏史研究、古窑址调查、宫廷戏曲研究等方面。

从 1999 年到 2020 年，故宫博物院每年进行的一次科研课题申报，共立项院级课题四百四十六个。多年来争取到国家社科基金重大项目、国家社科基金冷门“绝学”和国别史研究课题、国家社科基金艺术学项目、教育部甲骨文专项和院课题等各类课题二十多项。其中“新中国出土墓志整理与研究”“故宫博物院藏殷墟甲骨文整理与研究”“故宫文物南迁史料整理与史迹保护研究”先后被列入国家社科基金重大项目。“《满文大藏经》研究”被批准为国家社科基金“冷门‘绝学’和国别史等研究专项”项目。2019 年，故宫完成国家重点研发计划项目“不可移动文物本体劣化风险监测分析技术和装备研发”和“有机质可移动文物价值认知及关键技术研究”两个重大项目的申报立项。良好的学术土壤使故宫涌现出了一批优秀中青年学者，一大批青年专家也在迅速地进行学术积累。截至 2020 年 8 月，故宫博物院共有专业技术人员八百九十三人，其中高级职称三百四十五人。科学研究队伍的不断壮大、学术平台的搭建与完善、出版流传工作的蒸蒸日上，使“学术故宫”的建设也初具气象。

肆 学术成果积累与故宫文化传播

编辑出版图书是宫廷文化的传统，也是今天传播故宫文化的一个重要形式。自1925年成立以来，故宫博物院把整理、刊印、传播故宫文化作为一项自觉使命，购买了先进的印刷设备，通过大量的各类印刷品，介绍故宫的文物藏品、明清档案以及紫禁城宫殿建筑，在学术界、文化界乃至全社会都产生了重大影响。

故宫博物院民国时期的出版物，较重要的有《故宫善本书影初编》《交泰殿宝谱》《历代帝后像》《掌故丛编》《史料旬刊》《故宫月刊》《故宫书画集》《故宫砚谱》《故宫方志目》《郎世宁画帧专集》《故宫名扇集》《清内阁库贮旧档辑刊》《历代功臣像》，以及《故宫善本书目》《故宫普通书目》《故宫殿本书库现存目》《故宫所藏观海堂书目》《满文书籍联合目录》《天禄琳琅丛刊》等等。

1983年，紫禁城出版社正式成立。截至2003年底，紫禁城出版社成立二十周年，出版物共计三百七十六种，其中反映故宫珍藏的有《故宫青铜器》《明清帝后宝玺》《清宫藏藏传佛教文物》等，配合故宫展览的图录有《清代宫廷包装艺术》《故宫藏日本文物展览图录》等，属于学术研究成果的有《明清瓷器鉴定》（耿宝昌）、《中国瓷器鉴定基础》（李辉炳）、《两朝御览图书》（朱家溍）、《中国历代书画鉴别图录》（刘九庵主编）等。紫禁城出版社还投入大量人力物力，利用清乾隆年刊刻的书版重新刷印《满文大藏经》四十套，当年仅刷印十二套。这一时期，故宫与香港商务印书馆合作的《故宫博物院藏文物珍品全集》（六十卷），历时十多年得以出版，是全面展示故宫藏品的第一部大型丛书。

2004年，故宫成立了科研处、编辑出版委员会、文物征集鉴定委员会，筹建了研究中心，创办了《故宫学刊》，《故宫博物院院刊》和《紫禁城》也进行了改扩版。全院的科研出版和其他工作进入一个新的发展时期。

紫禁城出版社于2011年改名为故宫出版社，经过摸索，形成了文物艺术、宫廷文化、明清历史三大有特色的出版板块，并形成了‘故宫博物院学术文

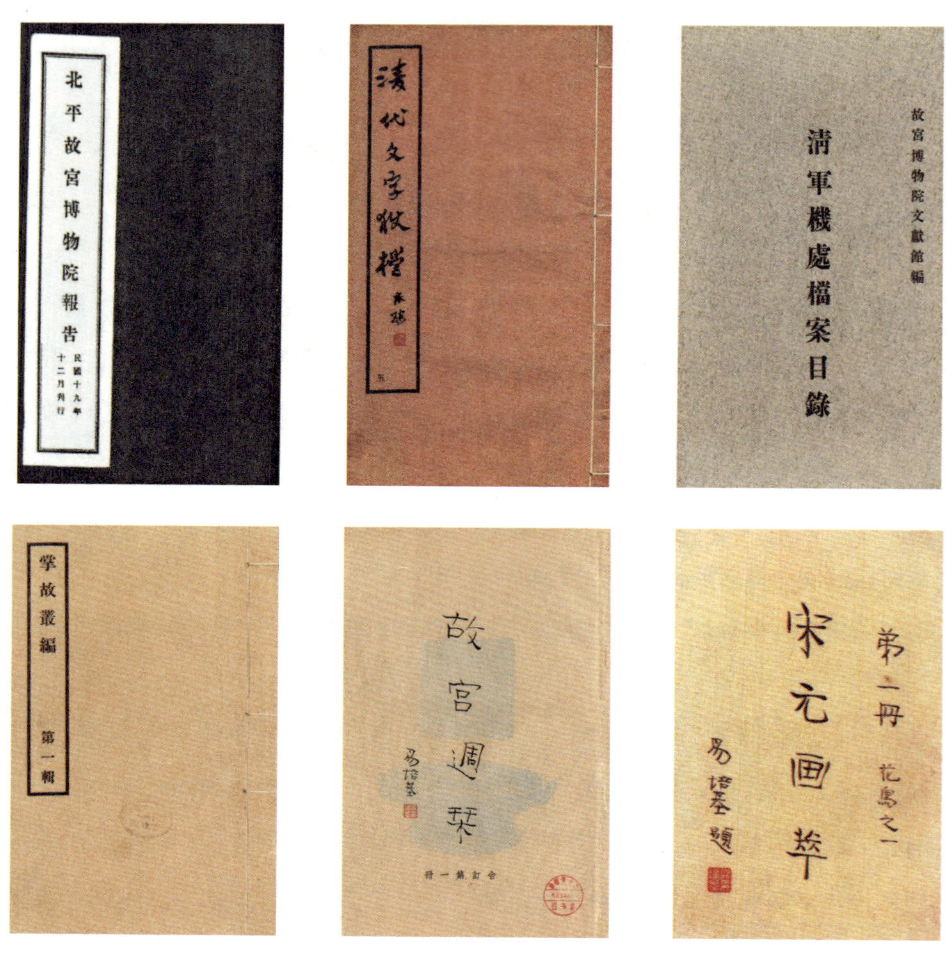

故宫博物院早期的部分出版物

库”“中国考古文物通论”“故宫博物院藏品大系”“故宫经典”等若干富于故宫特色的系列出版物，逐渐形成囊括各个文物门类，资料性、学术性和普及性兼备且富有艺术性、知识性的出版特色。

故宫出版社的《故宫经典》系列、《明代宫廷史研究丛书》《赵孟頫书画全集》《钦定武英殿聚珍版书》《故宫博物院藏清宫陈设档案》《苏轼书法全集》《蔡

《故宫博物院藏文物珍品全集》(六十卷)

襄书法全集》《黄庭坚书法全集》《养心殿造办处史料辑览》(乾隆朝)、《故宫书画馆》《故宫藏古代民窑陶瓷全集》《故宫博物院藏品大系》《明代宫廷建筑大事史料长编》《王羲之王献之书法全集》《故宫博物院藏中国古代窑址标本》《中国古陶瓷研究》《明清史学术文库》等十七种图书列入“十二五”国家重点图书出版规划项目。收入清宫一万余册戏本的《故宫博物院藏清宫南府升平署戏本》(2017 年)、收入故宫两千余件家具的《故宫博物院藏明清家具集》(2014 年),都是故宫重要藏品全面整理的成果。

故宫重视学术传统的传承与学术资源的积累和出版。从 2005 年以来,出版《故宫专家学术全集》系列丛书,其中收集了许多未曾公开发表的论著,有的带有抢救性质。目前已出的有徐邦达、单士元、唐兰三位先生的全集,正在出版的有《罗福颐集》。故宫学术大家、中国古书画鉴定名家刘九庵先生三百余万字的《刘九庵书画鉴定研究笔记》也于 2020 年由故宫出版社出版发行。

“故宫博物院学术文库”已出版十四本。“紫禁书系”以学术专题专论为特点,偏重于为中青年业务人员搭建学术平台,已出版二十九本。“明代宫廷史研

《故宫博物院藏文物精品集》（十卷本）英文版，香港商务印书馆，2015-2017 年

究丛书”是 2005 年确定的故宫博物院重点科研项目，共计二十种已出版十五种。“故宫学视野丛书”旨在展示故宫学研究的新成果，已推出九种。

故宫博物院近年来有计划地组织编写、出版大型的资料丛书或工具书。除古建筑类的《明清宫廷建筑大事史料长编》《故宫古建筑保护工程实录》外，重要的有《故宫博物院藏品大系》《故宫博物院藏品总目》和《故宫博物院藏文物精品集》（十卷英文版）等。这三部书既是北京故宫博物院的基本建设项目，也是故宫学研究的重要基础。《故宫博物院藏品大系》从故宫博物院一百八十万件藏品中精选最具典型和代表性的文物十五万件，分为二十六编，总规模预计五百卷左右，是一项浩大的出版工程，被誉为“纸上故宫”。至今已出版八十多卷。2013 年 1 月，故宫博物院通过网站首次向社会公布第一期《故宫博物院藏品总目》简目，共十八大类六十六万件。《故宫博物院藏文物精品集》（十卷英文版）收录珍贵文物图片近三千幅，二十万文字（汉字）则凝聚了故宫三代专家学者的

“故宫博物院学术文库”

鉴定与研究成果，也是国内出版史上第一次推出的大型英文版文物图集。全书2015年由商务印书馆香港有限公司译成英文后出版并向全球发行。

《明清论丛》是故宫博物院和北京大学合作创办的大型明清研究集刊，于2000年创办，每年出一辑，每辑八十到一百万字。《故宫学刊》创刊于2004年，每年一辑，每辑六十余万字，甚至百万字。持续出版的还有《中国紫禁城学会论文集》《中国古陶瓷研究》。这些刊物，都受到学界的普遍关注。

伍“故宫在北京，故宫学在中国、在世界”

公开、开放是故宫博物院的优良传统。由于故宫学具有多学科交叉或者说跨学科的特点，加之清宫文物在海内外的大量散佚，客观上为更多的机构与个人参与故宫学研究提供了条件，因此故宫学从一提出就强调其开放性的特点。学术为天下公器，故宫学一直倡导“故宫在北京，故宫学在中国、在世界”的学术理念。故宫学不只是两岸两个故宫博物院乃或是海内外收藏有关清宫文物的机构或个人的事，而应该是海内外学术界的共同事业。

故宫学的学科概念，自提出以来逐渐得到学界和教育界的认可和重视，故宫博物院也十分重视与各有关研究机构尤其是高等院校的交流与合作。

自 2010 年起，一些著名的高等院校与故宫就联合开展故宫学的教学与研究达成合作意向。中国社会科学院研究生院自 2010 年 11 月在其文物与博物馆专业硕士教学中心下设“故宫学”方向课程，学制两年，授予“文物与博物馆专业硕士”学位和学历。至 2021 年，共招生七十八人，已毕业并授予学位六十四人，目前在读七人，即将入学七人。2011 年 5 月，浙江大学“浙江大学故宫学研究中心”正式挂牌。2012 年 12 月，南开大学成立“故宫学与明清宫廷研究中心”。2018 年 5 月，深圳大学成立故宫学研究院。

自 2012 年起，故宫博物院于每年暑假期间，举办故宫学高校教师讲习班，学员来自国内知名高校相关专业领域的一线教师。至 2021 年共举办九期（2020 年因疫情未办），参加的有来自全国二十七个省市（含香港、台湾）一百二十所大学的两百二十一名教师，还有美国、日本的教授各一名。故宫自 2012 年开始启动招收故宫学访问学者，为愿意并有能力到故宫博物院从事学术研究的国内外专家学者提供良好的研究机会和学术环境，搭建学者之间深层交流的平台。

与此同时，故宫博物院还就陶瓷研究、藏传佛教研究以及文物科技保护研究等方面与美国、法国、日本等国家以及香港地区的一些大学积极展开合作，并取得了显著的成果。

令人注目的是，海内外一些大学也陆续开设了传播故宫知识、故宫文化的“故宫学”课程，有的还被评为精品项目，受到学生的欢迎。2009 年秋季，台湾新竹清华大学谢敏聪先生开风气之先，设立了“故宫学概论”选修课程，而且给予学生正式学分。学生对故宫知识十分渴求，每学期八十位的选课名额，约有两千名学生踊跃申请。为此，校方特增加十五位选课名额以满足学生的报名需求。深圳大学 2016 年在大陆高校首开“故宫问学”通识课程（选课人数曾位列

2011 年 6 月 14 日，故宫博物院与浙江大学在杭州合作成立“浙江大学故宫学研究中心”。揭牌者为郑欣淼与浙江大学党委书记张曦。

全校公选课前十名），至今已开设九个教学班。另还开设有聚徒教学、科研短课等，选课学生累计近五百人。

“智慧树”是大型的学分课程运营服务平台，其策划与制作的《走进故宫》课程，由故宫的十四位专家讲授，设二十八个学时，2.0 学分。作为高校通识教育的在线教程，至 2019 年 5 月，累计已有四十六万九千零一十五名大学生修读并获得学分，开设故宫学课程的选修学校为一千零七所，学生满意度达百分之九十六。截至 2020 春季学期，已经获得学分的大学生总人数为七十四万。目前我国高校共两千六百三十一所，《走进故宫》已覆盖百分之三十八。

目前与故宫博物院合作的高等院校大都有着先进的教育理念、雄厚的教育资源、严谨的科学态度和优良的学术氛围，而且在学科设置和发展上各具特色、优势突出，并形成各自优良的学术传统。与高校的合作将极大地发挥故宫博物院和高等院校在学术资源和学术人才方面的优势互补作用。故宫博物院的发展将得到强大的理论支持和学术后盾，高等院校也将完善自身的学科建设与社会沟通的能力，尤其是故宫学作为学术研究方向和人才培养方向被纳入研究生教育体系，这对故宫学的学术研究和学科建设具有重要意义。

在扩大与高校合作的同时，故宫也与包括台北故宫博物院、沈阳故宫博物院、南京博物院等在内的一些文博机构建立合作关系。这些合作研究平台和多元化学术交流机制的建立，为故宫博物院的学术研究、人才培养创造了更多条件。

2009年秋季，台湾新竹清华大学谢敏聪老师开设了故宫学概论课程。

2012 年，首届故宫学高校教师讲习班举办。

2021 年，第九届故宫学高校教师讲习班举办。

2019 年 10 月 20 日，故宫博物院与北京大学、敦煌研究院三方在故宫签署战略合作协议，启动战略合作。左起：故宫博物院院长王旭东、北京大学校长郝平、敦煌研究院院长赵声良。

从 2019 以来，故宫在与大学、文博机构的合作基础上，思路更开阔，步伐也更加大；其中 2019 年 10 月 20 日与北京大学、敦煌研究院三方签署战略合作协议，启动战略合作，受到文化教育界的广泛关注。

故宫博物院、北京大学、敦煌研究院三方合作的原则是“立足长远、优势互补、务求实效”。北京大学充分发挥历史学系、考古文博学院、艺术学院等院系的优势学科力量，故宫博物院、敦煌研究院充分利用资源优势和现有研究基础，强强联合，建立多学科、跨学科的协同研究机制，充分发掘现有及潜在的物质与非物质文化遗产资源。北京大学充分发挥在云计算、大数据、互联网 +、人工智能等领域的技术优势和科技创新潜力，在文化遗产从挖掘到保护、从传播到传承的多个方面引入前沿技术，提升文物工作的科技水平。三方共同致力推动我国加快建成文物科技创新体系，在基础研究、重大关键技术、国产主要装备、标准体系建设等方面取得突破；三方鼓励并支持专家学者共同申报国家级、省部级科研项目，参与重大课题攻关；三方共同策划、组织具有国际影响的文物和艺术展览，共同推动故宫文化研究、敦煌文化研究工作。共建“一带一路”，加强同相关国家的文化交流，增进民心相通。

故宫博物院与北京大学签署共建合作协议，以共建研究中心为平台，合作开展文博人才培养、文化遗产保护研究等工作。北京大学在故宫博物院挂牌学生社会实践基地，聘请故宫博物院宫廷历史、古建筑、古书画、古陶瓷、博物馆等领域知名专家学者担任博士生导师。北京大学充分发挥历史、艺术、考古文博等院系的优势学科力量和人文社会科学研究院、国学研究院的雄厚学术资源，集合双方及国内外学术力量，推出一批与故宫相关的重大研究成果。这一战略合作宏图正在逐步具体实施，其成果可期。

对外交流的通道
文明对话的平台

故宫博物院一成立，就不仅是中国的故宫，也成为世界的故宫，成为中外文化交流的重要通道。

回顾故宫博物院近百年的历程，对外交流始终没有停息过。建院早期由于政局的原因，有过短期的停顿，后来又有战争的影响；但即使是在最艰苦的岁月里，故宫人仍然致力于让世界了解中国，凭借精彩的展览，让世界眼前惊叹于中国光辉灿烂的传统文化和艺术。

中华人民共和国成立后至20世纪70年代初，由于国家总体外交大局的影响，故宫博物院仍然保持了与一些友好国家的交流与合作关系。改革开放以来，故宫以更为开阔的视野和更为开放的意识，加强与国际间的联系沟通，无论在展览、国际合作，还是在学术交流、培训方面，都呈现出新的局面。2004年故宫外事处成立是个标志性事件。随着故宫对外交流的步伐不断加快，交流的范围不断扩大，其交流的形式也不断变化。总的发展趋势表现在以下三点：一是由过去单一的对外展览为主转变为全方位、多层次的交流；二是从以前单方面赴外展览转变为与从国外引进展览、交换展览并重；三是从过去只针对发达国家的交流转变为面向更加广阔的国家和地区，包括更多的发展中国家。同时，继续保持与港、澳、台等地博物馆的展览和学术联系，特别是保持与台北故宫博物院的联系。

故宫博物院的对外交流在配合国家外交大局、传播中华传统文

1930 年 10 月 21 日，故宫博物院理事长李煜瀛柬请各国公使、外交团并河北省政府各要人及银行团来院参观，并在御花园餐叙。

化方面做出了积极贡献，同时在促进博物院自身的学术研究、文物保护、人员培训、博物馆管理方面也发挥了重要作用。

故宫博物院的对外交流主要包括与海外文博界的广泛交流、对外展览以及在故宫古建筑维修上的多方面合作。

壹 从故宫协助会到国际博协国际培训中心

早期故宫在有限的条件下，重视对外交流，体现了博物院的胸襟。

1927 年 3 月 7 日上午十时，德国博物院东方美术部长曲穆尔博士参观故宫

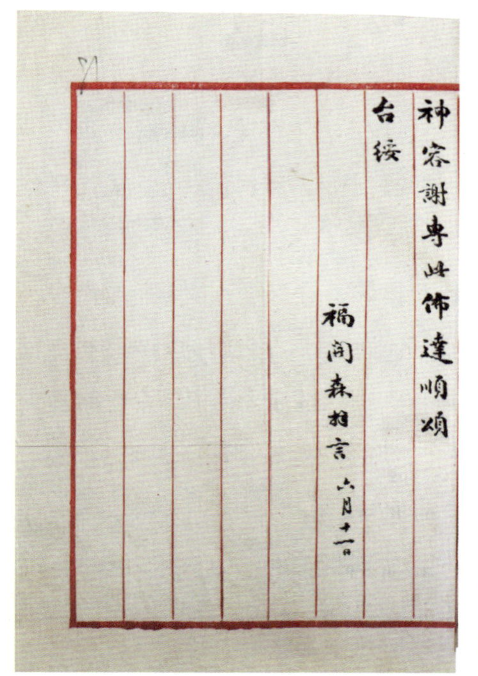

神容謝專此佈達順頌
台綏
福開森拜言 六月十一日

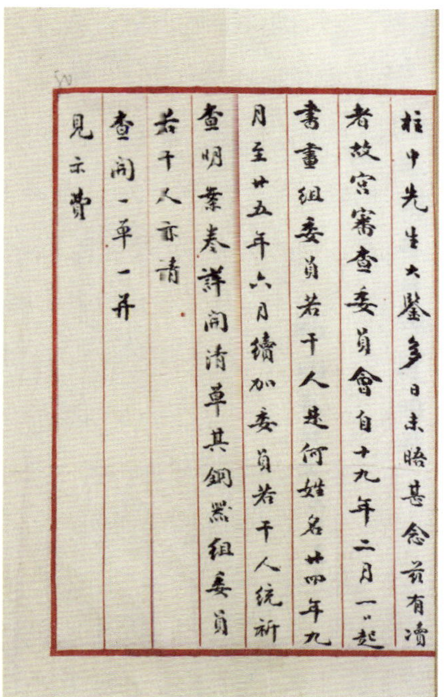

桂中先生大鑒多日未晤甚念前有請
者故宮審查委員會自十九年二月一日起
書畫組委員若干人是何姓名廿四年九
月至廿五年六月續加委員若干人統祈
查明案卷詳閱清單其銅器組委員
若干人亦請
查閱一單一并
見示為

1929 年 6 月 11 日，故宫聘任福开森为专门委员时，福开森询问有关情况的函件。现存故宫博物院档案室。

博物院并进行演讲，这是故宫，也是我国与国际间进行的最早的有关博物院管理与陈列形式的学术交流活动。

故宫建院之初，秉持“学术为天下公器”的理念，在进行文物整理、业务建设时，大胆地引进中外专家学者共同参与。最早获聘任的外国专家是钢和泰。钢和泰的贡献在本书后面的“故宫人”板块中有专门介绍。

还有一位著名人物是美国人福开森（John Calvin Ferguson，1866—1945）。他是教育家、文物专家、慈善家、社会活动家，中华民国初期总统府政治顾问。福开森在华五十七年，对中国社会颇具影响，对中西文化交流卓有贡献。他能说一口极流利的南京话，能书写漂亮的毛笔汉字，特别热衷于鉴别与收藏中国古董字画。后居北京，且著书立说，专论中国艺术品和古代文物。

故宫博物院 1929 年开始聘任专门委员，古物馆遴选文物鉴定专家，提了一个一人名单并附简介，第七位是“福开森，美国人，主办《中国美术》杂志，善鉴别书画瓷器”。故宫专门委员后来分为特约与通信两种；特约专门委员是直接参与故宫文物清理、鉴定及审查工作；通信专门委员是给予知名学者的荣誉性职衔，也在文物审定等工作中以备咨询，给予指导。在五十五位专门委员中，福开森名列十二位特约委员之中，每月有八十元薪金，就是说，他经常要行走在红墙之内。钢和泰则是通信专门委员。1948 年 5 月 25 日，福梅龄女士将其父福开森生前收藏的金石、书画类中文图书一千二百三十七种捐赠给故宫博物院。

故宫博物院的顾问中也有外国人。如英国人斐西瓦乐·大维德（Sir Percival David，1892—1964），就是一位重要的中国瓷器收藏家。他收藏的中国瓷器达到一千四百多件，绝大多数为历代官窑中的精品和带重要款识的资料性标准器，所藏汝窑、官窑和珐琅彩瓷器均甲于海外藏家，名重天下的元青花标准器——

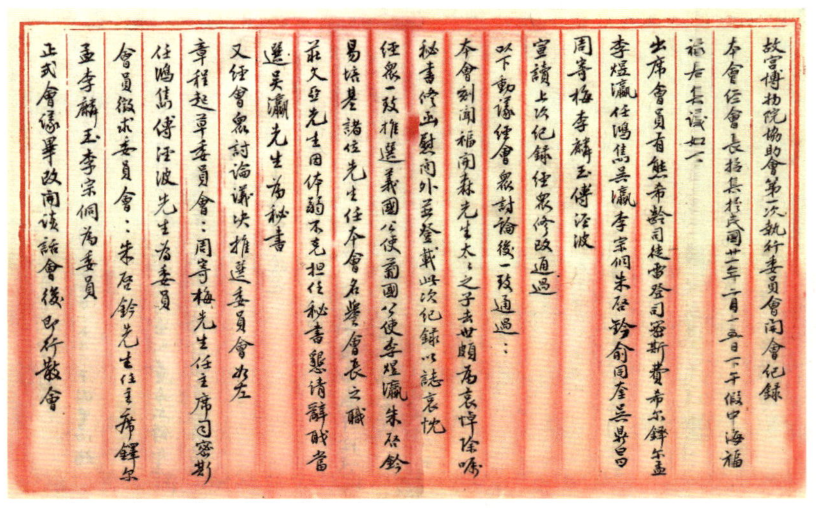
故宫博物院協助會第一次執行委員會開會紀錄
本會經會長指定於民國廿二年二月一五日下午假中海福
福右集議如下
出席會員有熊希齡司徒雷登司密斯費希尔鋼尔孟
李煜瀛任鴻雋吳瀛李宗侗朱啓鈐俞同奎吳景昌
周寄梅李麟玉傅涇波
宣讀上次紀錄經衆修改通過
以下動議經會衆討論後一致通過：
本會剛聞福開森先生太太之子去世頗爲哀悼除函
秘書修函慰問外並登載此次紀錄以誌哀忱
經衆一致推選義國公使蔚國公使李煜瀛朱啓鈐
易培基諸位先生任本會名譽會長之職
莊文亞先生因体弱不克担任秘書懇請辭職當
選吳瀛先生爲秘書
又經會衆討論議決推選委員會如左
章程起草委員會：周寄梅先生任主席司密斯
任鴻雋傅涇波先生爲委員
會員徵求委員會：朱啓鈐先生任主席鋼尔
孟李麟玉李宗侗爲委員
正式會議畢改開談話會後即行散會

故宫博物院协助会第一次执行委员会开会记录

至正型青花瓶更被陶瓷界命名为“大维德瓶”。他曾捐款修缮景阳宫瓷器陈列室，也是举办“伦敦中国艺术国际展览会”的倡议者之一。他被故宫聘为顾问。故宫的外籍顾问还有司徒雷登（John Leighton Stuart，1876—1962）及顾临（Roger S. Greene，美国人，协和医院代理院长）、孔达（Victoria Contag，德国人，女，文学博士、柏林东方艺术博物馆研究员）、铎尔孟（André d'Hormon，字浩然，法国人，汉学家，前北京大学教授、中法大学教授、中法教育基金委员会委员）、贝熙业（Jean Jérome Augustin Bussière，法国人，医学博士、北平法国医院院长、法国大使馆医官）。故宫博物院给这些人士都发放了故宫徽章，以利其出入方便。

值得注意的是，1932 年 2 月 6 日，一批中外人士在北平中海福禄居还组织成立了“故宫博物院协助会”，这是与故宫发展有直接关系的一件大事。熊希龄、司徒雷登、吴鼎昌、福开森、钢和泰、周作民、朱启钤、周寄梅、裴习尔、司米斯、铎尔孟、任鸿隽为常务委员，熊希龄、司徒雷登为事务会长。会长司徒雷登，美国传教士，出生于杭州，说一口流利的杭州话，为燕京大学创始人并主持校务达二十七年之久，中华民国政府最后一任美国驻华大使。后来加入协助会的中外人士不断增多，都是当时有一定地位与影响的人。如仅 1932 年 11 月一个月就接收会员十八人，其中十三位外国人，包括协和医院代理院长、美国人顾临，新加坡华裔吴赉熙；吴为英国剑桥大学医学博士，后定居北平，喜欢中华文物。国人则有胡若愚、沈兼士、江瀚、张继、马衡等五位。

协助会得到故宫博物院的大力支持。从李煜瀛、易培基、张继到俞同奎、马衡、李宗侗、袁同礼、吴瀛等都是协助会会员，李煜瀛、易培基还与意大利公使、葡萄牙公使、法国公使、朱启钤一起被聘为名誉会长。协助会召开常务会，每次邀请故宫方面如李宗侗、俞同奎甚至李煜瀛、易培基等人列席，“以备接洽”。故宫博物院档案室保存了协助会成立及七次常务会与其他临时会的所有记录材料。协助会在文物南迁后，因“故宫博物院以国难期间，一切工作暂时不能发展，本会会务连带停止”。协助会存在时间不长，但发生过相当的影响。

协助会者，襄助故宫事业发展之民间组织也。协助会的常务会做出过一些有关故宫博物院建设的决议，如提出故宫博物院美术出版物应与外国博物院或图书馆交换，议决由故宫秘书处与图书馆协商，拟具办法直接办理；讨论过修理文渊阁的建议，议决由故宫函请营造学社同主管人勘察后提交协助会讨论。故宫博物院也重视发挥协助会的作用。1932 年 9 月 23 日，故宫第二次院务会议讨论图书馆房屋修缮，议决“向协助会建议筹款修缮”。

协助会对故宫文物南迁之事一直予以高度关注，并为此召开多次会议。1933 年 1 月初，日军占领山海关，故宫协助会即于 1 月 13 日召开临时紧急会议，商议故宫文物南迁上海事宜。会议由主席司徒雷登主持，故宫院长易培基列席。经会议决议：故宫物品南迁部分应在沪由故宫博物院组织分院保存陈列，或俟北方时局

北平故宮博物院協助會用箋

逕啓者本會十六日臨時會議據
貴院代表俞星樞先生報告故宮古物業已運抵浦口
昨接政府電告中政會議議決又須運存開封等
因本會以古物停留該處殊多危險決議擬請
貴院按照本會前此建議電請政府速定安全辦法
與地點妥為保存相應函達
查照辦理為荷此致
故宮博物院
故宮博物院協助會啓廿二年二月　日

1933 年 2 月 16 日，故宫博物院协助会召开临时会议，就文物南迁事致故宫博物院函。

平靖仍可运回一部分，其留北平部分仍应就地尽力设法维护。1月16日，司徒雷登、朱启钤、周作民、钢和泰代表协助会出席故宫博物院理事会在北平理事会议，提出“故宫文物运沪，即在沪设故宫博物院分院，整理陈列，不得分散；如迁他处，同此办理”等请求，并致故宫易院长请转电行政院，请早日决定确实安全办法，妥为保存南迁文物。应协助会函请，故宫理事会在平理事于1933年1月15日特开会议一次，听取协助会司徒雷登、朱桂莘、钢和泰、周作民四位代表关于文物南迁重要意见的陈述。1933年2月16日，故宫协助会召开临时会议，时南迁文物已运抵南京浦口，但中政会议决定又要运存其于河南开封，协助会认为“古物停留该处，殊多危险”，决议拟请故宫博物院“按照本会前此建议，电请政府速定安全办法与地点，妥为保存”。

中华人民共和国成立以来，故宫博物院在对外交流、文明对话中发挥着不可替代的作用。故宫认为，博物院的历史就是文明对话的历史。故宫及其丰富的珍宝属于中国人民，也是全人类的文化遗产，在人类文明及其对话中具有新的历史地位。2004年，故宫博物院在迎接建院八十周年华诞的前夕，就曾以“文明对话”为主题举办过紫禁城国际摄影大展。

作为文明对话的一种特殊形式，故宫接待了全世界几乎所有国家的元首。时至今日，凡是与中国友好交往的国家，其国家元首访问中国时，几乎无一例外地会参观访问故宫博物院，这已经成了中国和世界外交活动领域的一个重要内容。文明对话从当初打破政治僵局、缓和紧张气氛的一缕清香，进而成为增进了解、达成谅解、结成友谊的纽带和桥梁。这种世界政治文化现象充分说明，以一个国家一个民族最具有代表性的文化遗产为媒介的文明对话，在世界和平与人类进步的事业中发挥着极其重要的作用；不只是举足轻重的外国政要，包括来自世界任何一个地方的普通公民，都可以作为各自文明的使者，通过参观访问故宫，来和东方及中华文明平等对话。他们用这种特殊的方式来表达对中华文明的尊重和对中国人民的友好情感，故宫博物院也因此成为人类文明对话的重要舞

1963 年 3 月 9 日，周恩来总理陪同老挝国王来故宫参观。

1973 年 9 月 13 日，邓小平副总理陪同法国总统蓬皮杜来故宫参观，王冶秋司长、吴仲超院长陪同。

台和吉祥胜境。

1956 年 5 月，故宫博物院吴仲超院长赴苏联参加特列恰可夫画廊一百周年纪念大会，这是故宫首次参加国际性的会议；1983 年 4 月，杨伯达应邀赴香港中文大学讲学；1985 年 5 月，杨伯达、徐邦达应邀参加美国纽约大都会艺术博物馆举办的“图像与文字：中国诗、书、画的关系”国际学术研讨会，为故宫研究人员到海外学术交流开了个头；1989 年，故宫举办了“明代吴门绘画国际学术研讨会”，这是故宫筹办的第一个国际性的学术研讨会。

故宫与国际博物馆界的交流合作在不断发展。2004 年以来，故宫先后与法国卢浮宫博物馆，英国大英博物馆、维多利亚与阿尔伯特博物馆，美国博物馆联盟、大都会博物馆、波士顿美术馆、弗吉尼亚美术博物馆，俄罗斯艾尔米塔什博物馆、克里姆林宫博物馆，澳大利亚维多利亚州国家美术馆，印尼国家博物馆等

2005 年 9 月，世界五大博物馆馆长紫禁城对话在故宫举办。

世界级博物馆签署全面合作协议，2005 年成功举办题为“紫禁城对话”的博物馆馆长高峰论坛。

故宫博物院重视国际学术交流。特别是随着故宫博物院古陶瓷研究中心、古书画中心等研究机构的成立，与境外学术界的交流更加频繁。各中心通过聘请境外学者担任客座研究员、召开国际研讨会等形式进行国际学术交流活动。

如 2005 年 10 月成立的以故宫院藏约三十七万件陶瓷为研究对象的古陶瓷研究中心，除聘请故宫耿宝昌、李辉柄等十人为研究中心研究员外，还聘请了二十位国内外著名专家、教授、学者担任研究中心的客座研究员，他们都是享誉国际陶瓷研究界的翘楚：戴浩石先生（Mr.Jean—Paul DESROCHES），法国巴黎吉美美术馆馆长；伊娃・斯特霍伯女士（Dr.Eva StrÖber），德国德累斯顿国家艺术收藏馆东方陶瓷研究员；苏珊·瓦伦斯登女士（Ms.Suzanne G. Valenstein），美国纽约大都会博物馆研究员；长谷部乐尔先生，日本出光美术馆理事；艾丝维尔多女士（Ms.Ayse Erdogdu），土耳其伊斯坦布尔托普卡普·萨莱博物馆研究员；郭勤逊先生（Mr.Kenson Kwok），新加坡亚洲文明博物馆馆长；宿白先生，北京大学教授；汪庆正先生，上海博物馆副馆长、研究员；郑良谟先生，韩国京畿大学校硕座教授、文化财务委员会委员长；葛师科先生，香港"敏求精舍"收藏家协会现任执委；林业强先生，香港中文大学文物馆馆长、教授；廖桂英女士，台北鸿禧美术馆副馆长；蔡和璧女士，台北故宫博物院研究员；廖宝秀女士，台北故宫博物院研究员；叶喆民先生，中央工艺美术学院教授；陈铁梅先生，北京大学考古系教授；关振铎先生，清华大学材料科学与工程

2013年7月1日，国际博物馆协会国际博物馆培训中心签署框架协议。

2019 年 11 月 29 日，第三届文明古国论坛部长级会议开幕。

系教授；李家治先生，上海硅酸盐研究所研究员、世界陶瓷科学院院士；罗宏杰先生，上海硅酸盐研究所所长、研究员；李虎侯先生，首都师范大学地理系教授。他们对故宫博物院的古陶瓷研究、保管、陈列提出了指导性意见，并在相关课题研究中发挥了学术顾问的重要作用。

故宫博物院还努力为国际文博事业做出新的、更多的贡献。2013 年 7 月，根据国际博协第二十二届上海大会通过的决议，国际博协、中国博物馆协会和故宫博物院三方合作建立“国际博物馆协会博物馆培训中心”。该中心设在故宫博物院，是国际博协唯一的博物馆专业培训机构。培训中心以促进发展中国家，特别是亚太地区国家博物馆业务水平为宗旨。截至 2019 年 11 月，共有四百三十四名国内外博物馆专业人员参与培训中心项目，并获得由国际博协颁发的结业证书。其中国际学员两百三十一名，覆盖亚、非、欧、拉丁美洲和大洋洲七十三个国家的一百七十五家机构。这些机构中，既有综合类博物馆，也有自然科学、艺术、遗址类博物馆，还有高校博物馆和文博科技公司等。

近几年来，故宫博物院在对外开放合作中有不少举措，其中影响最大的是举办“太和·世界古代文明保护论坛”，努力为世界古代文明保护与传承做贡献。从 2016 至 2019 年，“太和论坛”已连续成功主办了四届。论坛代表从 2016 年的埃及文明、美索不达米亚文明、印度文明、希腊罗马文明、中华文明、波斯文明和玛雅文明八个国家的专家学者、外交人员，后又把文明古国范围扩大到二十个左右，还邀请了国际文物保护与修复研究中心、国际博物馆协会、国际古迹遗址理事会这三个国际组织的专家与会。论坛旨在研究和探讨在当今国际环境下，世界文明古国文化遗产在保护方面存在的问题，促进文化遗产领域同人的交流与合作，推动世界古代文明在当今人类社会发展中发挥持久作用。每次都有新的主题，会议结出了丰硕的成果。

贰 从伦敦艺展到盛世华章展

对外展览是故宫对外交流中最为重要的部分，直接关乎着世界舞台上中国传统文化的弘扬问题。

故宫第一次参加国际展览是以图片形式进行的。1929 年，故宫博物院将文渊阁建筑之内外构造、文渊阁藏书及庋藏图书之设备拍成照片六种，并加以染色，作为展品，参加国际图书馆协会于 6 月在意大利罗马举办的国际图书展览会。

故宫第一次文物出国是 1935 年冬至次年春赴英国参加的“伦敦中国艺术国际博览会”。这是 20 世纪初举办的规模最大、影响最为深远的中国古代艺术品展览，此次展览共计十五个国家参加，提选展品总计三千余件；中国提选八百五十七件，其中故宫博物院选品共七百三十五件，其他文博机构及个人共两百八十七件。地点为伦敦皇家艺术学院百灵顿厅，展览以英国国王夫妇及中华民国国民政府主席林森为荣誉主席，英国首相拉姆齐·麦克唐纳及中华民国行政

1935 年，故宫文物运赴英国伦敦参加伦敦艺术展。图为文物抵英后开箱的情形。

院院长蒋介石为荣誉会长，这是中国历史文物、也是故宫博物院文物首次出国展览。参观者逾四十二万，为英国人民了解中国悠久的历史和璀璨的文化打开了大门，在英国甚至欧洲掀起了一股“中国热”。

故宫第二次外展是 1939 年。这一年，故宫博物院挑选一百件精品文物赴苏参加莫斯科“中国艺术展览会”展览。1940 年 1 月 2 日，展览在莫斯科国立东方文化博物馆开幕，并取得良好效果；后来展品又运往彼得格勒展出。苏德战争爆发后，这批文物于 1942 年运回中国。

故宫还有一次鲜为人知、未能成行的外展。1938 年 4 月，故宫奉行政院令提选展品参加美国“纽约世界博览会”，已积极准备了三个月，后因这年 10 月武汉沦陷，此决定遂予以取消。故宫博物院理事会文献存留下了这件尘封的旧事。

1940 年 1 月，故宫文物参加莫斯科“中国艺术展览会”展场。

中华人民共和国成立后，故宫外展在新的国际环境下逐渐发展。20 世纪 50 年代组织了赴苏联及各东欧国家的大型巡展，70 年代曾组织赴日本的“明清绘画展”和“陶瓷标本展”。70 年代初期，由于外交形势的变化，故宫的对外交流工作进入了一个新的阶段。1974 年，中日邦交正常化两年之后在日本举办的“故宫博物院密藏：中华人民共和国明清工艺美术展”展览，标志着故宫赴外展览的复苏。

随着改革开放的步伐，故宫对外展览也出现新局面。不仅数量大幅增加，展览主题也由传统的器物和书画扩展到生活用品、家具内饰、武备仪仗等古代宫廷文化及生活多个方面。1984 年两次赴美的“紫禁城文物展览”和“紫禁城中和韶乐乐器展”，1985 年赴德国的“故宫珍宝展”，1986 年赴美国的“故宫

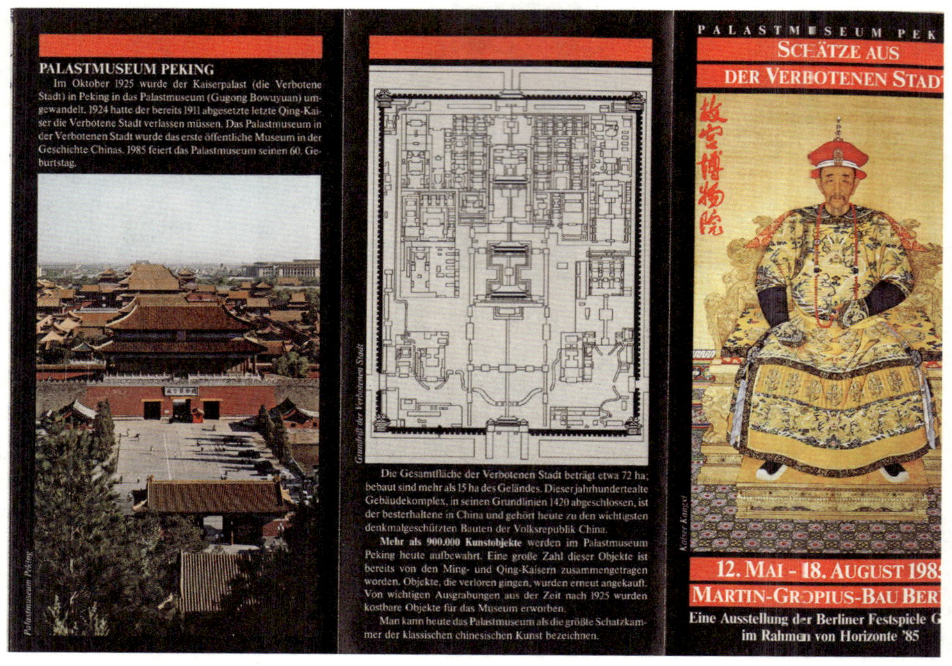

“紫禁城故宫博物院珍宝展”德文简介

钟表工艺展”，1987 年赴香港的“清代广东贡品展览”，均收到良好效果。从 1988 年开始，外展数量进一步增多，展览主题也开始多样化。经对故宫 1990 年到 2000 年的十年间各种外展统计，计在日本二十一次、美国十次、西班牙两次、法国两次、葡萄牙一次、韩国一次、墨西哥一次、荷兰一次、瑞士一次、意大利一次、德国一次以及香港七次、澳门三次、台北五次，合计五十七次。又据统计，从 1980 年首赴新加坡举办“故宫珍宝展”以来，截至 2014 年底，故宫赴港、澳、台三地及北美、欧洲、大洋洲、亚洲等十几个国家的境外展览，总数已达两百五十多次。

进入新世纪，特别是从 2004 年以来，故宫对外展览有了新的发展，重要展览项目增多，展览水平进一步提升；其中配合国家大局和重要外交活动而赴外国举办的一些展览，更是广受关注，影响深远。

“中法文化年”的重点项目是2004年1月24日至5月31日由故宫博物院在法国凡尔赛宫博物馆举办的“康熙时期艺术展”，该展正值胡锦涛主席访法和北京文化周隆重推出期间。“康熙时期艺术展”作为在法举办的“中国文化年”三大主题之一的“古老的中国”中的重头戏，迎来了“中国文化年”的第二个高潮。

作为在法国举办的中国文化年的压轴戏“神圣的山峰展”，于2004年3月30日至6月28日在法国巴黎大宫殿博物馆举办，这是由故宫博物院与上海博物馆、辽宁省博物馆、南京博物院、河南博物院等八家文博单位的绘画和器物精品组成的大型展览。法国总统希拉克参观展览并参加了开幕式。

与远在法国的中国文化年遥相辉映，2004年10月10日晚，作为在中国举办的法国文化年开幕式的雅尔激光音乐会在故宫午门举行。为准备这场音乐会，确保场地安全，故宫博物院连续十余天关闭午门，并暂停了午门的修缮工程，这是故宫博物院建院近八十年来首次为重大活动关闭午门。

配合国家主席胡锦涛访英，2005年赴英国皇家艺术学院举办“盛世华章展”，胡锦涛主席与英女王伊丽莎白二世出席，盛况空前。

2006年10月赴丹麦克里斯钦堡宫殿举办的“中国之梦展”，丹麦女王玛格利特二世与丈夫亨里克亲王等出席了开幕式。

2007年赴俄罗斯的“故宫博物院皇家珍藏展”，是我国在俄罗斯举办“中国年”活动的重点文化项目，国家主席胡锦涛为该展览图录题写了贺词。

2011年赴美国夏威夷檀香山博物馆的“紫禁城山水画精品展”，由檀香山博物馆与2011亚太经合组织领导人峰会共同举办，来自亚太经合组织二十一个成员国的政府高层领导人，包括来自中美两国的高层代表团，均参观了该展。

2011年在法国卢浮宫举办的“重扉轻启——明清宫廷生活文物展”，是卢浮宫与故宫博物院对等交换的展览，也是故宫首次在卢浮宫这一西方最重要的古典文明的核心地带高水准、大规模地展示中华文化遗产，打破了中国乃至东方文物从不在卢浮宫博物馆展出的惯例，具有重要而深远的意义。胡锦涛主席和萨科奇总统是这个展览的监护人。同时，北京故宫文物保护基金会也赴法组织了“中法企业家在文化交流中的作用”的主题座谈会。

值得重视的是2005年故宫在英国伦敦皇家艺术学院伯灵顿宫的展览。这是相隔七十年后，故宫又在同一地点举办的展览。四百余件精品文物，反映了清代康熙、雍正和乾隆三朝历时一百三十余年间政治、宗教、军事、文化、艺术等各个领域的强盛与辉煌，在英国媒体上再次掀起讨论中国文化的热潮，并再现了七十年前的盛况。但两次的时代背景不同，效果也有不小差别。1935年故宫文物避寇南迁，赴英展览文物就是从南迁文物中挑选出来的。中国的艺术珍品虽然在英国乃至欧洲引起巨大反响，但中华民族却到了最危难的时刻。当时的中国还是一头“睡狮”，是被外国人所看不起的。故宫博物院派往英国办展览的一位先生就对此很有感触，他说：“夫艺展之在英伦，固曾轰动一时，若谓由是可以增

2011年，故宫文物在法国卢浮宫内的展览宣传海报。

2005 年，皇家艺术学院主体建筑上悬挂的“盛世华章展”宣传画。

睦邦交，提高国际地位，虽非缘木求鱼，亦等镜花水月。”（庄严《山堂清话·伦敦中国美术国际展》）

2005 年 11 月的故宫文物展，胡锦涛主席夫妇和伊丽莎白女王夫妇共同出席开幕式并为之剪彩，随后一起观展。参观过程中，胡主席极为愉悦地以主人身份为女王介绍展品以及中国的文化与历史。胡主席参加文物展开幕式的消息成为中外媒体最为广泛报道的新闻之一。中国国家主席对本国文化的热爱与熟悉也为英国人民所了解，并赢得了他们的尊敬。这充分说明，国家的盛衰与文物的尊严有着直接关系。

2012 年 1 月，为纪念中日邦交正常化四十周年，“国宝观澜——故宫博物

2005 年 11 月 9 日，在英国伦敦皇家艺术学院举办“盛世华章 · 中国：1662—1795”展览的开幕式，胡锦涛主席与英国伊丽莎白二世女王出席开幕式并参观展览。

院文物精品展”在东京国立博物馆开展，两百五十四件稀世珍宝为展览带来了瞩目的亮点。其中，经国务院特批，《清明上河图》首次走出国门，亮相海外，引发轰动。日本天皇夫妇、前首相鸠山由纪夫、福田康夫、森喜朗等众多政要及学者、文化界知名人士专程前往参观。我国党和国家领导人对展览给予了高度评价并做出重要批示。

此外，还有 2010 与 2013 年在英国维多利亚与阿尔伯特博物馆举办的“紫禁城皇家服饰展”与“中国古代绘画名品展”，2014 年在加拿大皇家安大略博

在日本参观“国宝观澜——故宫博物院文物精华展”的人群。

物馆及温哥华美术馆等举办的“紫垣撷珍——明清宫廷生活文物展”等。

1958 年 5 月，“罗马尼亚民间艺术展览”在故宫昭仁殿开幕，展品九十一件，这是国外艺术品首次在故宫办的展览。进入 21 世纪，故宫不只把更多的故宫文物展览送到国外，而且也有计划地把国外重要博物馆的展览引进故宫，让国人可以在故宫看到不同民族的文化瑰宝，看到世界文化的多元性。这既是故宫博物院胸怀眼界的不断开拓，也是跻身于世界大博物馆之列的体现。

2004 年 5 月，巴西“亚马孙原生传统展”在故宫神武门城楼举办，巴西总统卢拉与中国国务委员陈至立出席开幕式。

随着 2005 年午门现代化展厅的建成，开启了故宫博物院举办国际大展的历程。其中有些是配合国家的外交，引起很大轰动：

配合中法文化年，于 2005 年 4 月举办“太阳王路易十四——法国凡尔赛宫珍品特展”，国务院总理温家宝与来访的法国总理拉法兰共同出席了开幕式，为展览剪彩并参观展览。

2005 年 4 月 21 日，在午门举办的“太阳王路易十四——法国凡尔赛宫珍品特展”开幕。

为纪念中瑞建交五十五周年，2005 年 9 月举办了“瑞典藏中国陶瓷珍品展”，瑞典王国王储维多利亚公主出席开幕式并剪彩。

2006 年引进的“克里姆林宫珍宝展”，俄罗斯联邦总统普京为展览题写祝词。

还有 2007 年的“英国与世界——1714—1830 展”“中国・比利时传统绘画展”“西班牙骑士文化与艺术——马德里皇家武器博物馆珍品展”，2008 年的“卢浮宫・拿破仑一世展”，2009 年的德国“白鹰之光——萨克森－波兰宫廷文物精品展（1670—1763）”、法国“卡地亚珍宝艺术展”等。这些展览分别从法国、瑞典、英国、俄罗斯、比利时、西班牙等不同国家引进，合作单位大多是世界著名的博物馆，像英国的大英博物馆、法国的卢浮宫博物馆、俄罗斯的克里姆林宫博物馆、西班牙的马德里皇家武器博物馆等。这些展览中，多数是以两馆交换的形式进行，即双方根据对等原则，各自挑选展品赴对方馆内展出。

阿富汗相关文物展的海报

公元 400-700 年印度与中国雕塑艺术展

后来还有 2016 年的“梵天东土 并蒂莲华：公元 400—700 年印度与中国雕塑艺术展”、2017 年的“茜茜公主与匈牙利——17—19 世纪匈牙利贵族生活展”、2018 年的“贵胄绵绵——摩纳哥格里马尔迪王朝展（13—21 世纪）”等，也都展现了不同文化的精髓，得到了观众好评。

2017 年在故宫展出的“浴火重光——来自阿富汗国家博物馆的宝藏”也很有意义。代表着 20 世纪阿富汗考古发掘成果的两百三十一件（套）顶级文物，在讲述阿富汗历史的过程中，让观众更深入了解了那条古老的文化之路，更直观地理解了“丝绸之路”的历史意义与“一带一路”的现实意义。这次阿富汗文物展览既是丝绸之路精神的传承，也为增进中阿两国传统友谊增添了浓重的一笔。

从以上展览可以看到，故宫多年来也着意于与世界皇宫类博物馆的交流。

故宫博物院已形成了以宫廷文化生活为主题展览的响亮品牌并颇受欢迎，此外还在展览主题方面积极创新，做了一些有益的探索。如 2007 年故宫与比利时布鲁塞尔美术宫合作举办的“中比绘画五百年展”，首次以中、外双策展人的形式策划展览，将中国与西方绘画对比展出。2010 至 2011 年，故宫赴美国数个博物馆巡展的“乾隆花园古典家具与内装修设计展”，首次大规模和全面地赴外展出原状文物和室内装修，所选文物种类虽多，但在级别上不算很高，甚至还有建筑构件及花园中的山石等。这些打破常规的文物的组合，因很好地反映了乾隆花园的精美景致和乾隆帝的思想、情趣以及追求，收到了很好的效果。这使故宫受到很大启发，即文物展不能只强调文物的等级，而要确立富有创意的展览主题，重视文物的组合及文物背后的故事，重视故宫文化的整体性。

叁 从洛克菲勒基金会的第一笔捐款到故宫文物保护基金会

紫禁城是世界上规模最大的木结构皇宫古建筑群，它是世界人民喜爱的文化瑰宝，它的修缮保护也引起海外的关注与支持。

清室善后委员会接收清宫之初，宫内建筑除养心殿、储秀宫、长春宫、永和宫、重华宫等处尚未破旧外，其余殿、宫多年久失修，荒芜残破。故宫博物院成立之初，由于经费紧张，加之政治环境复杂，仅对西朝房、右翼门等处进行了修缮。1928 年南京国民政府接管故宫，博物院进入一个新的发展时期，古建修缮提上重要议事日程。1929 年 3 月，乐寿堂修缮开始。

1929 年 5 月，故宫得到第一笔捐助资金。五千元美金来自美国洛克菲勒基金会，牵线人是故宫博物院专门委员会外籍委员钢和泰，用途是修缮慈宁宫花园的几座佛堂。因为钢氏认为，世界各国博物院所藏的佛像，唯慈宁宫花园各佛殿所藏最为精美，但可惜供奉如此精美而具有重要价值佛像的几座喇嘛庙却因年久失修而破败不堪。从故宫档案看，他于 1928 年赴美访学时“向美国代为募款修缮”也是受故宫之托。

故宫博物院对这笔专款使用很重视。1929 年 6 月 4 日，钢和泰偕同洛克菲勒基金会驻华代表暨协和医院代院长顾临（或译葛霖）及工程师安纳等勘察慈宁

慈宁宫花园吉云楼修缮前后对比照片

宫花园工程并决定先行修理咸若馆、宝相楼、吉云楼、临溪亭、慈荫楼五处屋顶工程，并更换朽烂柁柱；6月6日，故宫博物院拟成立慈宁宫花园工程委员会，并聘任钢和泰、安纳、汪申、马衡与俞同奎为委员；6月7日，工程委员会召开第一次会议，开标择选承修厂商，并讨论洛氏基金会捐款的支付方式以及安排钢和泰拍摄纪录修缮工程事宜。7月15日，工程委员会召开第二次会议，勘验第一期屋顶工程，并讨论第二期工程进行办法。配合工程进度，顾临和安纳将洛克菲勒基金会的捐款分期拨付故宫博物院。1930年上半年，慈宁宫花园修缮工程结束。

1930年3月7日，故宫博物院袁同礼与马衡二人代表故宫博物院致函钢和

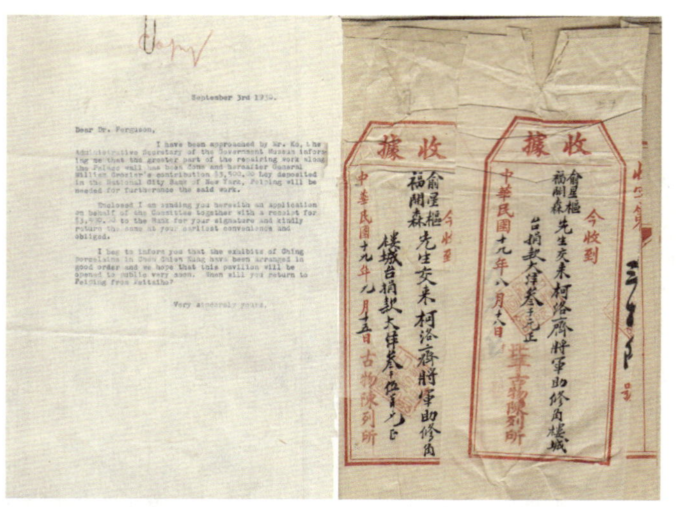

Copy

September 3rd 1930.

Dear Dr. Ferguson,

I have been approached by Mr. Ko, the Administrative Secretary of the Government Museum informing me that the greater part of the repairing work along the Palace wall has been done and hereafter General William Crozier's contribution $3,500.00 Loy deposited in the National City Bank of New York, Peiping will be needed for furtherance the said work.

Enclosed I am sending you herewith an application on behalf of the Committee together with a receipt for $3,500.00 to the Bank for your signature and kindly return the same at your earliest convenience and obliged.

I beg to inform you that the exhibits of Ching porcelains in Chen Chien Kung have been arranged in good order and we hope that this pavilion will be opened to public very soon. When will you return to Peiping from Peitaiho?

Very sincerely yours,

收據

今收到

俞星樞 福開森 先生交來柯洛爾將軍助修內樓城台捐款大洋叁千伍百元正

中華民國十九年九月五日

古物陳列所

收據

今收到

俞星樞 福開森 先生交來柯洛爾將軍助修內樓城台捐款大洋叁千元正

中華民國十九年八月十八日

古物陳列所

1930 年，故宫接受柯洛齐将军夫妇捐献的函件及收据。

故宫接受英国大维德爵士的捐款，用以修缮景阳宫后院御书房及制作宋、元、明瓷器陈列柜。图为景阳宫瓷器陈列室。

清宫样式雷图档：紫禁城建福宫立样（故宫博物院藏）

泰，对洛克菲勒基金会捐款修缮慈宁宫花园的善举做出了高度的评价，并说："这是故宫博物院最早收到的一份大礼，其他朋友也因此大受感动，纷纷解囊对我们的工作给予帮助。蒋介石总统给了一大笔钱用于维修大门、塔阁等，这笔钱也大大改善了通往博物院的主干道。大维德爵士和摩登先生也为博物院瓷器和铜器藏品的保护和展览慷慨解囊。""他的大礼不但使我们维修了喇嘛庙，而且对类似的捐助产生推动作用。"

钢和泰引介洛克菲勒基金会捐助故宫古建修缮，开创了故宫博物院利用国内外资金进行维修的新路子，也加强了故宫博物院与外界的联络和影响。诚如信中所言，洛克菲勒基金会的捐款感召了一批中外人士，他们纷纷解囊，资助故宫博物院各项文物保护工程和文化出版事业的开展。1929 年 6 月 27 日，国民政府主席蒋介石参观故宫，批交北平行营拨款六万元，以作故宫紧急修缮之用。

1929 年 7 月，英国大维德爵士捐款六千二百六十四元，用以修缮景阳宫瓷器陈列室；1930 年 2 月，美国盐业大王摩登先生捐款三千六百二十五元，用以

建福宫复建工程传统工艺（引自［英］潘鬘：《建福宫：在紫禁城重建一座花园》，上海人民出版社，2013 年）

修缮景仁宫铜器陈列室；1931 年 3 月，美国艾乐登先生捐款美金一千五百元，用以修缮斋宫作玉器陈列室；4 月，英国公使蓝普森先生也捐款四千八百八十六元，用以修缮咸福宫作为乾隆珍赏物品陈列室。

可以说，慈宁宫修缮工程为引进国内外机构与个人参与故宫古建修缮起了带动作用，也反映了早期故宫博物院锐意进取的精神状态和不断扩大的开放意识。

随着改革开放新时代的到来，故宫文物保护的力度在不断加强。这同样有海外力量的积极参与，其中与香港中国文物保护基金会合作的建福宫花园的复建就很有代表性。

与此同时，故宫博物院在故宫保护上还与一些国家合作。如 2004 年 5 月，

故宫与美国世界建筑文物保护基金会合作的倦勤斋内装修复原工程

2011 年，故宫——WMF 家具与内檐装修保护培训中心揭牌。

故宫与美国世界建筑文物保护基金会（WMF）合作，进行倦勤斋保护工程。2006 年 2 月，又合作开展乾隆花园修复项目。2008 年 11 月，倦勤斋修复工程竣工。2010 年 10 月，由美国世界建筑文物保护基金会（WMF）捐资的“故宫——WMF 家具与内檐装修保护培训中心”在故宫正式成立。

倦勤斋的研究保护项目是故宫博物院成立以来对内檐装修进行的首次大规模保护工程。鉴于清代，特别是乾隆年间装修具有空前绝后的复杂性，而倦勤斋内装修又代表当时的最高水准，所以这一项目既有开创性又有挑战性。参与该项目的中美双方专业技术人员团结合作，从前期历史、艺术、工艺、技术调研，病害记录分析，空气环境分析，采光分析，原状陈列复原研究，传统工艺材料的恢复研究等，直至全面实施保护，攻克一个又一个难题，做到研究与保护的密切结合，为以后故宫内檐装修保护进行了有益的探索和尝试，并且积累了理论与实践方面的宝贵经验。先后出版的修复及调研报告有《乾隆遗珍》（2006 年）、《倦勤斋研究与保护》（2010 年）、《倦勤斋》（2012 年）、《木艺奢华》（2013 年）、《符望阁（上）》（2014 年）。正在编辑整理的有《符望阁（下）》《竹香馆和玉粹轩的前期调查研究》《宁寿宫花园建筑彩画研究》等。

故宫博物院还与意大利合作，进行了保护修复太和殿的前期勘查及修复研究。这是故宫和意大利文化遗产部于 2003 年达成的协议，是按照故宫整体维修计划所开展的一项修复研究活动。罗马修复中心的专家们在一年的时间里，采用三维激光扫描技术对太和殿进行测绘，对保存现状开展多学科调研，针对不同材质不同部位的病害实施科学测定，编制了五百页的保护修复方案。经过论证，于 2005 年 5 至 6 月，组织中意双方的三个专业修复小组，选择性实施太和殿石质台基、墙体表面、木质彩绘的科学修复，其效果十分明显；其验证方法、材料和工艺的可靠性，为后来开展大面积保护修复工程的实施提供了详尽的科学依据。

与上述项目有关的是，2005 年 3 至 4 月间还举办了“中意合作故宫文物保

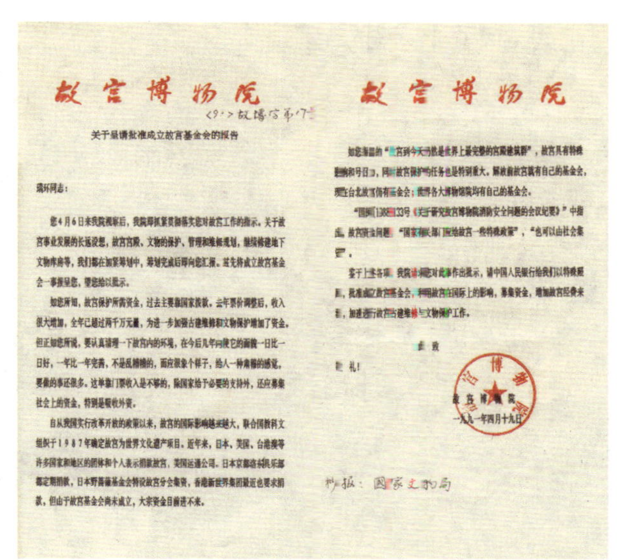

故宫博物院

〈91〉故博字第17号

关于呈请批准成立故宫基金会的报告

瑞环同志：

您4月6日来我院视察后，我院即抓紧贯彻落实您对故宫工作的指示。关于故宫事业发展的长远设想，故宫宫殿、文物的保护、管理和维修规划，继续修建地下文物库房等，我们都在加紧筹划中，筹划完成后即向您汇报。兹先将成立故宫基金会一事报呈您，望您给以批示。

如您所知，故宫保护所需资金，过去主要靠国家拨款。去年票价调整后，收入很大增加，全年已超过两千万元，为进一步加强古建维修和文物保护增加了资金。但正如您所说，要认真清理一下故宫内的环境，在今后几年内使它的面貌一日比一日好，一年比一年完善，不是乱糟糟的，而应很象个样子，给人一种肃穆的感觉，要做的事还很多。这单靠门票收入是不够的，除国家给予必要的支持外，还应募集社会上的资金，特别是吸收外资。

自从我国实行改革开放的政策以来，故宫的国际影响越来越大，联合国教科文组织于1987年确定故宫为世界文化遗产项目。近年来，日本、美国、台港澳等许多国家和地区的团体和个人表示捐款故宫，美国运通公司、日本京都培训俱乐部都定期捐款，日本野蔷薇基金会特设故宫分会集资，香港新世界集团最近也要求捐款，但由于故宫基金会尚未成立，大宗资金目前进不来。

故宫博物院

如您指出的"故宫到今天仍然是世界上最完整的宫殿建筑群"，故宫具有特殊影响和号召力，因而故宫保护的任务也是特别重大。解放前故宫就有自己的基金会，现在台北故宫仍有基金会；世界各大博物馆院均有自己的基金会。

"国阅[1988]33号《关于研究故宫博物院消防安全问题的会议纪要》"中指出，故宫资金问题，"国家有关部门应给故宫一些特殊政策"，"也可以由社会集资"。

鉴于上述各项，我院请您对此事作出批示，请中国人民银行给我们以特殊照顾，批准成立故宫基金会，利用故宫在国际上的影响，筹集资金，增加故宫经费来源，加速进行故宫古建维修与文物保护工作。

此致

敬礼！

故宫博物院

一九九一年四月十九日

抄报：国家文物局

关于呈请批准成立故宫基金会的报告（引自《故宫博物院九十年》，故宫出版社，2018年）

2010年10月10日，北京故宫文物保护基金会在故宫建福宫花园内举行成立仪式。

2005 年，故宫与意大利政府合作进行的太和殿项目。

护修复技术人员培训班”，为故宫十五名专业技术人员开设石质和木质彩绘修复专题培训，共授课一百五十六节课时。专业学科涉及修复理论、建筑结构、物理、化学、岩石矿物、生物等方向，讲授保护材料、技术方法等内容，交流中外修复理念，研讨传统修复和现代修复结合问题，为中意合作故宫修复项目提供了必要的技术支持。

这些合作项目，为故宫古建筑维修带来资金、技术支持，也是保护理念与经验的交流。

故宫保护与博物院发展是相互联系的事业。故宫不只是古建保护，还有多方面的任务。争取社会的积极参与和大力支持，是故宫事业发展的需要。故宫博物院多年来为建立故宫保护基金会而不断地努力。1991 年 4 月 6 日，中共中央政治局常委、书记处书记李瑞环同志视察故宫博物院，参观“中国文物精华展”。4 月 19 日，故宫博物院向李瑞环同志呈送《关于呈请批准成立故宫基金会的报告》，请他并青中国人民银行批准成立故宫基金会，筹集基金以加速进行故宫古建维修与文物保护工作。

过了整整二十年，2010 年 10 月 10 日，北京故宫文物保护基金会终于正式成立。这是国内首家国家级博物馆基金会。故宫文物保护基金会属于非公募基金会，它的成立标志着国内博物馆开始在吸纳社会力量和制度管理创新上做出了积极探索。

基金会自 2010 年成立至 2021 年 6 月底，实际收到捐赠总收入六亿七千二百万元，总支出两亿七千万元。资金来源于理事单位及社会爱心人士捐赠，支出主要用于支持故宫的文化事业发展。

为了进一步提升故宫基金会管理水平和管理效率，2017 年 6 月 18 日故宫基金会上线了“北京故宫文物保护基金会内部控制平台”。至此，故宫基金会的全部业务均在互联网上完成。根据工作需要，该系统建立了公文审批、合同管理、财务审批、人事审批、项目管理、项目立项、预算申报、支出申请、费用报销、考勤管理、理事空间等多个管理模块。同时还开发了手机 App 客户端，通过手机客户端随时处理、跟进业务进展情况，至今已安全运营四年。

成立十年来，基金会始终致力于资助故宫博物院建设、藏品保护开发及其他社会文化公益活动；奖励文物、博物馆学等相关领域的教学和研究。基金会以维护和扩大故宫博物院藏品和建筑，为故宫博物院学术研究和公众服务提供支持，扩大故宫博物院国际、国内影响力为宗旨；以公益力量保护民族文化遗产，实现了基金会自身的良好发展。

海外，特别是香港的一些企业家，为故宫发展慷慨解囊，向基金会捐献了不少资金。如香港中国文物保护基金会理事长陈启宗先生为养心殿研究性保护项目捐助一亿元人民币；香港世茂集团董事局主席许荣茂先生也为养心殿研究性保护项目捐助八千万元人民币，还捐赠了一件古代《丝路山水地图》；香港信和集团董事局主席黄志祥先生则为延禧宫研究性保护项目捐助一亿元人民币。

中华文化的弘扬

故宫博物院重视与港、澳、台文博机构，特别是台北故宫博物院的交流，努力弘扬中华优秀传统文化。

故宫博物院与香港历来都有学者互访与学术交流的传统，改革开放后，故宫在香港举办了十余次文物展，得到了良好的社会反响。

回归祖国第十个年头的 2007 年，香港举办了“国之重宝——故宫珍藏晋唐宋元书画展”。三十余件作品，有“三希堂”法书中王珣《伯远帖》，有故宫 21 世纪初重金收购的隋人书《出师颂》，有皇皇巨

在香港艺术馆举办的“国之重宝——故宫博物院晋唐宋元书画展”开幕式

澳门艺术博物馆在展览设计上采用了皇宫中最基本的三个色调：红、黄、蓝，使观众在进入展室时马上能感觉到这是故宫的展览。

制冯摹《兰亭序》，有北宋书法四大家苏、黄、米、蔡的大作。宫廷画家如唐代阎立本，五代周文矩，南宋刘松年、梁恺等代表了不同时期宫廷绘画的最高艺术成就和艺术新创，特别是北宋张择端的《清明上河图》卷更是以荟萃多个画科的形式反映现实生活的艺术经典。这是故宫所藏早期书画最集中的一次出宫，同时也是在大陆以外地区举办的最高级别的文物展览。这也是送给特区的一份文化大礼，希望以这种特殊的方式来庆祝这个富有纪念意义的日子！

令人鼓舞的是，香港特别行政区与故宫博物院拟合作在西九文化区兴建香港故宫文化博物馆。它的总建筑面积达到三万平方米，将分别从文物展览、数字多媒体展示、故宫学术讲座、故宫知识讲堂和故宫文化创意产品营销五个方面展现故宫博物院及其代表的中国传统文化。2017 年 6 月 29 日下午，习近平总书记在香港西九文化区出席《兴建香港故宫文化博物馆合作协议》的签署仪式。

1999 年 12 月澳门回归祖国，故宫与澳门艺术博物馆合作，举办了“盛世风华”故宫文物展，联系着传统与今天的康、雍、乾三朝书画器物精品，使庆典活

2009年2月14日，台北故宫博物院周功鑫院长一行来访北京故宫博物院。郑欣淼院长在午门外与周功鑫院长握手。

动锦上添花。此后，故宫国宝每年亮相濠江，至2021年已举办了二十三次展览，“妙谛心传”“日升月恒”“邃古来今”“永乐文渊”“天下家国”“钧乐天听”“九九归一”“玉貌清妍”“斗色争妍”“君子比德”“清心妙契”“朱艳增华”“太乙嵯峨”“平安春信”“大阅风仪”“海上生辉”“星槎万里”“一代昭度”“御瓷菁华”等，从这一连串深蕴传统文化内涵的展览名称中，就可想见展览的多姿多彩。这些展览不仅在澳门引起反响，而且在香港及东南亚地区产生了重大影响。可贵的是，两个博物馆从发挥自身文化桥梁和文化媒介作用的高度认识合作办展的意义，看到这是自己应该承担的文化使命，因此做得特别认真，展览的学术水平、展陈水平和组织水平也逐年提高，双方博物馆都受益匪浅。

"为君难"寿山石螃钮雕螭长方印（雍正元年）

2009年10月6日，两岸故宫院长在"雍正——清世宗文物大展"开幕记者会上互赠两院出版物。

两岸故宫博物院的交流合作更是为世人所关注的一件大事。

故宫只有一个，故宫博物院却有两个。海峡两岸两个故宫博物院在国际上都享有盛名，但他们之间却形同陌路，长期没有正式的来往。1992年，两岸达成"九二共识"，两岸同胞交往由此日益热络，两岸文物交流合作也由此起步。1993年，两岸故宫首次合作编撰出版的大型图册《国宝荟萃》在北京举行大陆首发式。2001年9月10日至25日，应北京故宫博物院邀请，台北故宫博物院前任院长秦孝仪及夫人回大陆参访北京、西安、南京和浙江溪口、杭州等地。

2010 年 6 月，两岸故宫开展重走文物南迁路活动。

2009 年初春，暌违一个甲子的两个故宫博物院终于打破坚冰，正式迈开交流合作的步伐。开端始于台北故宫举办清雍正时期文物大展向北京故宫借展。两岸故宫院长实现首次互访，开启了两岸故宫博物院高层六十年来首次正式交流的大门，被誉为“破冰”之举，并达成包括“落实双方合作机制”“使用文物影像互惠机制”“建立展览交流机制”“建立两院人员互访机制”“出版品互赠机制”“信息与教育推广交流机制”“学术研讨会交流机制”“文化创意产品交流机制”等在内的八项合作交流协议。协议的特点多是从个案入手，形成在某个方面合作交流的意向，并建立有利于实行的机制。这样，由“雍正大展”发展为建立展览交流机制，由《龙藏经》出版发展为建立使用文物影像互惠机制，由“雍正大展”学术研讨会发展为建立学术研讨会交流机制等。

两岸故宫博物院合办的“雍正——清世宗文物大展”于 2009 年 10 月开幕。其中大量雍正朝的文物精品具有不可分割的联系和互补性。台北故宫拟定的展

2013 年 1 月 22 日，两岸故宫院长单霁翔、冯明珠在北京故宫举行记者会。

2013 年 4 月，单霁翔院长率团赴台北故宫调研文献库房。

览和研讨会主题是“为君难”，这件开题文物——“为君难”印章就是北京故宫的藏品。而此次北京故宫借出的《十二美人图》画面上陈设的一件汝窑椭圆花盆，则是台北故宫的藏品。两岸的珍贵文物在这次“雍正大展”上重新聚首，珠联璧合，交相辉映，从而使展品具有非同寻常的完整性、代表性，这也使该展览成为名副其实的大展。

2010年6月，为纪念故宫博物院建院八十五周年、紫禁城肇建五百九十周年，世界反法西斯战争胜利六十五周年，由北京故宫博物院倡议，北京故宫的十六位人员和台北故宫十位人员参加，进行了长达半个月的“温故知新：两岸故宫重走文物南迁路”考察活动。他们先后考察了四省八市，探寻了三十七个重要的故宫文物存放地点，寻找了当年部分运输路线，串联起一条忆旧思今的携手重走之路。早期故宫博物院院史是两岸故宫的根，是共同走过的路，也是共同的财富，对故宫博物院今后的发展有着重要意义。两岸故宫都感到需要认真研究早期院史，还互相交换有关档案资料，并且做出研究的规划。

两岸故宫博物院从2009年初开始交流以来，稳步进行并不断发展。我同单霁翔院长与周功鑫、冯明珠院长都先后做着积极的推动工作。我们又合作举办了“为君难——雍正其人、其事及其时代”“永宣时代及其影响”“康熙大帝与太阳王路易十四：十七、十八世纪中西文化交流”和“乾隆皇帝的艺术品味”四届两岸故宫学术研讨会，并且努力拓宽合作交流的内容与形式，以及多方面人员的交流等，已经形成了一些制度。这不仅有力地促进了两岸故宫博物院的工作，而且在两岸民众中获得了广泛好评。

两个故宫博物院的交流与合作，既是两个博物院事业发展的需要，也是两岸同胞的福祉。国宝长久分隔，故宫的完整性受到影响，又由于长期以来两岸的对立，人们难以全面了解故宫的珍藏。两个故宫的交流与合作，不仅是清代皇家私藏的圆满团聚，而且是海峡两岸民众以故宫为起点去捍卫共同的文化、共同的历史。因此，两岸故宫的交流是中华民族的幸事。

副處長　汪　中

科　長　莊尚嚴　李　允　余　盖　彭　湖　周石楠

齊念衡　熊集生　蔣謙孫　吳書田　趙之騟

繆崑山　何澄一

一等科員　楊心德　許文貞　易顯謨　黃鳴霄　譚　元

李益華

二等科員　蕭登青　董寅復　易家驤　劉儒林　梁炳[illegible]

王梅莊　宋際隆　孫荷容

三等科員　蕭襄沛　童韻笙　周元圭　單士魁

一等辦事員　魏業鼎　蔡理庭　吳玉璋　那志良　張德澤

畢　會　趙　誼　單士元　周　鑫　梁　財

梅　熙　朱家濟

附錄三

本院職員一覽

院長 易培基

古物館館長 易培基（兼）

副館長 馬衡

圖書館館長 莊蘊寬

副館長 袁同禮

文獻館館長 張繼

副館長 沈兼士

秘書長 李宗侗

秘書 吳瀛

李寶圭

故宫人

从一定意义上而言，故宫博物院的历史就是人的历史。有了人，才有事，才有故宫博物院的成立、建设与发展。在近百年来的故宫院史上，有着无数闪光的名字。他们有博物院的肇建者、探索者，有博物馆的多种专业人士，有专家学者，有很多在平凡而重要工作岗位上的广大职工；当然，还有支持并参与故宫发展的社会贤达、文化名人以及各界人士。他们共同书写了或继续书写着故宫历史的重要篇章，并为人们所怀念与研究。

院长侧影

故宫博物院成立以来，已经历八任院长。院长们在故宫发展的不同阶段承担着不同的历史任务，都能尽力而为，使故宫保护与博物院事业有所发展。特别是故宫博物院的创始人和早期领导人筚路蓝缕，做出了卓越的贡献。

李煜瀛（1881—1973），字石曾，河北高阳人。1902 年，以随员名义随清廷驻法使臣孙宝琦赴法国，入蒙达顿莪农校。毕业后，入巴斯德学院及巴黎大学从事研究。1906 年 8 月，由张人杰介绍参加中国同盟会。1917 年归国，任北京大学生物学及社会学教授。1919 年，组织留法勤工俭学会。1924 年当选为中国国民党第一届中央监察委员，其后连任至第六届。1925 年，任中央政治委员会委员。

1924 年 10 月，直系将领冯玉祥在第二次直奉战争中发动北京政变，决议《修正清室优待条件》。11 月 5 日，北京大学教授李煜瀛作为国民代表同京畿警卫司令鹿钟麟、警察总监张璧等一起进入紫禁城，执行《修正清室优待条件》，要求溥仪废除皇帝尊号，即日移出紫禁城，并交出印玺。李煜瀛又作为清室善后委员会委员长，领导文物点查，筹备成立博物院。按照《故宫博物院临时组织大纲》《故宫博物院临时董事会章程》《故宫博物院临时理事会章程》，故宫博物院设立临时董事会、临时理事会，李煜瀛是两个理事会的理事，又是临时理事长，成为

李煜瀛理事长

李煜瀛手书“故宫博物院”木质匾额（1925 年摄）

新生的故宫博物院的最高领导人。当时不设院长，李先生因此没有院长的称呼。叫法虽不同，但却是实实在在的院长，这个职务甚至比后来院长的权力还大：因为 1934 年以后的故宫院长并不是理事会理事，理事会开会，院长只是列席，没有表决权。

1926 年“三一八”惨案的次日，段祺瑞执政府以涉共产党为由下令通缉徐谦、李煜瀛、易培基等人。李、易二人遂避居东交民巷，后逃出北京。李、易二人出走后，新成立的故宫博物院顿陷风雨飘摇之境地。

1928 年南京政府二次北伐胜利后，重新组建故宫博物院理事会，从 1928 年第一届直到 1948 年第八届的二十年间，李煜瀛都是理事。也就是说，从清室善后委员会、北京政府时期到南京政府时期的故宫，他一直担任理事，1933 年之前还是理事长。

李煜瀛在筹建故宫博物院时，对学术性质有着明确的认识。1924 年 11 月 5 日把溥仪赶出故宫后，李煜瀛等人即与冯玉祥、黄郛商组“办理清室善后委员会”事宜。“二君欲由我委员长，由政府明令发表。吾允担任，但须多容纳几分社会乃公开性质，不作为官办。遂决定委员长与委员不用任命而用聘请，并多延揽学者专家，为学术公开张本，同时并言及博物院事。”后李又提出，故宫“学术之发展，当与北平各文化机关协力进行”。（李煜瀛：《故宫博物院记略》，《故宫周刊》1929 年第 2 期）故宫博物院从一开始，就被定位为一个学术机构，这反映了李煜瀛先生的远见卓识。

第三期

故宫週刊

易培基题

刊有易培基照片的《故宫周刊》

易培基（1880—1937），湖南长沙人，号寅村、鹿山，毕业于湖北武昌方言学堂。1913 年起在湖南高等师范学堂、长沙师范学校任教，兼任湖南省教育行政委员会委员，湖南省图书馆馆长。1922 年到广州，为孙中山大元帅府顾问。1924 年，出任黄郛摄政内阁的教育总长，北京女子师范大学、上海劳动大学校长等职。1928 年任国民政府农矿部长，清室善后委员会委员（代汪精卫），主持筹备建立故宫博物院。1929 年被国民政府任命为故宫博物院院长。

第四期

故宫旬刊

《故宫旬刊》

易培基从受聘担任清室善后委员会图书博物馆筹备会主任开始，即投入主持筹建故宫博物院的工作，并付出了大量心血；在担任院长期间，更是筚路蓝缕，多所创建。他按《故宫博物院组织法》的规定，调整院的职能机

1931 年 4 月 29 日，易培基院长在御花园招待张学良副总司令。

构，成立专门委员会，延聘著名专家学者到院工作，进一步整理院藏文物；首次提出《完整故宫保管计划》，并筹措专款整修破损严重的宫殿建筑；增辟陈列展室，组织安排古物、图书、文献资料的陈列展览；创办《故宫周刊》，对外宣传介绍院藏古物、图书、文献以及宫殿建筑。在此期间，还筹组建立了警卫队和守护队，为故宫博物院建立了专门的安全保护机构和专职的安全工作队伍。特别是“九·一八”事变后就开始筹谋，并于 1933 年 2 月至 5 月主持了故宫文物的南迁工作。他不仅是故宫博物院的创建人之一，而且为故宫博物院各项事业的发展做出了贡献。在故宫博物院各项事业蓬勃发展的今天，人们不应忘记易培基院长的功绩。

但是，易培基生前曾背负偷盗故宫珍宝的恶名，而且“喧嚣一时、腾笑世界”（吴瀛语）。我对这一问题的关注，是由鲁迅一篇文章的注释所引起的。1934年6月10日，鲁迅写了《隔膜》一文，文中说：“这一两年来，故宫博物院的故事似乎不大能够令人敬服，但它却印给了我们一种好书，曰《清代文字狱档》，去年已经出到八辑。”2005年人民文学出版社出版的《鲁迅全集》，对此“似乎不大能够令人敬服”的事加了条注释：“指故宫博物院文物被盗卖事。故宫博物院是管理清朝故宫及其所属各处的建筑物和古物、图书的机构。1932年至1933年间易培基任院长时，该院古物被盗卖者甚多，易培基曾因此被控告。”

易培基“盗宝案”是一起冤案。1983年，作为此案的牵连者，吴瀛先生所著的《故宫盗宝案真相》在大陆出版发行，其中引用大量历史资料，说明了这一冤案的起因及形成过程。这次我通过梳理与挖掘有关材料，对此案的起因、过程及影响等又做了进一步的叙述与分析，写了《由〈鲁迅全集〉的一条注释谈故宫“盗宝案”》一文，刊于《鲁迅研究月刊》2007年第九期，并为《新华文摘》2007年第二十四期转载。可以说，易案为冤案已是人们的共识。

马衡（1881—1955），浙江鄞县（今宁波鄞州区）人，字叔平。早年在南洋公学读书。1922年被聘为北京大学研究所国学门考古研究室主任兼导师。

我到故宫工作第三年即2005年，是故宫博物院成立八十周年，也是马衡先生逝世五十周年的日子。从1924年进入故宫点查清室文物直至1952年调离，马衡先生在故宫博物院服务了二十八年，其中十九年担任院长之职。马衡又是著名的学者，金石学大师，中国近代考古学和博物馆事业的开拓者。为了饮水思源、不忘过去，并礼敬前贤、激励后人，我决定写一篇纪念马衡先生的文章。

从1937年8月故宫文物西迁以至抗战胜利，北平本院与西迁文物处于隔绝状况，故宫决策机构理事会议的记录及有关文档存放在南京中国第二历史档案馆，故宫博物院并没有上述存藏。为此，我专门去南京“二史馆”看了几天档

马衡肖像（素描，徐悲鸿 1933 年 1 月 6 日绘）

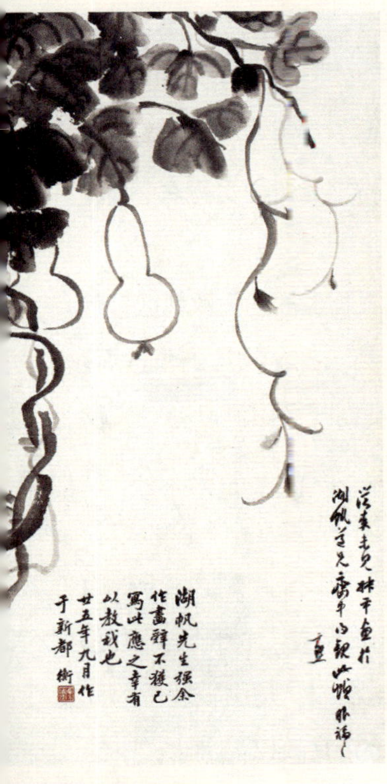

马衡绘《葫芦图》

案，又结合其他能收集到的资料，拟写了文章初稿，并奉送几位与马院长有交往的老先生过目。原拟的题目是《其功甚伟 其德永馨——纪念马衡先生逝世五十周年》，王世襄先生建议可把第一个“其”字改为“厥”字，因为“厥功甚伟”是个成语，我接受了他的建议。

《厥功甚伟 其德永馨——纪念马衡先生逝世五十周年》这篇一万六千多字的文章刊登在 2005 年第二期《故宫博物院院刊》，《新华文摘》于同年第十四期予以转载，而且题目醒目地出现在封面目录上。“马衡”，这个沉寂了数十年的名字随着故宫博物院的一段峥嵘岁月引起社会的关注，更引起故宫同人的怀念。这一年，故宫举办了马衡逝世五十周年纪念活动，在景仁宫举办了马衡捐献文物特展，接着紫禁城出版社出版了《马衡日记：一九四九年前后的故宫》《马衡捐献卷》《马衡诗抄·佚文卷》等书籍。

马衡是因易培基被诬盗宝被迫辞职后继任院长的。故宫博物院院长是被社会关注并为一些人所觊觎的职务，但等待马衡先生的却是沉重的担子。此时文物南迁基本告一段落，文物的整理、存储为首要任务；抗战中，南迁文物又在西南后方辗转疏散，备受艰难。从 1933 年后半年到 1945 年抗日战争胜利的十二

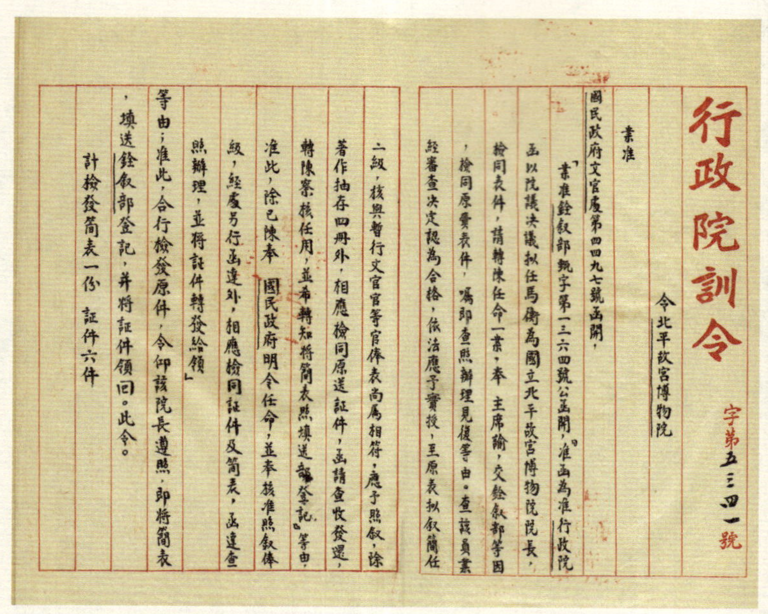

行政院訓令

字第五三四一號

令北平故宮博物院

案准

國民政府文官處第四四九七號函開，

「案准銓叙部甄字第一三六四號公函開，『准函為准行政院函以院議決議拟任馬衡為國立北平故宮博物院院長，檢同表件，請轉陳任命一案，奉主席諭，交銓叙部等因，檢同原費表件，囑即查照辦理見復等由。查該員業經審查決定認為合格，依法應予實授，至原表拟叙簡任二級，核與暫行文官官等官俸表尚屬相符，應予照叙，除著作抽存四冊外，相應檢同原送証件，函請查收發還，轉陳案核任用，並希轉知將简表照填送部登記。』等由，准此，除已陳奉國民政府明令任命，並奉核准照叙俸級，經處另行函達外，相應檢同証件及简表，函達查照辦理，並將証件轉發給領」等由；准此，合行檢發原件，令仰該院長遵照，即將简表，填送銓叙部登記，并將証件領回。此令。

計檢發简表一份　証件六件

任命马衡为院长的行政院训令

年中，马衡先生带领故宫同人，在社会有关方面有力支持下为保护文物安全竭尽心力，做出了伟大的贡献。

例如，在文物疏散即西迁过程中，行政院只是提出文物储放的大致地区，具体的地点则由马衡院长通过实地考察来选择、确定。第一批文物运到长沙后，他即赴长沙视察，做出了在湖南大学后方岳麓山爱晚亭侧开凿山洞以存贮文物的决定。山洞如期凿成后，因形势骤变，又奉令将这批文物运往贵阳。运到贵阳的文物，开始在北门内租屋存储。后马衡院长亲往贵阳视察，觉得不够安全。最安全的是山洞，但凡山洞无有不潮湿的，他费了七八天工夫，看了几十处山洞，才知道洞口是轩敞的，潮湿程度比较好些。结果在安顺县（今贵州安顺市）南门外五里找到一个华严洞，洞外还有庙，有公路直达洞口，是比较理想的地方。于是便请了工程设计师，在洞内搭盖两所板房，上盖瓦顶以泻滴水，下铺地板以隔潮气。正是这种踏踏实实、不惮劳苦的作风，才使西迁文物找到了较好的存放地。

马衡先生又是一位治学谨严的学者。郭沫若先生对其学术成就给予了中肯的评价，他说："马衡先生是中国近代考古学的前驱。他继承了清代乾嘉学派的朴学传统而又锐意采用科学的方法，使中国金石博古之学趋于近代化。他在这一方面的成就是有目共睹的。"（郭沫若:《凡将斋金石丛稿·序》,《凡将斋金石丛稿》，中华书局，1977年）1922年，北京大学研究所国学门成立，他任考古研究室主任兼导师，并在历史系讲授中国金石学。马衡继承了清代考据学的一些宝贵经验，又不因循守旧，倡导用西方近代考古学发掘和研究方法丰富中国的金石学。他突破了旧金石学足不出户的书斋式研究，主张到野外实地勘察和进行科学的考古发掘。他还多次主持或参加野外考古和调查，如1923年、1924年赴河南新郑、孟津、洛阳等地现场调查，1928年参加辽东半岛"貔子窝"的发掘工作，1930年主持燕下都的考古发掘。马衡先生从一位金石学家向考古学家转变的历程，说明他既是我国传统金石学的集大成者，又是近代考古学的开拓者。马衡先生金石学的成就主要集中在《凡将斋金石丛稿》一书中。除金石学概论，他在铜器、度量衡制度、石刻、石经和书籍形制等方面都有开创性贡献，亦为世所重。

马衡院长还是诗人。但他"能为诗而不常为。逢难入川，感时兴怀，遂斐然有此。其间与亲故往还之什尤款款见至性"（沈尹默语）。他存留至今的八十七首诗歌，全都写于1938年至1945年故宫文物西迁期间。感时抒怀，慷慨悲歌。这些诗作，使我们进一步认识了先生的才情和心绪，看到了他朴茂、笃实性格的另一面。

马衡先生1952年离开了他以身相许的故宫博物院，心情当是很复杂的。但他对故宫的挚爱不仅没有改变，反而得到了升华。也就在这一年，他将珍藏的包括宋拓唐刻颜真卿《麻姑仙坛记》卷在内的甲骨、碑帖等四百多件文物捐献给了故宫博物院。在他去世后，子女遵其遗愿，又把一万四千万余件（册）文物捐给了故宫博物院，有青铜器、印章、甲骨、碑帖、书籍以及法书、绘画、陶瓷、牙骨器等，种类众多，数量惊人，精品不少。这是马衡先生日积月累收购来的，花费了他一辈子心血，最后全部捐给了国家，捐给了与他的生命联结在一起的故宫博物院。这批文物不仅有着巨大的价值，而且其中表现出的马先生的品格和襟怀更是培育故宫人精神和形成故宫传统的宝贵财富。

2017 年，我又一次到南京二史馆查阅故宫文物西迁期间理事会档案，看到马衡院长为文物播迁到处奔波、竭尽心力的文献心潮澎湃，遂写小诗一首：

纸上犹闻杀伐声，八年典守鬼神惊。

劬劳踵顶西迁记，礼敬心香马叔平。

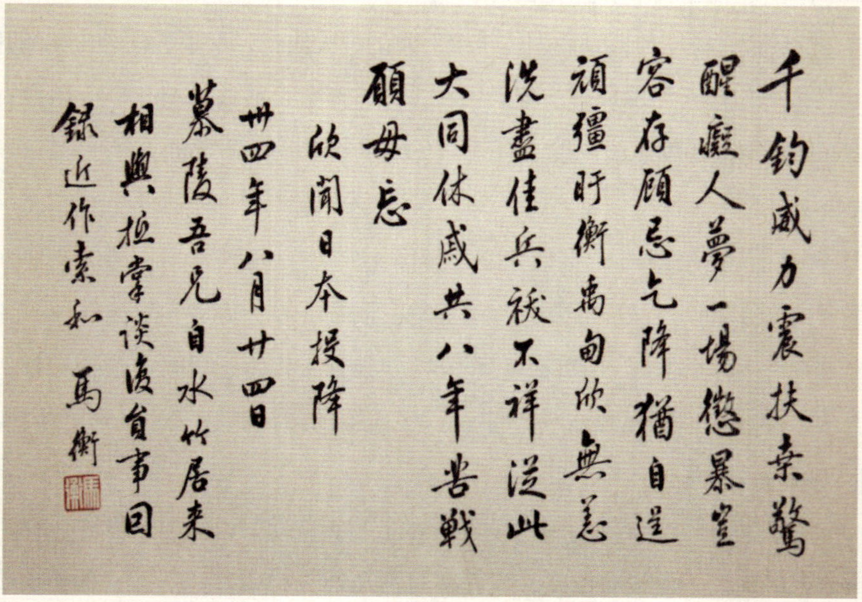

马衡诗稿

值得庆贺的是，马衡先生的哲孙马思猛先生十多年来致力于马衡著作及资料的整理，在编出《王国维与马衡往来书信》《马衡日记（1948—1955）》后，又于2020年公开出版了一百三十五万字的《马衡年谱长编》，这既告慰于先人，也为马衡研究、故宫研究以及中国现代学术文化研究提供了重要的资料。

吴仲超（1902—1984），1928年9月加入中国共产党。中华人民共和国成立后曾任中共华东党校副校长兼华东人民革命大学副校长，1954年6月被政务院任命为故宫博物院院长兼党委第一书记，曾任文化部部长助理。吴院长从1954年任院长到1984年去世，整整三十年，时间跨度上几乎从中华人民共和国成立初期一直到改革开放初期，他在故宫博物院以及中国博物馆事业的地位和贡献是不言而喻的。

1952年一场“三反”运动，许多人被迫离开故宫，受到批判，这对故宫人才队伍而言是一次严重的损失。马衡院长于1952年离任后，在两年多时间里故宫没有院长。所以吴仲超院长来了以后，不仅院内殿宇待修、垃圾成堆，而且面临着人才缺乏等各方面问题成堆的局面。吴院长本人又是一个革命家，他要从一个革命家转变为一个文物专家、博物馆管理者，而且是中国最重要的、已经有三十年历史的故宫博物院的管理者，这对他无疑也是一个严峻的考验。

从这个大背景来看，吴院长受命故宫之意义是很大的。吴院长了不起之处就在于，他在如此千头万绪的情况下接手工作，并能很快地扭转局势。他确实是一个开拓者。他对故宫的开拓有以下几个方面：

第一是古建筑维修队伍的建设。过去故宫并没有自己的专业维修队伍，从博物院成立到解放初期，维修工程都是采取社会招标，由社会上的专业公司来承担。马衡院长在日记中就提出故宫博物院要有自己的队伍，没有队伍是不行的。1953年故宫成立了工程队，吴院长上任后，更加重视古建维修，提出了修缮保护方针，多方招募和培养技术工人，逐步健全了维修保护机构和专业施工队伍。

1974年9月14日，吴仲超院长（左一）在日本东京“中国明清工艺美术”展览现场。

这对故宫古建筑保护和古建技艺的传承，具有重要意义。

第二是文物的清理。解放初期，故宫仍有堆积如山的物品未认真清理。吴院长1954年上任后，就开始了整理历史积压库存物品以及清理非文物物资的工作。参照1925年的《故宫物品点查报告》和1945年《留院文物点收清册》，逐宫进行清点分类、鉴别划级，建立了故宫博物院藏品总登记账。经过严格的审批程序，处理了大量“非文物物资”。对当时的文物清理，我在《天府永藏》一书中做了充分的肯定。当然，以今天的理念，其中也有值得我们吸取的教训；但这是我们认识的一个必然过程，反映着一个社会对文物的认识，这是当时文物观念的反映。当时文物的清理，从总体上讲是成功的，经得起历史的检验，我认为这是很了不起的。

第三是对展览格局的调整。故宫展览的是皇宫的文物，它的藏品特点、宫殿特点，决定了它不能用一般的其他博物馆现成的模式。这也是故宫博物院成立以来的探索的问题。在吴院长主政期间确定，故宫的展览要有原状陈列，有原状式的陈列，还要有专题展览，另外还要有一些临时的展馆。由这几大系列构成的展览格局，我们现在仍然坚持着。

第四就是对人才队伍建设的重视。这个我们感触最为深刻。我曾经和朱家溍、王世襄等先生谈过，他们对吴院长感受最为深切的就是他对人才的重视。吴院长认为故宫的重要性不光是珍贵的藏品，故宫还要有一支队伍——专家队伍。这支队伍凝聚着吴院长的心血，他的眼光是深远的，考虑到当时的背景，这真的是相当了不起的。现在故宫的地位和影响，其中就与这批人才在社会上的影响有关，一提起故宫大家就会想到这一批专家。这批专家也是国宝。

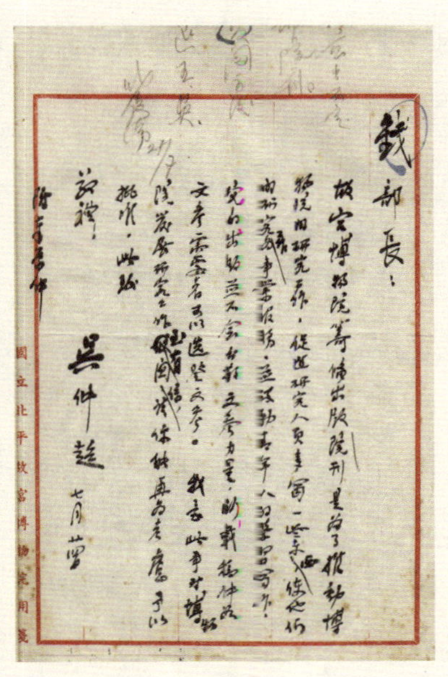
钱部长：

吴仲超

国立北平故宫博物院用笺

吴仲超院长关于创办《故宫博物院院刊》的请示

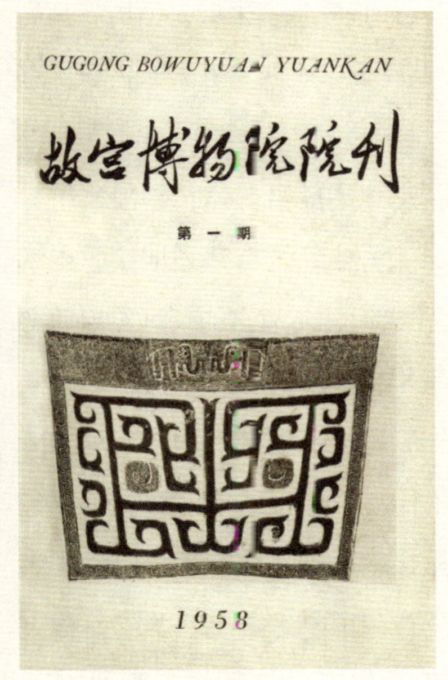

《故宫博物院院刊》第一期

当时的人才建设为以后故宫的发展打下了很好的基础，所以其开创意义很大。

张忠培（1934—2017），湖南长沙人，毕业于北京大学，著名考古学家，吉林大学考古专业的创建者。张先生1987年任故宫博物院院长，在故宫的建设与发展上做出了重要贡献。他的一个突出贡献是重视故宫人才的培养，首次有计划地、成规模地接收大学生，开始了故宫自觉培养人才的时代。

人才是事业的根本，也是学术发展的基础。1925年故宫博物院成立时，其干部和业务队伍主要是大学教师与学生。因战争、动乱等各种原因，故宫人才有过中断，特别是在中华人民共和国成立初期，人才十分缺乏。难得的是，吴仲超院长从大学、从其他行业、从社会上，引来了一批学者教授、文物专家以及文物修专家、古建修复专家，加上故宫原来的专家学者，这些人在20世纪50年代至60年代初故宫博物院的恢复与发展中起了重要作用。张忠培先生1987年进入故宫时，故宫职工队伍文化程度普遍不高，大学生少。1987年，故宫共有职工九百六十八人，其中本科毕业生仅四十四人；张先生调来后，学历就是最高的，他是副博士，相当于硕士研究生，加上他共有大学生四十五人，占职工总数的百分之四点五。

接受过大学教育的人，作为社会新技术、新思想的前沿群体，是国家培养的专门人才。从故宫当时的职工队伍状况出发，张先生认为有计划地接收大学生来故宫工作，对从整体上改变和提高职工的文化素质，对故宫的长远发展，意义是重大的。张先生说，不能搞近亲繁殖，接受毕业生不能小家子气，要面向全国各名校延揽好的毕业生；不能以没有宿舍为理由，把青年才俊拒绝于门外。为此，故宫博物院克服了许多困难，做出了多种努力。一直到20世纪90年代初，根据故宫业务发展和学科布局、配置，大量接收了来自北京大学、清华大学、北京师范大学、中国科学院、中国社会科学院、中山大学、吉林大学、中央美术学院、中央工艺美院、南开大学等院校的四五十位毕业生。

2015年2月17日，郑欣淼看望张忠培先生。

在积极引进大学生的同时，张先生还重视学术人才的培养。故宫需要人才、需要专家。人才与专家可以引进，但更重要的是靠自身的培养。人才是有层次的，受过大学教育，在一定意义上说也是人才；但要完全适应故宫工作，进而成为工作骨干和某方面专家，还需要进一步的培养提高。

张先生对学术人才的关怀是从严格要求开始的。他要求年轻人把已有的知识基础与故宫学术传统结合起来，加强学术训练与学术规范。进入20世纪90年代，他更加关注年轻人的业务发展，认真阅读他们发表的论文，每次院里组织的论文审读会，他都是最后离开的。他关心了解许多年轻同志的业务成长经历，掌握不少业务人员的学术方向和定位。他们有了成果，张先生便积极肯定；发现问题，则给予严肃批评和耐心帮助，并无私地提供有关材料和正确的研究方法。

2015 年 8 月 3 日，庆祝故宫建院九十周年，张忠培、郑欣淼、单霁翔三任院长在央视《一人一世界》节目录制现场。

我相信，他的苦心给许多人都留下了终生难忘的教益。这些人已成为故宫博物院文博和科研工作的主力，一些人已成为宫廷文物和历史、书画、陶瓷、工艺、织绣、藏传佛教文物以及古建筑、文物保护、文物出版等领域著名的专家和学者。

我在任故宫院长时，常向张先生请教，他也总是想着故宫事业，有话直说，令人感动。他一直担任故宫学术委员会负责人，为大家所敬重。2013 年，故宫研究院成立。有单霁翔院长的支持与指导，有张忠培先生任名誉院长，忝列故宫研究院院长的我顿觉有了底气。张先生大力支持研究院工作，帮助具体谋划。由他指导成立的考古研究所，已以其一系列重要成果为文博考古界所瞩目，也充分显示了故宫研究院的活力。

2017 年 4 月 17 日，我收到张先生在中华玉文化中心第五届年会上的讲稿，收录于《玉魂国魄——中国古代玉器与传统文化学术讨论会文集（七）》（浙江古籍出版社，2016年），即与先生联系，约定畅谈一次，但为琐事所扰，一再推后。7月5日，先生遽然病逝，我抱憾不已，曾赋诗悼念：

哀哉亡大雅，百感自难禁。
短杖孤松影，幽怀空谷音。
世人崇考古，夫子贵知今。
有约长留憾，鸿文所思深。

单霁翔（1954—）。我与单霁翔院长在故宫博物院是先后任职，但在工作上却颇多交集。2002年，霁翔同志担任国家文物局局长，我作为副局长、党组副书记，两人共事了一个月。后我到故宫博物院工作，但我们又都是文化部党组成员，当然还是同事。故宫博物院虽隶属文化部，但文物业务却由文物局主管，因此故宫保护工作霁翔理所当然要参与。他与我都曾是文化部故宫维修工程领导小组副组长。故宫的维修从一开始，他就是指导者、参与者，开这类会，他每会必到。文物局有的活动，他也曾邀我参加。他继任故宫博物院院长，也是我首先极力推荐的。

单霁翔同志有魄力、谋大事、善管理、重宣传，使故宫发生了重大变化。例如实施“平安故宫”工程，成立故宫研究院、故宫学院，筹建故宫北院，建立故宫外国文物馆（厦门），举办世界文明古国论坛，扩大故宫开放区域，办好展览，开发文创产品；特别是通过多种形式宣传故宫，让故宫日益融入社会生活，亲近普通民众，也不断激发着故宫遗产的活力。

霁翔自来故宫迄今，我们之间的交往，从我赠他的诗词可见一斑。

赠诗始于2012年。这一年，他接任故宫博物院院长。他看到我给即将退休的李文儒副院长的赠诗后，就希望给他也写。这就有了第一首。第二年他又要诗，我写了题为《霁翔同志索句，以七律一首为赠》的诗。霁翔的性格既热情又幽默。我想，既然他喜欢我的诗，写诗也是我的积习，我当然可以每年赠他。他以后没有再说过，我的赠诗则持续了下来。2019 年春，王旭东同志接任故宫博物院院长。记得在欢迎旭东同志履任的那天晚上聚餐时，霁翔同志将了我一军："郑院长，我退了，您还给我写不写诗？"我说："当然会写。"

回头检看，从 2012 到 2021 年，我已连续九年向霁翔赠诗十三题十七首，2015、2016 年各两次，2018 年两次六首。第一次赠诗有"共事月余非偶然，今番踵继见前缘"之句，是说我与霁翔的缘分。

"多少人生梦，花甲最堪怜。"2014 年霁翔同志六十周岁，我写了《水调歌头·霁翔同志今届花甲，任故宫博物院院长亦三年，岁月如川，慨然有作》，末句"笑看雨风后，明月一轮圆"，也算是件轶事。霁翔还在国家文物局时，有次到故宫钦安殿检查工作，离开时走过存放真武灵签的签筒，有人就说抽一支吧，他顺便抽取了一支，第十五签——"一轮明月"，上签。过去不足为外人道，现在说说也无妨。

2015 年，故宫建院九十周年，举办"《石渠宝笈》特展"，我出席开幕式后到国外探亲一个多月。通过网络，我看到这个展览深受观众喜爱，出现早晨午门一开就有千人跑步冲向武英殿的情形，被网友戏称"故宫跑"。我深知这对故宫的意义，便用近十天写了长达百句的《宝笈歌并序》。这是我截至目前创作的歌行体中最长也是自己最为满意的一首。我特地买了一张明信片，抄录了该诗的一部分，亲自到当地邮局寄给万里之外身在北京的单霁翔同志。

养心殿研究性保护项目是故宫百年大修的收官之作，2016 年 7 月 25 日工程启动，我很有感触，写有七律一首赠霁翔同志，诗曰：

缮修丹雘自徐徐，妙手今教沉疴祛。

千古文章须豹尾，五年踪迹见心初。

2018 年 9 月 3 日，在故宫养心殿维修工程开工仪式上，单霁翔院长力邀病中的郑欣淼出席，并搀扶其登上殿顶，共同取出正脊上的宝匣。

筹赀不弃海中粟，问计唯防密里疏。

六百春回紫垣日，飞甍宏殿庆云舒。

我的意思是，百年大修好像一篇完整的文章，既有了好的开头，还要有精彩的结尾，就像常说的“虎头豹尾”。当时他正多方筹措经费，我意不仅要重视大笔的资助，也要争取哪怕是微薄之力。

2018 年 9 月 3 日，我受邀出席养心殿维修工程开工仪式。当时我心脏手术术后不到三个月，体力虚弱，霁翔院长力邀并搀扶我登上殿顶，共同取出正脊上的宝匣，见证了这一盛举。我当然有诗记感：

久立羸身已不支，偕登殿顶赖扶持。
手中宝匣多玄奥，眼底琉璃总乂熙。
秣马厉兵工匠巧，高秋爽气淡云稀。
但期尔我缮完日，脊上同摅寥廓思。

2016 年 9 月 6 日，台北故宫博物院院长冯明珠女士转送台北副院长何传馨先生书写的郑欣淼赠单霁翔诗作。

霁翔同志 2019 年 4 月卸任，按他的说法，他自己也成了“前院长”。我写有《南歌子·赠霁翔同志》：

千古烟云老，七年擘画新。回头盛事总缤纷，最是平安二字印深痕。　　天阙霜晨月，和风御柳春。缘分当有又逢辰，我辈此生无悔故宫人。

霁翔是个有心人，善于策划，思虑极精，我常为之叹服。我的这些诗词，他又请人书写，先后有董正贺、张志合、金运昌、何传馨、苏士澍、张旭、耿宝昌、吴良镛等。董正贺、张志合、金运昌都是故宫的研究员，中国书法家协会理事。何传馨是台北故宫博物院副院长，著名的书画研究专家、书法家。苏士澍是原文物出版社社长，第七届中国书法家协会主席。张旭是文旅部副部长，书法家，其父也是故宫博物院的老职工，他小时就曾在故宫住过，可以说是故宫子弟。耿宝昌先生是陶瓷大师，国宝级人物，其书法亦像他的为人一样厚重。吴良镛是清华大学教授，中国科学院和中国工程院两院院士，霁翔同志的博士生导师，是与耿宝昌同龄的老先生。他们的墨宝就是艺术品；而有这么多名家的垂顾，拙作得附骥尾以增光，也是不胜荣幸之至！

2021 年 2 月 3 日，庚子年十二月二十二日，立春。我漫步上海公园，遥想正在南国“万里走单骑”、大力宣传中国世界文化遗产的单霁翔同志，赋小诗一首相寄：

又是融融御柳风，一湖烟水送残冬。

遥思万里布鞋客，脚下春光已几重？

名门风采

家族是构成传统中国社会的基本单位，也成为中国传统文化的重要特征。相对于士绅家族与豪富家族，文化家族更彰显着文化的特色，即既有显赫的门庭，又有强烈的文化意识和良好的文化环境，重视教育，并有相当的文化积累。近现代以来，这些家族不仅是众多重大历史事件的亲历者，其中不少还是中国传统与现代化激荡历程的重要参与者，而其自身的坚守、转型和式微，又是“三千年未有之大变局”中的缩影。

近百年来，许多来自文化家族的文化名人与故宫结缘。这些人士在当时文化学术界多有一定的影响，或昆仲兰桂，或父子同辉，或叔侄争耀，风云际会；他们有缘进入古老的皇宫，参与博物院的筹建，投入到点查、整理、保护中华民族文化瑰宝的事业中。他们或偶一为之，或服务半生，或终老红墙之下，都为故宫的建设与发展做出了令人永远难以忘怀的贡献。他们的努力与业绩使故宫的历史更加厚重，也使故宫的故事更加生动。

这里以庄蕴宽、吴瀛及“三俞”“三沈”“四朱”为例。

庄蕴宽（1867—1932），字思缄，号抱闳，晚年号“无碍居士”，江苏武进人。武进在清代属常州府，常州旧称毗陵，武进人故又称常州人和毗陵人。

毗陵庄氏为江南望族，瓜瓞绵绵，其来有渐，清代以儒学精湛著称于时。《清史稿》载有武进庄存与、

庄蕴宽先生

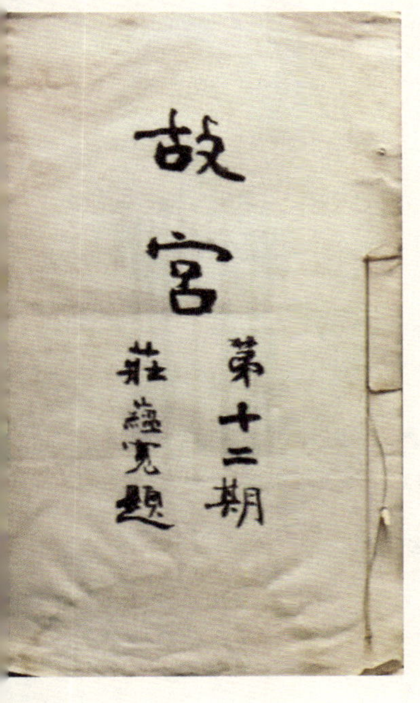

庄蕴宽先生为《故宫》期刊题签

庄述祖伯侄二人，均为乾隆进士，存与曾遍注“五经”，述祖亦名列“儒林”，他们均为毗陵庄氏之先祖。庄蕴宽一生虽然经历曲折，极富传奇，但要在肯堂肯构，无坠先绪。尤其值得称道的是他与故宫的渊源和对故宫的贡献。

庄蕴宽早年曾求学著名的江阴南菁书院，后历任广西百色厅同知、平南县知县、梧州府知府、太平思顺兵备道兼广西边防督办。其间，光绪二十七年（1901），筹备广西武备学堂；光绪三十年（1904），创办广东武备学堂。国民党元老李济深、李宗仁、白崇禧等均出其门。宣统二年（1910），任上海南洋大学（今交通大学）教导主任。武昌首义成功，与张謇、汤寿潜、赵凤昌等筹划革命，为上海光复做出了贡献。中华民国成立，经孙中山、黄兴同意，临时政府任命其代理江苏都督。1913年，任北洋政府肃政厅都肃政史，曾上书反对袁世凯称帝。后任审计院院长。1928年，辞官回乡，任《江苏通志》编委会总纂。最后终老于乡，私谥为贞达先生。

庄蕴宽任审计院院长期间，曾任“办理清室善后委员会”委员，参与故宫博物院的创建。1925年10月10日，故宫博物院宣告成立，并在乾清门前举行隆重的开院典礼，庄蕴宽任开院典礼主席，同时还兼任故宫图书馆馆长。1926 年“三一八”惨案后，段祺瑞临时政府通缉故宫博物院的负责人李煜瀛、易培基，二人潜离京师避难，此后直至 1928 年 6 月，庄蕴宽作为故宫“维持会”的副会长，成为故宫博物院的实际负责人。其间，庄蕴宽以个人名义向东方汇理银行借贷三万元平息“索薪工潮”，多方斡旋成功阻止直鲁联军进驻故宫；为防国宝重器流失公开发表启事，要求组织清点故宫文物。他作为故宫博物院的创始人和杰出的早期领导人，为故宫博物院的创建和发展做出了卓越的贡献。

庄蕴宽爱护故宫和重视文物，与其家学和素养关系密切。毗陵庄氏家学传承有序，自成一脉。其学以经学为基础，兼及文史百家。庄蕴宽继承家学，兼擅书画。书法融汇汉隶魏碑，尤精于草书。绘画以梅花见长，骨韵清劲，有如其人。可以说，庄蕴宽的家学和素养，决定了他的喜好和价值取向。可惜的是，长期以来，这样一位中国近代史上的风云人物，竟然没有一部关于他生平事迹的传记问世。

2012 年，蒋元明所著《国士无双——庄蕴宽传》告竣，经庄蕴宽先生的孙女庄研审订。庄女士嘱我作序，我觉得不容推辞。这是一部好书。它的出版（上海锦绣文章出版社，2012 年）终于弥补了庄先生无传的缺憾。相信读者看了这部传记，一定会对庄蕴宽的风雨人生和爱国情怀，以及他为中华传统文化所做的贡献有更加深入的了解。

“三俞”是指俞箴墀、俞同奎、俞平伯叔侄三人，原籍浙江德清。

俞箴墀（1875—1926），字丹石，号德孟，是晚清著名经学家俞樾（曲园老人）的侄孙，是俞平伯的堂叔。早年毕业于北洋大学。自 1919 年 12 月至 1926 年 7 月在京师图书馆工作，任舆图与唐人写经部主任。其中 1924 年 11 月，他曾应京师图书馆主任徐森玉的邀请，入清宫点收书籍。1925 年 2 月至 5 月，他作为清室善后委员会特聘顾问，应邀参加了故宫文物的清点工作。

俞同奎先生

俞丹石参加过三个月清宫物品点查，在工作中有一些想法，并写信给陈垣先生。这件事记在他的日记里，今天读来也觉得很有见地：“民国十四年（1925）三月二十六日晴。晨起入宫，任第三组组长。偕万君华等检查毓庆宫。作一函致陈委员援庵（即陈垣），陈四事：一速事审查；一筹办图书、博物二馆；一从缓开放；一分部进行善后事宜，托陈君子文转交。”（据孙玉蓉点校《俞丹石入清宫清点文物日记摘抄》，载《文献季刊》2006 年第四期）

抄存會簽稿件

奉

[illegible]

書雍技正及總派營造廠負責人前往勘查除雍和宮萬福殿

最頂上一層連檐瓦片有一處破裂未補當飭令其找補齊

外其餘各殿閣及擁身應修補之工程尚與原做法相符可否

准予驗收之處理合呈請

鑒核批示祗遵謹呈

主任委員馬

秘書俞同奎 謹簽 四月十二日

1947 年，北平文物整理委员会秘书俞同奎就“验收孔庙、雍和宫工程”致文主任委员马衡。

俞同奎（1876—1962），字星枢，号聚五，出生于福建省闽侯县（今福州市）。其祖父俞林，为清代著名学者俞樾的胞兄。俞同奎毕业于美国教会办的福州英华学校，因父母双亡，遂赴苏州投靠叔祖俞樾，在他指导下攻读国文，四年后考入京师大学堂师范馆，翌年被派赴英国留学。这是北京大学历史上派出的第一批留学生。俞樾有送别之诗：“一经世守又农桑，百有余年祖德长。吾道无端开别派，尔曹相率走重洋。”

俞同奎 1904 至 1907 年在英国利物浦大学攻读化学，获硕士学位，成为我国留学国外最早获得硕士学位人员之一。1910 年至 1919

年，任京师大学堂格致科研究所主任、化学教授及北京大学教授、化学系主任、教务长。俞同奎是中国化学教育的开拓者。1920 至 1923 年，任国立北京工业专门学校（北京工业大学前身）校长。1924 年 12 月，任北京政府交通部技正。

俞同奎在故宫博物院的筹设及早期发展中做出了重要贡献。他是清室善后委员会委员，曾发表《对于清室善后委员会的希望》，提出了筹办图书、博物二馆的具体设想。1925 年 10 月故宫博物院成立，任总务处处长。后又积极参加了维护故宫博物院生存的斗争。1928 年任南京国民政府接管故宫博物院后的第一届理事会理事，仍任总务处处长。

故宫古建筑修缮由总务处负责。1929 年美国洛克菲勒基金会捐款修缮慈宁宫花园是故宫开始的大工程，它不仅开创了利用国外资金进行维修的新路子，而且进一步扩大了故宫在世界上的影响。俞同奎在与洛氏基金会的沟通、维修工程委员会的成立以及工程标书的拟定、开标择选承修厂商、工程质量验收等方面，认真安排每个步骤，工作严谨，顺利完成了工程任务。1929 年 6 月 27 日，国民政府主席蒋介石参观故宫，俞同奎就故宫建筑残破、苦无经费整修现况提出简报，蒋即要求拟具整修计划及工程预算一并呈报，后批交北平行营拨款六万元，以作紧急修缮之用。随着国内外捐款及修缮项目的增多，故宫博物院于 1930 年成立临时工程处，由俞同奎兼任处长，汪申为副处长。这一机构的设置，反映了修缮工作在故宫所占的地位。

俞同奎还积极争取国外对故宫修缮及艺术品出版的捐助。故宫档案室现存多件俞同奎当年就募集资金与外国友人的来往信函。1930 年，故宫做了《故宫旧殿廷修理计划》，译为西文发放，以广泛争取支持。1930 年，俞同奎兼任故宫“临时工程处”处长，参与了 1933 年故宫文物的南迁工作，后调南京国民政府教育部。因液体燃料运输成为抗日战争时期后方交通命脉，俞同奎从 1938 年起从事液体燃料的管理和运输工作。

俞同奎 1947 年 1 月调任行政院北平文物整理委员会秘书，管理日常事务。

1947年故宫博物院重行聘请专门委员，俞同奎以建筑物保存设计专长被聘为专门委员。

1949年后，北平文物整理委员会改为北京文物整理委员会，马衡任主任委员，俞同奎任秘书兼文献组组长。不久文化部成立北京文物管理委员会，俞同奎继续任秘书，实际上主持整体工作。在此期间，他对北京的名胜古迹做了考察和研究，并对首都的新城规划、古建筑和名胜古迹去留问题，提出了许多很有价值的意见。1956年，北京文物管理委员会改为文化部古代建筑修整所，俞同奎担任所长兼资料室主任。

我在拟写《钢和泰与故宫博物院》一文时，查阅故宫历史档案，对俞同奎先生产生了兴趣，注意到有关他的资料。2020年，中国文化遗产研究院约我为《中国大百科全书（第三版）》撰写“俞同奎”词条，于是我又搜集资料，对俞先生有了更多的认识。他在五十岁后，与故宫结缘，投入保护祖国文化遗产事业，鞠躬尽瘁，死而后已，是一个很了不起的人。

俞平伯（1900—1990），原名俞铭衡，字平伯，以字行，是清代朴学大师俞樾的曾孙，俞同奎的堂侄。1919年毕业于北京大学。曾在杭州第一师范学校执教，后历任上海大学、燕京大学、北京大学、清华大学教授。1925年俞平伯在北京外国语学校教书，经顾颉刚向沈兼士推荐，被清室善后委员会增聘为顾问，入宫点查书画藏品，从3月28日至9月14日，参加了十三次点查工作。

俞平伯在1925年参与故宫点查工作的间隙，曾写了两篇文章：一是《记在清宫所见朱元璋的谕旨》，写于1925年4月13日，是他在故宫景阳宫御书房参与点查清宫物品后的第三天。他提到的朱元璋谕旨，见于明代抄本《太祖皇帝钦录》。抄本为楷书，经折式本，有红圈断句，多为口旨、密旨，但也有“长章大篇的，如《祭秦王文》之类”，文中对朱元璋的性格与治国政策进行了分析。二是《杂记“储秀宫”》，将溥仪出宫前房间内的陈设摆放做了仔细描述，其中

1924 年，溥仪仓皇出宫时遗留在储秀宫南窗炕几上的饼干匣及残余的半枚苹果。

可见溥仪夫妇出宫时的仓促，如：“我们在浴盆旁拾得真（珍）珠花钗一对，珠圆白而大，后并归之外屋柜中。此岂匆促出走时之遗钿耶？”“更有一炕桌，上置苹果半个，是仓皇出走时，未食毕而投之之品。”两文公开发表于同年的《文学周报》。

此外，难得的是俞平伯还详细地记下了溥仪出宫前的最后早餐：“野意膳房九月初七日早膳，厨役郑大水恭作：清汤银耳、炉肉熬冬瓜、炒三冬、鸭条烩海参、葛仁烩豆腐、红烧鱼翅、炮羊肉、烩酸菜粉、锅烧茄子、红烧鳜鱼、炒黄瓜酱、干炸肉、羊肉氽白菜、大豆芽炒各达英、热汤面、黄焖鸡、摊鸡子、木樨汤。熏菜膳品：酱肘子、熏肝。蒸食膳品，厨役郑恩福恭作：猪肉馒首、烙饼、戗面馒首、包金卷、紫米膳、白米膳、小米膳、甜油炸果、粳米豇豆粥、玉米身粥、小米粥、香稻米粥。”（《杂拌儿集·杂记“储秀宫”》）这些都不失为这翻天覆地大时代的生动记录。

俞平伯还留有点查札记，见于复旦大学图书馆所藏的《书画杂录》中。根据札记所记，俞平伯入故宫点查共计七次，分别是：（1）3 月 28 日，斋宫；（2）4 月 7 日；（3）4 月 11 日，景阳宫御书房；（4）4 月 28 日，钟粹宫后殿；（5）5 月口日，景阳宫静修斋；（6）5 月 5 日，钟粹后殿；（7）5 月 7 日，钟粹宫后殿。第三次即俞平伯看到明抄本《太祖皇帝钦录》那次，第三次、第五次点查的是元明刊本古籍，其余五次所点查的均是宋元以来的古书字画以及缂丝、顾绣等工艺品。

俞平伯把所看到的书画都做了详细记录并有评骘，如“佳”“尚佳”“较精美”“笔意极秀洼”“工细近俗”等，从中可见他的认真态度以及书画鉴赏水平。例如，1925 年 4 月 23 日点查钟粹宫后殿，他在日记中详细记录了所看到的二十一件书画，并发表了自己的评论：

1. 元人兰亭修禊图　　绢地黑，无款，细笔（佳）。
2. 夏珪画山水　　萨都剌题（至正二年作）。
3. 刘松年御□图　　绢地。
4. 恽寿平富春山图　　绢地，戊申秋杪作，佳。
5. 宋李迪鸳鸯暮桂图　　有篆字款，内府图书，佳。
6. 明仇英雪栈图　　有仇英实父图记，佳。
7. 董其昌泉光云影图　　纸本。
8. 钱选三鸟图　　上有款，旁边被割，款伤。画一母三孩。
9. 李晞古乳牛图　　绢地霉，无款，画尚佳。
10. 马远雪景山水人物　　绢本无款。
11. 林璜双鹤图　　绢地着色尚佳。
12. 商维吉写生　　作一猫一狗，尚佳，无款。

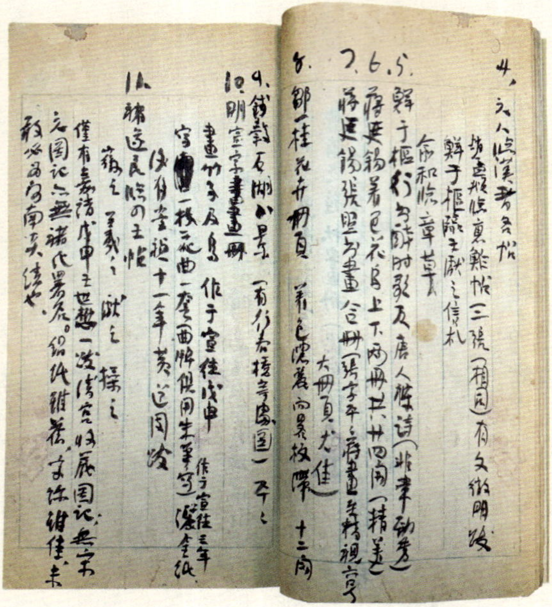

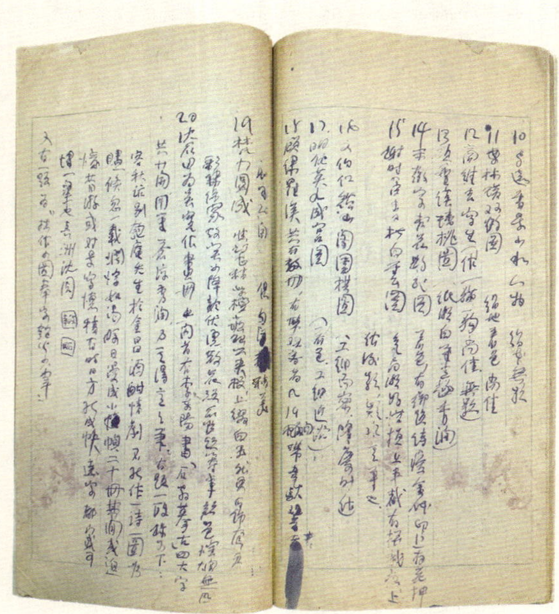

俞平伯《故宫点查札记》手稿。上图为毛笔，下图为钢笔。

13. 项圣谟蟠桃图　　纸颇白，笔意极秀润。

14. 宋徽宗杏花鹦鹉图　　着色，有御题诗，瘦金书，印上有花押。

15. 谢时臣青松白云图　　气局颇好，惜损上半截，有拼裁画上作后款，款非其笔也。

16. 文伯仁溪阁围棋图　　工细而密，隆庆时作。

17. 明仇英九成宫图　　着色，工细近俗。

18. 顾绣罗汉　　共有数册，有带观音者二十九开，带韦驮观音者则为二十开，俱匀□，较精美。

19. 梵力圆成　　装订甚精，紫檀嵌银丝夹板，上缀白玉，然更有饰套五彩释佛家故实，为降龙伏虎、散花、须石、降□等事。颜色煊烂无匹。

20. 沈石田为吴宽作画册开首有李东阳书“石翁寿古”四大字，共廿开。苍凉秀润，乃其得意之笔。有题一段，录如下：客秋再别匏庵先生于金昌，酒酣情剧，不能作一诗一图为赆，倏忽一载，阔悰如渴。暇日漫成小帧二十册，其间或追忆昔游，或对时景写怀，积有时日，方能成帙。远寄都门，或可博一粲也。长洲沈周。又有一题为“拙作四图奉字匏公少宰”。末有吴宽跋云：石田先生绘事妙绝，天下□□。工力既到，而阅历又深，直入荆关之堂。……总李东阳、吴宽之题跋，共二十三开。

21. 缂丝花卉册十二开　　精美，颜色亦旧，但似非宋代物。

（以上日记内容转引自李军《俞平伯〈故宫点查札记〉稿本纪要》，载《文献季刊》2011 年第一期。）

俞平伯是文学家，但对文物也颇有研究。1924 年他就写出了《记西湖雷峰塔发见的塔砖与藏经》和《雷峰塔考略》两文，对塔砖与藏经进行了梳理与考证，时至今日，仍令业内叹服。这种人文素养与艺术情趣，不能不和俞氏世家和曲园先生联系起来。

“三沈”是指沈士远（1881—1955）、沈尹默（1883—1971）、沈兼士（1887—1947）三兄弟，他们皆生长于陕西汉阴，祖籍浙江吴兴（今湖州）。“三沈”得名于20世纪二三十年代的北京大学时期。沈士远曾任北京大学国文系教授兼庶务部主任，沈尹默曾任北京大学预科教授，沈兼士曾任北京大学国文系教授、研究所国学门主任。三兄弟又皆与故宫有缘，沈兼士曾任故宫博物院文献馆副馆长；沈尹默被聘为故宫博物院专门委员会委员；沈士远1952年调入故宫博物院，任档案馆（即后来的明清档案部）主任兼研究员，直至去世。

三兄弟中，尤以沈兼士对故宫贡献良多。他曾任清室善后委员会委员，是故宫博物院的重要创建者。从1925年10月至1929年3月，沈兼士任故宫博物院图书馆副馆长，图书馆下设文献部，沈兼士一直主持部务。其间在1926年12月，任故宫博物院维持会常务委员。1927年10月，任故宫博物院管理委员会干事，后兼图书馆副馆长。从1934年10月至1947年8月，沈兼士为故宫文献馆馆长。沈兼士在北京大学就进行过明清档案的整理，开保护与整理清宫档案风气之先。故宫博物院文献部成立后，在其主持下，就开始了明清档案的整理。1928年10月，故宫博物院设立专门的文献馆，明清档案整理便进入了新的阶段，按军机处档案、宫中档案、内阁大库档案、内务府档案及其他档册书籍五大类进行整理。除了基本的整理外，同时还进行了库房陈列、提供查阅借抄、编纂出版等多项工作。故宫文物包括档案南迁后文献馆对留院的档案继续整理，并确立了普遍整理和系统分类的原则，不断探讨分类方法的科学化，1936年6月制订了《整理档案规则》。沈兼士馆长对档案整理做出了重要贡献。他制订了较为细密的计划，并开始对档案整理的原则和方法进行研究，先后撰写了多篇有关明清档案管理的论著，还对一些珍贵史料亲自审定并为其撰写序文。

当我得知“三沈”出生在陕西安康市的汉阴县时，很是惊奇。因为在有关

沈兼士先生

沈兼士长期主持文献馆工作，
此为《故宫文献馆一览》封面。

“三沈”的资料介绍中，只说他们是浙江湖州人，没有提及他们与陕西的关系。另外，我对汉阴县并不陌生，我在陕西工作期间，曾多次去过汉阴；1985 年作为一个工作组的成员，我还在汉阴住过十多天，怎么一点儿也不知“三沈”与汉阴的关系？

我获悉这一信息是 2004 年。这一年 9 月 25 日，汉阴县建成“三沈”纪念馆并召开了第一届“三沈”学术研讨会。这时，纪念馆与我联系，告知此事，并希望来故宫复制有关“三沈”的档案资料。这些要求，故宫自然都答应了。应纪念馆和安康市领导之邀，2005 年 4 月我曾专门赴汉阴访问。这距我上一次去安康已十五年了。当时汉阴油菜花盛开，春意盎然，给我留下了美好的印象。纪念馆办得不错，但因初开馆，稍显简陋。

我在此得知，“三沈”祖籍浙江吴兴（今湖州市）竹墩村。其祖父沈际清

“三沈”“二马”与王国维等先生合影。左起：佚名、张凤举、沈士远、周作人、三国维、马衡、马幼渔、沈兼士、沈尹默、陈百年、佚名。

（1807—1873）曾考取顺天府乡试解元，后赴京参加乙巳会试，挑取誊录，遵例改归原籍补国史馆誊录，议叙知县。初任江苏盐山知县，后升任顺天府宛平县知县。同治六年（1867），沈际清随陕甘总督左宗棠赴陕，先任绥德州知州，后调任陕南汉中府定远厅（今镇巴县）同知，升任候补知府加盐运使衔，举家迁徙兴安府汉阴定居。沈际清卒于陕西汉阴，诰授朝议大夫。“三沈”之父沈祖颐（1854—1903），监生，曾任汉阴厅抚民通判、汉中府定远厅同知，在任上去世。“三沈”祖孙三代均在汉阴居住生活。沈祖颐有三子三女，他非常重视子女教育。“三沈”兄妹幼年在家塾读书，常赋诗作文，呈请父亲评定甲乙。1903年，沈祖颐去世后才举家迁出汉阴，客居西安。1905年，沈尹默与沈兼士自费赴日本留学，因家庭拮据，不足一年尹默即回国，兼士则继续留日，在章太炎门下求学。也因此，后沈兼士在北大以讲授文字学而知名。

由启功先生题写馆名的汉阴“三沈”纪念馆内景

这一发现令我很有感慨。在三兄弟的文章中，似乎只有沈尹默满怀深情地说过他们在汉阴的生活经历，其他二人则对这段闭口不谈，甚至讳莫如深。须知，离开汉阴时，沈士远已二十二岁，沈兼士已十六岁。在尔后的生涯中，他们肯定不会忘记这个祖孙三代生活过的大山沟，但竟然如此吝啬笔墨，不着一字，着实令人遗憾。

真是无巧不成书！2021 年 4 月 28 日上午，我正在拟写这篇小文，忽然接到故宫博物院研究员、中央文史研究馆馆员董正贺女士的电话，说她随中央文史研究馆的一个考察团，正在陕西汉阴的“三沈”纪念馆参观，还看到有我的照片，说这个馆办得很好，受到各位馆员的好评，随即通过微信发来一组纪念馆的照片。

“三沈”精神需要继承弘扬，愿纪念馆越办越好！

“四朱”是指朱文均与朱家济、朱家濂、朱家溍父子四人，原籍浙江萧山。

朱文均先生在家中（朱传荣女士提供）

朱文均（1882—1937），字幼平，号翼庵，光绪末贡生，实业学堂（北京工业大学前身）毕业，后赴英国留学，于牛津大学研习经济学。回国后任职于度支部。中华民国成立，任财政部参事、盐务署长。

朱文均先生为著名藏书家、文物收藏家，近现代碑帖鉴藏大家。1931 年被故宫博物院聘为特约专门委员，负责鉴定故宫所藏古代书画、碑帖及古器物。1934 年，朱先生还参加了征集择选文物赴“伦敦中国艺术国际展览会”的工作，与陈汉第、邓以蛰拟定书画展览标准，挑选赴英展览的书画珍品，很好地完成了这一重要任务。

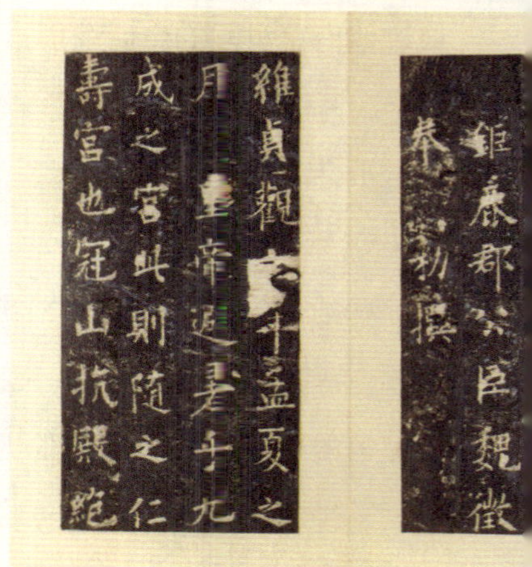

唐《九成宫醴泉铭碑》拓本（朱文均捐赠）

朱文均先生一家将全部珍藏捐献给了故宫及其他单位，更显示了其无比高尚的精神境界与收藏理念。朱先生一生殚心经史，以著述自遣，尤精于鉴别，收藏碑版、书画多为罕见珍秘之本，他的藏碑有三个特点：一是名碑名帖多。如两汉碑刻近七十种，当时所能见到的几乎全部收入，唐代碑版数量最多，虞世南、欧阳询、褚遂良、欧阳通、王知敬、李邕、史

朱文均夫人与四子合影，后排左起：朱家源、朱家济、朱家濂、朱家溍。（朱传荣女士提供）

惟则、苏灵芝、李阳冰、张从申、颜真卿、徐浩、柳公权等名家存世碑拓皆囊括其中。二是善本精拓多。宋拓二十余种、元拓四种、明拓四十余种，含英咀华，孙承泽难以比肩。三是有鉴家、学者题识为多。如元拓石鼓文，孙克弘故物，附周伯温临石鼓文墨迹，翁方纲、吴云、张祖翼、杨守敬等题识。因故宫这方面的藏品是弱项，而朱先生所藏为公认的一份系统完整、拓工最古的拓本，当年马衡先生任故宫院长时，拟用十万银圆收购，朱先生则表示将来要捐赠故宫。朱先生于 1937 年 6 月去世，1953 年，由其夫人张宪祗女士及四个儿子（朱家济、朱家濂、朱家源、朱家溍）将全部碑帖七百零六种无偿捐赠与故宫博物院。

1976 年，朱家又将明代紫檀、黄花梨木器和清代乾隆时期做工紫檀大型木器数十件等无偿捐给承德避暑山庄博物馆，同时将家藏善本古籍数万册全部无偿捐献给中国社会科学院。1994 年，朱家又将最后一批文物，包括唐朱澄《观瀑图》、北宋李成《归牧图》、南宋夏圭《秋山萧寺图》等书画作品，以及南宋王安道砚、明代潞王府制琴、明成国公朱府紫檀螭纹大画案等无偿捐赠给浙江省博物馆。

朱家济（1902—1969），字豫清（豫卿）。朱文均先生长子，杰出的文物研究及保护专家、书画鉴定家、书法家。毕业于北京大学，曾在南开中学、杭州地方自治学校任教。1929 年任故宫博物院编辑审查，同时兼任北京大学预科讲师。1932 年离开故宫，1935 年又入故宫博物院南京分院工作。1938 年与庄严、那志良、李光第等护送西迁的南路故宫文物到贵阳及安顺华严洞储存。1939 年到重庆财政部贸易委员会任专员。1946 年受聘为故宫博物院专门委员。1953 年受聘为浙江省文物管理委员会委员兼研究组组长。

朱家濂（1909—1997），朱文均先生次子，字景洛，资深的图书版本专家。毕业于北京大学。20 世纪 30 年代初进入故宫，1949 后任故宫博物院办公室副主任，在故宫工作二十余年，1953 年调入北京图书馆（今国家图书馆），曾任采访部副主任。

朱家溍（1914—2003），字季黄，朱文均先生四子，毕业于辅仁大学国文系。1946 年到故宫博物院工作，是著名的文物专家和清史专家。

朱家溍先生对故宫有种特殊的感情。这既与他的家世有关，更主要的是他对中国传统文化深入骨髓的热爱及对其深入研究、积极弘扬的坚持与执着。这种热爱与执着，又倾注在对故宫的建设和发展上。朱先生做了大量的研究工作，一些体现在他的著作中，但更多的是为故宫的实际工作，为陈列展览服务。特别是在太和殿、养心殿、坤宁宫和储秀宫的原状陈列中，他详细查阅清宫内务府档案及历史文献，深入各文物库房查找有关文物，亲自设计和布置出符合历史真实的原状陈列。这些大量的、默默的工作，他甘之如饴、一丝不苟。

朱先生是个博学多识的人。他在故宫曾做过征集、保管、陈列、图书馆和宫廷原状恢复各个部门的工作。就专业门类而言，他先后涉及书法、绘画、碑帖、工艺品、图书典籍、宫殿建筑、园林、清代档案。他还当过两年梅兰芳的秘书，不仅对戏曲深有造诣而且擅长表演。解放初期，他本来做古书画鉴定征集工作，后来院里调进徐邦达、王以坤、刘九庵几位专家，于是书画力量增强，而工艺力量很弱。按照领导的意见，朱先生转到了工艺组，工作实践和刻苦钻研使他终于成了这方面的专家。1992年国家文物局成立了一个专家组，前往各地博物馆和考古所鉴定确认全国各省市呈报的一级文物。这个组里有专看陶瓷的、专看青铜的、专看玉器的，三类以外的文物则由朱先生一个人来看。由于工作需要而将一位具有专长的业务人员调换专业岗位，在20世纪五六十年代是很经常的事，许多人都有这样的经历。但要调一行专一行，那就不是许多人都能做到的了。朱先生的难能可贵之处就在这里。他是多方面的专家，是故宫博物院的通人。

我到故宫博物院工作不久，曾登门拜访朱家溍先生，向他请教。记得他谈到要重视文物对外展览，做好准备工作。后来我知道，1935年故宫文物首次出国，去英国伦敦展览，展出的书画即由朱家溍先生的父亲、时任故宫博物院专门委员的朱文均先生负责挑选。朱先生的室名“蜗居”，是由启功先生题写的，挂在屋子正中，给我留下很深的印象。2003年5月，因“非典”原因，我在家待过半个月，认真拜读了朱老所赠的《故宫退食录》。他的这部大作内容相当广泛，有宫廷掌故，有故宫所藏书画典籍、竹木牙角、剧本戏装等几乎各类文物的研究，还有红楼梦研究、治学经验、人际交往、故宫博物院历史等，文章都不长，但内涵很丰富，使我加深了对他作为朱文公后人的认识，更加充满了对他的敬意。当时我填了首《贺新郎》“以词代柬”，特向先生致意：

一帙余香袅。数家珍、角牙竹木，旧闻稽考。信手拈来言娓娓，曲尽宫闱秘奥。天不负、斯人才调。更有江山胸际溢，点丹青、会意倪黄稿。腹似笥、国之宝。　　素心未与沧桑老。但年年、御墙柳绿，殿堂星耀。家藏捐公名海

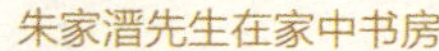

朱家溍先生在家中书房

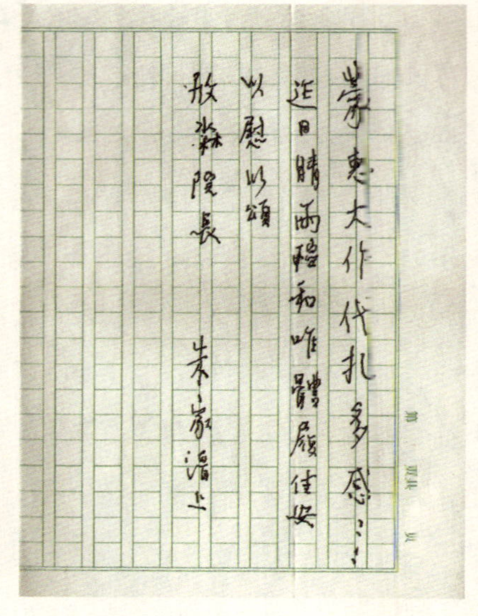

蒙惠大作代札多感
近日晴雨稳和唯体履佳安
以慰以颂
欣淼院长
朱家溍上

朱家溍先生致郑欣淼函

内，三代输诚报效。喜克绍、文公遗教。名士流风何处觅？真性情、粉墨听吟啸。襟抱阔、蜗居湫。

吴瀛（1891—1959），字景洲，江苏武进人。吴氏是有名的世家望族，吴瀛的舅父就是庄蕴宽先生。吴瀛毕业于湖北武昌方言学堂，与易培基为同学。他是紫禁城从皇宫到博物院这一重大事件的参与者，是故宫文物首次南迁的执行者，又是故宫盗宝冤案的知情者和当事人。

吴先生 1924 年进入清宫搞文物点查，开始只是以内务部官员身份来兼顾这项工作，此后竟离开了自己的本职，完完全全地加入故宫博物院的事业中，而且一干就是十年。这十年，故宫博物院经历了创办的艰难、成立初期的曲折、短暂的辉煌以及文物南迁等阶段。先生为之付出了全部心血，倾注了深沉感情。已成为经典的《故宫博物院前后五年经过记》一书，既使我们看到一幕幕惊心动魄的斗争，又感受到先生的辛勤努力与重要地位。

天有不测风云。所谓“易培基盗宝案”，不仅使这位故宫博物院首任院长蒙冤含恨，抑郁而终，也使吴瀛受到牵连，成为被告。吴先生豪爽、热情、憨直，是个汉子，又是为朋友两肋插刀的人。虽然他的蒙冤受害，完全是由“同患难而观点各异，亲而不信的总角之交”的易培基所引起，但他对易培基却一往情深、至死不渝。他在有生之年，念兹在兹，一刻也没有停止为易培基院长申雪。直到中华人民共和国成立之后，他还给毛泽东、董必武等写信呼吁。他所著《故宫盗宝案真相》，对这一案件做了详尽的记录，使之大白于天下。

尽管如先生哲嗣吴祖光所认为，故宫博物院“以它本身具有的特性注定了是一个不祥之地”（《故宫盗宝案真相·序》），尽管吴瀛先生在服役十年后，被迫离开了故宫，但他对故宫始终充满了感情。因为这个由皇宫变成的博物院，有着他的辛劳。他又是一个极其酷爱艺术而且有着深厚艺术造诣的人，故宫无与

吴瀛先生

伦比的迷人魅力始终吸引着他。他在晚年时，仍然把一生珍藏的两百余件精美文物无偿捐献给了故宫博物院。

吴瀛先生不仅有深厚的国学基础，且于西画及国画颇有造诣，诗文、书画、篆刻皆精。其绘画擅山水兼工花鸟，多以西画构图，隽永飘逸，意境高远。他的诗，沉郁雄奇，慷慨悲怆。他的主要著作有《中国语文法》《故宫博物院前后五年经过记》《故宫盗宝案真相》，以及诗文《风劲楼诗草》《蜀西北纪行》，剧作《长生殿》《章台柳》等。在那些落寞的日子里，在郁闷、愤激乃至困惑的时候，这些业余爱好曾给他带来很大的慰藉。

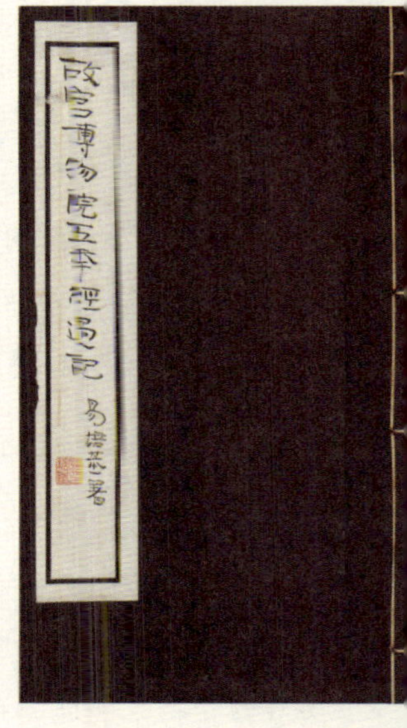

吴瀛：《故宫博物院五年经过记》

吴瀛先生还活着，活在他颇有建树的学术著作中，活在他气韵生动的笔墨中，活在他情思斐然的诗文中，更活在他为之奋斗、付出心血的故宫博物院不断发展的伟大事业中。青山常在，先生不朽！

我曾写有怀念吴瀛先生的四首诗，其一曰："洪业堪称第一篇，乾清门内忆流连。波云诡谲几多事，须借如椽史笔传。"指的是他的《故宫博物院前后五年经过记》一书。其三曰："迩水遐山写雅怀，长生殿曲喜而哀。谢家玉树风流在，不负崚嶒一代才。"说的是吴家几代在文学艺术上所富有的成就。

吴瀛病后左腕绘《双蝶图》

故宫文物南迁培育和形成了以“视国宝为生命”为核心的典守精神。在这一漫长的典守过程中，故宫同人尽管备尝艰难，险象环生，有的工作人员还付出了自己的生命；但他们无怨无悔，忠于职守。故宫文物西迁三路的办事处主任庄严、欧阳道达、那志良无疑负有更重要责任，而梁匡忠一家因南迁造成的悲欢离合，则成为镌刻在两岸故宫的集体记忆。

南迁壮歌

庄严（1899—1980），名尚严，号慕陵，河北大兴人，出生于吉林长春。1924 年北京大学哲学系毕业，在北大国学门担任考古学会的助教，因而和考古结下了深厚缘分。他在北大金石学的导师马衡，同时也是考古学会的会长，日后又将他带往清室善后委员会及故宫，成为影响庄严一生最重要的人。庄严说：“宣统出宫我入宫。”他自 1924 年 12 月进入清室善后委员会，从清宫物品点查到故宫博物院肇建、中国艺术品赴英展览、古物南迁等故宫博物院历史上的诸般大事，无不参与。

1937 年“七七”事变发生后的 8 月 14 日，故宫就以赴英参展文物为主的八十箱珍品文物开始转移，庄严、那志良、江湛瑶三人负责押运，由南京经汉口迁长沙，将文物暂存湖南大学图书馆。此为故宫第一批文物西迁，史称南路。1938 年 1 月，因长沙屡遭日军空袭，又奉行政院令继续向后方转移，绕经广西桂林，2 月 10 日将文物转移至贵阳保存。不

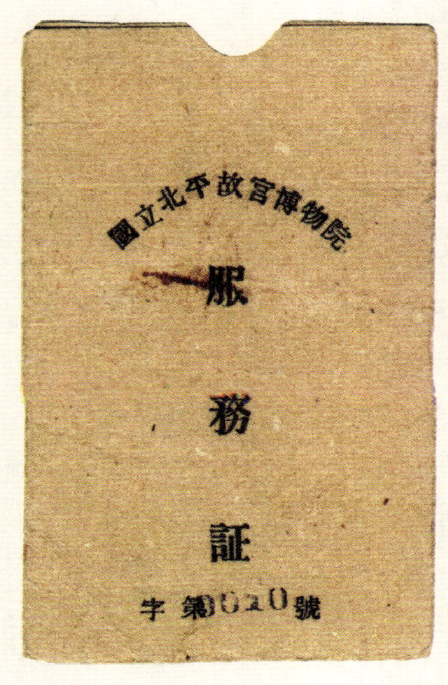

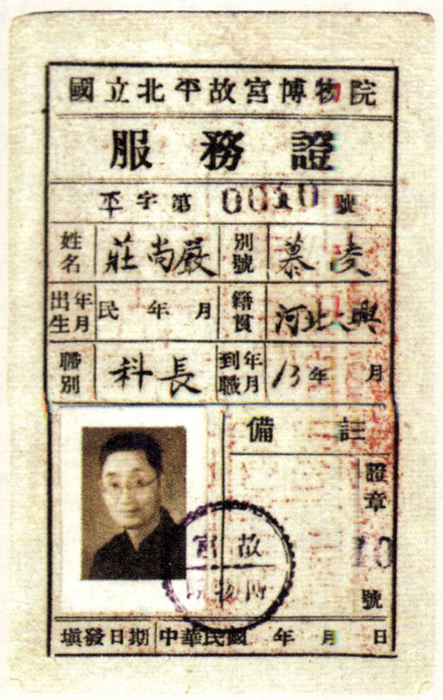

庄严先生的故宫“服务证”

久，以日机肆虐益深，决定寻找山洞贮放为宜，后于安顺觅得天然山洞华严洞，1939 年 1 月这批文物遂运到华严洞保存。“并于洞内建筑板房存储箱件，以阻潮湿。嗣于夏秋雨季时，发现洞内潮气太重，爰将一部分畏潮箱件移出洞口外之关帝殿内，遇有警报时，即行移入洞内，十分钟即可毕事。洞外则由省政府派遣保安队驻守，日夜均有岗位，附近居民亦皆相安，对于空袭、盗匪及潮湿之危险皆可兼顾，无虞疏忽。”（马衡院长在 1940 年 5 月 17 日故宫第五届理事会上的报告）故宫博物院设立了驻安顺办事处，庄严为主任。1944 年，安顺文物又迁到四川巴县（今重庆市巴南区）境内飞仙岩临时仓库。

庄严先生一生淡泊清高，凡事贯以国家民族为上，颠沛流离，忍饥受苦，仍不改其乐。庄严夫妇及四个儿子全家都住在贵州。贵州的资源非常贫乏，一般人的生活都很苦。庄严的儿子庄因回忆：“贵州办事处的员工的月薪往往要到每个月的月底方可领到。先父在任的月薪未至之际，真是一贫如洗。记得那时我们全家都只能用辣椒粉与盐水调拌糙米来果腹。生活尽管艰困，先父毫无怨言。不但如此，他反以故宫博物院所藏的《袁安卧雪图》为例，而指出古代的清贫高士，能够如何安贫乐道。”

严画像（故宫同人刘峨士绘）

庄严常用诗抒发他的观感。他的诗已辑为《适斋诗草》，收于《故宫·书法·庄严》一书（台北雄狮图书股份有限公司，1999年）。如《自城中归住华严洞旧居》：“新来常好静，归住旧茅庐。去访东西舍，来赶马牛墟。卧听山头雨，起曝洞中书。衡门鲜人事，淡泊世情疏。”他并加了小注：“安顺每十二天赶场两次，城东曰牛场，西曰马场。亦有用粤语者曰墟。”台静农1945年曾有一首和申若侠及庄严的自况诗：“羡尔公姥俩，深山好养真。庋藏可敌国，贫乃到柴薪。小饮三杯满，流亡百劫身。明年出巴峡，依旧老宫人。”

庄严曾在友人所绘当年存放故宫文物的华严洞图上有一跋文，记载自己在此的一些活动，我们感受到的是那一代人的风雅轶事：“居安顺时余好题名，每一登临必有爪痕，华严洞附近诸山尤多，独于是洞不著一字，人以

严瘦金体书赠在安顺时的学生王心均

存放在贵州华严洞的故宫南迁文物

洞主呼我，我亦暂以洞主自居，遂两忘也。今事过境迁，岂可再得乎？卅二年叔平师因事至安小住月余，一日酒后忽发逸想，老头子（按指故宫院长马衡）竟攀梯登三丈许，亟厓大书百余字，可作纪念。”

而马衡院长所题的这些字，后来居然被庄严的小儿子庄灵在华严洞打着火把找到了。2009 年“重走故宫文物南迁路”活动，我在安顺华严洞也看到了这些字。睹字思人，感慨万千！

1948 年 12 月 22 日，故宫第一批文物三百二十箱从南京运台，庄严、申若侠夫妇与刘奉璋、黄坚四人押运，载运文物之海军中鼎轮 26 日抵达基隆港。

庄严先生是位颇富艺术气质的人，一生钟情于书画研究。后任台北故宫博物院副院长。他著有《山堂清话》一书，内中既有回想服务故宫一生所经历的传奇故事，亦多有关中国书画的相关思索。矢志不渝地追求中国艺术的精神世界在他的字里行间处处流露。紫禁城出版社 2006 年以《前生造定故宫缘》为名在大陆将此书出版。

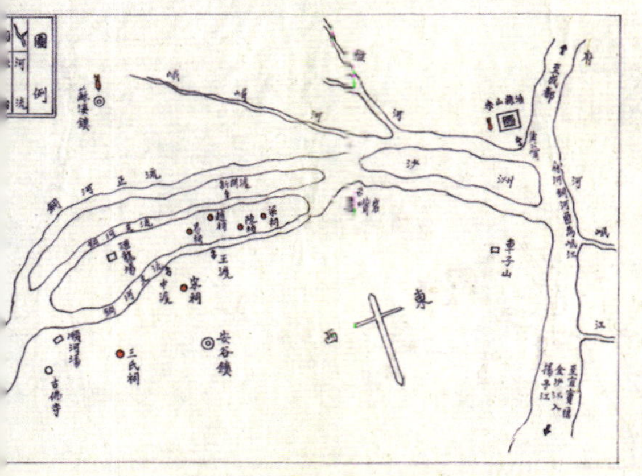

国立北平故宫博物院储四川乐山安谷文物库房位置简图

1946年，欧阳道达先生一家在乐山。

欧阳道达（1893—1976），原名欧阳邦华，安徽省黟县碧亭镇人。北京大学哲学系毕业后留校任教。1924年参加清室善后委员会的清宫文物清点工作。故宫文物南迁到上海后，他担任故宫博物院驻沪办事处主任，随后护送九千三百三十一箱文物到四川乐山县（今乐山市）安谷乡保存，为乐山办事处主任。从抗战胜利一直到20世纪50年代，欧阳先生又负责南京分院的工作。1949年4月26日，中共中央宣传部电告中共中央华东局、第三野战军政治部，命欧阳道达科长保护国立北平故宫博物院南京分院的文物。欧阳先生亦不负厚望，完整地保存了这批文物瑰宝。

中华人民共和国成立后，欧阳道达任故宫博物院南京分院办事处主任。1954年调回北京，任故宫博物院档案馆主任。后故宫档案馆改为中国第一历史档案馆，设编辑研究组，由欧阳道达兼任主任。1959年退休，担任顾问。

在当年故宫同人中，欧阳道达能诗、善书，文笔也好。他的《蜀江夜泊思家》的诗我们未见到，但马衡有诗《邦华（按：欧阳道达字邦华）于役雅安，用其〈蜀江夜泊思家〉韵寄诗四首，以代书简》之一："君昔蜚声翰墨林，久忘结习废哦吟。于今无限兴亡感，聊复濡豪吐寸心。"从中可见，欧阳道达在书法、诗歌上都有很高造诣。

欧阳道达于1950年9月写了一份题为《故宫文物避寇记初稿》的报告，长达八万余字，马衡院长做了这样的批示："此稿为文物播迁史料，似无印行必要，可存卷备查。"马院长当时如此批示，肯定有他的原因。2009年，当我看到这一在重扃密锁中尘封达五十九年的文稿时，则喜出望外。

与中华民族命运联结在一起的故宫博物院文物南迁，其中的曲折、艰辛乃至种种秘辛，一直吸引世人的关注与好奇。但遗憾的是，全面、准确地记述南迁的书籍却甚少。台湾出过杭立武先生的《中华文物播迁记》，重点在文物迁台上；那志良先生在《典守故宫国宝七十年》中，主要叙述南迁时自己的工作及感受；北京故宫与台北故宫也有"院史"类书籍，对此皆是梗概式的介绍，太过简略。比较起来，欧阳道达先生的书稿则填补了这个空白，是我迄今所见记述故宫文物南迁的一部最好的史料性作品。

当年故宫文物南迁，是迁到南方，后在南京建了库房。抗日战争全面爆发后，又有了"西迁"或称"疏散"。但相对于北平故宫来说，都算在南方。现在人们所说的文物南迁，一般统指故宫文物在南方包括"西迁"的整个期间。《故宫文物避寇记初稿》全面记述了这十多年间文物南迁的历程。除绪言，又分阶段回顾"记南迁""记西迁""记东归""记收复京库"，脉络清晰、层次分明、详略得当、语言简朴，人们读完后对故宫文物颠沛流离的过程会有一个完整的印象。

欧阳道达先生亲自参与了整个文物南迁的过程，书稿中既有大事件的粗线条

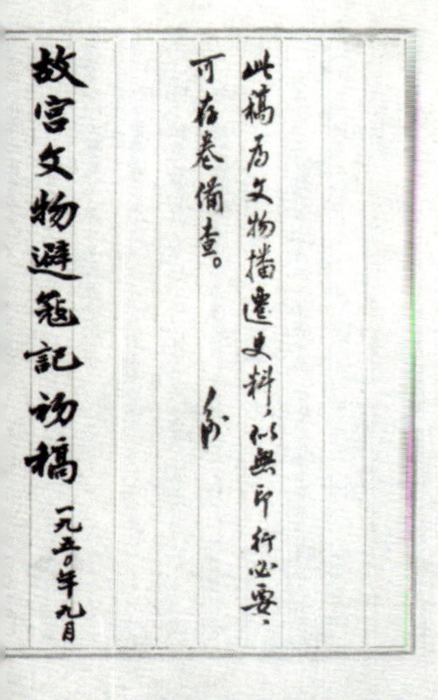

故宫文物避寇记初稿

一九五〇年九月

此稿為文物播遷史料，似無印行必要，可存卷備查。

衡

欧阳道达《故宫文物避寇记初稿》首页及马衡院长当年的批示

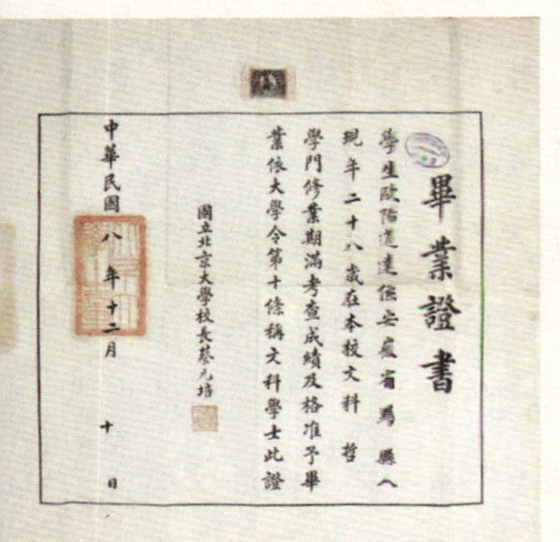

畢業證書

學生歐陽道達係安徽省歙縣人現年二十八歲在本校文科哲學門修業期滿考查成績及格准予畢業依大學令第十條稱文科學士此證

國立北京大學校長蔡元培

中華民國八年十二月十日

欧阳道达的北京大学毕业证

勾勒，又提供了许多鲜为人知的细节，对研究文物南迁史十分重要。例如，当年故宫文物装箱的编号标识，馆处各不同；作者指出其中存在的体例稍有失当之处及其他特殊情形，并强调“须记述者五事”。如“文献馆南迁箱数实为三七七三，而编号讫三八六八，是因中间自三〇四六至三一四一之九五号当日未曾引用，致实际箱号有间断而非顺序联续”“前秘书处之皇字第二〇一号箱，因装车时撞伤，退回本院而未南迁。是以南迁文物之皇字实际箱数为七六三，而顺序编号则讫七六四”等，“此五事，皆馆处当日筹备移运工作中参伍错综情况，事久或致遗忘，爰特记之”。此类记载不少，亦易为人所忽略，从中可见先生的有心。

本书篇幅不算长，但内容极为丰富，对四川各个库房存贮文物的具体介绍及文物运输过程中运载车辆、途中意外、文物受损等都有明确记述。例如运乐山文物的三次覆车、两次淋雨、一次肩运夫坠地致受损情况，一一说明。在冷静的述说中，也可感受到作者与故宫同人视文物重于生命，不辞劳苦、死而后已的崇高精神。

2010年，欧阳道达的这份报告以《故宫文物避寇记》的书名由紫禁城出版社印行，我则写了《冷静的述说》一文，向读者热情地推荐。

那志良（1908—1998），字心如，北京宛平人。1925年1月入故宫，相继参与清室善后委员会点收、故宫博物院成立、伦敦艺术品展览、古物南迁疏散后方、文物精品运台等工作。

1937年11月19日，故宫文物七千二百八十七箱由南京用火车经津浦、陇海线，于12月8日运到陕西宝鸡，是为北路。北路文物从宝鸡开始的转运，都由那先生主持。1938年2月，这批文物奉命运存汉中，要翻秦岭，又值隆冬，只能车辆载运，行程八百八十五里（四百四十二点五千米），且限当日到达，不得在中道停留。那先生便联系统管所有陕甘军公商车的西安行营帮助解决车辆，从2月22日至4月10日，七千余箱文物，装载三百零五车次，经四十八天抢运，按时运抵汉中。

从汉中到成都，路途更为艰难。那先生回忆，运输的事虽然很苦，若把押车当作旅行，却是饶有兴趣的事。这一路古迹极多，他们走到剑阁的时候，万树丛中，远远望到栈道旧迹，顿时想起唐明皇避难到四川的事来，又想到元人曹伯启《南乡子》这首词：“蜀道古来难，数日驱驰兴已阑，石栈天梯三百尺，危栏，应被旁人画里看。　两握不曾干，俯瞰飞流过石滩，到晚才知身是我，平安，孤馆青灯夜更寒。”他对词里所说“看人”和“被人看”的感受至为深刻，还托好友欧阳道达先生替他写了一幅中堂，好好地保存起来。这幅中堂，至今还保存着。那志良先生担任峨眉办事处主任，为了养家，也为了支援当地教育，他曾兼任过峨眉中学的英文教员，使得峨眉中学的英语水平在周围地区很有影响。

那志良是1949年1月随故宫第二批文物一千六百八十箱到台湾的，后继续在台北故宫博物院服务。那先生研究玉器，一生未曾中断，著述很多。作为故宫发展史的见证者，他还写有《故宫三十年经过记》《故宫四十年》《典守故宫国

前排左一吴玉璋，左二那志良，左五梁匡忠。

1947 年 5 月，北路文物由重庆运往南京，那志良关于途中翻车事故向马衡院长提交的报告及马院长批示。

宝七十年》等著作。

那志良先生不仅勤于书写，还保存了不少南迁史料。2009年，由其儿媳王淑芳女士把这些珍藏捐献给了北京故宫。包括文书、印章、照片、书法、勋章等共计一百五十件。这批史料非常珍贵，例如一方刻着“北平故宫博物院理事会理事长印”印文的玉印，标志着1925至1927年间，故宫建院初期院方管理组织频密改组的历程；又如一纸《文物运台船运合约书》的手抄副本，则是1948年12月31日所立，由“交通部招商局”轮船公司与故宫代表傅斯年具名签署，是一份关于故宫文物由南京经上海赴基隆、高雄运送过程的重要契约文件；另一份则是故宫博物院院长马衡先生亲书条幅墨宝一幅，以嘉勉那先生担任峨眉文物管理所主任届满五年的辛劳。还有，抗战胜利时，国民政府特别颁发了两枚“胜利勋章”表彰护持故宫文物有功人员，其中一枚颁给了乐山文物管理所的欧阳道达主任；另一枚则颁给了那志良先生（编号：胜字第六〇九九号）。这枚颁给那先生的勋章，也是此次捐赠史料之一。

梁匡忠（1924—2007），河北大城人。梁先生于2007年辞世，告别了他一生相伴、守护的故宫国宝，也带走了一个时代。海峡两岸两个故宫博物院，最后一个见证故宫文物南迁的老故宫人离去了。

梁家与故宫颇有渊源。梁匡忠的曾祖父曾是清宫画室如意馆的掌管，祖父和父亲都在那里画画。逊帝溥仪1924年被逐出紫禁城后，清室善后委员会清点宫中物品，梁匡忠的父亲梁廷炜成为其中一名工作人员。正好在这一年，梁匡忠出生了。

梁廷炜1933年跟随文物南下，九岁的梁匡忠和母亲，还有两个弟弟则留在北平。1936年底故宫博物院南京分院成立，暂存上海的文物又分批转运到南京新建的朝天宫库房，梁匡忠一家人才在南京团聚。

“七七”事变后，南迁文物又被迫疏散到大后方，梁家人随同文物开始了动

1938 年，故宫文物西迁陕西汉中，那志良等在南郑文庙前合影。左起：那志良、梁廷炜、吴玉璋之子吴振鲲、曹锦如、吴玉璋。

荡的迁徙生活。由于每个地方停留的时间都不长，一直在路上，梁匡忠的书念得断断续续。这批文物最终到达四川后，因家庭经济的困难，梁匡忠中断了学业，于 1941 年 7 月正式进故宫博物院工作，看管库房。这一年，他十七岁。

在守护国宝中长大的梁匡忠，耳濡目染父辈的言行，梁匡忠深知肩上责任的重大。他每天都要去检查库房，看房子漏不漏雨、文物是否受潮，还要防火防虫。抗战胜利，1947 年西迁文物奉命复原，分置在峨眉、乐山和巴县库房的所有文物分水、陆两线转运南京。梁匡忠也随文物回到南京。

逐鹿中原，风云再起。国民党当局因大势已去，遂将故宫南迁的部分文物运往台湾。运台文物共三批，梁匡忠的父亲于 1949 年 1 月 6 日作为第二批运台

2005 年，故宫八十周年院庆期间，郑欣淼看望八十二岁的梁匡忠老人。

文物的押运人，乘坐着招商局的海沪轮，押送着一千六百八十箱文物在海上颠簸三天后，到达基隆港。他还带走了梁匡忠的母亲和两个弟弟，以及梁匡忠的长子。梁匡忠则留在南京看守剩下的文物。自此，海天茫茫，故宫国宝一朝分散两岸，梁氏一家人也只能隔海相望。直到 20 世纪 80 年代梁匡忠辗转打听到台湾家人消息时，才知父母已经双双去世。

梁匡忠一家的悲欢离合，见证了故宫博物院的坎坷历程，见证了国宝的命运，见证了中华民族一页悲怆的历史，它是大时代的一个缩影。

这里不能不提到梁匡忠五个子女的名字，因为这些名字，都深深地打上了故宫国宝辗转流离的历史烙印。四川峨眉是故宫文物存贮的一个重要地方，梁匡忠在这里守护文物时，娶了个川妹子，成了家，有了第一个儿子，遂取名“峨生”；后来他到乐山管理库房，第二个孩子在此出生，因为乐山古称嘉定府，便取名“嘉生”；抗战胜利后，他到南京，工作了六七年，“金生”和“宁生”两个孩子就留下了南京（金陵、江宁）的影子；最小的儿子是梁匡忠一家随南迁文物最终回到北京以后出生的，所以叫燕生。峨生、嘉生、金生、宁生、燕生，峨眉—乐山—南京—北京，真真切切地勾画出了故宫国宝南迁、部分回归北京的历史时空图。看着这些名字，我们感慨万千，怎能不深味隐藏在其中、裹挟着故宫博物院命运的历史风云？怎能不体会近代中国多舛的民族命运下以梁匡忠为代表的故宫人与故宫国宝同呼吸、共命运、悉心守护的艰难与执着？

中华人民共和国成立后，梁匡忠继续在故宫从事库房文物的保管，一直干到1994年七十岁离休。离休后，又被院里返聘了八年，还帮助国家文物总店鉴定文物。梁匡忠的二儿子金生，后来在故宫博物院继续从事文物管理的工作。这样，从梁匡忠的曾祖父、祖父、父亲到他，还有他的儿子，一家五代都与古老的皇宫、与故宫博物院结下了不解之缘。

红墙大家

故宫是国宝文物荟萃之处，同时也有一批专家学者，因其精深的专业水平及杰出的贡献，成为蜚声海内外的鉴定大师、学术大家，他们也被尊为“国宝”。故宫多个专业领域都有过国宝级的大家。这是中国文博事业兴旺发达的一个反映，也是故宫博物院近百年发展积累的结果。唐兰、单士元、王世襄、冯忠莲、徐邦达、郑珉中、杨新、杨伯达、耿宝昌等，就都是这样的大家。

唐兰（1901—1979），字立庵，浙江嘉兴人。早在20世纪20年代初，即著《说文注》四卷，后渐致力于青铜器款识及甲骨文字研究，曾直接受教于罗振玉、王国维，并获称赞。

唐兰是著名文字学家、青铜器专家，他在1935年发表的《古文字学导论》和1949年出版的《中国文字学》两书，是我国现代意义上最早的、最完整的古文字学理论著作。他于20世纪30年代与容庚同时被聘为故宫博物院专门委员，1952年正式调至北京故宫，曾任学术委员会主任、副院长等职。

1935年伦敦中国艺术国际博览会，中国政府决定选择“足以代表中国艺术文化”的文物参加展览，唐兰、容庚二人被聘为遴选商周彝器的专门委员。周王㝬钟旧作宗周钟，著录于《西清古鉴》，对其时代众说纷纭，唐兰1936年写了《周王㝬钟考》，考证宗周钟的作器者㝬，就是“周厉王胡”。当时的学

1957年，唐兰在故宫慈宁宫接待日本考古代表原田淑人、杉村勇造、水野清一等人。左三：罗福颐，左四：唐兰，右三：陈万里。

者多认为宗周钟是西周早期器，对他的意见并不以为然，可是1978年和1981年陕西扶风县相继出土了㝬簋和五祀㝬钟，器物形制是西周晚期的，证实了四十多年前先生意见的超前性。1962年，先生发表了《西周铜器断代中的“康宫”问题》长文。他发现的“康宫断代原则”不断被后来经考古发掘出土的铜器所肯定，现已为学术界普遍接受。这是继郭沫若发现“标准器断代法”之后，金文断代法的又一重大发现。

先生重视用金文资料系统地研究古史。1986年，由他的后人整理发表的《西周青铜器铭文分代史徵》是一部总结他一生金文研究的大作（惜仅存未完稿），共引用西周金文资料三百五十件，计划以此为基础重写西周史，他的这一研究代表了这一学科20世纪后期的最高水平。先生生前还十分重视金文研究的普及工作，写了多篇金文的“白话翻译”，让艰深的青铜器铭文所记载的三千年前的历史故事，能为一般来故宫的观众看懂。1999年，北京故宫重新改陈的青铜器馆以及同时编写的《故宫青铜器》一书，就是追随唐先生的学术思想而设计的。其中铜器的断代贯彻了先生的“康宫断代原则”，铭文的释文和白话翻译等都继承和发扬了先生的学术成果。

21世纪初，故宫博物院决定为一批国宝级的专家学者整理出版学术全集，《唐兰全集》即其中一种。刘雨先生为项目主持人，聘请了以国家中华字库工程首席专家、复旦大学裘锡圭教授为首的七位国内外著名学者为顾问，聘请了院内外二十三位学者参加工作。唐兰先生治学志向高远，常做大的构想和写作计划，但时间和精力有限，学术兴趣又易作转移，因此留下许多未完成作品，有的只开了个头，思绪跳跃、字迹潦草；有的文章无标点，文内的层次、次序也不固定。但这些遗稿是先生学术体系中的有机组成部分，对后代学术研究也有一定的启示

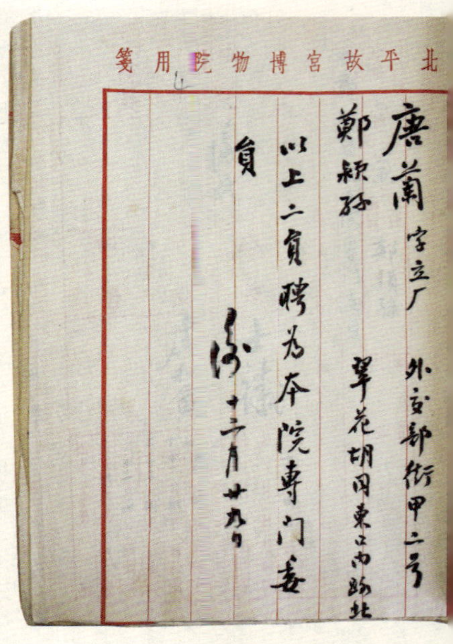
北平故宫博物院用笺

唐蘭 字立厂 外交部街甲二号

鄭穎孫 翠花胡同東口內路北

以上二員聘為本院專門委員

十二月廿四日

1933年12月，唐兰被聘为故宫专门委员会委员。

《唐兰全集》

作用。这部分内容的整理就成了《唐兰全集》整理编辑有别于一般学术整理工作的重要不同点，也是一个难点。在院内外专家学者的共同努力下，终于完整、准确地完成了这百余万字的整理录入工作。此项目2005年正式启动，2013年完成结题报告的撰写。2015年，这部皇皇十二册、六百多万字的《唐兰全集》由上海古籍出版社出版。这既是故宫学术积累的成果，对推进中国青铜器研究也有重要意义。

单士元（1907—201[illegible]），北京人。先生自幼家贫，矢志于学。1924年11月，单先生作为北京大学的旁听生当了一名书写员，参与到当时的文物点查工作中。故宫博物院成立，单先生先后在文献馆、图书馆工作。中华人民共和国成立后，单先生以饱满的热情投入故宫博物院建设和文博事业中。1962年，单先生任故宫博物院副院长，1984年任故宫博物院顾问。从十七岁投入故宫到九十一岁辞世，单士元先生在故宫博物院整整工作了七十四年。

单士元先生是中国古代建筑史研究，特别是紫禁城宫殿建筑历史研究的开创者之一，是清代历史档案研究的开拓者之一，也是明清历史研究领域中卓有贡献的著名学者。他的学者、专家的人生道路，起始于青年时代的勤奋。一边工作一边求学，几乎是他整个青年时代的主要生活。他在故宫博物院工作期间，于1925年进入北京大学历史系学习，1929年又考入北京大学研究所国学门，进行清代文字狱的专题研究。当时，赵尔巽等编撰的《清史稿》已问世，单先生于是对该书进行研究，利用文献馆的大量历史档案，1934年完成了《总理各国通商事务衙门大臣年表》的毕业论文；1936年经北大研究所请教授审定，评予成绩为优良。孟森教授认为此书“可以补旧史之阙，可以拾《清史稿》之遗，可以助研讨外交史者知人论世之力”，评价颇高。自1938年起，单先生曾先后在北平师范大学、中国大学、中法大学、女子文理学院等校任教，主要讲授中国通史、明清历史、中国近代史等。单先生还撰写并发表了许多明清史方面的著作

1924 年 12 月，进入故宫后的单士元先生。

和论文，是一位学识渊博的明清史专家。

单士元先生长期在故宫博物院文献馆工作，在清代档案的编目、整理、编辑出版等方面做出了重要贡献。在我国档案学界，他是最早提倡档案目录学的学者。整理文献的同时，单士元先生参与了故宫博物院接收内阁大库流散档案，主要是军机处档案的初始整理工作，对其中明末清初档案择要写出了若干介绍文字，又将清代军机处档案、档簿等写出提要，并摘录其原文举例说明。这期间，单先生在沈兼士先生指导下，与同人一起共同编辑了《文献丛编》《掌故丛编》《史料旬刊》等民国时期故宫博物院重要出版物，并陆续撰写和发表了不少有关明清档案的论文。

单士元先生作为中国古建筑专家，更是建树颇多。1930 年，由朱启钤先生发起的中国营造学社的成立，开始了建立在现代建筑学、美术史、文献学的基础上，对中国古代建筑作为一项专门学科进行研究。单士元先生加入营造学社，担任编纂。他以搜集和整理文献史料为开端，注重古代建筑的历史沿革、工艺材料，兼顾造型艺术、结构功能，与王璧文先生合作，1937年出版了《明代建筑大事年表》。这部书是中国人写的第一部中国建筑历史断代工具书。

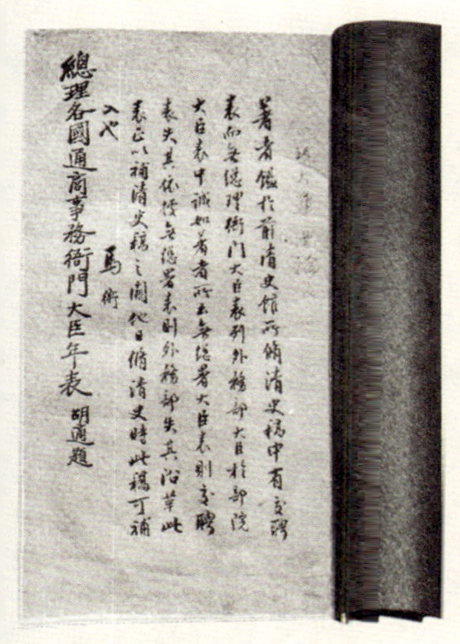

總理各國通商事務衙門大臣年表 胡適題

著者鑑於前清史館所纂清史稿中有交聘表而無總理衙門大臣表，列外務部大臣於部院大臣表中。誠如著者所云，無總署大臣表則交聘表失其依傍，無總署表則外務部失其沿革。此表正以補清史稿之闕，他日修清史時此稿可補入也。 馬衡

马衡在单士元毕业论文上写的评语

中华人民共和国成立后，单士元先生以研究紫禁城宫殿建筑的深厚学术根基，开始了他参与并负责管理、保护这一重要文化遗产的使命。在20世纪50年代后期，他为故宫古建筑提出了“着重保养，重点修缮，全面规划，逐步实施”的修缮方针，并先后主持了三大殿保养油饰、角楼落架大修、高大建筑安装避雷针等重要工程。为了传承古建筑的工艺技术，单士元先生深入实际，注重传统工艺技术的研究，还聘请了一批在社会上享有盛名的匠师充实到故宫工程队伍之中。这是一个具有远见的举措，不仅可以确保工程质量，而且通过口传身授，培养出一批批技术骨干。这种古建筑传统工艺技术的有序传承已成为故宫博物院宝贵的无形文化遗产。

1991年，单士元先生给青年研究工作者讲故宫文物。

2009年，共四卷十二册的《单士元集》

出版，这是单先生一生学术成就的总结，是他给后人留下的精神遗产，也是故宫博物院为著名专家学者所编印的第一部全集。

王世襄（1914—2009），字畅安，福建福州人，生于北京，燕京大学文学院硕士。文博名家，著名收藏家。他的收藏，除舅父、先慈所作书画及师友赐赠翰墨文物外，大都掇拾于摊肆，访寻于旧家，人舍我取，似微不足道，但他却敝帚自珍。他珍藏的目的是用于研究、赏玩。正如他所说："其中有曾用以说明传统工艺之制作，有曾用以辨正文物之名称，有曾对坐琴案，随手无弄以赏其妙音，有曾偶出把玩，借得片刻之清娱。"他由此悟得人生价值，不在据有事物，而在观察赏析，有所发现，有所会心，使其上升成为知识，有助于文化的研究与发展。他将这些藏品集中整理，印成《自珍集》，风行一时。按先生的说法，"自珍"二字，也包括他与夫人在备受磨难中所坚守的一种人生态度，即规规矩矩、堂堂正正地做人。我读《自珍集》时，对此情趣很有感受，曾在一首赠先生的《贺新郎》中写道："掩卷寻思久。算方知、物皆有道，物皆能究。原本人生多趣味，直待搜求参透。这玩字、天机当有。总总林林窥胸臆，自能珍、人更珍情愫。雅俗韵，运斤手。"

2003年王世襄先生获荷兰"克劳斯亲王奖"，荷兰驻华使馆12月30日为先生举行授奖仪式，先生邀我出席，其间故宫八十岁的古琴专家郑珉中先生演奏《良宵引》助兴。我以《渔家傲》一阕赠先生：

末技居然玄理酝，锦灰堆里珠玑润。通博自能游寸刃，天降任，存亡续绝刊新韵。　五味人生齐物论，痴心未与流光泯。晚岁友邦传捷讯。调瑶轸，郑公助兴《良宵引》。

不久，我请先生为我的诗词集《紫垣集》题签，他写了两幅，让我挑选。

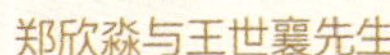
郑欣淼与王世襄先生

王世襄:《自珍集》

文博界的老人都知道，世襄先生有一种很深的故宫情结。世襄先生的父亲与故宫博物院老院长马衡先生是中学同学，交谊较深。抗战时期世襄先生到重庆，马院长提出让他做院长秘书，他未就职而去了李庄中国营造学社。抗战胜利后，世襄先生从事京津地区战时文物损失的清理工作。1947 年 3 月到故宫博物院任古物馆科长。此后于 1948 年 6 月至次年 7 月，在美国学习博物馆管理。中华人民共和国成立前夕，他谢绝了很多人以中国政权变更要他留在美国的劝说，毅然回到了祖国。1951 年 5 月，故宫机构改革，设陈列、保管、图书馆、档案馆、总务、院办等部门，世襄先生任陈列部主任。

阅《马衡日记》可以看到世襄先生参与院里的各种重要活动，马院长对他十分倚重。但在“三反”运动中，世襄先生被诬为大盗宝犯，经四个月的“逼供

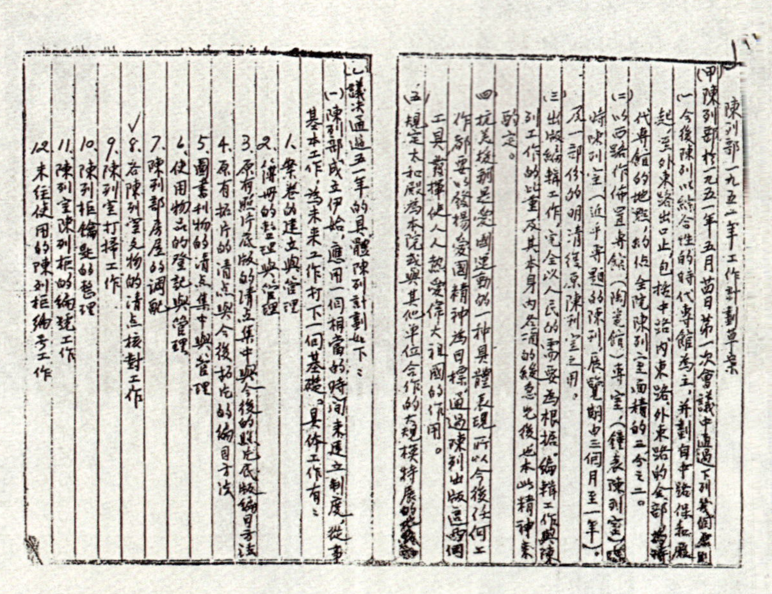

陳列部一九五一年工作計劃草案

(甲)陳列部於一九五一年五月廿日第一次會議中通過下列幾個原則：

(一)今後陳列以綜合性的時代專館為主，并劃自中路保和殿起，至外東路出口止，包括中路、内東路、外東路的全部為時代專館的地點，約佔全院陳列室面積的三分之二。

(二)以西路作佈置專館（陶瓷館）專室、（鐘表陳列室）臨時陳列室（近乎專題的陳列，展覽期由三個月至一年）及一部份的明清後原陳列室之用。

(三)出版編輯工作完全以人民的需要為根據，編輯工作與陳列工作的比重及其本身内容的緩急先後也本此精神来酌定。

(四)抗美援朝是愛國運動的一种具體表現，所以今後任何工作部要以發揚愛國精神為目標，通過陳列出版這兩個工具發揮使人人熱愛偉大祖國的作用。

(五)規定太和殿為本院或與其他單位合作的大規模特展的[illegible]

(乙)議決通過五一年的具體陳列計劃如下：

(一)陳列部成立伊始，應用一個相當的時间来建立制度，從事基本工作，為未来工作打下一個基礎。具体工作有：

1. 案卷的建立與管理
2. 簿册的整理與管理
3. 原有照片底版的清点集中與今後的照片底版编目方法
4. 原有拓片的清点與今後拓片的编目方法
5. 圖書刊物的清点集中與管理
6. 使用物品的登記與管理
7. 陳列部房屋的調配
√8. 各陳列室文物的清点核對工作
9. 陳列室打掃工作
10. 陳列柜鑰匙的整理
11. 陳列室陳列柜的编號工作
12. 未经使用的陳列柜编号工作

王世襄先生拟定的《故宫陈列部一九五一年工作计划草案》

信”，十个月的公安局看守所调查、审讯，未查到任何盗窃行为，便以“取保释放”的方式将其放回了家。他同时收到文物局、故宫博物院的书面通知：“开除公职，自谋出路。”对一个把心血倾注在故宫的人来说，世襄先生认为这是奇耻大辱。

1954 年吴仲超同志任故宫院长后，发现开除世襄先生是个大错误，遂要把他调回来，但当时世襄先生所在的单位却不放他走，这事便搁置下来了。1957 年世襄先生因在整风鸣放中诉说自己的不白之冤，又被打成右派，回故宫就更遥遥无期了。虽然如此，故宫的一些专门活动还是请世襄先生参加，而世襄先生的有些研究工作，也与故宫的藏品分不开，得到了故宫的支持。但在世襄先生的心里，被故宫开除的阴影一直存在着。世襄先生对故宫的感情太深了，故宫伤害了世襄先生，世襄先生也知道这是历史的原因。世襄先生一直遗憾自己未能重返故宫。这种爱恨交加的复杂感情，与世襄先生熟悉的人都是知道的。虽然未能重返故宫工作，但世襄先生却一直关注着故宫。在我多次看望他时，我们都会谈到故宫、故宫的历史、故宫的工作。2008年6月的一天，世襄先生打电话约我，说要谈有关故宫的事，我去后，他提了两个建议：一是建议故宫饲养中国传统的观赏鸽；二是建议故宫在景山修展馆，用地道把故宫与景山相连接。这都是重大的设想，需要经过认真的研究。世襄先生已九十四岁高龄，想着的仍然是故宫的发展，令我十分感动。

2009年初，国家文物局原局长张德勤同志打来电话，说他去看望了世襄先

王世襄先生应郑欣淼之请为其《紫垣集》诗集题签

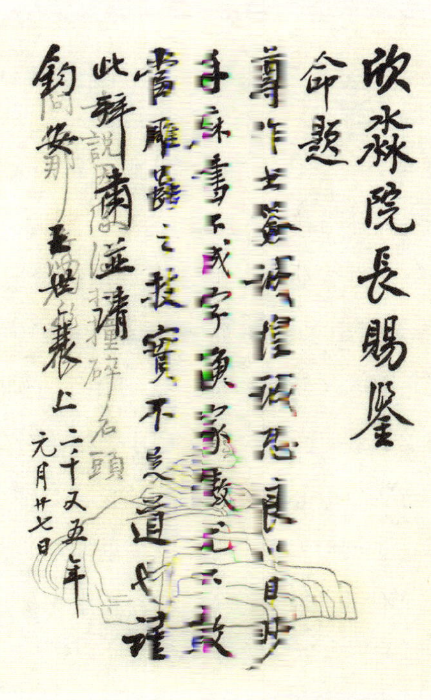
欣淼院長賜鑒
命題
……
鈞安
王世襄上 元月廿七日

2005年1月25日，王世襄先生致郑欣淼函。

生，世襄先生又提到自己与故宫的一些事，希望我作为院长能为他写篇文章，有个全面的、准确的说法。德勤同志告诉我，世襄先生对我写的纪念马衡老院长的文章很满意。其实这篇文章我曾请世襄先生过目。我原来的题目是《其功甚伟　其德永馨》，世襄先生建议我把第一个“其”改为“厥”。大约世襄先生看到我写这篇文章，首先是对前辈怀有敬意，资料的搜集也很认真，才希望我也能为他写篇文章。世襄先生2008年给我惠寄新春贺卡，还写了“诗如江淼　词若泉流”八字，给我鼓励。

世襄先生辞世，我写了一首小诗悼念：

锦心锦翰锦灰珍，博物风云老斫轮。
感念平生无限事，此身曾是故宫人。

冯忠莲（1918—2001），祖籍广东顺德，1918年生于天津，自幼习画。1938年，她以优异成绩考入北平辅仁大学美术系，师从中国现代国画大师陈少梅先生，并与其结为伉俪，被画坛誉为“梅莲并蒂耀丹青”。

冯忠莲先生在绘画上有深厚的造诣，这充分反映在她的代表作《江南春》《涛声》等山水、人物、佛像、仕女画中。就在她的国画创作大展才华的时候，她却在1953年受聘荣宝斋，开始了古画临摹工作。她第一幅临摹的是辽宁博物馆的《宋赵佶摹唐张萱〈虢国夫人游春图〉》。

临摹是古书画复制的传统技法，临是看着原作画，摹是下面有稿子，要丝毫不差地照着稿子画下来，临摹便是两者的结合。工作要求极其精细复杂，必须一丝不苟，对临摹者的体力和眼力都是严峻的考验。由于画幅大多较宽，不能坐着画，只好站着或趴在案上，有时一趴就是几个小时；一天下来，腿疼、腰酸、眼睛发胀。1956年，她被任命为荣宝斋编辑室主任。在以男性为主的国画界，一个女人能任此要职，其功力可见一斑。她还临摹、复制过宋代《洛神赋

冯忠莲先生在临摹古画。

图卷》《宋人画页》，清袁耀《万松叠翠图》，明仇英《白马女风疾图》等。1973年，她还与陈林斋先生合作临摹了《长沙马王堆一号墓西汉帛画》等。

冯忠莲先生在古画临摹上的代表性成就是北宋张择端的《清明上河图》，也由此造成了她与故宫的缘分。20世纪50年代末，故宫博物院准备复制一批高水平的摹本代替原作进行展览，其中就有《清明上河图》。1960年初，荣宝斋接受了这项重要的任务，要求临摹工作在一年内完成。1962年，正处于才思焕发黄金时期的冯忠莲接受了这一重任。她全力以赴，每天早出晚归，不论刮风下雨、酷暑严寒，从不间断。后遇上十年动乱，被迫停工。1972年10月，冯忠莲调入故宫博物院做古书画临摹工作，直到1976年才得以继续临摹《清明上河图》。这时她已年近花甲，患有高血压和眼底血管硬化症，而且经过十年岁月，绢素、色彩以及自己的臂力都有很大变化，但她仍克服重重困难，使摹本保持了前后的一致，丝毫看不出衔接的痕迹。1980 年 9 月，大功终于告成。摹本的艺术效果和古旧面貌，与原作极为相似。同时，她还为故宫培养了一批古书画临摹、复制的人才。

冯忠莲先生曾任辅仁大学美术研究会顾问、中国美术家协会会员、中国画研究会会员。1988 年，她的学术专著《古书画副本摹制技法》由紫禁城出版社出版，她被聘为中央文史研究馆馆员，为当时仅有的两位女馆员之一，另一位是老舍的夫人胡絜青。

冯忠莲先生的一生，是艺术的一生，是淡泊名利、甘当无名英雄的一生，是传承祖国古老文化的一生。正如 2001 年 8 月 31 日《人民日报》刊发的题为《冯忠莲同志逝世》的新华社通稿中所说：她“在临摹复制古代书画方面有相当成就和影响”。我们将永远铭记，不能忘怀。

徐邦达（1911—2012），字孚尹，号李庵，又号心远生，晚号蠖叟，祖籍海宁，生于上海。先生幼年聪颖、机悟，因家中收藏历代书画不少，很早就学习书画临摹，并跟从苏州老画师李涛学习山水画法和古书画鉴定，不久又先后入著名书画鉴定家赵时棡、吴湖帆之门继续深造，至而立之年即以善于书画创作和精于古书画鉴定闻名于时。他从年轻时起，就将学术研究与诗书画创作有机地结合在一起。

徐邦达先生的不寻常处，还表现在每当历史紧要关头都能做出坚定正确的政治抉择：1941 年，他在上海“中国画苑”举办了个人画展，声誉日隆；1942 年，汪精卫六十大寿，希望他能作画庆贺，被他严词拒绝，体现了一个爱国学者的民族气节。1949 年初，邦达先生不为西方物质生活所惑，期待着新中国的到来；上海一解放，他就被聘为上海市文物管理委员会顾问，积极投身于新中国的文博事业，展现了一个炎黄赤子的报国情怀。

1950 年，徐邦达先生奉调北上，任国家文物局文物处业务秘书，在北海团

2003年，书画专家鉴定《出师颂》。前排左起：傅熹年、徐邦达、朱家溍、启功。

城参与征集、鉴定历代书画，使三千多件历代书画精品得到有效的保护。1954年，邦达先生随着这批历代书画精品一并调到故宫博物院，为本院古书画的收藏和研究奠定了良好的基础。1983年，受国务院委托，国家文物局组织全国文物鉴定组到各地文博单位进行历代书画甄别工作，邦达先生为该组重要成员，不仅圆满完成了国家交给的任务，还培养了一批古书画鉴定接班人。此后，无论是在两岸学术交流中，还是在国际学术讲坛上，徐邦达先生都赢得了海内外学术界的高度赞誉。

徐邦达先生是当今艺术史界经历百年沧桑的学术泰斗，是享誉海内外的中国古书画鉴定大家和著名诗人、书画家，是中国艺术史界“鉴定学派”的一代宗师。他既继承了传统的鉴定方法，又汲取了辩证唯物主义的方法论和现代考古学严谨的科学手段，将文献考据与图像解说有机地结合起来。他对数百件早期书画进行的鉴定考辨，对明清文人画鉴定进行的开拓性研究，在书画鉴定界确立了坦诚求实和科学严谨的学风。他系统地建立了古书画的鉴定标尺，真实地还原了中国书画史的发展脉络，将原先只可意会的感性认识发展成为可以传授的研究方法和学术思想。故宫出版社（原紫禁城出版社）陆续出版的十六卷、六百万字的《徐邦达集》，就是他的古书画研究的辉煌成果，将永远灌溉艺林。

六十多年来，徐邦达先生忠于人民的艺术事业，坚守博物馆的学术理念，从新中国文博事业的开拓岁月，到跨世纪中国文博事业的新的征程，都为中国文化遗产的保护与研究以及国际间的文化合作、学术交流做出了重要贡献。他还多次向国家捐赠书画作品和珍贵古书画收藏。他以做“故宫人”为荣，他的奉献精神和大家风范是对“故宫精神”的最好诠释。

先生大名在文博界如雷贯耳，我早就仰慕不已。2003年“非典”时期，我读了先生的书画集，很有感触，5月初写了《贺新郎·读徐邦达先生书画集，用先生七十述怀韵》一词，敬呈先生：

天独怜夫子。早锥囊、暮年庾信，盛名差比。歇浦剑箫燕市筑，狷介人生堪记。且拊掌，三千桃李。更有故宫多宝笈，毕其生，缣管云霞起。但鼎力，去遮蔽。　　书生怀抱名山事。眼过时、骊黄牝牡，探源求异。颠米揣摩成一体，写取奇峰随喜。抒感慨，吟情难已。文化神州凭重镇，晚霞飞，落落濠梁意。心自远，世尘里。

大约半个月后，我收到先生的一首《浣溪沙》。词曰：

老懒迟迟欠报书，新词谀语惭吹嘘。可怜越鸟见痴芜。　　怀抱期颐予今年九十有三总塞意，巍宫宝笈日心储。何时审鉴从扶趋。

右调浣谿沙奉答欣淼院长政和。

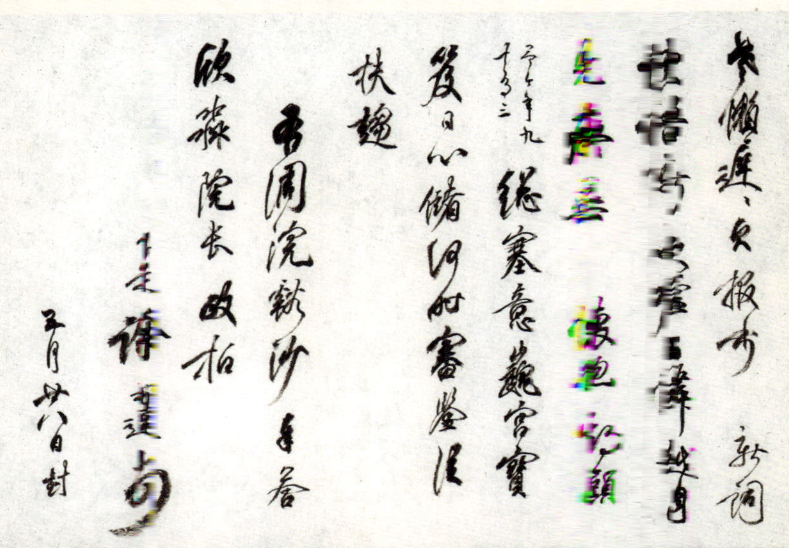

2003年，徐邦达先生书赠郑欣淼《浣溪沙》。

日期署为“五月二十八日”，信封上写有“即刻”二字。我也常去看望先生，对他的研究成就、艺术贡献的认识也在不断加深。

国运通，人长寿，贤者与盛世同步走。2010年7月7日在故宫博物院举办的“庆贺徐邦达先生百年寿诞座谈会”上，我又以《千秋岁》一阕向徐邦达先生祝寿：

声名播早，海上先知晓。米氏韵，苏公调。丹青山水里，赏鉴地天小。多少事，期颐回首皆谈笑。　只眼看玄妙，健笔解深奥。一卷卷，传精要。宫城犹壮伟，桃李欣繁茂。无量寿，风华不老星辉耀。

郑珉中（1923—2019），字从易，晚号南郭琴叟。原籍福建闽侯，寄籍四川华阳。

郑珉中先生在故宫博物院建院八十周年院庆招待会上抚琴。

2003年，中国的传统音乐——古琴艺术被联合国教科文组织宣布为“人类口头和非物质遗产代表作”，引起极大反响，使这一日渐式微的古老艺术又为世人所关注。中国在向联合国教科文组织递交的《古琴艺术申报书》中，确认了包括港、台地区在内的我国五十二位古琴传承人，故宫博物院郑珉中先生名列第二十七位。

郑珉中先生琴棋书画俱通，他的中国古书画鉴定及书画创作等都有一定的影响。他字写得好，是中国书法家协会会员，尤于古琴造诣颇深。故宫收藏古琴，20世纪50年代，即由郑先生同顾铁符先生一起鉴定划级，后又陆续发表了一些有关传世古琴的分期断代与具有鉴定性的论文。郑先生也是故宫当时唯一能够弹奏古琴的人。

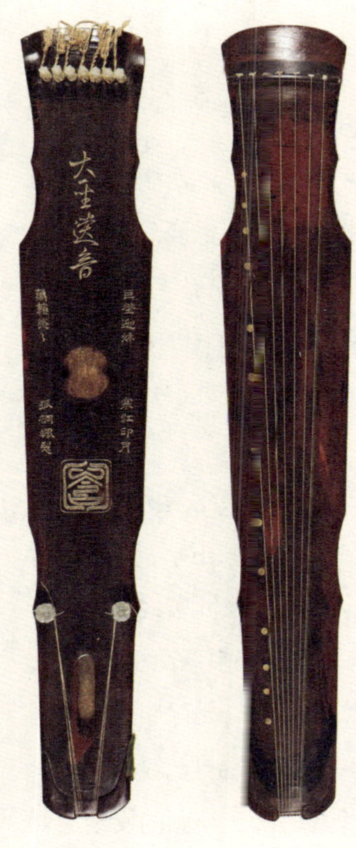

正面　　背面

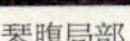

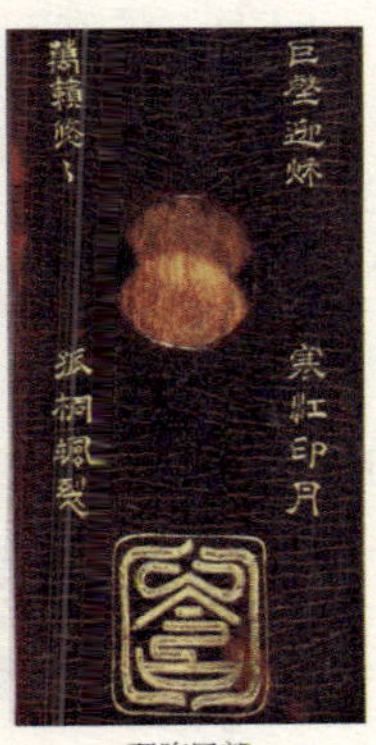

琴腹局部　　琴腹局部

唐“大圣遗音”琴（故宫博物院藏）

我有幸聆听过他的演奏。2003年12月，王世襄先生荣获荷兰克劳斯亲王奖，我受邀到荷兰使馆参加颁奖仪式。在使馆门口，见到了同来出席的郑珉中先生。他身背一张琴，中式长蓝布衫，神凝气闲，一副儒雅、朴质的样子。在颁奖仪式上，郑先生操一曲《良宵引》，意态庄重、手势优美、稳健细腻、声情并茂，获得阵阵掌声。王世襄先生对古琴的研究也是颇有成就的，他邀请郑先生演奏，固然有情谊因素，但郑先生的演技当是公认的。

郑先生1946年进入故宫，将届一甲子，虽退休多年，仍坚持上班。他家住北京鼓楼北的小石桥，每天骑着自行车，穿过地安门，风雨无阻。院里为他配了车，他坚辞不要。他对我说：“如果我连自行车都骑不动了，那可能就真不行了。”我每天中午去单位食堂吃饭的路上，常看到他在红墙下骑着自行车的身影。

2003年，也是郑珉中先生的八秩大寿，我写了一首《浣溪沙》祝寿：

五十余年岁月侵，红墙日日意不禁。

骑车穿巷白头吟。　豪气亦曾舒剑胆，

柔情且自展琴心。挥毫依旧字如金。

郑先生写了一本《故宫工作回忆录》，四万多字，其中记述他能到故宫工作，就与弹琴有关："1946 年夏，琴师管平湖先生推荐我去王世襄先生家，为其夫人袁荃猷作练琴辅导，因得拜识其尊翁王述勤先生。王老先生与先父熟识，乃得世襄引见先父挚友营造学社负责人朱桂辛（朱启钤）先生，得朱桂老垂爱，遂把我介绍给故宫博物院马衡院长，因得任用我为故宫博物院办事员，10 月 1 日报到，分配在总务处第四科。"

他的婚姻，同样是以琴为媒。1947 年，他做了北京辅仁大学美术系主任溥雪斋先生家的琴师，但谢绝了教琴报酬。他提出跟溥先生学画山水、兰花，溥先生很高兴地接受了。溥先生家除夫妇外有子女九人，七个女儿曾经在家中请启功先生教读旧书。第五个女儿芸嘉专门侍候书房，与郑珉中见面机会较多，不论郑教琴还是学画，她都在旁边，郑走时她送出去关大门。她除跟父亲学画外，还得到本族叔父溥心畬和族人启功的不断指教。郑珉中说自己没有上过学堂，故不想找一个女学生为妻，便一心想找这样一个能弹琴、绘画的女士为对象。在 1950 年他二十七岁时，由袁荃猷女士出面提亲，溥先生夫妇立即应允，于是随即在欧美同学会举行了婚礼。这些都给郑先生留下了美好而浪漫的回忆。

郑珉中先生又主持编写了《故宫古琴》一书，并嘱我作序。故宫博物院现收藏古琴四十六张，其中三十三张为明清两代宫中古琴收藏的遗存，见证了历史的沧桑。不仅数量上在全国博物院中居于首位，而且属于唐、宋、元三代的典型器就占藏琴的三分之一，即在质量上也是最好的。书中对二十张古琴测绘了线图和可以窥见其内部构造特点的 CT 平扫图像，可供海内外制琴家观察研究，从而仿制出更多音韵绝伦的七弦琴。郑珉中先生的《前言》是其终生研究古琴的心得集成，具有很高的学术价值，对古琴产生、发展的历史，对湖北、湖南古墓出土的琴与传世古琴的关系，对唐以后七弦琴能够传世的原因以及唐宋元明清各个时代古琴的发展状况，特别是对传世古琴的断代，都有缜密而认真的考辨，都有自己的见解。该书的问世是古琴保护与古琴艺术传承的一件幸事。

杨伯达（1927—2021），生于辽宁省大连市。1949年毕业于华北大学美术系，1956年由中央美术学院调故宫博物院，曾任陈列部主任、故宫博物院副院长。在长期的陈列工作和文物管理中，杨先生练就出文博通才的鉴定研究能力，在书法、绘画、陶瓷、珐琅器、玻璃器、玉器、清宫史、地方贡品等领域都取得了既独到又系统的研究成果。

杨伯达1987年离休后，又开始了新的人生起点。他集中精力专攻玉器，在玉器研究中发表了许多富有真知灼见的专著和论文。他对玉器的鉴定研究不拘

2017年12月18日，郑欣淼庆贺杨伯达先生九十华诞。

泥于一事一物，而是从玉文化的高度来进行科学探索，最终形成了为学界认同、被大众接受的“玉学”，构建了相当完整的理论框架和学术体系，推动了学术界对玉器的深入研究。

2005 年一天，我在一阕《西江月》中记述了他招收一位女士为徒的仪式：

后学拜师敛手，先生设账开颜。漱芳斋里玉为缘，古道盎然再现。　自是耳提面命，尤当心悟神语。何须试玉烧三天，衣钵相传不断。

2007 年是杨伯达先生八十寿诞，正是从这一年开始、从杨先生开始，故宫博物院决定要为每一位在学术上做出重要贡献的耄耋专家、学者祝寿，让每一位有志于博物馆事业和学术研究的中青年们从中受到良好的教益。我在庆祝他的祝寿会上作了“如玉人生”的祝词：“君子比德于玉。”我们在玉石中感悟到文物工作者应有的冰清玉洁般的品格，在玉石中体味到专家学者必有的坚如磐石般的恒心，在玉石中领会到仁贤睿智者才有的温润柔美的品性，这就是我们常常赞美的“如玉人生”。从玉文化里走出来的贤者，是长寿的、幸福的、睿智的和成功的!

他的九十五岁华诞，我与单霁翔同志都出席了。我们围着红围巾与老寿星合影，记下了这一温馨的时刻。

2021 年 5 月 21 日，杨伯达先生在北京家中平静地谢世。25 日，我与许多同人一起，在八宝山革命公墓兰厅向先生遗体告别，献上我们的礼敬，表达我们的哀思。

杨新（1940—2020），湖南湘阴人。1965 年从中央美院分配到故宫博物院工作。杨新作为新中国培养的第一批接受现代史学教育的美术史学者，又得到徐邦达、启功等大师的悉心传授，重视将古书画鉴定与美术史研究相结合，同时

2012年7月16日，聂宝昌、杨新先生与郑欣淼在故宫清稽查内务府御史衙门。

借鉴了美学、历史学、考古学、文化史学、科学检测等方法，取得了重要的学术成就，为学界所瞩目。他的文章论述严谨、论证充分，又有着宏观的视角和眼光；而扎实的文史哲功底与艺术家的特色，又使得他的思想的凝重与文笔的灵动相结合，文章不古板、有趣味、耐读。杨新先生撰有百余篇研究论文，《书画鉴定三感》《项圣谟》《清初四僧》《中国绘画的得意、写意和会意》等为其代表作。杨新先生治学严谨，尊重科学，不拘泥于前人之说。徐邦达先生持《女史箴图》为唐摹本说，杨新则将《女史箴图》的创作年代提前到北魏时代，并认为是创作原本，获得了徐先生的赞赏。

杨新先生曾担任故宫博物院副院长十四年，主管全院业务工作，在提升和促进博物院的业务方面也同样做出了贡献。他注重学术建设，积极推动故宫文物的整理与出版，大力宣传故宫。

我到故宫博物院工作时，杨新先生已退休，像许多故宫老专家一样，他仍然积极地参加院里的学术活动及有关工作。特别是1997年开启的故宫与香港商务印书馆合作出版的《故宫博物院藏文物珍品全集》，他作为主持者与总主编，继续认真负责，前后十余年，直到2010年方才完成这项跨世纪的文化工程。

杨新先生曾嘱我为他的两本书作序。

一本是2006年的《故宫联匾导读》。在有些人看来，杨新先生作为一个严谨的学者，这似乎只是随手拈来的一本普及性小册子。我不这样看。我认为这也可见作者的才、学、识，书小，但内涵不小。杨新先生翻阅大量典籍资料，对这些联匾认真地加以注释，除弄清成句及典故的来历外，又结合宫殿特点或作者情况，对联匾的深层或多重意义加以阐发，而对一些相关背景材料的介绍，对联匾的理解更有裨益。

另一本是《杨新诗书画集》。杨新先生画既不保守，也不追求时尚。其画风写实，格调清新，富于诗意。其书法擅长行书，不专学哪家哪法，尚意、唯美而已。至于写作旧体诗，遵守格律，感事抒怀，寄情山水，以诗论画、评画，均能传情达意。杨新先生的画，是传统的文人画精神的继承，可以说是新文人画。文人画讲求自娱、高雅、适意、纵情、放逸。生活在今天的杨新先生，虽受传统文人画影响，尚意、自娱、唯美，但又在创作中自觉地注入新时代的内容，反映着特有的感受，寄托着自己的情感和理想，因此又在继承中有所发展。

诗书画是杨新先生文化艺术素养的重要组成部分，与其学术活动有着密切的、不可分割的关系。对杨新先生来说，诗书画不只是一种技艺，更是一种修养，一种人生的境界，对他的人格形成产生过相当影响。

追求诗歌、书法、绘画兼擅的艺术活动，是中国传统文人的生活方式、艺术素养和审美情趣，也是中国艺术特有的奇葩。在当代中国，诗、书、画兼擅者当不在少数，但既事艺术创作又攻艺术研究者则不多，成就斐然者更是寥寥，启功、谢稚柳、徐邦达诸先生卓成一家，堪为此中代表。杨新先生的诗、书、画成就很值得关注。

杨新先生晚年古书画鉴定研究不辍，时有新成果问世。不幸的是，2010 年他突发脑出血，愈后又未注意保护，及 2013 年复发，遂长年缠绵病榻，并多次告危。2015 年 2 月 17 日晚上，我依约去杨新先生家中看望他。他这天精神很好，坐在轮椅上，与我长谈一个多小时；主要是他谈，谈他的经历、谈故宫，特别谈到他对《雍正十二美人图》的考证。这套美人画像图久已名声在外，但很少有人对此做进一步的研究。杨新先生首先发现“美人图”上的题诗和书法都是雍正帝所为，署名却是米元章或董其昌。如图，美人身后挂着一件书画条幅，上半截是展开的山水画，下半截是画出的一片树叶，其上题云：

樱桃小口柳腰枝，斜倚春风半懒时。

一种心情费消遣，缃编欲展又凝思。

其落款“米元章”，钤“米芾元章之印”朱文方印。查雍正《文集》，卷二十六，有《美人展书图》二首，其中一首与此诗只有个别字的差异。杨新先生通过多方缜密的考证，指出这套画像是雍正帝和画家一起构思并亲自参与制作、创造出来的，其用意是借传统的“香草美人”的象征寓意手法，以抒发心中的郁闷。我分享着他的快乐。

那个晚上他兴致颇高，使我再一次感受到他所流露出的童心和率性。我也很有感触，赠他一首《浣溪沙》：

谁解紫垣一种痴？烟云早染鬓边丝。潇湘山水主人依。　　回味世间儒释道，展舒笔底画书诗。勃然劫后傲霜枝。

《雍正十二美人图·读书》，画中托名米元章（米芾）的诗，经杨新先生考证，其实是雍正帝自己的作品，也由其本人所书写。

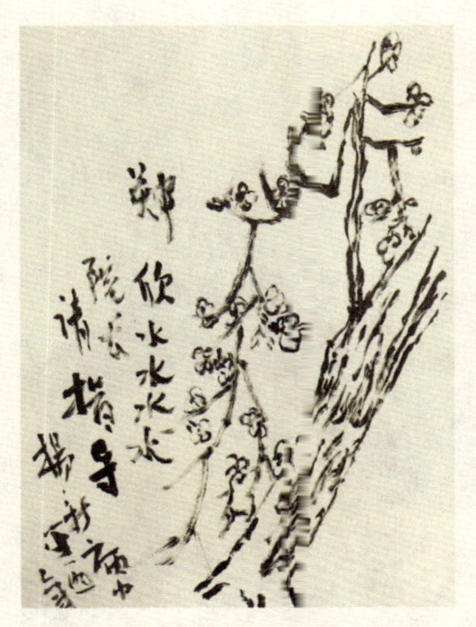

杨新先生病中画梅赠郑欣淼

2017年春，杨新先生的女公子杨丽丽在微信上发来她父亲给我画的一幅画的照片，墨笔勾勒的老梅树，花朵怒放，分明是他自己“烈士暮年，壮心不已”的心境写照。虽是病中所作，带有斜构图的特点，但笔法苍劲、风韵宛然，仍可见其功力。右下方题写着“郑欣淼院长请指导 杨新病中 丁酉年”。我万分感动。苏轼词作追求豪放的风格，杨新先生还为我绘过一幅《东坡词意》图，吐露了他虽卧病在床但未曾消沉的一腔豪气。

而我所期望的“傲霜枝”，杨新先生自己期望的“老梅吐艳”，终于没能抵御住肆虐的病魔。庚子年之初，他永远离开了我们，离开了他所挚爱的故宫和事业。但他的学术遗产永在，他的精神也融入了故宫博物院的传统之中。

耿宝昌（1922— ），生于北京，祖籍河北省辛集市。1956年应聘到故宫博物院工作。长期从事中国古陶瓷及其他古代工艺品研究，重点为历代陶瓷。先生是蜚声海内外的古陶瓷研究鉴定大师，尤精于明清瓷器，其撰写的《明清瓷器鉴定》为中国首部古陶瓷研究鉴定学专著。

2021 年 7 月 14 日，庆贺耿宝昌先生百岁华诞留影。左起：王旭东、郑欣淼、耿宝昌、单霁翔。

耿先生善书，2010 年曾以“博爱”二字惠赠。我以为有深意焉，在《浣溪沙》中赞叹：

埏埴风云一柱擎，人生有幸对青莹，依依弥老故宫情。

眼底功夫惊禹甸，腹中锦绣岂明清？但怀爱意自如冰。

词的意思是，在古陶瓷界，耿先生似擎天一柱，是一面旗帜。他有幸此生面对、摩挲这些精美的瓷器，感受着创造之美，心灵也得到净化。而当晚景暮岁，更增强了对故宫的深情厚谊。耿先生的鉴赏功力为世所公认，他的精深造诣，不仅体现在已发布的《明清瓷器鉴定》一书。他澄怀达观、为人笃厚，就是因为心底存有“博爱”二字。

2012年是耿先生九十岁华诞，故宫博物院为其举办了隆重的祝寿会。单霁翔院长与张忠培先生都希望我代表故宫博物院学术委员会讲几句话，我不便推辞，便讲了以下的意思：

故宫是中华传统文化最重要的一个结晶与载体，是中华古代艺术品的宝库。故宫以及丰富的文物藏品的内涵需要研究、发掘、整理，这也是文化传承、扬弃的过程。我们的工作人员，尤其是专家学者，从事的就是这一重要的工作。专家学者因此发挥着特殊的作用，其中专业水平极其精湛并做出杰出贡献的一些人，也被称为“国宝”。我院多个专业领域都有过“国宝”级的大家，在古陶瓷研究领域，冯先铭先生是“国宝”，孙瀛洲先生是“国宝”，耿宝昌先生也是“国宝”。“国宝”难得。他们受到社会的尊敬，甚至在海内外都享有崇高的地位。这是我们文博事业兴旺发达的一个反映，也是故宫博物院近九十年发展积累的结果，是故宫的“软实力”。

在当今古陶瓷界，耿宝昌先生的地位与影响是人所共知的。可贵的是先生既具有真才实学，为世共仰，为人却十分谦和、低调。他经常受邀到全国各地包括港澳台的许多博物馆，帮助鉴定，出席学术研讨会，进行学术交流，都严谨认真、一丝不苟。1980年1月，国家文物局应中国银行美国分行邀请，派耿先生赴美，鉴定清皇室抵押在美国花旗银行的瓷器，先生很好地完成了任务，驻美中国银行向故宫博物院赠送康熙冬青瓶一个。此后数十年来，先生又受外交部邀请，先后到我国三十多个驻外使馆进行古陶瓷鉴定。他努力地去完成这些任务，且从不张扬。特别是在当今市场经济大潮中，文物市场混乱，耿先生则守身如玉，从不参加那些不符合国家规定与要求的活动，不说违心的话，更是受到业界、学界的高度赞扬。耿先生所坚守的这些原则，其实也是故宫博物院学术队伍的优良传统。

故宫博物院的特殊地位以及故宫学术水平的整体实力，使故宫专家在文物鉴藏界享有盛誉，具有相当的话语权。“故宫专家”四个字也因此成了金字招牌，影响巨大。在当前市场经济条件下，许多名为“鉴宝”及其他文物鉴定等活动，都可能与商业利益有关，布设了陷阱，充满着名与利的诱惑。希望我们的专家学者向耿宝昌先生学习，发挥故宫的优良传统，遵守有关科研人员的规定，坚持学术精神，坚守学术底线，爱惜自己的羽毛，抵制诱惑，不做任何影响、亵渎“故宫专家”名号的事，静下心来，好好做学问，好好做人，为故宫学术的繁荣继续努力，为中国文博事业的发展做出贡献！

2020 年，新冠疫情骤起，5 月 20 日下午，我向耿先生问安。我打手机，第二遍铃声响起时他便亲自接了我的电话，而且思绪清晰，当那带有冀东口音的话从百里外的京城传来时，那种疫情下的久违之感，真令我感慨万端，也受到强烈的震撼。这说明老先生平安，也说明手机就在手边，他们随时准备与外界交流，他们关心着室外的世界。在他们身上，我似乎看到了中国人必将战胜疫情的民族精神、文化精神。

2021 年 4 月 30 日，故宫改陈的新陶瓷馆在武英殿开馆，我受邀出席开馆式，很高兴见到了坐着轮椅的耿宝昌先生。他仍然思维清晰，在会上讲了七八分钟，一再地说陶瓷馆“旧貌换新颜”，并受王旭东院长之托，大声宣布：“故宫武英殿陶瓷馆开馆！”2021 年 7 月 14 日，故宫博物院在建福宫花园敬胜斋举办了庆贺耿老百岁诞辰的座谈会，耿老一口气讲了二十多分钟，表示还要继续努力，跟上“新时代”！

故宫留芳

九十多年来，一批海内外专家学者参与故宫建设事业，对学术研究，或文物保护，都做出了重大贡献，成为故宫发展史上不可缺少的一页。钢和泰、沈从文、罗哲文、饶宗颐、谢辰生，都是其中有代表性的人物。

钢和泰（Alexander von Stael-Holstein，1877—1937），著名东方学家、汉学家、梵语学者。生于俄属爱沙尼亚，获德国哈勒－威登伯格大学博士学位，后游学英法各国。历任彼得格勒大学助理梵文教授、北京大学梵文与宗教学讲师、教授、清华大学国学研究院讲师、哈佛大学教授。他还是北京大学研究所国学门导师、中研院史语所特约研究员、北京故宫博物院专门委员。钢和泰是蜚声国际的著名学者，并对中国学术界产生过积极影响。

1923年，钢和泰在《国学季刊》第一期发表《音译梵书与中国古音》（这篇英文文章由胡适译成中文），首先在中国提出应仿照西方学者推求印欧原始语言的方法，用比较语言学推求中国原始语言，并提出三条研究途径，提示中国学术界注意欧洲学者伯希和、高本汉等人的研究进展，强调研究古译音对中国音韵沿革史、印度史、亚洲史的重要意义，成为中国语言学史上一篇划时代的学术论文。

1926年，钢氏所著《大宝积经迦叶品梵藏汉六种合刊》由商务印书馆出版，此书将大宝积经迦叶

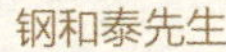

钢和泰先生

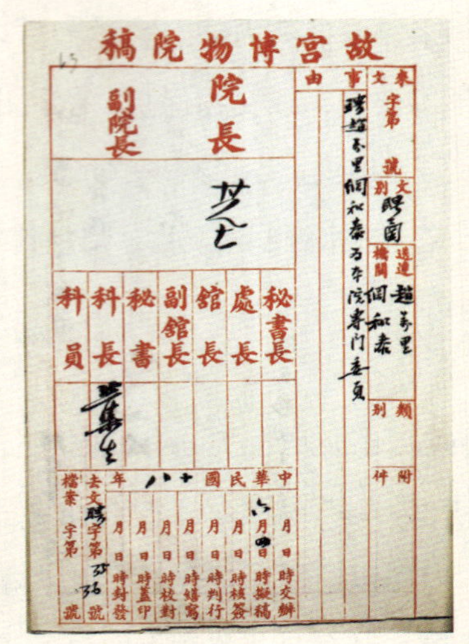

故宮博物院稿

院長

副院長

秘書長 處長 館長 副館長 秘書 科長 科員

事由

聘鋼和泰為本院專門委員

來文字第　號

文別 聘函

送達機關 鋼和泰

類別

附件

中華民國十八年

六月四日

月日時交辦 月日時擬稿 月日時核簽 月日時判行 月日時繕寫 月日時校對 月日時蓋印 月日時封發

去文聘字第3536號

檔案字第　號

1929 年 6 月 4 日，钢和泰被故宫聘为专门委员，序号为三十六。

品的梵本、藏译本和四种汉译本进行逐段排列比较对照。这是一种看似简单实则需要深厚的学术功力的研究方法。这种文献对勘研究是一切相关研究的基础，对厘清文献的版本和内容的真伪、沿革等都是必不可少的。推荐此书的梁启超在序中说："很盼望他的精神能间接从这部书影响到我们学界。"1934 年，钢氏集中精力研究藏文《甘珠尔》，对藏、汉、梵等经咒的音写材料一直具有浓厚的兴趣，并做了大量的研究工作。

1926 年 6 月，钢和泰受聘为清室善后委员会顾问，并得到庄蕴宽允许进入故宫慈宁宫花园的宝相楼，拍摄了七百多幅佛像及带有题记的佛像基座，这些图像后来交由哈佛大学图书馆保管，并由哈佛大学语言系主任、梵文教授克拉克（Waltre Eugene Clark）将该部分图像与钢氏所发现复制的《诸佛菩萨圣像赞》等一起整理，也得到钢和泰的指导，出版了 Two Lamaistic Pantheons（《两种喇嘛教神系》），于 1937 年收入哈佛大学"哈佛燕京学社丛书"之卷三、卷四（1965 年出版该书的合订本）。《两种喇嘛教神系》成为藏传佛教研究领域的经典著作。钢和泰开故宫藏传佛教研究之先河，其成就至今仍有着重要的价值。

钢和泰又于1928年6月被聘为故宫博物院古物馆宗教部审查员，1929年6月受聘为故宫专门委员；直至1937年3月16日去世，他一直参与故宫博物院文物审查及咨询等工作，并居住于离故宫不远的奥国使馆。

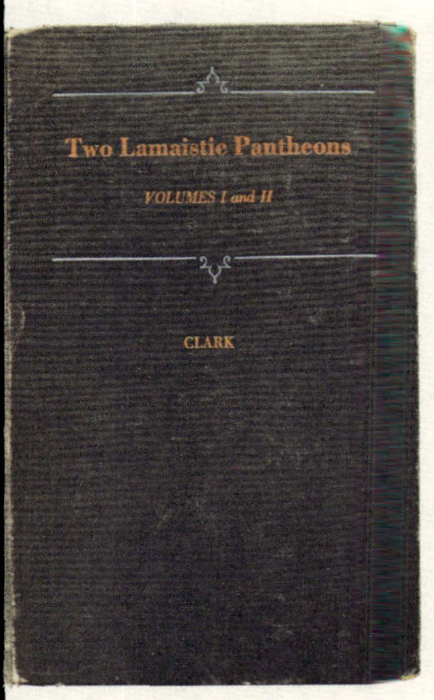

沃特·尤金·克拉克：《两种喇嘛教神系》，1937年初版

在与故宫博物院结缘的十年间，钢和泰除了参与故宫博物院文物审查鉴定及咨询指导等工作外，借助其对故宫藏传佛教遗址及佛像的考察研究，在清代宫廷宗教研究上取得了重要成果，如论文《两幅班禅达赖喇嘛先世图录评述》《乾隆皇帝与大首楞严经》，以及对《诸佛菩萨圣像赞》的发现等。其中《诸佛菩萨圣像赞》的发现是钢和泰对清代宫廷藏传佛教研究的又一个重要贡献。1930年11月20日，钢和泰还在北京大学研究所国学门做过题为《故宫咸若馆宝相楼佛像之考证》的演讲。

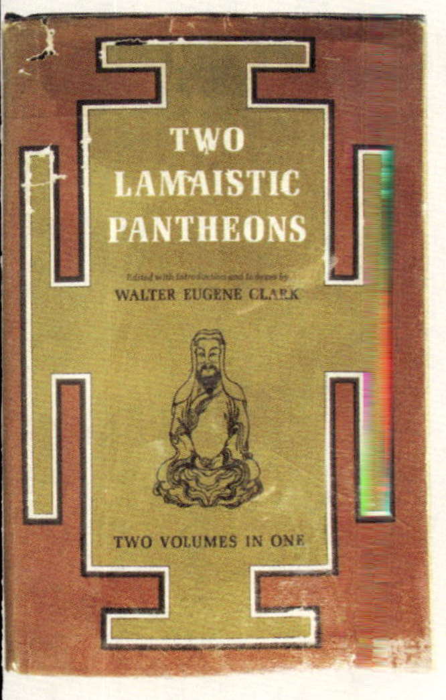

沃特·尤金·克拉克：《两种喇嘛教神系》，1965年再版

钢和泰认为世界各国博物院所藏的佛像，唯慈宁宫花园各佛殿所藏最为精美，对藏传佛教图像研究具有重要意义，但这些佛殿却因年久失修而破败不堪。因此，由他牵线，1929年6月4日，美国洛克菲勒基金会捐资五千美元修缮慈宁宫花园。故宫博物院成立了慈宁宫花园工程委员会，并聘任钢和泰、安纳、汪申、马衡与俞同奎为委员。在慈宁宫花园修缮期间，钢和泰除了参与工程委员会的有

关决策以外，还对慈宁宫花园建筑修缮前和修缮后的情形做了影像拍摄记录工作。为方便其进出故宫，故宫博物院向钢和泰赠送了徽章。可以说，钢和泰引介洛克菲勒基金会捐助故宫古建修缮，开创了故宫博物院利用国内外资金进行维修的新路子，也加强了故宫博物院与外界的联络和影响。

沈从文（1902—1988），湖南凤凰县人，中国著名作家、历史文物研究者。

关于沈从文先生是否在故宫工作过，有关书籍记载不一。为此，我便认真地查阅了故宫博物院的人事调动档案，发现一份调沈从文到故宫的档案。1956年5月9日，故宫博物院收到文化部文物管理局5月7日《调沈从文到故宫博物院工作通知》，该通知"主致"历史博物馆，"抄致"故宫博物院。通知说："你馆沈从文同志业经部同意调故宫博物院工作。接通知后，请即办理调职手续为荷。"随通知还附有沈从文、丁玲、刘白羽、王冶秋及中国作协党组的信函六件。看完所附信函，才知沈的这次调动是由他一封致丁玲的信引起的。他在1955年11月21日信中说："丁玲：帮助我，照这么下去，我体力和精神都支持不住，只有倒下。感谢党对我一切的宽待和照顾，我正因为这样，在体力极坏时还是努力做事。可是怎么做，才满意？来帮助我，指点我吧。"

丁玲（时任中国作协副主席）并未见沈从文，而是立即把沈的信转给了刘白羽（时任中国作协书记处第一书记）、严文井（时任中宣部文艺处长），并写了一封信。刘白羽收到丁玲的信后，遂给周扬（时任中宣部副部长兼中国作协党组书记）做了报告，并附送沈致丁、丁致他和严文井的信。这样批来转去，中国作家协会党组于1956年2月16日致函文化部党组，对沈的工作安排提出了建议："关于沈从文先生的工作问题，经我们几次和他本人及夫人接触，最后他夫人表示还是去故宫博物院主持织绣服饰馆，同时进行写作为好。……他的待遇以专家兼行政工作的办法解决。"

1956年5月7日，文物管理局便正式下发了调沈从文先生到故宫博物院工

沈从文先生

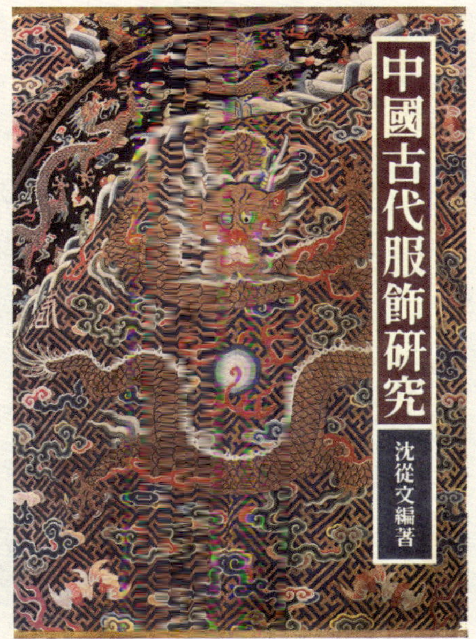

《中国古代服饰研究》

作的通知。调令已发，沈从文先生到故宫博物院工作应是不争的事实；但再细一看，这张调动通知的右边竖写着“没有来”三个字。在所附的中国作协党组致文化部党组的函件上，故宫博物院人事科注写了一段话：“因本人不愿来院工作，现征得组织全［同］意来我院陈列部兼研究员工作。”时间是 1957 年 1 月 23 日。这说明，虽然 1956 年 6 月就下了调动通知，但他并未到故宫报到，这半年多，他的工作大约仍在协商之中，最后还是没有离开历史博物馆。就是说，沈从文先生并未正式调入故宫博物院。

但关于沈从文先生曾在故宫博物院工作的说法，并非无稽之谈，而是事出有因。沈先生虽未正式调入故宫博物院，却实实在在地在故宫上过班，神武门内东侧大明堂原织绣组办公室有他的办公桌。他不只从事研究，还做了大量的实际工作，就连故宫博物院的一些人也理所当然地以为沈先生就是故宫的工作人员。

沈从文先生的文物研究兴趣广泛，涉及玉工艺、陶瓷、漆器及螺钿工艺等多个方面，但用力最勤、成就尤为突出的是织绣服饰的研究。他在故宫博物院做兼职研究员期间，受到了故宫领导和职工的尊重和支持，不仅取得了显著的研究成果，而且为故宫织绣馆的建立以及人才的培养付出了大量的心血，做出了突出的贡献。

沈从文先生当时在北京历史博物馆工作，任“设计员”，从事陈列设计、撰写说明的工作，也经常担当说明员的任务。历史博物馆就在午门及两侧的朝房。这就为沈先生与故宫博物院的联系提供了方便条件。

故宫有着大量丰富的宫廷织绣服饰，沈从文到故宫兼任研究员后，参与并指导了对这些藏品的整理。正如他所说：“故宫藏上万种绫罗绸缎，我大抵都经过手。”不只是织绣，他通过努力钻研，对故宫的绘画等多种藏品也极其熟悉。1973 年，沈从文先生曾为安徽省马鞍山市恢复太白楼草拟陈列方案和参考资料，在《历代绘画和李诗有关材料》中，共提供了与李白诗歌有关的四十件绘画，其中二十八件是

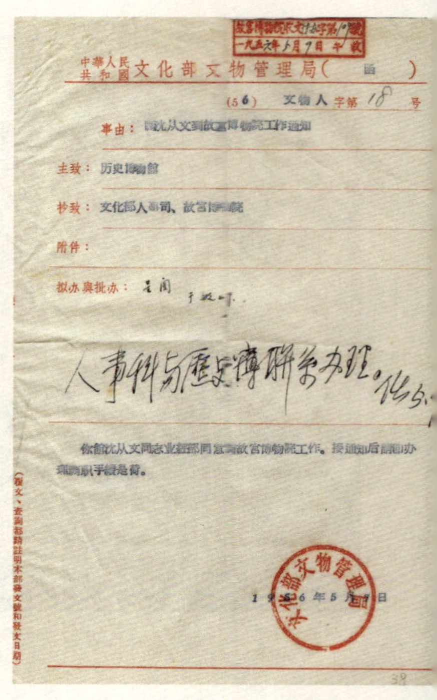

中華人民共和國文化部文物管理局（函）

（56）文物人字第18号

事由：调沈从文到故宫博物院工作通知

主致：历史博物館

抄致：文化部人事司、故宫博物院

附件：

拟办與批办：

你館沈从文同志业經部同意调故宫博物院工作。接通知后請即办理离职手續是荷。

1956年5月7日

（复文、查询都請註明本部發文號和發文日期）

文化部文物局调沈从文来故宫博物院工作的通知（引自《故宫博物院九十年》）

故宫藏品。他在提到每件画时，或注明在《故宫周刊》某期，或注明“故宫”，或注明“故宫单印本，可用”等。

沈从文对故宫有着很深的感情，曾把自己花钱买的不少织绣样品或其他藏品捐献给故宫。1963年全国政协会议时，他提案建议，将京郊上方山庙宇中所存明代《大藏经》用织锦装裱的经面、经套调来北京。此提案通过后，故宫博物院派人挑选了约一千七百多种并保存在织绣组。故宫博物院对沈从文的研究工作及他承担的其他工作，始终给予热情支持。1960年，沈从文先生协助工艺美术院校编写、校订专题教材，向故宫求助，故宫即在北五所库房里腾了几间房子，提供陈列院藏的一些文物供编写者观看，又提供了大量有关图录、文献和图像资料。

故宫博物院丰富的织绣藏品为沈从文先生的研究工作提供了难得的实物资料，他如鱼得水，潜心研究，写出了一批很有价值的论文，有的生前未曾发表。1956年秋，他撰写了长达一万八千字的《中国刺绣》一文，运用院藏文物、历史资料和出土实物，全面论述了中国刺绣的发展历史以及不同时代在艺术和技术上的特色，并对“琐丝法”“铺绒法”“洒线绣”“平金绣”“缂丝”等现仍常用的几种技法的历史及艺术特征做了详细介绍。故宫博物院织绣组于1956年10月28日将此文作为《中国织绣参考资料》之一种，油印四十五份供内部交流。1959年，沈从文先生发表《清代花锦》一文，以清宫藏品为基础，研究了整个清代锦缎的内容及与明代艺术特点的不同。他还发表了《介绍三片古代刺绣》《谈皮球花》《谈挑花》《谈广绣》《谈杂缬》《谈锦》《蜀中锦》《花边》《从文物中所见古代服装材料和其他生活事物点点滴滴》等文章。这是沈从文学术生涯中一个十分重要的时期，为他以后的进一步研究打下了良好的基础。

故宫织绣馆是1959年中华人民共和国成立十周年时与青铜器馆、陶瓷馆、历代艺术馆同时对外开放的。沈从文先生1959年为织绣馆拟写了一万一千余字的《织绣陈列设计》，分“前言”“陈列目的”“主题结构”三个部分。这一缜密而系统的陈列设计得到批准后，沈从文又与故宫同事一起布展，使这个专馆向群众开放，达到了预期目的。

沈从文先生一直认为，明清丝绸中的精美图案是能直接为生产服务的。送文物上门到工厂、学校，便于生产或教学工作的同志——特别是丝绸设计师傅看看，作为学习和参考，启发生产设计，丰富新品种内容，并解决民族形式的要求。出于这一目的，他于1958年夏秋带故宫博物院和中国历史博物馆部分馆藏明清绸缎、刺绣，先后到杭州、苏州、南京三地，贴近我国丝绸织绣生产基地做巡回展出，历时三个月。

清宫遗存的服饰织绣品相当丰富，研究力量当时则十分薄弱。1956年，故宫博物院从社会上招收了一批高中毕业生，沈先生亲自指导织绣组的年轻人进行织绣服饰的整理、分类、排架，为他们讲课，买经书皮子，出外考察也常带着他们。在沈先生的指导和扶持下，这些人进步很快，有的后来成为这方面的专家；如陈娟娟，后来成长为故宫博物院研究员、国家文物鉴定委员会委员、中国丝绸文物复制中心副主任，出版了多种著作。

在查阅故宫档案及翻看《沈从文全集》的基础上，我于2005年写了长达一万二千字的《沈从文与故宫博物院》一文，《新文学史料》2006年第一期转载。因为同时公布了沈从文、丁玲、周扬等人的信函影印件，在文学界还产生了一定影响。不久，丁玲的先生陈明因我发现了这批难得的史料，在原《人民文学》杂志负责人、我的陕西乡党周明陪同下，还专门到故宫博物院向我表示谢意。

罗哲文（1924—2012），四川宜宾人，中国古建筑学家，国家文物局古建筑专家组组长，原中国文物研究所所长。

2010年是罗哲文先生从事文物工作七十年，我曾以《鹧鸪天》一阕为贺：

皓首回眸履迹深，李庄风雨北京尘。冲冠一怒遗珍护，凝目三思文脉存。
欣摄影，喜长吟，人生况味自缤纷。八旬犹负千钧重，时现神州不老身。

罗哲文先生

《罗哲文全集》

通过这首小词，我想大致勾勒出罗老的人生踪迹。中国营造学社是朱启钤先生倡导、于1930年成立的研究中国古代建筑的专业学术团体。学社的宗旨，是以现代科学方法与现代科学技术对我国博大精深的古代建筑进行整理和研究，其精神实质是保护与传承中华优秀的传统建筑文化。抗战时期，这一学术机构迁到了四川宜宾李庄。与此同时，历史也把机遇赐给了宜宾一个十六岁的年轻人。他抓住了这个机遇，遇到了许多好人、有学问的人，他一点一滴地学习，学习营造技艺，学习对传统文化的热爱，更学习如何做人。这个年轻人在岁月的消磨中成长、成熟，也渐渐地有了成就。从长江边的李庄到共和国首都北京，历史的风雨烟云、人生的雪泥鸿爪，整整七十年，回首似乎在弹指之间，但其中况味，又岂是几句话能说得清楚？

罗老懂得，营造学社的理念在于保护优秀的文化遗产。遗产中蕴含着中华文化的精神。遗产是珍贵的、脆弱的，也是不能复制的，因此对其保护永远是第一位的。重点文物保护单位、世界文化遗产、历史名城、文化名村，罗老和一批文物界老专家一起，总是四处呼吁，奋力保护。这个平素温和的老人，为了古建保护，常常疾言厉色、怒不可遏。他们的努力也收到明显效果，中国文化遗产事业也在争辩中、斗争中发展。可谓“冲冠一怒遗珍护，凝目三思文脉存”！

罗老又是个多才多艺的人。建筑是一门艺术。当年能够踏入营造学社的大门，从众多的应征报名者中脱颖而出，他的绘画天赋起了很大作用。艺术是相通的。从我认识他起，就见他每次开会总是带着相机，常常从主席台上走下，选择着不同角度，忘情于拍摄之中。他又喜欢作诗，大凡与文物有关的、大的活动，他都会赋诗，或祝贺，或纪念，感情真挚。他还擅书法，他的墨宝在许多遗产地都能看到，而书写自己的诗作，诗书相映，更是一种乐趣。他的生活缤纷多彩，饶有趣味。

2010 年 4 月的一天，中国紫禁城学会在武当山召开学术研讨会，作为顾问的罗老欣然出席。从北京坐飞机到襄阳，再坐汽车到武当山，已是夜晚十二时左右；第二天上午开会，晚上返回北京，又是深夜。这次与罗老同去同回，我已感到有些疲累，而八十六岁的罗老却始终精神振作，令我感佩不已。我知道，支撑他的是一个信念、一种责任、一股力量，是肩上的遗产保护的千斤重担。

从 2002 年以来，遵照国务院的决定，故宫开始了百年大修工程，为此成立了由古建、考古、博物馆、文物保护等多方面专家组成的专家咨询委员会，由罗老担任主任。这是很高的荣誉，也是一份沉甸甸的责任。这次故宫大修，我与罗老一样，都有着一个美好的梦——故宫梦——完整地保护故宫之梦，我们与故宫同人、社会各有关方面走过了十年历程，共同筑建着这一美梦，也在努力让梦想变成现实。

故宫、颐和园、天坛，三个明清皇家建筑、三处世界文化遗产的同时维修，

2016年10月，罗哲文基金管理委员会在恭王府成立。持牌者为[illegible]与文化部原副部长、国家文物局原局长、中国文物保护基金会理事长励小捷。

引起海内外的高度关注，也引来一些争议。故宫博物院受到空前的压力，作为专家咨询委员会主任的罗老自然首当其冲。2007年5月，三个国际遗产组织在北京联合举办了“东亚地区文物建筑保护理念与实践国际研讨会”，现场的考察、认真的研讨，澄清了事实，统一了认识，肯定了故宫维修的做法，通过了具有历史意义的《北京文件》。在那一段压力巨大的情况下，罗老与我们都未消沉，仍然坚持并坚信中国传统的建筑工艺，仍然继续努力。罗老对那种脱离中国古建实际的教条主义不以为然，始终澄怀达观，不为所动。

2012年的3月末，故宫博物院举办《明代宫廷建筑大事史料长编——洪武建文朝卷》新书发布会，罗老亲临会场。这部系列丛书是故宫博物院委托中国紫禁城学会编撰的，对故宫保护以及中国古代宫廷建筑的研究和保护都有重要作用。罗老对这部书的出版给予很高评价，希望继续完成全编，不幸竟成绝响。

罗老谢世，霁翔同志与我曾联名撰文，以《永远留在故宫的学者》为题，怀念罗老为故宫保护做出的重大贡献，表达了我们的共同崇敬与怀念。

还真是有缘，2016 年，中国文物保护基金会拟设立罗哲文专项基金管理委员会，基金会理事长励小捷要我做主任，我觉得义不容辞，就答应了。这属于全国性公募基金会，主旨是推进中国文化遗产和非物质文化遗产保护事业，弘扬罗老的精神，整理罗老生平收集的文献资料等。自成立以来，管委会通过社会募集渠道获得了各界不少资金捐赠，现正在积极开展各项文化遗产保护学术活动和宣传推广活动。

饶宗颐（1917—2018），字伯濂，又字选堂，号固庵，生于广东潮安（今潮州）。一生致力于中华传统学术文化研究，涉及领域广阔，经史、礼乐、哲学、宗教、文学、艺术、文字、古籍、目录、甲骨、简帛、敦煌、石刻、碑帖以

饶宗颐先生的画作

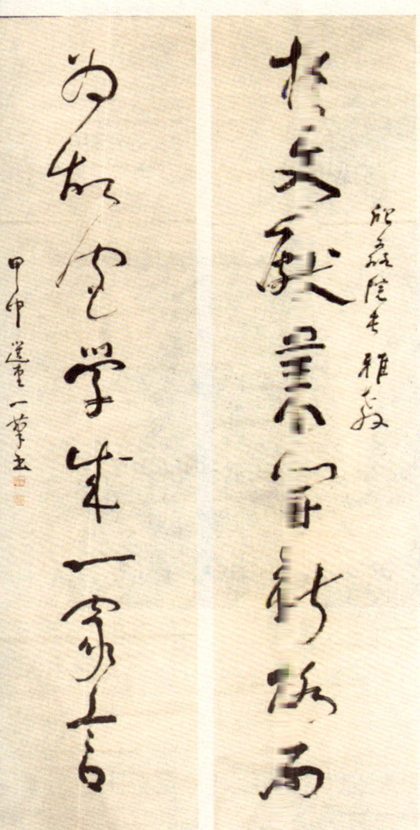
饶宗颐先生赠郑欣淼草书联

及中外关系诸学，无不深耕细作，有著作约八十余种，论文及其他文章逾千篇，成就卓越、贡献突出，为国际汉学界所公认，有“汉学大师”之称。

20世纪末，我在国家文物局工作，因文化遗产的保护与研究，与先生相识，常有机会向先生请益，特别是我到故宫博物院工作后，与先生交往更多。故宫是中国第一大综合博物馆，藏品丰富，与先生的研究多有契合。先生的甲骨名著《殷代贞卜人物通考》，从郭沫若《卜辞通纂》、罗振玉《殷虚书契续编》、胡厚宣《战后京津新获甲骨集》中转引的马衡、谢伯殳旧藏甲骨，就藏在故宫。先生引述古籍，常引《武英殿聚珍版丛书》，原版也在故宫。先生研究书画，推崇倪（云林）、黄（公望）和以八大山人为代表的明遗民画家们的作品，也以故宫收藏最为宏富。故宫的学术工作，需要先生指导，自是必然。

我于2003年10月18日在南京博物院的一个论坛上正式提出“故宫学”的学术概念。先生对“故宫学”曾给予充分关注与殷切期望。

香港大学于2004年7月31日在香

2007 年，饶宗颐先生与郑欣淼在香港。

港成立“饶宗颐学术馆之友”，适值先生米寿，我受邀出席开幕式并在会上致贺，且以《踏莎行》抒写感想：

简帛寻幽，梵音探奥，中西今古融神妙。迩来高论亦惊人，童心未共流光老。　绝学薪传，斯文克绍，几多求友嘤鸣鸟。先生莞尔盛门墙，香江自有山阴道。

这次我专门拜谒先生，以初步拟定的“故宫学”构想及故宫博物院学术发展规划向先生请教，获得先生的肯定与鼓励。过了十天，8 月 11 日，我意外地收到先生托人捎来的一副草书对联：“於文献丛开新格局，为故宫学成一家言。”上款为“欣淼院长雅教”，落款为“甲申选堂一笔书”，又钤有两方朱印。这是学术泰斗对后学晚辈的厚爱和鞭策，殷殷之情，溢于纸上，令我惊喜万分。饶公善写大字，草书不多，这幅作品，自然十分珍贵。

2006 年 12 月在香港举办的“学艺兼修 · 汉学大师——饶宗颐教授九十华诞国际学术研讨会”上，我做了《故宫、故宫文化与故宫学》演讲，论述提出了故宫学的目的与意义。先生说，故宫学确实是一门大学问，大有可为。

我很喜欢先生的绘画，他的宗教画，他的荷花，都有独到之处。2001 年 10 月，当时的中国历史博物馆曾举办“饶宗颐教授书画作品展”，展品中的《布袋和尚》及《青城山水》尤见先生特色。我写了《儒生本质 文人情怀》一文对这两幅画进行评析（刊载于香港《文汇报》2004 年 10 月 9 日）上，得到先生的首肯。2006 年，香港有关方面拟将先生七十余年来在书画方面的艺术成就，编辑一套皇皇十二册的《饶宗颐艺术创作汇集》，笔者不才，有幸受邀，成为《汇集》推荐人，为其中第四册《腕底山川》撰写了名为《贯通融汇 领异标新》的代序。

2008 年，故宫博物院举办了“陶铸古今——饶宗颐学艺历程”展览，共有书画展品一百零八件，释道书画不少，尤见先生“不古不今”“亦古亦今”之陶铸“古今”特色。其中十件捐献故宫，成为永久的珍藏。笔者受邀为《陶铸古今：饶宗颐书画集》撰写了名为《不古不今 亦古亦今》的代序。

2018 年 2 月 6 日凌晨，先生在香港家中安详仙逝，噩耗传来，不胜悲痛。香港的饶宗颐先生治丧委员会，我也忝列为委员。回想与先生二十年的交往，感触良多，祇撰挽联一副：“文明巨匠，接武而兴，不吝垂青开后学；天地士夫，忘年之契，同持心丧哭先生。”以此遥表不尽的哀思

谢辰生（1922— ），江苏武进人。曾任郑振铎先生秘书，我国著名的文物专家。

中华人民共和国成立以来，谢辰生先生一直在国家文物行政管理机关工作，参与、经历或见证了文物战线的一系列重大事件。《谢辰生先生往来书札》和《谢

2014 年，谢辰生先生与郑欣淼在故宫清稽查内务府御史衙门。

辰生文博文集》两书不仅是谢先生个人关于文物保护理论和实践的记录与总结，凝结着他的心血汗水，是他的成果贡献，而且从一个方面反映了中国文物保护事业的不平凡历程，从中可见时代风雨、历史烟云，具有重要的文献史料价值和借鉴启示意义。

2010 年 9 月 16 日上午，这两本书的首发式暨座谈会在故宫博物院漱芳斋及兆祥所隆重举行，我在会上谈了谢老在文物保护上的四个突出特点：

其一，谢辰生先生对中华民族的历史文化有着无比的敬畏感与自豪感。对民族的文化遗产有着深厚的感情，对这些遗产的价值和意义有着充分的认识。他给“文物”一词赋予了符合时代精神的科学含义。他懂得这些文物是民族历史文化的载体和积淀，是文明的见证，是我们与祖先联系沟通的渠道，是中华民族的文化根基。因此，他由此有了一种保护文物的使命感，这是支撑他坚持保

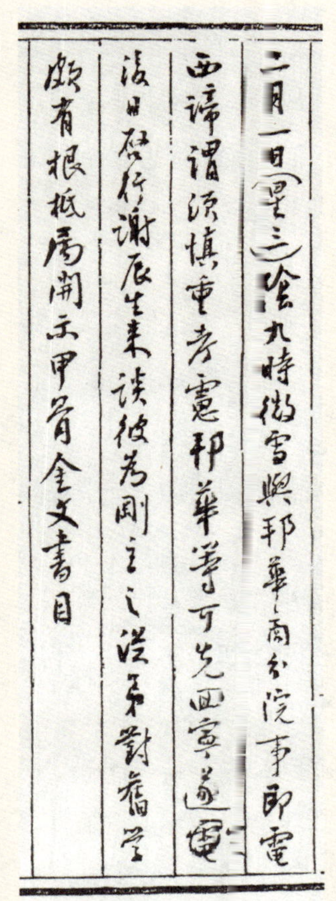
二月一日（星三）阴 九时偕雪与耶华两分院事即电
西谛谓须慎重考虑耶华等可先回宁[illegible]
后日启行 谢辰生来谈彼为刚主之从弟 对旧学
颇有根柢 属开示甲骨金文书目

马衡日记（1950年2月1日）中有关谢辰生先生的记载

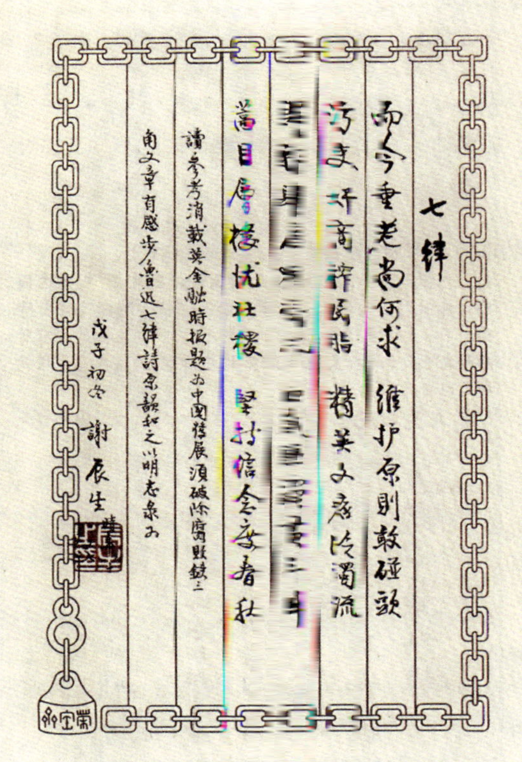
七律

而今垂老尚何求 维护原则敢碰头
污吏奸商榨民脂 精英文痞泛浊流
[illegible]
[illegible] 坚持信念度春秋

读参考消息载英金融时报题为中国发展须破除腐败[illegible]文章有感步鲁迅七律诗原韵和之以明志云

戊子初冬 谢辰生

谢辰生诗作《七律》手迹

护信念的巨大的内在动力。不管在什么时候，什么情况下，或是新旧鼎革的20世纪50年代，或是“横扫一切”的“文化大革命”时期，或是“城市改造”的现代化建设之中，他都没有动摇对民族文化遗产的热爱。因此，他对文物保护始终都有一个坚定的立场。

其二，谢辰生先生对遗产本身、对文物本体的性质与特点有着深入的研究和全面的掌握。他深知文物是不可再生的，文物是脆弱的，文物本体与环境风貌是不可分割的，文物是需要整体保护的；文物修复要修旧如旧，要努力保护遗产的真实性和完整性，反对对遗产进行商业性开发，反对将文化遗产简单地当作生财工具，疾呼制止文物走私、盗掘等。这种基于对文物特点认识的文物保护理念和主张，符合中国文物保护事业的实际，因而收到了积极效果。

其三，谢辰生先生对文物保护事业事无巨细，都很关心在意，但他最为关注的是一些带有倾向性的重大问题，这些问题往往与一些地方政府的指导思想有关，带来的危害大，纠正起来难度也大。中央领导同志对他的一些建言的肯定和支持，也基于这些问题具有代表性。这是谢辰生先生为中国文物保护事业做出的重大贡献。

其四，谢辰生先生具有一种坚定的原则精神、一种顽强的抗争精神，为了文化遗产的保护，不畏权势，不受利诱，不怕得罪人，在自己身患重病之后、年届耄耋中，仍坚持这种浩然正气，到处奔走，不屈不挠，为文博界树立了典范。

正是出于对文化遗产的热爱，对故宫价值的充分认识，谢老对故宫的保护、对故宫博物院的发展，始终给予关心和支持。谢老与故宫也有缘分。1950 年 2 月 1 日，一个微雨的天气，二十八岁的谢辰生拜谒了故宫博物院院长马衡。马衡当天在日记中写道："谢辰生来谈。彼为刚主之从弟，对旧学颇有根底。嘱开示甲骨、金文书目。"20 世纪 50 年代初，谢辰生先生奉文物局局长郑振铎之命到上海将鹿文波开文制版所和戴圣保申记印刷所的职员与设备全部迁入京城，成立故宫博物院印刷所，使故宫拥有了高水平的彩色铜版与珂罗版印刷设备，后来在故宫印刷所基础上组建了文物出版社印刷厂。进入新的时期以来，谢辰生先生与许多文博界老专家一起，为故宫的保护做出了极大的努力。特别是在故宫维修以及故宫文物保护中，谢先生作为顾问，多次拖着病躯，刚拔下输液针头就来参加会议，令我们十分感动。

谢辰生先生是我在文博界唯一的常有诗词往还的人。2007 年 8 月，他以《步鲁迅七律〈自嘲〉》示我，抒文物保护之心志，诗曰："而今垂老尚何求？维护原则敢碰头。污吏奸商榨民脂，精英文痞泛浊流。群邪肆虐犹待机，正气驱霾贯斗牛。蒿目层层忧社稷，坚持信念度春秋。”我步韵奉和：“皤然一叟复何求？为续文明敢碰头。古物保全誉侪辈，名城守护抗凡言。人生风雨识途马，世事苍黄孺子牛。春草池塘思小谢，登高自是笑清秋。”他九十八寿辰又逢两本新著出版，我赋《千秋岁》祝寿，其中有云：“真卫士，多文豪。正颜陈病弊，薄海蒲牢吼。”

2014年元月一天，九十二岁的先生走过高高低低的不少台阶，来到我所在的故宫清稽查内务府御史衙门办公室，畅谈甚欢。他赠我刊有《谁也不能把文化“化”没了》一文的报纸，言及当时城镇化名义下破坏文物建筑的事情，慷慨激昂，我深为感动，遂写了《喜辰生先生寒日衙门见过，谈文物保护，感而记之》的古风，诗的最后几句是：“眼下竞言城镇化，慎防文化化中失。古建不是无情物，浮生何觅灵明宅？殷殷野老心如焚，察察中枢有明识：望中应见山与水，心底自可乡愁忆。”

2005年3月，先生将其兄刚主的《谢国桢全集》十卷惠赠，我喜吟：“野史尽藏瓜蒂庵，金针每见放心谈。”先生提议编印《新中国捐献文物精品全集》，首批书面世时，他赋诗一首并以见示，我当然要奉和。2018年初，我曾到北京五环拜望先生并贺乔迁，有诗曰：

五环堪放目，郊野已春归。
覃思犹持管，徐行不杖藜。
平生气常壮，盛世语多危。
四代同堂乐，期颐自可期。

景仁荣榜

故宫博物院的藏品在不断地增多和充实，与社会各界人士的踊跃捐赠密不可分。从 1939 年至 2020 年 9 月，社会各界向故宫博物院捐献文物的人士共七百九十三位，捐献文物等共一万九千五百五十件。在这一串长长的名单中，有国家领导，也有普通民众；有海外侨胞，也有外国友人。每位捐献者几乎都有令人感动的事迹。他们献出的不只是一器一物，更从中体现了爱我中华的仁心义举，展示了天下为公的佳德懿行。

景仁宫内的景仁榜

为了表达对捐献者的崇敬之情，并彰显其事迹、弘扬其精神，故宫博物院于2005年建院八十周年院庆之际，特在内廷东六宫之一的景仁宫专设“景仁榜”，将捐献者的名字按年份镌刻于墙上，以作永久纪念，出版了记述捐献者的《捐献铭记》一书，并在景仁宫有计划地举办捐献文物展览。

以下介绍张伯驹、孙瀛洲、郑振铎、周绍良、李羌五位。

张伯驹（1898—1982），字家骐，号丛碧，河南项城人。张伯驹先生是我国老一辈文化名人中集收藏、书画、诗词、戏剧于一身的奇才名士，著名爱国民主人士。曾任故宫博物院专门委员、国家文物局鉴定委员会委员，吉林省博物馆副研究员、副馆长，中央文史馆馆员。他一生苦乐兼备、命运多舛，富不骄、贫能安，心怀坦荡超逸，性情慷慨率真，堪为名士典范。特别是他不顾身家性命，抢收中华稀世文物，后来又将所藏部分珍贵文物无偿捐献给国家的爱国之举，更体现了一代名士的大德懿行。

20世纪三四十年代，国家积贫积弱，大批祖国历史文化瑰宝和珍稀文物遭

文化部颁发给张伯驹潘素的褒奖状

张伯驹先生与夫人潘素女士在品评画作。

到破坏，甚至被盗卖出境。基于强烈的民族爱国热情和对民族文化遗产的沉浸酷爱，张伯驹先生和夫人潘素一起，不惜以祖传和多年积蓄的巨额家财，尽可能多地购藏珍稀国宝，使之不至于流落海外。在几经周折购入《平复帖》并捐献国家后，先生释然道："在昔欲阻《照夜白图》出国而未能，此则终了夙愿，亦吾生之一大事。"（《春游社琐谈·陆士衡平复帖》）在那个动荡的年代，张伯驹先生以一己之力阻止了许多珍贵文物流往国外，显得尤为悲壮。一件《游春图》使他从豪门巨富变为债台高筑，不得不变卖在弓弦胡同的一处宅院。

张伯驹先生慧眼识宝，所藏书画几乎件件堪称中国艺术史上的璀璨明珠。陆机的《平复帖》是我国传世文物中最早的一件名人手迹；展子虔的《游春图》则为传世最早的一幅独立的山水画，在中国书法、绘画史上，均为开篇述祖之作。其余收藏，如唐杜牧的《张好好诗》、李白的《上阳台帖》也都是传世孤品；宋黄庭坚的《诸上座帖》、赵佶的《雪江归棹图》等，也都是在我国艺术史上占有独特地位的重要文物。为保护这些珍贵文物，先生费尽波折，早已将生死置之度外。在西迁入秦途中，他将国宝《平复帖》缝入衣被，虽经跋涉离乱，未尝去身。更有甚者，1941 年，当遭受非法绑架，被索以三百万巨资，并以"撕票"相威胁时，先生仍然关照夫人：宁死魔窟，决不许变卖所藏。这些往事，都已成为文化艺术界久传不衰的佳话，其遭际亦为古今收藏家所未有。

对于斥巨资购藏并用心血保护的法书名画，张伯驹先生并不视为一己所有。人生有限，文物永生，以往的收藏家也许有这种认识，everyone个人收藏视为"烟云过眼"，或认为自己的收藏只是"暂时"的。此论自与"子孙永宝"之辈别如天壤，然亦只是个人修养而已。而张伯驹先生之初衷就是为国家、为民族而保护这些国宝，将其看作全民族的文化遗产。先生曾言："予所收蓄不必终予身为予有，但使永存吾土，世传有绪。"（《丛碧书画录·序》）在先生看来，自己所藏首先属于国家、民族，只要国家能留住它们，代代流传，也付出多大代价也在所不惜。所以先生虽与苏东坡等同有"烟云过眼"的感觉，但内涵却大有区别。

和每一个收藏家一样，张伯驹先生所收藏的国宝书画最终的归属，一直是他思考的问题。他很早就打算将这些国宝还之于民。什么时候捐赠？捐赠给谁？对他来说无疑是一次政治选择。中华人民共和国成立后，张伯驹夫妇积极投身于建国初期的文化教育事业，和许多民主人士一样，对新中国有了深刻的认识和理解，与党和国家领导人建立了深厚的感情，遂将"一生所藏真迹，今日尽数捐献国家"。他的这个选择是经过郑重考虑的，也经过了时间的考验。1956 年，张伯驹先生夫妇将包括《平复帖》在内的八件书画精品，无偿捐献国家。时任文化部部长沈雁冰为张伯驹颁发了褒奖令，状曰："张伯驹、潘素先生将所藏晋陆机《平复帖》卷、唐杜牧之《张好好诗》卷、宋范仲淹《道服赞》卷、蔡襄《自书诗》册、黄庭坚《草书》卷等珍贵法书共八件捐献国家，化私为公，足资楷式，特予褒扬。”当国家欲重金奖励之时，先生断然不取分文。

其中宋范仲淹《道服赞》卷，故宫博物院1947年就拟收购，可是已由张伯驹先生议价定为黄金一百一十两，而行政院拨款仅五千万元，不敷支付，在平理事会拟再呈请行政院续拨两亿元，故宫博物院第七届理事会第一次常务会议（1947年11月29日）的决议是“价过高，暂不收购”。其后，先生又将宋杨婕妤的《百花图》等捐献给吉林博物馆。这批珍贵文物现已成为国有博物馆的镇馆之宝，为中华民族所共享。

先生无私奉献的精神，高山景行，千秋永志！

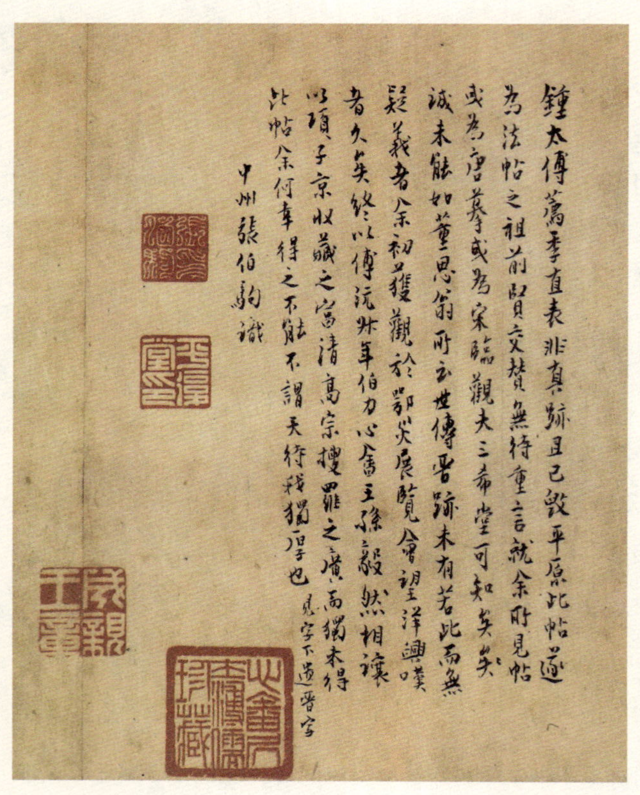

鍾太傅薦季直表非真跡且已毀平復此帖遂為法帖之祖前賢文賛無待重言就余所見帖或為唐摹或為宋臨觀大三希堂可知矣矣誠未能如董思翁所云世傳晉跡未有若此而無疑義者余初獲觀於鄂災展覽會望洋興嘆者久矣終以傅沅叔年伯力心畬王孫毅然相讓以項子京收藏之富清高宗搜羅之廣而獨未得此帖余何幸得之不能不謂天待我獨厚也

見字下遺晉字

中州張伯駒識

《平复帖》张伯驹识

孙瀛洲先生

《孙瀛洲的陶瓷世界》，紫禁城出版社，2003年

孙瀛洲（1893—1966），河北冀县（今衡水冀州市）人。早年在北京的古玩店当学徒，后独立开办了敦华斋古玩店，成为当时著名的古董商和鉴定家。1956年3月，应邀到故宫博物院参与古陶瓷鉴定工作，同年成为故宫博物院正式职工，在陶瓷研究室工作。

孙先生捐献给故宫博物院的文物共计三千余件，包括陶瓷、青铜、珐琅、漆木、雕塑、文具等诸多器类，其中尤以陶瓷为主，占三分之二以上，包括晋、唐、宋、元、明、清各代名窑珍品。

在孙先生捐赠的两千多件陶瓷中，不乏宋代官窑盘、官窑葵瓣口洗、哥窑弦纹瓶、哥窑双耳三足炉、汝窑洗、定窑白釉划花葵瓣洗，元代红釉印花云龙纹高足碗，明代永乐青花折枝花纹折沿盘、宣德青花折枝花纹执壶、成化斗彩三秋杯，清代康熙釉里红加彩折枝花纹水丞、康熙斗彩雏鸡牡丹纹碗、雍正仿成化斗彩洞石花蝶纹盖罐、乾隆粉彩婴戏纹碗、乾隆炉钧釉弦纹瓶等稀世珍品，其中有二十五件被定为国家一级文物。而且在这些瑰宝中，许多当初就是专门为皇家宫廷烧造的，入藏故宫可谓物得其所。我曾请教一位故宫专家，如果只选两件，您认为孙先生所捐瓷器中最重要的是什么？他说，他个人认为，一件是明永乐甜白釉暗花龙纹碗，此件制作精美，永乐官窑瓷器署年款者极少，此碗不但署款，而且款字清晰，更显弥足珍贵；另一件是明宣德青花折枝花纹八方花盆。这两件具有标准器价值，可以说对书写陶瓷史和填补故宫瓷器空白具有不可替代的作用。

孙先生的鉴定知识涵盖众多领域，而尤以陶瓷鉴定为最。他不仅是公认的明清陶瓷鉴定大家，享有“宣德大王”的美誉，而且还是宋、元陶瓷研究的开创者和奠基人。20 世纪 50 至 60 年代，孙瀛洲先生主持并参与对故宫博物院所藏瓷器的整理、编目与鉴定，以及藏品等级的划分等，亲自编目制卡，扎扎实实地做基础工作。他还从院藏陶瓷中鉴别出了过去一直未被认识的汝窑罐盖及多件官窑、哥窑瓷器等稀世珍品。他为故宫和全国陶瓷界培养出了耿宝昌先生等一批陶瓷鉴定大家，为故宫博物院的陶瓷研究奠定了坚实基础。

孙先生发表的《谈哥汝二窑》《明嘉靖青花加彩鱼藻罐》《成化官窑彩瓷的鉴

明宣德青花折枝花纹八方花盆

明永乐甜白釉暗花龙纹碗

甜白釉暗花龙纹碗白胎内底锥拱“永乐年制”四字

别》《我对早期青花用料的初步看法》《试谈永乐、宣德景德镇官窑瓷年款》《元卵白釉印花云龙大宝盘》《瓷器辨伪举例》《元明清瓷器的鉴定》《元明清瓷器的鉴定（续）》等论文。其所得出的一些有关鉴定的理论与经验，至今对古陶瓷鉴定仍具有重要的指导意义。

孙先生曾当选第四届全国政协委员，这在与孙先生类似背景的同时代人中是不多见的。这既是政府和社会对孙先生所做贡献的褒举，其实也是对孙先生为代表的一大批人士的尊重和肯定。

孙瀛洲先生的道路是他同时代许多人共同历程的缩影。从学徒到经营者，从经营者到收藏家，从收藏家再到文物鉴定专家，从文物鉴定专家再成为文物捐赠大家，这是一条自学成才的道路，也是由小我到大公的升华过程。这既具有中国的时代特色，也符合世界文物大家的养成规律。

郑振铎（1898—1958），字西谛，笔名郭源新、西谛等。出生于浙江温州，原籍福建长乐。曾任中央文化部文物局局长、中国科学院考古研究所所长、文化部副部长，1958年因飞机失事遇难。

郑振铎先生是新中国文物事业的奠基者。他在负责新中国最初近十年的文物保护和考古发掘研究工作中，筚路蓝缕，功德永垂。这近十年也是故宫博物院发展的关键时期，对这座中国最大的国家博物院，郑先生从新中国文化建设和祖国优秀传统文化继承的高度，以政治家的高瞻远瞩与艺术家的精到见识，从厘清指导方针到理顺发展思路，从充实文物藏品到确定展陈方案，都倾注了大量心血。郑振铎先生向故宫捐献陶俑，也是值得大书特书的一件大事。

郑振铎生前最后一张留影（1958年摄）

1952年，故宫接收了郑振铎先生个人收藏的全部陶俑（其中包括一部分建筑模型和唐三彩器皿），计六百五十五件；后郑先生又向故宫捐献了两件南宋时期的泥塑罗汉像，总数达六百五十七件。这批陶俑主要是1947年春到1948年冬两年之间从上海的古董市场收购的。鉴于国内从未有系统地介绍这类古代殉葬物的图录，而他所收藏的明器陶俑又有某些是过去所未发现的，他就在收藏的同时，着手编印《中国古明器陶俑图录》。其中除一小部分见诸著录，其余都是他自己的收

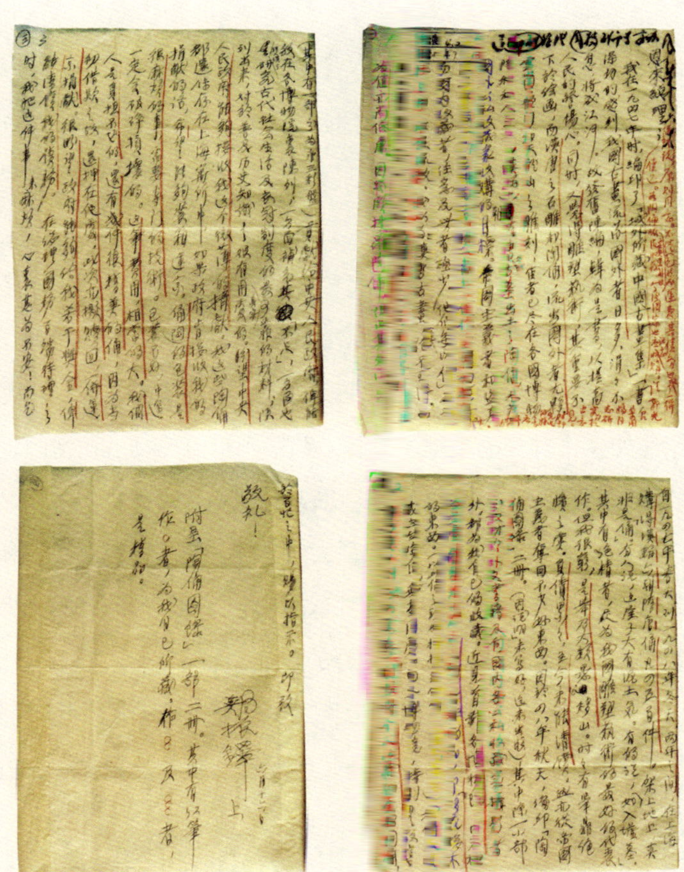

郑振铎为捐献陶俑致周恩来总理信。周恩来总理在此信上批示："送郭副总理、周扬副部长商办。"

藏。图版已由上海出版公司制就印成，但因"说明"未撰，迟迟未能面世。此书直至 1986 年才由上海古籍出版社出版，虽然是个憾事，但毕竟了却了郑先生的夙愿。

这批陶俑是郑先生殚精竭虑搜罗而来，多为精品，如他说："其中有绝精者，足为我国雕塑艺术的最好的代表作。"其巨大的艺术价值，使这批藏品本身有着很高的地位，与其他艺术珍品相比毫不逊色。这批文物被评为一级品的就有十八件之多，涵盖汉唐，而唐俑尤多。郑先生认为，在“俑”的历史上，唐代乃是一个黄金时代，最突出的是马俑和男女俑的制作。中国各时代没有比唐代的雕塑者对马匹的塑造更为活泼、更为全面、更为出奇制胜的了，而人物的创作也更是观察细腻、洞悉人性，显示出了他们的不同的性格。郑先生捐献的精华，主要是唐代的人物俑，尤其是一组持乐器的女俑，形神兼备、姿态各异；而对称伴舞的两件女俑，双角高髻，描眉点唇，长裙曳地，手臂甩动开合，动作优美、舒缓，艺术水平极高。那唐三彩骆驼在丝绸之路上长途跋涉、昂首长鸣的神态栩栩如生，背负的生丝、兽腿、鸭子、水壶等物生动清晰，釉色鲜明、形象传神的唐三彩马，更是难得的佳品。当时各公私博物馆这类藏品多不超过二三百件，首都各博物馆亦多贫乏，雕塑尤少。郑振铎确信这批文物在故宫展览中会引起轰动，在给友人的信中说：“‘故宫’正缺这一类东西。此次陈列出来，当大可轰动。因北京方面，亦久无好的陶俑出现了。”（《郑振铎书简·1952 年 8 月 30 日》）1953 年故宫博物院成立陶瓷馆，他捐献的一些陶俑陈列在内。从两位医生手中购回的唐三彩骆驼和马，后配置了座架，曾安放在故宫太和殿内展出，见者无不称美。

郑先生的捐品完善了故宫艺术藏品的种类，促进了雕塑艺术的陈列和研究。从传统的文物观念以及藏品的实际状况看，故宫博物院过去珍重的主要是铜、瓷、书、画等，雕塑等艺术品则没有受到足够的重视，雕塑中的陶俑类更没有地位。在郑振铎先生捐献这批陶俑之前，陶俑是阙如的。作为集各种艺术类大全的博物院，没有陶俑这一重要艺术品种，故宫的艺术门类显然是不完整的。郑先生捐品的意义，就在于推动故宫包括陶俑在内雕塑类艺术的展出和研究。正如郑先生所说，一方面补充其“不足”，一方面也提供了研究古代社会生活及衣冠制度的最真实可靠的材料。故宫早就有陶瓷馆，1958 年则筹办雕塑馆。我查阅了当时的会议记录，此事由唐兰先生主持，考古学家阎文儒、雕塑家刘开渠等参加；他们认真讨论了雕塑馆的主题思想，统一了对雕塑艺术地位的认识。《雕

郑振铎捐献的“唐三彩”——骆驼

郑振铎捐献的“唐三彩”——马

塑馆总说明》中写道：“在过去的时代里，雕塑艺术不为统治阶级及士大夫所重视，没有人去保护和研究，近百年来，帝国主义分子又乘机进行盗窃与破坏。只有在今天党的领导下，我们才能把历来不为人重视的雕塑艺术，初步收集并陈列出来，与广大群众见面，供给大家欣赏和观摩。”雕塑馆陈列品共计三百三十七件，其中复制品五十六件，有砖雕、画像石、泥塑及石刻佛造像，时代从商代到清季，而其中陶俑（包括铅俑、木俑、银俑）达到三分之一，这里面就有郑振铎先生所捐献的精品。尔后故宫又接受捐赠或购买了一批陶俑，总数量已达到三千件。故宫博物院古器物部下成立了雕塑组，有专人整理、研究陶俑，进行深入研究，当然任务还很艰巨。

周绍良（1917—2005），原籍安徽建德（今东至县城镇）。其祖父是著名实业家周学熙，父亲是著名佛学家周叔迦。周绍良先生是学术大家，也是收藏大家，而且是善于把收藏与研究结合起来的成果卓著的大家。

周先生的学术研究，徜徉于中国古

典文学、佛学、古文献学、红学、敦煌学等诸多领域且颇有造诣。他勤于著述，出版专著二十多部，发表学术论文数百篇，其学术思想和研究方法独树一帜，影响甚大。先生亦以收藏闻名于世，他有着独特的收藏视角，多着眼于藏品的历史文化内涵，而未走一般正宗正统的“古物”“古董”收藏的路子。周先生搜求的许多藏品，当时似乎并不怎么名贵，但到今天，亦为难得的珍品，使人不能不佩服其目光的敏锐。在学术研究上，周先生继承和发展了乾嘉学派的研究方法，注重考据，这就使他把收藏与做学问结合了起来，做到寓学于藏。丰富的收藏品往往成为他学术研究的对象，因研究的深入又致力于进一步的收藏，学与藏促进，相得益彰。例如，他的《红楼梦》各种版本的收藏与研究、古籍善本的收藏与研究、清墨的收藏与研究等，俱成就斐然，为世称道。

先生在清墨的收藏与研究上，别树一帜。笔墨纸砚是中国传统的书写工具，被称为“文房四宝”，其中墨更为中国所独有。周先生说：“我过去对于墨的收集，是相当有兴趣的，一则由于它不独具有实用价值，而且还具有艺术性，它体现了传统的木刻艺术，也体现在造型方面的艺术。如一些制墨家所制，不独在造型方面异彩纷呈，并且烟质细润，为书写者增加不少兴趣。其次是一些读书人甚或一些达官名宦，都各自有自用墨，颇具历史性。”可见，先生收藏墨，是着眼于其艺术性与历史性；而收藏的重点，则是清代有干支纪年及具有名款之品。经过几十年的不懈努力，先生收藏了一千余笏、两百多种年号墨（其中大多是名人自用墨），其中尤以雍正年间制墨和道光御墨最为珍贵。先生收藏的道光御墨填补了清墨研究，特别是御墨研究的空白。雍正年间制墨甚为稀少，藏墨大家寿石工只有一两块，张子高仅有一块，而先生藏有九块，不同年份者达八品，不同墨作者达六七家之多，当时的藏家无出其右。

周绍良先生不仅收藏墨，而且对墨进行认真的研究，挖掘积淀在墨品上的历史，如他所说：“每有所获，总喜欢为它作一点记录或考证。岁月既久，积稿颇多。”他的著作主要有《清代名墨谈丛》《蓄墨小言》《清墨谈丛》《曹素功制墨

周绍良先生

世家》等。在墨学研究上，周先生筚路蓝缕，起了开拓性的作用，做出了重要贡献。

1966年“文化大革命”爆发，周绍良先生面对横扫一切的局势，毅然将苦心搜藏的清墨及书画捐献给故宫博物院，使这些文化遗产得以完整保存。周先生捐给故宫的清代名墨共计一千件，从康熙到宣统各朝都有，均为二、三级珍贵文物，其中尤以雍正年间制墨和道光御墨最为珍贵，为研究古墨发展史的重要实物资料。其所捐书画，均为清代名人作品，法书十七件，包括清代“四大家”中的刘墉、铁保以及曹寅、康熙帝玄烨等的作品；绘画十一件，包括“扬州八怪”中的汪士慎和乾隆帝皇六子永瑢等人的作品。1998年，周先生又捐献经头签两件（现定为资料）。

周先生捐给故宫的清墨，不只是丰富了故宫墨的收藏，而且弥补了故宫收藏的缺项，使本来就十分丰富的故宫藏墨更成系列、更为完整，对墨的研究也更有意义。

周先生是我所尊敬的一位学者、一位长者、一位仁者。他除把藏墨及书画捐

周绍良捐墨：清道光年间潘怡和千秋光墨

周绍良捐墨：清雍正年间张大有恭进万寿无疆墨

献给故宫博物院外，还把其自己毕生收藏的文物捐献转让给国家图书馆及有的大学。其通达的收藏态度，是他慈悲为怀、谦和仁厚的心田的体现。2005 年 8 月 21 日，他溘然仙逝，享年八十八岁。因为多种原因，我与先生缘悭一面。8 月 25 日上午的遗体告别会，我因公务而未能亲往，下午即到双旭花园先生家的灵堂致哀，向家属慰问。

2008 年 3 月，第十一届全国政协委员会第一次会议期间，全国政协常委、中国佛教协会会长一诚法师提出在中国佛教图书文物馆基础上建立中国佛教博物馆的方案，征询我的意见，我表示完全赞同，并作为第一位联名者签了名。因为我知道，这个文物馆的首任馆长是周绍良先生。周先生凭着高深的佛学造诣及认真负责的精神，搜求了大量珍贵的佛教文物。而建立佛教博物馆，亦为先生的夙愿。

李敖（1935—2018），台湾著名学者、作家。

2005年9月25日，李敖先生在凤凰卫视总裁刘长乐陪同下到访故宫，参观了武英殿的《盛世文治——清宫典籍文化展》以及太和殿、景仁宫和钟表馆。在漱芳斋欣赏了五代顾闳中的《韩熙载夜宴图》等。我向李敖先生介绍了故宫大修、文物清理和学术研究等工作。我曾在凤凰卫视上看到他讲过，北京故宫有“宫”无“宝”，台北故宫有“宝”无“宫”，于是便介绍了北京故宫的藏品状况，他听后才知北京故宫收藏的丰富与珍贵，对自己所说连声表示“忏悔”，并说要把他收藏的一幅字捐献给故宫。

2006年3月，刘长乐先生转送来李敖先生给故宫的捐献，并有他的录像录音，他说了如下的话：

我请凤凰卫视刘长乐先生、王纪言先生到故宫博物院去见我所佩服的郑欣淼院长，履行我去北京时的一个宿诺。我在故宫博物院当场答应，将我收藏的“孤魂野鬼”——乾隆皇帝的书法捐出来。这是一件国宝，是乾隆皇帝在我国五代时期书法家王著的《千字文》后边写的跋语。它与原件早已分家，流落到台湾，阴差阳错到了我的手里。这个字本来就是在故宫写的，今天我把它捐出来，使它回到故宫，成就了一段佳话。所以不但我回来了，我还把“孤魂野鬼”带回来了。

最后的感想，就是再也不要去逛故宫博物院了。因为看了以后你“天良发现”，把你手里所有的“赃物”捐出来，今天就是个例子。我回到台湾拖了五个月，最后才履行这个诺言，又不甘心，又很高兴。谢谢故宫博物院的郑欣淼院长。

李敖先生捐献给北京故宫的是清乾隆帝为王著所书《千字文》而题写的一首行书七言律诗：

考古虽然多有舛，临池何碍是其长。

一千文抚精神蕴，八百年腾纸墨光。

2005 年 9 月 20 日，郑欣淼会见李敖先生。

初仕成都遇淳化，疑摹智永识欧阳。

侍书际会传佳话，訾议宁须论米黄。

甲午新正上澣，御题。

下钤“会心不远”“德充符”二印，右上有“见天心”半印。另外还有清代收藏家梁清标“蕉林书屋”、安岐“朝鲜人”“安岐之印”以及末代皇帝溥仪“宣统御赏之宝”等鉴藏印。“甲午”为乾隆三十九年（1774），乾隆时年六十四岁。《王著书〈千字文〉》，作者王著，字知微，是五代至北宋初年的著名书法家，以善书事宋太宗为侍书。《宋史》记载了他巧于应对以规谏宋太宗勤习书法，为太宗所重的故事。王著曾奉敕编刻《淳化阁帖》，但昧于考订，使帖中讹舛甚多，遭世人诟病，尤以米芾《法帖题跋》、黄伯思《法帖刊误》最为突出。王著的书法作品流传后世者极少，清代内府所编《石渠宝笈续编·卷五十三》著录有《王著书千字文真迹》一卷。根据著录可知，该卷前有乾隆帝书引首，后幅有北宋周越、元代欧阳元、明代项元汴、清代于敏中等人题跋。李敖先生捐赠的乾隆帝御笔诗就题于该卷引首前隔水上。该诗简略记述了王著的生平，从编订《淳化阁帖》多讹误而遭米芾、黄伯思等人诟病，到《千字文》流传八百年的书法成就，以至于任侍书时巧于应对皇帝的故事等，皆一一提到，是一首言简意赅的纪事诗。

《王著书〈千字文〉》于1922年12月27日（宣统十四年十一月初一日）被清逊帝溥仪以赏赐溥杰的名义盗运出宫（见《赏溥杰书画目》），在1945年伪满洲国垮台时的“小白楼事件”后就下落不明。据杨仁恺先生《国宝沉浮录》记载，“据当时在长春之于莲客所云，（《王著书千字文》）原件已失”。值得庆幸的是，至今所知，王著手书本文、乾隆帝书引首以及部分题跋虽已不知下落，但该卷尚有前隔水的乾隆帝题诗和后幅的周越跋文幸存于世。八十多年后，这段乾隆御笔题跋能够重新回到故宫，也堪称一件幸事。

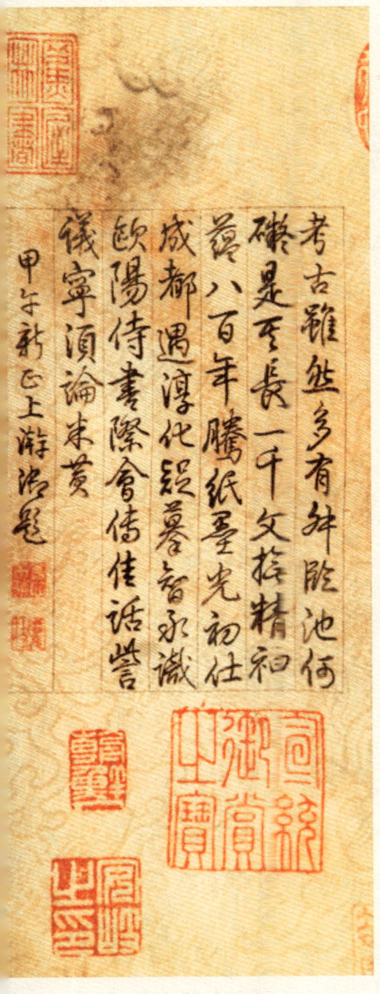

李敖先生向北京故宫捐献的乾隆题《王著书千字文》

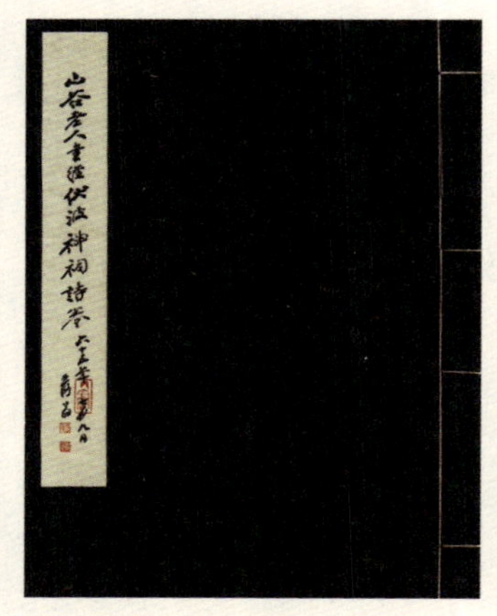

《山谷老人书经伏波神祠诗卷》

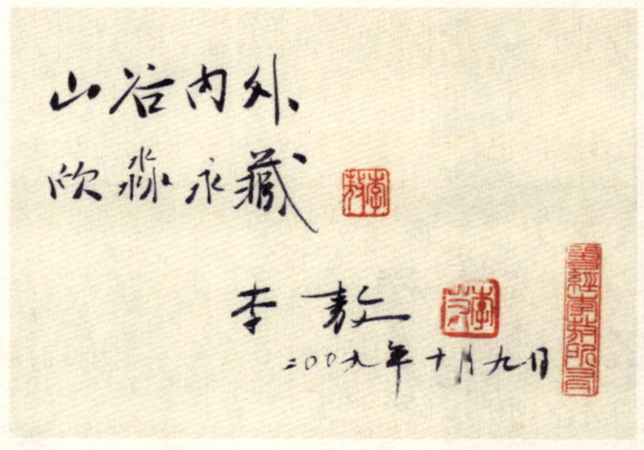

李敖在赠郑欣淼书上的题字："山谷内外，欣淼永藏。"

《山谷老人书赠其甥雅州张大同卷》

2009 年 10 月，我赴台湾出席雍正展开幕式，专门看望了李敖先生，感谢他的捐赠，并代表北京故宫赠他《韩熙载夜宴图》的复制品；他则赠我台湾 20 世纪 70 年代影印的《山谷老人书赠其甥雅州张大同卷》与《山谷老人书经伏波神祠诗卷》（张大千藏品一函二册），并于其上题了"山谷内外，欣淼永藏"八字，暗嵌我曾赠他自己所写《紫禁内外》《天府永藏》二书的书名。其才思敏捷，宝刀不老，令我感佩不已，因有诗纪事：

万卷琳琅绝蠹埃，久违今我进书斋。

咳珠唾玉幸承教，又看题词八斗才。

后来，李敖先生还曾托人将他签名的台湾版的历史小说《北京法源寺》转送给我。

斯人犹忆

秦孝仪（1921—2007），字心波，湖南衡山人，台湾政治家，并曾任台湾大学教授。从1983年1月出任台北故宫博物院院长至2000年4月离职，任职长达十八年，为1965年台北故宫成立后的第二任院长。

2002年岁末的最后一天，我作为在职的北京故宫博物院院长来到台湾，专门拜访了前台北故宫博物院院长秦孝仪先生。彼时台北是冬季常见的那种多云天气，颇觉宜人。在凯丽饭店，我与秦孝仪先生见了面，作陪的还有原台北故宫博物院副院长张临生女士。这一年先生八十二岁，刚遇丧偶之痛，所幸心情渐已平复。他面慈目祥，说着我不能完全听懂的湖南话。我送先生两册北京故宫的文物图录，先生则送了我几种礼品：一套《故宫跨世纪大事录要》、以他书法作品制作的2003年挂历、先生书写的六体“千字文”及其他在大陆访问期间写的诗歌。秀美的书法、隽永的诗意，我读之再三，不忍释手。

我向秦孝仪先生介绍北京故宫的情况，他听得很认真。2001年，先生回大陆，去了西安、南京、北京等地，参观名胜、凭吊遗迹，感慨处多化作缕缕诗情。在南京朝天宫，他看了当年故宫南迁文物存放的库房。在北京，“入故宫周视”，发出“十八年间柱下史，客来仿佛是黄初”的感叹。他重视两岸故宫的交往。在先生任上，两岸故宫合

与秦孝仪先生在台北广达公司相会。左起：李文儒、郑欣淼、秦孝仪、孙凤云。

作也有了突破。1992 年，两岸故宫各选具有代表性的艺术珍品七十六件，合一百五十二件，汇编成《国宝荟萃》一书，在香港梓印；长河一脉，珠联璧合，比较全面反映了五千年中华民族历史文化的成就与贡献。他人在台湾，却时刻关注着北京故宫。2002 年，澳门举办北京故宫的“怀抱古今——乾隆皇帝文化生活艺术展”，展出的大多为故宫一、二级文物，弥足珍贵，秦孝仪先生专程赶赴澳门观赏。有意思的是，台北故宫此时也举办了“乾隆皇帝的文化大业展”。2002 年 11 月，北京故宫与上海博物馆、辽宁省博物馆联合，在上海博物馆举办“千年遗珍国宝展”，故宫拿出了晋王珣《伯远帖》、隋展子虔《游春图》、唐韩滉《五牛图》、唐阎立本《步辇图》、五代顾闳中《韩熙载夜宴图》、北宋张择端《清明上河图》、元黄公望《天池石壁图》等二十二件书画巨品，海内外为之轰动，先生亦专程到上海观看，并作诗纪念。故宫的渊源、故宫的事业，故宫人的责任与担当，使我与秦孝仪先生虽是初交，却一见如故，话颇投机。

离开台湾的前一天，细雨蒙蒙，我应邀去林百里的广达计算机股份有限公司参观。林先生是台湾知名企业家，也喜好文物收藏，特别是珍藏的一批张大千黄山绘画很有特色，他也藏有清宫流失出去的文物。当我到广达计算机公司珍藏室时，惊喜地看到秦孝仪先生也在这里。原来先生退休以后，任广达文教基金会荣誉董事长，做些社会文化公益事业。珍藏室在高楼上，面积也不大，但布置得很雅致，我们在这里不知不觉又谈了两个多小时。

当我与秦孝仪先生第一次见面、看到他带来自己的书法及诗作时，十分喜爱，曾不揣冒昧请先生复印一份寄我，以便慢慢地品赏。我回大陆不久，即收到了他用快件寄来的信件及一叠诗稿影印本，这令我深为感动。来函如下：

前日良晤，谭燕甚欢。紫芝眉宇，长萦梦寐。小诗原不当大雅一笑，仍如命驰陈数页，跂望指疵。高咏正切思慕，尚乞因风寄声为荷。此候

欣森先生院长道茀。

孝仪再拜 元·九

北京故宫博物院紫禁城出版社编印了一册2003年月历，选用清宫玺印，名曰《历史印迹》，缎面精装，典雅大方，我随即寄了一册给秦孝仪先生，他也来函致意：

远贶历史印迹，既佩护惜之殷，尤感注存之盛。拙作附请清诲，并博莞尔。

秦孝仪拜 元·十一

2003年5月，我把自己所写的四首访台词寄给了秦孝仪先生。

心波先生：

年初台湾之行，枨触甚多，爰有诗词若干，现寄上四首词，两首是赠先生的，请哂正。近来两岸“非典”肆虐，望先生珍摄。专此，敬颂

时祺

郑欣淼拜

二〇〇三年五月二十七日

所寄四首词如下：

贺新郎

在台北怀故宫文物南迁

往事堪回顾。叹陆沈、国之瑰宝，烽烟南渡。万里间关箱过万，黔洞川途秦树。说不尽，几多风雨。辗转西行欣无恙，故宫人、辛苦凭谁诉。十七载、无双谱。　从来中土遗存富。更明清、琳琅内府，萃珍瑶圃。蓦地离分无限憾，默默思牵情愫。永保用，文明步武。热血殷殷浓于水，中华心、一海焉能阻。统一业、本根固。

百字令

参观台北故宫博物院

青山碧水，有高楼云耸、奇珍堆就。禁苑精华惊并世，今且匆匆消受。翡翠雕工，毛公鼎古，偿愿看琼玖。恁多书画，氤氲华夏灵秀。　遥想抗虏当年，风云变色，国宝睽离久。但有故宫名两岸，一脉相传深厚。贝库村边，外双溪畔，文教称渊薮。潇潇冬雨，却如畅饮清酎。

苏幕遮（二首）

谢先生宴请

不群才，良匠手。六体皆工，满纸龙蛇走。更有诗心如锦绣。新赋三都，个里乡情透。　　杖头鸠，张绪柳。善目庞眉，且喜犹斗韵。诗章清欢元旦又。似故初逢，婪尾倾尊酒。

在广达计算机公司珍藏室遇先生

小庭幽，冬雨悄。偶入琅环，偶见公辛劳。题跋行行求典奥。百面黄山，件件连城宝。　　展长才，呈雅好。效力民间，承教充玄妙。呵护珍藏忘渐老。应葆童心，缘在山阴道。

秦孝仪先生收到我的信及词后，于6月8日、6月16日先后两次复信，并寄来他的诗和词。

6月8日的信及诗如下（原信无标点，标点为笔者所加）

欣森先生院长道右：

非典肆虐，正蛰居无聊，忽奉赐眎高韵，且以新词见贶，至褒嘉过当，而安翔骀荡，自是才大如海。不图绳绝书焚之后，天尚留先生大笔支柱中兴，佩幸，佩幸！仪以眼疾，作字每如雁阵，看书则如笼纱。故亟嘱少安自靖，未及结撰和韵，惭悚，怍悚！附奉小诗二绝，聊以见鄙怀耳。入夏加爱，即候着茀。

秦孝仪拜　六月八日

行行字字尽斜斜，篆隶支吾不一家。

花笑江淹真梦笔，先生袖手看笼纱。

2003 年 6 月 8 日，秦孝仪先生致郑欣淼函。

斗大砚红记学书，寸光老去目模糊。

平生海岳都寻遍，莫笑孤儿不出湖。乡人讥蠖屈无用者谓之不出湖，盖湖南北限洞庭也。

病目卧磁核共震［振］榻中三十分钟成二绝句

时年八十三。

我的诗词创作，亦为“遣兴”而已，偶一为之，缺少根基，先生的话，足见奖掖之意。

6 月 16 日的信及词如下：

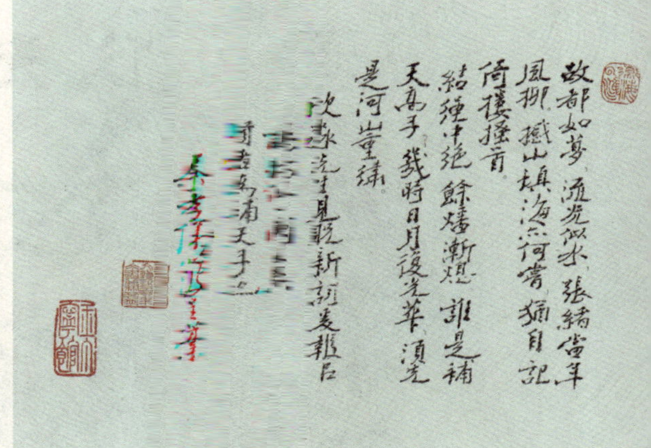

秦孝仪先生赠郑欣淼诗词

欣淼先生院长道右：

前札计先此入察。北京台北皆陷于非典肆虐之中，莫之奈来，念念蕴结。久不填词，奉读百字令、苏幕遮、贺新郎诸阕，弥美清之丽之，不惭君家板桥。以眼疾习静，遂亦填鹊桥仙四韵，自嫌荒落，聊寄左右，一笑莞尔。即候着茀。

秦孝仪拜　六月十六日

故都如梦，流光似水，张绪当年风柳。撼山填海亦何堪，犹自记倚楼搔首。　结绳中绝，余燔渐熄，谁是补天高手？几时日月复光华，须先是河山重绣。

欣淼先生见贶新词，爰报以鹊桥仙一阕，且冀贤者为补天手也。秦孝仪心波呈稿。

2005年暮春，我收到秦先生托人转送的他的两部作品集——《玉丁宁馆诗

2005 年 10 月 15 日，郑欣淼在长沙举办的秦孝仪文物展开幕式上致辞。

存》《玉丁宁馆牘墨》。2005 年 10 月 20 日，湖南省博物馆举办秦孝仪先生诗文书法文房展览，我专程参加开幕式并与先生叙谈，曾有小诗纪事：

游子忽焉老，故园秋亦深。
湘兮岳麓气，楚些汨罗魂。
文笔惊殊域，收藏富宝珍。
忘年情谊重，相见语谆谆。

2007 年 1 月，秦孝仪先生病逝。不久，广达文教基金会向同先生“相交笃厚”的人士征稿，拟于先生辞世一周年之际结集印行，我有幸也在约请之列。我与先生不能说交情深厚，但那次数虽然不多却如坐春风般的晤会，那彼此间颇堪回味的文字情谊，却如何也忘不了。我写了题为《短简小诗忆旧游》的文章，曾在《紫禁城》《中国文物报》刊登，并为《新华文摘》2008 年第八期转载。

笔者因积习，常写点诗词。有人问，在你所写故宫与故宫博物院的作品中，最好的有哪几首？这可难住了我，因为我对自己的作品都不甚满意。一定要说，且举两首：

2012年7月，光明日报《文荟》副刊主编韩小蕙女士邀我写一首有关北京与故宫的诗词。我觉得把故宫与北京结合在一起很有意义，为此专门登了一次景山。景山明代称万寿山，清顺治十二年（1655）改名景山。山围二里余，有峰五，最高处离地面约五十米，是北京中轴线上最高和最佳的观景点。康熙帝曾登上景山，留下“云霄千尺倚丹巘，辇下山河一望收”的诗句。在高楼林立的今日北京，景山虽不再独领风骚，但放眼四周，仍颇有感受。宫阙气势与古都底蕴相得益彰，历史烟云与现实生活融为一体，于是填了首《水调歌头·景山万春亭远眺》：

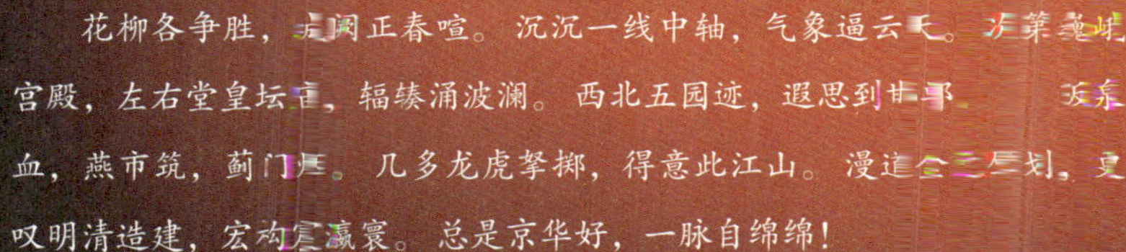

花柳各争胜，禁阙正春喧。沉沉一线中轴，气象逼云天。万第巍峨宫殿，左右堂皇坛庙，辐辏涌波澜。西北五园迹，遐思到甘泉。[illegible]血，燕市筑，蓟门烟。几多龙虎拏掷，得意此江山。漫道[illegible]划，更叹明清造建，宏构冠瀛寰。总是京华好，一脉自绵绵！

2015年10月，故宫博物院成立九十周年，我曾以七律一首为贺：

紫阙秋酣且倚栏，令辰又看碧云天。

九旬路远九如颂，五凤楼高五美篇。

今有宏谟营北院，昔曾烽火映南迁。

拳拳总是赓[illegible]意，回首烟尘亦斐然。

五凤楼者，午门也。午门城楼展厅是目前故宫最重要的展览场所。所谓“五美”，是指这一年举办的“普天同庆——清代万寿盛典”“石渠宝笈书画特展”、系列瓷器展等三个展览以及新开的东华门古建筑馆、慈宁宫雕塑馆两个专馆。

正如笔者在“前言”中所述，故宫是说不完、写不完的。关于故宫，只要有可能，我还是会继续写的。

U0916930

青春，谁主沉浮【上】

卞君 著

中国言实出版社

图书在版编目（CIP）数据

青春，谁主沉浮 / 卞君著．-- 北京：中国言实出版社，2018.3

ISBN 978-7-5171-2690-4

Ⅰ．①青… Ⅱ．①卞… Ⅲ．①长篇小说—中国—当代 Ⅳ．①I247.5

中国版本图书馆 CIP 数据核字（2018）第 036588 号

责任编辑： 代青霞
出版统筹： 朱艳华
文字编辑： 李　琳
封面设计： 杨　启

出版发行　中国言实出版社

地　址：北京市朝阳区北苑路 180 号加利大厦 5 号楼 105 室
邮　编：100101
编辑部：北京市海淀区北太平庄路甲 1 号
邮　编：100088
电　话：64924853（总编室）64924716（发行部）
网　址：www.zgyscbs.cn
E-mail：zgyscbs@263.net

经　　销　新华书店
印　　刷　阳谷毕升印务有限公司
版　　次　2018 年 3 月第 1 版　2022 年 1 月第 2 次印刷
规　　格　710 毫米 ×1000 毫米　1/16　50.75 印张
字　　数　700 千字
定　　价　98.00 元（全二册）　ISBN 978-7-5171-2690-4

序言

这不是一本职场角力的葵花宝典，但它无时无刻不在上演着职场的龙争虎斗和暗潮汹涌。

这不是一本爱情圣手的浪漫传奇，但它从不同的角度诠释了爱情的悲欢离合与缘起缘落。

这不是一本反映社会冷暖的时代杂志，但它记录了广州改革开放承上启下关键十年的风起云涌和沧海桑田。

这不是一本催人奋进的成功学教材，但它提炼了无数个取材于真实的励志故事，让那些在梦想起航的道路上受尽挫折的奋进者，不再感到孤独。

在广州的二十年，我看尽了人间冷暖，饱受了世态炎凉，也从一个懵懂的学生，历练成了社会精英。

正是这些宝贵的经历，给我积累了大量真实的创作元素，让我有了写下这本小说的冲动。也正因为源于现实，这部小说才能够感人至深，让每个读者有身临其境之感。

每个人的人生，都不可避免地要经历从毕业彷徨到而立之年，为梦想奋斗的拼搏历程。而这部小说，恰恰完整地演绎了这段人生上半场，可能要面对的种种不确定。

可以说，嬉笑怒骂、爱恨情仇、悲欢离合的交织难解，是青春走向成熟不可或缺的精彩因子。而这部小说正是笑中有泪，泪中有恨，恨中有爱，爱中有悲，悲中有怒，怒中有喜，喜中有乐。它让不同的情绪得到了淋漓尽致的释放，也让人生百态得到了最完美的演绎。

真心希望每位读者，都能从这部小说中找到自己奋斗的影子，让自强不息的星星之火，照亮你勇往直前的无畏之路。

愿它能像你人生中的良师益友，伴你度过黑暗，找回自己，冲向未来。

青春无价，务必只争朝夕！以人为鉴，可以知得失；以史为鉴，可以知兴替。找一本催人奋进的好书，以他人的前车之鉴为自己指点迷津，少走弯路，才能不负青春，自主沉浮！

目录

第一章 遥望他乡总精彩，错把未知当未来

北方的五月春暖花开，刚经历过冰天雪地的寒冬过后，除去厚厚的羽绒，换上轻装短打。和煦的阳光照在身上，带着自由的芬芳，让人有着无限的向往。

此时，本应是面朝大海、春暖花开的踏春好时节。然而，对于有些人，却无论如何也找不到这种轻松而惬意的心情。

一九九八年五月，在某大学的毕业班上。面临毕业与就业双重压力的莘莘学子，似乎并没有感到想象中那终于可以抛开书本，到社会上大展拳脚的兴奋。相反，他们大多数人心中怀揣的，是对即将踏出校门的无奈与离愁，和对未来事业发展的迷茫与彷徨。

黄老师是这个毕业班的班主任，他毕业于广州名校中山大学。多年来，他内心对广州始终有一份念念不忘的留恋，难以割舍。只要是他带过的学生，他都会积极地鼓励，甚至是鼓动他们去南方闯一闯。

在毕业前夕，黄老师自然不会忘记抓住这最后的机会，再给大家做一次魔鬼总动员。

“同学们，广州是一个充满机遇和挑战的地方，更是一个极锻炼人的地方。那里文化不同、饮食不同、语言不同，生活习惯也不尽相同。你们在广州可能会遇到很多在家里一辈子也不会遇到的事情。因为，广州是一个一切都要靠自己打拼的地方，是一个快速让人历练和成长的地方，也是一个强者证明自己的地方。广州人务实、勤奋，对做生意有着天生敏锐的商业触角。如果能在广州生存下去，把你扔到世界任何一个地方你都能生存。”

黄老师那令人热血沸腾，甚至略带煽动的语言，强烈地感染着在座的每一个人。

看着大家跃跃欲试，又略显迷茫的眼神，黄老师继续说道：“当然，我并不想给你们传达一个错误的信息。广州并不是遍地黄金，不是可以不劳而获的天堂。去广州，意味着你将坐上一趟开往天堂的列车。但我必须警告你们，在到达天堂之前，经过的每一个站都是地狱。你们会看到什么叫群魔乱舞，你们会感受到什么叫作六亲不认，你们会体验到什么叫作尔虞我诈，你们会经历到什么叫作痛

不欲生。如果这些都能挺得过来，那么恭喜你们，下一站就是天堂！”

黄老师的话，鼓励中带着威胁，威胁中又充满了不可抗拒的诱惑。相信当时夏娃忍不住偷食禁果，便是在这种莫名的感觉之下萌发的冲动。那是一种虚无缥缈的恐惧，和恐惧之下隐形的刺激感形成的合力。只可意会，不可言传。

这些话对于某些人来讲，是让他们望而却步的拦路虎。可对于某些自命不凡的天之骄子来说，这不但不会成为阻碍他们前行的心理障碍，相反，会成为推动他们冒险探奇的催化剂，增强他们放手一搏的猎奇心。

马云飞和林向南就是这样的两个人，他俩是深受黄老师耳闻目染的“有志青年”，在黄老师多年的循循善诱和谆谆教导下，两人早就决定毕业后要去广州闯出一番自己的事业。

然而，在大一立下这个宏伟志向的时候，总觉得这是个说来话长，甚至遥遥无期的目标。当时一直认为，大学期间度日如年的枯燥生活，一定会有充足的时间让他们去慢慢思考、慢慢打算。

可忽然之间，原本说好是漫长而无聊的大学生活，却在眨眼间说过就过了，简直快得让人措手不及。

黄老师此时的话，有如当头棒喝一般，让浑浑噩噩的大家忽然意识到，原来，在座的每个人都已经毫无选择地站在了人生的十字路口上。从此，他们再没有犹豫徘徊的权利和向后退缩的借口了。

这一当头棒喝，着实让大家有点手足无措。好不容易习惯了这周而复始、循规蹈矩的学校生活，可突然之间，怎么说结束就结束了呢？这感觉就像一觉醒来整个世界都变了，曾经熟悉的一切，在瞬间就毫无征兆地分崩离析了。

忽然间，学校已不再是大家人生的主场。这些昨天还懒洋洋地躺在宿舍床上，做春秋大梦的未来之星们，顷刻间，就要被撕掉天之骄子的华丽外衣，和全国上百万的竞争者一起，被推向社会竞争的滚滚洪流。

甚至，连人生第一份简历的框架还没来得及勾画，学生的身份就被彻底无情地抹杀了。大家不得不站在人生的十字路口上，用一种全新而略显陌生的身份，去认识自己，认识社会。

面对黄老师再次的“威逼利诱”，云飞悄悄把头靠近坐在他前面一排的向南，低声说道：“黄老师这段开场白，一共用了四计，第一计欲擒故纵，第二计画饼充饥，第三计釜底抽薪，最后一计推波助澜。虽然用得很隐蔽，不过还是逃不过我的慧眼。”

“别臭美了，这些都是老生常谈，谁看不出来啊？可惜，对于我们这样的有志青年来说，他这几招永远都是屡试不爽啊！”向南故意摆出一副无可奈何的样子说道。

“你真的准备好了？”云飞再次确认道。

“时刻准备着，你呢？”向南反问道。

“我……我是早就准备好了，只是我妈可能还没准备好！”云飞有点无奈地说道。

下课后，大家怀着各种心情聚在一起，叽叽喳喳地讨论着黄老师刚才在最后动员中，那几句经典形象的比喻。看来，这些话产生了两极效果，有人更加蠢蠢欲动，但也让不少人望而却步了。

“安静，安静！大家别瞎吵吵了，这种事情多说无益，一定要有自己的主见。要去，就必须拿出破釜沉舟，百二秦关终属楚，卧薪尝胆，三千越甲可吞吴的气势！正所谓开弓没有回头箭，这可是 once-in-a-lifetime chance（千载难逢的机会）！”云飞有点危言耸听地说道。

“别老吓唬人，谁规定现在不去，以后就永远都不能去了？”梳着马尾辫儿的杨晓琪，翻了个白眼儿，不服气地说道。

“就是嘛！吓唬谁啊？姜子牙七十岁还出山呢！”短头发的小叶也起哄道。

向南一看势头不妙连忙打住道：“你们还真别说，现在凭着一股冲劲去就去了。要是在家找份舒服点的工作，过几年找个老公一嫁，你们这辈子也就注定只能老公孩子热炕头，做个‘绝望’的家庭主妇了！”

这时，大眼睛的马艳丽忽然问道：“云飞，去广州可不是开玩笑的事。好歹你们也得先有个落脚的地方吧？你们不会下了车，才两眼一抹黑地找地方住吧？”

“那当然，我二姐在广州，她会帮我们先租好房子，这一点你就不用担心！”向南抢答道。

“你们真的决心要去了吗？我怎么总觉得你们是在开玩笑啊？”一向不爱凑热闹的陈茜，也发出了强烈的质疑。

她总觉得大家不过是说说而已，去广州那是多么遥不可及的事啊！这跟出国有什么区别，哪可能说去就去呢？

“我也觉得是！云飞，要是你们几个都去，那我就去！”一向豪爽的雨欣不失时机地将了云飞一军，她的态度显然表现出十二分的不相信。

向南见雨欣这么说，立刻心花怒放地伸出右手，表示强烈欢迎："真是物以类聚，人以群分啊！优秀的人才总是在关键的时刻，闪烁出与众不同的光芒！啥都不说了，就一个字，欢迎！"

哪知，雨欣却把手缩了回来，然后半开玩笑地说道："握手就不用了，我去广州主要就两个目的。第一，碰碰运气，开开眼界，看看传说中的广州到底啥样！第二，就是去盯着你俩，尤其是你。这么多美女交给你俩，我可不放心！"

雨欣的一句调侃，逗得大家都大笑起来。

为了彻底说服家里，完美地解决这件事情，云飞专程回了趟家，他要敞开心扉跟父母好好谈谈。

云飞到家的时候，老爸正好有事出去了，云飞妈正在拖地。见云飞回来了，连忙问道："这马上就毕业了，学校里有没有给你们联系工作啊？"

云飞闻言，先是表现出一脸的无奈。然后才支支吾吾地说道："妈……这都什么年代了，哪还有学校帮你安排工作的？"

云飞妈一听，可不乐意了："我又不是说让学校给安排什么铁饭碗，但好歹也应该找些企业给推荐一下吧？"

云飞见老妈不高兴了，连忙摆出一副笑脸。他明白，今天是专程回来解决问题的，可不是来制造矛盾的。

于是，他呵呵一笑，伸手把老妈手里的拖把拿过来，一边主动拖地，一边说道："妈，这年头求人不如求己。所以，我们几个同学商量着……准备去广州闯一闯！"

"什么？去哪闯一闯？"云飞妈一听，立刻瞪大眼睛看着云飞问道，她简直有点不敢相信自己的耳朵。

"去……广州啊！"

"去广州？我没听错吧？你以为去广州是到楼下遛个弯儿，说去就能去的吗？"云飞妈一听就激动了。

"妈，你先别那么激动，有话好好说吗嘛！"

"有什么好说的？我坚决不同意！这都是谁给你们出的馊主意啊？千里迢迢地跑去广州，一个人都不认识，话也听不懂，万一有个什么事，那真是叫天天不应，叫地地不灵啊！我还不信了，太原这么大还盛不下你们了？"

说着，云飞妈一把抢过云飞手中的拖把，小声喃喃道："我就说嘛，平时回来像甩手掌柜的一样，什么活都不干。今天太阳从西边出来了，一回来就主动帮我拖地，我就知道准没好事！"

"妈，这也不是什么坏事啊！总比我坐在家里啃老强吧？再说了，我们都已经说好了！"

"什么……已经说好了？这么大的事，你都不用跟我和你爸商量一下，你就自己决定了，你真是翅膀长硬了！"云飞妈一听，云飞已经自作主张决定了，这下更激动了。

云飞被浇了一盆冷水，无奈地喃喃道："这每年去广州的人多了去了，哪有那么多人出事啊？"

云飞妈一听云飞还在狡辩，这下更来气了："你是国家领导啊？广州出什么事，国家还一个一个通知你啊？"

云飞闻言，撅着嘴不服气地辩解道："我每天都有看新闻啊！再说了，在哪都有出事的，就算待在家里，也不一定就百分百安全啊！前几天还有个新闻，说一个老人自己在家里吃面条，结果不小心还被噎死了呢！"

"你别给我扯这些没用的，不行就是不行！"

云飞一听，老妈直接把计划给判了死刑，急得简直是如坐针毡一般。他不由得叹了口气说道："唉！想不到我马云飞心比天高，命比纸薄。真是上天早就注定，我纵有满腔抱负，却终究是壮志难酬，一事无成啊！苍天哪，想不到啊想不到，把我的理想扼杀在摇篮里的，竟是我的亲妈，亲——妈——啊！"

云飞故意把尾音拖得很长，想用这一招来激起老妈的同情。可哪知，云飞妈好像根本没听见似的，仍然忙着自己手里的活，该干什么干什么，完全不为所动。

云飞见激将法不成，于是又想出一招苦肉计。只见他摆出一副可怜兮兮的样子，继续自言自语道："也罢，在太原找个单位。一杯茶，一支烟，一张报纸看一天。虽然有点虚度青春，但生活也挺惬意！"

云飞说完，偷偷看了看老妈的表情，见老妈还是无动于衷。他一着急便暗暗威胁道："反正毕了业也没事干，要不明年我就结婚吧！妈，你喜欢什么类型的女孩，我带回来给你过过目。热情奔放的，还是温柔贤淑的？我们争取每年都给你生一个孙子，这下你的生活就丰富多彩了。妈，你喜欢男孩还是女孩啊？"

“男女都行，反正只要你不去广州就行！”云飞妈淡定地答道，显然姜还是老的辣，他这点小伎俩怎么能瞒得过老妈的火眼金睛呢？

云飞一看老妈软硬不吃，最后只好使出绝招走到老妈跟前，试探地问道：“妈，你跟我爸在国营单位，这一干就是一辈子。你们俩连第二个单位都没试过，可惜不可惜，遗憾不遗憾啊？”

这句话，似乎说到云飞妈的心里去了。她忽然停下手中的活，转身看着云飞问道：“你们班到底有几个，像你这种不知天高地厚的愣头青啊？”

云飞一见事有转机，立刻来了精神。他假装掰着手指数了数说道：“呃……像我这种已经定下来的愣头青，暂时……只有两个。不过，还有好几个愣头青，都正在考虑当中，这两天就能定下来！”

云飞妈闻言，把嘴一撇说道：“说了半天，没什么人捧你们的场啊！一共就俩人去？这俩人都是谁，我认识不？”

“你铁定认识，一个是向南，另一个是……我！”云飞硬着头皮说道。

“什么？加上你一共才俩人？”

“不是，还有好几个意向特别强的正在跟家里商量。我是发起人之一，只要我定下来，他们九成九都会去！”

哪知，云飞不解释还好，他这么一解释，老妈刚刚消了的气，立刻腾地一下又升起来了：“什么，你还是发起人之一？咱们国家还没登上火星呢，你怎么不发动大家一起去火星啊？”

云飞一听，老妈虽然语气尖锐但话带幽默，知道她没有真的生气。于是，他反而扮出一副严肃的样子说道：“妈，咱们现在是在谈正事，咱说话能脚踏实地一点儿吗？”

“什么……还成了我不脚踏实地了？”云飞妈一听，气得一句话也说不出来了。

在云飞的不懈努力和老爸的暗中帮助下，云飞最终还是成功说服了老妈，踏上了去广州的征程。

而成功说服家人，最终与云飞和向南一起成行的，还有雨欣、晓琪、艳丽、小叶和陈茜这五位巾帼英雄。

这真应了那句话，谁说女子不如男？想不到，除了早已下定决心的云飞和向南之外，最后敢于挑战这场“勇敢者游戏”的勇士，竟是清一色的五朵金花。

不过，这也就意外地便宜了云飞和向南。有五朵金花在身边，至少可以保证，他们能阶段性地过上一段长在花丛中的幸福生活了。

七个人有如勇士出征般，怀着气吞山河、直达云霄之势，带着大家满满的祝福与期待，终于踏上了这场一无所知的探险之旅。

这是他们挥洒青春、放飞梦想的起点，也是他们探寻未来、实现自我的地平线。然而，理想很丰满，现实很骨感。一旦开启了这趟奔向未知世界的梦幻之旅，就如同开启了不受控制的潘多拉魔盒。

终点站广州，到底是天堂还是地狱，只有经过凤凰涅槃，获得重生的人才知道这其中的滋味。

第二章　浮华都市天堂路，跌入人间是殊途

小叶的亲戚在火车站上班，为了给大家省点钱，小叶托关系帮大家买了半价的卧铺票。当然，这是违规的，出站的时候就得碰运气了，如果被抓住了肯定会被罚。

可穷学生们，能省一点是一点。更何况，去广州本来就和赌博没什么区别。于是，大家都同意放手一搏，真被抓住了也只能愿赌服输。

火车上，一群洋溢着青春的冲动和难掩兴奋之情的年轻人，一边叽叽喳喳地回顾着大学的青葱岁月，一边尽情发挥着想象，憧憬着目的地，如天上人间般的美好明天。

年轻人本来就激情无限，加上人多热闹，火车上狭小封闭的空间和漫漫长路的枯燥乏味，似乎都没有影响到他们的好心情。他们一路上仍旧欢声笑语不断，让人感觉好像是一群重见天日的笼中之鸟，终于重归自然获得了自由与新生。

大家那兴高采烈的样子，看上去完全不像是准备接受一场残酷的人生挑战，倒更像是去体验一次趣味横生的奇妙旅行。

但就像所有电影的套路一样，开头越甜美，结局可能就越悲惨。至少，他们到现在还完全没意识到，这趟载着他们梦想开往未来的列车，将是他们人生噩梦的开始。

一天两夜的时间，似乎并没有想象中那么冗长而枯燥。第二夜过后，火车已经呼啸着进入了广州的地界。

看着窗外郁郁葱葱的青山绿水、蓝天白云和欢乐奔腾的花田小溪，大家禁不住为南方的鸟语花香而暗暗叫绝。

此时的北方，被寒冬肆虐过的残迹依然清晰可见，有些地方还将迎来天昏地暗的沙尘暴。被沙尘暴洗劫后的城市，更将是一副百废待兴的灰头土色。

即使有些树枝刚刚冒出新芽，也不过是带来一些枝头春意的绿色点缀。这和春色满园、百花怒放的广州相比，那简直是天壤之别。

只是，世间的事总是难以两全其美，既然提前享受了山清水秀的江南美景，那就必须承受这早早到来的烈日炎炎。

一走出车厢，一股滚烫的热浪，夹杂着潮湿发黏的空气便迎面扑来，让人感觉一下子有点透不过气。大家不由得都长长地做了两个深呼吸。

“这是什么鬼天气啊，我简直要窒息了！就凭这天气，我想我也不可能留下来了！”陈茜一边大口喘着气，一边皱着眉头说道。

“是啊，这才五月份就热成这鬼样了，还让不让人活啊？真不敢想象，七八月份会是什么样子！”雨欣也皱着眉头抱怨道。

“热也就算了，这身上还黏黏糊糊的，好像八辈子没洗过澡似的，真是受不了。待会儿到家了，我第一件事情就是得赶紧洗个澡，你们可别跟我抢啊！”马艳丽对这天气，几乎已经到了无法忍受的地步。

“行啦！别发牢骚了，我们本来就不是到避暑山庄度假的。你们搞清楚，咱们可是来闯世界的！”向南终于忍不住，跳出来打断了她们无休止的抱怨。要不然，后面无穷无尽的牢骚，可能会唠叨到明年冬天。

云飞虽然没说什么，可火车站给他的第一印象，也的确让他颇感失望，这和想象中的“小香港”可实在差得太远了。

带着浓重的失望情绪，大家随着人流转眼间便到了检票口。这时，小叶小声地提醒大家道：“出站检票的时候，记得把票卷起来，给检票员晃一下就行了！”

大家想得很轻巧，可哪知，广州人的敬业精神堪称一流。虽然大家特意分成三组，分别从三个不同的出口闯关，但最终还是没逃过被一网打尽的命运。

既然全军覆没，也只能自认倒霉，谁让大家当时贪小便宜，决定放手一搏呢？这也是到广州给大家上的第一课：要为自己的选择承担后果！

愿赌服输自然无话可说，可广州人恶劣的服务态度着实让人不敢恭维。补票室里的几个工作人员，轮番轰炸的恶言恶语和傲慢态度，让大家对广州仅存的一点美好期待，也化为了泡影。

什么中国的经济龙头，什么改革开放的桥头堡，什么服务意识领先全国，什么千年商都、美誉花城？这些美好的憧憬，在一瞬间都化作了怒不可遏的激愤。

最终，以被罚款一千八的结局，大家完成了对广州第一印象的认识过程。也让大家初次尝到了广州的冷漠与残酷。

交完罚款，换了一纸收据，当大家悻悻地从补票室走出来时，出站口的通道上已经是空无一人。

远远地望去，只有在通道尽头的出站口上，还孤零零地站着一个女孩在那里东张西望，想必一定是向南的二姐了。

果然，向南远远地对着那女孩挤出一丝微笑，并招了招手，女孩也冲着大家挥了挥手。

这一挥手，也揭开了大家在广州落魄生活的序幕。云飞此时忍不住在心底暗暗叫道：“广州，我来了！”

二姐带着大家一起出了站，车站外首先映入大家眼帘的，是广州老火车站陈旧的外观。放眼望去，车站对面是一座长长的旧桥和几栋上岁数的旧楼。

火车站旁边就是熙熙攘攘的汽车站，到处都是人头涌动、破烂不堪的情景，甚至有点像进了难民营的感觉。

车站广场满地都是垃圾，在炙热的空气中，充斥着一股浓重的臭味。脏、乱、差、旧，这就是大家下车后对广州的印象。这和想象中那种高楼林立、繁花似锦的美誉花城形象，简直是天差地别。

这就是我们梦想中的大广州吗？这就是被誉为海上丝绸之路的千年商都吗？这就是沿海经济的龙头代表吗？这就是让黄老师念念不忘的人间天堂吗？

出师不利先被罚款的阴影还未散去，繁华都市、梦想天堂的泡影也被无情地戳破了。雨欣忍不住狠狠瞪了云飞一眼，然后指着自己的嘴唇，小声说道：“看我的口型，你们两个骗——子！”

作为一个比大家更早移民的“老广州”，二姐对大家失望的心情自然深有体会。当年，她兴致勃勃来的时候，广州比现在还差。所以，即使大家没当面说什么，她心里也是可想而知。

于是，二姐微微一笑鼓励大家道：“你们先别这么绝望，这是老城区，周末带你们去新区看看，就完全是另外一番景象了！”

“那我们是住在老区，还是新区啊？”小叶闻言忙不迭地问道。

“当然是老区了，新区的房子你们租得起吗？”二姐一句话，就如同三伏天的一桶冰水，让大家彻底从头顶凉到了脚后跟。

一行人拉着行李，跟着二姐来到公交站。好不容易等到车进站了，大家正准备按序上车。哪知，车刚一停下，后面的人却忽然如潮水一般地涌了上去，个个都跟拼命三郎似的往上挤，完全没有先来后到、礼让三先的意思。

“二姐，这……广州不用排队吗？”显然，大家有点为眼前的景象所震惊了，难道这就是所谓大都市人的高素质吗？

二姐见大家还在发愣，连忙大声催促道："还傻站着干吗？赶紧往上挤啊，这里可没人跟你们客气！"

"哦……"大家这才反应过来。

此时，也顾不得什么素质与形象了。云飞和向南像装卸工似的，把大家一个一个连推带拖地塞进车里。最后，他俩也花了九牛二虎之力才挤上了车。

向南和他二姐，正好被单独挤在了一个角落里，借此机会他们也正好可以聊聊心里话。

这时，向南一边抹汗，一边对着二姐摇头叹道："我还以为这发达地区的人素质有多高呢，原来也不比我们强！"

二姐听完，不屑地撇撇嘴说道："广州的外地人口比本地人还多，素质参差不齐，什么人都有。你们可别只顾着面子丢了里子，这里的人超现实，面子可不值钱！"

"面子不值钱，那什么值钱，理想吗？"

向南的单纯，似乎让二姐到了诧异的地步："唉！别怪我太坦白，在广州千万别跟人谈理想，别人没时间听！"

"不谈面子，不谈理想，那谈什么啊？"向南好奇地问道。

"找工作，就跟老板谈你能给公司带来多少效益。找对象，就跟人家讲你现在有多少身家。交朋友，就和人家说你混哪个圈子。做生意，就直接告诉人家，你的项目投资后面有多少个零。就这么简单！"

二姐潇洒的回答，让向南彻底泄气了："人生如果活得都这么现实，那还有什么意义？"

"跟我谈人生的意义是吧？好，你能在广州立住脚再跟我谈吧！"

没有冷气的公交车，在轰隆隆的马达声和蒸笼一样让人窒息的热浪中，停停走走，走走又停停。无休止地重复着这个简单而令人烦躁的动作，似乎没有个尽头。

报站用的全部是粤语，大家一句也听不明白，真有一种"出国"的感觉。但看着熟悉的黄面孔，似乎又在提醒大家，这的确是在中国。只不过，这里语言不同，文化不同，饮食不同，风俗不同，一切都不尽相同。

走了大半个小时，窗外都没看到一丝能让人眼前一亮的风景。反而，那些狭窄的街道越走越窄，破旧的楼房几乎摇摇欲坠。

这番情景，无论如何也跟想象中的大都市联系不起来。大家渐渐陷入了沉默，默默地流着热汗，默默地看着窗外，默默地感受着这个地方给大家展示的独特的开场白，或者说是下马威。

广州确实大，也不知走了多少个站，转了多少个弯，人热得都快变成铁板上的烧烤了，可车还在小巷子里，无休止地兜着圈子。

直到大家已经麻木了，车子才终于在总站的一个破桥下面停了下来。桥底下的路牌上，写着“西华路尾”四个字。这是云飞来广州后接触的第一个地名，也是大家来广州的第一个落脚地（内心感觉像是“落草”）。因此，记忆特别深刻。

从火车站出来是一个破桥，坐了一个多小时汽车，下来还是一座破桥，广州的桥可真多，这就是云飞当时的切身感受。

桥下又脏又乱，到处都是随地可见的垃圾和真真假假的乞丐。看到这幅破败不堪的景象，云飞内心深处不由得又增加了一层失望。

步行了十多分钟，大家跟着二姐进入一个“广式小区”。之所以说是广式小区，是因为它跟广式茶点一样特色鲜明，具有浓厚的广式风味。

这个小区与北方的建筑差别很大，却真不知道该用什么形容词来一语概之，总之就是在北方真没见过。

大部分都是清一色的小二楼，也有三层的，不过不算多。楼的外墙基本都没有贴瓷砖，估计是当年修建时为了省钱，所以多数外墙都只刷了白色的涂料。经过长年累月的风吹、日晒、雨淋，墙皮或已脱落，或已泛黄，显得破旧不堪。

这些楼老得根本猜不出已经盖了有多少年。但可以肯定的是，绝对比在场任何一个喘气儿的年纪都大得多。

房子的样式都非常接近，窗户很小，但都装着结实的老式铸铁防盗网。相信住在里面，一定会有种超真实的《监狱风云》的感觉。这不由得让云飞想起了迟志强的那首《铁窗泪》，也让大家对本地的治安深感忧虑。

房子中间是一条窄得不能再窄的小巷子，也就刚够两个人并肩而行。路面就更不用提了，竟然还是最原始的土路，偶尔中间混杂着一些石块。这样的路，很容易让人联想起李白诗中的那句“清水出芙蓉，天然去雕饰”，绝无半点人工添加的痕迹。

大家在这样的胡同里，左拐右绕地穿梭了十多分钟。最后才终于在一幢，跟周围建筑几乎一模一样的白色小二楼前停了下来。

这胡同九曲十八弯，里面又生出无数的岔口，房子长得又几乎都一模一样，简直就像五行八卦阵，恐怕不走个二三十遍，是万万记不住的。

云飞真不明白，二姐是怎么在这迷宫般的胡同里成百上千栋外形几乎一模一样的房子中，找到属于他们的那一幢的？

当大家驻足停下，仰望这栋饱经风霜的“古董建筑”时，心中真是感慨万千。

云飞忍不住悄悄对身旁的雨欣耳语道：“有没有一种《爱丽丝梦游仙境》的奇妙感觉啊？”

“仙境我没感觉到，但梦游的感觉确实有一点！待会安顿下来，我们会很负责任地把你从梦里打醒的！”雨欣恶狠狠地说道。

这时，云飞忽然听到旁边的马艳丽捏着鼻子小声哼哼道：“我们真是住在这里吗？我想哭！”

“条件是差了点，不过，反正你们也是临时过渡。等你们在广州站稳脚跟了，再换房子吧！只要有了钱，想租什么房子都有！”二姐一边说，一边拿出钥匙打开房门，招呼大家进去。

大家还没进门，一股浓重的霉味便迎面扑来，云飞不由自主皱了皱眉头，但还是一咬牙跟着二姐走了进去。

可五朵金花则实在一下子难以适应，她们不由自主地在房门外做了几个深呼吸，像是在做潜水前的准备动作。做完之后，这才无奈地捂着鼻子，硬着头皮跟了进来。

房间里除了霉味之外空空如也，窗户上老式的防护栏是唯一的装饰。一楼本来是一个通透的大厅，没有任何间隔。可能是为了好出租，房东用木板将大厅隔成了内外两个房间。这些木板也就自然而然地成了两个房间之间的围墙，只是完全没有墙壁应有的隔音效果而已。

四周的墙壁上，只简单地刷了一层白灰，而且还不是很均匀。有些地方还露着水泥底色，显然刷得很匆忙，且一定不是出自专业人士之手。

地面更是奇怪。都什么年代了，竟然还是货真价实的泥土地。你没有理解错，真的就是你想象中的那种纯天然的土地。

只不过上面铺了一层砖，如果把砖扒掉，真的就可以种庄稼了。人住在这里，会有一种在野外宿营的感觉。只不过，宿营的帐篷被换成了一个两层楼高的巨型水泥壳子。

二姐看着大家溢于言表的失望之情，终于忍无可忍了："你们也号称是来闯广州的，连这点苦都吃不了还闯什么闯啊？别以为你们是天之骄子，这里大学生多如牛毛，轮不到你们挑三拣四。你们以为这就算苦了？多少大学生来广州找不到工作，付不起房租，睡天桥也不是什么新鲜事！你们别以为广州遍地是黄金，如果真是那样，还轮得到你们来捡？广州天天有人发财，但那得靠自己努力。广州到处是机会，但都是给有准备的人准备的。如果你们没有这种心理准备，我劝你们还是早点打道回府，广州从来不怜悯弱者！"

二姐的话虽然难听，却是不折不扣的事实。也让大家再一次清醒地认识到了地狱与天堂之间的距离。

带着些许的好奇和仅存的一点期待，大家准备上二楼再看看。可那木制的老楼梯，就像一个垂暮的老人。在上面每走一步，都会发出痛不欲生的呻吟声。而且颤颤巍巍的，就像踩在一个摇摇欲坠的空壳子上面，发出空洞的"咚咚声"，好像随时都可能会分崩离析，让踩在上面的人有一种如履薄冰的感觉。

二楼，是让大家最后一点期待也彻底破灭的地方。与楼下一样空空如也，只是没有窗户，白天也是漆黑一片。而且比楼下更加闷热，更加潮湿，也更让人绝望。

可怕的还不仅如此，二楼的木地板松软而富有弹性。因年久失修、饱经沧桑，上面布满了霉点，再配上吱吱作响的立体环绕声。会让人自然而然地产生一种超现实的摇摇欲坠的5D现场体验感。走在上面那种命悬一线的感觉，会令人胆战心惊。

显然，二楼不适合住人。如果拿来做免费的桑拿房，或许还可以物尽其用。于是，大家只好忍痛割爱，把这么大的空间当作仓库和晾衣房来用了。

这种情况下，五朵金花就得委屈点儿，全部住在一楼木板隔成的小卧室里。而且，还是挤在同一张大床上。

不仅如此，她们还必须得支上一张闷不透气的老蚊帐。不然，一晚上的时间，广州的蚊子能把人吸成"木乃伊"。

更可怜的是，所谓的大床不过是用长脚板凳和几张破烂床板拼凑起来的"架空层"而已。跟所谓真正的床，还差得十万八千里呢！只要一翻身就会咯吱作响，让人难以入睡。

想想未来很长的一段青葱岁月就要在这样不堪回首的"人间地狱"中消耗掉，

陈茜的眼圈竟不自觉地红了。虽然坚韧的泪水最终没有夺眶而出，可心底的那份心酸和委屈，却是不言而喻的。

因为男生少，云飞和向南反而因祸得福，可以在客厅一人睡上一张独立的“单人床”。在这种环境下，这已经称得上是帝王般的享受了。

如果只是这样，大家也就认了。可憋了一身的臭汗，想洗个澡时大家这才发现，房间里竟然没有洗手间！在二十世纪末的国际大都市，不得不说这是个惊人的发现！

顺着二姐手指的方向，大家这才发现，门外有个一人高的小水泥棚子。进门之前大家甚至都没留意到这里还有一栋“建筑”，因为实在太不起眼了。

在大家的印象中，这种“建筑”充其量最多是个与地下室同级别的杂货房。说句实话，街边的流动厕所也比这个像样得多。这简直是颠覆了现代人类对洗手间的认识高度。但如果说是返璞归真，似乎又有点勉强。

如果广州人硬要把这样的建筑，说成是洗手间兼冲凉房，大家也只能认命了。只是，它所具备的几个明显特点，实在让人望而生畏。

首先是矮，男生都得低着头才能进去。其次是小，两只手都不能舒展地伸开。第三是闷，没有窗户，一进去就有一种让人快要窒息的感觉。最后是黑，只有一盏昏暗的“小夜灯”，让人进去就有一种莫名的恐惧。

这种阴森恐怖的感觉，更像是一座地牢。再混合着厕所特有的刺鼻气味，相信每一次进去，都是一种巨大的心理挑战，尤其是黑夜。

可以说，如果没有战无不胜的强大内心，在这样的“地牢”里，是绝对无法洗上一个酣畅淋漓的痛快澡的。

更离谱的是，这里竟然还没有装热水器。不知冬天来的时候，小伙伴们是否也只能靠坚强的意志和强大的内心，来抗过整个冬天呢？要知道，广州的冬天可是阴冷无比的，其寒冷指数更远胜北方，毕竟北方有暖气。

“如果有监狱住，我宁愿选择监狱！这里简直是比监狱更可怕的地狱啊！”晓琪忍不住嘟囔道。

晓琪的话说出了大家的心声，此刻，随着广州神秘的面纱被无情地揭开，狰狞的真面目已然显露无遗。这场临时靠激情筑成的广州梦，也就随之被无情的现实摧残得支离破碎了。

广州的三伏天，本有着让人难以承受之热。但此时此刻，每个人的心里却都凉得快要结冰了。从出站开始，接连的打击让大家绝望的心情彻底冰冻了。如果说，哀莫大于心死。那么，用这句话来形容大家此时的心情，恐怕是再合适不过了。

心凉归心凉，可这一身臭汗，总还是得洗洗。于是，七个人只好轮流着，在这个不见天日的小黑房里，揭开了广州生活的第一页。

好不容易轮到小叶洗了，她是五个女生里的最后一个。看到其他人一个个都收拾得清清爽爽了，她那股羡慕嫉妒恨，早就写在脸上憋不住了。

小叶拿着浴液和毛巾，迫不及待地冲进洗手间，但立刻又转身跑了出来。她在门口大口大口地做了几个深呼吸，然后才皱着眉头对着房间里喊道："下次我再也不做最后一个啦，里面简直要窒息了！"

趁着等小叶的间隙，大家都在收拾自己的行李。这时，却忽然听到洗手间里传来一阵撕心裂肺的尖叫声，把大家都吓了一跳。

大家还没反应过来是怎么回事，就听门被"砰"的一声撞开了。只见小叶脸色煞白，惊慌失措地冲进来，表情既惊恐又狼狈地喊道："有……有蟑螂！"

"一只蟑螂至于把你吓成这样吗？你手起鞋落，拍死它不就行了！"雨欣不屑地说道。

"那只蟑螂好大啊！我从来都没见过那么大的蟑螂。而且它还会飞，刚才差点就飞到我身上了！"小叶虽然余惊未定，但显然语气中已经充满了愤怒。

"什么？还有会飞的蟑螂？这也太恐怖了吧！"晓琪觉得，这简直太不可思议了。别说见过，她连听都没听说过，蟑螂竟然还有"空军"。

小叶的见闻让大家增长了见识，也让大家对广州的好感更少了一步。到广州的第一天，没遇到一件值得庆幸的事。可令人沮丧反感的事却接连发生，难免让大家心中对广州之行产生了越来越大的疑惑。

俗话说，好的开端是成功的一半。但不知这坏得不能再坏的开端，是否已经注定了失败的结局。

这真是：同舟筑梦入粤港，他乡不予少年狂。常怪英雄泪满襟，怎知英雄寸断肠？

第三章　家有群花争芳艳，午夜惊魂月复圆

说来也怪，广州的蚊子似乎和广州本地人一样都特别排外。在同一个地方居住的人，广州人没怎么觉得咬，外地人却往往会被咬得遍体鳞伤。

也难怪雨欣有一肚子的牢骚："广州热也就算了，但这臭蚊子胆敢趁我香汗淋漓之际，偷吃了我在北方积存了多年的营养血液，我就真是忍无可忍了！南方菜太清淡，也不能逮住北方菜就往死里咬啊！它也不怕被齁死？"

雨欣平时为人豪爽，此时经典绝伦的台词，再配上她那惟妙惟肖的表情，引得大家笑成一团。但这心酸的现实，却的的确确就是背井离乡南漂一族的真实写照。

正所谓笑中带泪，泪中带笑。在困境中寻求生存之道，在绝望中追寻梦想起航。这就是现实的广州，最真实的生活。

趁着空闲，云飞和向南终于有了单独的时间来讨论一下正事了。看样子，五朵金花完全没做好应付未来的思想准备。此时，如果有一个人打退堂鼓，恐怕就难免会产生群体效应。所以，他俩现在的首要任务，就是要稳住她们的心态。

晚上十一点，大家好不容易才把手头上该做的事都忙完了。在火车上晃了近四十个小时，直到现在仍然有点脚下没根、天旋地转的感觉。此时，个个都累得腰酸背痛，唯一的奢望就是赶紧睡个安稳觉。

然而，真的躺下来想睡觉时，那沉沉的困意却又消失无踪了。不过这也难怪，三十八度的大热天，五颗激动澎湃的心挤在一个密不透风的老蚊帐里，满肚子的委屈不倒一倒苦水，又如何睡得着啊？

可怜的是，五朵金花挤在一张床上，连个辗转反侧的机会都没有，因为实在是太挤了。就连吹牛、抱怨、调侃、自嘲，也只能直挺挺地躺着说。

云飞和向南被她们吵得实在受不了了，于是抗议道："里面的同志们，你们可以激动不已，但也不能彻夜不眠啊！"

这时，只听雨欣狠狠地回应道："谁让你俩大骗子，把我们骗到这里的？也得治治你们，我们不睡你们也别想睡！"

"就是！哈哈……"另外几朵金花笑着齐声附和道。

哪知，大家的笑声还未落地，突然听到窗边"铛铛铛"传来几声巨大的敲击

声。这下子，让刚刚调剂起来的欢乐气氛，立刻变得荡然无存了。取而代之的，是极度的紧张和各种的猜想！

房间里瞬间变得鸦雀无声，女孩子们吓得都屏住呼吸，连大气都不敢出了。也不知发生了什么事，云飞和向南则赶紧警惕地坐了起来。

云飞壮着胆子问道："谁啊？"

话音刚落，窗户上忽然有一束强光从外面照了进来，晃得云飞睁不开眼。云飞不由得心头一紧，心中暗叫不好："难道是打劫的，竟然敢这么光明正大？"

就在云飞胡乱猜测之际，窗外忽然传来一个男人冷冷的声音："这么晚了，你们还不睡觉干吗？这么大声吵吵，会影响别人休息。赶紧睡，别再吵了，我们是治保会的！"

"知道了！"云飞闻言，抹了一把额头上的汗水，这才松了口气。

四周渐渐又恢复了平静，雨欣终于忍不住小声喃喃道："这破地方，还让不让人活了？本来已经够憋屈了，现在连睡个觉都有人管，还真是人间地狱啊！"

经过这个小插曲，大家都不敢再大声嚷嚷，也没有心情聊天了。所以，都渐渐在闷热的寂静中，进入了属于自己的梦乡。

本以为这个小插曲过了，就可以一觉睡到天亮。哪知，才睡了没多一会儿，云飞就被向南嘶哑且略带惊恐的吼声惊醒："谁？"

"怎么了？"云飞不明就里，所以也不敢声张，只能压低声音小声问道。

"好像有人！"向南惊慌的语气中，几乎带着颤音。

两人都不敢再说话，只能在黑暗中竖起耳朵，睁大眼睛观察着蚊帐外的一举一动。

起初云飞并没有发现什么异常，但几分钟后，他突然发觉果然有一阵细微的声音从客厅中间传来。而且，那声音之轻令人毛骨悚然。更可怕的是，他根本看不到任何人影，而那声音离他的蚊帐却似乎近在咫尺。

这种情形下，云飞全身的汗毛不由得都竖了起来。他不敢轻举妄动，只是身不由己地悄悄把手慢慢移向了灯绳的位置。这里的房子，原始到还处于用一根绳子来控制电灯开关的阶段。

猛然间，云飞以迅雷不及掩耳之势突然拉开了灯，屋内瞬间变得一片光明。刺眼的灯光，让云飞一时间睁不开眼。可他即使把眼眯成了一条缝，也还是拼命向蚊帐外望去。

只见“嗖嗖”的几条黑影，如闪电一般，一晃便不见了踪影。虽然没有看得太清，但凭着强烈的第六感，云飞可以非常肯定，那些黑影是身手极其敏捷的大老鼠。而且，体格之大在北方实属罕见。

原来，这古老的建筑一直都并不孤独。他们早已经有常客相伴。倒是云飞他们的到来，扰乱了人家原有的生活规律。看来，以后对残羹剩饭的处理，和对室内卫生的管理要大大加强才行啊！

五朵金花被云飞和向南这一惊一乍吵醒了，听到这个噩耗，除了心中又增添了几分对这老房子和广州的无奈与反感之外，她们实在想不通，为什么北方人比南方人高大，可南方的老鼠和蟑螂，却比北方的要大得多呢？真是一方水土养一方人，看来广州的水土特别适合养宠物！

一夜无语，第二天经过打听才得知，人才市场的周末专场企业特别多。如果平时去，则没那么多企业。反正也快到周末了，于是大家决定先买份广州日报看看行情。至于人才市场，还是等周末再去。

当然，五朵金花做这个决定也是有点私心的，因为她们内心早已迫不及待地想去领略一下真正的广州新城到底是个什么样子了。毕竟，她们来广州的一个重要目的，本来就是旅游嘛！

虽然云飞和向南对逛街实在没什么兴趣，但五比二的投票，他们永远没有胜算。所以，也只能勉为其难地被抓去当“壮丁”了。

好不容易才熬到天黑，筋疲力尽的云飞和向南，在饿着肚子连番抗议了数轮之后，五个女孩才意犹未尽地踏上了回家的路。

回到巷子口时，天已经完全黑了。令人意想不到的是，这九曲十八弯的巷子，竟然没有路灯！除了两边房子里透出的微弱灯光外，整条巷子简直是一片漆黑。就像古墓丽影里，通向墓室的那条密道一般，阴森而漫长。

“这是国际大都市吗？我怎么感觉，像是走在乡间的小路上呀？”雨欣调侃地说道。

“就是啊！这么黑，要是我一个人可真不敢走！”陈茜拉着同伴的衣服，诺诺地说道。

“关键是，白天我们走出来都困难。这黑灯瞎火的，我们怎么找回去啊？别溜达一晚上，我们回也回不去，出也出不来了！”小叶不无担心地说道。

这个时候，当然是体现云飞和向南男子汉重要性的时刻。两人当仁不让地走在前面，虽然他俩并不认识路，但在一众红颜的面前，他们还是起到了主心骨的作用。

道路虽远，好在人多壮胆。夜色虽黑，但别有一番滋味。调侃之下，大家渐渐忘记了长夜漫漫的恐惧，反而越聊越兴奋起来。

就在大家有点得意忘形之际，忽然从墙背后传来“汪汪汪”几声恶犬的狂吠声。那声音来得如此突然，叫声如此有穿透力，仿佛让人感觉到，犬牙交错的恶狗，已经贴近了你的肌肤。将无尽的长夜，撕开了一道口子。

五朵金花闻声顿时乱作一团，吓得大呼小叫起来。她们撕心裂的肺尖叫声，不但划破了宁静的夜空，似乎更加激怒了墙内的恶犬，让狗的狂吠声变得更加激烈不安起来。

也不知是谁第一个带头，慌不择路地向小巷深处跑去。紧接着，大家便如多米诺骨牌一般跟着夺路而逃了。他们惊慌失措的女高音，犹如群魔乱舞在夜色中，久久地回荡，那声音比恶犬的狂吠声更是有过之而无不及。也不知那身单力孤的恶犬，有没有被这声势浩大的集体女高音所惊着。

一直跑到筋疲力尽，狗的叫声再也听不到了，大家这才停下来喘了口气。

这时，刚刚缓过劲儿来的雨欣气喘吁吁地，用略带着嘶哑的声音说道：“也不知道是谁家的疯狗，好好的突然发癫，吓死你姑奶奶了。老娘一世的英名，就毁在一只狗嘴里了！”

看雨欣此时能够开得出玩笑了，可见其功力已经恢复了八九成。

“哈哈哈……”雨欣的黑色幽默，再次赢得了大家开心的笑声，并穿透了广州的夜空飘向远方。

长夜里，一轮明月忽然从乌云里钻出来，给漆黑的小巷带来一丝隐约可见的微亮。这是否预示着，大家未来的生活也将拨云见日，在广州终究会有个美好的明天呢？

好不容易等到了周末，大家终于来到了期盼已久的天河人才市场。周末，这里果然是人山人海，几千人把里面挤得水泄不通。

想出的出不来，想进的也进不去。这跟广州的现实情况一样，广州就是这样一座“围城”。城外的人打破脑袋想进来，可城里的人却悔断了肠子想出去。在广州，每天都在上演着这样进进出出的游戏。

大家一边跟着人流拼命往里挤，一边搜索着两边的招聘广告。在当时，流传着这样的观点，找工作三件宝：英语、开车、会电脑。如果有大学文凭，又有这三项技能傍身，找工作就不会有太大问题。

只可惜，大家当时来得匆忙，竟然连简历都还没有准备好。不过，大家也没有奢望来一次就能找到工作。这次最多也就是探探路，了解一下广州的市场情况，把自己放在广州的天平上称一称，看看自己的斤两。另一方面，也好好学习一下，看别人是怎么写简历的。

只是，有对比就难免会有伤害，这一圈下来，大家还是受到了不小的打击。晓琪不无感慨地说道："看来，以我们现在的竞争力，也只能去工厂做流水线工人，或者去餐厅做服务员了。可如果是这样，那还用跑这么大老远来广州吗？"

"话不是那么说，来广州，你拼搏过了至少对得起自己，青春不悔啊！至少N年以后，我们回首往事，不会因虚度年华而悔恨，也不会因碌碌无为而羞耻！你将来还可以很骄傲地跟你儿子说，老妈我当年曾经也是独闯广州的五朵金花之一！不要等老了才像我们的父母一样，把全部的希望寄托到你们家孩子身上，对不对？"云飞安慰道。

"算了吧！干得好不如嫁得好，趁着年轻貌美赶紧找个条件好的才是硬道理！如果将来在广州一事无成，那才是虚度青春呢！"雨欣对云飞火力全开地打击道。

向南一听风向不对劲，立刻跳出来抱打不平道："你这是什么道理啊？都是纯粹的负能量，必须予以严厉的打击。千万别把我们这群有志青年，往火坑里推啊！"

大家你一言我一语的，在碰撞中迸发出激烈的火花。虽然言辞犀利，但却更像一家人在毫无顾忌地开一场家庭会议。不知不觉间，大家已从学校里那种课堂式问答，演变成了融入社会、适应社会的脑筋风暴式研讨。

也许，这就是每个人走向成熟的必经过程。不作茧自缚，又怎能破茧成蝶呢？

第四章　茫茫人海求职路，骤雨揪心夜归人

在广州没个联系工具绝对是不行的，可目前居无定所，花钱自己装电话肯定没那个必要。于是，云飞和向南决定去买个 BP 机，方便找工作时别人联系他们。

为了节约成本，云飞和向南都只开通了省内漫游。反正，他们也认定自己将长期，甚至永远在广州发展。在经济紧张的情况下，开通全国漫游显然是奢侈而没有必要的。

北方人管 BP 机叫呼机，广州人则紧随香港的时尚，把它更时髦地叫作 call 机。“有事 call 我”，是当时广州最流行的一句口头禅。

第一次拥有 call 机，云飞还真有点小兴奋，整天盼着 call 机响。只可惜，在很长一段时间里，它的作用充其量也就是看看时间。

有了简历，有了 call 机，有过一次去人才市场的经验，大家心里似乎也多了一份信心。

但时光如流水，一去不回头。总是等到周末再去找工作，显然周期太长，这个时间大家浪费不起。于是，在一个非周末的日子，大家决定带着武装到牙齿的装备和豪气冲天的信心，再去人才市场碰碰运气。

虽然比周末的确是少了些人，但也称得上是熙熙攘攘、人头攒动。毕竟是接近暑期，南下广州的天之骄子大有人在，看来竞争的压力还是不轻啊！

为了提高面试效率，云飞决定兵分两路。他跟向南一路，五朵金花一路，各找各的精彩。这样不但效率更高，而且，没有他们在身边，女孩子们可能发挥得更好，机会也更大。

经过一路的调查，云飞发现在广州女孩子找工作其实更容易。因为前台、文员、秘书、助理之类的行政岗位，特别是初级岗位的需求量还是比较大的。而且，对工作经验要求也不高。

相反，对于男性来讲，专业技能和工作经验就显得至关重要了。以云飞和向南现在一无技能，二无经验，甚至连当地的话也听不懂、道路也不熟悉的条件下，找工作的难度明显远高于女孩子。

正在云飞和向南倍受打击、垂头丧气之际，他们忽然意外地发现，人才市场原来也有自己的招聘管理中心，并号称交六十元钱包找到工作。

云飞琢磨着，广州是国际大都市，又是在政府眼皮底下打开门做生意，应该不可能是假的。如果真能包找到工作，还何必自己浪费时间精力，每天漫无目的瞎转悠啊？不要说六十元，就是六百也值了，时间就是金钱啊！

于是，一激动也没多想，云飞和向南就进去了。跟里面的接待人员说明来意，不一会，就走出来一个高高大大的小伙子。

小伙儿人显得很精神，看上去长得也很端正，给人一种与生俱来的可信任感。他一过来就跟云飞他们主动问长问短的，一点也不陌生，倒像是多年不见的老朋友。

一听云飞他们是从山西来的，小伙儿马上套近乎地说道：“巧呀，那咱们可算是半个老乡了！我叫阿文，是陕西人。你们放心，就凭咱们半个老乡的关系，我也一定帮你们介绍个好工作！”

听阿文这么说，云飞心中立刻燃起了热情高涨的希望。他忽然有种感觉，这霉运总算是走到头了。

阿文的话让云飞感觉到，希望仿佛已经在眼前向他招手，美好的未来真的如期而至了。幸福来得太突然，还真有点让他一下子接受不了。

交完钱之后，云飞还多了个心眼，他跟阿文再次确认道：“你是保证我们找到工作的，是吧？”

阿文似乎胸有成竹，他拍了拍胸脯斩钉截铁地说道：“放心。我肯定帮你们找到满意的工作为止。不过，工资多少钱那就得看你们的本事了，你们要和用人单位自己去谈！”

云飞想想这也合情合理，不同的工作，不同的岗位，还有不同的工作经验，都会影响工资水平，阿文确实也很难给个准数。

于是，云飞和向南留下联系方式，便饱含期待地告别了阿文。等待着 call 机一响，黄金万两的美差从天而降。

但让云飞和向南万万想不到的是，当他们兴高采烈地把这个好消息告诉五朵金花时，换来的却是她们嗤之以鼻的蔑视和不屑。原来，就这么一会儿工夫，小叶和陈茜竟然已经被一家公司录取了！

“不会吧……这广州人都什么眼神啊？我这样的实力派帅哥都没被人看上，你俩平时看着挺老实的，怎么就把人家给忽悠了啊？”

云飞的话，听着有点吃不到葡萄说葡萄酸的味道。可实际上，他却是用心良苦。他是希望能用小叶和陈茜的成功案例，激励大家留下来的信心。

现在，信心对她们来说比什么都重要。云飞真怕这些在家被视为掌上明珠的“娇公主”，会在一次次的挫折面前，信心陡然间消失殆尽。

而且，兵败如山倒，现在任何一个人的动摇，都可能会引起多米诺骨牌效应，成为他们梦想崩塌的开始。

“你就尽情地酸吧，我们是不会在意的。谁让比天空更宽广的，就是女人的胸怀呢！”小叶美滋滋地说道。

“哈哈哈！”五朵金花听完，也全都笑了起来。

看着大家开心的笑容，云飞和向南偷偷地交换了个眼神，也都悄悄地松了口气。对他们来讲，任何困难都在意料之中，唯一不可预料的，反而是五朵金花随时可能萌生的退意。

这时，向南也调侃道：“刚才我跟云飞还想，要是你们找不到工作，可能我俩还得先养你们一段时间呢！现在看来，我们是不是该调整一下心态，准备好过一段小白脸的幸福生活啊？”

“你还用准备吗？这本来不就是你的目标吗！”陈茜真是个活宝，平时话不多，可冷不丁地冒一句出来，总能把大家笑个半死。

“你……陈茜，你可真学坏了！”向南被说得满脸通红，一时间却也不知道该怎么接这话茬了。

虽然，小叶和陈茜的工资并不算高，可不管怎么说，这也是来广州的第一个开门红。哪怕就当冲冲喜也好，大家总算摆脱了晦气——开胡了。

不过，片刻的开心过后，面临的是更多实际的问题。打开地图才发现，小叶和陈茜上班的地方，是离家足足有十几公里远的郊区。而且，还得换两次车，上班至少得提前两个小时出门。

让两个从没出过远门的女孩，去如此偏远的郊区上班，对她们来说绝对是一个痛苦的抉择。但相比其他人，她俩总还是幸运的。至少，她们有选择的机会。所以，最终小叶和陈茜还是决定去试试，好在她们是两个人。

第二天，两人起了个大早出门。等大家起床时，两人早已披着朝霞，静悄悄地踏上了去公司的路。

这是一个值得纪念的日子，从此，大家在广州的生活，翻开了崭新的一页。

这一天，不但被刻在陈茜和小叶的记忆里，也深深地刻在了云飞和每一个人的心里。

只是，小叶和陈茜的新生活，对于其他人来讲，多少也会带来一丝失落和压力。剩下的人，他们的明天在何方，却仍旧是个未解之谜。

不过，这也正是广州的魅力所在。不管你曾经受到多少挫折与失败，只要你肯努力，总有一份值得守候的期待在前方等着你！

洗漱完毕，大伙一边吃早餐，一边七嘴八舌的，猜想着陈茜与小叶工作的情况。这时，云飞的 call 机忽然破天荒地响了起来。

“再不响，我都以为它坏了呢！”云飞兴奋地，边拿起 call 机查看，边调侃地说道。

屏幕上显示出一个陌生的号码，云飞跟向南互相对望了一眼。云飞下意识地感觉到，是人才市场的阿文打过来的。

果然，阿文热情而激动的声音，让云飞再次感受到了，那种与成功近在咫尺的亲切感。于是，他和向南迫不及待地换好了衣服，急匆匆地向人才市场赶去，那里承载着他们全部的希望与未来。

“你们真幸运，刚有一家大公司在我们这里发布了信息，我马上第一时间就通知你们了！”阿文一见面，就难掩激动地说道。

云飞闻言，兴奋地问道：“是什么公司，招什么职位啊？”

“是一家大型电子厂，准备扩大规模。现在他们大量招工，有销售、秘书、文员还有工人。好像待遇还不错，这方面你们要根据自身条件和他们具体谈。”阿文满脸笑容地说道。

云飞闻言，心中暗想：“既然要招这么多职位，那不是可以把五朵金花也带上？这样大家就可以在一家公司上班了！”

想想有可能一次解决所有人的工作问题，而且大家还能在一起上班，云飞心里现在只有一种呼之欲出的感觉，那就是：这个 feel 倍爽！

回到家，云飞和向南迫不及待跟五朵金花分享了这个好消息。

晓琪一听，立刻精神为之一振，说道：“真算个好消息，今晚给你俩做好吃的！”

向南一听，立刻也来精神了，他忍不住眉飞色舞地说道：“想一想，要是咱们能应聘进同一家公司，以后一起上班，一起回家，比翼双飞，郎才女貌，那是何等的惬意啊？”

“那不叫郎才女貌，那叫豺狼当道。或者说好听点，叫美女与野兽同行！”雨欣一句话，把大家都逗乐了。

为了庆祝这个值得庆祝的好日子，三个女孩今天做了不少硬菜。但眼见天色渐渐黑下来，已经八点多了，陈茜和小叶还没回来，大家不免有些焦急。也不知她们第一天去那么远的地方上班，会不会有什么不适应。

俗话说，屋漏偏逢连夜雨。正当大家担心陈茜和小叶的时候，外面突然间电闪雷鸣，狂风大作，转眼间就下起了倾盆大雨。

这就是广州的天气，像小孩子的脸一样说变就变，不带一点的过渡。“倾盆大雨”这个词，大家以前只在书本里听过。说实话，今天来到广州，大家才算真正领略到什么叫作倾盆大雨。

雷声在头顶响个不停，每一声巨响都像炮弹落在屋顶，感觉整个房子都被震得在风雨中摇曳。加上瓢泼的雨水，有如万箭齐发的银河倒泻，似乎马上就要撕裂那摇摇欲坠的屋顶。大家就像身处在千军万马、鼓声雷动的战场上一般。想想楚霸王项羽当年四面楚歌的阵势，也不过如此吧！

屋顶上一条条水柱“哗啦啦”地顺着屋檐往下流，地面的积水，瞬间就淹过了脚面。这样的暴雨，打伞根本就是徒劳。

这种前所未见的阵势，真让大家为小叶和陈茜捏了一把汗。但苦于当时没有手机，大家也只能干着急，一点办法也没有。

眼看就快九点了，云飞实在坐不住了，他站起来对向南说道：“要不咱俩去车站接接她们吧，也许她们是被困在车站了呢！”

“这么大的雨，你们出去不也得淋湿透了吗？更何况，要是跟她们错过了，又联系不上你们，那怎么办？”晓琪不无担心地说道。

云飞想想，晓琪说得也不无道理。可这么干等着，也不是个办法啊！于是，他沉思了一下说道：“要不这样，我们只去车站看看。如果没人，我们马上就回来。最起码可以确定，她们没有被困在那里。毕竟，车站比较偏僻，我还是有点不放心。”

带着大家的关心和嘱托，云飞和向南冒着瓢泼的大雨，急匆匆地向车站走去。平时穿街走巷，还只是觉得巷子路窄有些压抑而已。可下起雨来才发现，问题远比想象的还要恶劣得多。

由于雨量过大，排水系统老旧，或者说根本就没有排水系统。没多一会儿，地面就出现了严重的积水。水里还到处都是泥巴和石头，不但走起路来很吃力，而且又脏又臭，有一种令人作呕的腥味，一不小心还容易割伤了脚。

云飞和向南出门还不到一分钟，身上的衣服就已经完全被雨水湿透了。雨伞在这个时候，完全只是个摆设。

两人顶着瓢泼大雨，一边不断地抹掉脸上流淌的雨水，一边迎风眯着眼睛，观察着来来往往的行人和车辆。

只可惜雨大天黑，能见度最多也只有不到二十米。两人走了二十分钟，始终没有见到小叶和陈茜的身影。

好不容易，终于远远望到了车站，微弱的灯光在风雨中若隐若现。狭小的站台上挤着十来个人缩成一团，一边避雨一边等车。显得那么无助，那么渺小。

虽然看不太清，但此时云飞和向南心中还是感到一阵激动。他们急忙加快脚步，向车站冲过去。脑海中还浮现出，见面时各种温馨感人的场面。

但结果令他们失望，人群中并没发现陈茜和小叶的身影。这更让云飞和向南对她俩的安全更加担心了。在这样的雨夜，对于两个人生地不熟的女孩来说，任何事情都有可能发生。

既然车站找不到人，云飞和向南只能赶紧原路返回了，只希望她们已经平安到家。但愿是因为他们的疏忽，才错过了那本应发生的温情场面。

此时，反正衣服已经湿透了，为了加快速度，心急如焚的云飞和向南，索性收起雨伞，一路小跑着向家里冲去。

两人好不容易才气喘吁吁地跑到家门口，云飞刚一推开门，就迫不及待地大声问道：“她们回来了没有？”云飞的声音伴随着矫健的身影，几乎同时进到家里。

此时，房间里正好传来一阵开心的笑声，迎面看到三朵金花正聊正欢，云飞和向南终于长长地松了口气。

忽然见到两人全身湿漉漉，又狼狈不堪地冲进来。大家连忙又拿毛巾，又打热水，嘘寒问暖的，把两人当作凯旋的英雄一样对待，让两人真有点受宠若惊。

向南甩甩头上的水，故作埋怨地看着小叶和陈茜说道：“你们俩跑哪逍遥去了，知不知道大家多担心你们啊？也不给我们 call 机留个言，想急死我们啊？”

小叶闻言，面带着歉意地解释道：“对不起，人事部临下班的时候，才突然说要带我们到每个部门去认识一下。想不到，公司还挺大，转一圈下来就走了半个多小时。出来又碰到大雨走不了，所以耽搁了！”

陈茜也开玩笑地说道：“是啊！下雨天更难坐车，人都拼命往上挤，害得我们连淑女形象也顾不上了。再这样下去，我迟早得变成女汉子！”

雨欣一听，接过话茬调侃道：“在这种风雨交加、伸手不见五指的夜晚，你俩能平安回来已经算是万幸了，还管什么淑女形象啊？”

这时，向南感叹地说道：“我当时还想象着，你俩见到我们时的感人场面，会不会一激动，给我们来个拥吻呢！”

陈茜一听，呵呵地笑着说道：“场面那么温馨，激动起来倒也真说不定！”

“那就补一个呗！”向南说着，摆出一个要熊抱她的姿势。

陈茜一看，吓得连忙往后一闪，藏到了雨欣身后。一边摆手，一边说道：“现在可不行了，感情回归理性没得补了！”

雨欣一看，一把挡住向南，摆出一副恶狠狠的样子说道：“打住！又想趁机占便宜啊，我们可是有这么多双眼睛看着你呢！”

“什么叫‘又’啊？我可从来都是清白的！”向南冤枉地叫道。

一场暴雨，让大家对广州有了新的体会。也让彼此之间，那种家人般的感情得到了升华。在广州，大家早已不再仅仅是同学、朋友，而是真的像一个大家庭，彼此关心，彼此牵挂。

在这个陌生而充满竞争的都市，每个人都不得不面对优胜劣汰的丛林法则。但不管外面的风雨有多大，这里都是他们最温暖的港湾。

第五章　等闲不识兽心面，奈何拙计迷人眼

或许是因为第二天有面试，让人情不自禁地有点心潮澎湃。云飞和向南躺在床上翻来覆去，却怎么也睡不着。

两人你一言我一语地，一直聊到了深夜。最后，也不知道聊到了几点，话语才逐渐变得越来越模糊，声音也断断续续地变得越来越小。直到最后有一句没一句地，两人渐渐失去了意识，才各自进入了美好的梦乡。

第二天，七个人都起了个大早。大家匆匆忙忙轮流洗漱完毕后，就已经消耗了大半个小时。火急火燎的小叶迫不及待地打开门，正准备当先头部队第一个冲出去。可她刚迈出去第一只脚，就立刻又忙不迭地把脚收了回来。

原来，经过一夜暴雨的洗礼，整条巷子就像变成了沼泽地，遍地都是臭烘烘的淤泥，显得一片狼藉，根本没法下脚。

雨欣一看，立刻忍不住发飙道："这什么破地方啊，下个雨就好像被哪吒闹海翻了个底朝天似的，赶紧搬！就算是通往地狱的路，也没这么难走吧？"

大家无奈，只好在每人脚上绑两个塑料袋，然后互相搀扶着，捂着鼻子，咧着嘴，硬着头皮朝外面走去。远远望去，大家左摇右晃的样子，就像一群排队出来放风的唐老鸭，场面甚是壮观。

转了两次车，又步行了二十多分钟。经过多次询问，才终于在一个弯弯绕的巷子里面，找到了阿文口中所谓的"大型工厂"。

这是一个藏在城中村的五层小楼，周边到处都是当地村民自己盖的房子。虽然大家对这个所谓的工厂有些半信半疑，但既来之则安之，最后还是决定上去一探究竟之后再做打算。

楼上的办公室，装修得倒还像模像样。电脑、文件柜、复印机、桌椅板凳都一应俱全。看上去，倒还算是一家挺正规的公司。

前台的女孩给大家每人发了一张表格，并示意大家按上面的要求，填得越详细越好，这样成功的机会才比较大。说完，前台转身走了，只留下大家在静悄悄的房间里各自发挥。

半个小时后，那个前台女孩回来收走了大家填好的表格。见那个前台走远了，

向南冲着五朵金花不解地问道："咱们好像是同一个班毕业的吧？咋我的人生经历那么简单，三行字就写完了。你们却能把表填得密密麻麻，风雨不透啊？咱们做人的差距有这么大吗？"

雨欣一听，一脸鄙视地说道："人家小姑娘刚才不是说了吗，写得越多机会才越大。有没有经验是一回事，关键先得看你的态度啊！人家都提示到这份儿上了，你还不明白，真是朽木不可雕也！"

"你……"

向南气得正要发作，这时那个前台忽然又回来了。她推开门对大家说道："请你们跟我来，李经理叫你们过去面试！"

大家闻言不再作声，都静悄悄地跟着前台来到李经理的办公室。这位李经理看上去倒也蛮年轻，三十岁上下，精神饱满，只是皮肤有点黑。

看来，在广州常年的烈日骄阳下，要保持嫩白的皮肤可不是件容易的事。对女孩子来讲，这一点也是她们逃离广州的最佳借口之一。

面试出奇地顺利，云飞和向南回答得游刃有余。也许真是被刚才填表的认真态度打动，也许是因为工厂规模扩大，用人之际求贤若渴。云飞一行人，竟然不费吹灰之力，就全部被录取了。真是山重水复疑无路，柳暗花明又一村啊！

云飞简直有点不敢相信，天上掉馅饼的好事，真就这样幸运地砸在了他们头上。于是，他小心翼翼地问道："李经理，你们这里招的都有什么岗位啊，能把我们都分到一起吗？"

李经理听云飞这么问，他善解人意地沉思了一下，然后略带为难地说道："这个我不能保证，毕竟公司是根据实际需求和求职者的能力来分配工作的。不过，我会尽力而为！"

"那先谢谢你了，李经理！"云飞感激地说道。

"不用谢！总部发展潜力巨大，你们都是年轻人，在总部的发展机会比我这边多多了，祝你们好运啊！"李经理以一个前辈和领导的口吻，鼓励地说道。

云飞闻言，心中忽然有一股无法抑制的暖流由心底涌出。谁说广州没有好人啊？此时，他对李经理的感激之情，真有如滚滚长江东逝水，波涛汹涌地在心中激荡，对总部更是有一种望眼欲穿的渴望。

离开李经理的办公室，带着久久不能平静的心情，大家跟着前台来到了人事部。可令大家有点失望的是，人事部的王小姐，却远没有李经理的那般热情。冷淡之余，甚至还有意在刻意疏远大家。

云飞心中暗想：“人事部是做人事的，怎么反而把人拒之于千里之外呢？看来，这人事部在公司的地位可是高高在上啊！”

办完入职手续，王小姐又淡淡地对大家说道：“你们把身份证、毕业证给我复印一下留底。另外，再每人交五十元入职费。”

“怎么还要交钱啊？我们已经给人才市场交了六十块钱了，这不是他们免费推荐的工作吗？”云飞不满而警惕地问道。

王小姐闻言，冷冷地看了云飞一眼，有点不高兴地说道：“人才市场收的费用跟我们无关，他们只负责推荐工作，我们才是用人单位。他们收的钱，一分也不会给我们的！”

“可是，人才市场说他们推荐的工作，都是不收任何费用的啊！”向南也不高兴地说道，显然大家有一种被骗的感觉。

王小姐看大家心存疑虑，于是撇撇嘴，显出一副无可奈何、却又颇为不屑的表情说道：“这可不是乱收费！你们想想，公司要帮你们做证件、建档案，买文具和培训教材，还要做入职体检，以及帮你们办健康证，哪个不需要成本？我们收的这些只不过是工本费，我们这么大的集团，难道还会骗你们五十块钱吗？”

“这……”

王小姐的一席话，反倒将了大家一军。信还是不信呢？想想刚才跟李经理谈得那么愉快，他也不像是个骗子。而且，人家这么大的集团，的确不可能靠骗一个人五十块钱来赚钱啊！

再说了，大家入职也确实会产生刚才王小姐说的那一系列费用。对于完全没有工作经验的大学生来讲，能不能给公司带来效益还是个问题。再让公司贴钱，好像也真有点说不过去。

于是，大家一咬牙，就每人交了五十块钱。王小姐收完钱，看了看表说道：“快到吃饭时间了，我们也要下班了。你们不如在周围走一走，等吃完中午饭，两点钟再回来！”

大家无奈，只好离开公司，在楼下找了家大排档坐下。匆匆吃完饭才一点钟，离上班时间还有难熬的一个小时。大家无处可去，只好坐在大排档干等。

还好，可能是因为位置偏僻，店里也没什么生意。所以，老板也没来撵大家走，要是生意火爆的话，恐怕老板早就下逐客令了。

六月的广州，可真不是开玩笑的，那叫一个炎热。而且，与北方的干热不同，广州的热是湿热加闷热。

北方的夏天不管怎么热，只要到阴凉地，小风一吹立马干爽。可广州不一样，全天候启动桑拿模式，一天到晚全身上下都是汗。

即使在阴凉地，人也好像在蒸笼里一样，没个干的时候，整个空气都是湿的。就算偶尔有点小风吹过来，也是夹带着一股潮湿的热浪，像一座移动的桑拿房，让你无处可逃。

俗话说春困秋乏，但在广州不管什么季节，似乎天天都有这种感觉。吃饱了就想睡，躺下就不想站起来。

带着迷迷糊糊的困意熬到两点钟，大家赶紧洗了把脸，便匆匆又回到了办公室。

此时，王小姐还没回来。却有一个年轻的女孩，客气地交给云飞一张纸条，并叮嘱道：“王小姐临时有事出去了，她交代我把总部的地址给你们，你们只要按这个地址去上班就可以了！”

女孩说话时略带腼腆，除了把纸条交给云飞之外，其他事情都是一问三不知。看样子，也是刚毕业新来的大学生。无奈之下，云飞只好拿着纸条，带着大家踏上了去总部的路。

经过两个小时的奔波，终于找到了带着神秘面纱的“公司总部”。但此刻，大家已经没有丝毫的兴奋之情。除了筋疲力尽和归心似箭之外，唯一支持他们精神的，就只剩下最后的一点点好奇了！

值得大家欣慰的是，所谓的“公司总部”，还算是在一栋比较像样的写字楼里，看上去的确有个总部的样子。

只是，“总部”门口两扇透明的玻璃大门紧紧地闭合着，看不出一丝有迎接新同事的准备。

透过玻璃门，可以看到三步之遥的前台里，坐着一个年轻的女孩，她正盯着电脑忙碌地工作着。她似乎并没有留意到，门外忽然间多了这么多人。

云飞按响门铃，前台的女孩终于抬起头向门外望来。云飞打量了一下这个女孩，很年轻估计也是刚毕业的。

此时，云飞的脑海中，似乎已经形成了一个固定模式，前台都是刚毕业的小女孩。看来，在广州女孩子找工作，还真是要相对容易得多。至少，每个公司都需要有个“花瓶”摆在门口。

云飞向前台的女孩说明来意，想不到她听完之后，竟显出满脸的诧异表情，似乎完全不知道有这么回事。

但她也不敢怠慢，所以非常客气地说道：“也许是我没收到通知，你们在这里等一下，我去跟人事部经理确认一下！”

看着女孩匆匆离去的背影，雨欣面带失望地小声说道：“完了，我们肯定是被骗了！”

雨欣的话果然不幸被言中了，前台女孩带来的人事经理，证实了雨欣的说法。人事经理确定地说道：“目前，我们没有在招聘，也不是你们所说的什么公司总部。我想你们一定是……被骗了！”

云飞听完，刹那间有种从天堂掉到地狱的感觉。早上出门时的那种兴奋感，和即将在总部大展拳脚的那种渴望，以及大家可以在同一家公司一起工作的温馨场面，瞬间，都化成了被骗后巨大的耻辱与愤怒。

走出“总部大楼”，云飞两眼像要喷火似的。他谁也不理，头也不回地向车站冲去。晓琪一看情况不妙，连忙追过来拉住云飞道：“你走这么快，想干吗啊？下一步怎么办，我们总得先商量一下再说吧！”

“商量，还商量什么？明知我们一过来，骗局立刻就会被戳穿，他们竟然还敢这么明目张胆地骗人，这跟明抢有什么区别？”云飞怒气冲冲地说道。

晓琪见云飞这么冲动，真怕他做出什么不理智的行为。于是她语重心长地劝道：“既然你都说人家是明抢了，那他们这么有恃无恐，必然是有什么人给他们撑腰。我看还是算了，就当破财免灾吧！为了这点钱再去自找麻烦，不值得！”

但此刻，云飞男人的自尊心在燃烧，被骗的耻辱感让他咽不下这口气，又哪里听得下晓琪苦口婆心的劝阻。

只见云飞气呼呼地说道：“不退钱，不道歉，我就在他办公室耗着，他也别想再做生意！我就不信，广州这么大的都市，还没王法了！”

“快算了吧！他们既然敢肆无忌惮地骗人，不怕受骗者回去闹事，背后肯定有黑白两道的人护着。我们人生地不熟的，为了二百五十块钱去跟他们斗，那就真成二百五了，不值得！”

想不到，平时最爱冲动的雨欣，此时不但没有推波助澜，反而表现出了异常的冷静，令云飞颇感意外。

“是啊，兄弟！听人劝，吃饱饭！就算要讨公道，咱们也得先回去商量一下对策啊！知己知彼，才能百战不殆嘛！”向南也劝道。

听大家都这么劝，云飞刚才冲动的情绪，也慢慢缓和了下来。他只好点点头，同大家一起拖着疲惫的身躯，带着满心的失望踏上了回家的路。

好不容易回到了巷子口，可眼前的情景，让大家不得不再次目瞪口呆了。原来，早上出去时满地的淤泥，此时竟依然如故地躺在那里。不但没有人清理，而且经过一天的暴晒，此时已经变得又臭又硬，并发出一阵阵令人反胃的恶臭，让大家本已经郁闷无比的心情，更加添堵了。

看着这条泛着恶臭的崎岖小路，云飞隐隐觉得，他们未来的“讨钱之路”，同样也不会一帆风顺……

第六章　虎穴龙潭照肝胆，宁为玉碎不瓦全

带着一腔怒火和讨钱的使命，云飞和向南第二天出门特别早。到“骗子公司”的时候，也只有昨天前台那个温柔的小姑娘已经到了。

看到云飞和向南一大早又来了，女孩似乎有点惊讶：“你们怎么又来了，昨天不是去总部上班了吗？”

“我靠！年纪轻轻的就成职业骗子了，这戏演得还真到位，就跟什么都没发生过似的，真没节操！”向南心里不由得暗暗骂道。

“你们李经理呢？”云飞只冷冷地问了一句，他知道冤有头债有主，为难这个刚毕业的大学生也没什么用。

“他……还没来呢！”女孩怯怯地说道。

“好吧！既然如此，我们就在这里等他来！”说完，云飞一屁股坐下来，看上去做好了打持久战的准备。

时间一分一秒地过去了，上班的人陆陆续续地来了。可一直等到快十点钟，李经理却始终没有露面。而前台的那个小姑娘，忙前忙后地，不知道什么时候竟也不见了踪影。

这时，云飞一拍大腿，猛然间幡然醒悟地说道：“坏了，我们又被人耍了！都快十点了李经理还不来，肯定是那个前台通风报信了啊！”

“是啊！那个前台一直没回来，肯定是去偷偷打电话通知李经理了！”向南也恍然大悟地说道。

“哼！想让我们等到没趣儿了自己走，那他就打错算盘了，今天不等到他来，我们绝不走！”云飞气呼呼地说道。

“那他要一直不来呢？”

“那我们就天天来这里等，我就不信为了我们这二百五十块钱，他能躲一辈子！”

云飞故意大声说道，他想让公司里其他的“骗子”同伙，把他的话传给李经理。

两人正说着，忽然有一个二十出头的小伙子，没头没脑地冲了进来，一看见

门口的云飞劈头盖脸地就问道：“你们李经理呢？”

云飞莫名其妙地上下打量了一下这个小伙，听他那口气，再看他那怒发冲冠的样子，云飞猜想这八成是“友军”到了。

于是，他故意冲着里面的人撇了撇嘴，说道：“不是我们李经理，是他们李经理！我们是被骗的，是来找他们说理的！”

小伙闻言，忽然露出一副欣喜若狂的样子，开心地说道：“你们也被骗了？”

显然，已经有“友军”捷足先登，让他感到意外而且振奋。只是，这话从他嘴里说出来，怎么都让人有一种怪怪的感觉。再加上他那夸张的表情，似乎有一种置身事外的幸灾乐祸，全然感觉不到他也是受害者之一。

“是啊！我们是被骗了，可你那么开心干吗啊？”向南忍不住问道。

“俺也是被骗了啊！”小伙子说话的语气，不像是被骗了，倒像是中大奖了。看样子，在绝境中遇到“友军”，让他有一种久旱逢甘露、他乡遇故知的兴奋感。

向南见状真是哭笑不得，只好如实相告道：“恭喜，恭喜！不过，告诉你个坏消息，李经理知道今天有人要找他算账，所以一早就躲得连个人影都没了！”

“他怎么知道俺今天要来？”小伙不解地自言自语道。

向南一听，差点气吐血了，心想：“嘿！你当我们俩是透明的啊？凭什么人家跑了，就是在躲你啊？”

见云飞和向南气得都没说话，小伙竟然毫不见外地继续问道：“你俩被骗了多少钱啊？”

“二百五十块钱！”想想同是天涯沦落人，向南还是不情愿地说了。

哪知，小伙子听完，竟用嘲笑的语气说道：“哈哈哈……原来你们是两个二百五啊？俺一个人就被骗了五百！”

小伙的乐观态度真是令人叹为观止，自己的钱被骗了，居然还五十步笑百步，拿云飞和向南取乐。

向南忍不住有点生气地说道：“我说你脑子是不是有问题啊？你被别人骗了五百，你还搁这儿傻乐什么啊？”

“这说明俺比你们俩加起来还值钱啊！”小伙子摆出一副自豪的表情说道。

“你……”

眼见向南有点不高兴了，云飞连忙岔开话题，问小伙子说道：“你是怎么被李经理骗了五百块钱的啊？”

从刚才的谈话中可以看得出来，小伙子是个实在人，没啥心眼儿。所以，云飞也不想跟他斤斤计较。再说了，现在急需要建立“革命统一战线”，团结一切可以团结的力量才是当务之急。

果然，听云飞问他，小伙想也不想地就在办公室大声说道：“俺叫二蛋，前几天刚从乡下过来。昨天来这里应聘保安，李经理录用了俺。但要俺先交服装费二百元，体检费二百元，还有什么入职费一百元。不过，公司包吃包住，一个月的工资一千八百。俺寻思，不就是先交一个星期的工资吗，也值了！哪知，昨天俺去到他介绍的那个分公司报到，人家根本就不认识俺们。所以，俺今天回来，要找他们退钱！”

云飞一听，二蛋和他们被骗的套路如出一辙，不由得心中感叹。其实仔细想想，骗子的手段也不算高明。只是他们太没经验，太容易相信别人了。

等了一个上午，仍不见李经理的踪影。因为早上出来得匆忙，早饭也没来得及吃。此时，一阵饿意袭来，云飞忍不住对向南说道：“不如我们先找个地方吃点东西，再从长计议吧！”

“好啊，好啊！我早上也没吃早餐，你这么一说，我还真觉得有点饿了！”云飞本是说给向南听的，哪知二蛋倒是真不见外。还没等向南答话，他就接上话茬抢着说道。

二蛋是个自来熟，面对他的热情，云飞深感无奈。也只好不情愿地带着他，和向南一起找了个大排档坐下。要说二蛋是真不生分，三人刚一落座，他就像主人一样，给云飞和向南主动端茶倒水。

以至于向南，不得不警惕地提醒云飞道：“这小子看上去傻乎乎的，到底是真傻还是装傻啊？俗话说，无事献殷勤，非奸即盗！他这么热情，不会暗地里给咱俩下点蒙汗药，待会儿把咱们干翻了吧？”

云飞沉思了一下，然后摇摇头说道：“我看不至于，二蛋是穷苦人家出身，可能是太憨厚直爽了，没考虑那么多吧！再说了，咱们身上有多少钱啊，还值得人家这么下功夫算计？”

向南想想也对，于是点点头自言自语道：“就是没钱还被别人给算计了，那才叫冤啊！”

云飞和向南正在嘀咕，二蛋已经又打了一壶新茶端过来，笑嘻嘻地说道：“来，两位大哥喝水！”

二蛋边说，边给云飞和向南各斟了一杯水。还没等他俩说话，二蛋就继续说道："俺姓牛，大名叫牛天宝，小名才叫二蛋。村里面的人都这样叫惯了，你们也这么叫吧，这样不生分。两位大哥，你们怎么称呼啊？"

"呃……"说实话，云飞和向南还没准备好跟他交朋友。在广州，没了解到一定程度，是不会把自己的底儿吐露给陌生人的，这是在广州行走江湖的基本生存法则。

二蛋见云飞和向南吞吞吐吐的，立刻就急了："你俩这是干啥呢？报个名字还大眼瞪小眼儿的，是不是在编啊？叽叽歪歪的，一点也不像个爷们儿！"

云飞和向南，被二蛋教训得脸红脖子粗，真有点无地自容。无奈之下，两人只好报出了真实姓名。

二蛋的憨厚，似乎有一种天然不可抗拒的渗透力，让人在这个尔虞我诈的都市，完全无法抵挡他的爽直和率真。

"这不就行了吗？爷们儿就应该爽快点儿嘛！"这下二蛋终于高兴了。

仨人又闲聊了一会儿，云飞说道："我看李经理今天多半是不会回来了，不如明天咱们晚点来，他摸不到我们来的规律，我们才好逮到他！"

向南点点头，赞同道："没错！要不，明天咱们中午十一点在这里碰面？到时说不定，会有更多的人来找他算账。我们就可以聚集更多力量，到时谈判的筹码也就更多了。"

二蛋想想也有道理，于是点头说道："你们大学生到底是有头脑，那俺就听你们的！不过，你们可得说话算数，明天一定要来啊！"

云飞看着这个既可爱，又有点傻气的率直小伙，笑笑说道："你放心！我们说话绝对算数，明天中午十一点钟，咱们不见不散！"

云飞和向南告别了二蛋，一路向车站走去。广州的正午，就像烧烤店的烤炉一样，几乎要榨干人身上的每一滴汗水。

走在大街上，每个人都是汗流浃背。垂下的汗滴，就像烧烤时榨出来的焦油一样，只差滋滋作响了。这也许就是广州人天天吃夜宵，却很少有胖子的原因吧！看来，广州是个减肥的好地方。

第二天，云飞和向南如约而至。却想不到，二蛋早已经在楼下等候多时了。一看到两人准时来到，二蛋似乎有点儿欣喜若狂。他一边朝云飞和向南招手，一边像见了亲人似的，满面笑容地朝他们跑过来。

“你来这么早啊？有没有上去侦察敌情？”云飞笑着问道。

“没有，俺怕打草惊蛇！俺就是等你们来了，听你们指挥呢！”二蛋憨厚地笑着说道。

“好吧！那我们上楼吧！”云飞点点头说道。

三人径直来到李经理的办公室门口，今天终于抓了个正着。李经理此时正在里面跟人谈事情。看来，又有一条大鱼要上钩了。

只听李经理坐在里面口若悬河，滔滔不绝地对一个年轻人说道：“你条件不错……我把你推荐给总部，去做个销售经理。一定要好好努力啊，千万别辜负了我对你的期望！”

云飞在外面听到这熟悉的声音和简单的骗术，不禁暗暗偷笑，心想：“看来，我们马上就会又多一个战友了。”

二蛋一看，抬腿就要往里冲，却被云飞一把拉住道：“你先别冲动，等面试的人走了我们再进去。现在去揭穿他，一定会撕破脸皮。激怒他就没得谈了，咱们得先礼后兵！”

二蛋怒气冲冲地说道：“跟一个骗子还有什么好谈的，他不给我退钱，我们就跟他闹到底，还怕他不成？”

外面这么一吵吵，惊动了里面的李经理。李经理向外一看，八成也明白是怎么回事了。想必他也怕大家在这里闹事，把里面的面试给搅黄了。

于是，李经理对那个面试的人说道：“好，那今天先这样吧！等一下你去找我的秘书，一切她会帮你安排的！”

那人一听赶忙起身，连声道谢后向门外走来。临出门时，还对李经理招招手，毕恭毕敬地说道：“李经理那我先走了，咱们回头联系，谢谢了！”

出了门，那人还狠狠地瞪了云飞他们一眼，想必心里还在怪他们几个，打扰了他跟和蔼可亲的李经理交流感情。

此时，二蛋早已按捺不住满腔的怒火，他一个箭步冲进去，对着李经理大喊一声道：“你这个骗子，快把骗俺的五百块钱还给我，不然俺跟你没完！”

这时，云飞和向南也跟着走了进来。虽然说，仇人相见，分外眼红，但云飞还是很克制地对李经理说道：“李经理，你们骗人是不争的事实，大家也就不用拐弯抹角了。刚才面试的那个人，想必你也会用同样的手段来骗他吧？明人不说暗话，我们刚才没有当面揭穿你，就是给你留个面子。我们也不想怎么样，只要你把骗我们的钱退给我们，大家各走各路，就此互不相干！”

云飞本以为，他这套有礼有节的说辞，能让李经理理屈词穷。可万万没想到，云飞说完之后，李经理竟然还来气了。

只见他气急败坏地说道：“我说这个土包子，怎么敢跑到这里来闹事，原来是你们两个在后面鼓动的！我告诉你们，钱我是绝不可能退的，我既然能在这里开得了这个公司，你就应该知道我的人脉关系。这里黑白两道都是我的人，识相的你们赶紧走。不然的话，不客气的那个人——是我！”

原来，李经理误以为二蛋敢过来闹事，背后是云飞和向南主使的。所以，一见云飞和向南，气就不打一处来了。

眼见李经理无理抢三分，没有半点知错要改的意思，云飞心中的怒火不由得也渐渐燃烧起来。现场的火药味十足，大家都憋足了一口气。看来，一场龙争虎斗是在所难免了。

第七章　明镜不解庶民怨，书生一怒也好汉

云飞做梦也想不到，一个证据确凿被堵在办公室的骗子，在众目睽睽之下，竟然还敢把话说得这么硬，这么绝，简直是无法无天了！

此时，云飞不由得怒从心头起，恶向胆边生。他逼着李经理上前一步说道："我就不信广州还没有王法了，你开骗子公司竟然还够胆这么大声，还敢理直气壮地威胁人？本来我还想好好跟你讲理，既然你这么蛮不讲理，那就别怪我们把事情闹大。大不了，钱我们不要了，但你这公司也别想开了！"

李经理一听，立刻撕掉了往日和蔼可亲的伪善面具，摆出一副恶狠狠的样子威胁道："小子，你们来广州才几天？你说这话，简直是不知道天高地厚。我劝你先好好了解了解情况，再出来充英雄。开我们这种公司的，哪个没有点背景？就凭你一个刚刚毕业的外来大学生，就想维护正义帮别人出头，我看你是活腻了吧？"

二蛋一听这话也火了，他上前一步站在云飞前面，指着李经理说道："你少来这套，俺才不怕你的威胁呢，脑袋掉了碗大个疤，十八年后老子又是一条好汉，你吓不到俺！"

云飞看着二蛋大义凛然的样了，不由得暗暗佩服。想不到这样一个憨态可掬的傻小子，竟能在关键时刻，勇敢地跳出来跟李经理当面对质，真是人不可貌相啊！

李经理见状，更是火不打一处来了，他指着二蛋骂道："你这个蠢货，被别人当枪使了，还在替别人强出头，你脑袋是不是缺根筋啊？"

说完，他又指着云飞和向南说道："我就知道，是你们这两个大学生在后面捣的鬼。把这傻小子推到前面当炮灰，你们俩想在后面吃现成的，没门儿！我告诉你们俩，就算所有人的钱都退了，我也不可能退你们俩的，识相的赶紧走！"

云飞一听李经理这么说，胸中的怒火彻底被点燃了。他忽然把嗓门也提高了八度，毫不示弱地说道："你爱怎么说怎么说，跟你这种人我也懒得解释。告诉你，我也不是吓大的，今天这钱你要是不退，我们就不走了。我让你的生意来一个黄一个，我倒要看看你能把我们怎么样？"

“好！机会我是给你们了，你们不走就别怪我不客气了！”说完，李经理拿起电话说道：“保安吗？进来把这三个人给我抓起来！”

向南一看李经理动真格的了，不由得一阵紧张，他悄悄地碰了一下云飞，小声说道：“好汉不吃眼前亏，要不我们先撤吧！真要发生冲突，在人家的地盘上，吃亏的可是我们！”

云飞此时虽然多少也有点后悔，但既然把话都说到这个份上了，现在走就等于示软，颜面何存啊？

于是，他咬咬牙低声说道：“光天化日之下，我就不信他敢明目张胆地怎么样！”

这时，李经理忽然把嘴一撇，轻蔑地说道：“别嘀咕了，现在怕了，走还来得及。看你们这副书生样，就不是干这行的人。赶紧抓紧时间去找工作吧，别到时候少条胳膊，少条腿，就得不偿失了！”

云飞和向南被李经理将了一军，正骑虎难下，却忽然见二蛋把衣服往上一撩，大义凛然地说道：“俺当兵的时候，受的伤多了去了。死都死过几回了，俺还怕你个黑社会？”

这时，众人的目光都向二蛋的后背望去。果然，他背上有两三条半尺长的疤痕。显然，当时伤得不轻。

果然是真人不露相啊！想不到，二蛋看着傻乎乎的，竟然还是个实战经验丰富的练家子。云飞和向南一看，意外之余心里多少也有了点底气。

李经理一看，愣了愣神儿，指着二蛋没好气地说道：“傻小子，有几道疤你吓唬谁啊？你等着……”

这时，云飞凑近向南小声耳语道：“这么久保安还没来，估计是吓唬我们的！”

哪知，这话却不小心被二蛋听到了，他还没等向南回答，就抢着大声说道：“这么久保安还没来，当然是在吓唬俺们了！”

云飞和向南一听，真是又好气又好笑。李经理气得脸都发绿了。他气急败坏地指着二蛋骂道：“你这个傻小子，不好好收拾收拾你，你还真不知道马王爷长三只眼！”

说完，李经理转头又对云飞和向南说道：“中午下班了，我们要锁门，请你们马上离开！”

二蛋却抢着说道："你不退钱，俺们就不离开！俺们就天天坐在这里不走，看你能怎么样？"

李经理闻言，并没有搭理二蛋。而是转过身来对云飞说道："好，那随便你们，但是我办公室里有大量现金和机密资料，如果到时有遗失，你们可要负全部责任！"

说完，李经理转头对里面的几个员工说道："等一下你们该走就走，他们要是不走，就让他们留在这里好了！不过，下午回来你们要第一时间好好清点一下东西，要是少了什么就立刻报警！"

说完，李经理把云飞他们三人晾在办公室，自己竟头也不回地拂袖而去了。这一招以退为进，反倒让云飞他们变得非常被动了。

在人家的一亩三分地，人家想做什么局做不了啊？李经理最后那句话，显然有栽赃陷害的警告意味。

这样的骗子公司，办公室里怎么可能存放大量现金呢？但他当着众人的面这么说了，将来若有意栽赃，这可是跳到黄河也洗不清的事啊！毕竟，诬赖好人本来就是他们工作的一部分。

向南见状，连忙对云飞小声说道："我们还是先出去吧！这种事情是说不明白的。如果他真要污蔑我们，愈加之罪，何患无辞？他公司人多，警察又偏向他们，我们是百口难辩。到时候，恐怕就不是几百块钱的事了！"

云飞想想也对，小不忍则乱大谋。本来是自己有理的事，别弄到最后被诬陷，反而说也说不清楚了。于是，云飞忍了忍，拉着极不甘心的二蛋，三人无奈地走出了办公室。

"你说，他们到底跟派出所有没有关系啊，竟敢这么又持无恐？"向南有点泄气地说道。

"看来只有验证一下才知道了！"云飞似乎下定了决心。

"咋验证啊？"二蛋一听，似乎特别起劲儿地问道。

"当然是报案了！看看派出所的态度，结果不就立见分晓了吗？"

三人边走边问，终于找到了辖区的派出所。其实，派出所离着并不远，最多也就是一两公里的距离。

这让云飞更加确定，骗子公司跟派出所一定有着某种不可告人的关系。否则，距离这么近的地方，有一家明目张胆的骗子公司，警察怎么可能不知道呢？

三人进了派出所，一看到值班的警察，二蛋就抢着说道："俺们三个被骗子公司骗了，你们快点派人去抓他们，那个骗子公司就在那边！"说着，二蛋转身用手指了指背后的方向。

警察闻言，抬头看看二蛋，然后皱着眉头说道："我们天天在这里执勤，怎么从来没见过有什么骗子公司啊？你有没有证据，没有证据可别在这里乱说啊！"

显然，二蛋的话给警察扣上了"渎职之嫌"的帽子，警察自然不爱听了。云飞刚想出来圆场，哪知二蛋又抢着说道："你怎么不相信啊？他就在对面那栋楼上！他通过给俺们介绍假工作骗俺们的钱，不信俺带你们去看啊！"

哪知，警察听完连眼皮都没抬就说道："你们说人家是骗子公司，那必须得有人证物证，明白吗？如果都像你们这样，随手一指我们就要出警的话，那我们岂不得忙死？"

"俺们就是人证啊，钱被他们骗去了，钱就是物证啊！"二蛋着急地说道。

"你懂不懂法啊，哪有自己给自己作证的？如果谁都可以证明自己没犯法，那还要法官有屁用啊？你看你这个傻傻的样子，说话不清不楚，衣冠又不整，就算人家给你介绍个好工作，谁敢要你啊？应聘不成功，多从自己身上找原因，不要动不动就赖别人！如果你们没有证据，就别再烦我，警察很忙的，知不知道？"

一看这情况，云飞和向南就彻底明白了。这还说什么啊？警察说不定都是骗子公司的股东呢！人家可是有分红拿的，你一个外人，向董事会投诉自家的股东，那怎么可能胜诉呢？

可二蛋似乎并不这么认为，他看上去并没有半点要放弃的意思。只见他忽然指着云飞对那个警察说道："你说我傻，我认了！可是，他们都是大学生，他们去面试也被骗了，这又怎么解释？"

"嗯？"警察闻言愣了一下，他抬起头瞪了二蛋一眼，显然没预料到这个不起眼的傻小子，竟会有此一问。

警察回味了一下二蛋的话，停了几秒钟这才说道："广州找不到工作的大学生满街都是，如果面试不成功就来报案说被骗了，那我们就是再增加十倍的警力，也不够用啊！你别在这里瞎闹妨碍我办公了，赶紧走吧！"

很明显，警察不但知道这家骗子公司的存在，而且对他们的业务非常清楚。看样子，这套台词也是经常用到，已经背得滚瓜烂熟了。

这时，云飞上前拉开二蛋说道："警察同志，你的回答很专业！现在我只想问一个问题，到底有多少证人过来才可以打动你？"

"嗯？你是在威胁我吗？"警察听云飞这么说，严肃而挑衅地看着云飞问道。

"当然不是！我只是想帮这些人追回他们被骗的钱。对很多人来说，这些都是救命钱。没有这些钱，他们可能要变成乞丐，甚至连家都回不去了。作为警察，维护正义，除暴安良，是你们不可推卸的责任和义务。为什么你宁愿坐在这里跟我们讲理论，也不愿跟我们去实地走一趟呢？"

云飞的话，就差一层窗户纸没有捅破了。他明知道这些警察跟骗子公司是一丘之貉，早已不抱任何希望。但他还是要把自己的心里话讲出来，因为憋在心里实在是不吐不快。

"你以为我很闲吗？辖区里这么多事，就我们这几个警察负责。如果个个都像你们，一点鸡毛蒜皮的小事就要我们出警，哪里忙得过来？如果你们找不到证据，那我也爱莫能助。不过，我可以给你们个建议，你们可以去找找劳动局，或许，可以当作劳动纠纷来处理吧！"

向南一听，也终于忍不住了："你这分明就是推卸责任嘛！我们根本没有入职，怎么能算是劳动纠纷呢？"

警察听向南这么说，瞥了他一眼，然后冷冷地说道："我再说一遍，警力资源宝贵，不能随便浪费！警察是用来维护社会治安的，不是解决个人纠纷的。如果你们之间发生了冲突，或者有人员受伤，我们自然会出警。"

二蛋在一旁，早已听得忍无可忍，这时终于忍不住发飙了："你们还算什么人民警察？包庇坏人欺负老百姓，明知道是骗子公司却推来推去，你们跟那些骗子是不是一伙儿的？"

警察一听，脸立刻红了起来，他怒目而视地指着二蛋警告道："你说话小心点，这里是派出所，由不得你撒野。你要是再敢胡说八道，别怪我对你不客气！"

向南一看，连忙拉住二蛋说道："算了，别吵了！再吵也不会有结果了，走吧！"说着，给云飞使了个眼色。

两人无奈，只好硬拉着二蛋，向派出所外面走去。哪知，刚到大厅门口，迎面却撞到一对衣衫褴褛的夫妻，边走边哭径直向派出所里面走来。

男的背着个破旧的书包，女的背着一个满是补丁的破袋子，手里还抱着一个熟睡的孩子。出于好奇，云飞三人停下了脚步，想看看事情究竟会有怎样的发展。

只见那对夫妻，抹着眼泪径直走到警察的面前。那个警察好不容易才打发走云飞他们，还没清静一分钟，忽然看到又来了一对哭哭啼啼的农村夫妇，怀里还抱着一个孩子，不由得皱了皱眉头问道："什么事啊？"

这不问还好，警察一问，那女的竟"扑通"一声跪在地下，放声大哭起来："警察同志，你可得给我们做主啊！那个骗子公司，骗了我们身上所有的积蓄，我和孩子今晚都不知道去哪里住啊！你要是不让他们给我退钱，我就只能死在这里了！"

果然，女人的三大绝技，一哭二闹三上吊，走遍天下都有效。那警察一看女子的这副架势，立刻慌了手脚："先别哭，有事慢慢说，到底怎么回事啊？"

眼见事情越闹越大，再不管恐怕局面就失控了。警察无奈，只好带着几个人跟着这对哭哭啼啼的夫妇，来到了骗子公司。

一见到李经理，情绪本已平复的夫妇，忽然又激动起来。那女的指着李经理，大声哭嚎道："就是他……就是他骗了我们的钱，就是这个骗子！"

李经理尴尬之余，赶忙走过来对着为首的那个警察，笑脸相迎道："王警官，今天怎么这么有空啊？"一边说，还一边掏出烟来，给几个警察一一敬烟。

那个被称作王警官的人，把脸一沉道："你以为我愿意来你这破地方啊？你整天给我惹麻烦，再有人到派出所里闹事，你这公司就不要开了！"

李经理可能没想到，平时罩着他的警察，忽然间态度来了个一百八十度大反转。他先是一愣，紧接着马上又赔着笑脸说道："王警官，我怎么敢给你找麻烦呢？是这几个人在给你找麻烦啊！我给他们推荐了工作，人家看不上他们，他们就合伙出来搞事，尤其是这两个大学生！"

李经理边说，边恶狠狠地指了指云飞和向南。看来，这次警察来查李经理的这笔账，他再一次算到云飞和向南头上了。

李经理本以为他的话，会让警察把矛头指向云飞他们。哪知，他话还没说完，王警官就不耐烦地打断他说道："我不管你这么多，上头说了，以后再有人去派出所闹事，就封了你的公司。你现在拿了人家多少钱，马上退给人家！"

李经理一看王警官真的生气了，不敢再多啰唆，于是一个劲地点头道："好，好，我马上退给他们！"

王警官闻言，不耐烦地点点头，正准备离开时，忽然又好像想起来什么似的，转身叮嘱道："马上啊，别再给我找麻烦！"

李经理吓得连连点头，立刻当着王警官的面，让出纳拿了一沓钞票出来。包括现场正在交钱的受骗者在内，所有人的钱都一一被原数退了回来。

王警官见李经理不敢怠慢，于是又叮嘱了几句，便扬长而去了。

其他人拿到钱都陆续走了，最后就差云飞和向南了。李经理看着他俩忽然说道：“今天钱不够了，你们明天再来吧！”

不用说，这摆明就是有意刁难！云飞心想：“明天再来，势单力孤，怎么还可能要得回钱啊？”

于是，云飞对李经理说道：“李经理，你不是说你公司有大量现金吗？怎么现在两百多块钱都拿不出来了，你不要有意为难我们啊！”

云飞本想借着警察刚才警告他的势头再争取一把，或许吓一下李经理，就能把钱追回来。

可哪知，李经理竟摆出一副无赖的样子，摆明了说道：“是你们两个把警察找来的吧？我告诉你们俩，别人的钱都可以退，我就是不退你们俩的，有本事你们就再去找警察，我就不信你们两个还能把天翻了！”

看样子，李经理认定今天的事是云飞和向南在暗中指使的。所以，无论如何也咽不下这口气。退钱看来是没指望了。

云飞心想：“也罢，不退就不退吧！为了两百多块钱，费时费力不说，还冒这么大风险，的确不值得。更何况，帮这么多人把钱追回来，也是大功一件。能杀杀这帮骗子的嚣张气焰，让他们日后有所收敛，也算替天行道了。

云飞想通了，心里也就轻松了许多。能不能拿到钱，反倒不那么重要了。倒是看着李经理被气得青筋暴起的样子，心中有说不出的痛快。

于是，云飞和向南拉着二蛋，笑呵呵地离开了办公室。三人转身在走廊里嘀咕了几句，然后忽然一起大声喊道：“李经理黑心蠢如猪，骗钱害人遭雷劈。此钱小爷不再要，留着给你买药去！”

三人说完，便大笑着跑下楼去。远处传来他们渐渐远去的笑声，这场短暂的“浩劫”，也就此告一段落。虽然结局未必圆满，却让云飞和向南感到一种比讨回钱更值得满足的安慰。

因为，他们不但帮助大家做了一件好事，而且还在这个陌生的都市里，又多了一个真诚的朋友——二蛋！

第八章　借刀吓人花失色，患难与共见真心

是非之地自然不易久留，云飞和向南把 call 机号码留给二蛋之后，便匆匆告辞了。

显然，二蛋是个重情重义之人。看着他们渐渐远去的背影已经走出了几十米，却依然站在原地，依依不舍地不肯离去。在这个人情淡薄的都市，这种有情有义的人实在是太少太少了。

云飞忍不住，感动地向二蛋招了招手。二蛋见状，激动地喊道："哥，你们保重啊，我会联系你们的！"

二蛋的声音，久久地回荡在悠长的小巷里，似乎也预示着这场闹剧彻底落下了帷幕。

云飞和向南带着无尽的感慨走到车站，在等车的空档，他们发现路边有个两元店。东西从店里一直摆到店外，虽然不是那么高大上，但总算琳琅满目，家庭必备之品可谓应有尽有。

反正闲着也闲着，两人便一边等车，一边在两元店闲逛。向南忽然看到一套组合刀具，于是对云飞说道："五朵金花做饭的那把刀好像不行，要不给她们买套刀具？"

"行啊，你小子观察可够仔细的啊！"云飞调侃地说道。

带着菜刀回到家时，天已经完全黑了。还没进门，隔着窗户就听见五朵金花在里面焦急地讨论着他俩可能出现的各种情况。

两人相视一笑，突然间计上心来。云飞推门进来时，已然换上了一张无比严肃的面孔。五朵金花一看两人回来了，立刻都围过来七嘴八舌地问东问西。

可云飞和向南却视而不见的，把手里的书包往桌子上一扔，然后"扑通"一声闷头倒在床上。无论大家再怎么询问，两人就是没有任何反应。

这时，晓琪意外地发现，向南的书包里竟露出两个菜刀把子。这一发现，立刻把五朵金花吓得花容失色，面面相觑，可又不敢再多问。只好乖乖地先去做饭，把各种猜测埋在心里。

云飞和向南强忍着没笑出来，一边装睡，一边悄悄竖起耳朵，听着她们的窃窃私语，心里感到一阵温暖。

这一天，两人享受到了皇帝般的待遇，不但衣来伸手饭来张口，而且，大家对他们还显得格外小心翼翼，让云飞和向南充分感受到了女人们温柔的一面。

只是，当第二天真相大白的时候，他们也为此付出了终生难忘的惨痛代价。同时，也深深体会到了女人在发飙时和动情时，那两张如天使和魔鬼般截然不同的面孔后面，所隐藏的可怕威力。

在广州被骗，可以说是每个人在这里成长的必修课。只不过，这学费交得多与少，就完全是看自身的悟性和机遇了。

路漫漫其修远兮，未来的路会怎样走，也只能靠大家自己上下求索了。等待他们的到底会是一帆风顺的阳关大道，还是荆棘密布的险山恶水，谁也无法预测！

不过，幸运的是至少到现在为止，大家还一直走在前进的道路上，不曾有过任何退缩的想法。

这次应聘经历不但没有找到工作，还被骗了二百五十块钱。更重要的是，还冒着生命危险浪费了好几天的时间。接下来，自然得去人才市场找阿文讨个说法了。

第二天，云飞和向南带着满腔的怒火，找到了那个曾让他们感动不已的老乡。阿文一见到云飞和向南，就颇感意外地问道："上次给你们介绍的工作怎么样了，你们怎么没去上班啊？"

看样子，阿文对他们这几天的遭遇，似乎真的一无所知。除非他真有影帝般的演技，反正云飞是看不出半点破绽。

云飞并没有急着回答阿文的问题，而是淡淡地反问道："你给我们介绍那间公司，你跟他们熟吗？"

"说实话，我们只管推荐，这些信息都是在公司的资料库里面找到的。我们只能看到相关资料，但这些资料的真伪就无从验证了，怎么了？"阿文好像对云飞的态度感到非常意外。

"那就是说，你们根本不知道那家公司到底是干什么的，也不能排除他们是骗子公司了？"云飞继续追问道。

"你这话是什么意思啊？"阿文显然被云飞不友善的语气问得有点丈二和尚摸不着头脑了。

"那我就直说吧！你推荐给我们的是一家骗子公司，他不但骗了我们的钱，还骗了很多人的钱。后来警察去了，才把大家被骗的钱给追了回来。"

云飞说话的时候，直盯盯地看着阿文的眼睛。他想从阿文的眼神中判断对方是否在说谎。

阿文听完，显出一副不可思议的表情说道："不会吧？我在人才市场这么多年，还从来没听说过有这样的事情！"

阿文的表情，真实得让人无法怀疑。如果他真是装出来的，那云飞也就只能表示心服口服了。他只能感叹，广州真是个锻炼人的天堂，好莱坞不在这里设个分公司，那真是损失了！

其实，云飞也早就想到会是这样的结果。不管阿文说的是真的也好，假的也罢，他都不想再跟阿文继续扯皮下去了。因为，这只能是浪费自己的时间。反正，扯皮本来就是阿文工作的一部分，可云飞他们却耗不起啊！

于是，云飞压了压心中的怒火，对阿文说道："好了，文哥！既然不关你事，我们也不想再追究了，但你之前的承诺，可一定要兑现啊！你得保证给我们推荐到工作为止，而且下次一定要靠谱啊！"

阿文见云飞不再追究，心里多少松了口气。于是，他搂着云飞的肩膀说道："兄弟，你放心！这次纯粹是个意外，下次我一定帮你们介绍个好工作，我这个人最怕欠别人人情了！"

云飞听完，淡淡地一笑，说道："好！那我就等你的好消息了！"

两人乘兴而来，却扫兴而归。对阿文的兴师问罪既没有结果，也没讨到个说法，这让大家不免有些失望。看来，人才市场也不能作为大家唯一的赌注了，拓宽更多的面试渠道，才是当务之急。

于是，大家决定把人才市场、报纸、车站小广告、广州黄页，还有当地的校园招聘会等能试的渠道都试一遍。

晚上吃完饭，云飞拿着报纸兴冲冲地给大家念道："招聘文员，要求如下：女性，大专以上学历，计算机、文秘或企业管理类专业毕业。能熟练掌握文字处理软件，文笔好，思路清晰，有公文写作经验者优先，英语流利者优先！"

艳丽听完，首先自嘲地说道："唉！要说琼瑶小说的格式，我倒还有些印象。但说到公文格式，可是早就还给老师了！"

"这也不是什么坏事啊！至少这说明，你是几个女孩里最有女人味的嘛！"

向南随口附和的一说，想不到却被雨欣不失时机地抓住把柄报复道："你的意思是说，我们几个就没女人味了？本相终于露出来了吧，以前你不是一直说晓琪最有女人味的吗？"

"就是嘛！朝三暮四没一句实话！"其他几个女孩儿闻言，也群起攻击道。

向南做梦也想不到，他的一句无心之语，竟让自己引火烧身变成了众矢之的。于是，连忙辩解道："不是……你们都有女人味，只不过各有特色。有的是大家闺秀型，有的是小家碧玉型！"

向南本来以为，这样含糊其词就可以蒙混过关。哪知，五朵金花却不依不饶、步步紧逼地问道："那谁是大家闺秀，谁是小家碧玉啊？"

向南明白，这个问题是个永远没有结果的死循环。答到最后结果只有一个，就是迟早被她们整死。

眼见情况不妙，向南忽然仰天长叹道："广州，我错了！你把这些女妖都收了去吧！"

真是无巧不成书，偏偏此时，小叶正好冲完凉推门进来，在门口听到向南的"忏悔"，不觉惊讶地问道："向南，一会儿工夫不见，你这是又犯啥错了？"

向南抬头一看，但见小叶头上裹着浴巾，左手拿着一块毛巾，右手提着一瓶浴液。猛一看活像一个从天而降、手持法宝的某路神仙。

他忍不住望着小叶，学着西游记里红孩儿的一句台词说道："你是这些女妖搬来的救兵吗？"一句话，把大家都逗笑了。

虽然，生活很艰苦，饭菜很简单，但每天晚上七个人能聚在一起吃顿"团圆饭"，却是每个人一天中最快乐，也是最期盼的时刻。

也只有这样深入骨髓的感情，才能让彼此敞开心扉，毫无保留地把心底最深的话说出来。

房间里不时地传出一阵阵欢声笑语。也许，这间破屋子里已经有超过半个世纪都没有这么快乐过了吧？

只是，这毫无禁忌的笑声，不知道能传多远，又能保持多久。在这个冷漠的都市，是否能给这些同病相怜的孤独的心，带去一份温存和力量。更不知道，这种"穷并快乐着"的状态，到底能够延续多久。

云飞很珍惜这段来之不易的经历，但同时，他内心又莫名其妙地有一种惴惴不安之感。似乎隐隐感觉到，这座用感情灌注的钢铁长城，却时刻面临着土崩瓦解的局面。但愿这只是一种不好的错觉吧！

但不管怎么样，这都是大家人生记忆中最宝贵的财富。若干年后，即使各奔东西，想起这段艰辛而快乐的往事，一定也会感到无比的幸福和满足。

第九章　儿行千里母担忧，蛛如肥蟹催人走

日子一天一天如流水般地从指尖滑过，大家每天过着重复而单调的日子，不断穿梭于人才市场、招聘公司和简陋的破房子之间。

人才市场的阿文，虽然后来又给介绍了两家公司，但最后都无果而终。而从报纸上找信息固然省时省力，但打印简历、冲洗相片，加上每次买信封和邮票的钱，成本实在太高。

而且，几乎所有的信寄出去，都如石沉大海，杳无音信。因此，这个渠道也渐渐被大家放弃了。

不知不觉间，来广州已有大半个月了。小叶和陈茜的幸运，却始终没有再降临到其他人头上。这让大家的士气在一天天无休止的消磨中，开始渐渐消失殆尽。

这天晚上，陈茜到外面给家里打电话。可出去时本来兴高采烈的她，回来时却显得心事重重。

原来，陈茜的母亲说过几天要来广州公干。这个消息既让陈茜有种抑制不住的喜悦，却也难免有一种前途未卜的担忧。因为，以目前大家所面临的窘境来看，陈茜心里很确定，她妈看了之后，多半是不会让她再继续留在广州的。

对大家来说，这简直就是个噩耗。如果陈茜真的被带走，那或许将成为千里长堤毁于一旦的第一道裂缝。对于本来就已动摇的军心，无疑将造成致命的打击。

虽然说，天下无不散之宴席。可万万想不到，这一天竟来得这么快，这么突然。在云飞和向南心中，这个消息的压力，远比其他人要大得多。

“也许，情况没我们想象的那么严重。最起码陈茜已经找到工作了，她和小叶就是最好的样板，足以说明我们是有能力在广州立足的。我现在最担心的，倒是我们居住的环境太惨不忍睹了。谁看了能不心疼啊？”

雨欣的话虽然带着些调侃的语气，但也的确戳中了重点。小叶闻言就提议道：“要不咱们换个房子？”

小叶本来也就这么随便一说，没想到她的无心之语，竟很快变成了现实。第二天下班回来，她和陈茜便带来了好消息。

原来，小叶有个同事，给她推荐了一个叫“棠下”的地方。据说，那里不但条

件好，而且靠近市中心，交通方便，房租也不太贵。

虽然是城中村，但人家那房子至少是真正的楼房。有单独的洗手间和厨房，大部分还配了家具家电，带有墙砖、地砖等基本装修。总之，比现在住的环境要好得多。

听到这个好消息，大家不由得为之一振。如果这个所谓的“棠下”真像传说中的那样，是外地人在广州聚集的世外桃源，那他们所面临的问题也就可以迎刃而解了。

这让犹如在做困兽之斗的大家，终于看到了一丝希望。雨欣更是急不可待地拿起地图，立刻开始查找起来。

天河区原本是广州发展比较落后的地区，以前到处都是农田。但俗话说，三十年河东，三十年河西，如今的天河当然早已今非昔比。她不但成了广州最有活力的新区，更是未来的 CBD 商业中心区所在地。

棠下其实是一个村的名字，跟广州云集的大大小小的其他村子一样，曾经也是个靠天吃饭的小村庄。但随着广州经济的腾飞，外地人口以前所未有的速度涌入这座城市。地处天河，占尽地理之便的棠下，自然也就成了外来人口在广州立足之前，首先的落脚地之一了。

周末，大家浩浩荡荡地来到了这个传说中性价比最高的世外桃源。一下车，首先映入大家眼帘的，是马路对面的一个牌坊。高有七八米，上面写着大大的两个字——“棠下”。

这就像古代的界碑石一样，既有某种指引宣示的意味，又有警告提醒的作用。似乎是在向世人宣告，从这一刻开始，你已进入棠下的地界，不管你是谁都要入乡随俗，好好遵守本地的规矩。

穿过牌坊，里面便是密密麻麻数不清的农民房。这些农民房大部分都是三至五层的小楼，显然比云飞他们现在租的房子要气派得多。

只是出于经济效益的考量，这些楼与楼之间的距离之“亲切”，几乎到了背靠着背、脸贴着脸的地步。

楼与楼之间的租客，几乎是触手可及，伸出手来就可以互相握手。所以，大家亲切地把这种楼叫作“握手楼”。不过，亲密无间的代价就是没有了隐私，并且有点压抑。

更有甚者，为了尽可能地利用空间，一些楼甚至盖成了上大下小、头重脚轻的倒L形。这样，一楼可以留出行走的通道，但从二楼开始，头顶就变成了不见天日的“一线天”。看来，这里真是为南漂一族省钱，而量身定制的容身之所啊！

值得安慰的是，这里的确有一种欣欣向荣的感觉，俨然就是发展中的大广州的一个缩影。人流大，节奏快，生意繁忙，物产丰富，基本可以算是一个能自给自足的小社会。

虽然，这里的感觉不太上档次，但需要的东西可谓是应有尽有，一应俱全。特别是临街的房子，一楼基本上都做了商铺。楼上的租户，可以说是足不出户，就能解决一切生活所需。

这里的另一大奇观，就是摩托车多。在川流不息的人群中，不时会有摩托车从你身边飞驰而过。而且，坐在上面的“铁骑兵”，多数都是这里维持治安的“治保会”人员。

所谓的治保会，其实就是本村武装起来的无业游民。表面上他们是维护治安的中坚力量，实际上他们本身就是社会的不安定因素。如果不把他们组织起来安排个事做，那恐怕真就要天下大乱了，这也算是以恶制恶吧！

雨欣看着眼前的情景，不禁皱了皱眉头说道：“这地方热闹是热闹，可感觉不太安全啊！这些治保会的，骑着摩托车窜来窜去，好像随时都会有案件发生似的。”

“先别急着下结论，等看完房子再说嘛！”小叶安慰道。

好在，这里的房子的确比西华路尾的强太多了。不但房子新，而且基本都带有简单装修和家具。墙上、地下都铺了瓷砖。看来，小叶的同事并没有夸大其词。

特别令大家激动的是，室内有独立的厨房和洗手间。是室内的、室内的、室内的！而且还有窗户，还有窗户，还有窗户！重要的话一定要说三遍。

这意味着，大家再不用为半夜三更起来上厕所而担惊受怕了。女孩们也不用再怕冲凉时，被藏在犄角旮旯的“小强”偷窥伏击了。

想想终于可以挺直了腰板，大口呼吸着新鲜空气，畅快淋漓地洗澡了，大家竟忽然有一种莫名的感动。想不到，一个如此简单的需求，在广州竟成了一种高不可攀的奢望，感动原来竟如此简单。

令大家更意想不到的是，看似杂乱无章的城中村后面竟还别有洞天。在它后面的一街之隔，竟然有一个大型的住宅小区“棠德花园”。这里不但有整齐的高楼林立，还有三个非常大的花园绿地，最小的一个也有半个足球场大，环境好得真是令人心旷神怡。

同时，小区不但环境怡人，而且配套齐全。小学、幼儿园、饭店，甚至超市都应有尽有。对云飞他们来讲，这简直就是个鸟语花香的世外桃源啊！

改革开放，搞活了一座城，也养肥了一代人。幸福来得太突然，确实让这些本来面朝黄土背朝天的勤劳农民有点措手不及。

房东是位土生土长的本地农民，看上去人很老实。不会说客套话，也不会说普通话。世界变化太快，他们还没意识到学习普通话的重要性时，改革开放的大潮就一下子让成千上万的外地人涌入了广州。

他们也在一夜之间，忽然变成了住洋楼、吃租金的“地主”。这到底是生活改变了他们，还是他们改变了生活？

腰包鼓起来了，日子也彻底改变了。可是，不用再耕田，他们中的一些人却变得无所适从起来。每天除了用打麻将来消磨时间，他们就像寄生虫一样再也找不到生活的方向。

不知他们有没有想过，他们的孩子虽然生长在这个充满奇迹的城市，却被无可选择地埋葬在锦衣玉食的优越条件下。在耳闻目染的麻将声中，庸俗地度过本应充满探索的天真时代。

未来，他们将如何与四面八方涌入这个城市的过江龙一分高下，结局甚是堪忧。真不知他们今天突然降临的幸福生活，到底是好事还是坏事。

不过，房东不差钱，对云飞他们来说倒是件大好事。交了定金之后，房东很爽快地就答应他们，房租从搬进来的那一天起才开始计算。这样，大家就可以有足够的时间从容地搬家了。

西华路尾的旧房子，大家已经把房租交到了月底。所以，这样就可以物尽其用地住到最后一天。如此，两边的租金都不会被浪费，可谓一举两得。

一切似乎都进展顺利，可人算不如天算。就在大家按部就班，为搬家的事情献计献策兴奋不已的时候，陈茜的母亲却提前到来了。

来不及搬家，大家只能竭尽全力，把老房子打扫得一尘不染。但这些无谓的努力，显然无法解开陈茜母亲紧锁的眉头和严肃的面孔，以及挥汗如雨的尴尬。

甚至，大家还没来得及抒发他们的理想与体会，她就迫不及待地带着陈茜出去“透气”了。

这也难怪，八个人挤在这间年龄超过半个世纪的老房子里，享受着汗如雨下的免费桑拿，欣赏着家徒四壁的阴暗与惨淡。看着在家里被视为掌上明珠的宝贝女儿，过着如逃难般的流离生活，哪个家长还忍心待得下去啊？

晚上，陈茜回到家时，那一脸严肃的神情，结果已经不言而喻了。看来，该来的始终还是来了。现在，面对大家的将是残酷的抉择。

用陈茜妈的话说："你们现在住的简直就不是人待的地方。天气热得要死，房子里闷得就像蒸笼。广州的蚊子，就像饿了几百年没喝过新鲜血似的，逮着个活人就拼命往死里叮。家里没空调、没家电也就算了，就连个像样的床都没有，五个人挤在一张破床板上，就算街边卖菜的都比你们强。再看看那路，九曲十八弯的，还又臭又脏，没人领着都走不出来。这到底是租房子啊，还是住监狱啊？"

虽然，陈茜妈的话略有夸张，但也基本属实。这种见不得人的"真相"一旦被曝光，那家长们盼女归来的心情，必然会像吃了秤砣一般铁了心。剩下的，就看各自的决心和定力了。

看样子，今天大家都将度过一个不眠之夜。每一个人的心头，必定都会有一番激烈的思想斗争，在走与留之间做出影响自己一生的重大抉择。

云飞更是彻夜未眠，想想这个"家"第二天一早就可能四分五裂，他内心就有种说不出的滋味。

也不知过了多久，云飞在半睡半醒的迷糊状态中，忽然被一阵歇斯底里的尖叫声惊醒。还没等他明白过来是怎么回事，那撕心裂肺的尖叫声，瞬间已经转化为此起彼伏的鬼哭狼嚎。

云飞被吓了一跳，他来不及细想，一个箭步冲进里屋。却看到五朵金花都一动不动地，蜷缩在蚊帐的角落里捂着嘴尖叫。他实在搞不明白，她们尖叫时还捂着嘴，到底是为了让尖叫声听起来更优美一点，还是不想让声音传播太远而惊扰了四邻？

此时，云飞定睛一看，他自己也被吓了一跳。原来，蚊帐上爬着一只大蜘蛛。这只蜘蛛之肥大实属罕见，其伸开腿后，个头几乎有手掌大小。

也难怪五朵金花被吓得花容失色，全然不顾淑女形象，将她们从未施展过的河东狮吼功运用得淋漓尽致。想必，那只落单的蜘蛛个头虽大，但面对此种情形，恐怕也被吓得不轻。

要不是男子汉的自尊心，加上跟五朵金花深厚的革命友谊做支撑，此情此景下，云飞可能也早就一溜烟儿跑得不见踪影了，谁知道这个大家伙会不会有剧毒呢？

此时，向南也全副武装地加入了战团。在与云飞天衣无缝的默契配合下，两人与蜘蛛精大战三百回合之后，最终成功将它剿灭，并顺利将五朵金花从蚊帐中解救了出来。

五朵金花连滚带爬地逃出蚊帐，那惊魂未定的眼神，和仍在瑟瑟发抖的身体，显得异常狼狈。

见此情景，为了缓和气氛，向南故意调侃道："你们说这蜘蛛精会不会像白骨精一样，是一家三口啊？咱们杀了人家的女儿，到时候人家的父母会不会来找我们报仇啊？"

哪知，向南话音刚落，就听雨欣忽然情绪激动地吼道："这是什么鬼地方啊？有会飞的蟑螂也就算了，有一尺长的老鼠我也忍了。现在连巴掌大的蜘蛛精都出来了，就是阳澄湖的大闸蟹也不过如此吧？老娘真是忍无可忍了，我决定跟陈茜一起走了！"

云飞从来没见过雨欣这么激动，生怕她的情绪会感染到其他人，于是故意装出一副轻描淡写的样子，半开玩笑地说道："你还真是个吃货，亏你在这种时候，还能想起大闸蟹，我也真是醉了！"

哪知，雨欣竟一脸严肃地说道："我是认真的，我真的决定走了！"

雨欣的一句话，让云飞彻底心碎了。他无论如何也想不到，一只蜘蛛的意外出现，却成为压断骆驼背的最后一根稻草。也打破了大家，本来在走与留之间犹豫不决的心理平衡。

此刻，云飞深深地意识到，这个家四分五裂的命运，似乎真的已经到了无法改变的地步。只是，在这场防不胜防的巨变中，是否还会有人意外地选择留下来呢？这是云飞内心里，唯一还抱有的最后一丝期望。

对于云飞和向南来说，任何一个人的留下，对他们都是莫大的安慰。只是，往往希望越大，失望就可能越大。在如此渺茫的机会下，到底是否还会有一丝奇迹发生的可能呢？

第十章　人去楼空花落去，乔迁之喜话别离

如果说，雨欣的决定是压断骆驼背的最后一根稻草，那么小叶接下来的这一番话，则无异于推波助澜，令局势雪上加霜变得无可挽回了。

“我们来广州是为了实现梦想的，吃点苦也就算了。可现在呢？我们是在用生命来创造奇迹，这代价也太大了吧？为了打个工，还带玩命儿的，我也实在受不了了，我……我也决定跟陈茜一起走！”

雨欣和小叶的表态，让本来还保持犹豫的天平，瞬间彻底倒向了要走的一边。对剩下来的晓琪和艳丽而言，她们的决定已经没有太多悬念。

其实，来广州这件事，对于五朵金花来说，本就是一场临时起意的草率决定。甚至，都算不上一次做足功课后，才说走就走的旅行。

因此，这个半途而废的结局，本也是早就注定了的。只是谁也想不到，这场别离竟会来得这么突然，而且这么彻底，让云飞和向南完全措手不及。

既然落花有意随流水，流水无心恋落花，也就无谓再勉为其难了。能够结伴而回，路上有个照应，对她们来说也不失为一个好的选择。

不过，大家走归走，但搬家却是铁板钉钉的事不能再改的了。订金已经交了，退钱是不可能的了。而且，这里的环境也实在太差，交通又不方便。五朵金花走了之后，更难免会让云飞和向南睹物思人，徒增烦恼。

所以，于公于私都是趁着五朵金花在的时候搬走为好。这也是五朵金花在走之前，所能尽的最后一点绵薄之力。

这破家里看起来没什么东西，可真打起包来，家当却也着实不少。如果只留给云飞和向南来搞，恐怕他们还真未必能搞得定。

收拾了一整天，才把东西都打好包。大家又累又饿，于是拖着筋疲力尽的身体，一起来到刚搬进来时，第一次聚餐的那家小饭店，完成了大家在西华路尾的最后一顿晚餐。

是怀旧，也是告别！是起点，也是终点！饭店还是那个饭店，饭菜也还是那些饭菜。当时的情景也一如现在这般，刚刚进行完大扫除之后累得筋疲力尽。

一切都是那么相似，只是这餐饭的意义却已经截然不同了。曾经是满怀激

情与希望的入伙饭，今天转眼间却变成了曲终人散的散伙饭。怎能不让人倍感唏嘘？

恐怕大家当时也都不曾想到，这次离别不但是他们在广州的最后一次集体聚餐，也是他们和这所留下美好回忆的老房子所见的最后一面。在五朵金花离开后不久，就因为政府拆迁，这里被夷为了平地。曾经的点点滴滴，也随之变成了永远的记忆。

第二天，约好的小货车准时来到巷子口等着。由于巷子狭窄，货车开不进来。所以只能先用三轮车，一车一车地把那些不值钱，却又离不了的家当拉到巷子外面，然后再装到小货车上。

因为小货车的驾驶室空间有限，所以只好让云飞坐在前面给司机带路。剩下除了向南和晓琪坐在后面的货柜箱里压货，其他人都只能自己坐公交车赶过去。

后面货柜箱里，被大包小包的杂物挤得满满当当的。向南和晓琪坐在后面，那可真是受老罪了。里面不但地方狭小，连挪动的空间都没有。而且由于货车是违规上路，所以被遮得严严实实的，几乎是密不透风。他们俩坐在后面，只能透过帆布的缝隙看到一丝街景，就像是坐在一座流动的监狱里。

车子开起来空气能流通还好点，一旦碰到红绿灯停下来，里面就会像蒸笼一样，闷得让人喘不过气来，这种感觉恐怕也只有偷渡的难民才能深有体会。

最麻烦的是搭蚊帐的竹竿，虽然不值钱却还真少不了。偏偏它又超出了车厢的长度，所以有一截儿，只能从车尾的门缝里突了出来。让本来就是违规上路的小货车，变得更加突兀，也让人更加担心。

生怕被交警拦下来受到检查，如果再像火车站那次，被警察罚上一笔，那可就真是大大的不值了。

想想司机师傅愿意不辞辛苦，接这样颇具风险的活，也说明生活的确不易，真是各有各难啊！

好在周末又是一大早，警察还没上班，路上的车也不多。所以，一路上还算比较顺畅。眼看就快要到达目的地了，正当大家准备松口气的时候，车子却忽然碾到一块石头，高速行驶的车身随之猛烈地颠簸了一下。后面坐着的向南和晓琪，几乎被颠得飞起身来，差点撞到车顶的铁栏杆上。

就在两人捂着小心脏庆幸之余，向南忽然目瞪口呆地盯着那一捆竹竿，吓得是面如土色。原来，这一颠不要紧，却让一根没有绑紧的竹竿，像标枪一般飞了出去，而且径直射向了后面紧跟着的一辆摩托车。

好在摩托车司机身手敏捷，他像好莱坞大片中的杀手一样，灵活地把车身稍稍一偏，竹竿便有惊无险地从他身边呼啸着飞驰而过了。还好，他并没有像影片中的杀手那样，掏出枪来乱扫一通，而只是潇洒地从货车边呼啸着一掠而过。但即使如此，也足以让他俩紧张地把心提到嗓子眼了。

搬家本来值得庆祝，可此时，离别之痛却更让人感伤。大家从来不曾感觉到，时间竟像今天这样过得如此之快。从决定要离开的那一刻开始，大家忽然有一种跟时间赛跑的感觉。

最后一个美好的周末，也是五朵金花在广州的最后一天了。对于这个她们认为是“可憎、可恨、冷血无情”的都市，就要如愿以偿地离开了，本应有一种逃出升天、重获自由的激动与喜悦之感。可不知为什么，忽然之间体内涌出的，却是一丝莫名的不舍。

说实话，此一别真不知何时才能再次踏上这块曾寄托着她们梦想和希望，并也为之奋斗过的土地啊！

夕阳无限好，只是近黄昏。大家第一次，也是最后一次，一齐围坐在棠德花园的草坪上促膝而谈。肆意地享受着大自然赋予广州的那份特有的绿色，却在不知不觉间已是日落西山。

是真正要向这个城市说再见的时候了，每个人的心中，却都有一种说不清、道不明的感觉。

因为，在每个人心中，其实都还有一个隐隐升起，却来不及描绘清楚的梦想未能实现。人非草木，孰能无情？这个曾留下她们足迹，发生过无数故事的地方。有过她们汗水的播撒，有过她们欢笑的激荡，又怎能轻易割舍？

这一刻的放弃，多少有一点冲动，有一点无奈，也有一点茫然。放弃是容易的，但或许这也将成为她们人生中最大的遗憾。只是，在她们无法触及的内心深处，广州留给她们的到底是一种怎样的感觉，恐怕连她们自己也说不清楚。

看着夕阳的余晖在不经意间渐渐散去，也预示着无可奈何花落去，这个用梦想搭建的“广州之家”彻底土崩瓦解了。

未来，云飞和向南将不得不独自面对所有的困难和挑战。没有任何人的帮助，没有任何的后援，甚至连一个幻想的寄托也没有。

在广州的最后一个夜晚，没有喧嚣，没有打闹，没有欢声笑语，甚至连谈话都少了许多。这是到广州以来最寂静的一个夜晚，一个让人回味无穷，又充满遐想的夜晚。

这两个月来，大家经历了太多太多。就像黄老师说的那样，在广州经历的东西，可能是这一辈子在家都不可能碰到的。

事实也的确如此，这两个月快得就像一道闪电，似乎才下火车，就又踏上了归途。

可这两个月，又像一辈子那样丰满。似乎把人生所要经历的一切，都浓缩在了一起，让人无限感慨。这段往事注定会成为，大家这一辈子最珍贵的记忆。

熙熙攘攘的火车站，依然像他们两个月前来的时候一样，人潮汹涌，遍地狼藉。不同的是，这里曾经是一个遥不可及，且神秘莫测的地方，给他们带来了无限的憧憬和希望。

而现在，尘归尘，土归土，飘摇在天上的神秘面纱被无情地揭开了，头顶光环的意气风发也已悄然落幕。留下的，只是人生漫漫长路上，一个脉冲式的破折号。

这是一个特别伤感的周末，天上下着淅淅沥沥的小雨。似乎连老天爷都为这场不期而至的别离感到难过。

站台上挤满了送行的人。看着各种生离死别般的拥抱和依依不舍的泪水，在这种场景的相互感染之下，真是很难不为之所动。

七个人先来了一张合影，这张照片让时间的脚步，永远停留在了笑与泪的瞬间。这是他们青春不息的写照，是他们勇闯天涯的骄傲，是他们友谊长存的见证，也是他们人生选择的门票。

此时，大家纵有千言万语，却也不知从何说起。于是，五朵金花按照她们平时抢洗手间的顺序，跟云飞和向南一一告别。

晓琪第一个眼圈微红地嘱咐道："我们走了之后，你俩也要学着自己做饭了，总在外面吃盒饭，不卫生也不健康！"

"放心吧！我们会习惯从天堂到地狱的生活。你们女孩子青春无价，抓紧时间找个好老公。我们男人则要青春无悔，趁着年轻闯出一番事业。我祝你们心碎了无痕！"云飞半开玩笑地安慰道。

"我们走了，你们也可以结束睡客厅的生活了。抓紧找个女朋友吧，正好两个房间，你们俩一人一间，互不影响。呵呵！"小叶坏坏地笑着说道。

"唉！天上掉馅饼的事我们不敢奢望，更何况是掉下个如花似玉、且勤劳勇

敢的林妹妹呢？现在能找个稳定的工作，尽快在广州立足，才是当务之急啊！”向南感叹地说道。

“其他的我们也做不了什么，现在唯一能做的，除了祝福你们，还有就是昨天给你们买了一大堆好吃的，应该够你们吃上一阵子了。”陈茜微红着眼圈说道。

“嗨！知我们者陈茜也，这句话算是说到我们心坎上了！”云飞挤出一丝微笑说道。

“云飞、向南……理想每个人都有，可也许不能在同一地方放飞。虽然我们回去了，但我们的梦想不变，我在精神上依然与你们同在，真心希望你们能梦想成真！”雨欣百感交集地说道。

“我就不明白了，为什么突然之间，你就死乞白赖地非要走？到底是什么东西，让你做出这不可思议的决定，真就是因为那只蜘蛛吗？”没等云飞说话，向南就不解地抢着说道。

雨欣一听，立刻把眼一翻说道：“鬼上身行了吧？是不是临走还想跟我再吵一架啊？”

“别，别，千万别！咱必须得留下一个美好的离别，这可是一辈子的回忆！”向南连忙笑着说道。

这时，终于轮到最后的艳丽说话了。只见她忽然低下了头，似乎在努力调整自己的情绪。引得大家都伸长了脖子，用万分期待的眼光凝望着她。

酝酿了好一会儿，艳丽才终于抬起头，似乎鼓足了勇气看着云飞说道：“其实，有件事我一直想说，可我……一直没有勇气！”

“什么？那赶紧说啊！”大家都催促道，并不约而同地瞪大眼睛盯着艳丽。这么关键的时刻，有什么话再不说，那就真要抱憾终生了！

“你们……最好不要吃醋！”

“什么？”艳丽的话模棱两可，让大家听得一头雾水，却被吊足了胃口。

“我是说……如果家里的醋吃着不对劲，就千万别再吃了！其实，那些醋早就长毛了，只是我没舍得倒掉，我把浮在上面的白毛撇掉之后就继续吃了。”

“什么……”大家闻言，差点没被艳丽的大喘气，给活活地噎死。

想不到，在万众期待的注目下，艳丽酝酿了半天感情，竟以爆出这样一个令人啼笑皆非的“惊天绝密”，而结束了她的临别告白。

“你……你也太抠了吧！”云飞还想再说什么，这时站台的广播声再次响了起来，离别的最后时刻终于真的到了。

云飞知道已经没有时间再作调侃，于是，他和向南张开双臂，激动地与五朵金花抱成一团。泪水打湿了每个人的脸颊，这种离别的痛苦，就像无数的针扎在心上，每过一秒疼痛便增加一分，越临近最后一秒心就越痛。

火车终于呼啸着拉响了长笛，车头喷出的白色蒸汽，似乎也在发出依依不舍的抽泣，缓缓地启动了它那庞大的身躯。

“轰通通……轰通通”，火车的节奏越来越快，终于慢慢地驶出了站台。

五朵金花趴在玻璃车窗上，不断拼命地向云飞和向南挥手告别。眼见她们挥舞手臂的身影越走越远，越变越小。最终变成一个针尖，消失在茫茫的夜色中，再也看不见了。云飞和向南的心情，也终于坠到了谷底。

历史记录下了，他们离别时最动人的一刻。带着对广州的爱与恨、喜与乐、悲与欢、离与愁，五朵金花终于彻底告别了广州的历史舞台。

站台上送亲友的人已渐渐散去，最后只剩下云飞和向南还站在那里，似乎他俩仍不能相信这刚刚发生的现实，竟转眼已成过去。

此时，云飞和向南的心里，就像这空空如也的站台一样，也有一种被挖空的感觉。就好像飘浮在空气中的柳絮，有一种心若柳絮风吹远，身似浮萍雨打沉的茫然和无助感。

广州，一个让人既爱又恨的城市。这里有太多成功的神话，每天吸引着四面八方的人过来“淘金”。又有太多血的教训，每天破灭着成千上万人憧憬的梦想。一列列穿梭的列车，承载着千万个梦想而来，又负担着千万个失望而去，周而复始，永无止境。

云飞忽然想到《北京人在纽约》里的一句话：“如果你爱他，就把他送到纽约，因为那里是天堂。如果你恨他，就把他送到纽约，因为那里是地狱。”

而广州，又何尝不是如此？一念是天堂，一念是地狱！

这正是：七星伴粤照肝胆，百步艰辛曙隐现。华灯初上寒亦暖，茶香犹绕宴已散。不忍苛责怒红颜，梨花带雨泪未干。此去龙城多感慨，漫漫人生莫缠绵！

第十一章　日暮途穷归程晚，莞城夜雨绕心寒

五朵金花的突然离去，让云飞和向南的生活一下子好像变了天。没有了平时的欢声笑语，没有了往日的细心照顾。只有日渐干瘪的荷包，让他们切实感受到了经济压力的与日俱增。

云飞听说东莞是广东的制造业基地，那里有成千上万的工厂，星罗棋布地覆盖了整个城市。对外来务工人员的巨大需求，让只要肯吃苦的人在那里随便都能找到一份工作。

眼看在广州找工作一筹莫展，云飞决定去东莞一试。哪怕去流水线上做一两个月工人，暂时渡过眼前的难关也好啊！

为了节约成本，云飞决定只身前往先去探探路，了解一下情况当天去当天就回。如果现实真像传说中那样美好，到时再和向南退掉房子一起来也不迟。

为了保证能一击即中，云飞在去之前还特意从报纸上找了两家正在招聘的工厂信息，以做到万无一失。

第一次独闯东莞，云飞心里多少有点忐忑。因为，东莞的治安混乱几乎和它的制造业同样“享誉世界”。那些闻名遐迩的什么飞车党、拍头党、背包党……一个个名字听起来，就让人不寒而栗。

如果说广州的治安让人不敢恭维，那么与东莞相比，就只能算是小巫见大巫了。

广州为了打击飞车党抢劫，在每个公交站都配备了一个保安。并且还给每个保安都配有一支当年岳飞大破金兀术铁甲连环马时所用的神器“钩镰枪”。用以钩回逃跑的摩托车，或夺回被抢劫的赃物。

在一个世界闻名的国际化大都市，却到处能看到这种冷兵器时代的产物，未免显得有点格格不入，甚至颇具讽刺意味吧？单是看到这情景，就难免会让人自然而然地产生一种不安的感觉。

但不管怎么说，带钩镰枪的保安还是起到了一定的震慑效果，让那些见财起意的飞车党多少有些顾忌。

但东莞可就没有这样，武装到牙齿的“人性化”装备，和三步一岗五步一哨

的人员配备了。所以，去东莞除了自己小心谨慎之外，就只能自求多福了。

正是鉴于东莞的威名，云飞此行打起了十二分的精神，不敢有丝毫的怠慢。他也不敢多带钱在身上，要是万一被打劫，也不至于把全部的身家拱手相送。虽然他现在全部的身家，加起来也不过几百块钱而已。

果然，在东莞刚一下车，云飞便被一堆骑摩托车的“铁骑兵”团团围住了。虽然“摩的”在广州也并不少见，但像东莞车站这样的架势，云飞也还是第一次见。

那一个个凶神恶煞的样子，狰狞威胁的面孔，仿佛你要是不坐他的车，他就会将你杀之而后快。

这帮人当中，没有一个看着是慈眉善目的。这要是被他们拉到一个没人的地方，那可真就是叫天天不应，叫地地不灵了。这种事情在新闻里经常看到，云飞岂敢大意？

于是，云飞毫不犹豫地挤出了他们的包围圈，他谁的车也没敢坐。云飞寻思着他手里有两个工厂的招聘广告，与其冒险坐摩托车过去，倒不如打电话先跟工厂联系一下。一来确定人家的招聘还在继续，避免白跑一趟。二来可以问问人家怎么坐公交车过去，公交车相对还是安全得多。说不定运气好的话，人家还会派车来接，毕竟工厂也讲究以人为本嘛！

想到这里，云飞在车站旁边的士多店，找了个公用电话。他按照报纸上刊登的电话号码打过去，可一问之下却不由得傻眼了。

原来，东莞有很多的镇，镇与镇之间还有相当远的距离。而云飞报纸上登广告的那两间工厂，却正巧都不在他所下车的这个镇。

这是云飞没有预料到的，可现在再赶去别的镇显然不太现实。更何况，那两家工厂也未必就是最好的选择。

再说，时间方面也不允许了，云飞务必要赶在天黑之前回到广州。东莞的晚上，可不是休闲度假的好去处。

于是，云飞决定既来之则安之，就在附近找个工厂试试，反正东莞不是遍地都是工厂吗？

云飞放下电话，正准备向士多店的老板再了解一些当地工厂的情况。却猛然间吃惊地发现，他打了不过几分钟的市内电话，计价器上显示的费用竟高达十八块钱。

云飞不由得疑惑地问道：“老板，你的计价器是不是有问题啊？我才打了几分钟电话，怎么就收我十八块钱啊？”

老板一听，立刻露出一脸的不高兴说道：“计价器都是政府统一安装的，怎么会有问题？你要觉得有问题，你去找政府投诉去！”

“可是，一个市内电话，怎么都没理由这么贵啊？”云飞不服气地说道。

老板听云飞这么说，脸上的表情已经不单只是不高兴，更流露一种凶神恶煞般的威胁之意。

只见他瞪大眼睛，恶狠狠地看着云飞说道：“我们每个镇都是独立收费的，你刚才打去另外一个镇，就算是长途电话了。快点给钱，别自找麻烦！”

云飞闻言，这气就不打一处来了，他心想：“这是什么逻辑啊，这不摆明就是抢钱吗？就算是国内长途，几分钟也用不了十八块钱啊！”

老板看云飞气呼呼地站在那里瞪着他，却不肯交钱。于是，凶相毕露地说道：“怎么，不服气啊？有本事你去告我，不然就赶紧交钱！要不然，待会儿你想走都走不了。”

云飞虽然义愤填膺，可他还是压住了心中的怒火，他明白，此时理智必须战胜感情。在这个人生地不熟的城市，万一碰上坏人，单凭自己的一己之力，又如何斗得过他们？

想到这里，云飞极不情愿地拿出了钱包。但翻来翻去，也没凑够十八块零钱。最后，只好拿出一张百元大钞让店老板找钱。

云飞顶着一肚子火气，心里还在琢磨着，下一步通过什么方法在附近找间工厂去面试。却突然听到店老板，怒气冲冲地说道：“你这钱是假钱，给我换一张！”

“什么……假钱，怎么可能？这是我昨天才从银行柜员机里取出来的啊！”

云飞不可思议地接过店老板手中的百元大钞，他用手摸了又摸，搓了又搓，然后又对着太阳仔细辨认。尽管他无法相信这一切都是真的，可不幸的是，经过他的亲自检验，他也不得不承认这果然是一张百元假钞。

此时，连云飞自己也有点无所适从了。他不明白，怎么会这么倒霉，从柜员机上取一次钱，竟会碰到假钞？

此时，他完全没有了头绪。更可气的是，面对店老板的质询，他反而被当成了以假乱真的“嫌疑犯”，这让云飞感觉是既冤枉又委屈，既窝火又尴尬。

可事实摆在眼前，面对凶神恶煞、虎视眈眈的老板，又有什么办法呢？云飞也只能是哑巴吃黄连，把苦往肚子里咽了。

无奈之下，云飞不情愿地收起那张假钞，将钱包里剩下的另一张百元大钞，递给了店老板。

云飞此行为了减少被抢劫的损失风险，只带了两百块钱。按理来说，他只计划待一天，两百块钱也是足够的了。可无论如何也没想到，还没离开车站就已经损失了一百。

这次云飞长了个心眼，他的眼睛死死地盯着店老板的手，生怕被他再做了什么手脚。

见云飞一直盯着自己的手，店老板似乎有点不自然了。他不由得生气地说道："你总这样盯着我干吗？我的店虽然不大，但一天进账也有几千块钱，我还犯得着用这种手段骗你的钱吗？"

说着，老板从柜台底下拿出一沓百元大钞，"啪"的一声摔在了桌子上。这个自证清白的示威之举，让云飞显得异常尴尬。

云飞连忙解释道："我……我不是那个意思！"

哪知，云飞话音未落，就见店老板突然又把眼一瞪怒道："怎么又是一张假钞，你到底是什么意思啊？"

"什么……又是假的，这怎么可能？"云飞闻言，急得眼珠子都快瞪出来了。

可当他接过店老板手中的那张钞票，经过反复验证后，云飞不得不再次承认，这张百元钞票果然也是假的。

"我……这不可能啊？"刹那间，云飞急得汗如雨下，连他自己都不明白，这到底是怎么回事。

如果说第一张假钞是在云飞没注意的情况下，被店老板动了手脚换了。那第二张钞票，可是自始至终都没有离开过云飞的视线啊，是绝不可能在他眼皮底下，被店老板偷梁换柱的。

难道云飞从银行取出来的这两百块钱，真的都是假钞？现在，连云飞自己都开始怀疑了。

只是，现在比弄清这两张假钞从何而来更紧迫的是，云飞身上的零钱已经不足以交电话费了。而更严重的是，在身无分文的情况下，他该如何回到广州？

好在，店老板还算是个"宽宏大量"的人，见云飞已经没有什么油水可榨，于是，好像忽然良心发现似的说道："算了，看你也没什么钱了，你身上还有多少零钱，就给我多少钱算了！不够的，就当我倒霉，我自己贴吧！"

听这话，云飞倒好像欠了他一个人情似的。不过，此时形势所逼，云飞也别无选择。他只好拧着眉头，把身上所有的零钱一股脑地给了店老板。现在，他身上除了两张百元假钞之外，真的是身无分文了。

云飞忽然有一种极度无助与失落的感觉，在一个完全陌生，且极度危险的城市。在身无分文、举目无亲的情况之下，他该如何度过这艰难的时刻，又如何回到“朝思暮想”的广州呢？

也许，为今之计也只能先找个工厂，随便找份工作做了。不管有没有工资都好，至少先找个地方栖身，可以让他度过今晚，顺便吃顿饱饭再说。

云飞的如意算盘打得是不错，可当他试着进到几家商店里，找人打听消息之后，立刻就像霜打的茄子一样——蔫了。

原来，商店里的人一听说云飞不是来消费的，就立刻摆出一副冰冷的面孔，毫不犹豫地回绝了他的询问。仿佛回答他一个问题，就会耽误了做生意的时间，更白白浪费了人家，为应付客户才不情愿而挤出来的笑容。

云飞再一次感受到了这个城市的现实和冷酷，太没有人情味了，人与人之间只谈利益不谈感情。似乎除了钱，这个城市已经没什么好谈的了。

云飞心灰意冷,沿着马路边漫无目的地走着，脑子里不断地在思考着下一步的打算。他现在唯一的目标，就是尽快想办法筹够车费，赶紧回到广州，逃离这个可怕的城市，再也不回来了。

可是屋漏偏逢连夜雨，原本被人骗了钱已经够倒霉了。此时却忽然又下起了瓢泼大雨，让云飞感觉就连老天爷都在落井下石。

好在，前面不远处有座天桥，云飞眼见大雨瞬间打湿了衣衫，所以便赶紧撒开双腿向桥底下跑去。

此时，桥下已经站了不少避雨的人。这倒给那些小商小贩们提供了一个绝好的生意机会。卖玉米的，卖烧烤的……还有卖糖炒栗子的，都迎来一波难得的商机。

此时，已经临近正午。桥下的阵阵飘香，让饥肠辘辘的云飞，条件反射地吞咽了几口口水。只可惜，现在身无分文的他，也只能望梅止渴般地，闻闻香味解解馋了。

就在云飞贪婪地吸吮着各类美食的飘香，来缓解五脏庙里排山倒海般的抗议声浪之时，忽然被不远处的一声惊叫吓了一跳：“快跑，检查的来了！”

话音刚落，桥下的小贩们瞬间以迅雷不及掩耳的速度，各自收拾好自己的东西，然后如鸟兽散般地各奔东西了。

那些装备的设计是如此精妙实用，那些手法是如此娴熟，简直可以说是炉火纯青。那队形撤退得游刃有余，可以说是训练有素，那配合如此默契堪称天衣无缝。这样的效率实在是叹为观止，几乎令人拍手叫绝。

正在云飞感叹之际，他忽然看到一位年龄略长的大婶还在手忙脚乱地收拾着自己的家伙什儿。眼看不远处的“追兵”就要“杀”到，云飞一个箭步冲过去，帮着大婶推起车，不顾一切地向远处跑去。

在云飞的帮助下，大婶终于顺利地逃脱了检查人员的追捕。看着被大雨淋得湿透了的云飞，大婶感激得不知说什么好。

在得知云飞的经历后，大婶很同情云飞的遭遇。她有心想帮云飞把车费出了，让云飞赶紧回广州，可云飞说什么也不肯接受大婶的帮助。

云飞知道，大婶也是小本经营，每天还得应付那些检查的人，赚点钱着实不易。他又怎么忍心不劳而获，拿人家的辛苦钱呢？说难听点儿，在这个冷漠的城市，能有人说出这样暖心的话，就已经足够他感动十年八年的了。

但此时，云飞也的确没有更好的选择。所以，经过再三的思量，云飞终于跟大婶达成一致：云飞帮大婶卖东西，他从帮大婶多卖出来的利润里面，拿一半的提成。这样既不会给大婶造成任何经济负担，也可以让他尽快赚到车票钱。

为了加快销售速度，云飞没有采取大婶守株待兔，坐等客人找上门的销售模式。而是拎着大包小包的东西，采取了主动出击的方式。在天蒙蒙亮的时候，云飞终于赚够了自己的车费。

他匆匆告别了好心的大婶后，便急急忙忙地向车站赶去。现在，云飞只希望能买到末班车的车票，赶紧回到那个令他想念的城市——广州。

可云飞刚来到车站门口，还没等他进站就忽然听到一声尖叫。他本能地回头一看，不由得吓出了一身冷汗。

原来，就在车站门口，一个年轻的女孩正躺在地下痛苦地呻吟着。在她前方，一辆摩托车刚刚呼啸着扬长而去。

显然，刚才发出惊叫的就是这个女孩，她被抢走了背包，人也被重重地摔在了地下。旁边有几个人，但都视若无睹，好像什么都没看见似的。看来，这样的事他们见得太多了，大家早已经习以为常，见怪不怪，而且都学会了明哲保身。

云飞不忍心“见死不救”，于是快步上前将女孩轻轻扶起。好在，女孩受的也只是皮外伤并无大碍，于是她向云飞道谢之后，便一瘸一拐地离去了。

看着那女孩远去的背影，云飞深感这里不是久留之地。他心中暗想：“这么没有人情味的城市，就算这里能找到再好的工作，我也绝不会留下来了。”

云飞感慨之余，忽然想到自己还没脱离“险境”。所以，赶忙向售票处冲去。只可惜，刚才的一段小插曲，让云飞错过了最后一班车。看来，他命中注定，是要和这个城市有一晚亲密的接触了。

云飞无奈之下，只好在车站附近找了一个桥洞坐下来。周围环绕他的，是闷热的空气、嘈杂的车声、汽车的尾尘和闪烁的霓虹。

云飞已经一整天没吃饭了，此时，他有一种筋疲力尽、几近虚脱的感觉。再加上错失末班车给他带来的失望，让他感到一种从未有过的失落。

云飞赚的钱几乎刚够车费，他没有多余的钱去吃个像样的快餐。好在街边正好有卖馒头的，于是云飞买了两个馒头，硬着头皮跟店老板要了一碗白开水，总算让空虚的肚子得到了一点安慰。虽然，不可能吃太饱，但总算也恢复了点力气。

云飞孤零零地坐在天桥底下，一直到深夜他都无法入睡。坚硬的水泥地，让他翻来覆去都找不到一个合适的姿势，没多一会儿就感到周身腰酸背疼了。他这才意识到，原来能安安稳稳地在家里有张床睡，是一件多么惬意，多么享受的事。

后半夜又下起了暴雨，雨夜中的云飞不断地调整着姿势，却怎么都觉得不得劲儿。每当偶尔有摩托车声响起时，他更是会像惊弓之鸟一般，瞪大了眼睛，警惕地观察着四周的动静。

这是一个令云飞终生难忘的漫长雨夜，也是一段成长过程中难得的宝贵经历。它让云飞思考了很多，感悟了很多，成长了很多，也更坚强了很多……

第十二章 守得云开见明月，一片“冰”心不了情

带着一身的疲惫和几近跌入谷底的失望之情，云飞终于踏上了从东莞回广州的返程之路。

一夜无眠的云飞，在车上始终徘徊在半睡半醒的蒙眬状态之间，他完全没有留意过身旁坐着的是一个三十岁左右的“小胡子”。更加万万没有想到，就是这个不起眼的“小胡子”即将改变他未来的命运。

眼见快到广州站了，云飞才从蒙眬的睡意中渐渐清醒过来。他伸了个懒腰，活动了一下几乎快要麻木的四肢，看着窗外熟悉的景色，忽然有一种无比亲切的感觉。

在东莞的这一夜流离，让曾经在云飞内心越来越远的广州，忽然变得亲切起来，甚至有一种望穿秋水般的渴望。而这种渴望，几乎是只有回家才会有的感觉。

终于要到家了！这一天就像做了一场大梦，这一夜简直就像一年那么漫长，云飞终于体会到了什么叫作度日如年的感觉。而现在，他终于可以再次拥抱“阔别已久”的广州了，想不到心中竟有一丝小小的兴奋。

“小胡子”显然是个自来熟，一路上他都没有机会跟云飞打招呼。现在，眼见云飞从“冬眠”状态苏醒过来，他便不失时机地主动跟云飞套起近乎来。

云飞本来无意在路上结交这种不知根不知底的过路朋友，但应付了几句之后他忽然发现，自己竟然是有眼不识泰山。这个看上去不起眼的“小胡子”，竟然还是一位教育界的成功人士。

原来，“小胡子”姓吴，在一家叫NEG的台湾公司做高管。他们的产品主要是英语方面的音像资料。可以说，这是一个很有前途的朝阳产业。他还不到三十岁，就已经做到了一方的主管，可以说是年轻有为，前途无量啊！

只是这位吴主任年纪轻轻的，为什么要留上两撇八字胡呢，云飞实在搞不明白。因为在云飞脑海里，金丝眼镜配上八字胡，是标准的坏人形象。

但不管怎么说，面对这位不露声色的教育界成功人士，云飞无论如何也不得不对人家刮目相看了。

临下车时，吴主任还客气地留了一张名片给云飞，并向云飞抛出了橄榄枝："我觉得你是个可造之才，如果你对教育行业有兴趣，可以按照公司的地址来找我，我们可以共同发展。"

面对成功人士对自己的盛情邀约，云飞显得有点受宠若惊。倘若真能得到吴主任的青睐，在广州找到一份这么有前途的工作。那么，东莞这一趟虽然险象环生，历经磨难，却也算是破财免灾，不虚此行啊！

回到广州，云飞把自己在东莞的经历，一五一十地给向南讲了一遍。云飞讲得绘声绘色，向南听得津津有味。

直到云飞把在车上与吴主任的偶遇讲完，向南才感叹地说道："唉！现在看来，在广州有吃有住，出门也不用担惊受怕，其实已经很幸福了。咱们还是老老实实地，想办法在广州找工作吧，哪也别去了！"

"是啊，我也这么想！那吴主任那边，咱们要不要去看看啊？"

"咱们现在还有更好的选择吗？若真能与这样的成功人士为伍，那可真是幸甚至哉啊！"向南半开玩笑地说道。

宝贵的时间当真耗不起，于是说干就干。第二天，云飞和向南便按照吴主任名片上的地址，将信将疑地找到了他们公司。

这家公司在一栋只有四五层高的小楼里，而且，小楼看上去也相当有年头了，又旧又破。这不由得让云飞联想到了，之前的那家骗子公司，也是藏在类似的小破楼里。

看到此情此景，云飞和向南心里不由得都打起鼓来。但是，既然来都已经来了，没理由现在放弃啊！

于是，两人硬着头皮上了楼。楼梯有点窄，而且破破烂烂的。这样的环境，怎么也无法让人跟世界级的大公司联系在一起。

于是，"骗子"这两个字，便越来越强烈地开始在两人脑海里浮现起来。而云飞的眼前，更是闪现出吴主任那标志性的两撇八字胡。此情此景下，云飞越发觉得自己是上了"坏人"的当。于是，两人打起十二分的精神，警戒地做好了随时撤退的准备。

两人来到三楼，外面是一个大大的防盗门，厚实，沉重，一看就是非常防盗的那种。一旦关上了，里面的人就别想出去，外面的人也别想进来。

"这不会是传销公司吧？这么厚重的防盗门，也太夸张了吧！这到底是防小偷，还是防逃跑的啊？”向南警惕地说道。

不知是不是因为白天的缘故，昏暗的走廊里并没有开灯，显得有点阴森恐怖。两人对望了一眼都撇撇嘴，失望之余似乎又是在给对方壮胆。

“如果今天运气好的话，但愿我们还能完好无损地全身而退！”向南看了看云飞说道。

“你别老吓唬人！大白天的，难道还能把你绑起来不让你走吗？东莞那么乱我都可以全身而退，这里就更不在话下了！”云飞的话既是给向南壮胆，也是在给自己打气。

向南闻言点点头，然后深吸了一口气说道：“既然你这么有把握，那我就不跟你争了，请！”说着，向南对云飞摆出一个请的姿势。

“我先就我先，谁怕谁啊？”说着，云飞率先向走廊里面走去。

沿着走廊走了大概几十米，就到了走廊的尽头。在拐角的地方一转弯，云飞忽然感觉眼前一亮。想不到，里面竟完全变成了另一番景象。

不但有了诱人的灯光，而且装修一新。特别是，灯光下坐着的那个漂亮的前台小姑娘，可谓是楚楚动人，当真是谁见了都难免会心动。

见此情景，云飞得意地看了向南一眼说道：“怎么样？这就叫袖里乾坤大，壶中日月长。事情不能只看表象，里面的内容才最重要！”

“得了吧！刚才你那严肃的表情，还不跟我一样是顾虑重重？”向南虽然在跟云飞说话，可眼神却一刻也没离开过前台。

云飞见状，笑笑说道：“别愣着了，到你发挥的时候了！”说着，云飞向那个前台的小姑娘使了个眼色，示意向南上去搭讪。

向南也不推辞，他大步走到前台跟前，很有礼貌地说道：“你好，靓女！请问吴主任在吗？”

前台小姑娘听到有人跟她说话，这才留意到有两个帅哥站在她面前。于是，她微笑着说道：“你好！吴主任出去了，请问你们找他有什么事，我可以帮你们转达吗？”

女孩很有礼貌，采用的也是标准的回答。看样子，是受过专业的培训。只是，那灿烂的笑容却绝非应付，也半点没有受过培训的痕迹。显然是发自内心，令人感觉心旷神怡。

“哦！是吴主任介绍我们来面试的！”云飞见向南有些发愣，连忙说道。

女孩一听云飞这么说，立刻像是特工人员对上了接头暗号似的，眼前一亮说道："哦！你是马先生吧？吴主任有跟我提过，他说这两天有可能会有位马先生来面试，如果他不在，就让我直接带你到副理那里去！"

女孩笑容可掬，眼睛发亮的时候显得更加充满了活力，让人感到一种与生俱来的亲切感。

"副理？"云飞从来没听说过这样的名头，显得有些迷惑。

女孩对云飞这种表情，似乎早已经见怪不怪了，只见她微微一笑道："是的！这个称呼可能你们没听过，这是台湾公司特有的称呼。既然吴主任不在，那你们二位就跟我去找副理面试吧！"

女孩说着，伸手做了个请的姿势。这种自然由内而外散发出来的迷人气质与魅力，简直让人无法拒绝。

在美女面前，自然也得显出点高素质来。于是，云飞和向南也顺势做了一个请的姿势，示意让女孩先走。女孩微微一笑，点头表示感谢。然后，这才走在前面帮两人带路。

三人穿过走廊，一直走到尽头的最后一间办公室才停下来。这时，前台小姐转头对云飞和向南说道："请你们二位在这里等一下，我们副理的房间里正好还有个人在面试。等一下面试结束了，我再通知你们。"

云飞和向南客气地点点头说道："好的，谢谢！"

女孩正准备转身离开，向南犹豫了一下，忽然鼓起勇气问道："呃……请问，你怎么称呼？"

"哦……大家都叫我阿冰！"阿冰稍稍犹豫了一下，但最后还是微笑着告诉了向南。

"阿冰……阿冰！"看着阿冰远去的背影，向南仍然意犹未尽地，不断重复念叨着阿冰的名字。仿佛这个名字，唤起了他心中某些尘封的回忆。又好像这个名字，早就在他内心埋下了记忆的种子。如今，种子被唤醒，开始发芽了。

"行了！人都已经没影了，还恋恋不舍呢。"云飞调侃地说道。

对于云飞的调侃，向南难得摆出一副毫不在乎的态度。不但没有纠结，反而略显陶醉地说道："你看，一个前台的素质都这么高，这家公司肯定差不了。我有种强烈的感觉，我们就要时来运转了！"

"行了！什么时来运转啊，我看你是被美女勾得魂飞九天了吧？我怎么觉得这里阴气很重，你可小心女鬼上身啊！”

美女当前，向南才不管那一套呢！只见他挑起一条眉毛，然后凑到云飞面前小声说道：“爱美之心人皆有之，难道你不喜欢美女吗？”

云飞看着向南那色眯眯的眼神，一把推开他说道：“没错，美女谁都喜欢。但得张弛有度，收放自如！我可不像你，动不动就方寸大乱了。别怪我没提醒你，咱们上过的当，都可以写本书了。妖精每次出场都会披着一张迷人的皮囊，你可要有唐僧的超凡定力，还得有大圣的火眼金睛啊！”

两人正在嘀咕着，副理的房门忽然打开了。紧接着，从里面迈步走出来一个身着西装的帅气小伙。衣服上一点褶儿都没有，裤子烫得笔挺笔挺的。皮鞋一尘不染，擦得像镜面一样铮亮，看上去斯文又不失霸气。

向南看着小伙酷酷的背影消失在走廊尽头，忍不住叹了口气道：“看来我们的竞争对手实力不俗啊！”

“是你的竞争对手，未必是我的！”云飞坏坏地一笑说道，他的话当然另有所指。

“你……”向南正想反唇相讥，这时忽然听到一阵清脆的皮鞋声由远及近走过来，来人正是阿冰。向南连忙对着云飞做了个“嘘”的动作，提醒他不要乱讲话。

“二位，我们的副理请你们进去！”阿冰很有礼貌地说道。

阿冰带着云飞和向南进了副理的办公室。一进门，对面是一张非常显眼的大班台。里面坐着一个帅气而精神的年轻人，看上去比云飞他们也大不了几岁。

云飞一看，心里不由得暗暗感叹道：“看人家，年纪轻轻已经是这么大一家公司的领导了。而我们却还在为三餐奔波，真是惭愧啊！也不知道哪一天，我才能坐到桌子对面，也感受一下面试别人的滋味啊！”

副理很有亲和力，他打发走阿冰，便微笑着对云飞和向南说道：“既然你们是吴主任介绍过来的，相信一定都非常优秀。不过，过场还是要走一下的，你们分别自我介绍一下好吗？”

“没问题……”

云飞和向南先后把自己的经历跟副理讲述了一遍。当然，他们在广州被骗的那段不光彩的事迹，自然是不会拿出来说的。

不知是因为吴主任推荐的关系，还是云飞和向南的表现的确不同凡响，两人再一次被轻松地录用了。这让刚刚受过伤害的云飞和向南，反倒有些惴惴不安了。

于是，向南警惕地和云飞对望了一眼，然后试探地问道："副理，公司需要交什么费用吗？"

"当然不用，我们是正规公司，怎么会让你们交费呢？"

"是任何费用都不用交吧？比如培训费、文具费、服装费、体检费、工本费……"

向南恨不得把骗子公司可能利用的所有借口都一一摆出来。但他还没说完，就被副理笑着打断了："行行……我可以很负责任地告诉你们，我们不收任何费用。你们这么小心谨慎，一定是被骗过吧？"

显然，向南的过度谨慎，变成了此地无银三百两的不打自招，反而暴露了他们被骗的不光彩经历。

既然不收任何费用，也就没什么好担心的了。于是，两人在阿冰的指引下，来到了人事部顺利地办完了入职手续。接下来的时间，就是好好地憧憬未来了。

"我觉得这公司还不错！副理人挺和蔼，员工的素质也挺高！"向南满意地说道。

"我看后者才是关键吧？尤其是前台的素质超乎想象！"云飞故意调侃道。

"哎……你这话是什么意思啊？咱们讨论工作就不能严谨一点吗？"

"可我真是有感而发啊！哈哈……"

云飞的笑声带着几分调侃，当然也带着几分欣慰。在经历了被骗，几乎到了山穷水尽的地步时，五朵金花又突然集体离去，让生活变得雪上加霜，也让云飞和向南的生活及心情蒙上了巨大的阴影。

如今历经磨难，终于在黎明前最黑暗的时刻，让工作有了着落，也算是不幸中的万幸。看起来，一切似乎都开始朝着美好的方向在迈进。

然而世事难料，山穷水尽的时候，往往会否极泰来。但在柳暗花明的时候，是否就意味着峰回路转，从此可以高枕无忧呢？

这里又到底是他们梦想起航的地平线，还是他们折戟沉沙的新战场。此时，一切都还难以预料。

第十三章　惊鸿一瞥秋波里，醉沐“清”风入心堤

今天，对于云飞和向南而言，是具有历史意义的一天。因为，他们终于可以像所有上班族一样，天天带着使命起床，带着希望和憧憬上路了。

他们来到公司时时间尚早，踏着走廊昏暗的灯光，本以为他们必是最早到公司的“先行者”。可不曾想到，精灵般的阿冰竟然已经捷足先登。真是莫道君行早，更有早行人啊！

阿冰今天换了一身连衣裙，长裙几乎垂地，看上去淑女味十足。与昨天相比，又别有一番味道。不变的是，阿冰那灿烂的笑容，在前台灯光的映衬下，显得格外亲切，也格外动人。

虽然名字叫阿冰，可她身上却完全体会不到一丝的寒意。相反，她那迷人的微笑，就像一缕和煦的阳光，总能让你在内心深处感到无限温暖。阿冰不但不像冰，倒像是破冰的利器，可以融冰于无形，让人感到温馨惬意。

向南见到阿冰，是既意外又惊喜，连忙打招呼道：“阿冰，来这么早啊！”

“是啊！我住得比较远。所以，必须提前出门才能错开高峰时间，这样才能早点来开门。而且，我是前台嘛，如果大家来到公司，看到这个位置是空的，感觉多不好！如果我早点来，每个人到的时候，我都能跟他们打个招呼，这样大家工作的心情，是不是也会好一点啊？”阿冰善解人意地说道。

“真想不到，你年纪轻轻竟能有这么高的觉悟。以后，我一定要向你学习，每天都来这么早！”向南顺水推舟地给自己找了一个天天都可以早来的理由。当然，他早来的目的自然不是为了迎接同事，这一点云飞心知肚明。

“对了，阿冰！楼下哪里能打长途电话？我想午休时给家里打个电话！”云飞的工作终于定下来了，他也该把这个好消息，带给千里之外的父母了。

阿冰听完，偷偷向左右看了看，然后稍稍压低声音，神秘地说道：“我这个电话可以打长途，因为是大家公用的，所以公司从来不查。等没人的时候，你在我这里打就可以了！”说完，还有点坏坏地一笑。

这让云飞多少感到有点意外，他想不到这个纯纯的小姑娘，也有“坏坏”的一面。特别是对他们两个不知根、不知底的新人，竟完全没有任何的防备心理。

真不知道她到底是因为天真，还是缺乏社会经验，抑或是……对他俩有好感？

一到九点，所有的人都坐在自己位置上开始忙碌起来。他们有的在整理资料，有的在打电话，有的在讨论问题。虽然忙碌却忙而不乱，虽然紧张倒也井然有序。

根据公司的安排，云飞和向南被分到了李主任的团队。据阿冰说，李主任是一个高大威猛的东北小伙，也是公司的“四大金刚”之一。

所谓四大金刚，其实就是NGE广州分公司的四个主要负责人。首屈一指的当然就是副理，他是这里的总负责人。

俗话说，一个好汉三个帮，在副理下面还有三位主任，协助他管理公司开拓市场。而他们四人都各带一支销售团队，彼此之间既互相帮助，又互相竞争，这样才能把每组人的潜力发挥到最大。

四大金刚中，除了副理、李主任和吴主任外，还有一位沈主任，她是四大金刚中唯一的大美女。她出身于书香门第，是从英国留学回来的海归。同时，也是一个气场十足的女强人。

李主任高大威猛。只不过，他那白净的皮肤和棱角分明的五官，让人隐约感到在威猛之间，又掺杂着一种彬彬有礼的书生气息。

见云飞和向南进来，李主任先是热情地跟他们互动了一番。然后就开始侃侃而谈道：“你们俩能分到我这组，算是你们的幸运，因为我这组的业绩一直是最好的！就算从来没做过销售的人，从我这里走出去到了别的公司，那都算得上是销售高手！你们只要在我手上调教两年，去别的公司做个销售主任，一点问题都没有。”

云飞向来最不喜欢那种眼高手低、满嘴跑火车的人。本来李主任给人的第一印象并不像这种人，可刚才这几句话，多少让云飞感觉有点在吹牛。于是，他不置可否地微微一笑，什么话也没说。

不过，李主任很快就用实际行动证明了自己的实力。说实话，他还真不愧是销售高手。这不仅表现在他能说会道，更在于他善于揣摩人的心理，能快速拉近人与人之间的距离，然后有的放矢地把产品推销出去。

至少，在这短短的时间内，他就成功地把自己推销出去了。所谓成功，就是让云飞和向南打心眼里承认甘拜下风，诚心实意地愿意向这位东北“老大哥”虚心学习，并无条件地接受他的管理和领导。

李主任见自己用三寸不烂之舌轻易地就征服了云飞和向南，于是，趁热打铁地说道："公司情况你们基本了解了，现在我就带你们去认识一下，你们即将加入的这支无坚不摧的最强战队吧！"

李主任把云飞和向南带到了一个小会议室。此时，里面已经有四个人在等着。大家看李主任进来，都停下了手头的工作。

"各位，我有一个好消息要宣布！今天又有两位新同事加入我们的最强战队，我们的团队从今天开始将变得更加强大。下面，请大家用最热烈的掌声欢迎你们的新队友！"

说完，李主任带头鼓掌，其他同事也都跟着鼓起掌来。云飞和向南则略显腼腆地，冲着大家一个劲儿地点头称谢："谢谢大家！谢谢大家！"

此时，云飞借着眼角的余光，偷偷地把这四个未来的队友，细细地扫描了一遍。可当他看到最后面坐在墙角的那个女孩时，忽然发现她也正在看着自己。两人四目相对，不知为什么，女孩那不自觉的惊鸿一瞥，却有如惊涛拍岸般让云飞心头猛然一震，心里竟然有一种怦然心动的感觉。

那女孩看上去与云飞年龄相仿，长长的马尾辫，显得干练而有朝气。一袭无袖长裙端庄大气，又不失淑女风范。

那种由内而外透出的秀外慧中的内在气质，不像是要与人经常侃侃而谈的销售人员，倒更像是个温文尔雅的小学老师。特别是她那对似乎会说话的大眼睛，真是让人过目难忘。

云飞正走神时，忽然听李主任说道："最后，我要隆重地推出我们组的销售女神！"

说着，李主任把手掌托起，指向了那个女孩。原来，就在云飞走神的一瞬间，前面三个同事已经介绍完毕了。

云飞顺着李主任手指的方向，再次把眼神投向坐在最后面的，那个安静的女孩。如果不是只剩下她一个人还没有介绍，云飞真不敢相信，李主任所指的销售女神，竟然会是她。

李主任犀利的眼光，似乎看出了云飞的疑惑，于是他微微一笑说道："别以为漂亮女孩都是花瓶，坐在你们面前的这位名字富有诗意的女孩，可是花瓶中的战斗机。千万别被她的美貌迷惑，她可是不折不扣的销售高手，我们组的销售冠军，全公司排名前三的销售女神！"

李主任的用词可谓妙笔生花，可这位盛赞下的所谓销售女神，对李主任的大加赞许似乎并不大领情。

只见她听完李主任的介绍后，只是淡淡地冲着云飞和向南，礼貌性地微微一笑。然后，立刻又恢复了认真的表情说道："你们别听李主任乱说！我叫穆婉清，大家都叫我婉清，欢迎你们的加入！"

"婉清……"

跟向南第一次见到阿冰时的情景一样，云飞不由自主地盯着婉清，心里默默地重复了一句。看样子，婉清对他的吸引力，远远超过了李主任。

"婉清，他们俩我就交给你了！未来的一段时间里，你就是他们的师傅，他俩先跟着你学习！"

李主任说完，又转头对云飞和向南小声说道："我把你俩先交给这位美女，她做事稳重，工作有耐心，有什么不明白的，多向她请教啊！"

李主任安排完，转身离开了会议室。其他人一看李主任走了，也都打个招呼就离开了。顷刻间，留在会议室里的，就只剩下这被临时组合起来的师徒三人了。

没有了李主任在中间做媒介，也没有其他人在现场做陪衬，三个初次见面的俊男美女，被李主任一句话就变成了师徒拍档，不免让大家都有点尴尬。

就算一心向佛的唐僧师徒，也是经历了九九八十一难，行程十万八千里之后，才勉强磨合到一起的。更何况，他们还是正处于青春萌动期的异性组合呢！

云飞和向南突然有一种从未有的压力山大之感。两人一左一右，老老实实地坐在这个大眼睛美女的师傅身边，一时间却紧张得不知该说什么好。

婉清不知是故作镇定，还是真的游刃有余。她好像视两人如无物，根本没理会两人的存在，而是自顾自地忙着手里的工作。

尴尬难忍，向南便假装向后伸了个懒腰，躲在婉清的背后，悄悄给云飞使了个眼色，那意思让云飞赶紧找个话题，开口打破这尴尬的沉默。可云飞纵然平时巧舌如簧，此时却除了眉头紧锁，也无计可施。

就在两人互相挤眉弄眼之际，婉清不知是有意还是无意地，忽然回头看了一眼，正巧碰到云飞在跟向南使眼色。这一下，两人对视的目光避无可避，婉清的眼神有如两道寒光，只瞪得云飞手足无措。

他连忙假装揉揉眼睛，顺势低下头不敢再看婉清。向南见状，也赶忙老老实实地直起身假装挠了挠头，然后用手肘遮住了婉清那锐利的目光。

要说，婉清这女孩也太镇定了，果真是有大将风度。一瞪眼之间，就降服了云飞和向南。

见两人被她的眼神压制下去了，婉清把脸一转，又开始继续手头的工作，就好像什么事都没发生过似的。只不过，在她的嘴角却露出一丝淡淡的、不易察觉的微笑。

三人就这样一声不吭地沉默了十多分钟，时间虽不算长，云飞却感觉是如坐针毡。最后，他实在忍不住了，于是深深地吸一口气，鼓起勇气对婉清说道：“呃……有什么需要我们帮忙的吗？”

“我有名有姓，不叫‘呃’！”婉清用大眼睛狠狠瞪了云飞一眼，冷冷地说完之后，又不再搭理云飞，继续埋头工作了。

云飞碰了一鼻子灰，强烈的自尊心让他不甘心就此放弃。于是，他硬着头皮继续说道：“呃……穆……婉清？”

云飞实在不知道到底该怎么称呼，这位被公司视作销售女神的美女。叫全名吧，显得有点生硬。人家在自我介绍的时候，都主动说叫婉清了。

可是，直接叫婉清吧，好像大家又没那么熟。这才刚刚认识，就叫得这么亲热，似乎还真有点叫不出口！所以，云飞故意把“穆”字说得很模糊，把“婉清”二字又拉得比较长。

哪知，这位婉清姑娘却一点也不含糊，她对云飞很干脆地说道：“叫我婉清好了，别不好意思，大家都这么叫！”

“哦……”被婉清毫不留情地一语点破，云飞显得异常尴尬。只觉得脸上火辣辣的，一时间竟也不知道该怎么接下文了。

好在，这时婉清主动说话了：“刚才我帮你们整理了两份资料，你俩一人一份。这里有公司的简介和产品的介绍，还有你们做销售所需要的所有资料，以及公司的内部通讯录。你们先熟悉一下，有什么问题可以随时问我。”

“哦……”

想不到，平时侃侃而谈的云飞和向南，面对婉清这个严肃的“冰镇美女”时，似乎除了俯首帖耳、诺诺称是的份儿，已经再也找不出第二句话，来展开与她的沟通了。这跟面对阿冰时的如鱼得水相比，向南显得更是判若两人。

不过，得知婉清刚才不动声色的忙碌，竟是在为他们整理资料，云飞心中还是涌起一阵不经意的感动。

“婉清姐，吃饭了！”

正在这时，忽然有一个清脆的声音，伴随着熟悉的身影冲进了会议室，打破了这份沉静的尴尬。这根救命稻草不是别人，正是总能让人沐浴在阳光下的阿冰。真不知道这两个性格截然不同的美女，怎么能如影随形地走在一起？

向南一见到阿冰，立时眼前一亮，精神也为之一振。虽然，他不知道该说些什么，却还是像老朋友一样，冲着阿冰激动地点了点头，然后付之微微一笑。

“来了！”婉清答应一声，然后转身对云飞和向南嘱咐道：“吃饭时间到了，你们先休息一下。下午两点钟准时上班，两点整我们在这里见！”

云飞点点头，机械地“哦”了一声。不知为什么，在婉清面前，他似乎只有听话的份儿。

交代完毕，婉清便头也不回地向会议室外面走去，只留下还在回味中的云飞和向南，在傻傻地发呆。

倒是阿冰，依然是那么热情。临走时还不忘冲着云飞和向南甜甜地一笑，并小声地嘱咐道：“楼下右手边有条街，都是吃饭的地方，你们先熟悉一下环境吧，下午见！”

“下午见！”两人感激地看着阿冰说道。

不知为什么，每次阿冰出现时，都像一股暖流让他们感到温馨。特别是向南，温馨之余还有一种莫名的心潮澎湃。

看着阿冰消失的背影，向南感慨地说道：“唉！要是阿冰是我们的组长就好了！”

“是啊！那样你就可以光明正大地每天缠着她，肉麻地叫她师傅了！”云飞调侃地说道。

“你少消遣我了！现在调侃我你一套一套的，刚才你师傅坐在旁边的时候，你怎么笨嘴拙舌地一句话也说不出来啊？我看你对这个师傅，才真的是情有独钟吧！”

向南一边反唇相讥，一边背起书包正准备往外走。却忽然之间像被人点了穴道似的，张大嘴巴站在原地一动也不动了。

原来，不知什么时候婉清又回来了，而且就站在他身后不远的地方。正用一种让人不寒而栗的眼神，在狠狠地瞪着他。

面对这冰冷的眼神，向南不由得倒吸了一口冷气。他像个做错事的小孩一般，不知所措地低下头，不敢再看婉清。

看着向南那知错认罚的表情，婉清冷冷地瞪了他一眼，并没有理会他，而是径直走到自己的座位上，不知取了个什么东西。然后，便匆匆向门口跑去。看样子，她是在赶时间，也懒得跟向南计较。

看着婉清匆匆离去的背影，向南这才终于长长地松了口气。他知道婉清走后，云飞必然会调侃他。于是，他便先发制人地指着婉清的背影，气呼呼地小声说道：“她回来你怎么不告我一声，你是有意让我出丑吧？”

哪知，向南话音未落，婉清却好像未卜先知似的，突然冷不丁地转过身来，正好看到向南用手指着她。

向南发现婉清突然转回了身，立刻被吓得僵在了那里，抬起的手臂也慢慢地放了下来，一时间不知该如何下台。

倒是婉清也并没有计较，这次她不但没有用恶狠狠的眼神再瞪向南，反而是无奈地摇了摇头，似乎是面对一个长不大的小男孩，实在是无语了。

婉清走后，云飞和向南傻傻地站在原地，半天都没说出话来。会议室里静得出奇，除了空调运行的声音，几乎感觉不到云飞和向南的存在。

婉清来去都像一阵风，总是神出鬼没的，让人感到神龙见首不见尾。她那犀利的眼神，总有一种不怒自威的穿透感，让人望而生畏。而她似乎也有一种未卜先知的能力，总能对云飞和向南的反应，做出分毫不差的预判。

“销售女神”的“神”字，似乎开始渐渐在这位神秘的师傅身上得到验证，云飞和向南渐渐开始对她产生了一种越来越由衷的佩服。

过了足足半分钟，向南才诚惶诚恐地问云飞道：“刚才我那样在背后指着她，她不会给我穿小鞋吧？”

云飞闻言，一边往外走，一边坏坏地一笑说道：“那可说不准！不过，你要是中午请我吃顿好的，说不定我能帮你化险为夷！”

“你还帮我化险为夷呢！我看你也是泥菩萨过河——自身难保吧！”

“别这么悲观嘛！再说了，咱们这个师傅虽然有点冷，但总好过那种像唐僧一样唠叨个没完，把你烦到要死的师傅好吧？哈哈哈……”

两人边走边调侃着，云飞脸上那一副幸灾乐祸的笑容，像乐开了花似的。可忽然之间，他脸上绽放的笑容，却在走廊转角的一刹那僵住了。

原来，婉清和阿冰都还没离开公司，两人正坐在阿冰的电脑前，不知在修改什么文件。云飞刚才的话，显然被婉清和阿冰听得清清楚楚了。

看着婉清那充满杀机的眼神，阿冰宛然一笑，那样子好像是在说："这下你死定了！"

第十四章 莫道严师无佳丽，粉面带煞更销魂

面对婉清那杀人于无形的眼神，云飞尴尬地喃喃道：“你们……还没走啊？”

婉清并没有搭云飞的茬，目光一直停留在电脑屏幕上，好像很忙的样子，却不知道是在生气还是真的很忙。好在有阿冰解围，只见她微微一笑说道：“我们有个紧急的文件要处理一下，马上就好了！”

“哦……那我们先走了！”

云飞说完，正准备灰溜溜地离开。却见阿冰站在婉清背后，偷偷用手指了指他，然后又指了指自己的耳朵，最后又指了指婉清。那意思是在提醒云飞：你刚才所说的话，婉清可都听到了，你好自为之吧！

“看来这次真是死定了！”

刚才还在幸灾乐祸的云飞，此时与向南面面相觑，这对难兄难弟对望了一眼，心里都明白，下午的日子将更加难过。

吃完饭回来，提心吊胆的云飞和向南意外发现，阿冰竟比他们回来得还早。于是，向南逮住机会靠在前台上，没话找话地说道：“你们这么快就吃完了，真是神速啊！”

“外面太热了，没什么胃口，随便吃了点就回来了。我和婉清姐吃完饭，通常都会回来午休一下！”

一听到“婉清”两个字，向南立刻又紧张起来。刚才出去吃饭一放松，几乎已经让他忘记了自己还是“戴罪之身”。阿冰这么一说，反倒提醒了向南。

于是，他试探地问道：“你婉清姐，刚才都听到我们的谈话了？”

阿冰闻言，坏坏地一笑，颇有一种幸灾乐祸的感觉：“是啊！我刚才不是都提醒你们了吗？待会儿你们可惨了！”

“我们惨了，你那么高兴干吗？怎么小小年纪，一点同情心都没有啊？”向南以一个过来人的语气教训道。

阿冰一听，把小脸一仰，不服气地说道：“什么叫小小年纪啊？我跟你可是同岁，只比你小几个月而已！”

云飞和向南一听，不由得都瞪大了眼睛。向南怀疑地问道：“你怎么知道我的

年龄？还知道得这么清楚？”

阿冰呵呵一笑，然后故作神秘地说道：“那当然了，你们的资料我都看过。所以，别想在我的面前倚老卖老！”

向南闻言，故意做出一副愤愤不平的样子说道：“这人事部的保密工作也做得太差了吧！怎么能随便泄露员工的秘密呢？我得找人事部经理评评理去！”

阿冰听了，笑嘻嘻地说道：“评什么理啊？你忘了我也是属于行政部的吗？你们每个人的入职资料我如果不提前过目，又怎么能抱着热情的态度来接待你们呢？你不是还夸我服务周到的吗？”

“呃……你这么伶牙俐齿的，怎么不去做销售啊，可真是浪费了！”显然，面对阿冰时，向南也会变得有点笨嘴拙舌。

“本来我是考虑过去做销售的，不过广州太热了，我可不想被晒黑。再说了，我也得给你们留点机会啊！”阿冰笑呵呵地说道。

“看来，我们还真得好好谢谢你，给我们留了条生路啊！好吧，等我们拿到奖金一定请你吃大餐！”

向南这一招泡妞大法，真是屡试不爽。既可委婉地跟女孩子约会，又不会让人家有芥蒂防备之心。真可谓一招制敌，无往不利啊！

云飞知道向南喜欢阿冰，既然现在有机会让向南一展所长，云飞自然不会破坏气氛。于是就悄悄离去，也找了个地方午休了。没有云飞在身边，向南可以发挥得更加淋漓尽致。

向南和阿冰正聊得起劲，似乎也没留意到云飞的低调离开。他接着又把话题扯到了婉清身上：“对了，你那位婉清姐，怎么总是感觉冷冰冰的啊？”

“不会啊！婉清姐貌美如花，心地善良，待人热情，从不斤斤计较！谁要是娶了她，可就有福气了！”阿冰说着，故意挑动了一下眉毛，似乎意有所指。

向南见状，越发觉得阿冰那“坏坏的样子”可爱至极。于是，半开玩笑地说道：“我怎么觉得，你像是在替她做广告啊？好像生怕她嫁不出去似的！”

阿冰听向南这么说，立刻恢复了一脸的严肃：“那你可就错了！婉清姐名校毕业，人长得漂亮，能力强，性格又好，可是大把人在追呢！别怪我没提醒你们，要追婉清姐可得下点功夫，动作还得快啊！”

两人正聊得兴起，忽然间，办公室里面的灯一盏接一盏地亮了起来。原来，上班的时间到了。

向南只好不无遗憾地跟阿冰告别离去，带着意犹未尽的无限回味，进办公室叫醒了睡意蒙眬的云飞。

两人赶到会议室的时候，婉清已经端坐在那里正在看资料。见云飞和向南回来，她只冷冷地瞟了他们一眼，却并没搭理他们，看样子还在为刚才的事生气呢！

云飞和向南自知理亏，于是很知趣地一左一右，静悄悄地坐回婉清的两侧。三人都不说话，气氛显得异常尴尬而且令人紧张。

云飞心中暗想："这样下去也不是回事，总得想个办法破局啊！人家是女孩子，我们总得主动点吧！再说了，是我们说错话在先，主动赔个不是也不算丢人吧？"

想到这里，云飞终于鼓起勇气说道："呃……婉……清！"

不知道为什么，云飞在叫婉清的名字时，总会感到一种莫名的压力。总有一种话在嘴边，却像是被什么噎着了，就是叫不出来的感觉，连他自己都觉得非常不自然。

"以后直接叫婉清，不要每次都带个'呃'，我又不姓'呃'！"婉清看也不看云飞，只是冷冷地说道。

"明白！婉清……坐这么久了，你是不是给我们培训一下啊？"云飞受到了刺激，叫得也顺溜多了。

婉清听完，终于抬起头上下打量了一下云飞，然后把眼一翻说道："原来你们还需要培训啊？我还以为你们都已经无师自通了呢！"

"我们哪有那么厉害啊？李主任把我们托付给你，还请你多多指教啊！"云飞谦虚地说道。

婉清似乎觉得云飞的态度还算诚恳，于是点点头说道："好！那我现在就给你们上第一课。首先，跟着我，你们第一点必须要做到的，就是绝对守时！"

"哦！"云飞一边点头，一边不由自主地看了看墙上的表。似乎觉得他们并没有迟到几分钟，把气氛搞得这么严肃，未免有点小题大做了吧！

婉清显然看出了云飞的心思，而这种心思明显激怒了婉清。只见她的眼神忽然变得异常严厉，直瞪得云飞心里发毛，甚至根本不敢与她再对视。

"别以为迟到两三分钟算不了什么！作为一名销售，迟到一分钟都可能意味着失去一个客户，丢掉一份订单。你连对客户最起码的尊重都没有，他凭什么把订单托付给你？我告诉你，商场如战场，战场上一秒钟的耽搁，都可能意味着死亡。而商场上每一个细节的疏漏，也都可能让你所有的努力付之东流！”

婉清的话句句铿锵有力，字字一针见血，说得云飞面红耳赤，真有点无地自容。

但从这一点也可以看出，婉清“销售女神”的称号也绝非浪得虚名。人们常说，成功的经验大抵相似，失败的原因却各有不同。看来，婉清的成功并非偶然，而李主任派了婉清做云飞和向南的师傅，也绝对是他们的幸运。

经过这次教训，云飞不但对婉清没有了抵触情绪，反而对她打心眼里越来越口服心服。同时，也越来越心生爱慕。

见云飞连连点头认错，堂堂一个男子汉，被自己说得像个犯了错的小孩儿一样，婉清忽然似乎有些于心不忍了。

于是，她话锋一转说道：“刚才我的语气可能过于严厉了！不过，我真的是为了你好，我们都是不远千里，背井离乡，到这个地方来实现梦想的。谁都希望能有出头之日，但如果你不比别人做得好一些，又怎么可能脱颖而出呢？”

和之前冷若冰霜，拒人于千里之外的态度相比，婉清此时好像忽然换了一个人似的。她那温情的眼神，诚恳的语气，彻底收服了云飞的心。

云飞动情地看着婉清，郑重地说道：“你说得对，我保证从今以后再也不会迟到了！”

“我相信！因为你的眼神告诉我，你一定会做到！”婉清淡淡地一笑，看着云飞温柔地说道。

婉清这淡然的一笑，目光中充满了信任与鼓励。这是云飞第一次看到婉清对他真情的笑容，就如一把尖刀，深深地刻在了云飞的脑海里，再也无法忘怀。

“呃……我也保证，我以后也肯定不会再迟到！”眼见云飞成功化解了危机，向南也连忙信誓旦旦地保证道。

整个下午，婉清认真地给云飞和向南培训了公司和销售方面的各项事务。婉清讲得仔细，云飞和向南听得认真，不知不觉间一个下午就匆匆过去了。

经过一天的交流，云飞完全改变了对婉清的看法。婉清不但是一个做事认真细致的人，而且也是一个充满爱心和责任感的人。这种知性与爱心兼具的女孩，才是云飞心目中的白雪公主。云飞忽然发现，他竟不自觉地喜欢上了婉清。

“婉清姐，下班了，你们还不走啊？”婉清正在培训，阿冰忽然跑进来催促道。

婉清抬头看看时间，这才惊讶地发现，原来早就过了下班的时间。办公室的人早已经走光了，只留下阿冰在等着锁门。

于是，婉清抱歉地说道："你看我，一唠叨起来就把时间都忘了！今天就先到这里吧，明天再说！"

"今天……真是辛苦你了！"云飞发自肺腑地感谢道。

"辛苦我不怕，只要你们不嫌我啰唆就好了！我的紧箍咒念一千遍，可是会像唐僧一样烦死人的！"婉清故意说道。

"呃……"云飞一听，顿时脸就红到了脖子根。他明白，婉清这是故意在报复他今天中午说的话。于是，有点不好意思地低下了头。

"怎么会呢？话说三遍淡如水，但讲一千遍就变成真理了。云飞可是一个喜欢追求真理的人，而且还是咬定青山不放松的那种！"向南不失时机地帮云飞解围道。这句话既起到圆场的效果，也在调侃之间一语双关地暗漏了天机。

"说那么多干吗？既然觉得婉清姐辛苦了，那就请她吃饭作为补偿呗！"还没等婉清说话，阿冰就急着插嘴道。

"又关你什么事，你这么积极，你跟人家很熟吗？"婉清瞪了阿冰一眼教训道。

云飞一看阿冰挨训了，连忙说道："阿冰从昨天到今天一直没闲着，她带我们每个部门走来走去也挺辛苦的，确实也应该好好谢谢她。而且，阿冰热情好客，虽然大家认识还不到两天，不过也算挺熟了，是吧？"

"是啊，是啊！"阿冰一听，连忙笑着点头确认道。

婉清一听，白了云飞一眼，冷冷地说道："既然如此，那你们请她吃饭好了！"言语之间，倒好像有些吃醋的味道。

云飞立刻意识到说错话了，连忙改口道："不过，这一天你更辛苦，你才是第一大功臣！"

此时，云飞望着婉清，两人再次四目相对，他忽然发现自己竟敢于直视这个大眼睛的师傅了。甚至，这次他倒把婉清看得有些不好意思了。

"终于露出本相了，油嘴滑舌！"婉清不好意思地低下头说道，显然这次云飞占了上风。

大家关了灯，关了空调，然后一起向外走去。走廊只够两人并排而行，向南很自然地跟阿冰走在了前面。两人有说有笑很谈得来，似乎有聊不完的话题。

云飞跟婉清走在后面，相比而言就沉默了很多。此时，走廊的灯已经全关了，靠着对面窗户照进来的月光，只能勉强摸黑前行。云飞偷偷瞥了一眼沉默的婉清，昏暗中，她那两只大大的眼睛显得格外灵动。

两人并排而行，却似乎无法像阿冰和向南那样找到说不完的话题，沉默让两人显得有些尴尬和拘谨。

这时，两人的手无意间碰了一下，肌肤相触之际，云飞立刻像触电般地把手缩了回来，生怕引起婉清的误会。

倒是婉清颇具大将风度，她并没有像云飞一样慌乱，而是像什么都没发生似的，依然平静地迈着轻盈的步伐。只是脸颊上露出一丝不易察觉的微笑，在若隐若现之间，带着一丝腼腆，透着一丝欣然……

第十五章　三寸灵舌乾坤倒，女儿心思万丈深

第二天，云飞一大早就把向南叫了起来。他忽然发现，因为一时兴奋，他们竟没有跟公司谈待遇的事，就稀里糊涂地入职了，这个问题可模糊不得啊！

当然，起这么早还有另外一个原因，那就是要兑现自己对婉清的承诺，从此永不迟到！

结果，今天来得早过头了，他们到公司时，那里还空无一人，就连每天都来很早的阿冰也都还没到。两人无奈，只好像镇守南天门的两个门神似的，一左一右站在厚厚的防盗门外聊天。

“是不是有点小失望？本以为阿冰会在吧？”云飞调侃地问道。

“说什么呢？要不是你一大早把我叫起来，我现在还睡着觉呢！”

“别嘴硬了，要不要我帮你探探口风，看看阿冰有没有男朋友？”

“我干吗要你探啊？要探我自己不会探吗？”向南不领情地说道。

“嘿！你对我还不放心啊？”

“什么不放心啊，我还不了解你吗？阿冰不是你的菜，你喜欢那种酷一点的类型嘛！比如像我们婉清姐这样的，一个眼神就能杀人于无形的冷面女杀手！”向南挖苦地说道。

云飞刚想回击，忽然听到从楼下传来高跟鞋的声音。向南赶忙给云飞使了个眼色，不假思索地说道：“阿冰来了！”

看来，他听音辨人的功夫，已经到了炉火纯青的地步。尤其是对阿冰，简直是万无一失。果然，向南话音未落，就见阿冰带着灿烂的笑容出现在了楼梯口。

“不对！是两个人！”看着向南欣喜若狂的表情，云飞忽然补充道。

向南闻言，仔细一听这才发现，阿冰高跟鞋的声音中，好像有回音似的，还夹杂着同样节拍的另一个声音。

于是向南佩服地说道：“真是强中自有强中手，一山还比一山高，论听音辨人的功夫，我只服你！”

果然，阿冰身后随之出现了另一个身影。想不到，婉清竟破天荒地和阿冰一起这么早来了。要知道，婉清可是从来不会这么早到的。她是公司享受特殊待遇

的特殊人才，只要按时拿回业绩，公司对她的工作时间是从来不考核的。

阿冰依然保持着迷人的微笑，婉清经过昨天的互动，似乎也温柔了不少。见到云飞和向南来得这么早，婉清满意地点了点头。看样子，她对这两个大男孩言出必行的作风还是比较欣赏的。

中午，云飞和向南抽空见了一趟李主任。可当他们把自己关心的待遇问题提出来时，李主任竟显得颇感意外："副理和吴主任他们面试时，没跟你们讲过吗？"

"没有啊！"云飞摇摇头道。

"嗨！那是我疏忽了，我还以为他们肯定讲过了呢！我们公司的情况是这样的，一般刚入职的新人在试用期是没有底薪的，主要是靠提成……"

"啊？一点底薪都没有啊？"云飞和向南一听，心里瞬间就凉了一大半。没有底薪，那试用期的生活怎么过啊？

李主任似乎早就预估到他们这种反应了，等他们惊讶的嘴巴合拢之后，这才笑笑说道："我理解你们的感受，但做销售本来就是为了挑战高收入的嘛！如果想靠着底薪过日子，就不应该选择做销售。你看，我们'四大金刚'到现在，没有一个选择要底薪的。为什么啊？因为一旦选择了有底薪，提成的比例就降低了。不信你去问问你们的师傅，婉清她也没有底薪！"

"婉清也没有底薪？"云飞诧异地问道。

"是啊！人家一个女孩子都敢于挑战高收入，更何况你们两个大男人呢？我为什么要安排她做你们的师傅啊？除了让你们跟她学习销售技巧外，你们更要从她身上学习那股不服输的精神！"李主任振振有词地说道。

婉清是个绝好的挡箭牌，李主任把话都说到这份上了，谁还有脸继续谈底薪的事啊？只是，这不服输的精神，也得有足够的物质基础来维持啊！

现在，从家里带来的钱已经所剩无几，如果在试用期出不了单，那就真得喝西北风了。而广州，是个连西北风都没有的地方！

不过，任何事情都具有两面性。往好处想一想，继续留下来固然有风险，但益处也是显而易见。

首先，可以接受免费的培训。其次，可以享受公司的免费资源。第三，当然是可以天天和自己牵肠挂肚的人见面了。

说到培训，在NEG那可真算是家常便饭了。或许是因为公司认为，这是最有效率也最节约成本的方法。所以，NEG 的培训可谓是三天一小训，五天一大训。

不但副理和三个主任会不定期地给大家进行培训，就连像婉清这样的销售精英，也会时不时地以培训的方式，来与大家分享她的成功心得。这样，既能让台上的人找到成就感，也能让台下的人受到现实的激励。

这天恰巧又轮到副理培训了，当云飞和向南走进大会议室时，里面已经坐满了人。云飞正想找两个空位和向南坐下，却无意间看到婉清正在向他招手。两人便赶忙挤到了婉清面前，过来之后才发现，原来她已经帮两人占好了位置。

云飞刚坐下，便听副理用铿锵有力的声音问候道："各位同事，大家早上好！"

"副理，早上好！"台下热烈地回应道。

云飞知道，这是副理惯用的洗脑培训。他要先把大家的激情点燃到好像打了鸡血一般沸腾，然后再让大家渐渐进入一种非理性的梦幻世界。仿佛高昂的斗志，就能感染客户立刻签单。不灭的激情，就能让梦想幡然实现。

云飞在学校时，参加过保险公司的类似培训。但不知为什么，他从内心里有一种抵触。他觉得台下这些空喊口号的"激进分子"，不过是在现实中找不到出路，而来这里自我麻醉的可怜虫。虽然，出类拔萃者偶尔也会昙花一现，但始终还是凤毛麟角。

云飞潜意识里认为，来这里通过逛热的口号来自我催眠的人，通常都是随波逐流的泛泛之辈。能自主沉浮的人，谁还用得着坐在这里，通过跟着台上的人喊口号来自我激励呢？

经过副理一轮煽情的演讲之后，台下的人似乎已经到了热血沸腾的地步。这时，只见副理忽然大声问道："现在，你们告诉我，做销售难不难？"

"不——难！"大家拉长调子，异口同声地答道。

"胡说！不难？不难你们为什么没有订单？"副理忽然反将了大家一军，下面立刻传来一片自嘲的笑声。显然，台下是起哄者众多，真正发自内心回答的人，却是寥寥无几。

"我告诉你们，做销售很难！做一个顶级销售更难！但做销售能坚持下来的人，都会是精英中的精英。今天我能站在这里，是因为我经历过很多你们想象不到的困难。我挺过来了，所以我今天能站在这里给你们讲课。如果我放弃了，你们今天还会看到我吗？"副理继续说道。

"不会……"大家又不约而同地答道。

“但我告诉你们，人生最重要的不是努力，不是奋斗，而是选择！选择不对，努力白费。所见所闻改变一生，不知不觉断送一生。生命不在于活得长与短，而在于顿悟得早与晚。今天的优势会被明天的趋势代替，把握趋势才能把握未来……今天，你们选择了做销售，就已经选择了一条通往成功的道路，你们就是那百分之五先知先觉的人。但恐怕，这一点你们自己都还没意识到吧？”

“呵呵……”下面的人闻言都笑了起来，但不知这笑声代表的是赞成与理解，还是无知与无奈。

“我从不开导谁来加入我的团队，如果连赚钱都要我开导，那你还是别做了！我的团队只需要有魄力的人，一点风险都不敢承担，那你还是趁早放弃吧！有人喜欢说，等你成功了我就跟你干！你可知道，我成功了，你和我的距离已经很遥远，你还凭什么跟着我干？我要的是同舟共济、共享盛世的合伙人。不是隔岸观火，坐享渔翁之利，想不劳而获的寄生虫。悲哀的人拿自己的时间，来见证别人的梦想。可怜的人自己不敢尝试，却还在嘲笑别人为梦想而狂奔！活着，最大的失败不是跌倒，而是从来不敢奔跑……”

听着副理唾沫横飞的豪言壮语，向南悄悄在云飞耳边说道：“副理说的倒也不无道理，只是我觉得，是不是非得像他这样，像打了鸡血似的嚎叫才能成功啊？”

云飞听完，微微一笑说道：“这就叫成功学！这门学问的成功就在于，台上都是口若悬河的理论家，台下都是创业成功的实干家。不成功的人站在台上给成功的人大谈成功理论，而成功的人则花大把钱坐在台下，将不成功人的成功理论当作金科玉律，奉为圭臬！”

向南闻言，点点头说道：“有道理！”

两人正在窃窃私语，云飞忽然觉得有人碰了他一下。他转头一看，婉清正用犀利的眼神在瞪他呢。

婉清那对大眼睛，就像超级导弹的开关，仿佛在眼睛一闭一合之间，就能让目标灰飞烟灭，让人有点不敢直视。

“你们两个怎么总说话，一点也不尊重台上的人！”婉清带着责怪的口吻说道。

“不好意思！”云飞知趣地点点头，算是认错了。

“每个人都有优点，副理今天能站在这里，绝对有他出色的一面。如果你不喜欢他的风格，可以借鉴他的经验，你没必要排斥他。”婉清语重心长地说道。

“我……”

云飞刚想为自己辩解，婉清却忽然柔声说道：“我是为你好，希望你能明白！”

婉清善意的提醒、温柔的语气，和那杀人于无形的眼神，让云飞毫无抵抗之力。他只好默默地点点头，彻底举手投降了。

好不容易挨到下班时间，四个人一起走出公司。阿冰一出来，就搀着婉清的胳膊嚷嚷道：“婉清姐，你快点走行不行啊，我都饿死了！”

“你一天坐着不动，还饿得这么快？小心点，这可是变肥的先兆！”

“变肥就变肥呗！不吃饱怎么有力气减肥啊？”阿冰满不在乎地说道。

云飞闻言摇摇头，自言自语道：“这都是什么逻辑啊！”

“女人的不讲理逻辑呗！跟女人去讲道理，那真是比对牛弹琴更愚蠢的行为！”向南有意无意地接上话茬答道。

向南说话的声音并不大，但没想到却被阿冰听了个清清楚楚。只见阿冰忽然把眼一瞪，不服气地说道：“什么叫作女人的不讲理逻辑啊？你这话可是一竿子打翻了一船女人，是对所有女性的极不尊重。就连婉清姐也成了你这句话无辜的受害者，你居心何在啊？”

想不到，阿冰一改往日的清纯无邪，话里话外竟然充满了没事找事的味道，好像生怕战火烧得不够猛烈，巴不得把婉清也拉下水。

向南一看，这还了得？婉清他可得罪不起，于是连忙解释道：“你可别唯恐天下不乱，火上浇油啊！我师傅可是我心目中的偶像，我怎么敢对她老人家大不敬呢？你别想借刀杀人啊！”

说完，向南又转身笑呵呵地对婉清说道：“师傅，您老人家见多识广，这种反间计的小伎俩，一定瞒不过你的火眼金睛的，对吧？”

阿冰还没等婉清说话，就接上向南的话茬呛道：“诚意可不是光挂在嘴上的，婉清姐起早贪黑为你们忙活，你们都不请她吃顿饭慰劳一下，还谈何诚意啊？”

此话一出，倒真将了向南一军。本来约女孩出来吃饭，正是推动感情跨越式发展的大好时机，他求之不得，又怎么会推辞？

可是现在囊中羞涩，不得不面对现实。他深知云飞的处境，知道就算把两人身上的钱都加起来，也不够去饭店吃顿像样的饭。万一买单的时候钱不够，那可就糗大了。

于是，向南灵机一动，略显为难地说道："呃……吃饭没问题，但今天恐怕不行，我们今天约了人！"

这时，沉默良久的婉清终于忍不住训斥阿冰道："你没吃过饭啊？整天缠着人家请你吃饭，就不能矜持一点吗？"

婉清在说阿冰的时候，还顺便狠狠地瞪了云飞一眼。看样子，这话里多少有点含沙射影的味道，似乎对云飞的无动于衷颇为不满。

云飞无辜地看着婉清，心中暗想："她不会以为我们是去跟别的女孩约会吧？"但转念一想这样也好，若真是如此，那说明她还挺在意我啊。想到此处，脸上不由得还露出一丝得意之色。

阿冰却似乎并没反应过来，婉清是故意在话中带刺。她被婉清训斥之后，仍然一脸无辜地自言自语道："怎么就那么巧，偏偏是今天约会？"

婉清闻言，气得差点背过气去，她忍不住瞪了阿冰一眼说道："你是人家什么人啊？人家约会还要向你汇报吗？"

看着阿冰一脸茫然兼委屈的样子，云飞赶忙解围道："阿冰，要不这样吧，明天咱们找个地方一块出来吃饭，地方你定！"

"好啊！"阿冰没等婉清表态就开心地答应了，还顺势狠狠地瞪了向南一眼。

向南见云飞跳出来做了个大好人，自己却无缘无故地被阿冰当成了一毛不拔的铁公鸡，不由得心中大感委屈。

他心中暗想："好！让你现在充好汉，我看你月底交房租的时候，还有没有这么潇洒？"

明天是一个令人期待的日子，云飞和向南将有机会和他们心仪的女孩，第一次出来约会。

可感情的发展往往需要上天注定的缘分，在事业一事无成、经济捉襟见肘的状况下，他们是否真能顺利地俘获芳心呢？

第十六章　不让须眉红妆斗，情若喜雨润无声

做销售这行最大的感受就是，身边总会有些“成功人士”时不时地忽然冒出来刺激你。

往往在你历经磨难，一败涂地准备要放弃的时候，身边就会忽然有人签了个大单，或者开发了个大客户，又或者得到一笔丰厚的提成。让你就像打了鸡血似的，立刻把想要放弃的想法扔进垃圾桶里，并产生一种莫名的冲动。

至少，NEG 的“四大金刚”，每个月都会有让你瞠目结舌的大单冒出来，至于是真是假就不得而知了。

今天，又到几家欢喜几家愁的时候了。公司不定期地会挑一些典型出来召开表彰大会，目的当然是给大家打鸡血，让大家渐渐冷却的热情重新燃烧起来。

今天要表彰的，是公司的另一位金牌销售小潘。小潘是副理手下的第一大将，也是婉清最大的竞争对手。可偏偏，今天正好轮到李主任主持会议，这可真是造化弄人啊！

“各位，你们都是公司的精英，我也看到了你们在公司的不断成长。但是，很多人成长的速度还是没达到公司的要求。你们看，副理他们小组的小潘，来公司两年多，从一个销售外行变成销售精英，成长是何等的迅速！这一周，她又签了个大单，她这个月的收入会超过五千块钱，你们羡慕吗？”

“羡慕……”李主任话音刚落，大家便齐声应道。

相信大家喊出这两个字时，当真是发自内心的。对于一九九八年刚刚毕业的云飞和向南来讲，这简直就是个天文数字。

“你们当然羡慕了，连我都羡慕！但光坐在这里羡慕有用吗？你们知道小潘成功的背后，付出了多少不为人知的努力，你们又知道她每天要拜访多少客户吗？”

李主任说完，环视了一圈，跟每个人进行了一次眼神的交流。似乎想把他下面要说的话，透过眼神先传递到每个人心里。

“她每天拜访的客户量，可能是你们的五倍，甚至十倍！古人云，临渊羡鱼不如退而结网。成功是有概率的，你不主动出击，哪来的成功率呢？当然，还有

很多人历经挫折，在黎明前最黑暗的时刻放弃了，那就更加可惜了。”

“婉清，我说的对吗？”李主任忽然看着婉清问道，似乎是想找个最有说服力的人，来给他的话作背书。

“对！”婉清机械地点点头答道，脸上没有任何的表情。

婉清一直以来超常冷静的表现，让云飞总觉得她有一种深不见底的感觉。她看上去像一溪清澈无瑕的清泉，可沉稳得却像身经百战的沙场老将，显示出与她年龄极不相符的老成持重。

这让云飞对婉清神秘的内心世界，产生了强烈的好奇心。以至于他总想能有机会，对婉清的内心一探究竟。

好不容易挨到了下班时间，阿冰立刻冲过来催促道：“哎呀，怎么还没收拾好啊，我都饿到前胸贴后背了！”

“我们早就收拾好了！”向南说着，悄悄冲着婉清撇了撇嘴。那意思：都是婉清慢吞吞地在拖时间！

婉清似乎有着超乎寻常的第六感，每次云飞和向南在她背后做小动作的时候，都能被她未卜先知般地察觉到。这次也不例外，向南在婉清背后撇嘴的小动作，又被她突然神一般的转身看了个正着。

向南当然不敢与婉清对视，吓得赶紧转过身去望向一边。云飞见状，露出幸灾乐祸的表情哈哈大笑起来。而旁边的阿冰，也被逗得前仰后合。

或许是受到氛围的影响，此时就连一向严肃的婉清，也终于忍不住露出一丝难得的微笑。这是云飞第一次看到婉清发自内心的笑容，想不到，婉清笑起来竟是那么清纯，那么动人！

云飞想得入神，不由得也偷偷多看了婉清几眼。婉清那神一般的第六感，则再次在云飞身上得到了验证。她忽然冷不丁地转头望向云飞，猝不及防之间，云飞与婉清四目相对，显得有点仓促而尴尬。同时，还有一种莫名的、心如鹿撞的慌乱之感。

好在，这次婉清的眼里，并没有发出令人望而生畏的瑟瑟寒光，而是透着淡淡的笑意，让人觉得温馨而迷人。

室内的气氛立刻融洽了许多，向南为了给自己找台阶下，他看着阿冰问道：“去哪儿吃饭啊？”

“那要看你带了多少钱啊！”阿冰坏坏地一笑说道。

“你是准备往死里宰我啊？”

“看你那小气样！还没吃饭呢，就怕我宰你？好在我不是你女朋友，要不然那我可就惨了！”

向南本来是开玩笑，想不到竟引来阿冰毫不留情的挖苦，并把问题的严重性提升到了一个前所未有的高度。让向南和阿冰刚刚向前迈进了一小步的关系，蒙上了一层尴尬的阴影。

要知道，被女孩看作小气的男人，通常机会都是非常渺茫的。看来，向南的一句无心之话，竟意外地葬送了他和阿冰来之不易的发展空间。这让本来意气风发的向南，显得既尴尬而又懊悔。

云飞一看，连忙帮向南解围道：“话可不能这么说，你要真做了他女朋友，那待遇又不一样了。那时吃的是老婆本，向南是绝不会手软的！”

“看不出来，你账算得挺清楚啊！”

云飞本来是想帮向南解围，哪知说者无心，听者却有意。阿冰还没说话，旁边的婉清却言有所指地接茬说道。

婉清说话向来言简意赅，惜字如金。话虽不多，但每次都是直奔要害，呛得云飞说不出话来：“我……我是说向南，我又不是那种人！”

“那你是哪种人？”婉清步步紧逼，一句话又把云飞套住了。

“算了，别跟他们一般见识了，都是一丘之貉！好在我们跟他们没什么关系，吃完饭以后我们就井水不犯河水，各走各路了！”这时，阿冰忽然走过来，边说边拉起婉清的胳膊，向外面走去。

云飞和向南跟在后面，两人面面相觑地对望了一眼，显得既无辜又委屈。在经济如此拮据的情况下请人吃饭，最后还被说成小气。

四人有一句没一句地边走边聊，却不知什么时候，竟潜移默化地变换了队形。不知不觉间，向南和阿冰又一起走在了前面，而云飞和婉清，则很自然地并排走在了后面。

“为什么你总能站在有利的位置，不管什么话从你嘴里出来，就都特别有理呢？到底是你太刁钻，还是你太强势了？”云飞半开玩笑地问道。

“都不是，是因为我总站在真理的一边啊！”婉清把头一仰，骄傲地说道。

“不对，那为什么就算我有理，也总是说不过你呢？”

“那你是说我不讲理了？”婉清忽然停下脚步，瞪着云飞问道，脸上却带着一丝得意的微笑。

不知为什么，云飞特别喜欢看婉清的笑容，这种笑容总能给云飞带来一种说不出的安慰。

云飞并没有直接回答婉清的问题，而是望着她的脸颊，带着一种欣赏的目光问道："有没有男孩子说过，你笑起来特别漂亮啊？"

"啊？"婉清闻言一愣，她没想到云飞会突然冒出这么一句话来，顿时羞得满脸通红低下了头，不敢再与云飞对望。那种无意间透出的羞涩，让婉清显得有如一溪清泉，冰清玉洁，清澈见底。又如清幽古径，芳香质朴，清新宜人。

想不到这位"刁钻"的师傅，也有如此温柔腼腆的一面。竟然被云飞一句话，就说得彻底乱了阵脚。此时，云飞心里突然升起一种胜利的喜悦，和一种征服的快感。

云飞看婉清不说话，于是乘胜追击地追问道："怎么，没有啊？"

"当然有了，还用你说。"婉清一听就急了，她抬起头瞪着云飞说道。

"那你怎么还总紧绷着脸，为什么不多一点笑容？"

"又没什么好笑的，我干吗要整天傻傻地摆出一副笑脸？"

"这样，你会更灿烂啊！"

"那在你心中，我究竟是一个怎么样的女孩？"婉清忽然一本正经地问道。

云飞也没想到，婉清会突然问出这种问题。他更没想到，婉清会以这么严肃的表情来问这个问题。

于是，云飞慎重地想了想后，鼓起勇气答道："说实话，我对你的第一印象，觉得你就像水，时而温柔平静，清澈见底，时而又坚硬如冰，寒气逼人。让人有种看不清、摸不透的感觉！"

"那就是说，我在你心里其实就是个喜怒无常的疯婆子了？"婉清闻言，气鼓鼓地问道。

婉清的眼神虽然有点盛气凌人，但在云飞的内心深处，并没有引起他的丝毫反感。相反，他因此对婉清产生了更强烈的好奇心。就像一个探险家，意外地发现了一个深不见底的千年古洞。即使危险重重，又如何能抵挡得住其一探究竟的好奇心呢？

见婉清咄咄逼人的样子，云飞笑笑说道："师傅，我记得你老人家曾经说过，人生百态，各有不同。也许，是我还没见过你真正的另外一面吧！"

"好！那我今天就让你见识一下！"婉清说着，故意摆出一副恶狠狠的样子，但那表情反而让她显得更加可爱了。

四人来到饭店时，因为刚才阿冰对向南反唇相讥而造成的尴尬，早已经被抛到了九霄云外。刚一坐下来，阿冰就毫不客气地拿起菜单，看着向南坏坏地说道："你不用紧张，我不会点最贵的……但也不会点最便宜的！"

云飞闻言，笑笑说道："没关系！你尽管点，向南对美女从来不手软！"

"好，那我可就不客气了！虽然我不是什么美女，但我也从来不手软！"阿冰说着，狠狠地瞪了向南一眼，仿佛刹那间跟云飞倒产生了无限的默契和共同的话题。

阿冰顺手点了两个菜之后，还没有收手的意思。此时，婉清有点看不过眼了，立刻提醒道："你倒是真不客气，光顾点你喜欢吃的，也让人家点两个菜啊！"

阿冰一听，立刻撅着嘴说道："婉清姐，你什么时候开始这么善解人意了，怎么总是替'人家'着想呢？"

阿冰故意把"人家"二字说得很重，一句话说得婉清满脸通红："你这死丫头，什么时候学得这么油嘴滑舌的？"

"呵呵，就是这几天跟他们学的啊！"阿冰说着，用手指了指云飞和向南。

婉清见状，顺势说道："我说怎么总觉得，你这几天比以前油滑了很多，看来真的是近墨者黑呀！"

婉清边说，边用眼睛瞪了云飞一眼，仿佛云飞就是那"近墨者黑"中所指的"墨"。

上菜的速度还算快，不一会儿菜就上齐了，大家边吃边聊。向南忽然不解风情地问道："那个小潘怎么那么厉害，总能签到大单啊？"

向南此问，真可谓是哪壶不开提哪壶。小潘是婉清在公司里最大的竞争对手，其勤勉的程度也可谓是公司之最。因此，常常被包装成公司的榜样拿出来宣传，这也成了公司激励大家的重要手段之一。

当然，婉清也是榜样之一。但与小潘相比，不管是业绩还是勤勉程度，都还是略逊一筹。向南话一说完，立刻就让气氛陷入了沉默。

云飞偷偷看了婉清一眼，只见她面色微沉，默不作声，显然心有不悦。倒是阿冰机灵，立刻笑嘻嘻地救场道："小潘是不错，不过她也不是所向无敌，婉清姐就是她的天敌。婉清姐只用了三分之一的内力，就几乎与她打成了平手！"

说完，阿冰讨好地看着婉清微微一笑，又偷偷地给向南使了个眼色。

阿冰的一番好意，婉清自然心知肚明。其实，小潘的存在从某种程度上来讲，对婉清也是一种激励，并非完全是坏事。只不过，她不愿意大家总把她拿来跟小潘比，那样活在别人的眼神里，太累也太没有自我了。

所以，婉清瞪了阿冰一眼，无奈地摇摇头说道："你以为我连这点心胸都没有吗，还要你在这里为我打圆场？更何况，你这根本就是此地无银三百两，真是多此一举！"

向南一看阿冰无故被自己牵连，自然是发自内心地心疼。于是，连忙转移话题道："李主任说，在公司待两年以上的，去别的公司都可以做经理，咱们公司真的有这么高的含金量吗？"

"唉！含金量有没有这么高，我就不知道了！但能在公司坚持两年以上的，可就是凤毛麟角了！小潘是公司唯一坚持了三年的人，除了她，现在婉清姐就是最老的了！"阿冰叹惜地说道。

婉清在旁边听阿冰这么说，又不高兴了："你把话说清楚行不行，什么叫作我是最老的了？"

阿冰一听，婉清明显是在故意挑刺儿。于是摆出一副委屈的样子说道："哎呀！婉清姐，你今天干吗总挑我的刺啊？谁不知道，你是咱们公司绝无仅有的第一美女啊，你还非得我说出来不可吗？"

"你……真是近朱者赤，近墨者黑，才几天你就变得这么油嘴滑舌了！"婉清被阿冰说得是又气又羞，却又不好发作，只好含沙射影，又把矛头指向了云飞和向南。

云飞见势不妙，故意轻描淡写地说道："我也没看出小潘有什么过人之处啊，但不知她的业绩是怎么做出来的？"

阿冰闻言，似乎深有同感地点点头道："其实，我也看不出她有什么过人之处，平常她跟大家相处的关系也很一般。可不知她有什么独家秘籍，反正就是能搞定客户！"

"怎么，想拜师学艺啊？我可以帮你引荐，这点面子小潘还是会给我的！"婉清忽然看着云飞问道，语气里充满了浓浓的醋意。

云飞知道，婉清也是公司里最优秀的销售人员之一。正所谓一山难容二虎，更何况是两个女人呢？两人暗地里较劲一定是在所难免的，婉清这话虽然说得是冠冕堂皇，但其实心里一定是在憋着一股劲。

她来公司的时间远比小潘短得多，但如今几乎可以说是已经与小潘旗鼓相当，也算是成绩斐然了。更何况，小潘的年龄比婉清大得多，人生的阅历也比在座的每个人要多得多。即使成绩好过婉清一点点，也是情理之中的事。

云飞看着婉清的样子，心里既开心又觉得可笑。于是，他微微一笑说道："那倒不用，正所谓师傅引进门，修行在个人。以我的资质，有你这个师傅在旁边指点一二就足够了。"

婉清闻言，不领情地哼了一声说道："哼！你这到底是在夸我，还是在夸你自己啊？"

"两者都有啊！唐僧没有孙悟空，最终只能化为妖精的一顿美餐。可孙悟空如果没有唐僧，充其量也就是只会说话的猴子。所以，二者互为因果，缺一不可啊！"云飞得意地答道，他对自己天衣无缝的回答，也感到相当满意。

哪知，婉清却冷冷地答道："你别太自信了，你怎么知道你就是孙悟空，而不是二师兄呢？"

婉清说话的时候，眉宇间透出一丝坏坏的笑意，把大家都逗得前仰后合地大笑起来。尤其是向南，看着云飞的一脸窘相，显出一副特别幸灾乐祸的样子。

也许是上天的安排，偏偏让他们四个凑成了两对。斗嘴可以有个帮腔的，吃饭可以有个搭伴的。就连感情的升华，也可以是携手同步的……

第十七章　步履轻啼心澜起，语重心长见真情

要不怎么说人与人之间需要交流呢？昨天一顿饭就让云飞和向南，跟婉清及阿冰的距离拉近了跨世纪的一大步。

而且，他们之间的那种熟，与普通朋友之间的那种熟，还有着一点微妙的区别，这一点大家都懂的！

只是，在关系大踏步向前推进的同时，这关键性的一顿“大餐”，也让云飞和向南迈向了“破产”的边缘。他们本就捉襟见肘的生活，此时变得更加雪上加霜。

两位在家衣来伸手、饭来张口的“少爷”，不得不将大学书本中所学到的计划经济理论运用到了他们的现实生活中，从此开始了茫茫不知尽头的“方便面之旅”。

从那顿大餐后，他们几乎再没有自己花钱吃过一顿像样的快餐。六毛钱一包的华丰方便面，完全变成了他们晚餐的主角。

当然，像周末这样的大日子，还是会加一个鸡蛋或者一根最便宜的火腿肠适当改善一下生活的。

这也充分说明了一个道理：理论来源于实践，而学以致用往往也都是被逼出来的。

从家里带来的那点“启动资金”，现在已经所剩无几。要挨过三个月的试用期，显然生活必须得从长计议。

第二天，云飞和向南又是一大早就到公司了。而阿冰也一如既往地，早已出现在前台守候了。

三人意犹未尽地沿着昨天的话题又闲聊了一会儿。这时，忽然听到楼梯边传来一阵轻盈的脚步声。一听就是女式高跟鞋发出的声音，清脆而有穿透力。

不知为什么，云飞忽然有一种莫名的紧张，还夹杂着一种望眼欲穿的渴望。看样子，他听音辨人的功夫，已经赶上向南了。

这时，云飞脑海里不自觉地跳出婉清昨天的样子。却不知道她今天，会穿什么衣服来，又会以什么样的形象出现在大家面前呢？婉清的每一次出现，总会给云飞焕然一新的感觉，让他充满期待。

此时，只见阿冰微笑着招了招手，来人果然是婉清。

婉清今天穿了一条白色的连衣裙，长发披肩，优雅地迈着小碎步。从前台向婉清走来的方向望去是逆光，因为对面有一扇窗在走廊的尽头正对着前台。

婉清逆光而来，就像身上笼罩着一个闪闪发亮的光环若隐若现。夸张点说，真有点像仙女下凡的感觉。

虽然云飞脸上不动声色，可心里却像惊涛拍岸一般怦怦直跳。不知为什么，每次见到婉清时，他总有一种莫名其妙的怦然心动之感，使得内心难以平静下来。

这种莫名的冲动，让云飞既紧张又期待，甚至还有些尴尬。因为，他实在有点担心，这悠长而寂静的走廊，会不会变成一个无形的放大器，将他怦怦乱撞的心跳声无限放大出来，以至于让每个人都能窥探到，他内心仅存的一点“见不得光”的隐私。

婉清优雅地走过来，像一阵清风送爽，让大家都有一种如期而致的满足感。她先跟阿冰打了个招呼，然后抬头看了看云飞，问道：“你们怎么不进去啊？”

文字用得虽然很简单，但那眼神却别有深意，这种为云飞量身定制的眼神，让云飞很是受用。

眼神是信息传输最快速，也是信息量最大的特定语言。而对方要想准确无误地判断出这些信息传递的意思，就绝对要有深度和广度相匹配的接收系统。换句话说，眉目传情是一门艺术，只可意会不可言传，更不足为外人道也。

“当然是在等你了！”阿冰没等云飞从无尽的遐想中反应过来，便调皮地抢着答道。

“多嘴！”

婉清瞪了阿冰一眼，看上去煞气十足。可当她转过头来再与云飞的眼神相撞时，却立刻像触电般不好意思地低下了头。

面对云飞，婉清的眼神中显出一种少有的畏缩，竟不敢与云飞对视。这跟她第一次见到云飞时，那摆足了师傅派头的情景简直判若两人。

今天的婉清，好像换了个人似的。从来不化妆的她，今天竟然化了淡妆。虽然很淡，但依然看得出来。眼角眉梢都更加精致了很多，也更漂亮了很多。

“婉清姐，你今天好漂亮啊，简直就像模特一样！看来昨晚那家饭店的大师傅手艺真不错，吃一顿就能让人容光焕发啊！”阿冰在旁边起哄道。

“你怎么最近废话那么多，青春叛逆期啊？”婉清狠狠瞪了阿冰一眼，但心里估计还是很受用的。

只是，在转身面对云飞的眼神时，却又表现出一种落荒而逃的腼腆。为了掩饰自己的紧张，她转身对云飞和向南说了句：“马上到点了，进去准备一下吧！”

说完，便头也不回地向办公室走去，却似乎忘记了那句“此地无银三百两”的警世典故，真是欲盖弥彰。

云飞和向南乖乖地跟着婉清走进了办公室，可他们才坐下没多一会儿，忽然就有同事过来通知他们。说李主任要给云飞和向南做单独培训，让他俩马上到李主任办公室去。

婉清一听，笑笑说道：“恭喜你俩，能受到李主任的单独接见，一定会受益匪浅！”

果然，被婉清言中了。李主任不但深谙演讲之道、明晰激励之法，而且他还是深藏不露、才高八斗、学富五车、通贯古今的惊天伟略之才。

他一个早上，从秦始皇讲到蒋介石，从梁山好汉讲到桃园结义，从红军二万五千里长征讲到斯大林格勒保卫战，从成吉思汗再讲到首富比尔·盖茨。一讲的都是前无古人、后无来者的旷世奇才，经过李主任添油加醋地这么一润色，云飞和向南简直就像经历了一次乾坤大挪移般的世纪大穿越。

最后，在跟李主任击掌为盟、重复高呼三次“不达目的，誓不罢休”的豪言壮语之后，云飞和向南才被从穿越的时空，重新放回到了现实世界。

回到小会议室，远远看到婉清，云飞耸耸肩做了个无奈的表情。婉清则微微一笑，向他轻轻点点头，示意让他坐到自己旁边。

向南识趣地拍拍云飞的肩膀，半开玩笑地说道：“我就不妨碍你们了，好好把握！刚才的穿越情节太离奇，我得找个地方静静。”

“我看，你是得找个地方‘冰冰’吧？”云飞故意说道，他知道向南也巴不得找个机会去跟阿冰套套近乎。

云飞在婉清身旁坐下，婉清笑着问道：“怎么样，李主任的培训别开生面吧？”

“我终于知道，为什么你总是那么有理了！有这样铁嘴钢牙的上司，你想不变得伶牙俐齿也不行啊！”云飞看着婉清打趣地说道。

“我跟李主任可不是同一类人！”

“那当然！他是表面阳光内心阴暗、杀人不眨眼的黑心帅哥。你是表面冷酷内心温柔，偷心于无形的芊芊美女！”云飞故意盯着婉清，半调侃半认真地说道。

“你怎么越来越没正经啊？”婉清看似郑重其事地在责怪云飞，可那羞涩的眼神，却早已经出卖了她那暗中窃喜的内心。

云飞忽然发现，婉清的眼神中不知从什么时候开始，已经褪去了以前隐藏在眉宇之间的阵阵寒意，更多了几分女孩应有的温柔与阳光的青春气息。

尽管在NEG几乎天天都有培训，又有婉清的细心指导，但培训再到位，没有经过客户的拒绝，永远都不会知道自己的问题出在哪里。

所以，为了尽快熟悉销售工作，更为了早一点拿到第一笔提成，以解经济上的燃眉之急。云飞决定从下周一开始，亲自去市场找找感觉。

不过说归说，对于完全没有市场经验的云飞来讲，豪言壮语跟实际行动显然不可同日而语。一想到即将面对的陌生考验，云飞心里难免会有点忐忑不安。

虽然，做任何事情第一次充满恐惧也都是再正常不过的事。但如果有更好的选择，为什么不善加利用呢？

于是，云飞想到找婉清帮忙。如果第一次出马有婉清带着，那就既有了目标，也有了信心，还可实地学习一下婉清的待客之道，一举三得岂不更好？

只是，这样做会不会让婉清小看呢？男子汉的自尊心让云飞变得犹豫而颇具顾虑。

直到临下班的时候，云飞才终于下定决心，不得已地跟婉清提出了这件事情。哪知，当婉清知道云飞犹豫的原因后，立刻就像换了一个人似的。

她摆出一副非常认真的表情，对云飞说道：“云飞，你记住！做销售的第一条黄金法则，就是永远都不要怕被拒绝。因为没有拒绝就没有成长，只有在不断的被拒绝中总结经验，才能快速成长为一个优秀的销售人员。犹豫只能错失良机，而没有行动一切都等于零！”

“我明白！”云飞点点头，诧异地看着婉清，一时间忽然觉得有点陌生。

婉清的话字字千斤，如一块块巨石压在云飞的胸口，让他有点喘不过气来。他忽然觉得，刚刚露出温情一面的婉清，好像突然之间又变成了另外一个自己完全陌生的人。一个充满斗志、霸气侧漏、不畏险阻、一往无前的女强人。

婉清其实是个善解人意的女孩，加上销售人员天生的职业敏感，她话一说完就立刻意识到，自己刚才疾风骤雨般的态度变化，似乎有点太过于迅雷不及掩耳，让人难以适应。

于是，婉清即刻转变了语调，柔声地说道："正因为是你，我才会说话不假思索，想到什么就说什么，你明白吗？"

见婉清又恢复了温柔，云飞也重新焕发了活力，他点点头开玩笑地说道："当然明白，师傅是恨铁不成钢！"

"以后不许再叫我师傅，我有那么老吗？"

"是，师傅！那我以后就叫你婉……清！"云飞惯性地又叫了句师傅之后，立刻意识到了自己的错误连忙改口。

只是在叫到婉清的名字时，他仍把"婉"字拉得特别长，也不知是因为不好意思，还是故意为之，想借机留意一下婉清脸上的表情变化。

"你故意拖腔拉调的，什么意思啊？"果然，婉清忍不住瞪着云飞问道。

此时，两人再度凝视对方，似乎是想通过眼神传达某种语言无法表达的情感，又似乎是在暗暗较劲。

直到云飞觉得眼前发黑，再也撑不住了，这才伸开手掌在两人中间晃了晃，小声说道："再这样对视下去，就算不会引起围观，我们也迟早会晕过去的！"

"哼！谁让你瞪着我挑衅了？"婉清以胜利者的姿态，骄傲地昂着头说道。

两人的对峙，最终以婉清的完胜落下了帷幕。接着，两人便为周一的出征各自开始准备了。

云飞一边准备着资料，一边默默地背诵着李主任给大家讲的销售话术。忽然，有一段话术，云飞怎么也记不起来了。无奈之下，他只好向婉清请教。

可他发现婉清此时正在注意力高度集中地做着自己的事情。云飞不忍打扰，便默默地看着婉清，想等她忙完手里的工作再向她请教。

此时，云飞也才有机会，第一次如此近距离地仔细观察婉清。云飞这才发现，婉清的五官精致得简直如精雕细琢的工艺品一般，堪称完美无瑕。

那高挑的鼻梁，有如起伏的山峦挺拔隽秀。那双好像会说话的大眼睛，总是透着深邃而清纯的眼神，有如两颗黑色的宝石镶嵌在重峦叠嶂的山谷之间。再加上那如柳叶弯月般的细眉、白皙紧致的皮肤、纤细如玉的手指、殷红如樱桃般的小嘴。如果是在古代穿上古装，婉清也不失为一个古典美女。

云飞从小就喜欢画画，虽然没有经过专业的培训，但兴致所至，心之所安。发自内心的兴趣，只要稍微用用功，即使想差也差不到哪里去。

于是，云飞一时兴起，就一边假装看资料，一边悄悄拿起铅笔，偷偷观察着婉清的轮廓，为她画起了素描。

偶尔，婉清跟他说话的时候，云飞就将自己的画用资料盖住，等婉清转过头去，他便又继续作画。就这样，一直持续到了中午吃饭的时间。

婉清看云飞一个上午都没说一句话，以为他是因为要走市场了太过于紧张，于是便安慰他道："难得你今天这么用功，一个上午一句话都不说，正所谓功夫不负有心人，我相信你一定可以做得很棒的！不过，走市场也不必太过于紧张，无非就是与人打交道，用平常心对待就好了。"

云飞闻言，微微一笑说道："师傅一席话，胜读十年书！弟子今天茅塞顿开，岂有不用功之理啊？"

"但愿如此吧！那今天中午我请你吃饭，权当奖励你吧！"婉清说道。

哪知，云飞闻言不思感谢也就罢了，竟然还得寸进尺地问道："那我要是天天都这么认真呢？"

本以为这句话可以将婉清一军，哪知婉清竟轻描淡写地说道："若真如此，那你的业绩一定会节节高升，到时候拿到提成，记得要好好请我吃顿大餐啊！"

云飞闻言，不由得佩服地说道："果然师傅就是师傅！这样的回答亏你也能想得出来，我真是服了 You（你）！看来，在你身上我真是讨不到半点便宜啊！"

"谁让你打蛇随棍上，不知道见好就收呢？"婉清得意地说道。

听到婉清突然请大家吃饭的消息，阿冰颇感意外地问道："婉清姐，你为什么要请他们吃饭啊？这不会是分手饭，准备跟他们决裂了吧？"

向南一听，没好气地对着阿冰呛道："你个乌鸦嘴！什么决裂啊，这叫礼尚往来，明天就该你了！"

四个人只要聚在一起，斗嘴就比吃饭还要变得平常。但从他们开心的笑声可以看出，他们是乐在其中。

如果说，前世五百次的回眸，才能换来今世的一次擦肩而过，而前世五百次的擦肩而过，才能换来今世的一次与你相遇，那么，今天四个人相识相知的这份缘分，又是经历了前世多少次的相遇才换来的呢？

第十八章　“丹”心不渝寄相思，误把新人换旧情

俗话说，习惯成自然。当生活中的某些行为成为一种习惯，也就自然而然地变成了生活中不可或缺的一部分。

云飞和向南及婉清和阿冰，就是在经历了这样一个奇妙的过程后，不知不觉间进入了彼此的感情世界，并成为影响彼此生活的重要组成部分。

早晨上班时，他们四个人会最早到达公司不期而遇。晚上下班后，又会不约而同地最后离开公司形影相随。

这种天然的默契，没有任何雕琢的痕迹。就连走路的队形，都好像是被设计好的。向南和阿冰会自然而然地一起走在前面，而云飞和婉清则会习惯性地走在后面。一对在前面叽叽喳喳，一对在后面窃窃私语，似乎配合得天衣无缝。

本来约好了下周一，婉清要带云飞和向南去走市场。可偏偏在星期五这一天，婉清破天荒地请了假。

这让大家颇感意外，云飞更是有些许的失落和不安，他已经不习惯没有婉清在身边的日子了。

于是，云飞最终还是忍不住给婉清打了个电话：“怎么突然请假了，家里有事吗？”

“嗯，要处理点事情！不过你放心，绝不会影响周一的计划，这可是你的首秀，我怎么会拖你的后腿呢？”

可话虽如此，但云飞心中却始终还是有一种若有所失的感觉。他恋恋不舍地说道：“那就意味着，连续三天都见不到你了！”

“那不正好吗？你天天见我，不是早就烦了吗？也给你个机会好好清静清静，眼不见心不烦嘛！”

“你别冤枉我，我可没说过啊！我只记得古人有云，一日不见如隔三秋，那三日不见，不是如隔九年？再见你时，你岂不是已经变成大妈了？”

“哼！我还以为你是个重情重义之人呢，原来也不过是个好色之徒。既然如此，那最好就是永不相见。这样，我美好的样子就可以永远留在你心里了！”

婉清说的本是一句玩笑话，但谁也不曾想到，结局竟然被她不幸言中，他们

最终竟阴差阳错……

周末本应是最开心、最放松的日子，可对于云飞和向南来讲，却是最痛苦、最难挨的时候。

两个激情四射的男人为了省钱，却不得不把自己困在那间空荡荡的农民房里，不敢离开半步。

因为，在这个表面繁华的都市背后，却是由残酷与冷漠交织起来的一张无情的网。没有钱，那真是寸步难行。

然而，偏偏在周日的晚上，云飞久违的call机突然从沉睡中醒来，冷不丁地发出了清脆的"轰鸣"声。

广州人常说，call机一响，黄金万两。可云飞和向南此时，最怕的反而就是call响了。因为，call机一响，就意味着要花钱。

平时在公司回电话，不用花自己的钱自然是不痛不痒。可在家里回电话则不同，想想跟一个不相干的人扯两句闲话，就要打掉一包方便面的钱，忍不住就会痛得心如刀割。

要知道，自从云飞和向南进入了"计划经济体制"后，就一直过着一分钱掰成两半花的日子。晚餐一顿饭两包方便面都要严格控制，一次打掉半顿饭能不心疼吗？

为了省钱，他们推掉了一切应酬，过着大门不出二门不迈、闭门谢客的清淡生活，周末也就只能蹲在家里感悟人生。

那日子过得，跟寺庙清修的高僧也差不多了。只是寺庙里地广人多，衣食无忧，清修之余还能在外面活动一下筋骨。

而云飞和向南的活动空间，却只有洗手间到客厅那么大。不但空间狭小，而且还不敢太大动干戈，因为活动得多容易饿。俗话说，半大小子吃死老子，他们这如狼似虎的年龄，两包毫无油水的方便面，还不够塞牙缝呢！

本来，云飞是不想回复这个电话的。他完全可以第二天到公司，再用公司电话回复。可偏偏这个号码是从太原打来的，虽然不知道打电话的是谁，但不用想也知道，肯定不是亲朋好友就是同学老师，云飞又怎么能不回呢？

于是，云飞怀着满腹的猜疑，拨通了这个来自家乡的电话。想不到对方的声音却像银铃一般，甜美而富有磁性。云飞闻声不由得一愣，接着便陷入了深深的回忆之中。

这是一个让云飞感到既亲切又陌生的声音，曾经在他耳边天天如闹铃般准时响起。可现在，却已感觉是那么的遥远，似乎早已脱离了他的世界。

原来，电话里的女孩叫小丹，是云飞的大学同学。两人曾有一段朦朦胧胧的感情，却因为彼此的矜持，谁也不曾表白。最后，随着云飞为了实现自己的梦想来到广州，这段缘分也就不了了之了。

往事如风，在广州历经的磨难，早已让这一切如过眼云烟，在云飞内心中渐行渐远。甚至，他几乎已经忘记了，曾经还有过这样一段美好的往事。

这个意外的电话，忽然间再次将云飞拉回到了，本来才刚刚脱离不久的学生时代，也忽然唤起了他诸多美好的回忆。

当然，小丹的电话并不仅仅是为了回首往事，追忆那段已经尘封的感情。她此次的出现，也给云飞出了一个不大不小的难题。

原来，小丹的姐姐要来广州参加一个活动。一个花容月貌的弱女子，孤身一人来到这样一个神秘而陌生的大都市，全家都不太放心。于是，小丹就“突然”想到了云飞。

其实，所谓的突然，不过是小丹掩人耳目的幌子而已。她对云飞的那份思念，其实从来就没有停息过。之前跟云飞之间那段雾里看花的朦胧感觉，虽然让彼此都留下不少遗憾，但却也留下了不少可能。至少，小丹是这么认为的。

迎接这个差点成为自己大姨子的姐姐，云飞自然是义不容辞。于是，周一一大早，云飞和向南便来到了火车站。

云飞和小丹的事情，向南当然知道得一清二楚。因此，他逮住机会，免不了要对云飞冷嘲热讽一番。

看到小丹的姐姐，就像看到了小丹本人一样，云飞难免有点心潮澎湃，觉得既亲切又感动。两姐妹长得很像，一样都秀美动人，只是姐姐显得更加成熟几分。

云飞和向南把小丹的姐姐送到目的地之后，本来就打算返回公司，可小丹的姐姐说什么也要请他俩吃顿饭以示感谢。虽然这里算不上是异国他乡，但在千里之外的广州，对云飞而言，小丹的姐姐便是亲如家人了。云飞打心眼儿里，也很想跟她聊聊天，于是便留了下来。

本来说好是照顾人家，结果反而蹭了人家一顿饭，这让云飞和向南真是颇为尴尬。

小丹的姐姐似乎很理解他们在广州的不易，对他们这段时间在广州的经历也非常关心。云飞和向南，当然不会把自己说得那么苦逼，总是一个劲儿地拣好听的说。但这些经过包装的华丽辞赋，显然瞒不过比他们人生阅历更加丰富的小丹的姐姐。

趁着向南去洗手间的空档，小丹的姐姐试探地问云飞道：“既然广州的发展并不那么尽如人意，而且你们一起来的其他同学又都已经回去了，你和向南有没有动过回去发展的念头？”

云飞闻言，略带尴尬地苦笑着摇了摇头说道：“我们暂时还没这个想法，如果要回去，怎么也得混出个样子吧？”

小丹的姐姐听完，颇为失望地点了点头。然后，她稍微犹豫了一下，又继续说道：“小丹让我给你带个话，她说……如果你要是在广州觉得累了，就回去……”

姐姐还想再说什么，这时向南回来了。姐姐只好欲言又止，把没说完的话就这样又咽进了肚子里，谈话也就这样草草结束了。

姐姐最后没说完的那句话，给云飞留下了深深的思考。小丹到底想传递一个什么样的信息给他，已经不得而知。也许，这终将成为一个永远的无解之谜。

路上，云飞一直都心事重重地默不作声。向南知道他是见到小丹的姐姐后，又勾起了对往事的回忆。所以，也没有打扰他对过去做一个了断。毕竟，谁没有点陈年往事啊？都是过来人，这一点向南非常理解。

可就在这时，云飞忽然如梦方醒般地在大腿上一拍，大声说道：“坏了！”

向南被他这突如其来的动作吓了一跳，连忙问道：“怎么了，大惊小怪的？”

“今天我们约了婉清，一块去拜访客户的啊！”

“怎么，你没跟她请假啊？我还以为你跟她说了呢！”

“小丹的姐姐来，我……我一激动忘了！”云飞悻悻地说道。

当两人急匆匆地赶到公司时，已是下午三点多了。当然，他们也没有发现婉清的身影。只收到阿冰一句冷冷的忠告：“言而无信非君子，这次你们死定了！”

可以想象，面对一场无缘无故的爽约，一向自恃清高，视信誉如生命的婉清，心里会是何等的滋味？更何况，这次拜访客户还是云飞主动提出来的呢！

但现在再怎么着急也于事无补了，只能等到第二天，再向婉清赔礼道歉了。

深夜，躺在那张熟悉的床上，云飞却无论如何也无法像平时那样轻易地进入梦乡。小丹与他在学校时的点点滴滴，以及婉清与他这段时间感情的突飞猛进，循环交替地占领着云飞的脑细胞，让他彻底失眠了。

第二天，云飞没有像往常一样起得那么早，一夜无眠严重地影响了他的状态。早上爬起来时，云飞头疼得要命，晕晕沉沉的像是踩在了棉花上，头重脚轻得已经有点摇摇欲坠的感觉。

但他和向南还是坚持准时赶到了公司，阿冰看到两人狼狈的样子，恨铁不成钢地摇摇头道："你们怎么不再来晚点儿？做错事都没有个戴罪立功的样子，我也救不了你们了！婉清姐可是早就来了，不过，看样子她气还没消！"

说完，阿冰又转头瞪了向南一眼，狠狠地说道："你最好识相点儿，不想挨骂就躲远一点！"

向南明白阿冰的一番好意，他连忙点点头，讨好地说道："我当然知道，里面风大浪大，这里才是我的避风港，你不会见死不救吧？"

云飞当然没有心情听他们打情骂俏，于是长吁了一口气，鼓起勇气向里面走去。

云飞走进办公室时，婉清那熟悉的背影，正如一座石刻冰雕的美人像一般，愣愣地发呆。

云飞见状，觉得是既内疚又心疼。他一向是个守时的人，想不到这次却因为接小丹的姐姐，竟激动得一时忘记了他与婉清的约定，真是罪不容诛啊！

一想到要面对婉清那目光如电、令人寒彻入骨的眼神，云飞内心便有一种泰山压顶的感觉。

但逃避肯定不是办法，要面对的始终还是得勇敢面对。只是，到底一个什么样的借口，才能合情合理地换得婉清的原谅，云飞心中仍然是一筹莫展。

混乱的心情还没有理出头绪，没控制好节奏的脚步却已经走到了婉清的身边。这场谈话究竟该怎么开始，又将如何结束……

第十九章　墨笔偷心画中人，峰回路转情转晴

云飞小心翼翼地走到婉清跟前，默默地在她旁边坐下，静静地等待着一场疾风暴雨的降临。

然而，婉清对云飞的到来却好像视而不见一般，根本没有做出任何反应。但不知今天的结局，会是在沉默中爆发，还是在沉默中灭亡。

此时的悄无声息，让云飞更感到了一种山雨欲来风满楼，乌云压城城欲摧的强大压力。这或许就是传说中，大战来临前夕最让人窒息的可怕寂静吧？

婉清越是不动声色，云飞就越是感到压力山大。时间的天平显然倾斜在婉清这一边，时间每多过一秒，云飞的内疚、自责、压力和歉意也就会随之增加一分。再这样继续下去，云飞非得被自己内疚死不可。

于是，在万般无奈下，云飞只好假装轻咳了两下，给自己壮了壮胆。然后没话找话地问道："咳咳……看资料呢？"

"嗯！"婉清不咸不淡地嗯了一声，却连眼皮都没抬一下。既没有愤怒的眼神相伴，也没有温柔的笑容相迎，似乎对云飞的到来显得是那么无所谓。

但这一反常态的表现，更让云飞感到了一种无形的压力，他知道接踵而来的必然是不可预知的暗潮汹涌。

不过，婉清没有借机发作让云飞下不了台，这个结果已经比预想的要好得多了。仅凭这一点，也算值得欣慰。

但破冰的工作还得继续，谁让云飞有错在先呢？于是，他又硬着头皮继续问道："还在生气呢？我们昨天……遇到了点突发事件。"

"没有啊，生什么气？我正看小说看得入神呢，里面那个男主角是个没有信誉的花花公子，我很想看看这样的人最后会有什么样的结局！"婉清的语气，似乎早已经忘记了云飞昨天爽约的事，而完全沉浸在小说精彩的情节里了。

云飞当然明白，婉清的话是在借题发挥。她一向珍惜时间，怎么可能会把宝贵的青春浪费在无聊的言情小说上呢？此时，她虽然表面上强装镇静，但内心必定早已是惊涛骇浪，恨不得把云飞大卸八块了。

只不过，婉清是个有内涵的女孩，她无非是想用一种不失风度的抗议方式，

含蓄地向云飞表达她的强烈不满而已。至于小说里那个没有信誉的花花公子，最终会有什么样的结局，恐怕就得看云飞现场的表现有多给力了。

既然婉清表达得这么委婉，那云飞自然也就没必要，用作死的节奏上赶着找骂了。

于是，他便也来了个顺水推舟，装作若无其事地说道："嗨！我早就应该猜到你心胸宽广，不会为那么点事斤斤计较了！白白让我昨天彻夜无眠，提心吊胆地过了一天！"

婉清当然知道云飞的意图，想轻描淡写地蒙混过关，这种小伎俩如何能逃得过婉清的法眼。

于是，她不动声色地看着小说感叹道："原来小说里，还是有不少可以参悟的人生哲理的。对于一个没有信用的人，真不值得为他生气！"

婉清意有所指，云飞自然心知肚明。此时，也只能顺坡下驴地附和道："对对对！保重身体最重要……"

云飞正准备后面再说几句奉承话，却见婉清忽然打断他自言自语道："女主角说，对于这样的人直接咔嚓掉就行了！"说着，婉清做了一个手起刀落的动作，然后转过头目不转睛地瞪着云飞，眼神中透出阵阵杀气。

云飞见状，吓得不由得倒吸了一口凉气，他还从来没见过婉清这么可怕的一面呢！于是赶紧挤出一丝微笑说道："小说容易教坏人，还是不看为好！咱们都是有志之士，可不能学她，一失足成千古恨啊！"

"咱们都是有志之士？"

"是啊！咱们都是有志之士，要不千里迢迢来广州干吗？"云飞一个劲地点头说道。

"有志之士会无故爽约吗？"

"不会，不会！你听我说，我昨天确实有点特殊情况……"

"有志之士永远都应该目标明确，不找借口！"

"呃……对！目标明确，那咱们明天继续去见客户！"

"你以为我的青春这么不值钱，就是拿来让你找借口敷衍的吗？"

婉清终于忍不住爆发了，她昨天本来制订了完美的计划，没想到结果却在"独守空房"的空等中，让心情跌入了谷底，她岂有不怒之礼？

见婉清阴沉着脸，目光如电般寒气逼人地望着自己，云飞心中真是万分内疚：

"对不起，昨天真是遇到了突发事件，我真是……无心之过！"

本以为面对云飞充满内疚的诚意，婉清心一软说不定就会网开一面。哪知，婉清却更生气了："哼！你没听说过吗？无心之过更胜过有心之失，一不小心就把和我的约定忘记了，这更说明你没把我放在心上！"

婉清说完，气呼呼地转过头去不再理云飞了。形势在毫无征兆的情况下，忽然陷入了僵局，让云飞真有点措手不及。看来再完美的借口，都无法消除婉清心头的怨气。她不是那种大哭大闹的女孩，可正是这种倔强的性格，要哄她回心转意恐怕就更是难上加难了。

面对形式的急转直下，平时巧舌如簧的云飞，此时也是束手无策了。他急得抓耳挠腮，如坐针毡，却始终想不出一个完美的解决之道。

这时，云飞忽然意外地发现，资料中有张 A4 纸从硬皮夹子里长了出来。他立刻眼前一亮，好像看到救星一般，伸手将那张 A4 纸抽了出来，然后轻轻地放在了婉清的面前。

婉清见状，疑惑地看了看那张白纸，然后不明就里地问道："干吗？开空头支票还是写保证书啊？我可不吃这一套！"

云飞也不解释，只是俯身在婉清的耳边悄声说道："你翻过来看看，我可就这点本事了，这要还不算有诚意，那我就真没办法了！"

婉清听完，好奇地翻起桌上的白纸。她忽然惊讶地发现，这张纸背面竟是一幅"美人图"画像。

画中那位长发美女，单手托腮，正聚精会神地看着桌子上的资料。大大的眼睛，高高的鼻梁，那传神而深邃的眼神，很显然画的就是婉清。

面对自己传神的画像，婉清不由得愣住了。她默默地盯着看了好一会儿，半天才回过神来，带着激动的语气问道："这是你画的？"

"别人也没机会跟这样的绝世美女，这么近距离地接触啊！"云飞骄傲地说道。

"讨厌！你……你什么时候画的，我怎么一点都不知道啊？"看来，婉清真有点被感动了。虽然她嘴上说讨厌，可脸上那幸福而略带羞涩的表情，却已经毫不掩饰地出卖了她的内心。

云飞微微一笑，又故作为难地说道："如果被你知道，那还算有诚意吗？我的诚意可是都拿出来了，如果这样还不能打动你，我也真没招了！"

“哼，做错事还敢威胁人啊？你这样可是侵犯了我的肖像权，把我画得那么丑，也不提前征得我的同意，不怪你就不错了！”婉清一边再次享受着画中的自己，一边撒娇地说道。

“好！既然这样，那我就不献丑了，省得影响了一代美女的光辉形象！”说着，云飞伸手准备把画收起来。

婉清一看就急了，她狠狠地把云飞的手打开。然后把画抢在手里，紧张地说道：“送给我就是我的了，哪还轮得上你来处理啊？”

看着婉清紧张的样子，云飞心里终于松了口气。于是，他把两手一摊故意说道：“你有肖像权，我有著作权！如果你原谅我了，那这画就当作我的诚意送给你。如果你不原谅我，那你还得把画还给我，这处理权嘛我当然也得一并收回！”

云飞边说，边把头凑近婉清，目不转睛地盯着她的眼睛逼问道。婉清被逼得低下头，不好意思地把身子往后退了退。云飞见状，连忙打蛇随根上，乘胜追击地把头又更加逼近婉清，眼中充满了胜利的喜悦。

婉清退一点，云飞就进一点，直到婉清避无可避，退无可退。婉清才勉强地说道：“好了，就当原谅你吧！有你这样求人原谅的吗？比强盗还强盗，我也真是服了！”

一场危机终于圆满结束了，不知为什么，云飞忽然觉得，婉清有一种如亲人般无法拒绝的亲切感。冥冥中好像似曾相识，却又说不明白。

当然，他也能从婉清的眼神中，清楚地看到一块拒绝融化的坚冰，在被融化之后的柔情似水。

重归于好，第二天的行程自然也就如愿以偿了。婉清带着云飞和向南从公司出发，踏着她成功的足迹，边走边向两人讲述着自己征战的历程。

她一会儿指指这栋楼，一会儿指指那栋楼，讲述着这些楼里发生过的不同经历。就像一个耐心的老师，在跟学生分享她的成功经验。

云飞和向南一边认真地听着，一边构思着自己通向成功的梦想之路。有婉清的助力，似乎成功与他们又近了一步。

云飞无论如何也想象不到，婉清这样一个看似弱不禁风的女孩，竟然会在短短的时间里走过这么多的路，拜访过这么多客户，也不知她曾经历了多少的挫折和失败。

看来，每一个人的成功果然都来之不易。所谓的“销售女神”，其实只是比别人吃过更多的苦，受过更多的拒绝，变得比别人更加坚强而已。

难怪婉清的性格中，总有一份普通女孩不曾拥有的坚毅，甚至孤傲。若不是云飞融化了她那被冰封的心门，她一定仍然是个孤芳自赏、不食人间烟火的“仙女”。

婉清先带着云飞和向南来到一个老人的家里，显然他们已经非常熟悉了，老人见婉清来了，便很热情地把三人请进家里。

老人家房子装修得清新雅致，客厅靠墙摆放着一排书柜，里面摆满了各类书籍，显然这是个书香门第的大户人家。

云飞正在欣赏着这别具格调的客厅，这时忽然从里间跑出来一个三四岁的小女孩。见到婉清，她竟毫不认生地跑过去拉起婉清的手，亲切地说道：“姐姐，你怎么这么久都没来，我好想你啊！”

婉清看到小女孩，立刻蹲下身子用手摸着她的头，爱抚地说道：“我也想你啊，所以这不是来看你了吗！还记不记得姐姐上次教你的英语啊？”

“Of course!（当然）”小女孩熟练地用英语回答道。紧接着，又小声对婉清说道：“You are so beautiful today！（你今天真漂亮！）”

也不知小女孩是有感而发，还是在练习英语。总之，这突如其来的一句话，着实让婉清有点不好意思了。

只见她脸上带着微微的红晕，小声对女孩说道：“You are so beautiful too！ Tell them what’s your name。”（你才是个小美女。告诉大家你叫什么名字。）

“Hello，My name is Xixi。Nice to meet you！”（你们好，我叫茜茜。很高兴认识你们！）

“Hi，Xixi，Nice to meet you too！”（你好，茜茜。也很高兴认识你！）

不知是因为很久没有说英语，有点儿不习惯了，还是因为当着婉清的面，有点儿不好意思。想不到，云飞在说这么一句简单英语的时候，竟然会有些脸红了。

“Great！ Let me reward you with a thumb！”（太棒了，让我奖励你一个大拇指！）说着，婉清用大拇指，在茜茜的额头上轻轻地按了一下以示奖励。

平时，云飞总觉得婉清是个矜持得过头，甚至有点扮酷的女孩。却想不到，她在面对天真可爱的孩子时，竟会有如此无限温情的一面。这让云飞忽然有一种莫名的感动，他不由得深情地望向婉清，心中似乎多了不少谜团要向她求证。

大家告别了茜茜，从老人家里出来时，已近中午吃饭的时间了。于是，大家找了一个大排档坐下，决定先解决肚子的问题。向南很知趣地主动去买饭，给云飞和婉清留下点私人空间。

婉清坐下来，她端起茶壶正准备倒茶。忽然却发现云飞笑而不言，正用一种怪怪的表情在上下打量她，就像在端详一个未曾谋面的陌生人，只是那笑容，却透出一丝“不怀好意”的神情。

婉清不由得把眼一瞪，问道：“你干吗这样看着我？还带着一脸的坏笑，又有什么鬼点子？”

云飞受到冰冷的质问，皱了皱眉头说道：“看你这话说的，怎么不管什么话从你嘴里说出来，就总是话无好话，人无好人呢？”

“你自己看看你的表情嘛！怎么看都透着一肚子坏水儿，让我怎么说好听的啊？”婉清把嘴一撇说道。

云飞闻言笑道：“我左看右看，上看下看，竟没看出来你还有如此温情的一面啊！你要平时都这么温柔，那不知道得迷死多少帅哥？”

“是吗？难道你希望有很多帅哥死在我手里吗？”

“那当然不希望！但我希望你能保持这温柔的一面！”

“那你就不怕死在我手里吗？”

“我……怕啊！但我宁愿被你温柔死，也不愿被你给冻死！”

“哼！凭什么我就对你一个人温柔啊？”

“凭……咱俩的关系好啊！”云飞有点不好意思地说道。

婉清闻言，扑哧一声也笑了出来。然后故意摆出一副不屑的表情说道：“咱俩关系好？咱俩关系哪好了？好像昨天咱们还是仇人相见，分外眼红呢！”

“这才更说明咱俩关系好啊！昨天如仇人相见，今天就如青梅竹马……”

婉清闻言，羞得满脸通红，没等云飞把话说完，就急忙打断道：“你少臭美了，咱俩认识才多久，谁跟你青梅竹马啊？”

“我买个盒饭的时间，到底走了多久啊？这么一会儿工夫，你俩就青梅竹马了，这逆天的节奏，还让不让凡人明明白白地活了？”这时，向南正好端着饭走了过来，听到云飞和婉清的对话，他故意调侃道。

婉清本就被云飞说得脸红了，这时向南的调侃让她更加不好意思了。她忍不住狠狠瞪了向南一眼说道：“我去买瓶饮料！”

说完，婉清红着脸落荒而逃了。却听到背后向南还不依不饶地起哄道："都是成年人了，害什么羞啊？"

因为是第一次走市场，婉清并没有给云飞和向南安排太多的客户。作为一个"过来人"，她明白欲速则不达的道理。

但即使如此，云飞和向南这充实的一天，也已经是收获颇丰了。同时，他们也深深感受到，女性做销售的独特魅力所在，从此再也不敢轻视女性的力量。

更让云飞收获到的，是他跟婉清之间的心灵互动。这一天的走动，不但加深了云飞对销售的认识和理解，更加深了他与婉清彼此之间的认识。两人的感情也得到了进一步的巩固和升华。

俗话说，人逢喜事精神爽。有了爱情的滋润，再加上赚钱的动力。云飞和向南的精神面貌也发生了翻天覆地的变化。虽然，每天吃的都是方便面，但显示出来的劲头，却像天天吃红烧肉似的。

NGE 的培训始终没有间断过，这天，终于又轮到了云飞进公司的引荐人吴主任来做培训了。本来这只是例行公事，大家都是象征性地应付一下而已。

可这次，却意外地出现了一个意想不到的小插曲，这给云飞创造了一个英雄救美的机会……

第二十章 义无反顾红颜笑，英雄末路竞折腰

这天，云飞和向南一如既往地，一大早便来到了公司。但比起像小蜜蜂一样勤勉的阿冰，却还是晚了一步。

向南一见到阿冰已经来了，立刻变得精神振奋，话也多了起来。他见阿冰正在对着镜子涂涂抹抹，于是故意搭讪道："已经都这么漂亮了，还不忘一大早来了打扮自己？这种精益求精的精神，让我们这些做销售的不努力都惭愧啊！"

阿冰闻言，并没有停下手上的动作，只是呵呵一笑说道："书上说女人二十五岁以后，皮肤就开始走下坡路了，我得未雨绸缪啊！"

说完，阿冰忽然神秘地左右看了看，见四下无人，这才压低声音小声说道："公司现在人员流动很大，有不少人只做一两个月就走了。昨天你们在外面不知道，又有两个人辞职了！"

阿冰的话给云飞和向南无形之中泼了一大盆的冷水。让他们刚刚燃烧起来的激情，瞬间就被浇灭了。

同时，面对日渐干瘪的荷包和逐步清晰的公司现状，他们对自己当初留下来的选择是否正确，多少开始有点怀疑了。

现在生活的压力，已经绝对不是口头的调侃而已了。未来再不出单，恐怕真的连吃方便面，都会变成一种可望而不可即的奢侈了。

看到两人失落的表情，阿冰似乎意识到自己的"多嘴"，于是连忙换了个话题问道："对了，你们跟婉清姐也有一段时间了，现在跑得到底怎么样了，有没有学到婉清姐的一招半式啊？"

向南闻言，拍了拍云飞的肩膀，看看云飞又看看阿冰，然后坏坏地说道："像你婉清姐这种高手，她的撒手锏岂是能轻易外传的？不过，云飞倒是接受了不少私底下的耳提面命，相信一定是受益匪浅啊！"

"是谁在背后说我的坏话啊？"

向南的话音刚落，却忽然听到背后传来一个清脆的声音。那声音冰冷而富有穿透力，就像一颗穿甲弹，在穿透了重重厚重的墙壁之后，在寂静的走廊里留下嗡嗡作响的回音，让人心头为之震撼。

向南闻声，心里不由得一哆嗦，心想："都说晚上不要在背后说别人坏话，这大白天的怎么也这么邪门啊？偏偏赶上我在说这句话的时候，她就从天而降了？"

同样受到声音的震撼，云飞脸上却显出了与向南截然不同的表情。那种情不自禁的喜悦，早已悄然跃上眉梢，甚至显得有点急不可待了。

能让云飞和向南一喜一忧，同时具备这么有穿透力和威慑力的声音，当然除了婉清再没有别人了！

向南略带尴尬地转回头一看，果然，婉清正用犀利如剑的眼神瞪着他。只是，此时大家已经相当熟悉，云飞与婉清的关系已然是众人皆知，向南与阿冰的关系，也已经不是什么秘密了。

所以，有了这层关系，大家开玩笑也就不再像以前那般拘谨。向南反而油嘴滑舌地挤出一副笑脸说道："我这不是在夸师傅您嘛！啥时候也给我开个小灶呗？好歹我也是你的徒弟之一啊！"

"是啊！二师弟也挺辛苦的，你就给他也补补脑吧！"云飞不失时机地调侃道。

婉清闻言，微微一笑道："天天有那么多高手给你们培训，你们不珍惜，还在这里说风凉话？赶紧进去吧，错过吴主任的培训，吃亏的可是你们啊！"

其实，经历了那么多次培训，四大金刚的套路大家已经耳熟能详。只是，吴主任培训有一种特别提神醒脑的方式，的确是别开生面，那就是互相按摩。

为了消除疲劳，以及调动大家的情绪。在培训的间隙，吴主任便组织大家互相做颈部按摩。

先是让大家列成一排，后面的人给前面的人做按摩。接着，再集体向后转，原来站在前面的人，再给后面的人做按摩。

吴主任表面上说是让大家增进友谊，消除疲劳。但云飞打心眼儿里觉得，这就是吴主任找个借口，占女孩子便宜的伎俩。因为，他总喜欢找女孩子上来做示范。

这不，培训了才不到一个小时，吴主任就又兴致勃勃地说道："大家培训也都辛苦了，下面我们再放松一下。谁上来跟我搭档，来上面给大家做个示范？"

吴主任摸着自己的两撇小胡子问道，那样子让人感觉色眯眯的，果然不像是个好东西。

下面没有人自告奋勇，吴主任没趣儿地摇摇头说道：“唉！你们都是做销售的，怎么都这么腼腆啊？没有人主动上来，那我就自己点了，我看看还有谁……没上来过？”

说完，吴主任的眼睛，便开始在人群中扫描起来。当然，他的眼神很明显只在女生身上打转转。

扫描了一圈之后，吴主任发现除了目光如电的婉清之外，在座的女生似乎都上来过了。这让他显得似乎有些犹豫，在进退维谷之间，他最终还是鼓起勇气看着婉清用商量的口吻说道：“婉清，好像就你还没上来过了。要不，你上来跟我一起给大家做个示范？”

吴主任的语气中充满了对婉清的尊重，没有像对其他女孩子一样，几乎是在用命令的口吻。这反倒让婉清有些为难了，她一向是吃软不吃硬。如果当众拒绝了吴主任，似乎有些不近人情。可是，她又实在不想上去。

正在婉清骑虎难下之际，她忽然听到旁边有个正义的声音，异常坚决地说道：“吴主任，还是让我来吧！”

婉清侧头一看，不由得心中倍感温馨。不用想也知道，站起来的人不是别人，正是身旁的云飞莫属。

也不知为什么，云飞一听到“婉清”两个字，立刻就像坐在弹簧上一般，不由自主腾地一下被“弹”了起来。甚至连他自己也不明白，是哪来的这种莫名的冲动。

云飞还没等吴主任表态，就直接向他走了过来。脸上带着出奇的冷静，两眼却带着寒光闪闪的杀气，让人不寒而栗。

云飞边走，边盯着吴主任说道：“吴主任，让我来你不介意吧？”

云飞说着，伸手挽起衬衣的袖子，那恶狠狠的眼光始终没有离开过吴主任僵硬的表情，俨然摆出一副准备决斗的架势。

吴主任显然被这突如其来的变化吓了一跳，他呆呆地看着云飞，似乎还没有从这场意外的小插曲中回过神来。

见吴主任还愣着不动，云飞缓和了一下语气说道：“吴主任，我经常颈椎疼，早想跟你学学最标准的手法了。你该不会只传女，不传男吧？”

云飞这么说既是缓和氛围，也是给吴主任找台阶下。见云飞并无恶意，吴主任这才长长地松了口气。

同时，也立刻找回了一副领导的威严："你早就应该主动上来吗，做销售那么腼腆怎么行？我把毕生总结出来的销售技巧都传给你们了，还会吝啬这些正宗的按摩手法吗？"

下面的众人一听，都哄堂大笑起来，婉清也跟着笑了。当然，这发自内心的笑容，绝不仅仅是因为吴主任那可笑的举动，更是因为云飞在关键时刻第一次为她挺身而出。她心中既感意外，又颇感欣慰，甚至还有一种说不出的感动。

这时，云飞借转身之际，偷偷望了婉清一眼。见婉清也正含情脉脉地望着他，云飞悄悄地向她挤了挤眼，婉清则腼腆地报以眉目传情的一笑。那略带责备，又充满温情的目光，再也看不到了"冰"的影子。

好不容易熬到吴主任的培训结束了，四人相约着一起向车站走去。向南忽然说道："吴主任那色眯眯的小眼睛，再配上一副金丝眼镜，和两撇小八字胡，怎么看都像个色狼！"

阿冰闻言，肯定地点点头道："这事儿，公司的女孩都知道！所以，我们是能离他多远就走多远！"

"那你怎么不早说？"向南责怪道。

"怕什么，反正你俩大男人又不会吃亏！"

"我俩是不会吃亏，但有人会担心的嘛！"向南看着云飞故意说道。

"哦……是有人怕婉清姐吃亏啊？"阿冰如梦方醒地看着婉清，取笑地说道。

婉清见阿冰当众取笑她，脸立刻"唰"地一下红了起来，全身就像发了四十度的高烧一般，感觉火辣辣的不知所措。

她好不容易定了定神，稳定了一下情绪，这才把脸一沉，瞪着阿冰狠狠地说道："臭丫头，你给我正经一点！"

哪知，阿冰却一点也不在乎，反而更变本加厉地说道："婉清姐，怎么一对我，你就是横眉冷对。可转脸一对某人，就立刻变得柔情似水。你这敌人的差距，也太大了吧？"

"你……"婉清气得怒目圆睁，却又无言以对。

云飞见状，连忙解围道："女人什么时候都应该柔情似水！就像你阿冰，什么时候都是阳光灿烂的，值得表扬！"

阿冰听完，却毫不领情地揭穿道："其实，你根本不用替婉清姐担心！婉清姐一向高傲，吴主任打心眼里有点怕婉清姐。你看他对别的女孩子，向来是嬉皮笑脸的，但是他对婉清姐从来都是一本正经，不敢越雷池半步。”

云飞听阿冰这么说，心里如释重负地长长吁了口气。难怪吴主任在叫婉清的时候，显得颇为犹豫，用的也是一种商量的口吻。看来，婉清那杀人于无形的眼神，有时也不完全是件坏事。

在 NEG 最让人受不了的，就是培训没完没了。常常是你方唱罢我又登场，连个喘气的机会都不给大家。

这不，吴主任的培训刚刚结束。第二天，李主任的新产品介绍会，又开始了。

李主任这次带来的，是一款号称前所未有的销售神器《新世纪百科全书》。这本书里汇集了大英博物馆里展出的几千件珍品的高清照片，以及对这些珍品的详细讲解。

此书不但做工精美、色彩斑斓，更采用了现代化的高新技术，颇具收藏价值。特别是，这是公司的最新一款高利润产品，这也就意味着，销售人员从这款产品身上，可以拿到更高的提成。

李主任以身作则，在会议上以付现金的方式当场就购买了两本。

书面定价是三百块钱，内部员工价可以打八折，而且还有 25% 的提成。也就是说，自己买书也算业绩，而且还有提成拿。

不知是提前做了动员工作，还是李主任的煽情功夫了得，抑或是这本书真的是物超所值。总之，现场的人显得激情澎湃，立刻就有不少人付钱买了书。

云飞见此情景，心中颇感犹豫，于是他转头问旁边的婉清道：“要不要买啊？”

可还没等婉清说话，李主任已抢先一步，走到云飞面前，并饱含深情地说道：“你和向南怎么还傻坐着？你看大家多积极，再不出手样板都卖完了。多亏我眼疾手快，给你俩一人抢了一本！”

说着，李主任将两本厚厚的百科全书，面带笑容地递给了云飞。这么沉甸甸的东西，再加上李主任那么满怀深情的眼神，云飞怎么能找到拒绝的理由呢？所以，他只好无奈地接在了手上。

只是，囊中羞涩的他，此时只觉得手中的这两本书，有如千斤重担一般，让他不堪重负。

云飞转头看了看旁边的向南，向南瞪大眼睛轻轻地摇了摇头。那意思：一定要顶住，这两本书绝不能收。咱们现在的情况，你不是不知道啊！

云飞何尝不明白现状的残酷，可如今书已经捧在手里了，你再拒绝这怎么说得出口啊！

一边是手工精美、重如泰山的大百科全书，一边是李主任笑容可掬、满怀期望的殷切目光。此时，云飞真是陷入了进退两难的境地。

精明的李主任，当然看出了云飞的犹豫不决。但这种犹豫，在李主任看来，似乎显得有点不可思议。

就算你没有像孙悟空在龙宫看到金箍棒时，应表现出的那种兴奋与惊喜，也绝对不应该在这旷世宝典捧在手上时，还显示出些许的犹豫与怀疑啊！这哪是一个天才的销售人员所应表现出来的素质与敏感啊？

果然，失望的李主任叹了口气，语重心长地说道："做销售就要脑快，眼快，手快。你看看，刚才出手快的那几个，都是销售做得比较好的。他们善于发现机会，把握机会，所以永远都会快人一步。我就是怕你们手慢争不过他们，所以才特别给你们抢了两本。我不明白，此时此刻机会就在眼前，你还在犹豫什么？你们本就在销售技巧和经验上输给别人了，要是连销售武器也与人家拉开差距，那还怎么跟人家竞争，你们到底想不想赚钱啊？"

"想……啊！"云飞闻言点点头，为难地答道。

"想就要行动啊！你就算钓鱼也还得有个鱼食吧？我话都说得这么直白了，你还让我怎么说啊？你们千万别以为，让你们买两本书公司会得到多少好处。你也不想想，这么大的公司能靠卖给员工几本书发大财吗？我是觉得你们俩挺有潜力，真心想帮你们一把。这样说你们要是还不明白，那我就真没办法了！"

李主任说话时，目光中显出的那种失望，足以让任何面对他的人感到无地自容。看着云飞内疚的样子，李主任继续说道："我已经把机会塞到你手里了，难道发财的事，还得让别人求你不成吗？"

话都说到这份上了，如果再不买，好像也太不近人情了。更何况，婉清还坐在旁边，这面子上也太下不来了！

可是，如果一时冲动买下这两本书，就可能意味着不远的将来要流离失所，甚至食不果腹！到底该何去何从，云飞又一次面临着身不由己的重重考验！

第二十一章　销售神器无价宝，一杯菊茶化鹊桥

其实，要不是到了山穷水尽的地步，以云飞的性格也不会让局面变得这么被动，还如此犹豫不决。

只是现在确实囊中羞涩，不得不抠啊！这两本书加起来六百块钱，对此时的云飞和向南来讲，可真不是一个小数字啊！

自打五朵金花走了之后，这消费成本噌噌地就涨上去了。先不用说其他，单是房租的平摊就翻了好几倍，原来是七个人分摊，现在一下子变成俩人了，你说这压力能不大吗？

再加上被骗子三骗两骗，那真是所剩无几了。以前吃方便面，周末还能加个鸡蛋改善一下生活，现在也已经彻底都省了。

在这样捉襟见肘的窘况下，还要花六百块钱来买书，那以后可真是要靠“啃”书本过日子了。要知道，这两本书换算成方便面的价钱，可是相当于他们两三个月的口粮啊！

李主任是销售高手，眼见云飞虽然还略有犹豫，但显然已经为之所动。他又岂能放过这稍纵即逝、临门一脚的大好战机？

于是，李主任趁热打铁地说道：“做销售跟打仗是一个道理，买武器固然要花钱，可空着手上战场倒是省钱，但能打胜仗吗？你要明白，你现在要解决的不但是你的客户，还有你的这些同事。他们都是你最有力的竞争对手，包括婉清！少了这个销售神器，结果注定只有两个字——惨败！”

李主任说到婉清的时候，还特意用手指了指她。刹那间，跟自己亲密无间的婉清，一下子似乎就被划成了可怕的阶级敌人。云飞不由自主地顺着李主任的手指，望了一眼旁边的婉清。

婉清则用无辜的眼神正在瞪着李主任看，显然她没想到李主任为了推销两本书，竟然不惜把他们这对情深义重的师徒，打造成势不两立的敌人。

此时，李主任似乎也留意到了婉清那瞬间放大的瞳孔，所以连忙把话锋一转，对云飞说道：“这样吧！我现在就把你们当成客户，现场拿这本百科全书给你们做个销售示范。如果我能说服你们买这本书，就说明它的确有帮你们打动客户

的价值所在，对吗？”

云飞一听，这话说得很有道理。假如这本书真能起到说服客户的神奇功效，那就是花再多的钱也值得啊！只要能有业绩回报，投入当然也就无所顾忌了。想到这里，云飞与向南相视一望，都点了点头。

李主任看两人答应了，于是，笑一笑说：“好！那我们现在开始。”

说完，李主任拿起一本百科全书，面带微笑地说道：“首先，我要告诉你们，这本书是世界上独一无二的。这本书在地球上是绝无仅有的绝版，绝对找不到类似的第二本。你知道收藏的价值在哪里吗？当然就是它的唯一性了。所以，这本书不但有极高的阅读价值，更加具有超高的珍藏价值！”

“是吗？”这时，旁边其他的组员也都聚集过来，看李主任如何现场施展他的“摄魂大法”。

李主任见大家都自动被吸引了过来，这下更来劲儿了：“它的亮点还不止于此！这本书身上还体现了世界一流的高科技。不管是设计、印刷、摄影，还是纸质，都是世界最顶尖的。你们看，它用的是二百五十克特制的铜版纸，耐撕，耐磨，而且防潮防水，可以世代保存。自己看完了，给下一代留下点文化遗产，它不是金银，不是玉石，却有无可估量的历史和文化价值，可以作为传家宝，体现一个家族的文化底蕴。”

“真的吗？那很适合在广州这种潮湿天气收藏啊！”大家不约而同地发出啧啧的赞叹。

“还有，这本书是由世界著名的二十位设计师合作设计的。他们当中的每一位，都是当代行业里的翘楚。能把这样二十位顶尖高手的大作集于一身，是何等难能可贵？现实生活中，随便他们其中的哪一位，都不是一般人能请得起的。这不光是钱的问题，你还要有对等身份地位以及成就，人家才会跟你合作……”

李主任煽情的话语，配上经典的面部表情和略显夸张的肢体语言，显然已经接近了无懈可击的境界。让在场的人对这本百科界的“葵花宝典”如获至宝，简直可以说是爱不释手了。

李主任看看大家被自己三言两语，就说得神魂颠倒的样子，显得很是得意：“它的价值还不止于此呢！从经济角度来讲，如果没有这本书，你要想看到这么多珍品，就要亲自飞去英国。去一趟英国的费用是多少？不说别的，光是机票、饮食、住宿就得过万。但现在足不出户，你就可以全方位欣赏到大英博物馆里几

乎所有的珍品，而且没有时间限制，想看多久就看多久。”

“是啊！要这么说，花三百块钱那真是挺值得啊！”下面的人开始不断点头认可，看来不少人已经被李主任的这笔精明账说服了。

“大家静一下！我们做销售，永远都要站在客户的角度去考虑问题。即使他们再有钱，但划不划算，往往还是大部分客户消费时首先要考虑的问题。所以，下面我们再来做一道简单的小学数学题，来帮助你们更有效地说服客户的内心。”

“小学数学题？”大家听完，都不解地看着李主任问道。

“没错！我们试想一下，当你花了一万块钱来到英国。面对大英博物馆里这么多令人眼花缭乱的珍品时，如果不多拍几张照片带回家留个纪念，是不是会觉得很遗憾啊？”李主任诱导地问道。

“那肯定了！”大家齐刷刷地点头道。

“那你们算算，要把所有珍品都拍回家，这得多少胶卷才够，又得花多少钱去冲洗？”

李主任说完，看着大家停了几秒钟，现场立刻陷入了沉静。这是培训的惯用手法，制造紧张的气氛，引发大家的思考，同时吸引大家的注意力。

“那至少得一百卷胶卷，少说也得几千块钱吧……”下面的人乱哄哄地答道。

“没错！你们再看看这子弹穿透苹果时，由高速相机抓拍的瞬间。请问，普通人有这样的水平和设备吗？你自己能拍出这样专业的效果吗？”

“那肯定不行了！”大家齐齐摇头道。

见大家的思路被自己带得团团转，李主任又露出一丝得意的微笑。然后，继续说道：“最要命的是，这么高大上的一本书，它每页的平均价格还不到两毛钱。就是在外面印个拉面馆的小传单，成本也不止两毛钱一张吧？”

“那是啊！”李主任这么一说，大家更觉得物超所值了，纷纷不约而同地点头认可道。

李主任见状，眉飞色舞地接着说道：“去英国旅游的巨额费用和时间我就不说了，拍、洗照片所要付出的巨大成本我也不讲了，绝无仅有的收藏及增值价值我也不重复了。光是专业摄影师带来的视觉体验，顶尖设计团队巧夺天工的精美排版，文字大师的一针见血的绝妙讲解，就已经绝不是用三百块钱可以衡量的了……”

李主任说到兴头上，真有如滔滔江水一般，一发不可收拾。他没等大家从对他崇拜的眼神中反应过来，就又继续说道："这些还都只是你一眼看得见的表面价值，你看不见的隐形价值就更高了。这本书，是你解密世界的通行证，是大开眼界的万花筒。它是你可以流传后世的传家宝，还是了解中西文化的垫脚石。这样一本珍贵的书，你们自己说，三百块钱到底贵不贵？"

"不……贵！"大家异口同声地喊道。

看着大家被自己激发起来的饱满热情，李主任转身微笑着看了云飞几秒钟之后，才带着期望的眼神问道："听完我的讲解，你觉得这本书三百块钱值吗？如果这些卖点还不够打动你，我还可以讲出更多的卖点。只要客户到了我手里，我就肯定不会让他空手而归，并让他感谢我都来不及。你觉得呢？"

在李主任绵绵不绝的狂轰滥炸下，云飞和向南早已没有还手之力了。最终，两人只好无奈地乖乖交上了六百元，并"满心欢喜"地从李主任手上，接过了这两本沉甸甸的，满载着希望与神奇功效的"葵花宝典"。

看着李主任脸上绽放出了"欣慰"的笑容，云飞和向南却是百感交集。但愿这本"葵花宝典"真能助他们练成"绝世神功"，并救他们于水深火热吧！这是可他们二十多年人生路上，为买书而进行的最奢侈的投入啊！

如果有了这本无所不能的"神书"，还不能产生立竿见影的效果，那么，天桥下的丐帮队伍里，很快就会多出两位，怀揣"葵花宝典"与超级梦想的销售高手了。果然如此的话，那未免也太讽刺了吧？

既然神器在手，理应天下我有！时不我待，说干就得马上干。所以，第二天，云飞和向南就带着"宝典"，决定独自出去小试牛刀。

虽然婉清也约了客户，但她还是绕道回了趟公司，准备在云飞出发前，再跟他见一面，给他一个鼓励。因为，与云飞见面已然成为婉清生活中不可或缺的一部分了。

云飞明白，婉清向来是不受公司制度约束的自由派。可自从收了他这个徒弟以后，婉清就变得比谁上班都准时了。

云飞感激地看着婉清，心中虽有千言万语，却又不知从何说起。婉清自然是心有灵犀，为了让云飞放松心情，她微微一笑故意说道："心里别臭美啊！我回来，只是为了拿资料的！"

云飞虽然感动，可与婉清斗嘴的乐趣却已然成为一种自然反应。见婉清这么

说，他坏坏地一笑道:“别人不知道，我可是知道，你的资料有三份，随身带一份，公司留一份，家里备一份！狡兔三窟，还需要专门回公司拿资料吗？”

“就你聪明，你就非要说出来不可吗？”婉清听完，带着嗔怪而羞涩的语气说道。

“那你就非要埋在心里吗？”看着婉清羞涩的样子，云飞乘胜追击地试探道。

婉清并没有直接回答，而是沉默了一会儿，这才好像鼓足勇气似的，看着云飞深情地说道：“外面热，以后出去最好自己带瓶茶水，比喝矿泉水解暑！”

云飞闻言感动地点点头道：“记住了，明天我就去买个随身带的杯子！”

“就知道你没经验！”婉清说着从自己包里拿出一个全新的杯子塞给云飞，里面还装满了冰糖菊花茶水。

“这……”云飞手里握着水杯，竟然激动得有点哽咽了。

见云飞盯着自己，却傻愣着不动，婉清有点难为情地催促道：“快点装起来，让别人看到多不好意思！”

“哦！”云飞这才收起水杯，却依然感激地望着婉清。心中澎湃起伏的千言万语，此时却一句话也说不出来。

不过，此时无声胜有声。寄托着两人深情的那份眼神，已经足以让彼此读懂对方内心那份特有的真情。

“你不用这么感激我，我这杯水可是很贵的。等你签了大单，你得好好请我吃顿大餐，我迟早会吃回来的！”婉清说着用手拍了拍发呆的云飞，既像是在鼓励，又像是在威胁，可更像是一种发自内心的呼唤。

云飞此时才回过神来，他用力地点点头，坏坏地一笑说道：“那当然！以后，我天天请你吃大餐！”

“那你就更得多努力了，我可是很能吃的，小心把你吃穷了？”

“没关系，用老婆本就不怕！”云飞小声说道。

“你想得美！”婉清说着，轻轻打了云飞一下。

这时，向南走过来看到两人还在打情骂俏，于是略显妒忌地说道：“行了，明天还可以见面的，又不是生离死别，要不要这么缠绵啊？”

“你真是狗嘴里吐不出象牙来，你和阿冰道别完了？”云飞反唇相讥道。

“我们可没那么多情话要说，你什么时候变得这么铁血柔情了？这可不像你的风格啊！真是一物降一物，卤水点豆腐，想不到也有人能降得了你！师傅就是师傅，厉害啊！”说着，向南冲着婉清伸出大拇指，表达出十二分的敬意。

婉清不好意思地瞪了向南一眼，说道：“再这么多话，信不信我让阿冰不理你？不早了，赶紧出发吧，我也要出发了！”

面对如今已然被云飞融化的婉清，向南开玩笑时，也少了几分忌惮。只见他感叹地冲着婉清说道：“信，我当然信了！你那大眼睛一瞪，傲视武林谁敢不从啊！连云飞这样桀骜不驯的野马，都能被你降服了，还有什么你做不到的啊？”

“你……”婉清闻言气得半天说不出话来，但心里却是蛮享受的。

向南见状，得意地转过身拍拍云飞的肩膀道：“兄弟，恭喜你找到组织了，我在外面等你！”说完，向南笑呵呵地独自先出去了。

面对向南的调侃，婉清早已习惯。只是每次面对与云飞的分别，即便他们第二天就可以见面，却总还是有点依依不舍。也许她已经渐渐进入了那种一日不见如隔三秋的境界，只是自己还浑然不知而已。

这时，云飞冲着婉清点点头道：“时间不早了，那我们出去了！”

“嗯！”婉清无奈地点了点头，虽然还想说些什么，但她还是忍住了。

看着云飞渐渐远去的背影，不知为什么，婉清内心忽然涌起一种莫名的留恋。也许，这种酸酸甜甜的滋味，就是传说中恋爱的感觉吧！

第二十二章　保安不识真人面，小别方知相思浅

云飞和向南提着刚刚购置的重型武器《新世纪百科全书》，心中燃烧着万丈的豪情，带着对生活的期盼，带着对成功的渴望走出了公司。

当然，对云飞而言，婉清那充满期待和温情的眼神，更是一种无坚不摧的动力。

但同时，这隐约也给云飞带来一种压力。他绝不可以失败，因为失败不但意味着他们的生活将陷入前所未有的困境，也会让婉清失望，让自己颜面无光。

可每次走出办公室的感觉，似乎都如出一辙。在里面时豪情万丈，可一走出来就会立刻变得茫然若失。

站在车水马龙的十字路口，面对高楼林立的城市和熙熙攘攘的街道，他们却像两只迷途的羔羊一般，不知路在何方。

那股在办公室积聚的热情，就像一座喷发的火山。来时排山倒海，势不可当。去时弹指一挥间，便荡然无存。面对毫无目的的陌生拜访，两人也只好随机选一栋楼进去碰碰运气了。

云飞从来没有像今天这样彷徨无助过，以前的生活似乎都是顺理成章、按部就班，根本不用考虑。小学、中学、大学，三点一线的生活，似乎在出生前就已经规划好了。

可现在，当云飞作为自己人生另一个阶段的规划师时，他忽然发现，原来人生的理想，并不是想象中那么简单，那么美好！

封闭式管理的小区不可能进得去，所以两人只好就近选了一个开放式的小区为目标。他们准备一层一层地扫楼，进行陌生拜访。这是NEG的销售模式，除非你自己有人脉，否则只能靠陌生拜访碰运气。

估计这也是为什么公司人员流动特别大的主要原因，外地人来到广州没有人脉，靠这种方式赚钱，多半撑不了多久就不得不另谋出路了。

云飞和向南来到一栋大楼的单元门前，因为一楼的防盗门需要用门卡才能打开。所以他们只好等待有人进出的时候，再伺机跟着溜进去。

七月的广州正是最热的时候，户外就像一口滚水沸腾的蒸锅，而人就像下进

锅里的饺子，热得痛不欲生。

但有三分奈何，也没人愿意选择在这个时间出门。这也是为什么，很多人宁愿选择低工资坐在办公室里吹空调，也不愿选择销售工作，来挑战“高收入”的原因之一。

也许是过了上班的高峰时间，此时进出的人很少。云飞和向南在门外站了很久，也没有等到混进去的机会。他俩闲得发慌，只能在门口无聊地转来转去伺机而动。可万万没想到，这一举动引起了保安的注意。

“你们俩干什么的，怎么一直在这里晃悠？”一个保安上来盘查道，那一脸严肃的表情，显然没把他们当成好人。

“找……找人啊！”向南结结巴巴地答道，但那紧张的表情更引起了保安的怀疑。

“找谁呀？”

“找同学！”

云飞见向南有些紧张，连忙摆出一副理直气壮的样子抢答道。云飞明白，他得先把气势找回来，你越是小心翼翼地回答，人家就越是会怀疑你。

保安闻言，疑惑地上下打量了一下他们俩，然后皱着眉头怀疑地问道：“你们同学叫什么名字，住几楼几号？”

“他叫李兵，他爸叫李刚！几楼几号我们忘了，要不然我们早就上去找他了。我们约好在这里见面一起去打球的，可不知为什么他到现在还没下来。怎么了，在这里等人有问题吗？”云飞镇定地答完，还反将了保安一军。

保安见云飞说话很有底气，他俩看上去也确实像个学生样。于是，略带歉意地说道：“暑假期间很多家庭出去旅游，小偷经常瞅着这个空当作案，所以我们得看严一点。你们要是没什么事就别在这里晃悠了，免得产生误会，不如去给他打个电话！”

云飞和向南无奈，也只好悻悻地离开了这个小区。一出来，向南就忍不住发泄道：“这什么世道啊，我们堂堂两个大学生，竟然被怀疑是小偷，你说，我们哪里像小偷啊？”

云飞闻言，苦笑一声说道：“行了，不就是个大学生吗，还堂堂什么啊！广州的大学生，多如牛毛！你就别太把自己当回事了！”

此话虽然不假，但向南还是有点不服气，他愤愤不平地说道：“等哪天我们飞黄腾达了，我非买个别墅，也雇他十个八个保安，好好扬眉吐气一下！”

“行！等到那一天，我把咱们现在的遭遇写成励志小说，也激励一下后来的年轻人！”云飞笑着说道。

“唉！我看还是算了，这种窝囊事写出来，岂不变成了别人的笑柄？”向南摇头叹道。

“我倒不这么看！你看多少名人出名前，都经历了重重坎坷。但那些遭遇不但不会成为他们人生的笑柄，反而会成为他们引以为豪的励志故事！”云飞自信地说道。

“呵呵，那倒也是！那我可就等着到时看你的人生自传了！记着写这一段的时候，别忘了把我也写进去啊！”向南半开玩笑地说道。

凭着顽强的阿Q精神，两人一上午虽然吃了十多个闭门羹，但仍然没有崩溃，也算是勇气可嘉了。

中午，云飞和向南找了一个能免费加白饭的大排档，美美地吃了一顿饱饭。要知道，中午这餐饭可是非常重要的，因为它还兼具了一半晚饭的功效。晚上那一包半方便面，充其量也就是给肚子一个心理安慰罢了。

现在，为了节约开支，他们已经把晚饭每人两包方便面的量，减到每人一包半了，而且还严格规定，周末也绝不能加料，并且要互相监督。

云飞一边狼吞虎咽，一边分析道：“我越来越觉得，NEG不大适合做直销模式，至少在目前的中国不适合。中国人的思想还比较封闭，对陌生拜访这种模式相当有戒心，成功率太低了！就像卖保险的一样，可能发达国家这么做是可以的，但对目前的中国来讲，我觉得比较难！”

“那你觉得应该怎么做啊？”

“我觉得，还是得先通过传统的模式，找代理商开店，把网点铺开了。同时把有英语学习要求的人，吸引来公司做免费的英语培训，建立互信和口碑，开发他们的需求。然后再配合市场营销，做有针对性的市场宣传。等公司品牌、网络、口碑，都有一定基础了，再结合直销模式，那成功率就高多了。”

“嗯！你说得也不无道理，可惜你不是老板，等你将来自己做了老板，再用实际行动来证明你的预言吧！”向南调侃地说道。

在调侃中苦中作乐，在被拒绝中总结提升。也许，对云飞和向南来说，这既是一种他们未来生活的常态，也是他们成长阶段的必修课。

虽然接踵而来的，仍然是无情的拒绝。但这重重的打击，并没有让云飞有一丝想放弃的念头。特别是一想到要面对婉清，云飞心中就涌起一种无形的力量，让所有拒绝都变成了一种激励。

晚上，两人拖着被“拒绝”折磨到千疮百孔的身体，背着厚厚的《新世纪百科全书》筋疲力尽地回到家里。

受了一天的无情打击，再加上身体和精神上的双重疲惫，两人已累得没有力气再多说一句话。

一碗清汤寡水的方便面下肚，两人便各自躺在床上，开始想起了心事。此时，房间里静得几乎连掉下一根针都听得到。

面对静悄悄、空荡荡的房子，云飞感到莫名的孤独甚至恐惧。“家”本是一个多么美好的词语，它原本应该是一个温馨美好的避风港，充满欢声笑语的爱的天堂，让人期待渴望。而现在，对于云飞和向南而言，家只不过是一个用钢筋水泥堆砌而成，用以遮风避雨的建筑物而已。

甚至某些时候，它更成了孤独和寂寞的代名词，让人一想起来就感到空洞而冰冷，不想去面对。人常说，自古英雄多寂寞，不知每天与这样的寂寞相伴，又算不算是英雄？

可即便如此，为什么还要留在广州呢？云飞心里也一直在问自己这个问题。特别是小丹的姐姐那句没说完的话，不止一次地在他耳边回荡：“小丹让我给你带个话，她说如果你要是在广州觉得累了，就回去……”

回去！可现在这个样子怎么回去？如果现在回去了，就等于承认自己是一个失败者。或许，只有在这里才能离梦想比较接近。为了梦想，也许男人是应该放弃一些什么！

在梦里，云飞又闻到了久违的饭菜飘香，又听见了熟悉的欢声笑语。五朵金花做了一桌好饭，叫他们起床来吃。可云飞却不敢起床，因为他怕一旦起来，梦就醒了。一旦醒了，就再也回不到那个温馨的世界。

这时，不识相的闹铃却响了起来，云飞不得不从梦里又回到了现实。满桌飘香的饭菜，也瞬间化为了乌有。

此时此刻，在这个城市里不知有多少闹钟在同时响起。逐梦的人们和每天东升西落的太阳一样忙碌。

好在云飞和向南现在都有起床的动力，婉清和阿冰就是他们内心的永动机。

她们俩也是云飞和向南在这座城市，唯一的安慰。

两人来到公司，向南一见到阿冰灿烂的笑容，心情已经好了一大半。为了将昨天跑过的客户资料赶紧记录下来，他们跟阿冰闲聊了几句之后，便急匆匆地回到自己座位上，开始了新一天的工作。

这时，熟悉的脚步声再次响起，云飞忽然感到一阵无法抑制的激动。他情不自禁地抬头望去，却见到今天的婉清，竟换了一种完全不同的风格。

紧身的牛仔裤加休闲 T 恤，虽然少了平时长裙飘逸的淑女气质，却多了一份干练精致的时尚气息，让云飞看得目瞪口呆。

“怎么了，一天不见就不认识我了？”婉清看着发呆的云飞，瞪着眼睛问道。

“一早上见面，就火药味十足，我看我还是躲远一点吧！省得城门失火，殃及我这无辜的池鱼！”向南一边调侃地说着，一边识相地站起来，收拾东西准备走人。

婉清见状，故意把脸一沉说道：“你干吗总躲着我，我一来你就走，我是老虎吗？”

向南闻言，呵呵一笑说道：“你这么和蔼可亲、温柔贤淑，怎么会是老虎呢？你是女版的武松，云飞才是老虎，小心他饿虎扑食啊！”

“哼！他会饿虎扑食，我还会黑虎掏心呢！”婉清不知什么时候，也学会开玩笑了。成为一个有幽默感的女孩，似乎让婉清又增添了几分魅力。

几句例行的斗嘴之后，婉清话锋一转，终于说到了正题。云飞一听婉清询问起昨天的战绩，立刻显出一副愁眉紧锁的样子：“别提了，昨天吃了十几个闭门羹，一单也没跑成。”

“干吗这么惆怅？没出单是正常的，你要是第一次就出单了，我这个师傅岂不是要无地自容了？”婉清半安慰、半开玩笑地说道。

云飞知道婉清是在安慰他，虽然内心也确实略感欣慰，但还是不无感慨地说道：“可我们甚至连进到人家家里，跟人家聊聊天的机会都没有，就被别人拒绝了！”

“那也很正常啊！至少你们的信心没有被击溃，今天还能有这样的精神面貌，已经是出乎我的意料了！说明你们还是具备做销售的潜质的，只要能保持好的心态，再加上一个还算优秀的师傅指点一二，你将来必能修成正果！”

俗话说，情人眼里出西施。在别人眼里，婉清的眼神或许总是让人感觉冰冷而犀利。可在云飞眼里，不管婉清再怎么扮出一副凶巴巴的样子，他始终都感觉如潺潺小溪一般清纯无比，越看越让人觉得爱怜。更何况，现在的婉清已经为他而改变了许多。

此时，云飞不禁动情地问道："其实你心里是个蛮阳光的女孩，可为什么总要表现得那么冰冷呢？"

见云飞忽然这么问，婉清一下子严肃了很多，她若有所思地说道："我……我也不知道，我并不是刻意的。或许，是因为在这个城市里，人与人之间太缺乏基本的信任了吧！每个人都戴着面具，竖起满身的刺警惕着周围的人。又或许，是因为……能让我放下防御，释出温暖的那个人，还没有出现吧！"

云飞听完，得意地微微一笑说道："谁说那个人还没出现，其实她早就出现了，只是你不知道而已！"

婉清闻言，脸"唰"的一下便红了。她知道云飞意有所指，于是不好意思地瞪了云飞一眼，低下头故意反问道："我怎么没发现啊？"

"真的没发现？"云飞说话时，目不转睛地瞪着婉清，让她本来因为不好意思而低下的头，这下低得更深了。

终于，云飞坏坏地一笑说道："你脸红什么？我说的是你客户家里的那个小女孩啊！你看你，面对她时多温柔，多有爱心啊！"

"你……我还有事，懒得理你了！"云飞的话显然让婉清颇感失望，又有点生气。可她又不好发作，只好自顾自地生闷气去了。

望着婉清气鼓鼓的样子，云飞知道他成功了。当一个女孩特别在意你的时候，就会因为你的一句话，而为你哭，为你笑，为你生气，为你伤心。看来，云飞已经成功占领了婉清那颗曾经被冰封的心。

逝水年华总在不经意间流走，不知不觉间，婉清、阿冰，还有云飞和向南的关系，已经日渐亲密到几乎形影不离了。他们也逐渐成为彼此生活中，甚至生命中不可或缺的重要部分。

只是，人的生活中永远不可能只是简单的二个世界。一个人在天地间，亲情，友情，爱情，是一个都不能少的。特别是对于漂泊在外的游子，更是如此。

作为一个在外独自闯荡的女孩儿，尤其是像婉清这样貌美如花、在家被视为掌上明珠的大美女，家里的担心与思念是可想而知的。

一天，婉清突然告诉云飞她要回家一趟。虽然云飞也是恋恋不舍，但回家去看自己的父母是天经地义的事，他也只能忍痛割爱，与婉清依依话别了。

婉清离开广州的日子，云飞感到世界就像被分割成了两半。加上那时家里没有网络，没有手机，甚至连电视也没有。房间里除了雪白的四壁，就只有透明的空气相伴了。云飞度日如年，甚至天天都如坐针毡。

为了省钱，他们不敢出门，更不敢消费，甚至连串个门都不敢。所以，云飞只能将一片相思化为劳动的动力。用大扫除来转移注意力，以缓解他对婉清的相思之苦。

只是，云飞在大扫除的过程中，偶然发现他皮箱的夹层里，有一个被包得严严实实的塑料袋。自从来到广州，云飞就再也没有整理过他的皮箱，这塑料袋里包着的是什么东西，云飞早已不记得了。

可既然包裹得这么严实，想必一定是非常重要的东西，到底会是什么呢？

第二十三章　诗情画意白云巅，不知唏嘘是何年

打开塑料袋之后，云飞才发现里面包着的竟是一个大信封。原来，这是临行前二叔给他写的一封推荐信，里面还有几张二叔在广州的朋友的名片。

当初，二叔就怕云飞会走到山穷水尽的地步，于是跟一些广州的朋友打好招呼，并附上信函，以便云飞可以在走投无路的时候有个投靠。

现在，已然是到了山穷水尽的地步，下个月交不起房租就有可能被房东扫地出门了。如果云飞拿着这封信和那些名片，去找二叔的这些朋友，的确可能会出现柳暗花明又一村的情形。

但这不是云飞的性格，如果想靠别人帮忙，那当时去北京的话资源会更多，人脉会更广。云飞之所以选择来广州，就是想靠自己的双手打出一片天地。

假如他现在混得风生水起，那去见见二叔的这些朋友或许还有可能。可现在混得吃了上顿没下顿，生活捉襟见肘，事业一事无成。这个时候去见二叔的朋友，对于云飞来说无异于自取其辱。

云飞不会接受别人的施舍，更不会搭上二叔的面子。他心中早已下定决心，就算睡天桥也要坚持下去，就算去做苦力，也绝不去求人……

终于，在望眼欲穿的等待中，迎来了婉清的迟迟归来。但与婉清重逢的喜悦，和对市场坚定不移的执着，并没有给云飞带来业绩的好转。

他勉强出的几个小单，基本还是婉清的客户介绍的单子。婉清委婉地交给云飞去跟，这番好意云飞心里自然明白。但这既非长久之计，也非男儿可承之情。云飞渐渐开始对在NEG的去留问题上，产生了犹豫徘徊。

云飞发现，公司人员的流失变得越来越严重，新人根本就不够补充老人离去的空缺。而且，转正之后根本也不会有任何待遇上的变化。公司会以各种理由，让你继续用无底薪的方式去挑战高提成。说白了，就是公司不想承担任何的成本。

公司这样的情况，长期以来一直在循环往复，仿佛就像掉进了一个永远都跳不出来的可怕怪圈。

面对坐吃山空的局面，也许真的是到了应该换换环境的时候了。只是，一想

到要和婉清及阿冰分开，云飞和向南就难免会显得有些举棋不定，时间就这样在犹豫不决中匆匆流逝了。

这天，大家相约一起去爬白云山。一大早，四个人便准时在约定地点会合了。这是云飞和向南第一次看到婉清和阿冰穿运动装，两个美女都穿着运动背心和运动短裤，显得格外清爽，精神十足。

向南禁不住感叹道："她们今天的感觉真是别具风格啊！"

"怎么，心动了？"

"你敢说你没有？"

"你们俩嘀咕什么呢？鬼鬼祟祟的，有什么话就直说！"见两人不怀好意地看着她们小声嘀咕，婉清不满地说道。

"没什么，怎么背这么大一个包啊，爬山又不是搬家！"云飞说着，走到婉清面前，很自然地将婉清的背包拿过来，背在了自己肩上。

阿冰一看，立刻对云飞撒娇地说道："你偏心还真是一点都不掩饰啊！我也背这么大个包，你为什么就视而不见啊？"

云飞闻言，笑着冲阿冰一仰头说道："你后面那个彪形大汉已经等很久了，机会应该让给最有需要的人嘛！"

婉清一听，也笑了起来，她看着向南提醒道："哎，彪形大汉，说你呢！还不赶紧过去表现你怜香惜玉的情怀啊？机会可不是总有的，你不好好把握，小心被你旁边的情圣抢走啊！美女当前，他可是没兄弟情义讲的！"

说完，婉清笑着瞪了云飞一眼。云飞则一脸无辜地看着婉清，逗得大家都笑了。

云飞和向南，各自背着婉清和阿冰的背包。婉清和阿冰则各自帮他俩打着伞遮阳。四人一边爬山，一边聊天，有说有笑真是难得的惬意。

今天，天公也作美，天气不算太热。乌云还时不时地出来凑一下热闹，让太阳公公的笑脸只能犹抱琵琶半遮面。加上山上有山风相伴，真是难得的旅游好天气。

爬到半山腰，坡渐渐陡起来。本就有些疲惫的两个女孩，速度更是越来越慢了。这时，来到一个陡坡前。向南率先爬了上去，后面的阿冰很自然地伸出手对向南说道："还不拉我一把？一点眼色都没有！"

向南不好意思地呵呵一笑，赶紧伸手把阿冰拉了上来。可当他再次伸手，准备表现得有眼色一点时，阿冰却忽然狠狠地打了他一下说道："你现在倒是挺有眼色的，婉清姐轮得到你拉吗？"

"啊？"向南委屈地看着阿冰，显出一副进退两难、茫然不知所措的样子。

阿冰见状，无奈地摇摇头提醒道："婉清姐有绅士相伴，要你多此一举吗？真是一点眼色也没有！"

阿冰说完，转身对后面的云飞说道："婉清姐就交给你了，你可要照顾好她啊，我们山顶见！"说完，留下一串笑声，竟然和向南扬长而去了。

婉清被阿冰"残忍"抛下，阿冰最后的那句风凉话，反倒让她不好意思转头向云飞求救了。于是，她硬着头皮，准备倔强地自己爬上去。

却忽然听到后面传来一句命令般的指挥声："让我先来！"

此时，一向镇定自若的婉清，却像一只顺从的小羊羔一般，乖乖地走到了云飞的身后。

云飞抓住上面的石头飞身上坡，然后转身向婉清伸出一只手。两人并没有说话，只是互相对望了一眼。

婉清低着头，不好意思地抓住云飞的手，被云飞用力一提，便将她腾空拽了起来。

这是云飞与婉清的第一次亲密接触，两人都有一种很特别，却又说不清道不明的感觉。既期望又有点害羞，总之心如鹿撞，血压升高，心跳的速度恐怕已经赶上机枪扫射的频率了。

此时，两人都是满头大汗。却不知是一路走来累的，抑或是紧张害羞所至。

也不知是不是向南和阿冰故意加快了脚步，等云飞和婉清走上来时，他们早已经不见了踪影。既然有人刻意给制造机会，两人也就不急着追赶了。更何况，别人也需要有独处的机会嘛！

没有了其他人在身边，也就没有了压力。云飞和婉清反而渐渐放松了下来，两人索性就悠然自得地闲庭漫步起来。

虽然，云飞和婉清独处的机会也不少。但像今天这样漫步在林荫小道、寂静山林之中，却还是第一次，倒也别有一番情趣。

难得有机会在这样的良辰美景之间，享受着鸟语花香的浪漫独处。虽然云飞和婉清之间的谈话，并没有向南和阿冰那么多，但别有一番滋味在心头。

这时，前面不远处出现了一个别致的凉亭，婉清抬手擦了擦额头的汗水，指着亭子说道："前面有个亭子，我们去休息一下吧！"

云飞笑一笑，故意说道："你都休息三次了，不怕跟他们走散了吗？"

婉清一听，瞪了云飞一眼说道："你真是咸吃萝卜淡操心，你就看不出来吗？人家是故意甩开我们，想找个独处的机会，你可真是一点眼色都没有！"

云飞闻言，点头笑道："是啊！我和向南怎么都这么没眼色呢？也罢，那就便宜了向南，给他一个与佳人独处的机会吧！"

婉清一听可不乐意了："怎么，听你这意思跟我一起独处，还亏了你不成？"云飞忙解释道："那当然不是，我可是捡了一个大便宜！"

"告诉你，我可不是随随便便能捡来的！而且，我可不便宜！"

云飞知道婉清这是在鸡蛋里挑骨头，可是跟一个故意找茬的女人讲道理，成功概率比中六合彩还要低，显然不是明智之选。

于是，云飞识相地认错道："我的语言表达能力确实有点不尽如人意，自然不能跟口若悬河的副理和李主任相提并论。当然，也不能跟你这个才高八斗，巾帼不让须眉的女中豪杰日月争辉，刚才慌乱之中口不择言多有冒昧，还望海涵！"

"你别酸溜溜地跟我耍嘴皮子了，看你这卖弄的意思，显然是言不由衷，一点诚意都没有，我懒得理你了！"

云飞见自己瞒天过海的小伎俩在婉清面前毫无用武之地。不但没有让事情峰回路转，反而是越描越黑了。

于是，只好老老实实地认错道："那你说怎么才算有诚意啊？周幽王为搏褒姒一笑烽火戏诸侯，那我是万万做不到的。不过，只要是在我能力范围之内的，我都愿意放手一试。"

"好，这可是你说的！这是咱们四个人第一次一起出来游玩，也算得上是颇具纪念意义吧？既然你这么能说会道，那就随便写首七言绝句什么的，来纪念一下这个值得怀念的日子吧！"婉清调皮地说道，脸上露出少有的天真。

"还七言绝句呢？你怎么不让我写首《长恨歌》啊？你也太看得起我了吧？"

"《长恨歌》？你要能写出来，我也不反对啊！"婉清带着坏坏的笑容说道。

"你还真打蛇随棍上了？行，行，行，七言绝句就七言绝句吧！"云飞无奈地妥协道，他怕再在这个问题上多做纠结，最终搞不好得写部长篇小说才能收场了。

"好！既然你这么有信心，那就明天下班前把诗写好，要不然就写份两千字的工作总结给我！"婉清以领导的口吻命令道。

“本是同根生，相煎何太急啊？”

婉清看着云飞为难的样子，终于解气地说道：“谁让你刚才那么气我了？如果觉得自己完不成，那就求我啊！本姑娘心软，只要你拿出足够诚意的话，倒也可以考虑给你宽限三天！”

婉清本以为这一招终于拿住了云飞，却没想到云飞把头一摇说道：“非也，非也！作诗讲究的是意境、灵感和心情。现在我万事俱备，就是累了点。如果你能用吴主任传授的按摩大法，给我放松一下。或许这灵感一触即发，下山之前我就能把诗给你！”

面对云飞的“无理要求”，婉清倒也没有生气，只不过她恶狠狠地警告道：“马云飞，这可不是我逼你的，你自己说的大话，自己可要承担后果啊！”

“那是自然！快点……这里……再往上一点……用点力行吗，你没吃饭啊？”云飞也不客气，使唤婉清还真就像使唤专业的按摩技师一般要求多多，气得婉清把嘴撅得老高。

亭子里不时传出两人开心的笑声，云飞自打来了广州，还从来都没有这么轻松，这么无拘无束地笑过。也许，这是云飞踏出校园之后，第一次发自心底的笑声。这笑声中不但充满了开心，更充满了一种前所未有的甜蜜。

两人又聊了一会儿，见时间不早了，这才继续赶路。路上，云飞边走边在心里构思着诗句，跟婉清的聊天显得有点漫不经心。

婉清不明就里，于是不满地问道：“你想什么呢，人家跟你说话，怎么总一副心不在焉的样子？”

云飞闻言，忽然停住了脚步。他看着婉清深吸了一口气，似乎是在酝酿情绪。然后，手指山顶慢慢吟道：“登高览粤白云边，一尺南峰一尺宽。群花蝶舞争芳艳，不及冰清惹人怜！”

云飞摇头晃脑地吟罢，婉清还真有点被震住了。若不是她亲眼所见，她绝对不敢相信，这首诗竟是云飞在刹那间，灵感一触而发的即兴之作。

更让她喜出望外的是，云飞还将他们四人的名字，一语双关地融入了诗的意境中。白云、南峰，指的必定是云飞和向南。而冰清，自然指的就是阿冰和婉清了。

婉清听罢，心中不由得暗暗佩服云飞的才气，也对云飞更加另眼相看了。这两颗飞越千山万水，在广州产生对撞的心，在这次登高远足的过程中，终于撞出

了火花，撞出了激情。

两人开心的笑声，在山谷间久久地回荡着。不知早已达到山顶的向南和阿冰，是否听得到？

不过，管他呢！这样无忧无虑、无拘无束、发自心底的笑声，在这繁华而冷漠的都市中，是何等弥足珍贵。此时此刻，谁还会在乎别人的眼光？

每天看着川流不息的人群在身边擦肩而过，那些为三餐而拼搏的人们，又有几个曾停下来，驻足欣赏过身边的美景和留意过身边值得拥有的人？人往往只有失去才知道珍惜，只是那时往往为时已晚。

广州就是这样一个让人既爱又恨的城市，一个遍地黄金，却也遍地乞丐的城市。因为它，云飞和向南来了，饱受煎熬。也因为它，五朵金花走了，不堪重负……

当云飞和婉清像蜗牛一样，慢悠悠地从山腰爬向山顶的时候，向南与阿冰已经在上面休息多时了。当然，这难得的机会，也让他们的感情得到了升华。

看到云飞和婉清还在不紧不慢地闲庭散步，阿冰忍不住向他们招招手，大声喊道："喂！你们两只蜗牛，什么时候才能爬上来啊？我们都快饿死了！"

阿冰的叫声，在山谷中不断传来回音："饿死了……饿死了……饿死了！"

向南连忙拉住阿冰说道："好了，别叫了，漫山遍野都听到你在喊'饿死了'！你还怕别人不知道这里有个吃货吗？"

婉清闻言，也在下面朝着他们挥挥手大声说道："你们饿了，就先吃吧，我们马上就到了！"

这时，山谷里又传来婉清的回音："就到了……就到了……就到了！"

云飞一听，忍不住笑着说道："行，你成功地让所有人都知道，这山里不止一个吃货！"

好不容易，云飞和婉清才走到山顶。阿冰看到他们上来了，连忙迫不及待地跑过去，拉住婉清的手问道："怎么这么慢啊？我还以为你被他拐卖了呢！好在我这里还有个人质！"说着，阿冰笑着回头看了看向南。

四人围坐在一起，婉清和阿冰像变魔术似的打开背包，从里面拿出各种各样的好吃的。凡是你能想到的，几乎都应有尽有。云飞和向南不得不佩服，她们超凡的想象力，同时也为她们的精心准备而大为感动。

四个人凑在一起，就像两个完全不同风格的组合。一动一静，一快一慢，各有各的特点，各有各的精彩。就像两对天作之合，永远都配合得天衣无缝。

只可惜，年难留，时易损，光阴似箭不可偷。快乐的时光总是来去匆匆，不知不觉间，已是夕阳西下的黄昏傍晚。

沉浸在幸福的回忆中，带着恋恋不舍和对下次相聚的期待，踏着夕阳的余晖，大家结束了一天快乐的行程。

但幸福来得太突然，往往走得也会很匆忙。或许正应了那句：夕阳无限好，只是近黄昏。此时此刻，还在兴头上的四个人，恐怕无论如何也想不到，这美好的开端，竟会成为他们共同记忆中的绝唱。

就像每一部爱情悲剧片一样，一个美好的开端，都难免会以一个令人唏嘘的结局悲惨收场。

只是这场结局来得，实在有些让人始料不及……

第二十四章　多情总被无情恼，明夜更比今夜长

与婉清的感情发展，固然给云飞带来了巨大的动力，但也成了一种无形的压力，让摆在眼前的残酷现实，变得更加无法逃避。

这种困顿的局面，就像一个无解的恶性循环，随着他们感情的持续发展，让云飞越来越感到了那份不可承受之重。

此时，云飞终于明白，感情再浪漫，梦想再美好，但在残酷的现实面前，一切都会显得那么渺小。他和向南越来越清醒地认识到，浪漫不能当饭吃，更不是消灾解难的灵丹妙药。而要想承担起感情的责任，就更必须得有一个光明的未来。

奋斗诚可贵，选择更重要。随着公司一批又一批人员的流失，已经可以堪称公司老员工的云飞和向南，对NEG也彻底失去了信心。看来，继续留在NEG是不会有前途的，至少短期内不会。而对他们来说，长期坚守却是不现实的事情，因为他们跟时间赛跑的压力每天都在与日俱增。

在朝不保夕的现实中徘徊，浪漫不但不会成为一种享受，反而会成为一种莫名的恐惧。怕失去又怕得到，因为得到了又怕实在承受不起。

在外人看来，表面还算光鲜的云飞和向南，谁又知道实际上已经到了山穷水尽的地步，这可能是任何外人都无法想象的。

现如今，作为两个“独在异乡为异客，每逢月底倍思薪”的天涯游子，有一份稳定的收入对他们而言，似乎显得更为迫切，也更加现实。

于是，云飞和向南决定开始骑驴找马，另谋出路。不过说实话，在广州要找份像样的工作着实不易，现在这么决定也无非是走一步看一步而已。因为，就算从现在开始找起，也不知何年何月才能有个着落。所以，早早去考虑如何面对与婉清和阿冰的离别问题，显然有些杞人忧天。

然而，老天似乎总喜欢用天意弄人，或许是因为机遇之神在频繁地耍了他们多次之后，终于良心发现了。

云飞和向南在没有抱任何希望的情况下，竟意外地被一家报社同时录取了。甚至，报社还希望他们能立刻入职。

这个馅饼掉下来得有点让人措手不及，而且猝不及防地猛然砸到云飞和向南头上，让毫无思想准备的他们，的确有点眩晕的感觉。

原因很简单，去新单位上班也就意味着，他们不得不与婉清和阿冰说再见了。可广州是一个人情冷漠的城市，一旦分开谁能保证冥冥中的缘分不会随着时间的推移和空间的疏远而变淡呢？

这无疑是一个痛苦而艰难的抉择，就像他们当初离开学校来广州时一样。虽然有一定的心理准备，可当那一刻真的忽然来临时，始终还是会有一种不知所措的感觉。

“你真的下得了决心吗？”向南坐在房东配给的二手木制旧沙发上，犹豫地问云飞道。

“我也不知道，你呢？”云飞面色凝重地摇摇头反问道。

“唉！要不是到了走投无路的地步，但有三分奈何我都肯定不会考虑！”

“那当然！可现在的问题就是……我们必须得面对现实啊！”

云飞说完，低下头再一次陷入了沉思。又是一段久久的、令人煎熬的沉默。两人都没有再说话，房间里静得就好像根本没有人存在。甚至，仿佛连空气都被这种寂静的沉默冻结，就连时间都在这种沉默中被停止。

直到夜幕降临，窗外的天色已经渐渐变暗。房间里的云飞和向南，几乎已经看不清彼此。向南才终于忍不住说道：“我听你的，你决定吧！”

“这种难题，干吗总抛给我啊？”云飞不情愿地说道。

一边是白云山之行的美好回忆，感情才刚刚得到进一步升华。一边是残酷无情的悲惨现实，不但方便面吃不起了，就连挡风遮雨的房子，也即将要被房东没收。

在爱情与面包之间做出选择，总会让人感觉是那么残忍、自私与无奈。如果放弃面包选择爱情，婉清和阿冰又是否能接受，跟他们朝夕相处的这两个男人，已经落魄到即将去睡天桥的地步？

云飞在东莞，曾有过一晚雨夜天桥下的体验。尽管他在来广州之前，就已经做好了各种心理准备，但那种充满了无助和恐慌的心情，他这辈子都不想再尝试了。

云飞不敢想象，如果有一天婉清或者阿冰，在天桥下发现他们，那将是一副怎样的画面？她们会被震惊到什么程度，甚至会不会崩溃？

云飞现在甚至有点后悔，他后悔自己为什么要跟婉清一起拥有一段那样令人难忘的回忆。以至于现在才会这么痛苦，这么难以取舍。

而对于婉清，这种一百八十度的突然大转变，她怎么能接受？什么样的借口才能令她少一点痛苦，少一点被欺骗的感觉呢？

人常说，不为五斗米折腰。现在想想，说这话的人真是站着说话不腰疼！事到临头，永远都是一分钱难倒英雄汉。在这个冷漠的都市，没有钱什么都免谈。连吃饭、睡觉、洗澡的地方都解决不了，还谈什么感情，谈什么理想？

想到这里，云飞忽然站起来，对向南坚定地说道："我决定了……"

又是一个不眠之夜，整晚的时间，云飞和向南都在天马行空地回忆着这段时间发生的一切。

与婉清的相识，简直就像一场穿越剧，偶然得不能再偶然。那天去东莞纯属临时起意，要不是钱被骗了，在东莞耽误了一个晚上，也不会在回来的路上偶遇吴主任。假如吴主任没有跟他主动搭讪，云飞可能一辈子都不会知道 NEG 这家公司的存在。

去 NEG 面试时，明明觉得公司不靠谱，却还是鬼使神差地上去了，并最终选择了留下。公司有"四大金刚"，却偏偏就被分到李主任的团队，而李主任又恰恰让婉清做了他们的师傅。

每个环节只要有万分之一的差错，云飞都不可能有机会跟婉清相识，更不可能成就今天的爱情故事。这不是缘分是什么？

现在回想起来，就好像冥冥中有一股神秘的力量，在引导着他们做出这些看似偶然，却又好像是早已被安排好的决定。

可这以悲剧收场的结局，难道也是冥冥中早已注定的吗？如果真是这样，老天又何苦为了折磨他，而设计出这一系列复杂冗长，让人倍受摧残的剧本。让他匆匆过上一把男主角的瘾，然后又无情地把他和女主角残忍地分开？

难道，一定要经历这种撕心裂肺的痛，才会让人百炼成钢？难道，天将降大任于斯人也，就一定要先苦其心志，劳其筋骨，饿其体肤，空乏其身？

以前看电视，总觉得那些荒诞的剧情，不过是导演编造出来骗人眼泪和同情的。现实怎么可能有那么离奇曲折，又怎么可能会有那么多巧合发生？

可今天，当这一切都发生在自己身上时。云飞终于相信了，原来，艺术真的是源于生活而高于生活。

其实，每个人在生活中，又何尝不是在扮演着不同的角色？大家本质上和演员没什么两样。唯一的区别就是，他们演给别人看，我们演给自己看。他们拍错了可以重来，而我们永远都是现场直播，没有重来的机会。

既然这次选择关系重大，云飞和向南决定，在做出最后的选择之前，他们要跟报社再好好谈一次。把第一次进NEG面试时，没有来得及谈的细节问题都问个清楚，避免再像当时那样糊里糊涂地进来，现在又要糊里糊涂地离开。

于是，在约好了报社的总编后，云飞例行地跟婉清打了个招呼，便以出门见客为由，准备匆匆落荒而逃。因为他知道，他说谎的样子在婉清的火眼金睛面前，是不可能不露出端倪的。

然而，云飞的眼神越是想逃避，就越显得是欲盖弥彰，反而让敏感的婉清察觉到了一种与往日不同的气氛。这种气氛令她不自觉地产生了些许的忧虑，但婉清向来不喜欢强人所难，所以即使她有所警觉，也还是忍住没有刨根问底。

从白云山回来之后，婉清显然更加注重化妆了，她不但比以前更漂亮了，笑容也比以前多了很多。

云飞实实在在地感受到了婉清的变化，也实实在在地感受到，婉清为他释放的温情，就如同一股暖流般，在他心中盘绕回荡，最后流入他的每一根血管。

云飞实在不忍心打击眼前这个，为了他而改变良多的，漂亮而且善良的女孩。更不舍得离开这个，在他最困难的时候，伸出援手无私帮助过他的红颜知己。

而婉清，面对闪烁其词的云飞，只是鼓励地说道："嗯！付出总会有回报，你那么聪明，老天爷一定不会辜负你的！"

婉清的话，让云飞的心在滴血。他完全不敢直视婉清那多情而深邃的目光，只好略带愧疚地点点头，带着一份歉意与不舍，默默地离开了公司。

虽然，天生敏感的婉清，隐约感到了一丝不祥的预兆。但善良的她，无论如何又怎么能想到，就在两人感情迅速升华之际，一场惊天巨变在酝酿之中即将发生呢？

婉清依依不舍地看着云飞的背影，虽然心里有一种说不出的异样感觉，但她还是深情地默默喃喃道："明天见！"

可明天再见之时，也是云飞和报社谈完之后要做最后决定的日子了。等待她的还会是这份依依不舍和含情脉脉吗？

广州就是这样一个充满变数的地方，任何事情都可能瞬息万变，让人始料不及。即使是感情，也不例外！

人生无常，天下有情人能终成眷属的，或许也不过十之一二。更多的，恐怕还是一种美好的期许！

婉清与云飞这段来之不易的感情，将面临前所未有的考验。只可惜，善良的婉清还无从得知。她还完全没有意识到，一场突如其来的情感危机，正如隐身于黑暗中的魔鬼一般，向她悄悄袭来！

今天的夜将无比的漫长，然而明天的夜，恐怕会将更加漫长……

第二十五章　不畏天涯行役苦，奈何斗米惹春愁

报社的前台小姐叫邓紫嫣，名字里透着一丝诗情画意，颇有点大家闺秀的风范。人长得也有闭月羞花之美，只是她的性格要开朗得多，也活泼得多。

之所以在紫嫣第一次闪亮登场时，就急不可待地介绍她，是因为她将在云飞以后的生活里扮演着重要的角色。

紫嫣热情地把云飞和向南带到了一个中年男人的办公室里。虽然，这只是紫嫣第二次和他们见面，但她已经显得跟云飞和向南并不陌生了。

办公室里这个清瘦的中年男人，就是这家报社的负责人，一个看上去四十岁上下的成功人士——唐总编。他戴着一副宽框眼镜，看上去颇有城府。不过言谈举止之间，倒也有几分文化人的气息。

见到云飞和向南进来了，还没等紫嫣介绍，唐总编就很有礼貌地站起来，主动招呼道："你们两个来了，这边坐！"

说完，唐总编转头对紫嫣道："小邓，请帮我倒两杯水进来！"

唐总编一副礼贤下士的样子，让云飞和向南对他立刻产生了不少好感。一阵寒暄之后话入正题，云飞和向南开始与唐总编进入实质性的沟通。

经过详细了解，云飞和向南内心的激情开始情不自禁地蠢蠢欲动起来。当然，这并不是因为唐总编本身的魅力有多大，而是这份工作的内容和性质，简直如同为他俩量身定制的一般，不但专业对口，而且可以一展所长。

在这里，他们既可以以记者的身份，通过采访发稿来拿稿费。又可以以销售的身份，通过拉广告来拿提成。相当于一个人同时打两份工，而且还可以利用报社的资源，得到报社的大力支持。

俗话说，背靠大树好乘凉。有报社的平台做依靠，单凭这一点就比在 NEG 做陌生拜访要强得多了。

世上竟然还有这等好事？云飞和向南忽然觉得，幸福一下子来得太突然，真有点不敢相信。

不过，兴奋之余因为有了在 NEG 的经验教训，向南这次终于多了个心眼。虽然他仍难免带着一点尴尬和犹豫，但还是硬着头皮问道："那……报社有底薪吗？"

显然这是个敏感的问题，唐总编听向南这么问，他略微迟疑了一下说道："当然有！不过不多，试用期每个月三百块钱！"

"三百？"云飞和向南闻言，几乎异口同声地叫了出来。他们心中暗想："好在问了一下，不然又被忽悠了，难怪唐总编这么礼贤下士，原来又是一个空手套白狼的高手！"

看着云飞和向南那意外而吃惊的样子，唐总编似乎早就准备好了他的一副说辞："我们发底薪的目的，主要是为解决你们一日三餐的后顾之忧，肚子问题解决了就可以拼命向前冲。底薪只能勉强保命，不可能让你发财。平台我这里已经搭好了，要想赚大钱那就得看你们的本事了。只要有能力，在这里月入过万也不是梦！"

"嗯！"云飞和向南听完点了点头，但并没有说什么，显然这两句话不足说服他们冒险离开婉清和阿冰。

唐总编自然明白云飞和向南的顾虑，于是又继续说道："你们刚刚毕业，既无经验又无资历。你们想想看，假如你们是老板，会给一个刚毕业的大学生多少钱底薪啊？在广州……想不劳而获是不可能的！"

唐总编的话，虽然说得有点直白且残忍，可是话糙理不糙，这确实是不争的事实，云飞和向南现在对此是深有体会。所以，也只能认可地又点了点头。

唐总编见状，继续说道："你们记住，不管在任何一个企业，你要想挣大钱，都必须先给企业带来相应的利润，没有一个企业会高薪养闲人的。"

"这个……我们明白！"云飞和向南听到这句话，心中不由得感到一阵惭愧。

的确，没有付出谈何回报？不能创造价值，企业凭什么用高薪养你？企业是营利单位，可不是做慈善的。任何一个可以在广州这种白热化竞争的环境下存活的企业，都不可能是傻子。

云飞心里很清楚，如果他们不能提高自己，以他和向南现在的资历，恐怕就是再面试一百家公司，结果也不会有太大的变化，最终只是白白浪费时间而已。

虽然，三百块钱底薪，确实让云飞和向南颇有点失望。可现在，这也是目前唯一的选择了。再怎么说，两个人加起来有六百块钱保底，就能把吃住的问题大概给解决了。

解决了温饱，就有了奋斗的本钱！报社有两个收入渠道，东边不亮西边亮。提成也好，稿费也罢，总不可能两边都踏空吧？云飞对自己的写作功底还是很有信心的！

见云飞和向南似乎心有所动，唐总编继续说道："发表一篇稿子，大概有三百至五百元不等的稿酬。如果你们一个月能发表四篇高质量的稿子，光是稿费就差不多有两千块钱了！"

"两千？"听到这个天文数字，云飞和向南禁不住心里默默地颤抖了一下，甚至连全身的毛孔都竖了起来。

要知道，云飞来广州时，全身上下也不过带了一千多块钱。如果情况真像唐总编说的那样乐观，那用不了多久，他们就可以跻身万元户的行列了！

看着云飞和向南闪闪发光的眼神，唐总编微微一笑道："其实，这里的稿费并不是收入的大头！你们有做销售的底子，如果广告做得好，广告的提成那就更加可观了！"

"明白！"云飞和向南听到这句话，都肯定地点了点头。

看样子，他们是下定决心要来这里放手一搏了。不管是为了那微不足道的底薪，还是为了这个量身定制的平台。就目前而言，这里似乎都是最好，也是唯一的选择了。

云飞和向南走出报社，望着宽敞的街道和林立的大楼。似乎已经看到了不远处的希望正在向他们招手，内心忽然燃起一种壮怀激烈之感。

正所谓三十功名尘与土，八千里路云和月。莫等闲，白了少年头，空悲切。不趁着年轻拼一把，何以三十而立啊？

"真决定了？"正在云飞壮怀激烈之时，向南的当头一问，立刻把他从唯美的梦幻世界无情地拉回到了残酷的现实面前。

"是啊，真的决定了吗？"云飞也在内心反复地拷问着自己。

一想到接下来要面对与婉清和阿冰无情的分别，云飞和向南的心情就立刻又沉重起来。真是此情无计可消除，才下眉头又上心头啊！

刚刚才白云山"一诗定情"，紧接着就背着她俩出去面试，然后马上又以迅雷不及掩耳的速度做出离开的决定。一切都来得毫无征兆，甚至没有一点暗示，谁能接受得了啊？

可是，机会并不是自己能把握得了的。它不钟情于你时，苦苦寻觅几个月都没有个眉目。可现在青睐你时，又会主动不请自来。即使你不抱任何希望，它也会误打误撞地冲到你怀里。而你一旦没有好好把握它，它可能又会转瞬即逝，不知何年何月才能再次受到它的恩宠。

云飞明白机不可失、失不再来的道理。可是，一个怎样冠冕堂皇的理由，才能博得婉清和阿冰的谅解，让他们说走就走、不负责任的行径得以开脱呢？

“你说，多年以后假如咱们真的发达了。回首今天的决定，会是怎样的心情？是欣慰、庆幸？是可惜、可叹？还是咎由自取？抑或是觉得自己禽兽不如呢？”向南忽然问道。

云飞闻言，叹了口气说道：“也许，不用这么悲观吧？咱们能走到今天绝对不是巧合，我相信这份不解之缘不是说断就能断的！”

“算了吧！许仙和白娘子缘分够深了吧，但最终还不是被活活拆散了？生活，就是我们缘分中的那个无情的法海，我们抗不过他，别心存侥幸了！”向南茫然地说道。

“其实大家即使不在一家公司，但仍在一个城市。如果真有缘分，为什么就不能坚持走下去呢？”云飞心中仍抱着一丝希望说道。

向南闻言，撇撇嘴道：“如果今天是婉清提出来要走，恐怕你就不会说得这么潇洒了！世界这么大，每天都会有成千上万的人跟你擦肩而过。佛祖那么忙，能只惦记着你和婉清的缘分吗？要是一不小心忘了呢？你就别自欺欺人了！”

“那你的意思，是没有和平离别的可能了？”

“我看够呛啊！在广州永远不变的就是变化。天会变，人会变，感情当然也会变。距离产生美那都是骗人的，感情一旦超出了你的视线，就不受你控制了！”

“怎么，你后悔了？”云飞反问道。

“我说了让你做决定，我就一定会支持你！只是，我不知道我以后会不会后悔。当钱不再是问题的时候，这份感情可能就会显得弥足珍贵了！”向南若有所失地说道。

此时云飞的心里，又何尝不是如万箭穿心一般的刺痛。可这种痛他却说不出口，因为他知道，只要自己有万分之一的动摇，都可能会成为向南放弃这个决定的借口。

可一旦放弃这次机会，冲动的后果将可能是无法弥补的。不管以后回头来看，这个决定有多么愚蠢，但现在这都是他们唯一正确的选择。

两人的讨论，一直进行到了晚饭时间。那早已吃到令人作呕的低档方便面，配合此时沉重的心情，让人更加倍感惆怅。

少年不识愁滋味，爱上层楼。爱上层楼，为赋新词强说愁。而今识尽愁滋味，欲说还休。欲说还休，却道天凉好个秋。

云飞此时，似乎真正体会到了辛弃疾那种无奈与苦闷的心情。虽然，闹心的事各有不同，可郁闷的心情却是同病相怜。

第二天，云飞决定下午再去公司，以免让不愉快的心情影响婉清一整天。这就像一场迫在眉睫的决战，不管结局如何，也得寻找一个最适合的战机，尽量让结果往好的方面发展。即使挨骂，也需要找一个合适的环境嘛！

白云山之行加速了大家感情的发展，也增进了彼此的了解，甚至让婉清真的有一种全情投入的感觉。

以前，天天翘首企盼的周末，现在却成为一种折磨。而她每周最期待的，却是可以如约而至的周一。和云飞那种小别重逢的感觉，既让她望穿秋水，又让她有点春心荡漾，还带着一丝难以述说的羞涩与紧张。

今天，云飞意外地没有来公司，让婉清内心充斥一种立刻就想给他打电话的强烈冲动。她急切地想知道，到底发生了什么事情。

但婉清还是克制住了，如果真的有什么不好的事情要发生，那又何必要逼着它尽早发生呢？毕竟，没有发生之前，还有一丝想象的空间，何必呢？

一直到离下班还有十分钟的时候，云飞和向南才赶回公司。阿冰在前台一看他们回来了，立刻站起来略带责怪地问道："你们俩怎么一天都没回公司啊？"

云飞勉强挤出一丝微笑说道："你跟向南聊吧，我先进去了！"

云飞进到办公室时，婉清正在焦急地看着表。她忽然看到云飞像一阵风似的快步走进来，心里感到一阵兴奋，却又伴着一种莫名的紧张。

婉清带着一副埋怨的眼神瞪着云飞，她一言不发地一直看着他从门口走到自己跟前坐下，似乎是在等着云飞给她一个交代。

而此时，纵然有千言万语，可一旦面对婉清那犀利的眼神，云飞就立刻乱了阵脚，想好的话也不知该从何说起了。

两人四目相对，虽没有语言的交流，然而此时无声却胜有声。凭着对彼此的了解，两人看似面无表情的脸上，却好像有无数只有他们俩才看得懂的密码，在上下翻滚。无声无息间，不知有多少的信息传递和感情交流，已隔空搏杀了无数个回合。

婉清终于忍不住了，她深深地闭上眼，长长地吁了口气。然后，似乎在找到了某种勇气之后，才睁开眼对云飞说道：“有话跟我说？”

云飞沉重地点点头道：“嗯！”

“那就说啊！”

“我想……请你吃晚饭，然后……再慢慢说！”

“那向南和阿冰呢？”

“他们……吃他们的！”

云飞说这句话的时候，感觉喉咙好像被什么东西卡住了似的，感觉到从未有过的吃力。

婉清一听，立刻意识到了问题的严重性，她不解地问道：“为什么吃饭还要各吃各的，有什么话不能当着大家的面讲吗？”

“我有话要对你说，而向南也有话要对阿冰说。所以，我们最好分开吃！”

婉清闻言，低下头一动不动地坐在那里，半晌都没说话。也许，她已经感觉到那种不祥的预感就要发生了。虽然她心里有一点准备，但还是无法接受。

见婉清像木雕一般，一动不动地坐在那里，云飞柔声说道：“那我帮你收拾东西吧！”说完，云飞把婉清桌面的东西，一件一件轻轻地放进她包里。

收拾完东西，云飞把包放到婉清眼前，轻声说道：“我们走吧！”

婉清却对云飞的话完全置若罔闻，她好像什么都没听见似的，依然坐在那里纹丝不动，甚至连眼皮都没眨一下。

云飞太了解婉清了，她现在虽然表面镇定自如，但内心肯定是心乱如麻，脑袋里面是一片空白。

云飞无奈，只好一手提着婉清的包，另一只手握住婉清的手，轻轻地拉她起来。可婉清却并没有动，只是抬起头来，带着怨恨的目光瞪着云飞。

云飞自知理亏，他不敢与婉清的目光正面交锋，只好低着头，温柔地说道：“这里不方便说话，先跟我出去好吗？”那语气和眼神，几乎是在哀求婉清。

婉清慢慢地站起身，机械地跟着云飞悄然地离开了办公室。此时早已下班，公司的人已经走得一个不剩，甚至就连向南和阿冰也不知什么时候，消失得无影无踪了。

没有了阿冰灿烂的笑容，空荡荡的前台在阴暗的灯光下显得格外孤单。似乎也预示着，阿冰的生活从此也将走向黯淡无光的日子。

不知此时的向南和阿冰，正在什么地方，用什么样的方式，进行着只属于他们的最后交流。

而云飞对婉清的告别，又会以什么样的方式开始，以什么样的方式结束呢？

第二十六章　鸾凤分飞惜缘浅，唯把错爱付云烟

云飞拉着婉清，默默地向自己精心安排的“和谈地点”走去。一路上，两人都没有说话，远远看去像是一对情侣手拉着手在漫步。可仔细一看，两人脸上那严肃的表情，足以让任何人在这个炎热难挨的夏天，感受到寒彻入骨的阵阵寒意。

云飞心里盘算着，要带婉清去附近的一家西餐厅吃一顿最后的浪漫晚餐。他决定豁出去了，无论如何也要留下一个美好的回忆。就算结果不圆满，过程也要圆满。就算过程不圆满，至少环境也得圆满，不能留下太多遗憾。

哪知，当他们穿过车站后面的街心公园时，婉清却突然倔强地停了下来：“我不想走了，这里很安静，空气也好，不如就在这里谈吧！我现在没有胃口，就算是山珍海味也难以下咽。”

婉清的话让云飞心痛，更让他心存内疚。他忽然觉得，自己就像一个去执行格杀令的刽子手，想用一餐像样点的饭来抚平自己对被害人内心的愧疚，真是既自私又浅薄。

但无论如何，云飞还是希望能够平静地吃完这顿最后的晚餐。哪怕后面再有什么惊涛骇浪，总算是留下个美好的片段。

因此，云飞争取道：“马上就到了，我们可以坐下来，边吃边聊！”

但婉清倔强地坚持道：“我不饿，有什么话等我们谈完了再去吃也不迟！”

此时此刻，婉清哪有心思吃饭啊！云飞越是这么认真，这么盛情，她心里就越是不安，越是充满了猜疑。

虽然，她并不确切地知道云飞到底要说什么，但那种不祥的感觉始终缠绕在她心头挥之不去。就像头顶上吊着一把利剑，让她感到没有安全感。不把这件事情解决了，她又怎么可能吃得下饭啊！

云飞知道婉清的性格，她既然决定了，那么多说也无益。于是，他只好无奈地点点头说道：“好吧，你总是这么固执，我永远都拗不过你！”

“那也好过你总是那么琢磨不透吧？有什么事你就直说吧，不用绕弯子，这不是你的风格，也不是我的风格！”婉清冷冷地说道，言语间似乎还有一点讽刺的味道。

“好吧！我……我想辞职！”云飞犹豫地小声说道。说完，他低下了头，不敢正视婉清的眼睛。

婉清不祥的预感终于还是应验了，她心里忽然感到一阵刺痛。毕竟，云飞的话太突然了，让她毫无准备，但她还是极力抑制住自己的情绪，平静地问道：“为什么？”

“我觉得……这里不太适合我的发展！”

“不适合你的发展？前两天你不是还说很有信心吗？”婉清的眼神忽然充满了杀气，那表情就像在审视一个骗子，一个偷心的骗子。

“没错，信心我是有的！但我觉得公司目前的营销模式，真不适合我们长期发展。你也看到了，公司人员像走马灯似的在流动。明白人都走了，只有我跟向南还在坚持……”

“你这话是什么意思，什么叫作明白人都走了？”婉清没等云飞把话说完，就怒不可遏地打断他问道。

云飞立刻意识到自己的措辞大有问题，连忙解释道：“我的意思是说，公司现在的模式不太适合我们，而且，这份工作跟我们的专业也不对口！”

“这是真正的原因吗？几天前你还信誓旦旦地说，要用第一笔提成请我吃饭。可一夜之间，公司的模式怎么就变得不适合你了？到底是公司的模式变了，还是你变了？”婉清的情绪一下子变得有点激动了，声音也提高八度。

云飞一时间搞得有点手足无措。他刚想解释点什么，却立刻又被婉清的话打断了：“你说，哪一家公司是十全十美的？你这根本就是借口！”

云飞最怕的就是婉清的误解，而这件事他偏偏又没法说清楚。他总不能说自己为了三百块钱底薪，而放弃和婉清在一起的机会吧？

他更不可能把自己几乎陷入绝境的现状告诉婉清，让堂堂七尺男儿颜面尽失，无地自容。他更不希望接受别人的同情和施舍，尤其是面对着自己心仪的女孩。

“不，这绝对不是借口！婉清，你先别激动，你听我说完……”

“你就是个骗子，你干吗要闯入我的生活？”

婉清怒目而视，如同面对仇人般地打断云飞的话，发出了心底的怒吼。在毫无征兆的情况下，忽然发生这样突如其来的巨变，此时内心激动的婉清，如何还听得进任何的解释？在她的内心里，云飞这些根本站不住脚的理由，分明就是一个欺骗感情的骗子，在为自己虚伪的行为寻找蹩脚的借口。

婉清眼睛里那晶莹剔透的泪珠已经摇摇欲坠。那怨恨的眼神，就像一把尖刀刺入云飞的心窝，简直让他痛不欲生。他深感自责，他打心眼里喜欢婉清。此时，他内心承受的痛苦，比之婉清更是有过之而无不及。

但能说出来的不叫苦，说不出来的才叫苦。云飞明白，此时无论怎么解释，都不可能找到一个能让婉清和平接受的理由，来为自己的“伪善”做些许的辩护。

云飞低下头闭上眼，极力让内心波涛汹涌的情绪平静下来。他深深地理解婉清的心情，白云山上的诗情画意言犹在耳，山盟海誓的温馨浪漫仍历历在目，“分手”的噩运却毫无征兆地突然降临，这种瞬间从天堂到地狱的变化，换了谁也接受不了啊！

此时，云飞宁愿被婉清狠狠地骂一顿，让她好好地出口气。这样，他的心里或许还能好受一点。

可婉清此时却是引而不发，只是默默地用她那厉如闪电的目光，恶狠狠地瞪着云飞，似乎恨不得将他生吞活剥了，让云飞更觉得羞愧难当。

“婉清，你听我说完再发火好不好？其实，离开你我也很不舍得。可短暂的分开，并不能代表什么啊！我们同在一个城市，什么时候想见面，那还不是一句话的事吗？在这个城市，大部分的人不都是这样吗？只要我们找到各自事业的定位，一样可以在一起啊！”

可婉清显然不接受这冠冕堂皇的借口：“你以为我是三岁的小孩吗？随你说一句事业上的定位，就可以欺骗我的感情吗？你要走我不会拦着你，不过，我只想知道真正的理由，你到底为什么要欺骗我的感情？难道，我这个要求过分吗？”

看样子，以婉清的性格一定会打破砂锅问到底。今天不把话摊开了说，恐怕是不行的。

云飞万般无奈的情况下，只好将报社的激励机制和提供的机会给婉清大概讲了一遍。当然，他没敢讲三百块钱底薪的事，如果让婉清知道，这点底薪就可以把他撬动的话，那婉清还不得跟他当场决裂吗？

婉清听完，似乎平静了一些，她略微思考了一下，然后说道：“你才华横溢，一个月能发表几篇文章，这个我不敢说。但拉广告的业务，你了解过吗？其难度比我们现在绝对有过之而无不及。我们大多是针对个人客户，简单透明。可拉广告是针对企业，这里有多黑暗，你根本想都想不到。要打点部门，要找对关键人物，要给返点回扣，要喝酒应酬，这些事你做得来吗？”

云飞闻言，小声喃喃道：“你不是曾经说过，只要肯吃苦，什么都是可以通过不断历练慢慢适应的吗？”

“你……”婉清被云飞一句话气得面红耳赤，却也无可辩驳，因为这的确是她曾经亲口鼓励云飞的话。

她停顿了一下，似乎在聚集了更多的能量之后，忽然像火山爆发似的，带着委屈的哭腔说道：“可那符合你的性格吗？如果为了赚钱，而变成金钱的奴隶，那还是你吗，赚这些钱还有意义吗？”

“可是，如果没有钱，光靠精神食粮，这种柏拉图式的感情，在这个现实的社会又能支持多久啊？”云飞终于也忍不住说出了实话。

可这句话，让婉清震惊得几乎说不出话来了。要不是亲耳听到，她绝对不敢相信，这话是出自云飞之口。在婉清的内心里，云飞绝不是这样“唯利是图”的人。

婉清站在原地看着云飞，愣了许久，似乎才从内心的剧烈震撼中缓过神来。她失望地摇摇头道：“我看错你了，我真的看错你了！”

此时，婉清眼圈里的泪珠，终于如同断了线的珍珠一般，噼噼啪啪地掉在地上。那种被骗的感觉，如同利箭穿身让她心如刀割。而云飞最后的那句话，就像把那支插在她心口的箭，又狠命地拧了几把，令婉清痛不欲生。她为自己的单纯而感到可笑，她为自己的多情而后悔不迭。

云飞看着婉清那绝望的表情，不由得心中泛起一阵怜爱。其实，他的内心比谁都更伤更痛。而且是一种叠加的痛，他自己的痛再加上婉清的痛。这双重的痛苦，就像在一座即将喷发的火山顶上压了一个巨大的盖子，让他喘不过气来。

他多想一把将婉清搂在怀里告诉她，他是多么舍不得她，可是他心里明白，事已至此，就绝不能再回头。

于是，云飞努力地调整了一下自己的情绪，然后充满怜爱地看着婉清说道：“婉清，你没看错我！只是，我们的相识选在了错误的时间，你相不相信缘分？”

婉清闻言，瞪了云飞一眼，气呼呼地把头转过去，不屑地说道：“有情人才配谈缘分！无情无义的人，只会拿有缘无分来做借口。你想说的话，我是不是已经替你说了？”

“唉！看来婉清对我的误会实在是太深了，如果不跟她讲出实情，恐怕她是无论如何都不会原谅我的！”看着哭成泪人的婉清，云飞内心开始涌起一种坦白从宽的冲动。

可真相实在是太难以启齿了，更何况，在出发之前云飞还一再叮嘱向南，大家一定要坚守立场，谁也不能说出这令人难堪的实情，那他自己又怎么可以率先不守信用呢？

看着云飞那左右为难的样子，婉清几乎认定，她是说出了云飞的心声，所以云飞才会被她说得无言以对。这让痛心不已的婉清更加是怒火中烧。

一旦在脑海里形成这样的想法，婉清的心也就彻底地死了。她想不到，自己在茫茫人海中慧眼相识的云飞，竟然也会用“有缘无分”这么老套的借口来打发自己。

也罢，既然如此，也没有再谈下去的必要了。这时，婉清抬手擦干脸上的泪珠，重新找回了往日的风范：“既然有缘无分，那就各自保重吧！”婉清强忍悲痛，倔强地说道。

“不是……婉清，我不是那个意思……”

不知为什么，平时能言善辩的云飞，此时，喉咙里却像被塞上了东西。就算他绞尽脑汁，却还是想不出一句能扭转乾坤的话来。

眼看着婉清转过身去准备离开，无言以对的云飞终于鼓起勇气，忽然一把抓住婉清的手，用略带颤抖的声音说道：“婉清……你是我在这个城市最亲的人，为什么你就不能理解我？”

婉清面对云飞这突如其来的举动，有点意外，有点感动，更有点委屈。只见她忽然泪如雨下，动情地说道：“我是你最亲的人？那跟你最亲的人说一句真心话，就这么难吗？”

“不是……可我真的是有难言之隐！你给我半年时间好吗？半年之后，我就把什么都告诉你！”

“半年？为什么要等半年？你根本就不应该闯入我的生活！你为什么要跟我走那么近，你为什么试图要改变我的性格？你为什么要关心我？你为什么给我写诗画画儿？你为什么要打破我平静的生活？现在，却无缘无故地说让我等你半年，为什么？”

云飞的安慰显然没有起到任何作用，反而更激起了婉清胸中的怒火。她越说越气愤，越说越激动。

“婉清……”

云飞还想再解释什么，婉清却轻轻地抬起手，示意云飞什么都不要再说了。此时，本就无话可说的云飞，更加不敢再刺激婉清。

所以，他只好顺着婉清的意思，静静地站在原地看着她。不再说话，也不再解释。他知道，现在他唯一能做的，就是尽量让婉清冷静下来。

就这样，空气凝固了十几秒，婉清终于稳住了自己的情绪。云飞心疼地把手轻轻放在婉清肩上，关心地问：“你没事吧？”

婉清却用手轻轻地把云飞的手推开，然后冷冷地看了云飞一眼说道：“我没事！不过，半年我等不了，我只能对你说一句，祝你前程似锦！”

说完，婉清便头也不回地走了。这一举动让云飞深感意外，他呆若木鸡地站在原地，却不知该如何是好。

此时，云飞的脑子里是一片空白，他不断地在心里默默问自己：“难道就这样结束了？真的就这样结束了？”

眼看着婉清的背影越走越远，云飞忽然不顾一切地大声喊道：“婉清……”

婉清听到云飞撕心裂肺的喊声，身体略微抖动了一下。她的脚步放慢了一些，却没有完全停下来。显然她也在犹豫，她也不知该如何是好。

虽然云飞只能看到婉清的背影，但是他完全可以想象到，婉清那被泪水打湿的脸庞，代表着多少无辜和委屈，又承受着怎样的意外和无奈。

云飞忽然感到全身热血沸腾，一种无法抑制的冲动，让云飞终于忍不住追了过去。

云飞从身后一把抓住婉清的手，婉清那正在前行的身躯，竟被云飞巨大的拉力拽得忽然来了个一百八十度大转身。

两人四目相对，婉清的眼神中，除了意外的惊吓，剩下的，几乎满满的都是怨恨与绝望，再也看不到往日的柔情了。

云飞一把将婉清揽入怀里，这是他想做，却一直没有勇气做的事。这也是婉清曾经盼望已久的一个美好情景。但谁也想不到，这本应是一个里程碑式的动作，今天却是在此情此景下发生的，不免让人倍感唏嘘。斗转星移，在今天的背景下，这个拥抱似乎来得太迟太迟了。

婉清机械地被云飞搂在怀里，没有拒绝也没有配合。只有脸上不断滑落的泪珠，似乎还可以证明她仍清醒着。

婉清静静地靠在云飞的胸口，倾听着他急促的心跳声。这紊乱的节奏，似乎足以证明，这个大男孩也曾真的为自己心动。也许，这就足够了。

就这样静悄悄地过了十几秒，婉清好像忽然从睡梦中苏醒过来似的，她抬起头，慢慢地推开云飞。用最深情的眼光看着他，似乎是要把这最后的美好记忆，深深刻在脑海里，以免因为时光的冲蚀而渐渐淡忘。她更要永远记住这个面孔，记住这个曾经把自己融化，又让自己心痛的人。

过了良久，婉清挤出一丝痛苦的微笑，竟出人意料地，轻轻在云飞脸上留下深深一吻。然后，她咬着嘴唇，点点头郑重地蹦出两个字："保重！"

说完，婉清毅然决然地转身离去，没有丝毫的犹豫和留恋。也许她真是伤得太深了，在那坚强的外表下，其实却隐藏着一颗如玻璃般易碎的心！

云飞知道，即使再追上去，也没有任何的意义了。也许，这样平静而友好的分手，是最好的结局。

"婉清，其实是你闯入了我的生活！对不起……"

云飞心中不断地重复着对婉清的歉意，看着婉清渐渐消失在人群中的背影，云飞的心就像被她绑在一根绳子上越牵越远，越远就越痛。一直到再也看不见，云飞的心，才随之彻底地死了！

为了生活的尊严，为了不变的梦想，云飞失去了太多太多，包括这段刻骨铭心的爱情。这样做，真的值得吗？

云飞跟婉清的这段缘分，也真的就此恩断义绝了吗？

这正是：一见钟"清"相恨晚，残阳末路惜缘浅。为惜男儿三分面，可怜两泪怒红颜。

第二十七章　儿女情长成陌路，二蛋归乡不堪苦

与婉清的告别方式，云飞预设了几个版本。但他无论如何也想不到，最后竟是以一种最差的方式结局的。

云飞用了两个多小时才走回家，此时此刻，除了用这种劳其筋骨、饿其体肤的方式来惩罚自己，云飞实在想不出什么能让自己感觉更好受一点的方式来聊以自慰了。

但令云飞意外的是，当他走到楼下时，家里的灯竟然仍然黑着。向南这么晚还没有回来，看来他的结果一定比云飞要好得多！

想想也是，谁会像自己这么失败，连最后的晚餐都没来得及吃，就匆匆败下阵来？或许，向南此时正和阿冰缠绵得死去活来呢！

又或许，向南一时经不住阿冰的温柔似水，早就主动缴械投降了也说不定。要真是那样的话，就只剩下云飞孤家寡人……

想到这里，云飞不敢再继续往下想了。既然向南还没回来，云飞也不愿独自面对那冷冰冰、黑漆漆的屋子。现在，他最怕的就是孤独。

更何况，此时还没有吃晚饭，不论是从精神上，还是从体力上来讲，云飞都已经是筋疲力尽了。分手绝对是个伤心又伤神的活儿，他需要好好补充一下能量，以安慰自己这颗饱经沧桑的心。

云飞习惯性地来到楼下一家北方风味的小面馆，这是他们以前“有钱”的时候经常光顾的饭店，这里有他最喜欢的山西刀削面。

云飞无精打采地走进饭店，却意外地发现一个满怀惆怅的背影，正孤单地坐在里面喝着闷酒。他连忙快步走过去，在那人背后轻轻拍了一把，说道：“原来你已经回来了？”

那人抬头一看是云飞，便一把拉住云飞的胳膊说道：“你来得正好，今天我们不醉不归！喝！”

说话的人正是向南，看样子他已经喝了有一阵子了。不但满嘴的酒气，而且说话也有点不利索了。

云飞摇摇头，把向南递过来的酒放在桌子上，关心地问道：“你什么时候回来

的，你跟阿冰谈得怎么样啊？”

“怎么样？你看我现在的样子，还用问吗？”

“唉……看来我们是同病相怜啊！那阿冰都说什么了？”平时不喝酒的云飞，竟然不自觉地，拿起刚才向南递给他的酒一饮而尽了。

“骗子，你就是个骗子！这就是她跟我说的最后一句话。”向南学着阿冰的语气说道。

“唉……看来，咱俩都被当作骗子了，她们说的台词竟然连一个字都不差！”云飞苦笑着摇摇头说道。

“我们在广州不知受了多少骗，想不到最后却被别人骂成了骗子，我们冤不冤啊？不说了……喝！”说着，向南又端起一杯酒一饮而尽。

云飞一看，连忙劝道：“别喝了，抽刀断水水更流，借酒消愁愁更愁！把自己搞得这么消沉，醒来还不是一样得面对？既然事情已经到了这个地步，我们就不能让这牺牲白白付之流水，我们一定要振作，一定尽快迈过这个坎，也许还有重来的机会！”

“算了吧！别自欺欺人了，我们已经被定性为骗子，这辈子在她们眼里都没法翻身了。阿冰明确地跟我说了，她会永远恨我，绝没有回头的机会了！所以，还是今朝有酒今朝醉，明日愁来明日愁吧！”

云飞看着向南失魂落魄的样子，长长地叹了口气。想想自己一肚子的委屈也无处发泄，向南说的话也不无道理。

于是，云飞一拍桌子说道：“好！人生难得几回醉，那我们今天就喝个痛快！”说完，也把杯中酒一饮而尽。

向南见云飞也开始主动喝酒了，他忽然指着云飞笑道：“群花蝶舞争芳艳，不及冰清惹人怜！哈哈……你这个骗子！想不到，你竟然还用写诗这么老土的方法骗女孩子，真有你的！”

云飞听完，不由得一怔，他诧异地问道：“这诗……你怎么会知道？”

“要想人不知，除非己莫为！你给婉清写的情诗被阿冰无意中看到了。在阿冰的百般逼问之下，婉清才不得不承认了。阿冰说……婉清当时承认你和她的关系时，脸上露出了从未有过的羞涩和幸福的样子。阿冰还托我给你带个话，她说你就是个混蛋，她让我问问你，既然要跟人家分手，为什么还要给人家写情诗？”

“我……你就不知道替我辩解两句吗？”云飞忽然气不打一处来地反问道。

“有啊！我不替你辩解还好，我一替你辩解，阿冰的矛头立刻就指向了我。说我也不是什么好东西，连我也一起被骂得狗血淋头了！我有一半骂，都是替你挨的，你说我冤不冤啊？”

清晨，一缕阳光照在云飞的脸上。开始还没什么感觉，可后来，随着阳光越来越强烈，睡梦中的云飞，终于慢慢睁开了蒙眬的睡眼。

昨晚，也不知是怎么回到家的，只记得向南一直在叫嚷着“骗子”。云飞正在试图回忆昨天的一切，忽然感觉一股酒气在胃里翻滚起来。这股翻江倒海的气流，把云飞憋得满脸通红。他皱了皱眉头，使劲闭上眼睛，隔了好一会儿才终于缓过这口气来。

昨天，可以说是云飞出生以来喝酒最多的一次，此刻喉咙里依然像火烧似的干裂。他艰难地爬起来，想去喝口水。可刚站起身，就觉得一阵眩晕，差点一个趔趄摔倒在地上。

这一折腾，向南也醒了。他先揉了揉疼痛欲裂的太阳穴，这才半醉半醒地问道：“几点了？”

“八点了，赶紧抓紧时间起床吧，不然要迟到了！”云飞看了看表答道，这时他才发现，昨天他和向南竟然是在客厅的地板上躺了一夜。

“我头疼得厉害，反正今天去了也是要辞职，就晚点再去吧！”向南一边揉着脑袋，一边说道。

云飞却坚决地摇摇头说道：“不行！我们跟婉清承诺过，以后永远不迟到，我们必须站好最后一班岗！”

向南无奈，只好起身收拾，然后一路向公司奔来。今天起得不算早，到公司的时候，大部分同事都已经到了。阿冰在前台看到他们两个走过来，却一改往日的热情似火，甚至连正眼都没有看他们一下。

向南留恋地一边走路，一边望着阿冰，可直到走廊转角的地方，阿冰也没有抬起头来再看他一眼。看来，一切真的都结束了。

两人无趣地走进办公室，可云飞原本忐忑不安的心情，却忽然间变得非常失落起来。原来他发现，婉清竟然没有来。

婉清的缺席，不但让云飞感到失落，更让他感到很不习惯。往常他一进办公室，就总能看到婉清那对清澈见底的大眼睛，像一对指路的明灯，给他送去温暖和指引。可从今以后，不管前途多么暗淡，他都只能寂寞独行了。而那盏指路的明灯，将再也不专属于他。

云飞神不守舍地一直等到十点，婉清也没有出现，这让云飞最后的一丝希望也彻底破灭了。

云飞实在忍不住，最后只好硬着头皮去问阿冰。他知道这是自找没趣，可只有阿冰才可能知道婉清的动向，为了在辞职前再见婉清一面，他别无选择。

“阿冰……”

可还没等云飞把话说完，阿冰就把手一抬，冷冷地说道：“工作时间只谈工作，如果是问婉清姐的情况，恕我无可奉告！”

这是阿冰第一次让人感到，她真的像她的名字一样冷得像冰。云飞碰了一鼻子灰，只好灰溜溜地又回到自己座位上。此刻，对于一个刻意要躲着你的人，除了等，恐怕也没什么更好的办法了。

午饭后，云飞和向南借着前一天的酒劲儿，在办公室里不知不觉地进入了迷糊状态。这时，忽然一阵清脆的响声把云飞从梦中惊醒，原来是有人 call 他。

云飞赶忙拿起电话，按照 call 机上的陌生号码打过去。他多么希望，对面传来的，是那个他期盼而熟悉的声音啊！

“喂……”云飞激动地，几乎带着颤抖的声音招呼道。

“喂……是马云飞吗？”

想不到，对面传来的竟是一个操着不太标准的普通话的男人的声音。云飞的脸上，立刻显出无比失望的表情，他甚至恨不得一把挂了电话。

“你谁呀？”

鉴于对方能叫出自己的姓名，云飞忍了忍，虽然他没挂掉电话，但那语气中的不耐烦，已经是显而易见。现在，就算是什么破公司的总经理找他去面试，他也完全提不起兴趣了。

半个小时后，曾经熟悉的人才市场门口，一个年轻人背着一个大背包，正在东张西望地晃来晃去，显然是在等人。

这里是广州的窗口，每天都有成千上万的人，怀揣着远大的抱负乘风而来。但每天也有成千上万的人，背负着失败的遗憾含恨离去，云飞和向南也是其中之一。

这时，只见有两个人走到小伙子的背后，使劲地拍了一下他的肩膀。那小伙回头一看是云飞和向南，立刻像见到亲人一般，脸上乐开了花。这个人不是别人，正是他们被骗时结识的"战友"，阔别已久的二蛋。

二蛋身上穿的，还是当时被骗时的那身打扮。脸上也依旧带着灿烂的笑容，似乎一切都没有变。云飞实在搞不明白，他为什么总能那么开心？

云飞当时给二蛋留下联系方式，也是迫于无奈。想不到，他竟然还真当回事记下来了。不知是不是因为与婉清分手的原因，他忽然对二蛋这份友情感到一种前所未有的珍惜。

见时间还早，三人便在附近找了个大排档坐下，一人要了瓶饮料，就此开聊。

云飞看着二蛋憨厚可爱的样子，笑笑问道："二蛋，你最近咋样啊，后来去哪工作了？"

二蛋见云飞问他，忽然冷不丁地一拍大腿说道："嗨，别提了！自从被那个骗子骗了以后，俺就多了个心眼儿，凡是要交押金的工作，俺都不考虑！但很快身上的钱就用完了，最后没办法，只能先随便打了份工。不过工资太低了，俺这么能吃，连俺自己都喂不饱，将来咋养俺媳妇啊？所以，俺就辞职了，准备明天回老家，不在广州干了！"

"什么，你要回老家？"云飞闻言，吃惊地问道。

二蛋的出现对云飞来讲，绝对是个意外。可不知为什么，当他听二蛋说准备离开这个城市时，心中竟忽然涌出一种莫名的不舍。虽然，在接到二蛋的电话前，云飞几乎压根就没再想起过他。

"是啊！城里的人太狡猾，时时刻刻都在算计！俺可没那心眼子，斗不过他们，家里的生活简单多了。所以想来想去，既然俺是属于农村的，为啥非来大城市拼呢？俺在家里过得可开心了，来这里就算见见世面吧！高楼大厦也见过了，都市生活也体验了，俺还是好好回家种田吧，这里不属于俺！"

二蛋说这些话的时候，脸上依然带着笑容，似乎他的每一个决定，都那么从容。没有犹豫，没有留恋，也没有纠结。

向南闻言，羡慕地点点头说道："有道理！二蛋，你能看得这么开，我对你真有点羡慕嫉妒恨啊！"

"有啥可看不开的啊？你们两个本来就是大城市出来的，为啥非要来这更大的城市呢？很多人说为了理想，为了事业，但啥是理想，啥是事业？我看大多数人也都说不清，其实就是个梦。说白了，还不都是为了钱吗？可如果为了钱，活得那么不开心，赚钱还有啥意义啊？”二蛋潇洒地说道。

云飞听完，苦笑了一下，他感觉二蛋的话，简直就是在骂自己。自己不就是他口中那种为了赚钱，而放弃幸福让自己活得那么不开心的人吗？

想到这里，云飞端起饮料说道：“二蛋，如果人人都能像你这样想得这么开，那这个世界就没有烦恼了。你能舍弃都市的繁华，舍弃金钱的诱惑，看破这滚滚红尘，我替你开心！来！我们祝你永远都这么开心！”

三人喝了口饮料，二蛋反问道：“你俩怎么好像都瘦了，你们那几个同学呢，她们怎么样了？”

“这你都还记得啊？她们……跟你一样，去追求家里那种无忧无虑的幸福生活了！”向南苦笑着说道。

三人又聊了一会儿，天渐渐黑下来。二蛋忽然拍了拍肚子说道：“俺肚子饿了，俺请你们吃饭吧！”

反正云飞和向南回到家，也只能面对冰冷的四壁，百无聊赖地去挂念婉清和阿冰。倒真不如跟二蛋吃一顿最后的晚餐，还能排解一下心中的空虚和寂寞。

于是云飞点点头说道：“好！不过，今天是为你送行，我们来请你！”

哪知，二蛋却摇摇头坚定地说道：“不行！我今天带了钱出来，就是想好要请你们吃饭的。更何况，哪有把别人约出来，让别人请吃饭的？你们要不让我请，那我就不跟你们吃了。”

云飞听完，打心眼里有点感动。在这个世道，在这么现实的地方，一个曾经被骗得几乎身无分文的人，在就要离开这个城市，可能大家永远都不会再见的情况下，竟然可以这么大方地，对待两个萍水相逢的所谓朋友。细想起来，云飞真觉得有点惭愧。因为，他自始至终都没有真正把二蛋当作朋友，更没有真正地关心过他。

为了不让二蛋太破费，他们找了一家很普通的饭店。在二蛋的坚持下，他们一人要了一瓶啤酒，也算是为二蛋送行制造一点气氛吧！

三人一边吃饭，一边回忆着往事，并分享着他们分开之后各自的经历。俗话说，酒逢知己千杯少，话不投机半句多。二蛋今天似乎特别开心，一个劲儿地不断劝酒。

云飞和向南本就心情压抑，正无处发泄，酒过三杯之后，兴致也开始慢慢变得高涨起来，一瓶啤酒的底线自然也就无从遵守了。

三个落寞的男人，各有各的心酸与无奈。也只有在酒后微晕的情况下，才能展开理想的翅膀，细数着属于他们的世界。

借着酒劲，一切心中的苦闷都化成了海阔天空的万丈豪情。这酒里寄托着男人特有的情怀，三人酣畅淋漓的笑声，在漫无边际的夜空不断地回荡。也为这段都市男人间的偶遇画上了一个圆满的句号。

第二天，桌上的闹铃不知响了多少次，才将睡梦中的云飞吵醒。为了坚守他对婉清永不迟到的承诺，云飞忍着剧烈的头痛，将极不情愿的向南硬拉了起来匆匆赶到了公司，他一定要站好在公司的最后一班岗。

阿冰见到他们，依然是冷若冰霜，毫无表情。两人尴尬地从阿冰的前台匆忙闪过，落荒而逃地进了办公室。

可刚一进门，云飞就发现，一日不见如隔三秋的婉清，已然像往常一样静静地坐在那里。她一如既往地那么美丽动人，就好像一切都不曾发生过。

刹那间，云飞开始觉得血压升高，心跳加快，肾上腺激素开始急速分泌。他离婉清越近，心情就越紧张得无法控制。

云飞的忧心忡忡与婉清的悠然自得，似乎形成了鲜明的对比。见到云飞走过来，婉清只是习惯性地抬头望了一眼。然后便像看到了陌生人一般，事不关己地又低下了头。

这种与往日大相径庭的表现，让云飞心里更加没底了。这到底是一种豁然开朗的释怀，还是暗潮汹涌、火山爆发的前奏?

这场终极见面，到底会成为拨云见日的转机，还是会成为有缘无分的诀别?处处都充满了不确定，令人既期待又忐忑。

第二十八章　清风不予云留住，吾爱只争朝与暮

云飞诺诺地来到婉清身边，婉清连头也没抬一下，只是像扫二维码似的，用眼角的余光扫了他一眼。似乎只是想确认一下，坐在自己旁边的这个人，的确是那个偷心的骗子，省得待会儿盛怒之下伤及无辜。

婉清的反应在云飞预料之中，既合情又合理，这是她一贯的风格。云飞轻轻叹了口气，像个做了错事的小孩儿一样，看着婉清轻轻说道："昨天你怎么没来？我等了你一天！"

"哼！"婉清并没有回答，只用鼻子不屑地哼了一声。

云飞见婉清不作理会，只好诚恳地看着婉清继续说道："昨天一天没见到你，真让我觉得很不适应。你知不知道，我等你的每一秒钟，都是在煎熬中度过的。婉清，今天是我在公司的最后一天，难道我们就不能心平气和地说点心里话吗？"

这一声"婉清"，虽然声音小到只有他们两人能听到。可对于婉清而言，却如惊涛拍岸，让她听得肝胆俱裂。

婉清看似平静的外表，内心却是暗潮汹涌。一股感情的旋涡，如同脱缰的野马，在她失控的内心横冲直撞。即使婉清使出她的洪荒之力，却也无法控制。

婉清终于忍不住转过脸来，两眼充满了委屈，却仍然杀气腾腾。她恶狠狠地看着云飞道："跟一个骗子我还有什么好说？你在这里还有几天，又关我什么事？"

显然，婉清说的是违心话，既然不关她事，她又干吗这么激动呢？云飞看着婉清那熟悉的面孔，此时却忽然觉得有一些陌生，甚至令人恐惧。曾经柔情似水的眼神，此刻却布满了血丝。不知是一夜未眠哭红了双眼，还是仇人相见分外眼红？

在白云山上那瞬间的郎情妾意，却突然之间变成了咫尺天涯的无情绝离。事情发展到今天的地步，令谁都措手不及。只能怪天意弄人，谁也想不到报社的工作竟来得这么快，这么顺利！

云飞痛心地点点头道："一切都是我的错，你怎么恨我都不过分！但我们为什么不能好好利用这珍贵的最后一天，把这黑暗的结局变成美好的开始呢？你不总说事在人为吗？"

“听听你用的这词，‘利用’，在你眼里一切都是可以利用的吧？你让我毫无理由的等待，自己却出去游戏人生，这就是你口中美好的开始吗？你把我当什么，梦想的备胎吗？看看你涨红的脸和一身的酒气，想必昨天一定过得很逍遥吧？还说什么等我的每一秒钟，都是在煎熬中度过，你真是个不折不扣的骗子！”

云飞不说话还好，他话一出口，立刻引起了婉清更强烈的怒火。听婉清这么说，他觉得是既委屈又自责。虽然落得这个下场也是活该，可这天大的误会还是要解释一下的。倒不是因为云飞受不得这点冤枉，而是他不想让婉清内心有更多被欺骗的感觉。

于是，云飞顿了顿说道：“婉清，你真的误会我了，昨天我确实一直在等你，只是……”

可云飞的话还没说完，婉清就一摆手，坚决地打断了他的话。然后静静地看着远方，若有所思地慢慢说道：“不用说了！你到底有没有等我，已经不重要了。如果是为一份值得拥有的感情，等一辈子又如何？而我却为了一个不负责任的承诺，只留下一辈子的痛！”

婉清的话字字力压千斤，句句如雷贯耳。此时，云飞不论再怎么辩解，任何语言都会显得苍白无力。以至于他的嘴巴在空中动了几下，却一句话也没说出来。

原来，昨天早上婉清一怒之下没来公司，的确是想刻意避开云飞。可到下午的时候，最终还是忍不住相思的冲动。于是，就在下班前特地回了一趟公司。目的当然是为了创造一个，和云飞“偶遇”的机会。

可没想到，云飞临时赴二蛋之约，让婉清扑了个空，两人也就因此阴差阳错地失之交臂了。此时，婉清在气头上，又如何会相信云飞的解释？看来，上天注定要让云飞在婉清心目中，永远留下一个骗子的形象，是不会给他澄清事实的机会了。

云飞也明白，此时婉清对他的成见已经根深蒂固，不是三言两语能解释清楚的。但他并没有打算放弃，而是准备再做最后一次争取，就算不能力挽狂澜，至少也要做到不留遗憾。

于是，云飞叹了口气说道：“本来我昨天就要辞职的，就是因为没等到你，所以才改到今天的。我真的希望能见你最后一面，把一切都解释得清清楚楚再走，不要让大家留下太多遗憾和误解。”

“哼！为了见我最后一面，改变了你辞职的大日子，我可真是受宠若惊了！我是不是应该对你感恩戴德，谢谢你天大的恩赐啊？现在最后一面你也见了，你可以不留遗憾地离开了吧？”

“婉清，我理解你的心情，你需要把情绪发泄出来。但这里不合适，我们找个安静的地方好好聊聊，好吗？”

“不必了！既然结果都已经注定了，又何必要勉强把过程修饰得那么美好，有意义吗？你也是做销售的，应该知道我们这一行，只看结果不看过程！”婉清的话句句透着让人瑟瑟发抖的寒气，似乎要把云飞拒于千里之外的北极冰川。

云飞听完，无奈地摇了摇头。他沉思了半晌，忽然鼓起勇气轻轻抓住婉清的手说道：“婉清，咱俩从天南海北在这个城市相遇，能走到这一步，也算是天大的缘分。难道你真的准备，让我们以后形同陌路吗？”

本以为这番感人至深的话，再加上他那诚意满满的眼神，一定能让婉清有些许的感动。

哪知，她却不屑一顾地推开云飞的手说道：“不要在我面前耍这些手段了，这一招还是留给其他女孩子用吧！我已经看透你了，你根本就是个没有情感的花心萝卜，我是绝不会做别人备胎的。我现在清楚地告诉你，我们的缘分到此为止。以前就算是有缘，那也是孽缘，早了早好！”

都说女人是感情动物，“爱”可以奋不顾身，“恨”可以赶尽杀绝，云飞今天算是领教了。而婉清，又是女人中的女人，即使痛得撕心裂肺，也仍然可以断得斩钉截铁。

此时，云飞也实在是无计可施了。只是就这么放弃，他实在心有不甘。眼见软的不行，云飞只好把心一横，决定来个软硬兼施。

于是，他带着发号施令的口气说道：“情缘也好，孽缘也罢，但我们必须好好谈谈，你跟我出来！”

“我不出！”

“到底出不出？”

“不出！”

云飞见好话说尽也不管用，于是假装威胁道：“你要不跟我出去，那我就当着这么多人的面把你扛出去，反正我明天也不来了！”

“你……你就是个无赖！”

婉清气得杏眼圆睁，柳眉倒竖，她怒气冲冲地瞪着云飞。可那貌似强大的外表背后，却始终掩盖不住一颗脆弱的心。那怒气冲冲的声音中，仍隐约夹杂着几分只对云飞才特有的温柔。

云飞见这一招奏效了，于是步步紧逼道："无赖就无赖吧！反正也是最后一天了，既然你已经认定我是个骗子，再多个无赖的头衔，也无所谓了！"

此时，婉清眼中显出一种复杂而矛盾的神情。她当然知道云飞不可能那么做，但她还是屈服了。也许，她内心里本来也是想跟云飞走的，只是她缺少一个说服自己的理由罢了！

"那你先出去吧！我过五分钟再出去，我不想让阿冰看到我跟你在一起。我们已经说好了，要跟你俩一刀两断，谁也不许再理你们！"

听婉清这么说，云飞这才恍然大悟。难怪阿冰有如此坚决而强烈的反应，原来她们之间竟然已经定好了攻守同盟。原来以为这玩意儿只有在男人间才有效，想不到两个女人之间，也能建立起革命统一阵线！

云飞会意地带着一连串的感叹先来到楼下，大约五分钟后，婉清果然也如约而至，只是那冷冷的味道依然未变："有什么话就快点说，我不想让阿冰认为我自食其言！"

"阿冰的看法，对你真的就那么重要吗？"

"当然了！尤其是在我看清你这个骗子以后，我更加意识到，一个值得信任的朋友对我来说，是多么重要了！"婉清的话处处带刺，让云飞每走一步都如履薄冰。

"可……如果最后你发现，这一切都是一场误会呢？难道你不觉得，我也是一个很重承诺的人吗？自从那次我向你保证了以后，我就再也没有迟到过！"

婉清闻言，心头也不觉为之一震。的确，云飞在向她做出承诺之后，就再没有迟到过一次。由此来看，她的话对云飞还是颇具影响力的。

但显然，这句话并不足以颠覆婉清对云飞深入骨髓的成见。最终婉清还是以她特有的鄙视，淡淡地说道："那恭喜你了！自己人生的一小步，骗子人生的一大步。看来，为了骗人你还真是用了不少心机！"

"婉清，为什么你一定要误会我……"

云飞此时真觉得比窦娥还冤，他刚想继续解释，婉清却没有给他这个机会："我跟你现在已经没什么关系了，如果你叫我出来就是为了告诉我这些，那我现在可以回去了吗？”

“难道，你就真的这么铁石心肠，我再怎么做都无法打动你吗？”云飞有点泄气地说道。

“你别讲得这么煽情好吗？你可以打动我，只要你告诉我真相就行啊！否则……你就不要一再把我约出来，一再给我根本不存在的希望，又一再让我失望！”

“婉清，你就不能给我点时间吗？”

“那你就不能给我句真话吗？”

话已至此，显然两人谁也说服不了谁，彼此又陷入了再一次的沉默。

沉默了良久，婉清忽然抬起头来，像机关枪似的发问道：“为什么一定要出去才能闯？外面的世界就一定更精彩吗？难道你跟我在一起，我会影响你的世界运转吗？半年时间真的能让你扭转乾坤吗？跟我说句实话，真的就那么难吗？”

“我……”

云飞被婉清连珠炮式的发问，问得哑口无言。这些问题他现在的确回答不了，因为有些问题连他自己也无从找到答案。

稍愣了一下，云飞无奈地说道：“婉清，我们只是不在同一家公司上班而已，两情若是久长时，又……”

“我就是只在乎朝朝暮暮！”婉清没等云飞说出后半句，就毅然决然地打断了他的话。那咄咄逼人的眼神，充满了怨恨甚至杀机，让人不寒而栗。

两人再次沉默下来，四目相对，云飞和婉清眼中都闪烁着极其复杂的信息。这是一种怎样的情感？是相思的爱怜，是诀别的怨恨，是痛苦的抉择，还是奢望牵手到永恒的执着渴望？

这复杂的感情交织在一起，就如同一张纠缠无序的网，剪不断，理更乱。到底是谁的错，恐怕现在已经无法做出清晰明了的判断。只是，有一点似乎他们都可以感觉到，那就是短暂的平静并不意味着雨过天晴。相反，这可能是暴风雨来临的前奏。

只不过，对于婉清而言，最大的暴风雨不是撕心裂肺的疯狂怒吼，而是黯然伤神的默默离去。

婉清忽然显得异常的平静，她微微点点头说道：“好吧！既然我的执着让你这么痛苦，那也无谓再勉强。我祝你一路顺风，前途似锦。保重！”

婉清说完，从云飞的身边侧身走过。态度竟是那样的坚决，就像从一个素不相识的路人身边经过一样，看不出有一丝难舍的留恋。

就在婉清擦肩而过的一瞬间，云飞忽然一把抓住了她的手。婉清的脚步也随即戛然而止，她知道结局不会发生逆转，这不是进一步的挽留，而是他们最后的分手。

婉清停在原地紧闭双眼，享受着她与云飞最后一次心与心的碰撞。这种血脉相连的感觉，就好像能将体内奔腾激荡的因子通过指尖的接触传递给对方。让他们感受到彼此为对方而生生不息、跌宕起伏的心跳渐渐走向平静。

这是一种无法言喻的感觉，虽然奇妙无比，却如昙花一现，转眼即逝。随着婉清的指尖轻轻从云飞手中，慢慢滑落的那一刹那的到来，这座爱情的火山也终将慢慢熄灭，化为灰烬。而这段跌宕起伏的感情，也终将随之尘封谷底。

云飞永远也忘不了那一刻，婉清纤细如玉的手指，有如驶出站台的列车一般，一节一节地从他的手心滑走。直到最后的指尖彻底地滑落，两个人的感情也终于走到了尽头。

爱情就像一列脱轨的列车，已然灰飞烟灭。事业仍处在茫茫夜色中前途未卜，虽然动力十足，却完全找不到方向，也不知道何时才能迎来黑暗的尽头。

婉清走后，云飞并没有马上离开，而是静静地独处了半个小时。很久很久，他都没有这样一个人静静地思考过问题了。

云飞忽然想起了一句诗词：“雄关漫道真如铁，而今迈步从头越。”也许，这正是他现在最真实的写照。

回到办公室，云飞不由自主地向婉清的位置望去。然而，婉清的位置上早已人去楼空。留下的只有她往昔在云飞脑海中不可磨灭的倩影和对她无处不在的美好回忆。

难道，这就是有情人注定的悲惨结局吗？

第二十九章　闲诗寄语了旧怨，执笔从文添新忧

谢绝了李主任的百般挽留，云飞和向南终于离开了这家让他们又爱又恨的公司。这里留给他们唯一的纪念，或许就只有那本《新世纪百科全书》和两段随风而逝的感情吧。

又是一个百无聊赖的周末，除了周一他们将到报社上班这一点小小的寄托之外，云飞和向南再也想不到，任何能令他们神经有一点点兴奋的东西了。

晚上，云飞和向南各煮了两包加料的方便面，不但有鸡蛋还有火腿肠。算是对旧生活的告别晚餐，也充满了对新生活的美好憧憬。

云飞举起手中的面，苦笑一下说道："自古英雄多寂寞，只身荡寰宇！要成就大业就要耐得住寂寞，经得起诱惑！我干了，你随意！"

向南一听，不以为然地说道："算了吧！你别忘了还有一句，'英雄难过美人关，人不风流枉少年'，别吃不着葡萄说葡萄酸了！我劝你还是悠着点慢慢品尝，这样的美味可不是天天都能吃得上的！"

"那还有一句'自古多情空余恨，此恨绵绵无绝期。天若有情天亦老，月如无恨月长圆'呢！事到如今，也只有想开点了！"云飞说得好像很收放自如。可其实，他自己也过不了自己心里那关。

向南闻言，不服气地说道："哼！我就不信你真能做到这么无情无义，无欲无求？才这么两天，你就忽然大彻大悟，立地成佛了？"

云飞听完，不禁苦笑一下说道："唉！事到如今，开弓没有回头箭。剪不断，理更乱，又何必自寻烦恼呢？更何况，两情若是久长时，又岂在朝朝暮暮？"其实，在云飞内心隐隐还是抱着一丝破镜重圆的希望的。

"行了，我说你就别再自欺欺人了！明明自己也很难受，偏偏要装得跟圣人似的，有意义吗？我就怕你是意气风发归来时，红颜已是他人妻。到那时，你就守着你的事业和金钱后悔去吧！"向南打击道。

"你忘了彼岸花的花语吗？相见不如怀念，怀念不如忘却。也许，有缺憾的人生，才是完整的人生。如果结局真是如此……我也认了！"云飞说完，默默地低下头不再出声。

向南见状，忽然挑衅地说道："你要真这么有决心，那有本事就把它写出来啊！"

"什么意思？"云飞一脸茫然地看着向南问道。

"既然你可以对婉清以诗表情，现在也可以以诗明志啊！写首诗宣誓你义无反顾的决心，并铭记你此时复杂矛盾的心情，岂不是一举两得吗？"

此时，云飞心里也正堵得慌，他的确需要找个方式来发泄一下他憋屈的心情。或许，向南的提议到也不失为一个好方法。

写诗在乎的是心境，要想把所想所感抒发得淋漓尽致，就必须在身处其中时，第一时间记录下当时的感想。如果是道听途说，或者等到时过境迁，再想通过回忆找回当时的感觉，就难免会有矫揉造作、无病呻吟的痕迹。

在向南的激发下，云飞顷刻间也诗兴大发，他沉思了一会儿，便提笔成行，一气呵成地写道："宴肴余温，茶香犹绕，红颜黯然归途。英雄末路相恨晚，难扫尽烦忧无数。朝思暮想，儿女情长，忍痛长恨罔顾。冰清玉洁真如许，又何惧暂离独处！"

写完之后，云飞还没来得及回味一下，向南便抢着拿起来，边看边评论道："这是模仿秦观的《鹊桥仙》写的吧？"

"没错！此诗的意境特别适合我们现在的处境，请多多指教！"云飞故意学着古人的样子抱拳说道。

向南也不客气，他学着云飞的样子也抱拳回礼道："好说，好说！"

接着，向南微眯着眼睛咂巴了几下嘴巴，像是在回味其中的意境。隔了一会儿，他忽然睁大眼睛点了点头，似乎感情终于酝酿到位了。

"第一句话，回顾五朵金花在时，我们的温馨生活是何等令人嫉妒。但她们来去匆匆，不免让人有点黯然伤感。第二句话，可叹英雄无用武之地，虽然意外结识了婉清和阿冰却相见恨晚，难以扫尽现实的烦扰，最终还是落得个分手的结局。最后一句一语双关，你希望冰清玉洁的感情，能够经得起时间的考验……"

云飞和向南在无聊与寂寞中，用一首诗的讨论来度过了史上最难熬的一个周末。终于迎来了星期一，一个新时代的到来。

一大早，他们便准时来到报社报到。紫嫣一如既往地带着热情的笑容，把他们带进了会议室。

她脸上总带着像阿冰一样甜甜的笑容，这不禁让向南徒增了几分对阿冰的思念和对紫嫣格外的亲切感。

几分钟之后，唐总编走了进来。几句例行的寒暄之后，他竟主动亲自带着云飞和向南去认识部门的相关负责人，这让他俩感觉真有点受宠若惊。

第一个认识的是钱编辑，这是个戴眼镜的斯文女孩。她个子不高，短发长裤，显得精干利落。从头到脚都弥漫着浓郁的文化气息，一看就是现代版的李清照。

“小钱，给你介绍两位新同事！马云飞和林向南，他们以前在报社实习过，都发表过稿子，科班出身，基本功不错。以后你要对他们多加指导，未来他们深造得怎么样，就看你的水平了！”唐总编半开玩笑地说道。

钱编辑一听，连忙谦虚地说道：“总编，你可别给我那么大压力！我工作一向尽职尽责，你是知道的！我肯定会尽我所能，但千万别上纲上线啊！呵呵！”

说完，钱编辑又转头对云飞和向南说道：“你们好！我姓钱，是这里的编辑，欢迎你们的加入！不过，虽然我姓钱，可并不代表我贪钱，我是君子爱财，取之有道啊！”

钱编辑不愧是文人墨客，字里行间都透着文化气息。一句玩笑话，也拉近了与云飞和向南的距离，令他们放松了很多。

可就在云飞和向南刚刚松弛下来之时，钱编辑忽然收起了笑脸，一本正经地说道：“不过，玩笑归玩笑，工作上我可是从来不讲人情的。稿子质量达不到，那是绝对不能发表的，就算是唐总编的面子我也不会给。”

钱编辑忽然转向的语气，让云飞和向南猝不及防，颇有点尴尬。刚才松弛的笑容还没有隐去，就被这浑身透着凉气的狠话冻僵在了脸上。

云飞一边点头，一边心里暗想：“这小丫头，看上去比我们也大不了几岁，倒是蛮成熟的！先给我们个热乎话，接着再来个下马威。看来，刚才对她的好感都是自作多情，以后在她手下可不好混啊！”

见完钱编辑，唐总编又带着云飞和向南去见了负责广告部的周主管。周主管一看就是个典型的北方汉子，人高马大，说话的声音厚重而直爽，三言两语就能让人产生一种亲切而可靠的感觉。看来，一定是个做业务的高手。

只是，不知他会不会也是那种人前一套，背后又是另外一套的多面人呢？如今的云飞被骗的次数多了，已经是见人三分疑。没有深入的了解，是绝不会被表相迷惑的。

报社的工作虽然就此开始了，但记者的工作并没有如期而至。亦冷亦热的钱编辑，给云飞和向南安排的第一份工作，是他们无论如何也预想不到的，那就是——读报纸！

钱编辑让云飞和向南把报社这一年出版的报纸都从头到尾仔细读一遍，并要求他们读完之后写一份总结报告。

虽然，安排这样的工作有点出人意料，看起来也无聊之极，其实却体现了钱编辑的良苦用心。

这既是为了帮助他们，熟悉未来写稿子要遵循的风格套路。也是在帮他们了解行业和企业发展的动态以及竞争对手的状况。这些内容可都是将来跟客户拓展业务时最基本的聊天谈资。

云飞和向南接到钱编辑布置的任务后，便开始了漫漫的读报之路。说句实话，他们从来也没读过这么多报纸。而且，几乎是逐字逐句，逐个版块儿，一字不漏地读完每张报纸。这全然就是一种退休生活的提前体验嘛！

拿着工资读报纸，第一天还觉得轻松而有趣。可当他们读到第三天的时候，这种情趣便荡然无存了。甚至，一闻到报纸上残留的石墨味道，就会有一种令人作呕的厌恶感。

好在，这段时间的磨炼，让他们学会了如何让工作变得乐在其中。渐渐地，他们开始把枯燥的读报，变成了文字校对的比赛。通过比较谁发现的错字多，来打发长时间读报的无聊，并把每个错字都用红笔圈了出来。

可就在他们为自己的战绩而沾沾自喜时，紫嫣却善意地向他们发出了“红色警告”。原来，他们这种无心的“挑刺”行为，令负责审稿和校对的同事感到无比难堪。

甚至，他们的无心之举，却被有些人当作了一种刻意的挑衅。他们在无形中得罪了人，却还傻傻地蒙在鼓里呢！

对紫嫣的提醒，感谢之余也让云飞和向南为自己缺乏社会经验的鲁莽行为而感到羞愧。想不到这么基本的常识，他们俩竟然一点都没有意识到。还比不上一个初出茅庐的前台，真是令他们感到汗颜。

时间就这样一天天地过去了，每天读报之余，他们也免不了会想到婉清和阿冰。但 call 机始终保持着沉默，或许这代表着，他们之间的关系真的是彻底结束了。

一周的时间转眼就过去了，读报的任务也随着在他们的总结报告写上最后一个完整句号而顺利结束了。

周末对于每个人都是翘首以盼的，但对于云飞和向南而言，他们对周末并没有太多期许。因为周末就等于寂寞，从早到晚被困在那间小小的房间里，和住监狱又有多大的区别？因此，上班对他们来讲，反而是一件更快乐的事情。

星期六，两人睡了一个久违的懒觉。刚刚爬起来，光着膀子准备吃早餐。忽然，一阵清脆悦耳的声音从云飞的房间里传来。这声音不但打破了整个沉默，也搅乱了两人的心情。

云飞一个箭步冲进自己的房间，他拿起 call 机一看，上面赫然显示着一个陌生的号码。

云飞和向南不由得都精神为之一振，在广州有几个朋友屈指可数，周末又有谁会打电话找他们呢？这个答案似乎不用多讲，就已经呼之欲出了。

云飞和向南互相对望了一眼，那种兴奋的眼神，已经很久没有在他们眼中浮现过了。两人连忙穿上背心，甚至都没有来得及把脚放在鞋里面，就不顾一切地，向楼下的电话亭冲去了……

第三十章　天意弄人擦肩过，佳人绮窗泪沾衣

云飞迫不及待地拨通电话，用几近颤抖的声音问道："你好，请问哪位call我？"

但回答令人失望，电话里传来的，竟是一个浑厚的男人声音："是云飞吗？我是周主管！"

"哦……是周主管啊！我是云飞，找我有什么事吗？"云飞极力地平复着自己的情绪，以便不被周主管听出来他言语中的失望之情。

"有一个重要的客户，今天突然约我过去谈生意，我想看看你们俩有时间吗？如果有时间的话，我想带你们一块过去坐坐！"

云飞一听，周主管有大客户介绍给他们，当然是求之不得了。更何况，两人现在闲得发慌，正愁没事打发时间呢。于是，他赶忙答道："有时间，有时间！那我们在哪见啊？"

"那就一个小时后，在公司楼下碰头吧！"周主管干脆利落地回答道。

云飞挂了电话，赶紧回到家换了身衣服，便和向南匆匆忙忙地向公司赶去。不一会儿，周主管也准时赶到了，三人便一起坐车赶往客户的公司。

陈总是周主管的老客户，一见面就笑嘻嘻地说道："小周，好久不见你了，生意还好吧？"边说，边伸出手来跟周主管握手。

周主管一边跟陈总握手，一边笑容满面地说道："多亏您照顾，生意还过得去！"

陈总听完，呵呵一笑，指着周主管调侃地说道："你太谦虚了，我这点小生意还不够你塞牙缝呢！谁不知道你是你们报社的顶梁柱啊，我们公司以后还要靠你多宣传啊！"

周主管一听，连忙谦虚地说道："陈总言重了！我不过是个小角色而已，我们报社可是卧虎藏龙，人才济济啊！"

说完，周主管又话锋一转说道："您是我们的大客户，这次来我还特意带了两个新同事，以后我们会有更强大的团队来为您服务的！"

陈总听完，看了看云飞和向南，笑呵呵地说道："那感情好，后生可畏啊！以

后都是年轻人的天下，我们这些做实业的当真不容易。以后还得靠你们这些媒体人多做正面的报道和推动啊！”

云飞和向南听陈总这么说，心里不由得扑通扑通直跳。还从来没有人这么高抬过他们，想不到跟着周主管出来，他们也跟着摇身一变，被尊称为媒体人了。陈总恐怕做梦也想不到，他面前这两个后生可畏的媒体人，现在可是连吃饭都是问题啊！

在周主管与陈总谈正事的过程中，云飞和向南坐在旁边，只是一言不发地静静听着。他们一边学习周主管的谈话技巧，一边记录着谈话的内容。

可就在云飞聚精会神地做笔记时，call 机却突然响了起来。云飞看也没看，就连忙按停了 call 机。他知道，在谈判中任何干扰都是大忌，也是非常不礼貌的。

好在，周主管和陈总相谈甚欢，并没有太在意。可是没过几分钟，云飞的 call 机忽然再次响了起来。云飞连忙敏捷而又紧张地，把 call 机再一次按停了。

这一次，周主管略略地侧过头来，瞟了云飞一眼。这个动作虽然做得很隐蔽，但足以让云飞感到一种无形的压力。他知道周主管有点不高兴了，谈判中任何让客户分心的枝节，都可能影响到谈判的最终结果。可谁也想不到，这百年不响的 call 机，怎么会偏偏在这个节骨眼儿上连响了两次呢？

周主管不动声色地继续和陈总谈话，云飞则知趣地悄悄把 call 机关掉了。他明白，有一有二但绝不能再三再四。

一直等到周主管跟陈总顺利谈完，云飞这才长长地松了口气，好在没有因为这些小节问题影响到生意的结果。

三人离开陈总的办公室后，云飞抱歉地说道：“周主管，真对不起！刚才我的 call 机忘关机了，差点打扰了你们的谈判，真是不好意思！”

反正也没影响到生意谈判的结果，周主管很宽宏大量地摇摇头说道：“你能意识到问题所在，说明你还是一个注重细节和有销售判断力的人，下次注意就好了！既然有朋友找你们，事也办完了，那你们就去忙吧！”

“好的！那我们周一见！”

云飞略带歉意地点点头，和向南告别周主管后，连忙打开 call 机查看。一开机，就听到一连串清脆的响声接连响个不停。看样子，在云飞关机期间，又有人连续呼叫了他多次。

连续呼叫这么多次，肯定是有十万火急的事。可在广州，又有谁能这么急着找他呢？难道是……

云飞不由自主地再一次想到了婉清，可仔细琢磨一下又觉得不对。这不是婉清的风格啊！以婉清的性格，她说跟云飞分手了，那就断然是不会再主动找他的。更何况，还是三番五次地 call 他。可是，如果不是婉清，那还有谁会这么急着找他呢？

此时，云飞心里是既期待，又充满了对再次失望的担忧。但不管怎么说，他都不能错过这次机会，即使迎接他的是再一次的失望，他也不能让这个遗憾成为永远的不解之谜。

于是，云飞就近找了一个公用电话，按照 call 机上显示的号码拨了过去：“你好，请问刚才哪位 call 我？”

此时，云飞的心几乎要提到嗓子眼了。一想到期盼已久的那个声音随时可能出现，他就忍不住涌起一阵莫名的激动。这通电话几乎牵动着他的每一根神经，也承载着他全部的希望。

但云飞又真怕，再出乎意料的冒出一个素不相识的人。要真是再来一次的话，那他真是想死的心都有了。

“你找谁啊？”

对面突然爆出的男低音，简直让云飞有如五雷轰顶一般，差一点晕过去了。特别是，那男人的语气中还充满了不耐烦，甚至挑衅的味道，让云飞感觉简直忍无可忍。真恨不得能沿着电话线飞过去，把他狠狠暴揍一顿。

云飞实在想不通，老天怎么会接二连三地跟他开这种残忍而无聊的玩笑呢？就算人生如戏，也不能这么戏弄我的人生吧？

但此刻的云飞，还是保持了克制。他尽力使自己平静下来，即使此时的他已经怒火攻心，但他还是不能放过最后一丝机会。

于是，云飞顿了顿又问道：“请问你这里是什么地方，刚才是不是有个女孩子在你这里打过电话？”

“我这里是士多店啊！刚才是有个女孩子在这里打过电话，不过她已经走了。你这么久才复机，有没有搞错啊？”店老板操着不太标准的广州普通话，用略带埋怨的语气说完，没等云飞再问什么，就“啪”的一声挂断了电话。

看着云飞失魂落魄的样子，向南急切地问道：“是婉清找你吗？”

云飞垂头丧气地点点头说道：“嗯！我这么久没回她电话，她肯定伤透心了！”

“那你还不赶紧call她，跟她解释清楚啊！这也许是你最后的机会了！”向南急切地催促道。

当然，向南也很想了解一下阿冰的近况，如果云飞真有机会跟婉清和好，那他跟阿冰也不是没有可能。

此时，云飞也顾不得想太多了，他急忙拨通婉清的call机，想抓住最后一丝力挽狂澜的机会。但结果令他失望，尽管云飞call了不下十次，却最终还是没有等到婉清的电话。看来，她的心真的是伤透了。

“为什么老天总是造化弄人呢？既然要给我们和好的机会，却为什么又偏偏安排我们错过了呢？早知道就不跟周主管见什么客户了！”向南懊恼地说道。

“她刚才这么急地call了我十多次，该不会是发生了什么事吧？要不你call一下阿冰试试，如果真有什么事，阿冰一定知道！”云飞好像忽然想起了什么似的，略显紧张地对向南说道。

向南一听，垂头丧气地摇摇头说道：“阿冰现在见了我都不理，我call她，她怎么会复我机呢？”

“你没试过怎么知道？现在都什么时候了，还只顾着面子？”云飞有点激动地训斥道。

向南无奈，只好试着拨通了阿冰的call机。时间在煎熬中一分一秒地过去，希望却像流沙一样，在等待中一点一点逝去。

云飞对这次遗憾的错过，实在有些无法接受。他不相信老天真的就是如此残忍，把他的命运当作儿戏，一次又一次地作弄。与其再次降临一个根本触不可及的希望，倒不如这个希望从来都不曾出现过。

最后的希望果然没有如约而至，在残酷的等待中，两人终于彻底绝望了。云飞不无遗憾地叹了口气说道：“唉！算了……命中若有终须有，命中若无莫强求。既然天意如此，也不必强求了。走吧……”

两人失望地低着头，挪动着沉重的脚步，默默地离开了电话亭，向车站走去。电话亭就像他们心中那渺茫的希望，离他们越来越远，最终被彻底抛在了身后，再也看不见了。

忽然，向南走着走着却停下了脚步，他略带迟疑地看了云飞一眼问道：“你听到什么没有？”

此时，云飞的脚步也骤然停了下来，他看着向南激动地说道："你也听到了？那就是说，这不是我的幻觉？"

"是电话铃声！"两人几乎异口同声地说道。

话音还未落，两人便像两匹脱缰的野马一般，不顾一切地向电话亭冲去。

"喂！"云飞先到一步，他一把抓起电话，气喘吁吁地喊道。生怕因为自己的手慢了一秒，而再次错过了老天爷给他们的第二次机会。如果真是那样，这必将成为他不可原谅的终生遗憾。

还好，这次电话里传来的，终于是一个清脆的女孩子的声音。声音中虽带着几分幽怨，却依然是那么甜美而亲切。

"喂！我是阿冰……"

"阿冰……真的是你！"云飞激动得几乎叫了起来。

"是阿冰？"向南闻言，几乎不敢相信这一切是真的。他在旁边大喜过望地看着云飞，还没等云飞回答，就将耳朵靠近话筒，拼命地想听听阿冰久违的声音。

"阿冰……你要跟向南说话吗？"云飞看着向南问道，他想给向南争取个机会。

哪知，阿冰却带着埋怨和责怪的语气，冷冷地说道："不用了，我本来就是找你的！刚才我 call 你那么多次，你为什么不复机？"

"刚才 call 我的……是你啊？我们刚才在开会……不方便！"云飞的话显得有点语无伦次，其中也夹杂着些许的失望。

阿冰的话间接地证明了云飞的猜测，婉清既然跟他分手了，就绝不会再主动找他，这才是婉清的性格。看来，他还是了解婉清的。

"算了，是什么原因已经不重要了。你现在……是不是还挂念着婉清姐？"阿冰犹豫了一下，忽然又问道。

一听提到婉清，云飞立刻来了精神，他连忙说道："那当然，她现在怎么样？"

"她要走了，要回老家了！而且，以后再也不回来了！"阿冰几乎带着哭腔说道。

"你说什么？为什么啊，到底发生什么事了，她为什么会突然做出这样的决定？"

云飞听到这里，仿佛一下子掉进了冰窟，全身感到一阵发凉。他做梦也想不到，自己期盼已久的婉清的消息，居然会是一个让人痛到不能再痛，坏到不能再坏的坏消息，这几乎泯灭了云飞最后的一丝希望。

“来不及细说了，我和婉清姐现在在火车站，如果你还想再见她最后一面，就快点赶过来吧！”阿冰焦急地说道。

云飞一听可真急了，他连忙嘱咐道：“阿冰……我马上赶来，你无论如何也要阻止她上火车啊！”

云飞放下电话，来不及跟向南解释，便“嗖”的一声向马路边跑去。向南在后面莫名其妙地跟着一路跑来，直到他们拦了一辆的士上去，云飞才算有机会喘了口气，把阿冰说的话原原本本地给向南讲了一遍。

这是他们来广州以后，第一次打的士。要不是为了追回婉清，他们是无论如何也不舍得这么奢侈的。但这个时候，钱已经不重要了，能追回自己的幸福显然比什么都重要。

还好，周末的广州不算塞车，两人顺利地赶到了火车站。此时，卖站台票的地方排满了人，云飞和向南也顾不得再讲什么道德素质，两人插队买了两张站台票，在人们的一片骂声中向站台冲去。

此时，站台上熙熙攘攘的送行大军，三五成群地围作一团。泪洒当场、相拥而泣的感人场面比比皆是。

云飞和向南自然无暇顾及，为了提高效率，他们决定分头去找。只可惜，他们最终还是来晚了一步。

这时，车站的高音喇叭已经开始发出警告，要求送站的人群退到黄线以外。看来，列车马上就要开车了。

心急如焚的云飞和向南，一个向车头找，一个向车尾找。他们穿梭在拥挤的人群中，一边跑，一边大声地呼叫着婉清的名字。但他们的呼喊声，很快就被淹没在火车巨大的轰鸣声和人群的嘈杂声中，显得如此苍白无力。

眼看着车门已经关闭，火车拖着它那庞大的身躯，发出一阵撕心裂肺的长鸣。就像一个老态龙钟的怪兽，大口大口地喘着粗气准备启动了。

见此情景，云飞知道一切都晚了，他的心也随着火车的轰鸣声被撕得粉碎。

在接到阿冰电话的那一刹那，他本以为一切都有了转机。想不到，最终的结局却依然是擦肩而过。真是天意弄人不可追，事与愿违意难随啊！

就在云飞失望感慨之际，他突然听到一个微弱的声音穿透人群，在向他呼唤。

云飞猛然抬头望去，透过人群的夹缝，他赫然看到向南正在拼命地向他挥舞着双臂。

云飞立刻感到全身热血沸腾，他三步并作两步，拼命挤过人群的夹缝向前跑过去。

眼看离向南越来越近了，却见向南忽然用力地指了指他头顶的车窗。云飞顺着向南手指的方向抬头望去，猛然见到那个他朝思暮想的面庞，正泪眼蒙眬地望向自己……

第三十一章　留书一封断君念，从此清云各一边

那熟悉的眼神，不正是自己魂牵梦萦的婉清才特有的吗？几天没见，她似乎已经憔悴了很多。长长的睫毛上，一颗颗晶莹剔透的泪珠，正顺着脸颊倾泻而下，有如梨花带雨让人看得心碎。

虽然隔着车窗，但云飞依然可以感受到，那份无法从心底抹去的情感，依旧是那么深长。

“婉清……为什么你要不辞而别？”云飞跑到车窗边，隔着玻璃大声问道。

车窗里的婉清，根本听不清云飞在喊些什么。她趴在车窗上，隔着玻璃看着几近愤怒的云飞。此时，她已经哭成了一个泪人。也许，她现在根本不需要听清云飞在喊什么，只要看到他为自己悲痛欲绝的样子，就已经足慰平生了。

此时，婉清很心痛也很无助，她现在能做的，就是抓住这最后的一瞬间，跟云飞做最后的告别。她满含着泪水，将一只手贴在玻璃上。虽然隔着玻璃，但她还是希望云飞能感受到，她那份不得已的痛苦抉择与深情留恋。

婉清的另一只手，则紧紧地捂在嘴边，似乎是怕自己忍不住而失声痛哭出来。尽管她的眼泪已经如冲破闸口的洪水一般顺着指缝不停地滑落在她那白皙的手臂上。

这时，火车忽然“哐当”一声，抖动了一下它那巨大的身躯。似乎是在警告那些不忍分手的情侣，鹊桥相会的时辰已过。它将变成那阻断牛郎织女的银河，带着一半的离愁到天涯海角，而留下另一半相思到天荒地老。

眼看着火车开始缓缓启动，这段刻骨铭心的情感，势必将随着这绝情的列车绝尘而去。一切美好的过去，都将从这一刻开始化为美好的回忆。而一切美好的回忆，也终将烟消云散，随风而逝。

云飞动情地也将手贴在玻璃上，隔着玻璃与婉清的手重叠在一起。虽然，他们的手再也不能感受到彼此的温度。但至少，他们仍可以用心去感应彼此的每一根神经发出的强烈信号。

什么叫作近在咫尺，却远在天涯？什么叫作永不相忘，却天各一方？世界上最美丽的误会莫过于，她以为你不再爱她，而你却为她寸断肝肠。

就在火车驶出站台的那一刻，婉清用手指蘸着自己的眼泪，在车窗上画了一个心形。然后，她又用手拍了拍自己的心口。

“婉清……”随着云飞发出最后一声绝望的怒吼，火车终于呼啸着驶出了站台。

火车的节奏越开越快，它扯着震耳欲聋的嗓子，发出声嘶力竭的呼啸。配合那腾腾的雾气，淹没了所有人的眼泪、呼唤和依依不舍。也将所有人的爱恨情愁，都无情地抛到了九霄云外。这一别，云飞和婉清恐怕真的是，此恨绵绵无绝期了。

婉清最后的那个动作意味深长，她究竟是想告诉云飞什么呢？是自己那颗玻璃做的心，已经被云飞彻底粉碎了，破镜再难重圆？还是想最后向云飞表白，说明她仍然与云飞心心相印，即使天各一方，也会对他永不相忘？

这个答案，也许就像断了线的风筝，随着火车渐渐驶出人们的视线，也将变成永远萦绕在云飞心头的无解之谜。

对于婉清而言，在别离的最后一刻，能意外地看到云飞对她依依不舍的样子，她已经心满意足了。事实证明，这个偷心的骗子终究对她还是付出了真心。现在，到底是谁偷了谁的心，似乎已经说不清，其实也不再重要了。

站台上送行的人群，此时已悄然散去。跟着火车跑了那么久，此时云飞才觉得全身瘫软，有种喘不上气来的感觉。

他靠在站台的柱子上，一边调整着呼吸，一边调整着失控的情绪。此时的他或许是因为缺氧而有一种眩晕的感觉，那种感觉就像漂浮在云雾之间，虚虚实实、真真假假，难以用语言来形容。

这时，向南走过来，轻轻地拍拍云飞问道：“没事吧？”

“没事！”

此时，空荡荡的站台上，除了一根根矗立在夜色中的柱子，就只剩下云飞和向南孤零零地站在那里。看上去，多少让人觉得有些凄惨。

“我们走吧！”云飞终于缓过神来，他叹了口气对向南说道。

两人按照出口的指引方向，拖着疲惫的步伐向前走去。可才走了几步，却忽然发现，前面不远的柱子后面，冷不丁地走出来一个女孩，拦住了他们的去路。

两人不由得一愣，紧接着就见向南那久无光彩的双眼，如同充了电一般，忽然放射出异样的光芒，并情不自禁地喊道：“阿冰！”

云飞这才想起，因为自己情系婉清，竟然忘记找到今天帮忙牵线搭桥的大功臣阿冰了。

阿冰对向南的热情呼唤似乎显得无动于衷，她并没有理会向南。而是看着云飞说道："云飞！对不起，我以前错怪你了！今天，我终于看到了你对婉清姐的真情！"

云飞望着阿冰摇摇头，苦笑着说道："可惜一切都已经晚了！不过……我还是得谢谢你，让我与婉清见了最后一面，也没什么遗憾了！"

"我……我对你也是一片真情啊，难道你就看不出来吗？"旁边的向南终于忍不住，向阿冰表白道。

阿冰闻言，转头看了向南一眼，却并没有说话。只是那眼神当中已经没有了之前面对向南时那冷冷的杀气。

"或许，你们真的是有缘无分吧！如果你能早点回我的电话，也许还来得及留住婉清姐。我看得出来，她虽然嘴上说得硬，可心里其实也很犹豫，她真的很在乎你。只是，这次你是真的伤了她的心……"阿冰伤感地说道。

这是不言而喻的，云飞当然明白。只是，婉清突然做出这种极端的决定，还是大大地出乎了他的意料。于是，云飞不解地问道："婉清为什么会突然做出回家的决定？难道只是因为我……"

云飞话说到一半，却不知该再怎么往下说了。阿冰善解人意地主动接上话茬说道："还记得婉清姐第一次带你们出去走市场前的那个周五吗？她突然有事，请了假！"

"当然记得！我还打了电话给她，她说要处理点事情，我当时也没追问她是什么事情！"

阿冰见云飞对此事仍记忆犹新，说明他对婉清果然不是虚情假意。于是欣慰地点点头说道："其实，那天是因为她的父母来了。他们一直都不放心婉清姐一个人在广州打拼，多次想叫她回去。电话里不成功，就亲自跑来劝她。本来婉清姐早前已经在犹豫了，但想不到你的出现，竟坚定了她留在广州的决心！"

"原来是这样！"云飞听到这里，感觉更加内疚而惭愧。他真恨不得插上翅膀，追上婉清所坐的火车，跟她说一百句抱歉，求得她的原谅。

可现在，再说什么都为时已晚，除了懊悔和一阵阵如针刺刀绞般的心痛，一切都已经无法挽回。

这时，阿冰忽然翻开随身斜挎的小包，从里面拿出一封信递给云飞说道："这是婉清姐让我亲手交给你的！"

"什么，给我的信？"云飞见婉清有信留下，真是既激动又意外。虽然此行没能把婉清留住，可这封信也算是意外的收获。

虽然不知道信里说了些什么，但说不定机会就在里面。这真是没见到婉清的遗憾之余，最好的补偿啊！

云飞略带颤抖地接过阿冰手上的信，此时真是感慨万千。他迫不及待地正准备把信封打开，阿冰却阻止道："现在不能拆，婉清姐说让你回去一个人平心静气的时候再慢慢看！她希望你能细细地品味信里的每一句话，试着想象她坐在你身边，轻轻地为你念出信里的每一个字！"

"哦……谢谢你，阿冰！"云飞眼望阿冰，心里充满了无限的感激。

婉清交代的事情终于处理完了，这时，阿冰似乎才终于想起了站在一旁，对她一直翘首企盼的向南。

两人凝望着对方，虽然没有说话，但眼神中却隐藏着数不尽的思念与哀怨。多少个日夜的寝食难安，此时终于能够再一睹芳容，得偿所愿，向南真有一种想扑上去拥抱阿冰的冲动。

但多日不见的陌生、内疚和尴尬，在向南心里形成了一道无法逾越的鸿沟，让他始终没有勇气越出雷池一步。

此时，阿冰的眼神也不再像以往那样天真无邪。似乎这场经历，让她对人世间的变化无常陡增了几分不曾有过的困惑与成熟。

云飞有失去婉清的切肤之痛，所以，他当然可以深深体会到向南此时的感受。既然与婉清已经失之交臂，无可挽回。那绝不能再错过让向南与阿冰重归于好的天赐良机。

于是，云飞冲着阿冰微微一笑说道："你俩也好久没见了，不如找个地方好好聊聊吧！"

向南闻言，带着渴望的眼神看着阿冰，他多么希望看到阿冰能够点头应允。他多么希望自己与阿冰的历史转机就在这一刻出现啊！

哪知，阿冰看了看云飞，又转头看了看向南，最后却坚定地摇了摇头说道："婉清姐走了，我更加没有勇气独自承受这份变幻莫测的感情。我想，我现在最需要的是好好静一静。对不起！"

向南闻言，心里的希望瞬间就崩塌了。他真心不想失去这得来不易的见面机会，可又找不到任何挽留阿冰的借口，急得像热锅上的蚂蚁热汗直流。

此时此刻，任何的语言都显得那么苍白无力。眼瞅着机遇从指尖一点点流走，可向南却只能眼巴巴地看着而无能为力，这是多么的无助，又多么的残酷啊！

“阿冰，我……”向南最终还是鼓起了勇气，想抓住这最后的机会，把心里话说出来。

可阿冰却没有给他这个机会，还没等向南说完，阿冰就把手一摆说道：“你什么也不用说了，我们彼此珍重吧！”

说完，竟主动给了向南一个拥抱。这个拥抱来得太突然，突然到让云飞和向南都愣在了当场。

看着两人呆呆的样子，阿冰盯着向南的脸，柔声地说道：“这个拥抱，就算是对你那首诗的回报吧，算你的良心还没有坏完！”

云飞听阿冰这么说，更是云里雾里的不知所云了。他心中暗想：“诗？什么诗，难道向南也给阿冰写诗了？难道向南也开始用这种他以前最不以为然的方式来骗女孩子了？”

虽然云飞心中纳闷，但他明白现在绝不是讨论这个问题的时候。所以，云飞忍了忍，还是把想问的话又咽到肚子里去了。

阿冰说完，又转头看着云飞说道：“云飞，你也保重！”

“呃……保重！”

阿冰就这样头也不回地，潇洒地走了。走得是那么坚决果断，一如婉清当时离开云飞时一样“绝情”。站台上，只留下云飞和向南呆呆地站在那里，还没有从阿冰刚才那突如其来、出人意料的举动中清醒过来。

两段短暂的广州爱情故事，就以这样悲剧的方式草草收场了。曾经的花前月下、两情相悦，都已成为过去，留下的只是四颗支离破碎的心和不堪回首的往事。

记得某书上说，男人感情受伤平均需要两个月去恢复，而女人则平均需要三个月，真的如此吗？也许，云飞这次可以用自己的现身说法来给那些不负责任的专家几个清脆响亮的大耳光了。

从车站出来，沿着街边的人行道缓缓而行。路边的音响店，这时正在播放林子祥和叶倩文合唱的《选择》。

“风起的日子，笑看落花，雪舞的时节，举杯向月。这样的心情，这样的路，我们一起走过。就算一切重来，我也不会改变决定。我选择了你，你选择了我，这是我们的选择……”

这让云飞忽然想起了，他跟婉清唯一一次跟同事们出去唱卡拉OK时，一起合唱的情景，当时他们唱的正是这首歌。

那时，他们深情对望，似乎都在庆幸自己做出了人生正确的选择。可歌声犹在耳边环绕，佳偶却已是天各一方。

每次到火车站送人，回去时都会路过这家音响店。而它每次所放的音乐，似乎又总能配合云飞的心情，戳中他内心深处无法触及的痛。

记得上次来火车站时，是为了送五朵金花。那次这家店正好在放刘德华的《一起走过的日子》，让他和向南倍感唏嘘。

但不知下一次，会遇到什么歌？云飞真希望他认识这家店的老板，以便下次他能提前预约一首听起来让他舒心的歌。别让歌声在他伤口上撒盐了，他这颗已经伤痕累累的心，经不起这么折腾了。

寂静的夜晚，云飞和向南各自躺在自己的房间，回味这段时间在广州经历的各种喜怒哀乐。

遵照婉清的嘱咐，云飞在努力平静了自己的情绪之后，才缓缓打开那封婉清留下的亲笔信。

也许多年以后，岁月的侵蚀会让许多记忆变得模糊。而这封信，或将成为他与婉清这段感情间留下的唯一证据。

云飞怕撕坏了信封，所以用剪刀轻轻地将信封划开，郑重地从信封里抽出信纸。打开信纸，上面赫然有两滴明显的湿痕，不用想也知道，这必然是婉清有感而发，潸然泪下的证据。

可以想象，婉清当时是用一种怎样的心情写完这封信的。而在写信的过程中，不知又流了多少伤心的眼泪。

云飞想象着婉清一边流泪，一边写信的情景，不由得心如刀割。他长长地做了一个深呼吸，尽力让自己平静下来，以便进入婉清当时的内心世界。让自己与婉清一起，共同体会这段刻骨铭心的离别寄语……

第三十二章　无可奈何花落去，拂堤杨柳醉紫嫣

云飞：

当你读到这封信的时候，我已经离开了这座曾经给我希望与梦想的城市，踏上了回家的路。这是我这一生中，做出的最艰难的抉择。希望你现在是在一个夜深人静的夜晚，在一个安静的空间，带着平静的心情，用我的口吻在读这封信。就像往日我坐在对面跟你说话一样，细细地品味我的心境。

云飞，我不知道你是否真的相信缘分？至少我曾经是信的。遇到你之前，家里一直催我回去，而我也一直在左右摇摆，犹豫不决。你的到来，让我曾天真地认为，这是上天让我留下的最好证明。

白云山之行，我本以为是我们感情发展的里程碑。我曾暗暗下定决心，可以为你做任何牺牲，永远不离不弃。

而幸福就像她来的时候一样，走得也是那么突然。就在我像一只找到自己归宿的小鸟，快乐地在蓝天白云之间飞翔欢唱之时，一支利箭毫无征兆地穿透云霄，刺进我的心房。而我连一点反应的时间都没有，就从云端摔到了地下，痛不欲生。

而这种痛，不仅仅是利箭穿透我心带来的刺痛，也不仅仅是从云端摔下带来的伤痛。更让我无法忍受的是，那个无情的射手竟然是你。

看到这里，云飞的内心已经是血脉偾张，不能自已。自责之余，他感觉婉清口中那支所谓射向她的箭，又何尝没有深深地扎在他的心上，令他痛不欲生啊？

云飞强忍着心中的波涛汹涌，继续读下去。

你就像一个老练的猎人，而我就像被你玩弄于股掌之间的猎物。你一次次地约我出来给我希望，又一次次让我绝望地离去。直到现在我也不明白，为什么告诉我你离开的原因就那么难，甚至不惜与我分手？

云飞，我实在是身心俱疲，再也受不了这一次次失望的打击了，我

需要找个地方好好疗伤。也许，家才是我永远不变的港湾。

自从你走后，我根本无法专心工作，我知道继续留下来，也必将一事无成，只不过是蹉跎岁月而已。如果感情生变，事业又无成，我留下来还有什么意义？所以，离开是我唯一的选择！

云飞！男人应该有自己的梦想，我理解并且支持！但男人也应该有自己的承诺和责任。也许，女孩子看得太过浅薄，但我实在没有办法把眼光投得更远。因为，这个城市太现实，不允许我们拿感情去冒险。我更没办法接受去做别人梦想的备胎，请原谅我的自私与短视！

爱过方知情重，醉过方知酒浓。也许，只有经历过失去，才能真正懂得珍惜。也许，每个人生命中都注定会有一场轰轰烈烈的错爱。遇上时令人怦然心动，排山倒海。退去时毫无征兆，令人措手不及。而结局，似乎早已注定是各奔东西。

如果，这份错爱不可避免，我愿意从容接受，并把它封存在我的记忆中，带着它度过我不可预知的人生。

云飞，如果佛真的没有骗我们，我愿意用一万次与你的擦肩而过，来换取下辈子与你一世的完整情缘。

爱过，我不后悔！痛过，才会刻骨铭心！如果上天注定我只是你生命中的匆匆过客，那我唯有送上我最衷心的祝福，保重！

婉清

一九九八年 × 月 × 日

读完婉清的信，云飞只觉得心如刀绞。感觉自己就像一个劣迹斑斑，甚至十恶不赦的罪人。

这么好的女孩子，自己为什么没有好好珍惜？错过的是一段姻缘，改写的却是两段历史。

云飞把婉清的信，反反复复地念了三遍。每念一次，就会多一份内疚。人常说“男儿有泪不轻弹，只是未到伤心处”。今天现实终于戳到了云飞的伤心之处，即使像云飞这样性格倔强的人，此时，也难免热泪盈眶。

又是一个不眠之夜，隔壁的向南也同样经历着失眠的困扰。阿冰曾经是一个天真可爱、无忧无虑的女孩，整天像一只叽叽喳喳的小鸟，似乎从来不知愁滋味。

而今天见到她那忧心忡忡的样子时，向南也是感同身受。是谁让这样一个充满活力、不知烦恼为何物的天使，变得如此多愁善感，对他人充满了怀疑与不信任？向南的心里明白，他当然是责无旁贷。

此情可待成追忆，只是当时已枉然。失去的已无可挽回，未来要面对的仍是不可预知的重重困难。新的开始，等待他们的究竟是柳暗花明又一村的美好明天，还是颠沛流离、艰难险阻的荆棘路。也许，只有走过才知道。

这个夜注定将在辗转反侧中度过，既然睡不着，不如索性起个大早，去面对新的一天。

于是，云飞和向南一早便来到了报社。只可惜，报社没有人有阿冰那么高的觉悟，每天早早来到公司，只为用自己灿烂的笑容，给大家创造一个温馨美好的开端。

既然公司门还没有开，两人只好在昏暗的走廊里站着发呆。云飞好像忽然想到了什么似的，突然问道：“对了，在火车站时，阿冰说你给她写过诗，我怎么一点都不知道？你不是非常不屑于用这种方式追女孩子的吗？”

“呃……没事干，瞎写着玩呗！”

“少来了，你会把阿冰的事拿来玩儿？”

在云飞的再三追问下，向南没办法，最后只好硬着头皮承认道：“唉，好了，好了！我承认，我把你改写的那首《鹊桥仙》送给阿冰了！”

“什么？我说那天你为什么非要鼓动我写诗呢？原来是早有预谋的，你可真会做顺水人情啊！”云飞恍然大悟地说道。

“唉！只可惜落花有意，流水无情，虽然我费尽心思，可还是没能挽回啊！”向南长叹一声说道。

云飞闻言，略带调侃地说道：“你知足吧！一首诗换了那么大一个拥抱，你还不满足啊？早知你这么为难，我就挺身而出替你挡了！”

“行了，别说得那么伟大，好像是帮我挡子弹似的！不过，早知道一首诗能换一个拥抱，上大学时我就应该选修个什么古诗词班好好研究一下，狂写几百首情诗。那样，我就可以和阿冰相拥到天亮了！”向南意犹未尽地说道，似乎仍沉浸在阿冰那温暖的怀抱里。

“呵呵……看不出来，你还是个多情种啊！这么肉麻的话你也说得出来？”

向南的话音刚落，就听到走廊的尽头，忽然冷不丁地传来一个女孩的调侃声。这个声音在寂静的走廊里显得特别清脆，让猝不及防的云飞和向南都吓出了一身冷汗。尤其是向南，脸上立刻觉得一阵发烫。

“这是谁啊？”两人心中都暗暗嘀咕道。

循声望去，只见走廊的尽头，如魅影般飘出一个高挑的身影，她扭动着纤细的柳腰，迈着猫步，朝着云飞和向南姗姗走来。那清脆的皮鞋声和婀娜的俏身影，向南一眼便认了出来，正是前台的紫嫣。

紫嫣扭动着腰肢，缓缓走到云飞和向南的面前，似乎把这长长的走廊，都当成了她展示魔鬼身材的 T 台。即使只有两个外行的观众，她仍然显得乐此不疲，意犹未尽。

“一看你们两的熊猫眼，就知道昨晚一定去干坏事了。还想和谁拥抱到天亮？看不出来啊！”紫嫣一边开门，一边调侃地说道，嘴角还露出一丝坏坏的微笑。

云飞和向南闻言，不好意思地互相对望了一眼。这才发现，因为昨晚几乎一夜没睡，两人眼上都留下了明显的黑眼圈，只是互相都没注意。此时被紫嫣这么一提醒，真有点无地自容之感。

向南灵机一动，连忙讨好道：“这都被你看出来了，这不是想你想的吗，一日不见如隔三秋啊！”

如果是换成别的女孩子，这样的玩笑也许会让她立刻脸红脖子粗。可紫嫣似乎一点也不在乎，反而一副得意扬扬的样子说道：“是吗？看来我的粉丝又增加了一个，今晚可以炖老鸭粉丝汤了。呵呵！”

向南一听，连忙顺杆往上爬：“美女就是美女，粉丝都够做一锅汤了？厉害啊！”

哪知，紫嫣闻言坏坏地一笑说道：“我的粉丝早就够做一锅汤了，只是缺一只老鸭而已！”

“你……”向南被紫嫣一句话噎得无言以对，气得满脸通红可又不好发作，只好硬生生地忍了。

紫嫣一看向南憋得满都红了，似乎也意识到自己的言语有点过分，于是连忙补救道：“我是开玩笑，别介意啊！你看你们两个，这么大的熊猫眼怎么去见客户啊？”

“听你的意思，你有解决之道？”云飞此时也意识到了这个问题，于是连忙问道。其实，云飞扯开话题，也有帮向南解围的意思。

紫嫣微微一笑道："那当然，山人自有妙法！"说着，从自己包里取出了一个精致的小瓶。

"这是什么啊？"云飞不解地问道。

"当然是去黑眼圈的神器了，把这个抹在眼睛周围，黑眼圈就看不到了！"紫嫣神秘地一笑说道。

向南接过小瓶怀疑地看了看，撇撇嘴说道："这东西，行不行啊？"

紫嫣一听就不高兴了，她一把抢过向南手中的小瓶，把嘴一噘说道："你以为我买化妆品是因为钱多，买来当摆设的吗？"

说完，紫嫣转头对云飞说道："云飞，我来帮你试试，他不信就算了！"

说着，没等云飞表态，紫嫣就熟练地从小瓶中挤出一些东西，然后毫无顾忌地帮云飞做起了"美容"。

紫嫣那柔软的手指，在云飞的脸颊间上下翻飞。一阵阵清香透过指尖的传递，直扑进云飞的鼻孔，沁人心扉。虽然还不至于让云飞神魂颠倒，却也足以让他紧张得有点不知所措了。

此时，云飞只希望这飘飘欲仙的体验快点结束。这倒不是因为他怕自己把持不住，只是这么亲密的场面，要是被其他同事进来碰到，那可就尴尬了。

但紫嫣倒是显得异常镇定自如，对云飞的这些顾虑似乎视若无睹，完全没一点紧迫感。直到她认为满意为止，才把两手一拍拧上瓶盖，然后自信满满地看着云飞说道："搞定！"

果然，云飞对着镜子一看，他的黑眼圈真不见了。向南见状，连忙讨好地凑上来说道："美女果然是妙手回春啊！你大人不计小人过，也顺便帮我除一下黑眼圈呗！"

"我可一点都不顺便，你呀就自己动手，丰衣足食吧！"说着，紫嫣把那只小瓶子塞到向南手里不再理他。显然，向南刚才的不信任，得罪了这位有侠义心肠的"女汉子"。

但正所谓不打不相识，紫嫣本就是个热心开朗、性格直爽的女孩，与公司同事都相处得很好。云飞和向南与她年龄相仿，话题也多。所以一来二往，三人很快便打成了一片，成为无话不谈的好朋友了。

没多久，同事们陆陆续续地都来了，云飞和向南看到钱编辑也来了，便走上前去打招呼。

哪知，钱编辑一见到他俩，就敏感地使劲用鼻子嗅了嗅问道："你俩怎么这么香啊，抹化妆品了？"

"呃……没有啊！"云飞和向南边说，边本能地都往后退了一步，真是尴尬万分。

这时，云飞急中生智，赶紧岔开话题问道："钱编辑，这个星期能给我们安排采访任务了吗？"

钱编辑对云飞的问题似乎颇感意外，云飞这么一问，她立刻忘记了刚才的无聊话题，脸色一凛说道："采访任务可不是报社给你们安排的，要靠你们自己去发掘，唐总编没跟你们说过吗？"

"没有啊！"云飞和向南闻言，心里立刻就凉了半截。

在这个茫茫人海的都市，他们除了工作上结识的这几个同事之外，连半个朋友都没有。要靠自己去发掘采访对象，谈何容易啊！如果有这样的人脉，他们还用得着离开原来的公司，离开婉清和阿冰吗？

见钱编辑用一副不可思议的眼神看着他们，云飞皱了皱眉头，缓和了一下语气又问道："那刚开始的时候，是不是好歹也得有个老记者带带我们啊？"

钱编辑听完，摇摇头叹了口气说道："这里没有老记者带新记者的惯例。你们做记者跟拉广告的业务员没什么区别，完全都得靠自己。你别以为我们是多大的报社，我们只是个夹缝里求生存的小报，这里每个人都是自己动手，丰衣足食！"

钱编辑说话的声音不大，但在云飞心中句句震耳欲聋，让他不免产生了一种再次上当受骗的感觉。

也难怪云飞会这么想，面试时他们几乎把所有应该考虑的问题都拿出来讨论了一遍。本以为这次做得天衣无缝，无懈可击，可到头来千算万算还是百密一疏，竟然没问清楚采访的规矩和流程！

钱编辑看到两人失望的样子，似乎很理解他们的心情，于是又补充道："你们跟唐总编怎么谈的我不知道，但你们要理解，我只是个编辑。记者的工作不归我管，我也无权指挥他们！这里的现实就是这样，你们慢慢就会了解的。"

"我们明白！但我们出去跑，总得有个记者证什么的吧？要不然，人家怎么相信我们啊？"云飞又问道。

哪知，钱编辑闻言仍显出一脸的无奈："对不起，记者证要过了三个月试用期之后，报社才能帮你们办。现在，我只能让紫嫣给你们印两盒名片先凑合着用吧！"

"OK！有好过无，我们拿到名片就立刻出去跑，谢谢你钱编辑！"云飞点点头，既无奈又理解地说道。

但自从和钱编辑沟通完之后，云飞的内心忽然就被一种不祥的阴云笼罩。一种前途未卜的不安感开始在他内心强烈地涌动起来。

钱编辑的话让云飞意识到，前景也许并没有他们预期的那般美好。而唐总编的礼贤下士，似乎也并没有看起来那般质朴。更让云飞担心的是，他们为此付出的感情代价，或许将在不久的将来，被证明是一招不可换回的败笔，但愿是自己多虑了吧！

中午，云飞和向南订了盒饭，在会议室吃饭。业务人员都跑出去了，办公室里只剩下为数不多的几个人。紫嫣跟他们俩很谈得来，所以仨人便挤在会议里，边吃饭边聊天。

向南自认为和紫嫣已经混得很熟，所以便毫无顾忌地问道："钱编辑是不是挺难相处的啊？我觉得她这人怎么时冷时热，让人琢磨不透啊？"

紫嫣听完，看了向南一眼神秘地说道："你到底是太单纯还是太傻啊？不知根不知底的情况下，你就敢在我面前说钱编辑的坏话，你就不怕我讲给她听吗？"

向南闻言自信地说道："我相信你不是那种人！"

"我的确不是这种人！但是……"

"但是？但是什么？"

"但是如果钱编辑是我朝夕相处的室友，你在背后说她的坏话，那我就不能视而不见吧？"紫嫣带着一脸的坏笑瞪着向南说道。

"什么？钱编辑跟你是室友？"

"是啊！她是我的上司、闺蜜兼室友，你说我该怎么办呢？哈哈哈……"看着面带囧色的向南，紫嫣哈哈大笑起来。

三人在会议室里调侃得有滋有味儿，不时传出一阵阵爽朗的笑声。自从认识了乐天派的紫嫣，"快乐"这种久违的生活奢侈品，也终于再次进入了云飞和向南的生活，让他们百无聊赖的日子，又终于有了一丝令人陶醉的温馨阳光。

云飞以前一直认为，二蛋的快乐是一种境界。而今天从紫嫣身上，他们看到了另一种境界。其实，生活可以很简单，也可以很快乐，只是我们自己不愿意放下而已。

俗话说，人生如戏，戏如人生。云飞和向南为了一份朦胧的梦想，做出了那么多牺牲，经历了那么多的挫折，却远没有二蛋和紫嫣的快乐与洒脱。到底是人生对他们太残忍，还是他们对人生太执着？

云飞不由得陷入了深深的思考……

第三十三章　今时笑我凌云志，他朝莫羡少年穷

对于云飞和向南来说，令他们最头疼的是，记者这个活并不是单靠辛苦就可以出成绩的。之前他们在NEG卖英语资料时，还可以靠着一股蛮劲，通过扫楼的方式挨家挨户地做陌生拜访。

可做采访是要根据报社的战略思路，有目标、有计划地进行的。那些有头有脸的风云人物，可不是你凭着一股坚忍不拔的韧性，想拿下就能轻易拿下来的。

云飞和向南在这个城市举目无亲，认识的人掰着手指头都能数得出来。他们的报社名头又不够大，再加上连记者证都没有，想找个有头有脸的名人去采访一下，那可真是比登天还难啊！

以前，云飞在报社实习的时候，每个记者要采访的渠道，报社都是按照行业来细分的。当时，带云飞的师傅跑的是棉纺织行业，他们的任务就是每年把山西省附近大大小小的棉纺织厂跑个遍。

对于那些企业而言，他们的确有让媒体帮他们做正面宣传的需求。尽管宣传效果未必都能尽如人意，但花点小钱走走形式也无伤大雅。做企业和媒体保持良好的互动始终是有必要的，毕竟人算不如天算，谁知道哪天不走运，真需要媒体拉一把呢？做企业就得有长远眼光嘛！

所以，以前云飞跟着师傅出去采访，那都会被待如上宾。好吃好喝地招待上不说，临走多少还会备点小礼物意思意思。

用云飞的话来讲，以前的采访工作，可以总结为三个不变。第一，采访对象不变，永远都是那些相对固定的企业。第二，采访内容不变，采访的主题基本都是换汤不换药，所以写稿子基本就是改改时间和标题，拿旧稿子套用就行了。第三，采访时间不变，基本上什么时候去哪个厂，年头看着皇历就能把年尾的行程都安排好了。反正，过年过节或者什么年庆厂庆等大日子，都少不了他们的身影。不辞辛劳地去沾点喜气，厂家也不会让你白辛苦的，这一点大家都心照不宣。

而今天，斗转星移，时空变幻。同样是记者的工作，从形式到内容却有了翻天覆地的变化。只能感叹同行不同命，同伞不同柄，在不同的平台上，做人的差距就显现无遗了。

俗话说，病急乱投医，云飞和向南思来想去仍是一筹莫展。最后，他们不得不将眼光，落在了那位美貌与智慧并存的美女紫嫣身上。

不管怎么说，紫嫣在报社待了这么久，就算她手里没有客户介绍，至少也应该有些经验可以分享啊！那些记者的套路，她多少应该了解一些，谁还不是从刚出道的懵懂少年做起的？此时此刻，能有个人给指点迷津，对他们来说也是一种莫大的收获。

也不知为什么，云飞发现好像每个公司的前台，都跟他们有着不解之缘，尤其是跟向南。

这天一大早，紫嫣正坐在座位上补妆。向南便带着强烈的使命感，凑到紫嫣跟前没话找话地套近乎了："美女，这么漂亮还用化妆啊？你这简直就是不给其他女孩子留活路啊！"

喜欢被人夸是多数女孩的天性，面对这么大胆露骨毫不掩饰的糖衣炮弹，更是没几个女孩能抵挡得住，更何况是颇有点自恋的紫嫣呢？

果然，紫嫣闻言乐得扑哧一声笑了出来，脸上就像炸开锅的爆米花，嘴都咧到腮帮子上了："无事献殷勤，非奸即盗！不过，姐我承受得住。说吧，有什么事有求于我？"

面对他们如此肉麻的谈话，云飞实在看不下去了。他只好甩一甩身上的鸡皮疙瘩，转身落荒而逃败下阵来，只留下向南还沉浸在与美女的嬉戏享受之中。

但不管怎么说，云飞还是不得不对向南舍己为人的义举，暗暗竖起大拇指。用这样浮夸的辞藻，当众露骨地赞美一个活生生的大美女，那是需要多大的勇气才能做到的啊！是怎样大无畏的无产阶级革命精神，和那种牺牲我一个幸福千万家的高风亮节，才能让向南如此不畏险阻，迎难而上的啊！

好在，向南的牺牲也算物有所值，他从紫嫣那里多少打听出了一些小道消息。只不过，这些消息有如噩耗一般，听完之后让向南有一种瞬间掉入冰窟的感觉。

原来，云飞和向南加入的这间小报社，已经进入了濒临倒闭的边缘。用紫嫣的话说，在广州大鳄林立的媒体行业，他们的报社连条泥鳅都算不上。

谁不知道背靠大树好乘凉？可真正的大树，又岂是他们这种，既无经验又无人脉的应届毕业生能轻易进来的？

更让人难以置信的是，就连周主管这样的顶梁柱，也有好几个月都没发提成了。周主管之所以还在咬牙坚持，其实也是因为被深套其中不能自拔。一大笔的提成就这么放弃走了，他实在是不甘心。

可向南始终还是有些半信半疑，他无论如何也不相信，他和云飞就能这么点儿背，碰到的公司不是骗子公司，就是濒临倒闭，老天爷这是真跟他们飙上了？

于是，向南不解地问道："那唐总编为什么还招我们进来，这不是更增加成本吗？"

紫嫣闻言，不知是对向南的单纯感到无奈，还是对报社的现状感到无望。只见她摇摇头叹道："现在报社的人员流动太快，已经严重影响了工作的正常运转。事情总还是要有人做的，一个月花三百块钱招个大学生进来，他能增加多少成本？我看唐总编这也是最后放手一搏了，年底如果还没有明显改善，我相信报社很有可能真就关门大吉了。"

向南一听，身体立刻就像被真空机抽干了似的，刚才与紫嫣调侃的激情，也刹那间变得荡然无存了。他心中瞬间燃起一种被骗的灼烧感，这种心似火烧的感觉之所以这么强烈，是因为他们这次被骗的，可不是区区的几十块钱，而是连自己一辈子的幸福也搭上了。

"那你……你怎么每天还能这么悠然自得，你就一点也不担心吗？钱编辑工作也还那么投入，她就不怕报社倒掉而失业吗？"向南还是不死心地问道。

紫嫣听向南这么问，轻叹一声道："唉！其实大家现在都在骑驴找马，没几个人真还把报社的事放在心上了。钱编辑的底薪最高，收入最稳定，所以她是最不希望报社垮台的！至于我嘛，其实我也在找工作啊！只不过我心态好，天塌下来有个高的顶着，我怕什么啊？我们做文职的，拿的是固定工资，反正到时间他就得给我发钱，不像你们还指望着提成过日子呢！"

"什么？"

向南听完紫嫣的话，知道自己再没有任何怀疑的余地了，整个人立刻像斗败的公鸡，完全蔫了下来。

他忍不住喃喃地自言自语道："老天爷跟我们开的这个玩笑，未免也太大了吧？"

紫嫣看向南的表情，一下子变得如此凝重，以为他是被自己的话吓到了。所以赶忙安慰道："报社也不是说倒马上就能倒的，反正你们多少也有三百块底薪拿，边干边找呗，也用不着被吓成这样吧？"

向南听完，呆呆地摇了摇头道："有些事情……你永远不会懂的！"

看着向南失落的背影慢慢走进会议室，紫嫣的确弄不明白，这个整天油嘴滑舌的大男孩，怎么会突然之间变得这么脆弱？

此时，云飞正在会议室看报纸，见向南走进来，便立刻调侃地说道：“这么久才回来，想必你的美男计一定是把那个美到不给别人留活路的美女成功拿下了吧？现在还想阿冰吗？”

向南现在哪还有心思开玩笑啊？见云飞说得如此轻松，他带着威胁的口吻说道：“要是你听我把打听到的消息说完，还能这么轻松自如，那我就真服你了！”

“怎么了？”见向南如此严肃，云飞忽然意识到了问题的严重性。

果然，当向南把紫嫣的话再次讲了一遍之后，云飞的脸色也变得凝重起来。他脑海中忍不住又浮现出婉清那梨花带雨、含恨而去的眼神，以及她对广告行业种种黑暗的现实忠告。如果事实真如紫嫣所言，那他们可就真是现实版的赔了夫人又折兵啊！

好在，天无绝人之路。正当云飞和向南一筹莫展，面对前途未卜的未来充满迷茫和失望之时，钱编辑却意外地给他们送来了一丝希望。

原来，钱编辑不知从哪里找到了广州市专利局副局长的电话。虽然，只是一个电话号码而已，但在这个心灵最黑暗的时刻，能感受到一点意外的温存，也足以让他们激动得感激涕零了。

云飞还从来没有给这么大的官打过电话，一想到要与高官对话，他心里难免会有一种莫名的紧张。

好在，这位位高权重的高官，并不像云飞想象中那样高高在上，难以接近。人家不但言辞亲切，而且平易近人，这让云飞在说话时也放松了许多。

眼看着三言两语之后，云飞就轻轻地挂了电话。向南在一旁焦急地问道：“怎么样，人家拒绝你了吗？”

云飞摇摇头，没有说话。

“那人家是答应你了？”向南急不可待地追问道。

云飞还是摇摇头，没有说话。

“既没拒绝，也没答应，那到底是怎么回事？你倒是说句话啊，你想急死我啊？”

“唉！人家说最近忙，没时间！”云飞终于开口了。

向南一听，颇为失望地说道：“唉！听话听声，锣鼓听音。人家这是给你留点面子，你连这都听不出来吗？我就知道，人家一个局长怎么可能随随便便接受我们这种小报的采访呢！”

等向南满腹的牢骚终于发完了，云飞才忽然露出诡异的微笑说道：“虽然人家没同意，可也没有拒绝啊！人家让我两个星期之后再打电话跟他约时间，你也没必要那么快就盖棺定论吧！”

向南一听，两眼立刻又恢复了神采，马上改了一种口气说道：“这官阶高的人果然素质也高，人家堂堂一个局长，忙是很正常的啦！没一口拒绝，就说明还有戏！”

云飞一听，忍不住调侃道：“你这脸怎么变得比紫嫣还快啊？”

云飞本来也就是习惯性地随便这么一调侃，可哪知话音刚落，还没等向南说话呢，就听到背后有人抱打不平地说道：“是谁在背后说本姑娘的坏话呢，我看他是不想混了？”

这气势如果在NGE，那绝对只有婉清才有这样的霸气。但在这里，不用看也知道，说话的人一定是紫嫣莫属了。

云飞闻言，忽然灵机一动，摆出一副一本正经的样子对向南说道：“说实话，我觉得咱们报社最有职业水准的，真就非紫嫣莫属了。她工作时严谨，生活中阳光，交友时诚恳，吃饭时健康……”

边说，云飞边转过身来，好像冷不丁地忽然发现紫嫣站在身后。于是，假惺惺地惊讶道：“哎哟！紫嫣姑娘，你什么时候站在我身后的？我刚才的肺腑之言，岂不是全都被你听到了？”

紫嫣明知云飞这番话是故意说给她听的，却仍然乐得合不上嘴。她一边笑，一边振振有词地说道：“云飞同志，像这种大实话以后不要总在我背后说，一定要当着我的面说，最好当着老板面说。不用考虑我的感受，我是完全可以承受的！”

“明白，明白！我现在就到唐总编门口吼两嗓子去！”

苦中作乐自然是必不可少的，但面对现实更是无法避免的。虽然已经知道报社不是久留之地，但做一天和尚还得撞一天钟。业绩是跑出来的，就算是没什么把握，那也得出去碰碰运气。万一天上真的掉下馅饼来，坐在办公室里是肯定不会被砸中的。

虽然，此时云飞和向南连做记者的基本装备记者证都没有，但好歹也有两盒印着“实习记者”的廉价名片傍身。也算是具备了行走江湖最基本的“行骗道具”了。

只是，这五元一盒的廉价名片，再加上云飞和向南那稚气未脱的学生气，又有几个人会把他们当作真正的记者来对待呢？恐怕最终换来的，多半还是对他们的嘲笑与挖苦！

不过，挫折对他们来说早已是家常便饭，他们现在最需要的就是不要被自己打倒，而且要永远记着他们的那份初心与梦想。

如果说缘分就像齿轮，始终都会找到属于自己的另一半。那么记者的工作则更像是积木，需要不断地积累和堆砌。

只可惜时不我待，此时留给云飞和向南慢慢勇攀高峰的时间已然不多。因为捉襟见肘的经济状况已经步步紧逼地把他们推向了现实生活的悬崖边，他们必须鼓足勇气与生活展开血淋淋的白刃战了。

第三十四章　身陷囹圄家作狱，铁骑袭夜车马惊

带着五元一盒的劣质名片，云飞和向南又踏上了新的征途。只是，这种两眼一抹黑的感觉，就像一叶孤舟漂泊在漆黑的海面，没有灯塔的指引，没有求生的方向，没有救援的希望。

能做的，恐怕也只剩下尽人事听天命了。至于奇迹和鲨鱼到底哪一个会更早出现，那就只有奇迹和鲨鱼才知道了。那种无助彷徨的感觉，似乎比之前在NEG时更是有过之而无不及。

自从向南从紫嫣那里套来可靠信息后，就总有一种无法接受现实的感觉。他觉得老天对他们也实在是太不公平了，就算人生的不如意有十之八九他也认了，但至少还应该有一两成是开心如意的吧。

可自打他们来到广州的那一刻起，好像就从来都没顺利过！一下火车就被罚巨款，找工作接二连三地被骗。在最需要的时候，五朵金花中道而止，残忍地弃他们而去。难得老天赐给他们两个红颜知己，又被形势所逼，最终搞得一拍两散，还落了个骗子的名声。

现在，好不容易在报社找了个工作，按理说这是够靠谱的单位了吧，想不到，现在连报社都面临着树倒猢狲散的局面，走到了濒临倒闭的边缘，你说这是招谁惹谁了，怎么就这么点儿背啊？

云飞当然知道向南心里堵得慌，他又何尝不是呢？但他明白，此时此刻他不能跟着向南发牢骚，这样只会让向南的心情更加糟糕。他现在唯一能做的就是宽慰向南，这个时候他们必须同舟共济，互相鼓励，这样或许才能渡过难关。

这天，两人像往常一样漫无目的地走在大街上，云飞忽然在一个报摊前停下来，买了份广州日报。

向南见状，不解地问道："还买报纸？在报社天天读报，你还没读够啊？"

云飞闻言一笑，说道："此报非彼报啊！我们的报纸上有几个招聘广告啊！既然报社快垮了，现在人人都在找后路，难道我们真要等到被扫地出门的那一刻，才开始动手吗？"

向南这时才恍然大悟，不无感慨地说道："对啊！我们又要开始找工作了，咱

们好像一直都在找工作的路上，从来没有停息过啊！”

“别感慨了，以后还要记得多留意一下所有经过的天桥啊！”

“留意天桥干吗？”

“马上要交房租了，要是还拿不到提成，可不就得睡天桥了嘛！早点物色个干燥通风的好地方，省得临时抱佛脚啊！”云飞调侃地说道。

两人走了一天的路，晚上回到家时已经累得筋疲力尽，可惜结局还是与往日无异，最终都是无功而返。

辛苦了一整天，两人决定好好犒劳一下自己的脚。但其实，所谓的犒劳，无非就是用开水泡个脚而已。这是他们能想到的，最有效也最廉价的解除疲劳的方式。

向南把脚伸进热水盆里，一脸享受地说道：“这可是咱们现在人生中最奢侈的享受啊！要好好珍惜，如果局面再得不到扭转，下一步连烧热水的钱都要省了！”

云飞闻言，拍拍向南的肩膀安慰道：“行了，牢骚太盛防肠断，风物长宜放眼量！看长远一点，今天这点挫折，都是你将来成功道路上不可多得的宝贵经验和吹牛资本，以后写回忆录一定用得上！”

“行了，饭都快吃不上了，还想着写回忆录呢！你的阿 Q 精神，我真是越来越佩服了！”向南无奈地摇摇头道。

两人正一边泡脚一边调侃，并憧憬着美好的未来。却冷不丁的，忽然听到楼下的大铁门被人拍得大响。声音之大简直震耳欲聋，以至于他们在三楼都听得清清楚楚。

那拍门的力度之强悍，之急促，之野蛮，可以说是令人匪夷所思，甚至毛骨悚然。如果不是亲身经历，简直无法想象这样野蛮的行径，竟然是发生在广州这样一个高度文明的超级大都市里。

在棠下住了这么久，这种阵势还是第一次碰到。云飞和向南也不知到底发生了什么大事，一时间被吓得手足无措。

要说棠下这个鱼龙混杂的地方，租房子的天南海北什么人都有，真发生点什么事其实也不足为奇。只不过事出突然，头一遭碰到这样的场面，多少还是让人有点心慌意乱。

“难道是发生了什么命案，警察在围捕搜查？”向南来不及多想，光着脚站起身，一个箭步冲过去把灯关了，云飞则配合默契地飞身把门反锁了起来。

房间里立刻变得一片漆黑，静得没有半点声息。与外面的嘈杂与混乱相比，这里就像进入了另一个世界。

来广州这么久，别的没学会，但安全防范的意识比以前增强了许多。经验告诉他们，在广州行走江湖的基本原则就是安全第一，在事情没弄清楚之前，最好先把自己置于万全之地再说。

两人把窗帘拉起一个角，偷偷向楼下望去。但见四五辆闪烁着耀眼警灯的摩托车，把小楼四周围得密不透风，好像生怕有人从这里逃走似的。

“难道罪犯正好住在我们这栋楼上？我们竟与一个杀人不眨眼的魔头相邻为伴？这也太恐怖了吧！”向南一边观察着窗外的动静，一边胡思乱想地猜测道，身上不由得泛起了一层鸡皮疙瘩。

云飞听向南这么一说，心里不由得也泛起了嘀咕。但他还是不动声色地仔细观察了一会儿，忽然若有所悟地说道：“那些人身上穿的不是警服，他们不是警察，是治保会的安防员。他们可能是来查暂住证的，千万别出声！”

话音刚落，就听到楼下的大门被“砰”的一声打开了。紧接着，一阵急促的脚步声由远及近，顺着楼梯向上冲来。

刹那间，混乱嘈杂的脚步声，震耳欲聋的砸门声，和声嘶力竭的恶吼声混杂在一起，如洪水猛兽一般，从楼下开始一步步向云飞和向南所住的房子逼近过来。

那种大难临头、不知所措的危机感，就像眼看着夜空中一把寒光闪闪的利剑，呼啸着向他们的咽喉飞驰袭来。而他们如身陷囹圄的笼中之鸟一般无计可施，只能眼巴巴地看着危险降临，无所适从地坐以待毙。

广州市规定，外来流动人口在广州长住必须办暂住证，价格是每个月三十块钱。而且，不管你在广州待多长时间，一次至少得办三个月。这也就意味着，每办一次证至少要花九十块钱。这笔钱说多不多，但对那些挣扎在温饱线上的打工族来说，却也是能省就省了。

因此，很多人都抱着侥幸心理。为了省下这九十块钱的费用，宁愿跟治保会玩起了猫捉老鼠的游戏。当然，如果被抓住就只能自认倒霉了。不过，更多的还是侥幸逃脱的幸运者。

没过几分钟，几个沉重的脚步声终于在门外停了下来。紧接着有人开始一边砸门，一边嚷嚷道："开门、开门！查暂住证！"

听到砸门声，云飞和向南惊慌失措地对望了一眼，此时他们已经缩在卧室里，吓得连大气都不敢出了。

"我们知道你们家里有人，快点开门，要不然我们就撞门进来了！"

治保会的人，一边说一边野蛮地继续砸门。那穷凶极恶的样子简直让人恨得牙根痒痒。如果是个单身的女孩独自在家，被吓得精神崩溃也不是没有可能啊！

为了追求梦想来到广州，受点苦也就算了。可每天还得像过街老鼠一样东躲西藏，这样的日子过得真是窝囊透了！

俗话说，虎落平阳被犬欺。此时，不管你日后会如何飞黄腾达，也不管你将来会成为如何翻云覆雨的大人物，但现在只要没有暂住证，是龙你都得盘着，是虎你都得卧着。

因为，如果被他们抓到手里，那后果简直不堪设想。这些所谓的治保会人员，本来就是由当地一些游手好闲的无业游民组织起来的，跟他们讲理简直无异于对牛弹琴。

就算你有强大的背景也未必管用，因为只要落到他们手里，恐怕你连亮出底牌的机会都没有，他们就会以迅雷不及掩耳之势把你"秒杀"了。

在广州，因为没有暂住证被殴打的案例屡见不鲜。所以秀才遇到兵，有理讲不清，这种情形下也就只能自求多福了。

从恐吓威胁到叫嚣撞门，这种野蛮行径持续了近十分钟。云飞和向南凭着孤注一掷的勇气，最终还是顶住了压力，始终没有开门而逃过了一劫。

他们俩知道，治保会"任务繁重"。他们不会把一晚上的时间，都浪费在一户人家身上，那样太没有效率了。

随着楼下摩托车的声音渐渐远去，云飞和向南剧烈跳动的心，也终于慢慢平静下来。看样子，这场浩劫终于在他们强大的内心支持下，顺利地度过了。

但即使如此，他们仍不敢大意。因为，如影随形的危险随时都可能去而复来。所以，他们只好待在各自的房间里，默默地回味着刚才惊心动魄的一幕。不敢开灯，也不敢说话。

也不知过了多久，已经睡意蒙眬的云飞，忽然又被一阵"咚咚咚"声所惊醒。他"噌"的一声坐起身来，悄悄打开卧室的门。却发现向南也正把自己的卧室门打开了一条缝隙，偷偷向客厅外望去。

两人正在屏息凝望，忽然就听大门“哐”的一声，轰隆隆地猛烈抖动起来。那巨大的声响，在空荡荡的房间里形成久久的回音，似乎整个房子都跟着在颤抖。

原来，刚才那些人“久攻不下”，就来了个暗度陈仓假装离去。他们在村子里绕了一圈之后，现在又一个回马枪杀了回来。

见云飞和向南始终不肯开门，这伙人终于开始慢慢失去耐性。他们似乎笃定房间里有人，此时开始气急败坏地用脚大力踹门了。

这些铁门虽然还算结实，可这样的踹法，经不住几个回合，也必然会轰然倒下的。如果门真的被他们撞开，已经被气得失去理性的治保会人员，会做出什么样出格的行为，是谁也无法想象的。

云飞和向南此时已经紧张得汗如雨下，两人不由自主地都做了一个吞咽的动作。这是一种在极度紧张情况下，自然的条件反射动作。显然，他们已经紧张到了极点。

他们明白，现在开门与不开门都是同样的凶险，结果都不得而知。但无论如何，他们都必须在开与不开之间，立刻做出一个果断而勇敢的选择。

可越是紧张，就越拿不定主意。正在两人犹豫不决时，外面忽然有一条手电筒的光柱，从门框上面的玻璃窗射了进来。看来，门外的人已经开始抓狂了，他们已经忍不住，要找破门而入以外的其他进入途径了。

形势无比危急，显然，云飞和向南已经没有太多考虑的余地了……

第三十五章　枕前惊破英雄胆，涣尔冰开释前嫌

云飞和向南从来没有遇到过这种状况，他们无论如何也想不到，两个合法的中国公民、大学生，竟会在毫无理由的情况下，像犯下滔天大罪的歹徒一样被重重包围，而且前途未卜。

记得黄老师曾说过："你们在广州可能会遇到很多在家里一辈子也不会遇到的事情。"

现在果然被他说中了，眼前的阵势他们就前所未见，也无所适从。向南不无担心地看着云飞小声问道："这帮家伙不会砸烂玻璃爬进来吧？"

此时，云飞的心里其实也一样没底，这种事情都是大姑娘上轿头一次遇到，谁说得清楚啊？但现在的情况，害怕显然是没用的，他必须和向南互相壮胆，并立刻做出一个明确的选择。

于是，云飞故作镇定地说道："我想，他们只是装腔作势而已，砸烂玻璃爬进来和破门而入有什么分别？都是要负刑事责任的大罪，他们就算再没文化，这点常识总还是应该有的吧？要是他们真敢的话，又何必这样吵吵嚷嚷地虚张声势呢？"

云飞这么一宽慰，向南似乎也觉得有些道理，于是也就稍微安心了一点。可云飞心里那紧绷的神经并没有得到丝毫的放松，反而更加紧张起来。

这帮人好像受过副理和李主任那煽动性的培训似的，个个如狼似虎，都像打了鸡血一样，鬼哭狼嚎得比日本鬼子进村还要疯狂。在这种狐假虎威的形式下，只要有个别人一时头脑发昏带头冲破底线，那后果就不堪设想了！

但不管怎么样，都得马上做个决定，赌博始终是要押注的啊！或许是云飞的话真给向南带来了莫大的鼓舞，两人一咬牙，都一致勇敢地决定豁出去了——不开门。

为了减轻恐惧造成的压力，他们索性找东西塞住了耳朵。正所谓眼不见心不烦，听不到也就没那么害怕了。

想不到，这一招还真有奇效！听不到门外狂轰滥炸和威逼利诱的叫喊声，两人的心情也渐渐平静了下来。仿佛忽然间有了一种任凭门外风吹雨打，我自坐看

庭前花开花落，笑望天边云卷云舒的大将风度，把接下来的命运完全交给老天爷来安排了。

就这样又折腾了十几分钟，门外终于静了下来。紧接着，一阵摩托车启动的声音，拉着刺耳的警笛声呼啸而去。整个喧闹的世界，好像从一个炮火连天的战场，忽然间穿越到了寂静无声的山林。

云飞和向南取下耳朵里塞的东西，蹑手蹑脚地趴在门背上仔细倾听了好一会儿。直到确定那些人的确都已经撤离了，这才长长地松了口气，几近瘫软地躺在了床上，内心忍不住涌出一种劫后余生的庆幸。当然，也难免还有一些心有余悸的后怕。

为了以防万一，两人整个晚上都不敢再开灯。就算起来上厕所，也只能在黑暗中摸索。

夜色终于恢复了它原有的宁静，甚至静得就像什么都不曾发生过似的。但在经历过这场惊心动魄的斗智斗勇之后，云飞和向南久久都无法再平静下来，更加难以入睡。即使连续失眠的困扰，已经把他们折磨得筋疲力尽，头疼欲裂。

这个夜长得就像一个世纪，云飞从来没有像今天这样，对白天充满了无法言喻的渴望。

在不堪忍受的煎熬中，夜色终于悄悄褪去了它沉沉的外衣，窗外也渐渐泛起了鱼肚白。似乎也预示着，这场风波终于暂时画上了一个圆满的句号。

反正也睡不着了，两人索性又起了个大早，决定踏着清晨的第一缕阳光去感受一下这个都市新一天的生命开始。

由于时间还早，城中村里狭窄的街道静得有些让人毛骨悚然。甚至，整个城市都静得仿佛刚经历过一场末日浩劫，没有了往日的生机。

这种出奇的静，让人感到格外不安。云飞和向南既像《生化危机》中侥幸活下来的幸存者，又像两只正在一步步走进埋伏圈的猎物，危在旦夕仍浑然不知。

直到走到大路上，加入熙熙攘攘的人流中，两人才终于松了口气。此时，他们竟感到一种从未有过的踏实和安全感。

因为彻夜未眠加上过度惊吓，两人来到报社时，只觉得头重脚轻有点天旋地转的感觉。见时间尚早，便趴在会议室闭目养神，却在不知不觉间都进入了梦乡。

两人睡得正香，忽然发觉有人轻轻推他们，云飞抬头一看，推他们的人正是紫嫣。

“赶紧醒醒，到上班时间了。你俩怎么趴在这里睡觉，影响多不好啊！实在扛不住，就找个借口出去，回家好好睡嘛！”紫嫣善意地提醒道。

云飞和向南知道紫嫣是一片好意，于是感激地冲她点点了头。两人站起身去洗手间洗了把脸，顿时清醒了很多。

有好几天都没见过周主管和唐总编了，公司的“老人”几乎都是自由人，想来就来，想走就走，就跟婉清当时的状况一样。只有像云飞和向南这种虾兵蟹将，才会按时来报到。

但不知，报社长期没个“头儿”在这里坐镇，又是如何掌握员工动向以及做内部管理的？难道真如紫嫣所说，报社已经到了倒闭的边缘，连唐总编也在忙着找后路了？

公司似乎只有钱编辑每天还像闹钟一样不知疲倦地早来晚归。报纸能不能按时出版，几乎全都取决于她工作的进度了。钱编辑就像一台装配了核动力的永动机，仿佛永远都不知疲倦。真不知道如果她也走了，这家以自由落体快速衰落的报社还能再支撑多久。

当然，除了自身的责任心之外，钱编辑无穷无尽的动力，主要还是来自可观收入的刺激。

不过，钱编辑虽然收入颇丰，但她的处境其实也实在有些尴尬。形式上，她算是这里的无冕之王，整个报社的运转都靠她来协调。

但在职务上，她跟很多人都没有上下级的隶属关系。所以，她是很难用行政命令去要求别人做什么的。只能从工作的角度好言相劝，或者以私人感情求别人帮忙。

但她赚那么多钱，难免会引起不少人的嫉妒，承受这样的压力也算是应该付出的相应代价吧！

云飞和向南正天马行空地胡思乱想，却忽然被钱编辑叫到了会议室。她二话还没说，就一把关上了会议室的门，似乎显得有点神秘。

钱编辑今天似乎心情不错，言语间忽然也变得善解人意了许多：“其实，你们现在的情况我也了解，不要说你们刚来广州，就算我来广州已经三年多了，也一样没什么社会资源。所以，我很理解你们的难处！”

“哦！”云飞和向南机械地点了点头，却不明白钱编辑这番莫名其妙的话，到底是何用意。

钱编辑从他们二人的神情中，估计也看出了两人的疑虑，于是又微微一笑，继续说道：“可能你们俩觉得我这人挺冷漠，周主管都亲自带你们出去走了一圈，我却没派个记者领你们出去熟悉熟悉业务！”

云飞闻言，不自觉地点了点头，这确实是他心中的真实想法。不过，他这样毫不掩饰地表达，也确实直接了点。让钱编辑在说下面的话之前，多少感到有点尴尬。

钱编辑显然没估计到云飞竟然这么直爽，所以，她先是愣了一下。然后才说道：“紫嫣应该把目前报社的情况都跟你们说了吧？”

“没有啊！报社什么情况？我们在一起也只是吃吃饭，不谈公事！”云飞和向南几乎同时警惕地摇头否定道。

钱编辑听他们这么说，点点头笑了笑说道“看来，紫嫣没看错你们，你们倒是蛮讲义气的。不过，她都跟我说了！”

云飞和向南听完，大眼瞪小眼地互相看了看，不知道钱编辑这么说，到底是想套他们的话，还是另有什么其他的意图？但不管怎么样，出卖紫嫣的事，他们是绝不会做的。

于是，云飞做出一副很无辜的表情说道：“钱编辑，我们真不知道你在说什么！”

钱编辑见他俩不愿承认，也并没有勉强：“好吧！既然你们不愿意承认，那也无所谓。至少可以证明你们是可以信赖的朋友，那我就跟你们实话实说吧，报社现在的确是入不敷出，濒临倒闭了。唐总编之所以会找你们两个新人进来，其实是因为我们根本招不到有经验的记者……”

这话真是太伤人了，云飞和向南听完之后，心里就像吃了清凉油，感觉是又凉又涩，脸上失望的表情也是溢于言表。

“其实我对报社也很失望，你们真以为我的收入高一点，就希望在这里混日子吗？你们错了，如果有一个更好的发展平台，我宁愿底薪低一点，也要去搏一个更有前途的未来。”

云飞一听钱编辑这话，忽然敏感地察觉到，她的话锋似乎有些不对。这话怎么听起来总感觉像是要赶人走的节奏，她这葫芦里到底卖的是什么药啊？

钱编辑似乎猜出了云飞的疑虑，于是接着说道：“你们也不用瞎猜，我今天找你们，只是想把你们当朋友一样，坦诚地告诉你们现实情况而已。报社现在是绝不会主动炒人的，如果你们想混日子，在报社倒闭之前这里永远都可以容得下你们两个。但作为朋友，我还是鼓励你们抓紧时间去找更好的平台。毕竟，包括我在内，大家迟早都是要走的！以后你们也用不着对我有戒心，我绝不会害你们，更何况咱们也没有什么利益冲突嘛！”

听钱编辑这么一说，云飞和向南才终于放下心来。原来，钱编辑今天之所以会对他们特别“关照”，都是紫嫣从中调和的结果。

人与人之间的距离，有时候就差一层窗户纸。在进会议室之前，他们还对钱编辑抱有不小的成见。但从会议室出来之后，他们已经把钱编辑看成了可以推心置腹的朋友。

多了钱编辑这个朋友固然是件好事，可残酷的现实，也戳破了云飞和向南内心仅存的一丝侥幸心理。钱编辑对紫嫣所讲事实的再次确认，也让他们意识到，找工作的紧迫性已然是迫在眉睫，他们根本没有时间再从长计议了。

想想紫嫣的一番好意，云飞和向南固然是心存感激。可她没有提前通知，以至于让云飞和向南在面对钱编辑的试探中，处处显得被动而尴尬。如果不让她受到一点小惩，恐怕很难解向南的“心头之恨”。

然而，令两人意外的是，面对向南的“找后账”，紫嫣显出超乎异常的豪爽，她二话不说，就答应请他们吃饭赔罪，这反倒让两个大男人感到有点不好意思了。

俗话说，择日不如撞日，年轻人办事就是雷厉风行。三人一拍即合，于是决定当天下班之后就一块去吃饭。这似乎也预示着，他们关系的深入发展将进入一个全新的阶段。

因为紫嫣和钱编辑是室友的关系，再加上今天大家把话也挑明了，心中的隔阂也没有了。所以，钱编辑自然而然，也就成了他们中的一员。不过，因为要赶稿子，钱编辑得加完班之后才能随后赶到。

于是，三个人先行来到饭店，找了一个僻静的位置，紫嫣把菜单递给云飞和向南，爽快地说道：“看看想吃什么，随便点啊，别跟我客气！”

要知道，紫嫣一个月的工资也不过一千来块钱，这种豪爽与大气，立刻让云飞和向南对这位南方姑娘不得不刮目相看了。

向南不想给紫嫣造成太大压力，于是笑笑说道：“既然是你将功补过，那就根据你的诚意自己点吧！”

紫嫣也不客气，接过菜单爽快地说道：“既然你们俩又把球踢给我，那我就自己做主了。到时候点的不好吃，可不许有怨言啊！”

两人笑着点点头，看着紫嫣点菜的样子。那神情和说话的口气，让向南又想起了阿冰。以前他们吃饭的时候，点菜的活儿阿冰从来都是当仁不让的。

此情此景宛如昨天发生，只可惜年年岁岁花相似，岁岁年年人不同。如今物是人非，不免让人有些伤感！

向南的眼睛，直勾勾地看着紫嫣出神。一看就知道，他虽然人在当下，可魂早已经云游九天去了。

云飞自然明白向南的心情，这让他也不由得泛起一丝对婉清的思念。不知她离别的痛楚是否已经抚平，遥远的思念是否已经渐渐淡去。

望着窗外的一轮明月，云飞忽然想起了张九龄的一诗句，“海上生明月，天涯共此时。”不知婉清在那遥远的地方，是否能感受到自己对她的那份思念，而这明月又是否真能千里寄相思呢？

两人正在各自神游，忽然听到一声清脆的断喝，立刻把他们从凌乱的时空隧道拉回到了饭桌上：“喂！你们两个发什么呆呀？吃饭不看菜单，一个盯着我，一个看着窗外，想什么呢？”

向南此时才发现，自己竟然一直在傻傻地盯着紫嫣发呆，不由得陷入一阵尴尬。

云飞见状，连忙转移话题帮向南解围：“紫嫣，你和钱编辑是怎么认识的，看你俩这么熟，不会是来报社之前就认识了吧？”

紫嫣见云飞问到正事，这才白了向南一眼，摇摇头道：“我们以前也不认识，我是她招进报社的，所以我有一半儿的工作归她管。后来，她知道我住得比较远，就叫我搬过去跟她一起住了。不过，她那里虽然是近了些，但房子太小，住得挺压抑的！”

紫嫣最后那句话本是无心之语，却想不到在云飞和向南心中，竟产生了完全不同的效果。云飞听到的是抱怨，而向南听到的是机会。

向南没等紫嫣把话说完，就立刻接茬说道：“那干吗不换一套大点的房子啊？”

紫嫣闻言皱了皱眉头，无奈地说道：“我一直都想换个大点的房子，可钱姐每天都那么忙，根本没时间去看房。我自己一个人又懒得去看，因此就这样一直拖下来了！”

“嗨！你一个人懒得去，那可以让向南陪你去啊！他有大把时间，又喜欢见义勇为，锄强扶弱，尤其是对年轻漂亮的单身女性，那绝对是义不容辞！是吧？”云飞说着，像个推销员似的拍了拍向南的肩膀，似乎想把这个促销品赶紧推销给紫嫣。

想不到，向南倒也不客气，竟顺水推舟地提出了一个更彻底的解决方案：“还找什么房子啊？直接搬过来，跟我们一起住得了！”

向南的话一出口，真把云飞给惊呆了。他知道向南一向喜欢跟女孩子调侃，可这么口不择言的话也说得出来，还真是大大出乎了云飞的意料。

但让云飞意想不到的是，紫嫣对向南的提议似乎还真有点动心了。只见她歪着头仔细琢磨了一下，然后很认真地说道：“这事我得跟钱姐好好商量一下！”

想不到，人生的命运有时竟会因为不经意的一句无心之语而彻底改变。钱编辑在紫嫣的大力游说之下，终于答应去棠下做一番实地考察。看样子，这事还真有点靠谱了。

回家的路上，云飞和向南有说有笑，对紫嫣和钱编辑的加盟充满了期望与憧憬。自打五朵金花离开之后，没有了热闹非凡的欢声笑语，没有了温馨体贴的关怀备至，这个家就只能称之为挡风避雨的栖身之所，充其量不过是个由钢筋水泥铸成的石头壳子而已。

如果紫嫣和钱编辑真能搬过来，那不但可以恢复往日的欢声笑语，而且还能有人跟他们分担房租，有人给他们买菜做饭。不仅经济上的压力可以减轻，生活的品质也会得到巨大的提升。

两人越想越美，似乎苦尽甘来的幸福生活真的马上就要从天而降了。这时，身后忽然响起一阵摩托车的呼啸声，两人立刻条件反射地又竖起了全身的汗毛。

看到闪烁的警灯，让他们又想起了昨晚那可怕的场面。刚才那充满每一个毛孔的幸福感，也立刻随之烟消云散。此刻，全身绷紧的每一根神经，都让人有一种紧张到喘不过气来的感觉。

两人立刻像做贼似的，低着头加快脚步向家冲去。好不容易平安到家，两人把门“砰”的一声紧紧关住。然后，再从里面反锁起来。此时，提着的心、吊着的胆，才终于慢慢放下来。

两人仍然不敢开灯，昨天虽然侥幸躲过了地毯式的大搜索，但谁也不能保证，这帮吃饱饭闲得无聊的治保会人员养精蓄锐之后，会不会今天再杀个回马枪，对昨天的漏网之鱼再来个查遗补漏呢。

俗话说，小心驶得万年船，谨慎点始终不是什么坏事。于是，云飞和向南早早洗漱完毕，就带着略有忐忑的心情躺在了床上。睡肯定是睡不着，所以，他们只能一边无聊地数星星，数羊，一边无奈地憧憬着美好的未来。

偶尔听到楼下有摩托车呼啸而过的穿梭声，他们仍然会感到一阵莫名的紧张。只有随着摩托车的声音渐渐远去，心情才会随之再次慢慢放松下来。他们的心跳，几乎是在伴着摩托车的穿梭声在此起彼伏。

这样的心情一直持续到深夜，才逐渐放松下来。不再有摩托车的穿梭声，整个人也平静了下来，终于可以安心地睡个觉了。

原来，一个平静的夜，在这个浮华的都市竟也是如此的难能可贵……

第三十六章　瞒天过海闯区府，峰回路转美人缘

第二天到公司，再看到钱编辑时，心情已是截然不同，打起招呼来也比以前显得亲切了许多。

与紫嫣的关系，则是百尺竿头更进了一步。向南见到紫嫣，已经不再称呼她的名字，而是用“美女”二字来代替了。紫嫣也乐在其中，毫不忌讳地答应并享受着。

报社的管理越来越松散，夸张点说，就像一个自生自灭的自由市场。大家来去匆匆，看着似乎忙得不亦乐乎，实际上却都是在忙自己的事——为树倒猢狲散那一天的到来，在提前做着万全的准备。

迫于经济的压力，云飞和向南也不得不加紧了找工作的步伐。耗在这里靠每个月三百块钱的底薪生活，那是杯水车薪，远远无法支撑他们基本的衣食住行，更不用说其他的消费了。

尽管报社已经处于无人管的状态，但云飞和向南每天还是会例行来转一圈。虽然，这个举动并没有实质性的意义，但这似乎已经成为他们生活的一种规律。

或许，这也是因为他们别无可去的地方，而做出的无奈选择。要知道，人是社会的人，人有与社会交往的需求。当他们再也找不到可以与人交往的机会时，这里也许就是唯一能满足他们社会交往需求的地方了。

每天来跟钱编辑和紫嫣打个招呼，或者有机会深入地聊聊天，就是一种社会交往需求得到满足的心理暗示。似乎只有走完这一个过程，他们才能心安理得地进入下一个流程——去人才市场寻找他们最原始的生存需求。

人才市场对他们而言，是个既熟悉又陌生的地方，这里也是他们最不愿意去，而又非去不可的地方，让他们又爱又恨。

此时，老乡阿文早已不见了踪影，给人才市场交的六十元介绍费，也绝不会再有人认账了，一切都得从头开始。

好在，人才市场离报社不算太远，三站路对于整天奔波在外的穷销售来讲，步行过去还是可以接受的。尤其是有省钱的动力，他们就更加义无反顾了。

只可惜，应聘之路并非一帆风顺。在新工作没有着落之前，报社的工作还是

不能掉以轻心。毕竟，写篇稿子有几百块钱拿，这对云飞和向南来讲，始终还是充满希望的。

这天，两人像往常一样，从报社出来之后沿着马路向人才市场走去。忽然，路边一栋气派的建筑吸引了云飞的目光，让他不由自主地停下了脚步。

向南见状奇怪地问道："怎么了，干吗停下来？"

云飞用手指了指那栋建筑，若有所思地问道："这不是天河区政府吗？你说，这里有没有我们可以采访的人呢？"

向南一听，不屑地说道："那还用说，这里当然有我们可以采访的人了，但你能约得到吗？"

面对向南的打击，云飞似乎并没有在意："那如果我们天天来这里，你说会不会有机会认识一些里面的人呢？"

"那当然不能排除！不过，多数恐怕也只能认识一些打杂的，领导你肯定接触不到。"向南的语气，似乎已不再像刚才那么生硬了。

"你可不要小看那些打杂的，他们知道的信息可不少啊！如果我们能跟几个打杂的混熟了，说不定对我们可是大有帮助啊！"云飞分析道。

"那倒是！可是，我们没有预约，怎么进得去呢？"

云飞闻言，挺直了腰板说道："这就需要你的自信了！你别忘了，咱们现在可是记者，这个身份对咱们也许会大有帮助。不管怎么样，咱也得试一试。大不了不行，反正也没什么损失嘛！"

"话是如此，可你连个名字和部门都说不出来，人家会让你进去吗？"

"随机应变吧！"

说完，云飞不等向南表态，便朝着区政府门口走去。门口的安保人员见有两个人走过来，立刻拦住他们问道："你们两位找谁？"

"你好！我们是××报社的记者，之前已经给咱们区政府做过两次报道了。今天，报社领导派我们来再收集一些新资料，为下一期的后续报道做准备！"云飞一边微笑着答道，一边从容地递上一张早已准备好的名片。

向南一看，也赶忙把自己那五元一盒的廉价名片递了过来。值班的安保人员接过两人的名片，看了看正面，然后又翻过来看了看背面，似乎多少有些疑惑。

云飞和向南见此情景，不由得偷偷对望了一眼，虽然脸上强装镇定，可心里是十五个水桶打水——七上八下的。

忽然，那个安保人员面带难色地说道："可我没接到这方面的通知啊！"

见没有遭到直接的拒绝，云飞心中立刻燃起了一丝希望："这是我们社长跟区政府领导沟通的，具体情况我们也不太清楚。我估计查阅点资料也不是什么大事，而且又不是第一次了，所以领导就没通知你们吧。你放心，我们只是去后面的图书馆查查资料而已，不会乱走的。我们是记者，政府部门我们经常去，规矩我们都明白，你放心吧！"

安保人员一听，云飞他们经常去政府部门，也不敢轻易得罪。要知道，得罪了记者，随便给你报道点负面新闻，那可是吃不了兜着走的。越是政府部门越怕这个，小小的安保人员自然是扛不起这个罪名。

于是，安保人员略显无奈地说道："那好吧！我可以让你们进去，但你们真的千万不要乱走动，只能去图书馆啊！"

"放心！我们一定不会乱走的，谢谢你啊！"

两人一边致谢，一边从容地走进区政府的大院。向南见闯关成功，不由佩服地悄悄在胸前对云飞竖起了大拇指，云飞则得意地冲着向南挤了挤眼。

两人穿过主办公楼，终于找到了图书馆。里面静悄悄的一点声音都没有，看书的人也少之又少，倒真是个静修的好地方。而且，里面的空调相当给力，凉爽无比，想看的书也是应有尽有。写稿子查资料来这里，那真是再合适不过了。

两人刚看了一会儿书，云飞就忽然听到"咕噜"一声。他抬头看了向南一眼，乐得几乎差点笑出声来。原来，是向南的肚子在发出抗议了。

现在，因为形势所逼，为了节约钱，他们早上通常都不吃早餐，中午则把午饭时间稍稍提前。这样把三顿饭并成两顿吃，就可以省下一顿饭钱。

只是，这吃饭的节奏始终赶不上消化的速度，经常是距离吃饭时间还有好长一段距离，胃口就已经忍无可忍地抗议疾呼了。

云飞不得已，只好跟向南一起离开图书馆，顺着香味找到了区政府的食堂。或许是因为吃饭时间尚早，这里来吃饭的人并不多。令人欣慰的是，这里价格也相当亲民，一小盘炒河粉只要一块钱。虽然分量是少了点，但一人吃两三份也能勉强吃个七八成饱。

比起在外面吃，一顿饭至少可以省两块钱。这个意外的收获，让两人颇为激动，在这个一分钱要掰成两半花的年代，今天的重大发现绝对是有重大纪念意义的。

因为河粉是这里最便宜的食物，所以云飞和向南就一人点了两小盘河粉。在饥饿到已经几乎忍无可忍的情况下，两人也顾不得细细品尝一下政府食堂和外面饭店味道的差异，便三下五除二把盘子吃了个精光。

中午图书馆不开门，所以两人不得不另觅他处，来熬过这段最困乏难挨的时间。好在食堂后面有个花园，中午别人都去午休了，偌大的花园空无一人，正好成了云飞和向南临时的栖身之所。

云飞靠在一棵大树下，微合着双眼打起了盹儿。向南却喜欢登高爬低，地下平坦的地方他不坐，却偏偏坐在了一块齐腰高的大石头上。

正午的广州骄阳似火，奇热无比。又刚吃完油乎乎的炒河粉，云飞忽然感觉喉咙像火烧一样炙热难耐。于是，他从书包里拿出水杯，“咚咚咚”地喝了几大口水。一阵清凉穿肠而过，终于觉得舒服多了。

喝完之后，云飞用手擦了擦嘴角的水印，正准备把水杯放回去，却忽然看着水杯睹物思人发起了呆。

原来，这个水杯是他第一次出去跑业务时，婉清送给他的“定情信物”，想不到现在情深依旧，却早已是物是人非。他和婉清之间除了这个水杯，恐怕仅存的也就只剩下那渐渐逝去的痛心回忆了。

云飞抚摸着水杯，仿佛还能依稀感受到婉清那淡淡的体温。杯身的倒影上，婉清那熟悉的面孔，似乎也正随着水波的荡漾而对他微笑。那神情是如此的熟悉而逼真，好像婉清就站在他面前一样。

云飞心中此时真是感慨万分，想想现在的窘境也算是咎由自取。生活并没有因为离开 NEG 而有丝毫的扭转，更谈不上事业的蓬勃发展。唯一改变的，就是他彻底失去了婉清，而向南也彻底失去了阿冰。

此刻对往日的思念，忽然如洪水决堤般一股脑地冲了出来，杂乱无章地在云飞的脑海里窜来窜去。

只是，有些记忆已经开始渐渐变得模糊。或者是它刻意隐藏在内心深处的某个地方，虽然有一种呼之欲出的感觉，可就是无法精确定位到它的藏身之所。仿佛这些记忆真的已经渐行渐远，进而准备彻底逃离出他的记忆空间。

这种感觉就像面对水中月、镜中花一般，似乎清晰可见，却又触不可及。让云飞有一种在现实与梦境之间挣扎游离之感。

忽然，云飞的身体猛地抖了一下，手中的水杯也差点滑落。他打了个激灵，睁眼一看才发现，自己刚才竟昏昏沉沉地打了个盹儿。也不知刚才脑子里那些乱七八糟的想法，到底是梦还是真？好在手中的水杯仍被紧紧地攥在手里，他这才放下心来，连忙把杯子放回了书包里。

云飞抬头看了看坐在大石头上的向南，他似乎倒是睡得很香，不但姿势很沉醉，还不时发生轻微的呼噜声，真是令人羡慕。而云飞这种困而不能寐的状态，实在让他头疼欲裂。

云飞正在羡慕向南，却忽然看到他托着下巴的手往下一滑，整个身子打了个趔趄便失去了重心，大有要从石头上滚落下来的意思。

此时，向南也从美梦中被意外吓醒了，虽然他的意识可能还没完全清醒，但他的左手已经本能地顺势抓住了石头的一个角，以避免自己重心继续前倾而掉下去。右手则不停地在空中晃动，以尽力保持平衡。

可这个动作只能减缓重心前移的速度，左手的拉力却不足以稳定整个身体下坠的趋势。

不过，这个下意识的自救动作给云飞赢得了时间。就在这电光火石之间，云飞以迅雷不及掩耳的速度一个箭步冲过去。一把托住了即将从大石头上摔下来的向南，向南借势也稳住了重心。

见向南有惊无险，云飞调侃地说道："你是属猴的吗，睡个觉还爬那么高？"

此时险情已过，向南立刻又恢复了平时的活力："换个角度天地宽嘛！你没听说过，高度决定视野吗？"

"行，以后你最好都爬到电线杆子上睡觉，这样你的天地就更宽了，还可以把租房子的钱也省了！"

两人斗嘴已然成为一种习惯，其实这种习惯也并没有什么不好。只要分寸拿捏得当，既可训练口才，又可陶冶情操。也是一种在逆境中寻找自信，在痛苦中自娱自乐的有效方法。

能斗嘴，至少说明他们还没有绝望。只要心中的那团火不灭，希望就会永远存在，星星之火就永远保持着燎原之势的可能。勇者，就是在每次受到打击之后，会变得更加坚强。

星期六，紫嫣和钱编辑终于如约来棠下看房了。虽然城中村的杂乱让钱编辑颇有顾虑，但房子里的装修和总体的性价比，还是让她颇为满意的。特别是，有紫嫣在旁边旁敲侧击的美言，钱编辑也就只好求同存异，顾全大局了。

而城中村后面那一条马路之隔的棠德花园，就更是令她们心动不已了。宽敞的楼距，足球场大的花园，像刀切一样整齐的楼房，一应俱全的配套设施，真有点令紫嫣流连忘返了。

其实，以钱编辑的收入来讲，租后面小区的房子自然不在话下。只是为了照顾紫嫣，她才宁愿牺牲生活质量，而勉为其难地答应和大家一起住在城中村。当然，有云飞和向南两个帅哥相伴，也算是莫大的福利吧！

不过，云飞和向南因此也失去了独立的房间。从此，他们又开始了在客厅睡地板的日子。虽然条件是坚苦了点，但这对于连睡天桥都有思想准备的他们来说，并不算什么。更何况，有美女加盟显然利大于弊，他们从中得益更多。

时间证明，紫嫣和钱编辑的加盟，的确给云飞和向南的生活增添了不少声色。有人给做饭，有人收拾屋子，特别是有了紫嫣这个活宝之后，笑声从此就再也没有断过。

只是，不知是云飞和向南的运气不佳，还是他们的竞争力的确不够，他们的求职之路可谓异常坎坷。甚至，这么长时间了，都没有一家面试过的公司有回应，难免让他们有些心凉。

不过，正所谓物极必反，否极泰来，霉运到头似乎也就预示着好运的来临。这天，正当两人为来广州的艰辛而感慨万千的时候，云飞那久违的call机忽然又响了起来。

“这个时候谁会找我呢？是面试的公司，还是……”

云飞忽然又想起了婉清，心里不由得一阵激动，他真希望是朝思暮想的婉清终于回心转意了！

第三十七章　从天而降迎叶爽，破釜沉舟造辉煌

云飞激动地冲进房间拿起call机一看，却想不到，这竟然是一个来自太原的“呼唤”。云飞对这个号码并没有什么印象，不由得心中暗想：“该不会又是小丹打来的吧？”

一想到小丹，云飞心里就有一种复杂的心情，这种心情很难用一两句话说得清楚。总之，小丹在他心里既不同于普通朋友，又有别于名正言顺的恋人，就像一个解释不清的破折号，后面可以用千言万语来描述，但又未必能解释得清楚。但不管怎么说，这个电话是必须要回的。

可电话接通后，云飞大吃了一惊。他万万没想到，打电话找他的人，竟然是鼓励他们来广州闯天下，并最终让他们勇敢地踏上这趟奇妙之旅的动力之源——久违的黄老师。

电话里，黄老师给云飞介绍了一位，也计划来广州闯荡的朋友。希望已经先在广州“站住脚”的云飞和向南，能尽老乡之谊照顾一下这位后来的同乡。

云飞一听，头都快爆炸了，现在的情况他们是泥菩萨过河自身难保。别说照顾别人了，他们就连自己的吃饭问题都快解决不了了。要不是紫嫣和钱编辑及时加盟，在一定程度上缓解了他们的经济压力，说不定他们下个月就可能要睡天桥了，还照顾别人？这不是天大的笑话吗？

现实虽然如此，这话无论如何也说不出口啊！来了几个月还没解决温饱问题，说出来情何以堪啊？更何况，还是黄老师亲自开口，这让云飞如何拒绝呢？于是，云飞只好把心一横，硬着头皮答应了。

一个星期之后，黄老师的这位朋友赶着周末休息的时间，终于头顶着火车隆隆的白烟如期而至。

此人名叫叶爽，其实也算是黄老师的半个学生，计算机专业毕业的高才生。未见其人，乍一听这名字好像跟IT行业不怎么搭边儿。想不到，见到本人的时候，比乍一听更让人觉得大跌眼镜。

印象中的IT精英，应该是戴着金丝眼镜，西装笔挺，皮鞋锃亮，一副斯文的样子。

可这位叶爽倒好，长长的裤脚挽到了脚踝的位置，皱皱巴巴的衬衫也不放进裤子里，就这么随便地耷拉在外面。好像出门找不到衣服穿，临时从衣柜里翻出来一件已经放得快要发霉的陈年老衣。

再看他的外形，个子不太高长得倒挺敦实，黝黑的皮肤，紧绷的肌肉，孔武有力的手掌，看上去不像是敲键盘的，倒更像是打黑拳的。

尤其是他嘴上留着的两撇小胡子，怎么看都不像是好人，那坏坏的样子让云飞忽然想到了 NEG 的吴主任。就这种形象如果放在“金三角”，那绝对不用化妆，一看就是个走私集团的黑社会老大。

最让人受不了的是，他身上还有一股发霉的味道，就像一坛封存了几十年的泡菜忽然被打开了。云飞甚至怀疑，他是不是刚从韩国的泡菜厂被人遣返回来的。

云飞和向南诧异地对望了一眼，他们真不敢相信，这就是太原的 IT 精英。要不是黄老师提前打过电话，他们真有点儿怀疑，这是黄老师的品位吗？

云飞下意识地用手捏了捏鼻子，偷偷和向南交换了一下眼神。虽然，他们并没有说话，但多年形成的默契，早就一切尽在不言中了。

两人虽然心里嘀咕，但表面上绝不能被人家看出来。于是，两人暗暗咬着牙，憋着气，还是表现出一副热情好客的样子。毕竟，有朋自远方来，不亦乐乎嘛！

云飞和向南把叶爽带到提前帮他租好的房子里，让他先好好洗个澡收拾一下，约定一个小时之后再过来找他吃饭。然后，就迫不及待地匆匆离开了。

来到楼下，两人都像要被憋爆的气球一样，长长地做了几个深呼吸。向南一边喘着粗气，一边对云飞调侃地说道：“妈呀！再不离开那个房间，我就要眩晕过去了。我实在无法想象，在那密不透风的车厢里，同车厢的旅客是如何侥幸生存下来的！”

云飞也如释重负地说道：“是啊，这下你相信人的潜力是无限的了吧？奇迹都是在绝境中创造的，咱们现在的状况也差不多要濒临绝境了。所以，你要往好处想，否极泰来，或许奇迹就要发生了。”

自打叶爽来了之后，有事没事地就来找云飞和向南。反正他俩也没什么事，报社的工作也是三天打鱼两天晒网。所以，也就时不时地以过来人的身份，结合自己的经验教训，给叶爽讲讲他们在广州的所见所闻和注意事项，三人因此也就渐渐地熟悉了起来。

随着对广州的了解不断加深，叶爽也摸索着开始了他在广州的新生活。他不愧是 IT 界的精英，一开始便穿梭于电脑城和二手电脑交易市场，与云飞和向南走过的探索之路完全不同。

过了一段时间，叶爽渐渐从一个被动的信息接收者，变成了主动的信息释放者。他所分享的电脑市场的所见所闻，以及对市场的判断和感受，是云飞和向南不曾触及和思考过的领域。

这也让云飞和向南，渐渐对这个领域产生了浓厚的兴趣，并逐步踏上了跟叶爽一起对电脑市场的考察之路。

随着对这个行业了解的逐渐深入，三人都敏锐地嗅到了其中的商机。只是，云飞和向南不懂技术，又没有资金。所以，很多想法在他俩脑海里也只是一闪而过，始终没有真正提上日程。

这天，叶爽忽然主动邀请云飞和向南吃饭，并且显得格外大方，让他们随意点菜，就好像中了五百万大奖一般，显示出前所未有的豪爽。

一问之下才得知，原来是他在广州找到工作了。而且，工作地点就在电脑市场附近方圆几公里内最高的一栋写字楼上。工作环境超级棒，福利待遇也非常不错。

面对叶爽的意外喜讯，云飞和向南的感受却是喜忧参半。一方面他们替叶爽开心，另一方面却也不免为自己感叹。

想不到，他们来广州转眼已经数月，可几经辗转到现在，还是一直处在动荡不安的局面，至今也没找到一份稳定的工作，甚至可以说是举步维艰。

可叶爽来广州还不到一个月，就在大公司里安家落户了。黄老师还说让他们照顾叶爽，现在人家分分钟已经混得比他们都好了，说起来真是惭愧万分啊！

带着这种复杂的心情，云飞和向南跟叶爽喝了不少的酒，也说了很多意气风发的话。那些压抑在心里，因为打击、挫败，而久久不敢再提的抱负、憧憬，甚至野心，借着酒劲儿，今天一股脑地全都喊了出来。

深夜里，三个醉醺醺的疯子，比着劲儿地吹着牛皮。仿佛几杯酒下肚之后，三个未来的商界强人，就从此在这里诞生了。

叶爽成功的一小步，成了激励云飞和向南立志成功的一大步。两人虽然起步不顺，但并没有因此在挫败中失去斗志，反而再次激起了胸中那团星星之火。

并且，云飞从此开始养成了一种记录和反思的好习惯。即将每一次的失败心得都记录在案，然后认真地反思其中犯错的原因，以避免今后再犯类似的错误。

正是这种不断的经验总结，让云飞在不知不觉间，建立起一本失败案例的分析大全。这也为他日后走向一个成功的销售奠定了基础。

也许，幸运之神总是喜欢眷顾那些百折不挠的人。在没有抱任何希望的情况下，云飞再一次试着给专利局的副局长打了个电话。想不到，局长这次竟然爽快地同意了他们的采访要求。

而且，让人意想不到的是，采访竟然异常顺利。虽然，局长大人一眼就看出，他们是两个初出茅庐的毛头小伙子，但还是给予了最大的配合和鼓励。

之后，在钱编辑的帮助下，采访稿顺利地在报纸上发表了。终于，马云飞和林向南的名字见诸报端了。这是他们来到广州之后，第一次尝到了成功的喜悦。这也是幸运之神对他们百折不挠的最好嘉奖和对绝处逢生的最好诠释。

五百块钱的稿费，除了可以暂时缓解他们经济上的燃眉之急外，这更是生活对他们的一种肯定。“付出终有回报”这句话，终于在他们身上再次得到验证。

这成功的一小步，就像经过狂风暴雨洗礼之后出现的一道彩虹。在云飞和向南人生黑暗的无底洞和那虚无缥缈、触不可及的美好愿望之间，搭起了一座五彩的桥梁，让他们看到了彼岸的光芒和希望。似乎，他们跟着霉运亦步亦趋的日子，也终于走到了尽头。

这个具有里程碑意义的日子，云飞和向南自然忘不了要回请叶爽。可是，三人喝了几个来回之后，兴头上的云飞忽然发现，叶爽似乎并没有跟着他们的节奏显得那么尽兴。相反，显得心事重重。

于是，云飞借着酒劲问道：“叶爽，怎么感觉你好像心不在焉似的，有什么心事吗？”

叶爽见云飞这么问，似乎若有所思地迟疑了一下，然后才略感为难地说道：“看你们这么高兴，本来我不想扫你们的兴，可有句话我憋在心里已经很久了。你们来广州……难道就是为了打一辈子工吗？”

“呃……”叶爽突如其来地这么一问，让毫无思想准备的云飞和向南一下子都愣住了。

“其实我来广州从来就不是以打工为目的的，我来就是为了寻找商机，自己做老板。”

叶爽这番话来得有点突然，就像一盆清凉的冰水，让略带醉意的云飞和向南立刻清醒了许多。体内那份本来充斥的兴奋与激动，一下子也变得荡然无存了。

向南闻言，有点泄气地说道："自己做老板当然是每个人的梦想！可是，这需要有强大的实力、资源和人脉啊！我们现在可以说是一无所有，怎么做老板啊？"

"其实，做生意并没有你们想象的那么难，只是你们还没有做好迈出第一步的准备。不瞒你们说，其实我老爸是山西的千万富翁……"叶爽说到这里，忽然低下了头。似乎他对自己隐瞒身份这件事，感到非常抱歉。

"什么……你老爸是千万富翁？"云飞和向南听完，都不约而同地瞪大眼睛，几乎异口同声地大声问道。

他们无论如何也不敢相信，眼前这个其貌不扬的落魄小子，竟是个千万富翁家的富二代。

叶爽似乎早就习惯了，他们动不动就一惊一乍的表情。面对两人的半信半疑，他坦然地说道："以我今时今日的状态和表现出来的气质，你们不相信也是正常的。不过，我老爸真的是千万富翁，他在山西做焦炭生意，这一点是不争的事实。"

云飞听完，瞪大眼睛再次上下打量了叶爽一番，似乎是想扫描出他身上释放出来的任何富二代所具备的特质与情怀。

可云飞经过反复认证之后，无论如何也看不出叶爽身上有任何富二代所应拥有的气质。

他不禁心中暗想："形象可以装扮，气质和眼神却是掩盖不了的。从叶爽的举手投足之间，怎么就一点也看不出来那种富家子弟的高贵气质，或者从骨子里面透出来的傲慢与偏见呢？"

"那你……"向南似乎也有同样的怀疑，可话到嘴边，又显得有点说不出口。

"那我一个富二代，怎么会落魄到要吃地摊货、住农民房，甚至到了广州，还得来投奔你们，是不是？"叶爽很坦荡地说出了向南想说却没好意思说出口的话。

"呃……我不是那个意思，只是心里有点好奇！"向南不好意思地解释道。

"其实，你也不用不好意思。既然你们把我当朋友，那我就跟你们实话实说吧！我的确不是在豪门家庭中长大的，所以你们可能从我身上看不到贵族应有的气质，这一点我承认。"叶爽坦诚地说道。

"那你该不会是……私生子吧？"向南好奇又略带迟疑地问道。

叶爽并没有理会向南的幽默，也许，在这么严肃的问题面前，他没有开玩笑的心情："我爸和我妈十几年前就离婚了，我一直跟着我妈过着普通人的生活。我爸也是后来才大富大贵的，虽然他找了个后老婆，可老天却没有让他能再生个儿子。也就是说，我才是我爸心中唯一的合法继承人。"

叶爽说这些话的时候脸色沉重，眼神凝望着远方，没有半点开玩笑的意思。看来，向南的话让他又想起了那些不堪回首的往事。

听到这里，云飞和向南互相对望了一眼，却不知该如何是好。剧情实在太狗血也太突然，他们真不知道该不该相信，更不知道接下去的剧情会如何演绎。

通常在电视剧里，这么复杂的关系没有个十几集，是很难拨云见日，水落石出的。但不知今天，叶爽用多少口舌才能让云飞和向南深信不疑。

叶爽知道，他身份的惊天突变，确实让两人一下子难以接受。要不是今天酒后吐真言，就连他自己似乎也已经忘了他久违的富二代身份了。

"只不过，在我有能力继承他的产业之前，我需要先锻炼自己，证明自己！"叶爽深沉地继续说道。

刹那间，叶爽的形象好像忽然高大了许多。原来，他竟是个深藏不露，明明可以靠老爸的关系悠闲地做个富二代，却偏偏要靠双手来证明自己实力的有志青年。云飞和向南，瞬间对叶爽肃然起敬了。

"那你现在有什么打算啊？"云飞问道。

"我上班这段时间发现，我们公司的赚钱模式其实非常简单，就是靠信息不对称赚个差价。我们老板一没文化，二没素质，对电脑也一窍不通。就是早年打工时，手头积累了一些资源。后来，不知从哪搞了一笔启动资金，两三年之间就把公司做成现在这样的规模了。我想，如果我们也来做，没理由会比他差的。"叶爽信心十足地说道。

"你说得倒简单，这资源可是靠时间积累出来的。你们老板这些年，也不是白做的！"向南摇摇头道。

"嗨！现在是什么年头，时间就是金钱，还靠时间去积累客户，那黄花菜不都凉了？我们公司那些跑市场的手里有现成的资源，我们只要花点钱就可以从他们手上买到客户信息，这个根本不是问题。而且，我在公司这段时间已经接触到几个客户了。就凭这几个客户，让我们解决温饱肯定没问题。之前，我每天跑二手电脑市场，货源、价格我也了解得一清二楚。只是，一个好汉三个帮，一个篱笆三个桩，我现在唯一缺的，就是两个信得过的兄弟。”

叶爽的话，不可谓没有煽动性。对于满怀抱负，却总怀才不遇的云飞和向南来讲，的确是太有吸引力了。

可是，目前他们俩一穷二白，囊中羞涩。要资源没资源，要经验没经验，资金方面就更不用说了。跟人家一个富二代合作，凭什么啊？他们只怕叶爽对他们期望太高了，等知道他们的实际情况之后，难免会让人家失望，也会让大家尴尬。

见云飞和向南还在犹豫，叶爽继续说道：“什么叫机会？稍纵即逝的就叫机会。你看我们老板，哪一方面能跟咱们比？要才无才，要貌无貌，不学无术，可就是有胆量善于把握机会。我如果不进到这家公司，可能也会像你们一样，觉得电脑生意有多高大上。但我深入其中才发现，原来赚钱就是那一层窗户纸，真没你们想的那么难。而且，我们公司已经有好几个人自己出去干了，还都干得不错呢！”

听到这里，极度渴望成功的云飞和向南彻底动心了。既然来广州这么久，都找不到欣赏他们的伯乐，纵然有惊天伟略之才也难以施展。何不借此天赐良机放手一搏，干一番轰轰烈烈的事业呢？反正还年轻，大不了跌倒了从头再来嘛！

想到这里，云飞和向南对望了一眼，两人从对方的眼神中，都读出了渴望一搏的冲动。

于是，云飞将最后一丝担忧摊在台面上，对叶爽说道：“成功的欲望我们当然有，可是这恐怕需要一笔数目不小的启动资金吧？我们……”

叶爽见云飞似乎下定了决心，没等他把话说完，就把手一摆豪气地说道：“钱不是问题，启动资金我可以找我爸要。只要你们下定决心跟我一起干，其他的事情我来搞定！资金我出，赔了算我的。赚了钱，利润我占四成，你们各三成。但前提是我做董事长，公司运营得听我的，怎么样？”

叶爽这番话，还真有点富二代的豪气。这也让云飞和向南越来越确信，叶爽就是那个深藏不露，将来可以继承千万家财的富二代了。

这样的好事，如果不是叶爽喝多了信口开河，那就真是天上掉馅饼了！旱涝保收，毫无风险，却能赚大钱，这种无本万利的生意机会，谁会拒绝呢？

云飞和向南听完，简直是热血沸腾了。他们拼命用力地点点头，好像生怕自己的态度表达得不够清楚。

于是，三人将拳头紧紧握在一起，一场轰轰烈烈的事业，就此拉开了序幕。

可天上真会有掉馅饼的好事吗？云飞和向南又是否会时来运转，就此踏上了迈向成功的列车呢？

第三十八章 金玉之盟成碎梦，一夜豪情两头空

自从与叶爽订下了金玉之盟，云飞和向南就更加没心思工作了。两人一门心思地寄希望于与叶爽的宏图伟业，经常是到报社露个脸便匆匆回家了。

这天刚到报社，云飞就忽然接到了叶爽的电话，说他已经制定好了初步的实施方案，叫他和向南回来开会。

云飞毫不犹豫地就答应了，可就在他们准备出发的时候，向南临时被报社安排了个任务。没办法，云飞只好一个人独自回去和叶爽先行讨论。

云飞和叶爽讨论了一个上午，方案经过多次调整后，看上去似乎已经完美无缺，就差进一步去落实执行了。两人对未来都充满了希望，下一步就是资金到位的问题了。

一谈到钱，云飞不免有点担忧地问道："叶爽，你真有把握，你爸会给你出资金吗？"

叶爽理解云飞的担忧，这是人之常情。如果云飞和向南辞了职，准备好全力以赴跟着他轰轰烈烈地大干一场，而他的资金却到不了位，那可是害人匪浅啊！

于是，叶爽很自信地拍拍云飞的肩膀说道："云飞，你的担忧我理解！不过你放心，这点钱对我们来说是大钱，可对我爸来说，这根本不算什么钱！"

云飞想想也是，如果叶爽他爸真的是千万富翁，那给他们投这点资，也的确不算什么大钱。

于是，云飞点点头放心地说道："好，那就一切看你的了！"

"放心吧！不过……我得先回家一趟，把我的计划跟我爸详细讲讲。同时，也让他给我点建议，毕竟他做生意那么多年了，经验比我们丰富得多。"

"嗯，那倒是！"云飞点头赞同道。

"同时，这次回去我还可以借助我爸的资源，在北方开发一些客户，这样我们就更加如虎添翼了！"叶爽自信地说道，仿佛纸上刚刚写好的规划，马上就可以变成现实的钞票了。

云飞一听，也来精神了，他欢欣鼓舞地说道："要是你爸肯出手帮忙的话，那就肯定没问题了。对他来说是举手之劳，可对我们来说就是生死煎熬啊！"

叶爽听完点点头，笑笑说道：“嗯！我也这么想。不过，我们还是要抱着靠自己打拼的信念做事，不要把太多希望放在我爸身上。俗话说，求人不如求己，我还是希望能靠我们自己的实力打出一片天地。”

“那当然！这也是我做人的原则！”

听叶爽这么讲，云飞对他忽然间更有点刮目相看的感觉了。看他这么有志气，似乎身体里还真流着点富二代的血液。

“唉……”不知为什么，叶爽说着说着忽然间叹了口气。似乎有什么想对云飞讲，却又欲言又止。

云飞见状，奇怪地问道：“怎么了？有什么话就直说，都到这份儿上了，我们还有什么话不能直说？合伙做生意，最重要的就是坦诚！”

叶爽闻言，惭愧地点点头说道：“你说的没错，那我就直说了！”

“说啊！有什么事讲出来，我们一起分析，一起分担嘛！”

叶爽闻言点了点头，然后满脸严肃地说道：“本来我想在公司做够一个月，等拿了工资再回家。可既然咱们的事现在已经箭在弦上了，我就不想因为那点工资再耽误时间了，我打算明天就回家。做大事就要趁热打铁，一鼓作气，再而衰，三而竭嘛！”

“你说的没错，那明天我们去火车站送你！”云飞热血沸腾地支持道。

“不过……这样的话，我的资金周转可能会有点问题。如果等公司发了工资再走，就可以给家里面买点东西，体体面面地回去，这样说起话来腰板也硬一点。可现在……你能不能先借我点钱，我回来马上就还你。”叶爽面带难色地说道。

“啊？”

云飞做梦也没想到，叶爽向他提出的竟是这么一个让他意外又意外的难题。

可合伙人就应该同舟共济，不借实在又说不过去啊！更何况，叶爽也是为了让大家的生意尽快开张才回家筹钱的。而且，人家连马上就要到手的工资都不要了，这样大公无私的牺牲精神，云飞还有什么理由拒绝呢？

“怎么，有困难吗？”叶爽见云飞愣在那里，不好意思地问道。

“没……没困难，那你准备借多少啊？”云飞一向最好面子，听叶爽这么一问，他竟然脱口而出地答应了。

“也不用多，一千块钱就够了！”

“啊……一千块钱？坐火车不也就两百多吗，你准备坐飞机回啊？”云飞显然有点出乎意料。

叶爽听到云飞的语气，脸色显得非常复杂："当然不是，创业期间怎么能这么奢侈？我只是想买点像样的东西回去，别让别人给看扁了，尤其是我那个后妈！"

这话正说到云飞心窝子里了，不管出来有多艰难，回去也得像模像样，这是所有外出打工的人共同的心声。就算不是衣锦还乡，也不能像落难逃亡啊！更何况，是要面对自己的后妈，当然更不能让她小看了。

见云飞显得还是有些犹豫，叶爽试探地问道："云飞，你来广州这么久，不会一千块钱也拿不出来吧？"

"当然不是，那怎么可能呢？"云飞立刻反弹似的答道。

"你放心，我最多一个星期就回来，到时候我们有了第一桶金，就什么都不怕了。"

"没问题！"云飞抹不开面子，终于咬着牙点点头答应了。

云飞在柜员机上查了一下，账户里还有一千一百零八元。他的银行存款，已经好久没有超过四位数了。这些是他刚刚发的底薪和稿费，加上从家里带来的余款总和，也是他全部的身家。

这些刚被打到账户里的钱，还没有被捂热，现在就又要被取出来了，云飞心里真有点舍不得。他看着屏幕狠狠地咬了咬牙，似乎是想将这个吉利的数字永远地刻在脑海里。

终于，云飞取了一千块钱递给叶爽，看看屏幕上的存款余额还剩一百零八元，云飞的心都要碎了。一百零八元，这就是在广州拼搏了几个月的成果！

但为了博取一个有希望的未来，他必须这么做。也许若干年后，当他叱咤风云，成为商业巨子的时候，他会为今天非凡的勇气而暗自庆幸。

许多成功人士何尝不是在关键时刻以身家相搏，最后才脱颖而出，成为别人津津乐道的传奇？云飞希望他今天的举动，能成为他传奇经历开篇的序曲。

再一次来到人头攒动的火车站，云飞有一种莫名的伤感。他似乎开始对火车站有一点过敏。先是出师不利下车被罚，接着是送五朵金花打道回府，大家怆然泪下。再接着就是与婉清诀别，一切都随风而去。

一次比一次伤感，一次比一次痛心。火车站让云飞触景生情，似乎已成为他内心深处不愿触碰的伤心地。但愿这一次送叶爽，能是时来运转的开头。

看着头顶冒着滚滚白烟的列车徐徐启动，云飞终于又完成了一次送行的使命。

叶爽承载着他们的希望离开了，日子又暂时恢复了往日的平静。既然新的事业即将开始，云飞和向南也无心再花时间和精力去寻找新的工作了。

所以，他们除了应付一下报社的日常事务，就是摩拳擦掌地期盼着叶爽的强势归来，开启他们全新的生活。

自从叶爽提出创业计划之后，云飞和向南兴奋得几乎每晚都睡不着觉。只是，事情还没走上正轨，他们也不想太招摇。所以只能瞒着紫嫣和钱编辑，躺在客厅的地板上，小声地窃窃私语，默默憧憬着，如何踏上通向人生巅峰的成功之路。

可一个星期转眼就过去了，期待中的叶爽并没有如期而至。而且，他的 call 机也没人回复，整个人有如石沉大海，变得杳无音信。

开始，云飞和向南为了安慰自己，还在不断地找各种理由为叶爽开脱。可随着时间的推移，他们谈论叶爽的频率渐渐变得越来越低了。显然，在现实面前，他们不得不承认，叶爽回来的希望已经变得越来越渺茫了。

而此时，偏偏又屋漏恰逢连夜雨，云飞忽然收到传呼台的通知，说他的 call 机即将到期了，如果不马上续费，将会在一周内被停机。

叶爽临行时，冠冕堂皇地借走了云飞仅有的一千块钱。现在连交房租，甚至吃饭的钱都没了，哪还有钱开通 call 机啊？

好在向南的 call 机还没到期，有什么事可以先留向南的联系方式。所以，无奈之下，云飞决定先暂停自己的 call 机，等有钱时再重新开通。

本来就诸事不顺，加上被叶爽欺骗，现在 call 机又被迫停机了。云飞忽然觉得，生活对他真是太不公平了。凭什么所有的不如意，就全部都发生在他一个人身上啊？

向南当然太能理解云飞的心情了，他当时要不是因为报社临时有事，才幸运地躲过了一劫。那现在，受害者也绝不会仅仅只有云飞一人。

“我真不明白，叶爽究竟为什么要骗我们。你说他讲的那些离奇身世，会不会都是他自己编出来骗我们的啊？我们也真够老实的，这些电视剧里的老桥段，你说……我们怎么就会信以为真呢？”向南追悔莫及地说道。

“算了，吃一堑长一智，就当交学费吧！更何况，也说不定他哪天会突然冒出来呢！那你可就自打嘴巴了！”云飞自我安慰地说道。

被骗的人总有这样的心理，内心对骗子恨得牙根痒痒，却偏偏不愿接受被骗的事实，还想为骗子找个合理的借口，希望奇迹能再一次发生。

向南听云飞还抱有幻想，忍不住说道："你怎么还在替他说话啊？一千块钱现在对我们来说是何等重要，那简直就是救命钱啊！我……我现在真是宁愿自打嘴巴啊！"

向南边说，边在自己脸上轻轻摸了一下，象征性地做了一个打嘴巴的动作，显出万分的无奈。

见云飞没有反应，向南继续说道："咱们的钱舍不得吃舍不得喝，大部分都给广州交学费了。要是被那些老谋深算的专业骗子骗了，我也就认了。可现在，咱们是被一个初来乍到，在广州时间还没有咱们长的新丁给骗了，你说我能咽得下这口气吗？"

"事已至此，咽不下又能怎么样呢？"

"你呀！就是该信任的人不信任，不该信任的人却偏偏又深信不疑。现在是亲者痛仇者快，你还一点都不醒悟！"向南充满惋惜的语气中，又多少夹带着一丝埋怨。

向南的话，云飞自然明白。他对离开阿冰和婉清的这一决定，始终有点耿耿于怀。婉清和阿冰才是他们应该珍惜和信任的人，可惜他们却选择了放弃，而最终轻易地相信了一个骗子，一个用电视剧桥段，就把他们轻易骗了的骗子。

这个话题是云飞心中永远的痛，就像一块永远无法愈合的伤疤。一提到这件事，云飞立刻就感觉血往上涌，他忍不住忽然怒道："你这话什么意思？"

向南见云飞还发火了，也忍不住提高嗓门说道："你冲我发什么火啊？有火你应该找叶爽发！我只是在提醒你要认清好赖人，别受了这么多次骗还不清醒！"

向南的话深深地刺痛了云飞的心，云飞怒视着向南，半天都没有说话。向南一看，知道自己话说重了。

于是，他叹了口气说道："唉！我也是为你好，既然你不想听，那就当我没说好了！"

说完，向南走了出去。他真的不愿意因为叶爽的事情，造成他与云飞之间的误解。

看着向南伤感的背影，云飞忍不住扪心自问道："难道真的是我错了吗？叶爽……但愿你还能回来！"

但可惜的是，失望就像撕不掉的狗皮膏药一样，死死地黏着云飞不放。叶爽始终杳无音信，云飞终于放弃了最后一丝幻想，不得不做出最坏的打算。他和向

南也不得不又开始了，每天周旋在人才市场的求职之路上。

除了人才市场，报纸当然也是他们不可忽视的信息渠道。这天，云飞在报纸上发现一个自认为比较合适的工作机会。

反正也没什么事可做，于是云飞和向南决定去试试。和往常一样，他们决定步行过去。步行美之名曰有三大好处：省钱，强身，还可以熟悉道路。

可他们万万没想到，这个平常得不能再平常的决定，让他们的生活再掀波澜，让本就不平静的日子变得更加跌宕起伏。

第三十九章　袖里乾坤斗圣手，任性总在风雨后

云飞和向南一路打听，好不容易才按照报纸上的面试地址，走到了所谓的环市路。但此时已近正午，头顶上的大太阳，走到哪儿跟到哪儿。就像一座移动着的火焰山，无论你多努力始终都逃不出它的手掌心。

身上带的水早就喝得底朝天了，此时又临近午饭的时间，饥渴难耐的云飞和向南，决定先找个地方吃完午饭，休息一下再继续前行。否则，不但人吃不消，就算是坚持走到面试的公司，人家也要午休了。

于是，两人穿街过巷地拐进了一条小胡同。以他们这几个月在广州行走江湖的经验判断，这种小胡同里的饭，通常都会比较便宜。

果然，在小胡同的尽头，他们发现一个极大的自由市场。有卖花鸟鱼虫的，也有卖鞋帽皮包的。虽然经营有点杂乱无章，但令他们欣喜的是，这里果然有便宜的盒饭卖。

盒饭是装在流动的三轮车上的，此时“餐车”已经被买饭的人围得水泄不通。三元起步的亲民价格，明显受到附近小商小贩的大力追捧。那热气腾腾的饭菜，冒着扑鼻的香味，远远闻着就让人垂涎三尺。

向南早就饿得受不了了，一闻到饭菜的飘香，他忍不住咽了口口水。然后铆足了劲，一头扎进人堆里，便立刻被淹没在了混乱的买饭大军中。

美食当前，云飞当然也不甘落后。于是，一个猛子扎进去，他几乎是在被架空的情况下，腾空“游”到餐车附近的。可到了餐车跟前云飞才发现，他和向南被拥挤的人群已经冲散了。

现在也顾不得那么多了，云飞隔着餐车的玻璃，一边看着菜价，一边在心中默默核算着每个菜的性价比。可当他选中自己心仪的菜，正准备兴冲冲地付钱时，脸色忽然如乌云盖顶一般阴了天，额头上瞬间也冒出了不少冷汗。

原来，就在他伸手点菜的一刹那，钱包竟不翼而飞了。这个时候丢了钱包，那简直就是要他的命啊！

云飞立刻发狂似的转过身，怒视着身后的人群。似乎想通过相面的方式，来找到这个不知死活的作案凶手。

虽然想用这种方式破案，显得有点不靠谱，但细心的云飞还真发现了一些蛛丝马迹。

就在几乎所有的人都在拼命往前挤的时候，他却发现唯有一个人在逆着人流向外冲。这个逆向而走的后脑勺，立刻引起了云飞极大的注意。特别是，这个人的手里并没有端着饭。

一个人费了九牛二虎之力，好不容易挤进来。还没有买到饭就又急着要开溜，这说明什么？很显然，他一定是做了坏事想逃跑啊！

此时，虽然云飞心里极度怀疑，但在没有任何证据的情况下，如果贸然出手也面临着不小的风险。如果搞错了，那该如何收场啊？

不过，云飞心里虽然有点矛盾，犹豫，可脚下一刻也没松懈。他不顾一切地扒开人群，紧跟着那人也逆流向外冲去。因为，不管这个人到底是不是真的小偷，此刻他都是云飞唯一的线索。

云飞使出吃奶的劲拼命向外挤去，眼光一刻也不敢离开那个被他锁定的“嫌疑犯”。生怕他像电影里的通天大盗一样，眨眼间便消失得无影无踪。

那男人挤出人群后，似乎完全没有意识到后面竟有人跟着他。只见他习惯性地左右望了望，见没有发现任何异常。便放心地做出一副若无其事的样子，准备堂而皇之地离开。

眼见机会转瞬即逝，云飞也不知哪来的勇气，他来不及细想，嘴巴竟不听使唤地大吼一声道：“站住！”

话音还未落，云飞的手腕儿更是以迅雷不及掩耳之势，从后面一把抓住了那人的脖子。其身形之矫健，手法之连贯，甚至连云飞自己都有点惊讶，想不到他竟有这么好的身手。

那男人显然被这突如其来的变故吓得有点不知所措。他禁不住浑身一抖，愣了几秒钟，才带着诺诺的眼神回过头来看了看云飞。

此时，云飞的动作完全超越了他思考的节奏。他完全没有考虑好下一步该怎么做，可他的行为已不受控制地造成了既成事实。这时，云飞的心里才开始有些后怕，假如真是抓错了人，那他该如何从这天大的误会中脱身呢？

但事已至此，也顾不得那么多了。做戏就得做全套，云飞现在也只有按照自己的剧本，继续硬着头皮往下演了。

所以，他抓住了那人的脖子，出离愤怒般带着极其肯定的语气大吼一声道：

"快把我的钱包拿出来！"

此时，那个男人看着云飞，似乎已经从刚才出其不意的惊恐中，慢慢回过神来。可能是见云飞只有一个人，而且还带着一脸的学生气，他脸上的表情显然比之前镇定了不少。

那人一边试图挣脱云飞的手，一边喊道："你干什么，谁偷了你的钱包啊？快放开我！"

云飞心里并没有十足的把握，刚才不过是一时冲动，凭着一种直觉做出的推断。此刻面对那人的坚决否定，云飞心里多少也有点忐忑不安了。

但开弓没有回头箭，此时箭在弦上，云飞也只好放手一搏了："你别跟我装了，快把我的钱包拿出来，不然我对你不客气！"

此时，云飞才看清楚，原来这个所谓的男人，也不过是个十七八岁的小伙子，看上去比他年龄还小，脸上还稚气未脱。即便是小偷，想必也是刚入行不久。

看到这里，云飞的心里总算稍稍有了点底。他心想："如果单打独斗，我应该也不至于会吃亏。只是，听说小偷很少会单兵作战，假如这附近还有他的同党，那可就……"

想到这里，云飞不由得暗暗担心。看来，现在最好的办法就是速战速决，不管是错怪了好人，还是捉到了真凶，此地都不宜久留。三十六计走为上计，得尽快想个办法脱身才行。

想到这里，云飞孤注一掷地说道："如果你没偷我的钱包，那你敢不敢把口袋里的钱包拿出来让我看看？"

小伙穿着一条牛仔裤，右边的口袋里隐约可以看到一个黑色的钱包。只是看不太清楚，云飞也不敢确认那就是自己的。

小伙见云飞目标明确，显然有点慌了神，但还是嘴硬地说道："我凭什么把钱包给你看？你又不是警察！"

"好！那我们就去找警察！"云飞说着，拉起小伙就准备冲开人群往外走。

云飞心想："只要能离开这个是非之地一切都好说，没有围观的人指指点点，冤枉了你大不了我给你道歉。你要真的是小偷，避开你附近的同党，我也有能力把你扭送去公安局。"

听云飞这么坚决，那小伙似乎真有点急了。他显出一副不耐烦的样子说道："好吧！看就看，我看你污蔑了好人，等一下怎么下台？"

云飞见小伙这么有恃无恐，心里不由得也有点儿犯怵了，抓着小伙的手也不由得放了下来。

他心中暗想："这家伙说话这么有底气，难道真是我冤枉了好人？这可如何是好啊？"

眼看着小伙把手伸进口袋里，云飞的心也跟着提到了嗓子眼儿。

"你看看这是你的钱包吗？"小伙边说，边把钱包塞进云飞手里。

"这是我的钱包啊！你看，里面还有我的身份证呢！"云飞又惊又喜地从钱包里掏出自己的身份证，正准备向大家证明自己没有冤枉好人。可他抬头的一刹那才发现，就在他查验钱包的时候，那小伙子早已一溜烟跑得不见踪影了。

既然小偷自己跑了，云飞也证明了自己的清白，此地不宜久留，还是赶紧走为上策。假如那小偷不服气，待会儿搬回大队人马杀个回马枪，那后果可就不堪设想了。

此时，与云飞走散的向南也正好找了过来，云飞来不及跟他解释一切，便急匆匆地拉着他离开了这个是非之地。

云飞折腾了半天，本来就在闹罢工的"五脏庙"，这时更是咕咕大叫起来。可眼看已经一点多了，下午还得赶去面试，再找地方吃饭已然是来不及了。

于是，两人在街边买了几个馒头，一边就着白开水吃馒头，一边顶着大太阳再次踏上了应聘之路。

不知为什么，这条环市路竟如此之长，云飞和向南走了近一个小时还没有走到头。

从早上到下午只啃了两个没营养的馒头，长途跋涉的困乏和烈日骄阳的暴晒，再加上与小偷的斗智斗勇的比拼，已经严重透支了他们的体力。就连带出来的水也早已喝得精光，此时的云飞和向南可谓是弹尽粮绝，几近虚脱。可这漫漫的求职路，还不知何时是个尽头。

向南不甘心地再次拿出水瓶，底朝天地对着嘴拼命摇晃了几下。但奇迹并没有出现，空空的瓶子里几乎连一点潮气都没有，更别说水了。向南只好绝望地放下水瓶，再次无奈地用舌头舔了舔干涸的嘴唇。一路上，这个动作他已经做了不止一次，相信这次他应该彻底死心了吧！

但即使如此，他们也舍不得花钱买上一瓶矿泉水来解渴。因为，他们认为把钱花在吃饭上更实在。用一顿饭的价钱，来买两瓶水实在是太奢侈，太不值得了。

这一幕让云飞记忆深刻，他忍不住说道："要不就买瓶水吧！车钱省了，饭钱省了，这水钱不能再省了。要是真中了暑就得不偿失了，咱们现在可是矜贵到病不起啊！"

哪知，向南竟倔强地摇摇头说道："没事！等走到面试的公司肯定有水喝，我能坚持住！你要是受不了，那你买瓶水吧！"

云飞听完，心里泛起一阵酸楚。吃苦倒没有什么，他早有心理准备。可来广州这么久了还活得这么苦逼，他觉得实在太窝囊。

两人咬着牙，沿着环市路一直往西走，可足足走了一个多小时，还没找到那家招聘公司的位置。

一路上问了几个人，回答都如出一辙："沿着这条路一直往西走就是！"

看来方向是没错！只是这么个走法，不知得走到什么时候才能走到头。难道他们走的是当年唐僧西天取经的路，不然怎么会一直往西走个没完呢？

最后，云飞终于碰到个明白人，才彻底问清楚。原来环市路顾名思义，就是环绕着城市的路。这条路从头到尾至少有十几公里远，环市西路自然是在这条路的最西边。

而云飞和向南恰巧是住在广州的城东边，因此，他们今天相当于是由东到西穿城而过了。难怪走了一天，都没走到尽头。

前面的路人也没说错，环市西路的确是一直往西走。只是，恐怕没人能想到，这两个傻子是打算步行过去的！

问清楚之后，云飞看着几近崩溃的向南说道："从这里过去，还有最后的两公里，要不要坐车啊？"

"不坐！要坐一开始就坐了，十几公里都走过来了，现在再坐车也太不划算了！"向南斩钉截铁地说道。

于是，两人咬紧牙关顶着烈日的暴晒，拖着一身的疲惫，硬是走完了最后的两公里路，每人省下了两块钱。

云飞和向南上气不接下气，好不容易终于来到了招聘的公司，本以为至少也能听到一句温暖人心的话语。哪知，接待他们的主管，却只冷冷撂了一句话，就头也不回地走了："我们已经招到人了！"

"什么？你在耍我们吗？"云飞闻言，瞬间就像被打入了冷宫，心里面真有种说不出的滋味。

这玩笑也开得太大了吧？冒着和小偷生命对决的危险，饿着肚子口干舌燥地步行十几公里，累得只剩下半条人命，最终，换来的就是这样一句冷冰冰的话？甚至，连向南幻想中的免费水也没喝到一杯，这也太不近人情了吧？

但现实就是这么残酷，谁也没请你来啊，你又怨得了谁？无奈之下，两人只好带着比往日更大的失望无功而返了。

走在路上，向南愤愤不平地说道："刚才那个主管，你看他那傲慢的劲儿，我真想上去给他一耳光！"

云飞闻言，苦笑一下安慰道："算了！看他那副苦大仇深的样子，一定干得不开心。我们跟这样的人在一起工作，整个人生都可能会被毁了。不来这里，说不定还是我们的幸运呢！"

"你这么一说，我心里倒是舒服多了！"

云飞一听，更得意了："生活就要学会自得其乐嘛！天将降大任于斯人也……"

"必先苦其心志，劳其筋骨，饿其体肤，空乏其身，行拂乱其所为，所以动心忍性，曾益其所不能……哈哈！"向南也跟着一起背起来。

远处传来两人开心的笑声，刚才那种懊悔与失落，此时竟已被抛到了九霄云外。原来，用一种释然的态度去对待事情，效果竟然会如此大相径庭。

回程自然不可能傻到再走回去了，更何况，他们已是强弩之末，就算想走也是有心无力了。

广州的天气，就像三岁小孩的脸说变就变。上车前还是骄阳似火，可是经过一个多小时的车程后，已经是乌云密布了。整个天开始慢慢沉下脸色，似乎有一种想要给你点颜色看看的意思。街道开始变得越来越昏暗，真有一种黑云压城城欲摧的感觉。

云飞和向南一下车，就赶紧加快脚步向家里赶去。他们知道广州的雨是说来就来，而且可能在瞬间就由一场毛毛细雨变成倾盆而泄的狂风暴雨。

但云飞跑了几步，忽然发现平时活蹦乱跳的向南，今天好像有点力不从心。于是，他大声催促道："马上要下大雨了，怎么还磨蹭？"

这时，却见向南憋得满脸通红，额头上冒着汗说道："脚趾好像扎了根刺进去，疼得要命，走不快啊！"

“怎么会这样，要不要扶着你啊？”

“不用了，走慢点没事！”

云飞看着一瘸一拐的向南，苦笑着说道：“咱们来广州经历的这些磨难，都快比得上唐僧西天取经了吧？”

向南闻言，调侃地说道：“说实话，那还是人家唐僧更苦点！人家经历了九九八十一难不说，还顶住了各类女妖精的诱惑。那么多道美人关人家都过去了，如果换成咱俩，我估计肯定过不了，这可是咱们的弱项！”

向南话音刚落，就听“呯”的一声春雷响，一个炸雷在两人头顶“啪”的一声炸开了，把两人都吓了一跳。

云飞定了定神，看着向南说道：“坏了，你的话怕是被唐僧听见了，赶紧往回撤！”

云飞的话就像启动了呼风唤雨的魔咒似的，语音刚落，就见鸽子蛋大小的雨点，瞬间噼里啪啦地从天上倾泻而下。

开始还能看到打在地上的雨点，但眨眼间地下便湿成了一片。雨滴似乎在天上便已经汇聚成了一道水帘，水帘将地下的道路分隔成无数个能见度不足数十米的空间。让人感觉好像一下子进入了一个无法预知的未来水世界。

“要不我们先找个地方躲一躲吧？”云飞在暴雨声中，扯着嗓门喊道。

“都已经湿透了，还怕什么？就让我们淋个痛快吧！”向南一边说着，一边竟停下脚步，抬头仰望天空张开了大嘴，任凭飞泻的雨水直落进他的嘴里。好像是一块干涸的土地，终于迎来了久违的甘露，再也等不及片刻的拖延。

“好！让我们冷静冷静也好！”云飞说完也张开嘴，一边享受着雨水打在脸上那微微刺痛的感觉，一边贪婪地吸收着大自然迟来的爱抚。

路上几乎已看不到行人，在昏暗的天空下，肆虐的暴雨似乎已将整条街道清洗得空空如也。只有云飞和向南两个人闲庭漫步在暴雨里，享受着一种在别人看来是自虐式的任性。

人生中，能有一个跟你同病相怜、同甘共苦的人，愿意和你一起冒着傻气，在暴雨中并肩前行，共同体会一起走过的孤独与寂寞、艰难与困苦，倒也不乏是一种难得的体验。

然而，云飞和向南恐怕做梦也想不到，一时的任性和不计后果的放纵，将会给他们带来无比惨痛的教训和难以忘怀的伤痛……

第四十章　天涯此时相思苦，梦醒花开更无常

云飞和向南在暴雨中，畅快淋漓地感受了一把任性的放纵。平时那如刀切一般整齐的发型，如今也变得像杂草丛生的芦苇地一般，在暴雨的洗礼下无序地紧贴在额头上，显出一副狼狈不堪的样子。

两人回到家后，赶紧脱掉湿透的衣服好好地冲了个澡。当再次换上干爽的衣服，坐在沙发上观赏着外面瓢泼的大雨时，竟然感受到一种从未有过的惬意。

这时向南才有时间仔细看了看他那痛入骨髓的伤脚。或许是因为在雨水中浸泡得太久，大脚趾已经开始肿胀起来。但因为没有看到明显的伤口，所以向南也就没有太在意。

本以为这个不起眼的小伤痛根本不足挂齿，休息一晚就会自动康复。哪知，第二天起床时才发现，它竟已发展成了一场令向南无法忍受的“浩劫”。向南的脚趾一夜之间，肿得已经完全走不了路了。

大家见状，都建议向南去医院看看，可向南哪里舍得花这个冤枉钱啊！最终，他选择了在家休息一天，希望抹点药第二天就能好。

大家无奈，只好帮向南买了点吃的放在家里，然后便一起匆匆赶往报社了。从报社出来，云飞在人才市场转了一圈，没看到什么合适的工作。他担心向南，所以便早早地坐车先回家了。

可当云飞赶到家时，竟意外地扑了个空。家里空荡荡的，向南竟然不知所踪了。云飞实在想不明白，向南的脚不方便，怎么还会往外面跑，难道是有什么事？

但他估计向南应该不会走太远，所以决定先在家等等看。于是，云飞躺在床上微合着双眼，一边闭目养神，一边等着向南回来。

可寂寥最怕碰到冷清时，自从紫嫣与钱编辑搬来后，家里的欢声笑语便多了不少。已经很久都没有像今天这样，有机会一个人躺在空荡荡的家里，再次重温那种久违的寂寞了。

这时，房间里静得出奇。不知为什么，云飞竟不自觉地又想起了婉清。也不知道婉清回去后，过得是否开心如意。这是藏在云飞内心的一个心结，其实从来

都不曾打开过。

婉清回到家以后，父母顺利地把她安排进了一家事业单位。福利好，待遇高，而且还很清闲。

在广州玩够了，回来还能进到这么好的单位。婉清的亲朋好友对她的“好命”只能用一句话来概括，那就是：羡慕嫉妒恨！

可婉清的感受完全不是这样，她已经习惯了都市繁华纷扰的生活，即使危险重重却激情四射。而这种恬静安逸，却闷得发慌的田鼠式生活，表面看着悠闲自得，令人羡慕，可对她来说，无异于是一种折磨，甚至是一种慢性自杀。

自打婉清回家之后，父母亲朋不知给她介绍过多少个男朋友。能给她介绍的，条件自然都不会差，可婉清基本上连看也不看就一口都拒绝了。

后来在父母的软磨硬泡下，她才终于不得不屈服了。因为，看着父母渐渐老去的身影，婉清实在不忍心再让他们为自己的事操碎了心。但她心有所属，每次都是应付了事，结果自然也都是不了了之。

自从回了家以后，婉清就少有笑容。在别人看来光鲜亮丽的外表之下，包着的却是一颗脆弱而孤独的心。她内心纵有千言万语，却找不到一个懂她的人去倾诉，只能将所有的情感都深深地埋在心底，在寂静的夜晚一个人偷偷哭泣。就像海底的珊瑚礁，随着岁月的流逝，在沉淀中慢慢变厚，慢慢死去。

每当夜深人静，不用再面对任何人时。婉清才可以卸下伪装，静静地躺在床上想自己的心事。也只有这时，她才属于真正的自己。她可以放任自己的思绪，天马行空，不切实际地憧憬着美好的未来。

那种感觉就像在脑海中装了一部遥控器，可以任性地回放着在广州的点点滴滴，并可以随时停留在任意一刻，让云飞任由她摆布。

不管是快进、快退、暂停或者停止，只要婉清愿意，她就像一个说一不二的导演，可以随意改编剧情，让云飞和她重回到那最美好的一刻，永不分离。

婉清总幻想着，能将自己为云飞流下的每一滴泪珠，都放到无限大。好让她能重温当时的心境，看清楚当时泪水流下来的那一刹那，究竟是怎样的心情。

她更怀念自己为云飞绽放的每一个笑容，她很想记起当时是为什么如此开心。即使可能会因此留下深深的鱼尾纹，她也在所不惜。

婉清很后悔，当时没有把自己家里的电话号码留给云飞。她以为自己可以做到绝情地忘记这一切，可随着时间的流逝，她不但没把云飞彻底忘掉，相反，对他的思念与日俱增。

“群花蝶舞争芳艳，不及冰清惹人怜。”每晚，当婉清思念云飞的时候，这两句诗就会不由自主地冲进她的脑海。白云山上发生的那一幕幕耐人寻味的情节，更像放电影似的，一帧一帧她都记得清清楚楚，就像昨天才发生过一样。

令婉清不安的是，她不知道云飞是否已经彻底把她忘记了。她无数次想冲动地给云飞打电话，但最后都被理智压抑了下来。

但这种压抑聚积得越久，就越让她无法忍受。就像体内岩浆澎湃的火山，用一个巨大的盖子是解决不了问题的。

一个个不眠之夜，让婉清变得越来越瘦了，严格来讲是憔悴了。她像被关起来的金丝雀，不管笼子多漂亮，吃的东西多精美，面对失去的自由，这些都显得微不足道。

婉清终于下定决心，她要问个明白。云飞心里究竟是怎么想的，他的心里到底还有没有自己？看着云飞在火车站那心如刀割的样子，她不能就这样不明不白地，结束了那段痛心彻骨的感情，让自己每天在遐想和抑郁中度过。

想到这里，婉清更加辗转反侧无法入睡。人就是这样，当你没有做决定的时候，多少个日日夜夜也就这么熬过来了。可一旦你做了决定，每一秒钟都会度日如年。就像是一头铆足了劲，等着出栏的西班牙斗牛，每一秒钟都只为栏门打开的那一刹那而生。

此时的婉清，急切地盼望着太阳冉冉升起的那一刻的到来。她要搞清楚一个期盼已久，却一直未敢面对的现实。就像一个刚刚完成高考的学生，大学校园的林荫小道似乎已经触手可及，鸟语花香的美好生活已经扑面而来。只可惜，期望中的录取通知书，却还在路上遥遥无期。

整整一夜，婉清都兴奋得几乎合不上眼。也不知过了多久，忽然有一束刺眼的阳光透过窗帘，把卧室照得通亮。一缕阳光均匀地洒在她修长的手臂上，让睡意蒙眬的婉清显得分外妖娆。

强光的刺激，终于让婉清忍不住眨了眨眼，她下意识地用手遮住眼睛，脸上露出一种略带痛苦的表情。显然，细胞们开始渐渐苏醒了，她在与极度的困乏做着最后的抗争。

婉清终于睁开了眼，她静静地停留了片刻之后，忽然回忆起昨晚所经历的那场彻夜未眠的思想斗争，便立刻翻身坐了起来。她要趁着勇气还在，赶紧去执行那个好不容易才下定决心的重大决定。

婉清以最快的速度洗漱完毕，然后便毫不犹豫地拿起电话，呼叫了云飞的call机号码。她必须趁着自己惯性的冲动，把这件事情一气呵成地做完。否则，一旦冷静下来，就可能再也没有勇气去做这件事了。

之后，她唯一能做的，就是静静地坐在床边，等待着电话铃声响起的那一刹那的到来。

时间在焦急与期盼中，一分一秒地过去，但电话铃声始终没有响起。婉清渐渐开始变得烦躁不安起来，各种猜想在她心中左冲右撞，以至于她终于再也坐不住了。

婉清终于站起身，开始在房间里不断地踱步。她一会儿把两手搓来搓去，一会儿又把食指放在嘴唇上轻轻地咬住，仿佛这样可以让心情变得轻松一些。

此时，婉清的脑海里就像一部搅拌机，把各种可能的猜测都搅和在了一起。可越是想理出一点头绪，就越发感到凌乱无章。云飞到底为什么不回复我的电话呢？

正在这时，忽然一阵清脆的响声，打破了婉清凌乱的思绪，甚至把她吓了一大跳。她身子微微抖了一下，眼睛盯着电话却有点发呆。

直到电话铃声再次响起，她才如梦方醒般地一把抓起电话："喂……"婉清的声音显然在激动中还带着一丝颤抖。

"你好，哪位call我啊？"

阔别多日，云飞熟悉的声音终于再次在婉清耳边响起。跨越千山万水，本来准备好的千言万语，一时间婉清却激动得说不出话来了。

"喂……"

"是我！"婉清的声音在颤抖中带着一丝羞涩。许久不见，她不能确定这个负心的人，是否还能听出她的声音。

"婉清……是你吗？婉清，真的是你吗？"云飞的声音明显地提高了几个分贝，而且充满了意外和惊喜，甚至有点不敢相信自己的耳朵。

"是我！"婉清轻轻地答应一声，激动的泪水已经止不住汇成了小河。

"真的是你吗？我不是在做梦吧？你怎么这么久才跟我联系？你现在还好吗？"

"我……"

听到云飞的话语中充满了关心与惊喜，那急不可待的语气终于让婉清松了口气。看来，云飞对她的感情没有变，他依然那么在乎自己，那么思念自己。

面对云飞一连串的发问，婉清却不知该如何回答。她到底好吗，其实连她自己也不清楚。在别人眼里的她光鲜无比，可她自己痛苦的内心，全然是另外一个世界。

“婉清，对不起……是我错了！你回来广州吧，好不好？让我们重新开始，我一定再也不会离开你了！”没等婉清开口，云飞就信誓旦旦地保证道。

“嗯！”婉清终于使劲地点了点头，她已经迫不及待地想飞回到云飞的身边了。她想不到自己和云飞竟还可以破镜重圆，再重头来过。这简直就是她梦寐以求的圆满结局，她真不敢相信，今天竟然梦想成真了。

“不行，你绝不能再去广州！”正当婉清沉浸在幸福的喜悦中不可自拔时，一个绝情的声音忽然在她背后怒吼道。

“妈…… ”婉清意外而惊恐地看着背后突然出现的母亲，几乎被惊呆了。

“我跟你说，这里才是你的家！我绝不让你一个女孩子家再跑去广州了！”婉清的妈妈严肃而坚决地说完，“啪”的一声挂掉了云飞的电话。

“云飞……云飞！”婉清绝望地喊道，可电话里只传来嘟嘟的忙音声。

“婉清，婉清！你怎么了，你在叫谁啊？”这时，婉清耳边忽然传来另一个声音轻轻地叫道。

婉清猛地睁开眼，却发现她的母亲正坐在床边轻轻地呼唤着她。她急忙左右看看，却没发现云飞的影子。原来，刚才的一切不过是黄粱一梦。

婉清伸手擦了擦额头的汗，感觉浑身软绵绵的一点力气都没有。她坐在床上调整了一下情绪，然后转头对母亲挤出一丝微笑说道：“妈，我没事，刚才只是做了个噩梦。”

“你刚才一直在叫云飞，这个云飞是谁啊，是你的朋友吗？”婉清妈妈试探地问道。

“妈，我都说是在做梦了，哪有什么云飞啊？”

说完，婉清缓缓走下床，进了洗手间。她打开水龙头，清澈而冰凉的水流一头扎进她的手心里，形成无数的泡沫。婉清用两手合成一个半弧形，轻轻地捧起一捧水，然后把脸埋进去。一阵清凉由掌心传遍了全身，令她慢慢平静下来，也清醒了许多。

洗漱完毕，婉清再次坐到了电话机旁。昨天夜里她已经下定决心，今天一起床就立刻call云飞。可不知为什么，此刻的她却有些犹豫了。

婉清到底在犹豫什么，连她自己也说不明白。难道是刚才的梦给了她一丝不祥的预兆？让她变得不安，变得紧张？还是害怕刚才的梦成为现实？

"咚咚……咚咚！"婉清的心脏跳得飞快，她忽然感觉喉咙像火烧一样，几乎让她说不出话来。

这样的状态怎么跟云飞对话呢？婉清可不想让云飞这么久不见，第一次听到她的声音，就嘶哑得像个老太婆。

于是，她深深地吸了口气，起身给自己倒了杯水。婉清一口气喝完了满满一杯水，整个人似乎也镇定了许多。但在放杯子的时候，她意外地发现自己拿着水杯的手，竟然还有一点微微的颤抖。想不到，原来她竟是这么的紧张，这么的在乎这个电话。

但不管怎么说，婉清都下定决心要跟云飞问个清楚。于是，她还是鼓起勇气拿起了电话。

但婉清恐怕做梦也想不到，结局会比刚才的梦境更加残忍……

第四十一章　曾经沧海难为水，萍水相逢遇知交

婉清怀着激动而忐忑的心情，拨通了云飞的 call 机。但令她做梦也想不到的是，她竟然连体验一下在焦急中等待电话的机会都没有。因为，云飞的 call 机早就已经停机了！

“停机了……停机了？”婉清不断地重复着这三个字，她实在无法相信，云飞竟然停机了。

这是个令婉清无论如何都意想不到的结果。她一下子重重地坐在沙发上，面无表情地盯着电话陷入了深深的思考，或者说是发呆。

“云飞为什么会停机呢？不外乎两种可能。第一，他也离开了广州。第二，他不想让我再找到他，所以选择了逃避。如果真是这样……”想到这里，婉清不由得鼻子一酸，失望的眼泪再次夺眶而出。

难道在火车站，云飞上演的那一幕疯狂追火车全是假的？难道那一句句声嘶力竭的呼喊都是在做戏？难道那依依不舍的眼神，那些爱恨交织的缠绵，都是他装出来的？

婉清无论如何也不能接受这一切，就算这些都已经成为过眼的云烟，就算这一切都是云飞用演技编织出来的假象，就算明天是世界末日，一切都将灰飞烟灭，她也一定要查明真相，才能明明白白、安安心心地离开这个世界。

被激怒的婉清不顾一切地，毅然拨通了 NEG 公司前台的电话。她想通过阿冰找到向南，再通过向南找到云飞问个清楚。

“喂！你好……”阿冰的声音，依旧那么清脆而甜美。

“啪”的一声，婉清突然挂断了电话，她忽然觉得自己这么做太冲动，也太自私了。阿冰的生活刚刚恢复了平静，她凭什么为了自己的私利，再次打破阿冰平静的生活呢？

婉清慢慢平静了下来，她思绪良久之后终于默默地叹了口气，自言自语地说道：“命里若有终须有，命里若无莫强求！既然大家都做出了选择，就要为结果承担责任，又何必再打扰彼此已经平静的生活呢？”

就在婉清苦苦思念云飞的时候，云飞又何尝不在对婉清朝思暮想。就在他等

向南回来的这段时间里，云飞已经在心里把婉清想了无数遍。

以至于他那被思念折磨的凌乱不堪的思绪，在对向南漫无目的的等待中，越发感到心烦意乱。

于是，云飞烦躁地挠了挠头，他冲进洗手间打开水龙头，把头直接放在水龙头上，让水流肆意地在脑袋上冲刷。他想让自己彻底地清醒，并从这无解的思绪中尽快解放出来。

冲了一阵子，云飞猛地抬起头来关上水龙头。水滴从头顶划过他的脸颊，像断了线的珍珠，啪嗒啪嗒地落在洗脸盆上。

云飞望着镜中的自己，喃喃地说道："婉清！你现在到底在做什么？难道你真的如此绝情，就这么一走了之了？难道，我们真的就这么结束了？"

正在云飞对着镜子喃喃自语时，他忽然意外地发现，镜子里面自己的背影后竟然站着一个人。这一突如其来的发现，吓得云飞差点叫出声来。

而那个人的身影，却是如此的熟悉。长长的马尾辫，显得干练而有朝气。一袭无袖长裙，端庄大气又不失淑女风范。那双大大的眼睛，让人不寒而栗。她……竟然是自己在梦中梦到过无数次的婉清。

"婉清！"云飞大叫一声，猛地转身望去，却发现身后竟空无一人。此时，云飞浑身的汗毛都竖了起来，这到底是不是幻觉？镜子里的那个人清晰可见，明明就是婉清。可为什么当他转身回头时，看到的却是一场空？

就在云飞疑神疑鬼之际，他忽然听到外面的客厅传来一阵轻微的响声。这让云飞不由得冒出一身冷汗，难道……

云飞深吸了一口气，尽量让自己平静下来。然后壮着胆子，小心翼翼地从洗手间里走出来。他环顾客厅，并没有发现任何的异样。

这里鲜有老鼠的踪迹，所以刚才那不知从何处传来的响声，就越发显得不同寻常，令人毛骨悚然。

"难道真是因为我太想婉清，而产生了幻觉？"云飞正在暗自嘀咕，却忽然听到房门一响，门被打开了。

云飞不由得紧张地抬头向门口望去，这时，一只包着厚厚纱布的大脚率先迈了进来。云飞先是一愣，紧接着便看到向南一瘸一拐地走了进来。

"你……你跑哪去了，一瘸一拐的还到处乱跑，这怎么还包扎起来了？"云飞略带埋怨地说道。

“怎么了，至于这么大惊小怪吗？今天正好我二姐call我，一听说我脚受伤了，非逼着我跟她去医院。没办法，这不才从医院回来嘛！”向南答道。

“那你二姐呢？”

“回去了！”

“哦！也真是好久没见她了，真是可惜！那医生怎么说？”

“甲沟炎！还好去看得早，没有被感染。要是感染了，麻烦可就大了！”向南虽然说得夸张，却显出一副无所谓的样子。

云飞并不知道什么是甲沟炎，于是不解地问道：“什么是甲沟炎啊？”

向南摇摇头说道：“具体我也说不清楚，简单说就是指甲长到肉里去，造成了发炎化脓。昨天真不应该在大雨里泡了那么长时间，医生给做手术的时候，我的大脚趾已经肿得像猪蹄儿似的了。这次要不是我二姐硬拉着我去医院，我这个脚趾头说不定就报废了！”

“有这么严重啊？那天真是不应该在雨里充英雄！”

“是啊！这就是做英雄的代价！”

“好在去得及时，也算不幸中的万幸了！对了，你二姐有没有问起我们的情况？”

向南闻言，苦笑一声，说道：“你说呢？那怎么可能不问啊！”

“那她说什么了？”

向南听云飞这么问，于是清了清嗓子，学着二姐的样子说道：“唉！以前我一直鼓励你们留下，希望你们在广州能闯出一片天地。可现在你们这副惨样，我实在不忍心看了。要不你们就别再扛了，不行就跟那几个女孩子一样，打道回府吧，这也没什么丢人的！”

二姐的话大大地出乎了云飞的意料，想不到连曾经最支持他们留下的人，现在也对他们不抱任何希望了。

回首到广州的这些日子，简直可以说是一败涂地。此刻，云飞心里真是像万箭穿心一般刺痛。

第二天，大家帮向南准备好早餐，便一起出发去报社了。云飞本想像往常一样，去人才市场例行地晃一圈找个心理安慰，便回去看向南。

可他万万没想到，在完全没有抱任何希望的情况下，今天意外地获得了一次面试的机会。招聘的职位是总经理助理，要求文采要好，英语流利。值得一提的是，这位总经理还是位年轻漂亮的女强人。

老实说，云飞并不喜欢女强人做他的老板。可是现在形势所逼，不管什么职位，只要有工资发都得硬着头皮上啊！更何况，这个平台也不错，可以让他在英语和计算机方面，有更大的提升空间。

第二天，云飞提前二十分钟来到了面试的公司。不曾想，门口已经有两个人在填表了，想必这些都是他的竞争对手吧！

云飞仔细打量了一下那两个人，他们看上去年龄都比云飞大个三五岁。一个是戴眼镜的瘦高个儿，穿着比较随意。另一个则是穿着西装，打着领带的小平头，看上去比较干练。

看云飞走过来，两人都抬头看了他一眼。穿着随意的瘦高个儿，友好地向他点了点头。而另一个打着领带的小平头，却面无表情地又低下头继续写自己的东西了。

云飞给瘦高个儿礼貌性地回以了一个微笑，然后他走到前台，跟前台小姐说明来意后，前台小姐也给了云飞一张表让他填。

云飞的经历非常简单，似乎也没什么好填的。于是，三下五除二填好之后就交了表。

小平头似乎是个不太合群的人，面试完之后便一声不吭地独自离开了，自始至终都没有跟云飞和那瘦高个儿说上一句话。

倒是那瘦高个儿，看上去是个蛮热情的人。他不但跟云飞同坐一部电梯出来，还主动问道："今天的面试感觉怎么样，有把握吗？"

云飞摇摇头，坦诚地说道："不太有把握！我看刚才那个小伙蛮职业的，大气沉稳，做题又快，我觉得他应该机会最大！"

瘦高个一听，把头摇得像拨浪鼓似的说道："嗨！那可不一定，不到最后一刻这都难说！要不咱们来个不成文的约定，咱俩谁要是被录取了，谁就请对方好好撮一顿。要是双双被刷下来，那就互相请一顿，也算是个心理安慰，怎么样？"

云飞生平还是第一次见到这么自来熟的人，但这瘦高个儿的提议也未必不是一件好事。云飞本就是个爽快人，能结交到这样豪爽的朋友，也算是意外的收获。于是点点头爽快地说道："好，那一言为定！"

"好！我叫汪峰，那咱俩交换一下 call 机号吧，以后好联系！"瘦高个儿建议道。

“呃……我的call机前几天下雨淋坏了，还没来得及换新的，你先记我同屋的吧！”云飞略微迟疑了一下，把向南的号码留给了汪峰，脸上多少显得有点尴尬。

汪峰看样子是个大大咧咧的人，他好像也没想太多，就爽快地说道：“没关系，反正能找到你就行了！既然你还有个兄弟，那下次叫他一起出来，我也多交一个朋友！”

“好啊！”云飞一边答应，一边心中暗想：“汪峰是个天生豪爽，爱交朋友的人。他这样的人，恐怕走到哪里都会朋友遍天下。从汪峰身上可以学到了另外一种处世哲学，能交到一个他这样的朋友，就算面试没成功也算是莫大的收获。”

云飞回到家，把事情的经过一五一十地给向南讲了一遍。向南听完，也觉得汪峰这个人是个可交之人，心里也很想早日一睹为快。

可随着时间的推移，面试没有任何的消息，这件事也就渐渐地被淡忘了。云飞和向南每天还是照常去报社报到，然后再去人才市场寻找机会。

日子就在这种无聊的重复中匆匆而过了，直到有一天，云飞和向南正围着紫嫣的前台聊天，向南的call机忽然响了起来。

有不花钱的电话在身边，向南自然是想也不想，就拿起电话回了过去：“喂！哪位call我啊？”

“你好！我想找马云飞！”

向南闻言，莫名其妙地看了看云飞，诧异地说道：“找你的！”

“找我的？”云飞颇感意外地接过电话，好奇地问道：“你好，我是马云飞，请问哪位找我？”

“云飞！我是汪峰啊！还记得我吧？咱们面试的时候认识的！”

“汪峰？是你啊！这么久都没联系我，我还以为你早把我忘了！你被录取了吗？”云飞意外而兴奋地问道。

“嗨，我也没那个命，还真被你的乌鸦嘴说中了，很可能是跟我们一起面试的那个小子被录取了！”

“是吗？”

虽然，云飞当时说得挺潇洒，可当他听到这个消息时，还是不免有些失望。毕竟，这是离他最近的一次难得的机会，就这么擦肩而过了，他真有些不甘心。

“是啊！有点失望吧？要不咱们一块吃个饭，互相安慰一下？”汪峰提议道。

“好……吧！”云飞有些犹豫地答道。

汪峰很敏感，似乎听出了云飞话语中的勉强成分，于是问道："你是不是不方便？要不方便就改天！"

"呃……没有不方便，那我们在哪见面？"云飞不想辜负汪峰的一番好意，连忙答应道。

"你们要是有时间，干脆来我家吧！我这里还有俩哥们儿，你也叫上你那个哥们一起过来，大家一块儿认识认识，也多几个朋友嘛！怎么样？"汪峰盛情邀请道。

"行，那待会见！"

云飞并不是不想跟汪峰见面，只是跑出去吃饭又得花钱，可能又会产生一笔没有预期的计划外开支。现如今，他们严格的"计划经济体制"，可是完全没有调整的空间啊！

虽然，钱编辑和紫嫣的及时补充，给他们分担了一半的房租，让压力略有消减。但三百块钱底薪和杯水车薪的稿费，还是让他们的生活一直处于捉襟见肘的尴尬境地。

尤其是叶爽那招釜底抽薪的乾坤大挪移，关键时刻"借走"了云飞一千块钱的"救命钱"，让云飞元气大伤，至今还没有缓过劲儿来。

不过，既然盛情难却，也只能走一步说一步了。古语有云，车到山前必有路，船到桥头自然直嘛！

于是，云飞放下电话，二话不说便按照汪峰留给他的地址，和向南一起向车站赶去。

只是，云飞一定想不到，这个萍水相逢的朋友，竟会给他未来的生活带来数不尽的喜乐哀愁……

第四十二章　杯火炉边饕餮宴，冥冥骗局两心悬

云飞和向南到了车站一看，立刻就有点傻眼了。原来汪峰所住的金桂村，离他们这里有将近三十个站之遥，坐车过去差不多要两个小时，还得转两次车。

虽然有些后悔，但既然已经答应了人家就要守信用，这是行走江湖做人的原则。不过老实说，在广州到一个陌生的地方，去会一个不知根不知底的陌生朋友，多少还是有点风险的。所以，这趟前途未卜的交友之旅，既充满了兴奋期待，也不乏危险与挑战。

经过两个小时的长途跋涉，汽车终于在传说中的金桂村停下了。马路两边光秃秃的都是些平房，一眼望去视野之内几乎看不到一栋像样的高楼大厦。

一长排沿街的商铺档口，都是做汽车配件生意的。只有马路对面才有一些五六层高的楼房，像没有规则的积木凌乱地摆在那里。一看便知，都是村民们自己盖的农民房。

两人找了个电话亭通知了汪峰后，便只能在萧条的马路边无聊地等着。这里比棠下偏远多了，感觉死气沉沉的，真不知汪峰为什么会选择在这样的地方居住。

过了十来分钟，马路对面走来一个戴着眼镜的瘦高个，穿着圆领体恤、大裤衩儿、人字拖，来人正是汪峰。

云飞把向南介绍给汪峰之后，大家跟着汪峰穿街过巷的，来到了一栋很旧很旧的住宅楼跟前。这栋楼大概有七八层高，算是这里最气派的房子了。不过，墙身已经发黑，有部分墙皮已经脱落，看上去年久失修，给人一种残破的感觉。

这不禁让云飞想起了，他们之前在西华路尾租的破房子，跟这栋楼房相比，破旧的程度也算是有得一拼。看来，来广州闯荡的江湖儿女，都不容易啊！

汪峰住在七楼，没有电梯，上下一趟可着实不易。来到汪峰家时，云飞和向南已经累得上气不接下气了。走路他们在行，爬楼梯可不是他们的强项。

“这两个是我的室友，刘洋辉，江浩！”汪峰介绍道。

四个人互相寒暄了一下，然后一起围着客厅的茶几坐了下来。这时，云飞才有机会仔细观察了一下这栋房子。房子应该算是三室一厅，进门是客厅，里面还

有三个小房间。厅本来就不大，他们却还在一进门的地方摆了张电脑台，显得更加拥挤了。

台上的电脑还开着，看样子刚才有人正在使用。厅中间摆了套沙发和茶几，刚好挤下他们五个人。

通过聊天云飞了解到，刘洋辉在一家做汽车配件的公司上班。由于他本人是做销售的，手头上有些客户资源。所以，他计划自己把单接过来做，也就是行业里讲的飞单。

他们几个之所以把房子租在这个鸟不拉屎的地方，就是因为对面是汽配一条街拿货方便，而且可以随时了解行情变化。

江浩和汪峰都还没找到工作，索性也不打算再找了。他们决定跟刘洋辉合作，一起做汽配生意，电话和电脑都是他们按股份比例出资刚买的。

这让云飞忽然想起了失踪已久的叶爽，本来他们应该更早地投入这种创业模式。可现在，不但生意没做起来，就连最后一点生活的本钱也被骗光了，云飞心中不禁悄悄燃起一阵唏嘘和感叹。

晚上，汪峰说请大家吃饭，不知刘洋辉和江浩是真的有事，还是刻意回避。总之，两人都找借口回避了。

于是，汪峰就带着云飞和向南来到了楼下。他一边走，一边调侃地说道：“这俩家伙夜生活特别丰富，经常早出晚归。咱甭管他们，我们自己去吃。”

此时，天已经蒙蒙黑了。汪峰忽然面带神秘地说道：“我先带你们俩尝尝这里的烤鸡腿，真是太香了！这是我这辈子吃过的最好吃的烧烤，不是跟你们吹，我一次吃十个都没问题。”

说着，汪峰还咽了口口水，看样子他被自己说得都有点垂涎欲滴了。云飞和向南听完，也不自觉地感到一种条件反射，偷偷地咽了口口水。

要知道，烧烤离他们已经太遥远了，他们几乎已经想不起来，上一次吃烧烤是什么时候了，更加想不起烧烤咬在嘴里是一种什么样的感觉了。

两人跟着汪峰顺着人流往前走，晚上夜市出来了，这里的人也明显地多了许多，和白天的情景大不相同。

渐渐的，烧烤的味道开始越来越浓烈。木炭燃烧的浓烟，夹杂着孜然、胡椒粉和辣椒面等调料的香味迎面扑来，让人的味觉不自觉地开始产生反应。

此时，云飞和向南“五脏庙”里的馋虫，早已顶不住诱惑开始倾巢而出，甚至闻风起舞。就像孙悟空钻进铁扇公主的肚子里不停地闹腾，他俩确实有点饿了，也确实有点馋了。

走到烧烤摊跟前，不但烤肉的香味更加浓烈了，眼睛和耳朵的感官刺激，也更加让人欲罢不能。色香味俱全的烤肉在炭火上发出的滋滋声，让这种感觉更加真实立体，不可抗拒。

时不时地，还会有带着滋滋作响的油滴掉进炭火里，火苗会在瞬间“呼”的一声蹿起来。让人更感觉烧烤实在是一种有着原始野味，且不可阻挡的美食。

吃烧烤的人可真不少，根本找不到地方坐下来去细细品尝，大部分人都是站着就地解决。看着他们狼吞虎咽的样子，那种急不可待想要享受美味的冲动，简直就是一种让人无法抵挡的诱惑。

闻着这种味道穿街而过，而不吃上几串，绝对是一种折磨，和对忍耐力的极限考验。

虽然有些人的吃相，的确是有点不入流。但那种像猪八戒吃人参果般囫囵吞枣的节奏，相当提振食欲。

再看看旁边无人问津的两元店，虽然喇叭不断地重复着让人反感的叫卖声，却依然是门可罗雀，生意惨淡，两边形成了鲜明的对比。

烧烤摊这边，老板手脚忙个不停，如临大敌般地一边收钱，一边献上美味，这才叫作真正的数钱数到手抽筋啊！

香飘千里的味道，加上这帮不用花钱，自动来站台的吃瓜群众的“卖力表演”，足以吸引一拨一拨的“吃货”，前赴后继地蜂拥而至。

汪峰兴奋地点了三个鸡腿，并嘱咐道：“老板，多来点蜜糖！”

三人站在炭炉边，看着老板把鸡腿放到炭炉上。随着鸡腿开始慢慢变色，烤肉的香味也渐渐变浓。当各种调料逐一加上之后，这种扑鼻而来的香味，似乎自然地分出了层次，从不同的角度来诠释着烧烤的最高境界。

这种条件反射，让人的口腔无法抑制地分泌出唾液。云飞和向南不由得悄悄做了几个吞咽口水的动作，美味当前实在是诱惑难挡。他俩本来就是纯肉食动物，却因为穷困潦倒的经济状况所限而戒了荤腥。

此时美味当前，云飞和向南就如同被饥饿困顿了数日的饿狼，瞪着鸡腿的眼睛里渐渐泛起了绿光。短短几分钟的等待，却如同度过了一个夜不能寐的漫漫长夜。

好不容易出炉了，鸡腿拿在手上，炭火的余温犹在。鸡腿的表面仍不时地“滋滋”作响，似乎连鸡腿自己也意犹未尽地享受着烧烤的快乐，和蜜糖对她的亲密拥吻。

向南顾不得烫嘴，便急不可待地一口咬了下去。这鸡腿真是嫩得难以形容，或许是因为蜜糖的缘故，外焦里嫩感觉入口即化。让人还没来得及细细品味，似乎就要融入肚子里去了。

失去了这咀嚼之间享受美味的乐趣，也缩短了在嘴里回味的时间。带着未得到满足的遗憾，一只鸡腿瞬间便消失在向南的视野里了。

虽然，为了保持良好的吃相，更为了能让这荡气回肠的美味，在嘴里尽可能地多徘徊一会儿。云飞已经尽量放慢了速度，但一不小心还是把汪峰远远地甩在了后面。两人吃完后擦了擦嘴，汪峰才吃了一半。

汪峰对他们的效率感到由衷的佩服，不由得摇头赞叹道：“你们这真是野战军的速度啊！要不要再烤一个？”

云飞和向南不好意思地摇摇头，谦虚地说道：“不用了，要不待会儿吃不下饭了！”

这可能是他们有史以来，说的最虚伪、最冠冕堂皇的假话。如果实话实说，就算一人再来五个，甚至十个，他们也照样可以不动声色地一扫而光。

“行，那我带你们吃饭去！”汪峰意犹未尽地瞥了一眼烧烤摊说道。看来，他的经济状况也好不到哪去。不然的话，以他的性格必然会让大家吃到尽兴为止。

“你们喜欢吃米饭，还是喜欢吃面条啊？”汪峰又问道。

“吃面吧！”云飞不假思索地说道。

一方面他确实喜欢吃面，另一方面他考虑吃面便宜，用不着点那么多菜。他不想让汪峰破费太多，毕竟大家才认识不久，他不想欠汪峰太多人情。

三人从饭店出来时，夜已经深了。汪峰送云飞和向南上了车，自己才慢悠悠地往回溜达。

看着汪峰消瘦的身影，像一根细长的竹竿，被渐渐埋进深深的夜色之中，云飞忽然有种说不出的心酸。

如果只看他那弱不禁风的瘦长身形，很难让人联想到他是一个大大咧咧的豪爽之人。两个截然不同的特点，格格不入地拼凑在他身上，就像一幅意境深远的印象画，看上去有些生硬，甚至有点别扭，却是实实在在的真实反应。

一只烤鸡腿虽然只要三块钱，却成为云飞和向南人生中，无法忘怀的记忆。那种意犹未尽的遗憾，那种回味无穷的口感，何止绕梁三日未绝那么简单，简直就是终生难忘。想不到，快乐竟可以这么简单……

汪峰顶着压力孤注一掷的创业精神，再次激发起云飞和向南奋发图强的巨大冲劲。正所谓功夫不负有心人，云飞和向南不屈不挠的精神，终于得到了老天的垂青。这天，他们终于收到了一家公司的面试通知。

这家让他们去面试的公司叫欧施克，据报纸上的招聘广告介绍，这是一家相当大的瓷砖公司，在全国有很多办事处。似乎公司业务扩展得很快，急需招聘很多新业务员。

招聘的要求写得并不太细化，以云飞丰富的被骗经验来看，这种不清不楚的广告多半都是骗子公司。

可现在是个吃了上顿没下顿，青黄不接的年代，能给他们选择的机会并不多。所以，只要有机会他们就要上，不能放过一个。更何况，他们自认为对付骗子已经有了相当的免疫力，也不是什么骗子都能随随便便骗得了他们的。

按照电话约定的时间，云飞和向南提前十分钟来到了公司楼下。这家公司所在的是一栋商住楼，就是办公和住宅混搭在一起的那种。不时还可以看到老人家提着菜篮子穿梭于走廊之间，让人感觉生活气息更多过办公氛围。

找到办公室的位置，云飞轻轻敲了敲紧紧关闭的棕黑色木门。这种门是开发商统一安装的，每家每户都一样，又黑又重。让本就光线昏暗的走廊，显得更加压抑而沉闷。完全没有写字楼里宽敞明亮的玻璃门，给人的那种透明清爽的感觉。

奇怪的是，云飞敲了几下，里面竟然都没有任何的回应。厚重的木门把里外相隔成两个世界，显得有点神秘莫测。你完全无法想象，门的另一侧会是一个什么样的世界。

“难道没人？不会又是骗子公司吧？”向南警觉地说道。

“再试试吧！”云飞无奈地摇摇头，加大力度又敲了几下。既然已经来了，他不想放弃任何的机会。

这时，忽然听到里面，有个懒洋洋的男人声音传来：“来了，等一下！”

云飞和向南一听，不由得互相对望了一眼，向南撇撇嘴悄声道：“这是正规公司吗？都几点了，怎么感觉里面的人好像还没睡醒啊？”

“嘘！”云飞做了个手势，示意向南不要乱说话，小心人家从里面听到。

但其实，他自己心里也在打鼓。按理说，每个公司都应该有前台，这家公司怎么会让一个大男人守在办公室里呢？而且，都这个时间了还在睡大觉，这也确实有点太离谱了。至少可以证明，他们完全没把这次面试放在心上。

俗话说，一朝被蛇咬，十年怕井绳。更何况，云飞和向南被骗可不止一次了。所以，他俩立刻都打起了十二分的精神。

这时，门“咯吱”一声，被慢悠悠地打开了，门背后露出一张睡意蒙眬的瘦脸。一个看上去三十岁左右的中年男人，面无表情地扫了云飞和向南一眼，似乎对他们骚扰了自己的美梦略感不爽。

这个男人显然是刚从床上爬起来，衬衣的扣子都还没来得及系好，露出精瘦的胸膛，和“性感”的肋骨。

云飞见状，不好意思地说道：“你好，我俩是来面试的！”

那人听完，眨了眨眼，似乎回忆起确实有这么件事。于是，冷冷地说道：“进来吧！”

说完，便自顾自地往里走去。他一边走，一边系扣子，然后将衬衣塞进了裤子里。可以想象，刚才他忙不迭爬起来的样子是多么狼狈。

云飞和向南皱了皱眉头，硬着头皮跟着那人走进里面，心里却始终保持着高度的警惕。

办公室不大，除了客厅之外，里面还有两个房间。门口不要说前台了，连个标志都没有，完全不像一家正规公司。

办公室里并没有发现其他人，看样子，这里只有他一个人。也不知他多久没有开过窗通过空气了，里面弥漫着一股陈年烂谷子的霉味，显然他在里面已经睡了很久。

云飞和向南都下意识地用手摸了摸鼻子，心里不由得暗暗嘀咕道：“怎么我们就那么倒霉，碰到的都是骗子公司？难道这天底下的骗子公司，都是专为我们量身定制的吗？”

可事已至此，既然已经进来了，总不能掉头再走吧？云飞和向南也只好硬着头皮，打醒十二分精神，做好再一次斗智斗勇的准备。

第四十三章　笑谈风云同甘苦，从此浮华各自忙

云飞和向南跟着那男人走进密不透风，且带着一股酸臭味的办公室。此时，他已经系好扣子，把衬衣塞进了裤子里，看起来也勉强像那么回事了。

“坐吧！我是这里的办事处经理，我姓刘！”那男人冷冷地说道。

“哦！刘经理，你好！我叫马云飞……我叫林向南！”云飞和向南报上姓名后，悄悄地交换了个眼神，再次提醒对方要多加小心。

面试异常简单，云飞和向南只分别将自己在学校实习的经历，以及在广州的工作经验大概讲述了一遍。前后不过二十分钟，面试便结束了。

两人走出来后，都有一种怪怪的感觉，向南忍不住叹道：“你说骗子公司这一行，是不是太好做了？之前咱们碰到的那些骗子，好歹也算是道具齐全、人强马壮。这家公司倒好，连群众演员都没一个。就算空手套白狼，最起码的前台总不能省吧？难道劳动人民的伟大智商，在他们眼里真的就那么低吗？”

“我看你是有前台综合征吧？走到哪里都第一时间先看前台长得怎么样？”云飞调侃地说道。

“你……你说什么呢？我这可是跟你说正经的呢！”

见向南一副认真的样子，云飞也认真起来：“我一开始也是这种感觉，但面试完我仔细想想，现在反倒觉得未必了！”

“何以见得？”

“首先，大公司也不一定都正规，尤其像这种山高皇帝远的办事处，将在外军命有所不受嘛！其次，正如你所说，如果真是骗子公司，就更应该把骗人该有的道具都配置齐全了，不然人家哪那么容易上钩呢？第三，骗子在把钱骗到手之前，一定都热情得不得了。刘经理却从头到尾都吊着个脸，好像谁欠了他五百万似的，这种态度怎么能骗得到钱呢？第四，骗子在把钱骗到手之前，怎么可能轻易放我们出来？可我们的面试头尾都没超过二十分钟。第五……”

“行行，甭说了，你分析的似乎也有点道理，那咱们就拭目以待吧！”向南的话既表示赞同，又似乎带着一点不服气的味道。

当时，紫嫣和钱编辑搬过来得比较急，大家一直也没时间庆祝一下乔迁之喜。

今天又逢周末，为了庆祝她们的加盟，大家决定补办一个欢迎仪式。说白了，就是找个借口好好撮一顿呗！

紫嫣是个急性子，大家刚一坐下，她便急不可待地举起酒杯说道："今天是个有纪念意义的日子，以后咱们就是一家人了，希望从今往后我们能够互爱互助，永结同心！"

云飞闻言，看着紫嫣笑道："你这祝酒词还挺特别啊！我怎么有种准备入洞房的感觉啊？"

"是啊！干脆说明白点，以后到底你是我的人了，还是我是你的人了？"向南也乘机调侃道。

钱编辑听完，也忍不住笑道："你真是不学无术，亏你还在报社工作，这样的祝酒词你也说得出来！我不用喝酒，就已经是醉了！"

紫嫣一看，个个都取笑她，忍不住抗议道："我又不是编辑，我就是个前台，你们要不要用那么高的标准来要求我啊？刚才只不过有点激动过头，对美女就不能宽容一点吗？应该是友谊长存，对，友谊长存啊！"

紫嫣说话一向是直来直去，但鲁莽之中倒也清新可爱，趣味横生。向南就喜欢跟她斗嘴，于是忍不住又调侃道："没关系，永结同心我也是愿意的！大不了我吃点亏，以后把口味调重一点也就是了！"

紫嫣闻言，立刻把眼一瞪，露出一副凶神恶煞的样子说道："林向南，你这话什么意思？跟我永结同心，难道还委屈你了不成？"

向南一看，连忙说道："不委屈，当然不委屈！像你这样沉鱼落雁，闭月羞花，美到不给别人留活路的美女，打着灯笼都找不到，怎么会委屈我呢？只是咱俩口味有点差距，不过我能改！"

大家听完，都哄堂大笑起来。借着良好的氛围，云飞也调侃着说道："是啊，紫嫣！像你这样上得厅堂、下得厨房，开得讲堂、读过学堂，上懂天文、下晓地理，琴棋书画、无一不精的才女，那可是一千年才出一个啊！"

紫嫣听着云飞的赞美，乐得嘴巴都合不拢了。她笑得眼睛眯成一条缝，开心地说道："继续，继续，本姑娘承受得了……呵呵！"

看着紫嫣陶醉的样子，云飞继续说道："紫嫣，你不但人长得美不胜收，才艺更是让人目不暇接啊！上山能擒虎，下海能捉蛟，可谓上天遁地，无所不能。在百万军中取上将首级，就如探囊取物。长板桥上一声吼，震得桥断水倒流……"

“停，停，停！马云飞，你是故意挤对我是吧？你欺负我历史学得不好是吧？再怎么着我也是大学毕业，张飞，张翼德，张三爷的威名，我还是知道的。你小子骂人不带说脏字的，你可够损的啊你！”

紫嫣说话的时候，直勾勾地瞪着云飞，那恶狠狠的样子还真有点女版张飞的威武。

大家看着紫嫣那夸张的表情，简直笑得眼泪都快出来了。有了紫嫣这个开心果，以前寂寞孤寥的生活，终于成了随风而逝的回忆。在五朵金花走了以后，他们身边已经很久没有像这样充满欢声笑语了。

八月的广州，更是热得令人咋舌。在三十八度的高温下，云飞和向南挤在几乎“密不透风”的老蚊帐里。就像是困在一个被热浪团团围住的蒸笼，让人感觉呼吸都有点困难。此时他们终于体会到，五朵金花当时“抱团取暖”的亲密感受了。

为了降温，云飞和向南把湿毛巾平铺在身上，然后把风扇放进蚊帐里，一吹就是一个晚上。其实他们也明白，这样很容易造成关节炎和风湿骨痛。更有甚者，可能会中风。但是没办法，不这样做根本睡不着。

不知是因为太兴奋，还是睡得太晚了。抑或是旁边向南鼾声如雷的呼噜声太大，辗转反侧的云飞，无论如何也无法进入梦乡。

不知不觉间，与婉清过往的点点滴滴，又悄悄地占据了云飞的脑海，此起彼伏，挥之不去。

也许，在云飞的内心，他根本就不想忘记这一切。而每一次反反复复的回忆，又再一次加深了他对婉清的记忆。

在半睡半醒之间，云飞忽然再一次看到了婉清。他与婉清手拉着手，漫步在白云山顶。婉清的大眼睛是那么的清晰，没有了以前寒彻透骨的犀利，却多了一份含情脉脉的温柔。

“婉清，你去了哪里？为什么不跟我联系，你还在怪我吗？”云飞一连串地问道。

他的手使劲抓着婉清的手，一刻也不敢松开。生怕只要一松手，这一切就会变成缥缈的云烟，再也不能复得。

婉清却一句话都不说，只是带着浅浅的微笑，温柔地摇摇头，默默地看着他。双眸中似乎还带着浅浅的泪光在眼圈中打转，似乎有一种说不出的感动与委屈。

“婉清，你说话啊！”云飞不断地催促道。

“保重……”

过了良久，婉清只欲言又止地说了两个字，然后轻轻把手从云飞的手中抽了出来。云飞想极力握住，但婉清的手就好像抹了油似的，任凭云飞怎么用力，还是阻止不了从他手中慢慢地滑落了。

“保重……”婉清的声音在山谷间不断地回荡，这是他们分手时，婉清留给他的最后一句话。

云飞使出全身力气，拼命想跑过去抓住婉清，但两条腿像被牢牢绑住了似的，任凭他用尽九牛二虎之力，还是一步也迈不开。

婉清看着云飞着急的样子，轻轻地冲着他摇了摇头，脸上带着甜蜜的微笑。表情是那么释然，似乎终于找到了她所要求证的答案。

云飞看着婉清渐渐消失的身影，简直是心急如焚。情急之下他使出全身的洪荒之力大吼一声，有如神灵附体一般，终于挣脱了那道无形的束缚，拼命朝着婉清消失的方向追去。却不想身子竟像掉进万丈深渊一般，眼前忽然变得一片漆黑。

云飞不由得打了个激灵，随之猛地睁开眼睛一看，这才发现原来又是南柯一梦。

云飞满头大汗地躺在床上，回忆着刚才的梦境。那情景，那感觉，真是太真实了。以至于此刻婉清那双含情脉脉，又略带着委屈与感动的大眼睛，仍在他面前栩栩如生地眨来眨去。

那是一个令他永远都无法忘怀的眼神，那是一个可以穿透他的内心，令他的心灵感到震撼的眼神。

如果这个世间真的存在心灵感应，那么刚才那一刻瞬间的真实，的确让云飞确信无疑了。但这个梦说明什么？是婉清终于原谅他了，还是她彻底地放弃了？

时间总是在不经意间悄然而逝，令人总有一种时不我待的紧迫感。爱情与事业双双陷入谷底的云飞，似乎一直都没受到过好运的青睐。虽然他从来没有想过要放弃，但这种天意弄人的命运安排，多少也让他感到一丝无奈与不甘。

还好，皇天不负苦心人，在完全没有思想准备的情况下，云飞竟意外地收到了欧施克刘经理的电话。

但是，刘经理虽然带来了一个好消息，却也同时带来一个坏消息。好消息是云飞被公司录取了，而坏消息则是向南没有被录取。

尽管向南有些失落，但他还是大气地拍拍云飞的肩膀说道：“总算有一个人有着落了，不管是谁都是好事啊！”

云飞当然明白向南的一番好意，但说好大家要有福同享，有难同当的。可现在，同甘共苦的誓言犹在耳边，自己却抛下向南独自选择去新的公司，这样做是不是有点不仗义啊？

晚上回到家，云飞把这个消息也告诉了紫嫣和钱编辑。虽然，大家都为以后不能再做同事感到有些可惜。但报社目前这种大厦将倾、各自为政的情况，谁有更好的去处，还不赶紧脚底抹油，溜之大吉啊！所以，她们也坚决支持云飞去新的公司。

云飞得到大家的支持，终于下定决心，向报社提出了辞职。虽然唐总编也做了挽留，但见到云飞去意已决，也就不再勉强。

星期一，云飞独自踏上了去新公司的路。想到未来他将不得不一个人面对一个全新的环境，心中不免也有些忐忑不安。

再想想以后要整天面对刘经理那张冷冰冰的脸，就更让云飞感到压力山大了。要不是到了穷途末路的份上，云飞说什么也不会去找这罪受。

令云飞意想不到的是，当他来到办公室的时候，那里竟然多了一个跟他年龄相仿的年轻人。虽然，不知这个年轻人是什么来头，但他友好的态度，多少让云飞紧张的心情终于放松了一些。

刘经理依然是冷冰冰的。云飞心里暗想：“这个刘经理，到底会不会笑啊？简直就是个冷面杀手嘛！不知道他面对客户时，会不会也是这么酷？”

云飞忽然间又想起了婉清，虽然婉清刚见到他时也是冷若冰霜，可最终还是被他的诚意融化到柔情似水了。可这个不识相的刘经理，又怎么能跟婉清相提并论呢？婉清比他可爱了何止千百倍？

“你俩准备一下，等一下我来培训！”刘经理面无表情地说完后，便走进了里面的房间。

趁着刘经理不在，云飞和那小伙互相认识了一下。原来，这个小伙叫吴刚，也是刚刚才加入公司的新人。

培训开始时，吴刚非常专业地拿出早已准备好的笔记本，表现出一副有备而来、信心十足的大将风度。而云飞的书包里，却只带了几张白纸。

两人形成了鲜明的对比，立刻高下自分，让云飞相形见绌。从给公司的第一印象来看，云飞首战失利。相比之下，吴刚做事主动，准备充分，显然更具潜质。

不过，人生输在起跑线上其实也未必是件坏事。只有在起跑落后了，未来才知道付出加倍的努力去追赶。就像龟兔赛跑一样，跑得快的未必就能赢得最后的胜利。

少年得志，却结局悲惨的案例不在少数。而历经磨难，最终大器晚成的经典，也比比皆是。

人生是一场看不到尽头的马拉松，它不在于你跑得有多快，而在于你走得有多远。

人生的精彩之处，还在于对未来的不可预知。即使命运之神早已为你安排好了结果，但你依然需要努力地走好每一步。因为对你而言，未来永远是个未知数……

第四十四章　横眉冷对天地寒，侥幸春风吹又暖

深不可测的刘经理，和欧施克这家号称瓷砖行业领导品牌的大公司，对于云飞而言，从一开始就是一个不解之谜。只可惜，向南和紫嫣的社会阅历太浅，想让他们给出什么实质性的分析和建议，那绝对是缘木求鱼。

而钱编辑，虽然比他们早几年进入社会，但她一直都在报社工作，环境单一。对于大企业内部的运作也所知寥寥，因此也是爱莫能助。看来，一切都只能靠云飞自己摸着石头过河了。

第二天，云飞早早地就来到了办公室，加入新公司总要有个积极的态度嘛！可他意外地发现，刘经理竟不见了踪影。

从吴刚口中才得知，刘经理一大早便赶去机场接人了。能让刘经理这么兴师动众，一大早亲自跑去迎接的，想必一定是个重量级人物。

果然，正在云飞和吴刚聊在兴头上的时候，刘经理带着一个四十岁上下的中年男子走了进来。两人有说有笑，看样子聊得煞是投机。云飞也有幸第一次见到了刘经理那迷人的微笑。原来，一张平时冷如冰霜的脸上，也能绽放出如此灿烂的笑容。

摆放好行李，刘经理对云飞和吴刚介绍道："这位是上海总部派来的王经理，我们行业里的资深专家。未来我们华南区的各办事处，能不能快速走上正轨，就要看王经理的了。"

刘经理的话，让云飞和吴刚感觉有点丈二和尚摸不着头脑。他的言语间，既有点拍马屁的味道，却似乎又隐约有点主动摆王经理上台的感觉。说了半天，这位王经理到底是个什么角色，还是有些不清不楚。

按理说，资深专家是搞技术的，那华南区能不能走向正轨，又怎么会跟他有直接关系呢？这应该是你办事处经理的责任啊！而刘经理的言外之意，似乎还刻意释放出另外一个重要信息。那就是，这位王经理的影响力涉及的，还不止广州办一个办事处，而是整个华南区。

一个搞技术的经理，怎么会有这么大的影响力？这未免有点让人匪夷所思。那他和各办事处的经理，又是什么关系呢？是上下级的隶属关系，还是平级的互

助关系？

虽然云飞百思不得其解，但这些其实和他也没什么太大关系。他一个打酱油的，也犯不着费尽心思去琢磨高层的意图。反正随着时间的推移，一切自然都会水落石出。他现在要做的，是如何在夹缝中求生存。

好在王经理看上去倒是个很随和的人，满脸的笑容从进门那一刻起就没有消失过，感觉有非常强的亲和力。这跟刘经理的冷若冰霜形成了鲜明的对比。多一个这样的人在办公室，总比尴尬地整天面对刘经理那张泥胎脸，要舒服得多!

“时间也不早了，我们一块儿去吃午饭吧！”刘经理面对云飞和吴刚，冷冷地发号施令道。

“好！我也真饿了，看看你们广州有什么好吃的！”王经理倒是显得饶有兴致，对着两人笑嘻嘻说道，立刻让气氛也变得轻松了很多。

刘经理带领大家来到公司旁边的一家小饭馆，四人落座之后，刘经理对王经理说道：“王经理，这家饭店粤菜做得还可以，中午时间比较紧张，咱们就将就将就吧！”

“难得听到刘经理说话这么客气，看来这位王经理还真有一定分量！”云飞心里暗暗琢磨道。

“嗨！我这个人五湖四海到处跑，适应能力超强，从来也不讲究，有得吃就行！”王经理显得很随意，但随意之中又给人一种绵里藏针的感觉。看刘经理平时冷冷的，但对王经理的话似乎却非常在意，可见这位王经理绝非等闲之辈。

刘经理显然还是有点拿不定主意，于是小心翼翼地拿起菜牌，递给王经理说道：“王经理，听说你是美食家，在你面前我就不班门弄斧了，还是看看你喜欢吃什么，你来点吧！”

“嗨！客随主便！到了你的地头，当然是你来做主了！”

“好吧！那我就恭敬不如从命了！”刘经理被王经理的软钉子驳了回来，显得有些尴尬。

云飞和吴刚从来没看到刘经理如此谦虚过，不免心中暗笑。真是一物降一物，卤水点豆腐，这么高大冷的刘经理，想不到在面对笑容可掬的王经理时，竟然会如此低调谦恭，真是令人大跌眼镜。

午饭近两个小时的时间，基本都是王经理在高谈阔论，刘经理只是随声附和，偶尔表达一下自己的观点。多数也与王经理的观点相近，少有大相径庭之见解。

王经理说得眉飞色舞，口若悬河。虽有卖弄之嫌，却也不可谓不见多识广。从他口中讲出的“江湖轶事”，个个闻所未闻，生鲜辣猛，令人颇有拨云见日、茅塞顿开之感。

王经理的阅历，让云飞打心眼里心悦诚服。也难怪刘经理这么自命清高之人，在王经理面前也只有坐冷板凳的份儿。全程的沉默寡言，让刘经理像变了一个人似的。

只是，云飞隐隐觉得刘经理也绝非池中之物，这个人城府颇深。王经理如此高调，或许有他有恃无恐的资本。但刘经理的沉默，也绝不意味着就此臣服。像他这样心高气傲，却又能无限隐忍的人，必然是在坐等某种机会的出现，绝对是个不可小觑的角色。

就像高手对决前的屏息凝视，表面看似平静如水，内心实则如排山倒海，都在观察对手的破绽。等待一个不动则已，动则一招毙命的时机。在这种情况下，越是能够引而不发的人，其实才越让人感到害怕。

吃完饭回到公司，王经理问道：“刘经理，你们办事处就他们两个新人吗？好像应该还有两个老同事吧？”

“是啊！阿明和小海他们俩出差了，应该明天就回来了！”

“原来办事处还有两个老同事，之前差点还以为这是皮包公司呢！”云飞闻言，心里暗自琢磨道。此时，也不免对他和向南的妄自猜测而感到好笑。

王经理似乎总有说不完的话题，有了他办公室的气氛也就热烈了许多。虽然他从下飞机到吃中饭，不过短短的几个小时，但似乎就已经牢牢地把握了公司的主动权。不但没有客场作战的感觉，反倒好像是回到自己家一样轻松而随意。

跟云飞和吴刚的频频互动，也让他们打心眼里喜欢上了这位远道而来，救他们于水火的王经理。只是碍于刘经理的官威，不敢表现得太过明显而已。

对王经理喧宾夺主的做法，刘经理心里自然是有一百个不高兴，可他脸上一点也没有表现出来。毕竟，他也是做销售出身的老江湖，能在这样的大公司独当一面负责一个办事处，自然也不是等闲之辈。

虽然不能明目张胆地表达不满，但这并不代表不能来个曲线救国的委婉试探。刘经理心中暗想：“既然你王经理这么喜欢表现自己，那我索性就给你个表现的机会，让你给大家做一场培训。这样既可以表现我的宽容大度，又可以验证一下，你除了会耍嘴皮子之外，到底有什么真本事。是骡子是马咱们拉出来遛遛就立见分晓了！”

刘经理这一招，不失为一个高明而柔软的下马威。可以说是可进可退，收放自如。其实，他一早在介绍王经理时，故意把他抬高说成是资深专家，就是为现在给他出难题而埋下的伏笔。

倘若王经理的培训空洞无物，讲不出什么实质性的东西，就可以自然而然地让他在大家面前威信尽失，从而更突显出自己的专业水准。当然，如果王经理肚子里还真有点料，那也就只能顺水推舟地继续拍马屁了。

不过，王经理显然是有备而来，面对刘经理的诚意邀请他毫不推辞，似乎早已是成竹在胸。

只见他从容地说道：“我这个人走遍五湖四海，要说江湖阅历还是有那么一点的。可惜啊，全身是刀但没一把锋利。什么都懂点皮毛，可没一方面是真正的专长。跟你们侃侃大山，吹吹牛，那是我的强项。可要听专业性的东西那还得找正规军，像你们刘经理这种科班出身的高才生！”

王经理说着，用手拍了拍刘经理。刘经理闻言，连忙摆出一副受宠若惊的样子说道：“嗨！王经理，你就别寒碜我了，我哪算得上什么正规军啊！你跟老板这么长时间了，每天耳闻目染受他的言传身教，那才是受益匪浅啊！我怎么能跟你比呢？”

刘经理的话说得酸味十足，既有点拍马屁迎合的味道，也透出一丝怀才不遇、壮志难酬、心有不甘的酸楚。

不过，从刘经理的话里，云飞终于察觉到了王经理有恃无恐的底气来源。看样子，他必定是老板面前的红人，所以才敢在刘经理面前“耀武扬威”。

不过，花无百日红，人无千日好，风水轮流转，明年到我家。谁又能保证自己永远屹立于不败之地呢？即使是八面玲珑的韦小宝，最后也不得不选择离开世间的那些纷纷扰扰，而隐退桃源。一个故事尚且无法续写不败的传奇，更何况是活生生的现实生活呢？

见刘经理如此谦虚，王经理也不再客气，他点点头道：“那好吧！既然刘经理刚才说到言传身教，那我就跟你们讲讲我的成长史吧！我这个人走过不少的弯路，希望你们能以我为鉴……”

要说王经理的口才，那可真算得上是出口成章，而且是妙语连珠，逗得大家笑声不断。想当初，在 NEG 第一次听副理培训的时候，云飞觉得副理的口才那就是天上有地下无，对他佩服得五体投地。当时云飞认为，如果他能有副理三成的功力，就可以叱咤江湖，横扫销售界了。

但听了王经理的培训，云飞才知道什么叫作强中自有强中手，一山更比一山高！王经理那如行云流水一般的演讲，就如同滔滔不绝的黄河水连绵不绝，一发不可收拾。

更可贵的是，王经理所讲的都是他自己的亲身经历。这比副理拿一些道听途说的案例来发人深省，当然更具感染性和说服力，这也足见王经理是个有故事的男人。

云飞不由得暗暗佩服，心想："如果能在王经理这样的高手身边待上个一年半载，那必然是受益匪浅啊！只可惜天公不作美，偏偏派了个冷面杀手做他的顶头上司，只能怪自己命苦了！"

想到这里，云飞不由得悄悄侧头瞟了一眼坐在旁边的刘经理。只见他表情僵硬，两眼发呆。偶尔脸上挤出一丝应付的笑容，也显得极不自在。

显然他已经意识到，刚才让王经理做培训是个极大的错误，现在悔得肠子都青了。这个下马威不但没有起到预期的效果，反而无意间给王经理搭了一个自我表现的舞台，白白给王经理创造了一个建立威信的机会。

看着大家欢声笑语不断，刘经理气得早已面无血色。但他又不能表现出来，还得适时地跟着大家一起摆出一副笑脸。那种哑巴吃黄连——有苦说不出的酸楚，真是可想而知。看来，这场明争暗斗的龙蛇争霸，一定会越来越深入，也会越来越精彩！

培训一直持续到下班时间，才被刘经理"善意的提醒"打断。刘经理当然巴不得培训赶紧结束了，他搭台让王经理唱戏，这可不是他的初衷。

虽然，大家仍显得意犹未尽，但刘经理的"善意"谁也不敢不领情，也只好不无遗憾地各自收拾东西准备回家。

这时，却听王经理忽然问道："兄弟们，你们晚上有安排吗？中午刘经理请了我，我想晚上请你们吃个饭，也算是礼尚往来！"

刘经理闻言，脸上闪过一丝颇感意外的表情。但那只是一瞬间的变化，快得几乎没人察觉到。然后，他的脸色立刻又恢复了正常，并挤出一丝微笑说道："王经理，不好意思我晚上约了客户，我就不参加了，你们吃得开心点啊！"

“那你俩呢？”王经理转头看着云飞和吴刚问道。

这一问可把两人难住了，刘经理和王经理之间的面和心不和，那是昭然若揭的事，傻子都能看出来。而且，刘经理的小心眼也是路人皆知的，跟他的死对头单独去吃饭，那不是悬崖上翻跟头——找死吗？

云飞和吴刚不自觉地都把头转向了刘经理，那显然是在征求刘经理的意见。刘经理见状甚是尴尬，他微微地皱了下眉头说道：“你们看我干吗？我晚上约了客户是真没时间。你们要是没事的话，就陪王经理吃个饭！他在这里没什么朋友，也怪闷的！”

刘经理的话说得不冷不热，不轻不重，听起来好像宽宏大度。可怎么又感觉有点暗藏杀机，隐隐有一种威胁的味道呢？

云飞和吴刚心中摸不着底，真有些犯难了。两人你看看我，我看看你，都希望对方能先表个态。

王经理当然早已看出了其中的奥妙，于是叹了口气道：“既然这么为难那就算了，反正我老人家也习惯了独闯天涯，你们有事就忙你们的去吧！”

刘经理一听，似乎怕王经理对他产生误会，于是赶紧对云飞和吴刚说道：“你俩怎么那么磨叽？不就吃顿饭吗，需要想那么久吗？”

“呃……好吧！我没什么事，我可以陪王经理一块吃饭！”云飞终于率先表态道。

不管刘经理的话是真心还是假意，事情已经逼到这么尴尬的份儿上了，云飞也就顾不了那么许多了。

更何况，他打心眼里也的确喜欢这位王经理，至于以后如何面对刘经理，也就只能走一步看一步了。

第四十五章　冷眼旁观龙虎斗，无刀无剑血长流

王经理带着云飞和吴刚找了家小饭店，点了几个菜又叫了几瓶啤酒。没有刘经理在场，不用热身气氛自然而然地就轻松了许多。

酒过三巡、菜过五味之后，云飞和吴刚跟王经理已经显得颇为熟络。他俩嘴里一口一个王哥叫着，完全不像是才刚刚认识的同事，倒更像是相识多年的兄弟。

本就口若悬河的王经理，此时更是敞开了心扉，无所不谈："咱们公司分为四个大区，全国有二十多个办事处。每个大区都由一个区域总经理负责，你们知道咱们华南区的总经理外号叫什么吗？"

云飞和吴刚摇摇头，眨巴着好奇的眼睛问道："叫什么？"

"哼哼！"王经理从鼻子里面哼出两个字，然后用异常夸张的表情说道："叫土匪！"

"土匪？"云飞和吴刚闻言几乎异口同声叫了出来。他们无法想象，这样的称呼会和一家这么大的集团公司的总经理挂起钩来。

"不相信啊？我告诉你们，咱们这位老总身高一米八二，体重二百八十多斤，站在跟前像一座铁塔。平时不带粗口不会说话，一天不骂人就吃不下饭。可以说是蛮横无理，喜怒无常。高兴时可以光着膀子跟你称兄道弟，翻脸时那叫六亲不认，你祖宗三代都逃不过他的粗口，他的秘书都不知道被骂跑过多少个了！"

王经理一边说，还一边比画着。他那生动煽情的语言，再加上夸张形象的动作，活生生地塑造出一个二百八十斤的野蛮土匪形象。

云飞和吴刚虽然还没有见过这位土匪总经理，但在王经理的卖力模仿下，那种咄咄逼人的匪气，却似乎已经像一股寒风扑面而来，让人感到压力山大了。

但云飞始终还是有点半信半疑，在他的字典里，大公司的高管都应该是西装革履、气质高雅、格局宏大的人中龙凤，怎么可能跟土匪画上等号呢？

于是，他半开玩笑地说道："王哥，你就别吓唬我们了，咱可不带这么开玩笑吓人的！"

哪知，王经理闻言立刻摆出了一副一本正经的样子说道："我吓唬你们？我可

是一片好心，给你们先打个预防针，免得你们到时被惊呆了！你们要不信，那就等着瞧吧！下个星期他来了，你们就可以领教了！”

王经理说得煞有介事，仿佛世界末日真的就要来临了。吴刚见状，瞪大眼睛像听到什么噩耗似的问道：“下个星期，他真的要来我们办事处？”

“是啊！要不我来干什么？我就是来帮他打前哨的！”

“什么叫打前哨啊？”

王经理一听吴刚这么问，忍不住皱着眉头摇头叹道：“唉！你们也太没社会经验了，打前哨都不明白？广州办是新开的，刘经理是从深圳办临时调过来的，而你俩又是他新招的。这里一切都是新的，老板要过来视察工作，不得先派个人过来摸摸底，看看你们有没有走上正轨啊？”

“难怪刘经理对王经理如此礼让三分，原来这是钦差大臣啊！”云飞心里暗自琢磨道。

吴刚听完，试探着问道：“王哥，那你每天跟土匪……不是，跟总经理在一起，不觉得压力山大吗？可我看你怎么好像整天都还挺乐呵的？”

王经理听完，得意地一笑说道：“这就要看个人的功力了！俗话说，一个好汉三个帮，一个篱笆三个桩，土匪也是需要有人帮他办事的嘛！他身边脸皮薄的人都被骂跑了，没人帮他办事，他也就威不起来了。所以，只要你的脸皮比别人稍微厚那么一点点，再能摸透老板的心思，帮他把事都办得漂漂亮亮的。他自然就离不开你了，哪还舍得把你骂走啊？”

“那倒是！不过这话说起来简单，但真要做到这一点，谈何容易啊！”云飞感慨地说道。

“那是啊！所以你们要慢慢地锻炼，不断地积累经验。经验可是你们将来笑傲江湖的资本，文凭在这种公司是没什么大用的。在总部，跟在我屁股后面叫王哥的大学生多了去了。”王经理自豪地说道。

“嗯！王哥，要是我们能在你身边跟上个一年半载的，那一定受益匪浅啊！”吴刚讨好地说道。

王经理听了吴刚的话，虽然看上去也很受用，但他还是一脸严肃地警告道：“你们千万别小看你们的刘经理啊！他可是个城府很深的人，你们要是能学到他一半的功力那也不得了，他也不是凡夫俗子啊！”

云飞和吴刚听了王经理的话，面面相觑地互相对望了一眼，吓得一时不知道该说什么好了。毕竟刘经理是他们的顶头上司，王经理这么肆无忌惮地在他们面前说刘经理的“坏话”，到底是意欲何为啊？

吴刚不敢接茬，勉强挤出一丝笑容，应付了一下便不再说话。云飞虽然也犹豫了一下，但还是继续试探地说道：“但我看刘经理平时都那么严肃，并不像那种能言善辩，喜欢趋炎附势的人啊！”

吴刚听云飞这么说，忍不住悄悄用脚在桌子底下轻轻踢了踢云飞，示意云飞不要乱说话。他心想：“这王经理是什么角色啊？你跟他认识才多长时间，怎么就敢这么交心交底地跟他说大实话？”

云飞当然明白吴刚的一番好意，于是他向吴刚感谢地点了点头，但心里却并没有丝毫要打住的意思。

其实，云飞的话虽有试探之意，却也都是肺腑之言。他跟这位“王哥”虽然相识甚短，但不知为什么，对他有一种莫名的信任感。

正所谓来而不往非礼也！既然这位王哥对他们毫无提防之心，那他又何必以小人之心度君子之腹呢？如果真是自己看走眼了，大不了拍拍屁股走人，也没什么损失，反正他跟刘经理也互相看不顺眼。

对于两人的不同表现，老道的王经理自然是看在眼里了然于胸。于是，他笑了笑调侃地说道：“你们的刘经理，是个内热外冷的人。其实，在他冷酷的外表下面藏着一颗火热的心。不信的话，等下个星期我们的土匪老板来了，你们就可以见识到了。”

云飞经过这几个月的磨炼，形形色色的人也见得多了，比刚来广州之时的阅历已然增加了不少。对于人与事的好坏善恶，逐渐有了自己的判断。王经理的话中之话，他自然听得明白。

看样子，刘经理的“酷”果然是装出来的。如果卢总来了，他会以另一种全新的面目示人。那就证明，他的确是那种趋炎附势、狐假虎威的人。这让云飞对刘经理打心眼里又多了一层厌恶的感觉。

“今天喝多了，该说的不该说的我都说了！咱们这里讲过的话说完就散了，刚才我讲过的话，我完全不记得，你们明白吗？”王经理一边买单，一边说道。

“明白！”云飞和吴刚会意地点点头说道。

云飞回到家时已经很晚了，向南一见云飞回来便责怪道：“不回来吃饭也不说一声，白让两个美女那么辛苦给你做饭了！”

“不好意思！下了班才临时决定的，公司总部派领导来了，没选择的余地！”云飞抱歉地解释道。

“行了！没人怪你，向南跟你开玩笑呢！主要是怕你这么晚回来有什么事！”紫嫣善解人意地说道。

紫嫣的话让云飞如沐春风，心中感到一阵温暖。他借着酒劲开玩笑地说道：“紫嫣，你说你这么漂亮，这么温柔，这么乖巧，这么有内涵，这么有修养，又这么善解人意。你把所有优点都集于一身了，跟你一起生活这么久，这以后还让我们怎么选女朋友啊？”

“哈哈哈……”紫嫣听到云飞的赞美，开心得笑到前仰后合。

于是，她也学着云飞的语气，有样学样地说道：“那你这么玉树临风、潇洒倜傥、才高八斗、学富五车，这么胸襟广阔，又这么会甜言蜜语。我跟你同在一个屋檐下生活这么久，岂不是以后也没办法选男朋友了？”

钱编辑在一旁听着实在受不了了，她忍不住站起来制止道：“行了，行了！你俩别这么肉麻行不？云飞，你平时说话可不这样啊！今天这是受什么刺激了吧？”

云飞闻言，呵呵一笑说道：“我还真是受刺激了！你们都不知道，我这是进了一家什么公司！这家公司就像一个血雨腥风的江湖，黑白两道高手如云，危机四伏。像我这种菜鸟，随时都可能成为他们炖汤里可有可无的佐料。”

“怎么回事啊？说来听听！”大家一听云飞讲得这么邪乎，呼啦一声都围了过来，表现出极大的兴趣。

云飞一看大家兴致勃勃，他也不由得来劲儿了。于是，他像讲评书似的，把公司的所见所闻，一五一十地给大家讲了一遍。当然，为了提升故事效果，他还不忘添油加醋地制造了一些悬念，让大家对这个公司，更加充满了好奇。

这真是福兮祸所伏，祸兮福所倚。云飞费了九牛二虎之力，挤破脑袋好不容易进了一家大公司。没想到面对的却是危机四伏、骑虎难下的窘境，能待多长时间也完全是未知之数。

反观与此失之交臂的向南，虽然错失了一次机会，可依然过得潇洒自如。与紫嫣她们每天一起同宿同飞，倒也乐得自在。真不知他到底是该为之庆幸，还是该为之后悔。

第二天，云飞到公司时，发现又有两个新面孔出现。在刘经理的介绍下才知道，原来这两位就是传说中的老员工阿明和小海。虽然说是老员工，但其实也都是二十出头的小伙子！

相互认识之后，大家便开始各自忙手头的事。王经理依然是大大咧咧的，一副喜庆的脸上，挂着他特有的微笑，让人感觉永远都是那么笑容可掬，没有距离感。

趁着没人注意，王经理冲着云飞挤挤眼，小声问道：“怎么样？昨晚有没有被我的话吓得彻夜未眠啊？”

“还好，昨晚喝多了，倒头就睡着了！”云飞笑笑说道。然后又压低声音，悄悄问王经理道：“难道你昨天说的那些话，是跟我们开玩笑的？”

“当然不是了！我这个人在办公室，还可能跟你开玩笑，但酒后一定吐真言！”王经理用一副亦真亦假的表情说完便笑着走开了。

昨晚确实有点喝多了，该说的不该说的云飞都说了。为什么会对王经理这么毫无保留地畅所欲言，云飞其实自己也说不太清楚。

总之，云飞现在的感觉，就如同初入江湖的郭靖一样，稀里糊涂的，有时连人家说话的真实意图都搞不明白。

可郭靖身边有个聪明绝顶的黄蓉帮他打点一切，即使考虑不周，也可万事无忧。但云飞就没那么幸运了，要是婉清还在身边，或许还能帮他指点一二，只可惜……

在新公司的第一周，很快就过去了，云飞也逐渐适应了公司的环境。更何况，公司只要有王经理在，就永远充满了欢声笑语。王经理在大家心目中的声势日壮，甚至已经悄然成了团队无形的核心凝聚力。

云飞每天回到家，都会把公司里发生的“江湖恩仇记”分享给大家。从此，每天的“云飞讲故事”节目，已赫然成为大家生活中不可或缺的一部分，丰富着大家生活的同时，也激发着大家强烈的好奇心。

转眼间，王经理口中那个号称“土匪”的总经理，终于真的要来视察工作了。这一消息对于向南他们而言，只不过是电视剧中一个期盼已久的神秘角色，在万众瞩目下即将闪亮登场。可对于云飞和公司的其他人而言，简直就是一场灭顶之灾的开始。

星期一，云飞怀着略有忐忑的心情来到公司。一路上，他的脑海里都在想象着林海雪原中各种不同款式的土匪装扮，以便提前勾勒出一个适当的角色，好让自己有个心理准备。

王经理似乎跟云飞特别投缘，做什么事都喜欢拉着云飞。当然，云飞也很喜欢跟王经理在一起，不但气氛轻松没有压力，同时也可以从他身上学到不少东西。

“待会儿跟我一起去接‘土匪’吧！”也不知王经理是开玩笑，还是当真的。在办公室一见到云飞，他就笑嘻嘻地说道。

云飞一听，把头摇得像拨浪鼓似的说道：“王哥，这个就免了吧！我最怕跟陌生的领导单独相处了，找不到话题讲比出门忘记穿衣服还要尴尬！”

王经理闻言，显出略带失望的表情说道：“跟老板单独在一起时，才是你最好的表现机会。这样老板才能在茫茫人海中注意到你，你也才会有更多升迁的机会！”

王经理说完，环视了一下周围，然后把声音压得更低，凑到云飞耳边悄悄说道：“我都没叫刘经理跟我一起去，不是每个人我都肯带的！”

经过多日的相处，此时云飞对这位王哥已经是颇为信任。不但把他看成是生活中的良师益友，更把他当作江湖中身怀绝技的带头大哥。他说的话云飞现在绝不会怀疑，只是云飞现在真的还没准备好去与这位不曾谋面，而名声在外的老板做近距离的“亲密接触”。

于是，云飞感激而抱歉地说道：“王哥，你的好意我领了！可我确实还没准备好，我真的怕搞不好反而弄巧成拙，加深了老板对我的负面印象。我还是再跟你多学学，等我再强大一些，再接受这样的挑战吧！”

“好吧！你说的也不无道理，能够看清自己，理性对待，倒也不是每个人都能做得到的！”王经理点点头说道，虽然多少有点失望，但对云飞的分析倒也颇为赞赏。

更何况，王经理也能理解云飞的难处。云飞跟他去接老板，却把刘经理留在办公室，这算怎么回事？王经理对刘经理可以视而不见，但云飞毕竟是刘经理的下属，难免会忌惮几分。

不知是不是刚才云飞跟王经理的亲密举动引起了刘经理的嫉妒，王经理刚一走，刘经理就立刻板起了面孔：“老板马上就到了，你们赶紧好好把办公室打扫一下，每个人的办公台都要一尘不染。老板的脾气可是不好，被他抓到小辫子可是谁也救不了你们！”

接着，刘经理专门转过头，看着云飞和吴刚说道：“尤其是你们俩，机灵点！”

“期盼”中的敲门声终于响起来了，吴刚正准备去开门，却被身手敏捷的刘经理一个箭步抢到了前面，像是深怕吴刚把这开门的重任抢了过去似的。

王经理提着行李先走了进来，紧跟在他身后的是一个膀阔腰圆的“大块头”。这个人看上去就像一头灰熊，满脸的横肉瞅着就让人望而生畏。

一米八几的个头，那大腹便便的样子，简直比怀着双胞胎的孕妇还要有过之而无不及。再看那肥硕的胳膊，足以抵得上女孩子的水蛇腰粗细。进门的时候，他几乎就是蹭着门框挤进来的。

看来，这位外号叫“土匪”的老板，的确是实至名归。那形象不用化妆，只要往那儿一戳，就可以感觉到一种匪气扑面而来。这哪像外资公司的高管啊？这明明就是日本的相扑运动员嘛！

就在云飞感慨万千之时，刘经理已经带着满脸的堆笑迎了上去：“卢总，坐一大早的飞机过来，真是辛苦了！”

刘经理那瘦弱的身躯，站在卢总面前形成了鲜明的对比。就像一副超现实主义的简笔漫画，夸张而搞笑。再加上刘经理那毕恭毕敬、点头哈腰的表情，更加压榨出隐藏在他人性下的“小”来。

卢总和大家打完招呼之后，看了看云飞和吴刚，然后转头直白地问刘经理道：“这就是你招的新人啊？”言语间似乎并不是非常满意。

“呃……是啊！”刘经理心虚地点点头道。看上去，他对“土匪”的脸色变化，保持着异常的谨慎。

卢总并没有说什么，只是点点头“嗯”了一声。然后对大家说道：“都坐吧！还站着干吗？我又不是鬼子进村了！”

大家闻言都呵呵笑了起来，虽然这位卢总的气势先声夺人，令人敬畏。但说话却是简单明了，而且不失幽默。倒也并没有想象中那么蛮横无理，这一点反倒比冷冰冰的刘经理更让人感觉舒服一些。

然而，初次见面的“蜜月期”很快就过了。土匪的本相当天下午，就在一场精彩绝伦的训话中让大家初见端倪。

虽然被骂的人远在上海，相隔千山万水，但大家依然可以遥感到，对方被骂时那种忐忑不安的心情。

世界上最残酷无情的词语，在这位卢总的嘴里都被运用得淋漓尽致。这种熟练到信手拈来，如行云流水般的境界，恐怕没有经过千百遍的锤炼，是绝不可能达到的。

甚至，连对方的母亲也被他有意无意地问候了十几次。即使房门紧闭，大家坐在外面，依然听得是真真切切，如临其境。

办公室里，每一个人的表情都显得紧张而凝重。只有王经理一个人，脸上依然带着他特有的微笑，一副事不关己、高高挂起的样子，似乎早已经司空见惯了。

再反观刘经理，他手里拿着一份资料，看似在仔细研究，但明眼人一眼就知道，他根本是心不在焉。拿资料只是为了掩饰自己的恐惧，或许，这种情景他比别人经历得更多，也更加心有余悸。

这样的尴尬场面持续了半个小时，里面的电话才终于挂断了，整个空气也随之安静了下来。大家都长长地舒了口气，绷紧的神经才总算得以暂时放松下来。

可哪知，还没等大家喘口气，里面的卢总嘴里骂骂咧咧地从里间走了出来，大家的神经立刻跟着又紧绷起来。

所有的人都表情严肃地低着头，谁也不希望在这个时候引起卢总的注意，成为他出气的倒霉蛋子。

这时，却见王经理竟然以一副轻松自如的样子，主动笑嘻嘻向卢总迎了上去。两人用上海话叽里呱啦地说了一大通，虽然别人听不懂他们在讲什么，但大概也猜得出，两人是在讨论刚才卢总骂人的事情。

卢总一开始好像听不进去，但最后显然是被王经理说服了，竟然意外地露出了笑容。而且，他一边笑，还一边指着王经理用普通话说道："你到底是站哪边的？我从来都没听过你站在我这边说话！"

王经理则摆出一副无可奈何的样子，笑着说道："我是站在真理的一边，谁有理我就帮谁！你这么盛气凌人，人家有理都不敢讲了。我只是站在客观的角度，把他不敢说的话说出来而已。你这么凶，人家以后还怎么敢放手做事啊，对吧？"

"你这样说，好像我很不讲道理似的。全公司就你这个鸟人总跟我唱对台戏，你是大侠啊？除暴安良啊？"卢总嘴上说得狠，可心里显然已经接受了王经理的意见。

王经理闻言，呵呵一笑说道："谁不知道你是全公司最讲道理的领导啊！要不然，我怎么能够活到现在呢，对吧？虽然我读书少，但我也知道唐太宗身边有个敢说真话的魏徵，帮他做了不少英明的决定。我虽然不敢与魏徵他老人家相提并论，但我也是实话实说！”

云飞一听，心里暗自偷笑。心想：“这马屁拍得可太有水平了！把自己比作魏徵，不就是暗把卢总比成唐太宗了吗？‘土匪’听了这话，心里还不得美到天上去啊？”

此时，卢总心里想必已然是心花怒放，可脸上故意显出一副无可奈何的样子，指着王经理说道：“我就是拿你小子没办法，气也气不起来，火也发不出来！”

“呵呵！那不正说明你是个讲道理的领导吗？也说明我的话还是有一定道理的嘛！”王经理轻描淡写地说道。

在别人避之唯恐不及的时候，王经理竟然有胆量主动往枪口上撞。单凭这一点，就足以证明他比刘经理更有勇气，也更有谋略。

能让一个蛮不讲理的土匪，对自己无计可施又爱又恨，更足以证明王经理并不是表面上显出来的那种大大咧咧，有勇无谋，靠着某种关系而狐假虎威之辈。

在这种复杂而充满江湖气息的公司成长绝非易事，能生存下来固然会收获颇丰，但在这里的生存压力，却也远非在NEG和报社的宽松环境可比。

云飞到底能在这里坚持多久，他又会遇到哪些意想不到的故事发生？欧施克的江湖传奇，从这里才刚刚开始……

第四十六章　一入“匪穴”深似海，踏破铁鞋觅征途

有王经理在的地方，似乎没有什么事情搞不定。渐渐的，大家都对王经理的存在产生了深深的依赖。云飞甚至不敢去想，在一个有卢总存在的地方，如果没有王经理，那将会是多么可怕的局面。

一天晚上下班之后，卢总忽然说要请大家吃饭。虽然，面对这“晴天霹雳”，正准备小小心心上班来，平平安安回家去的同志们，打心眼里有一百个不愿意，但没有哪个不怕死的敢站出来，不给这个“土匪”面子。

卢总的饭局自然是堪比鸿门宴，餐桌上大家个个都谨小慎微，能不说话的就尽量不多嘴，能不眨眼的就尽量别表错情。谁都知道言多必失的道理，大家都已经领教过这位“土匪”狮吼功的威力，谁也不想在这种公共场合，被他问候祖宗三代。

就连号称冷面杀手的刘经理，此时也变得沉默寡言，一副心事重重的样子。不过，好在有救星王经理在场，饭局才没有显得那么沉闷。聊来聊去，这场饭局俨然就变成了他与卢总的双口相声。其他人要做的，就是在适当的时机，配以适当的掌声与微笑。

俗话说，行家伸伸手，便知有没有。饭桌上的表现，让客场的王经理和主场的刘经理高下立见。

平淡的生活总是容易被遗忘，而不平淡的生活，通常会有两种极端的表现。一种是天上人间般的极致出彩，另一种则是流落凡间的望洋兴叹。而云飞现在的生活，大概就属于第二种。

卢总就像一颗不定时的炸弹，随时随地都会爆炸。除了王经理，每个人都在绞尽脑汁尽量远离他的有效射程。唯恐城门失火，殃及池鱼。

然而，办公室就那么巴掌大的地方，只要你不出去，就永远覆盖在他的火力范围内难以幸免。所以，能找借口溜出去的，谁也不会留下来自寻烦恼。

只可惜，云飞初来乍到现在手头没有客户可跟，没有现成的资源可用，也就自然没有借口可以开溜了。所以，他只能以羡慕的眼光，眼巴巴地看着别人溜之大吉。而他却只能如履薄冰般地，守着卢总这颗随时可能爆炸的“超级核武器”，

做好同归于尽的准备。

虽然，有王经理这个“拆弹专家”在，一切似乎都有惊无险。但毕竟，这里的氛围就像在空气稀薄的喜马拉雅之巅，总让人有种喘不过气来的感觉。如果可以选择，谁不愿意回到地平线上呼吸点正常的空气啊？

更让云飞苦不堪言的是，经过一个多星期的相处，卢总已经彻底脱掉了他在新人面前仅有的一点伪装，赤裸裸的土匪作风开始显得变本加厉。

大家上班都统一穿衬衣、着西裤、配皮鞋，而卢总却只穿着短袖 T 恤加大裤衩儿，甚至还脚蹬一双人字拖。这样无拘无束的装扮，再加上他那招摇的作风，俨然把办公室当成了他的土匪窝。

中午吃完饭，大家都在自己位置上趴着休息。只有他一个人关着门，赤条条地躺在里间的沙发上睡大觉。那鼾声雷动的节奏，犹如一场河东狮吼的内力比拼让人惊叹不已。更离谱的是，如果没什么大事他就会一直睡到自然醒，没有人敢去骚扰他的黄粱美梦。

有一次，因为被一个不相关的电话所吵醒，“土匪”大发雷霆。吓得刘经理索性把里间的电话线都拔掉了。事情做到如此地步，卢总和土匪也真就没什么区别了。

有时候，云飞甚至认为他真的就是掉进了一个土匪窝，一不小心也落草为寇了。想想当年梁山落草的一百零八条好汉，多半也都是不得已而为之的。现在感同身受，终于可以理解他们当时的难言之隐了。

云飞一直小心翼翼地，把自己当成一个初来乍到的新人看待，处处都被动地等着刘经理来安排他的工作，不敢越雷池一步。

但其实，在公司的眼里云飞早已不再是新人，你的加入就意味着你应该有能力产生相应的价值。如果只是被动地坐享其成，那公司是不会白白在你身上浪费时间和金钱的。就算你愿意忍受落草为寇的委屈，土匪窝还容不得你白白浪费人家的粮食呢！

换句话说，没有任何企业会花钱养闲人，这个放之四海而皆准的真理，即使在土匪窝里也一样成立。

所以，对于没有任何经销商开发经验的云飞来说，一切都得从头学起，而且还必须得快，因为公司不会有那么好的耐心等你慢慢成长。

更残酷的是，这里没人愿意真心教你该怎么做。大家都是做销售的，面对的是你死我活的竞争，谁都不会犯教会徒弟饿死师傅的愚蠢错误。云飞现在才体会到，善良如婉清这样的师傅，真是可遇而不可求啊！

好在，刘经理给云飞的第一个任务，并没有制定具体的销售目标。只是让他走遍广州的每一个建材市场，并按照刘经理的要求，把相关的经销商信息收集回来就行了。

用刘经理的话说，第一个任务只求数量，不求质量。忽然间对云飞如此优待有加，让云飞真觉得有点受宠若惊。

但云飞滔滔不绝的感激之情还没来得及释放出来，他就赫然发现，刘经理对他所谓的优待，其实不过是伪装之后"暗藏杀机"的美丽陷阱。

首先，云飞要收集的信息内容，可不是凭他的主观意识自己可以决定的。他必须按照刘经理给他开的"药方"，按方"取药"。

而这"药方"的内容可不简单，诸如：客户的经营项目、销售规模、销售渠道与经验、客户资源、成功案例、代理品牌的销售政策……都是"药方"上的必选项。

这几乎相当于把客户给扒光了，让他把自己的老底从头到尾给你交代一遍，这还叫不求质量？如果再把银行的流水查一查，那几乎就可以把他送进监狱了。

更可气的是，求数量也得是个合理的数量吧？想不到，苛刻的刘经理竟要求每天至少要收集五十家经销商的信息。

这不是开玩笑吗？就算每家店里跟人聊十分钟，那一天也需要五百分钟啊！相当于八个多小时不吃不喝不间断地跟人聊，刘经理这是把云飞当成陪聊机器了吗？

更何况，十分钟内从一个陌生人嘴里，套出这么多与他切身相关的有价值信息。如果云飞有这本事，还用得着留在土匪窝里看刘经理的脸色吗？

更更可气的是，刘经理还不许云飞留他自己的名片给客户，而必须留刘经理的名片。理由是云飞经验不足，还没资格跟客户谈判。这不是自相矛盾吗？既然知道他经验不足，还强加这么多苛刻的条件，这不就是摆明了想强人所难吗？

云飞当然明白，刘经理的意图翻译成大白话就是：未来这些客户一旦被开发出来，那军功章上可全都是我的功劳，跟你马云飞没有一毛钱关系。而云飞充其量不过是个大自然的搬运工，搬运的是刘经理的名片而已。

这种靠打击下属，抬高自己的领导方式，以及与下属争功的心态，必然会让团队与刘经理的内心渐行渐远。而他在卢总面前的唯唯诺诺，和在下属面前的趾高气扬又形成了鲜明的对比。更让大家内心的天平越来越偏向了王经理的一边。只不过鉴于刘经理的淫威，大家敢怒不敢言而已。

出发前，刘经理忽然又突发奇想地，送给云飞一件销售“法宝”。这件“法宝”与 NEG 的《新世纪百科全书》有异曲同工之妙——看着漂亮，背着死沉！

不过，与《新世纪百科全书》相比，这件法宝的尺寸和重量，都明显提升了好几个量级。

这是一个装着一块 60cm × 60cm 玻化砖样板的手提箱。云飞试着提了提，连箱子带砖少说也有十几斤。提着这玩意儿“逛街”，刘经理显然是把云飞按照野战军的标准来培养的。

面对刘经理的“特别关照”，云飞无奈地挤出一丝“幸福而感激”的笑容，并向刘经理致以了最崇高的谢意。

倒是王经理善解人意地拍了拍云飞的肩膀，鼓励道：“是男人就挺住啊！挺过来就有苦尽甘来的一天！”

王经理似乎话里有话，但此时的云飞已经没心思去细细揣摩了。面对曾经豪情万丈的理想，最终还是敌不过为五斗米折腰的现实，云飞心中难免感到一丝茫然若失和心有不甘。

既然人在屋檐下不得不低头，那要干就得干出个样子，不能让刘经理看扁了。所以，从这一天开始，云飞便日复一日地开始了提着样板箱，背着公文包，顶着烈日的炙烤，踏上不知何时才是尽头的征程。

平时轻装上阵挤公交，尚且是一种极限挑战。现在一肩背着包，一手提着十几斤重的箱子，与一众身经百战的公交达人挤车，更是优势全无了。

那个时候，没有智能手机，更没有现在的导航系统。在一个陌生的城市找路，只能靠嘴去问，靠脚去丈量。

云飞到达的第一个建材市场，下车后还有近一公里的路要步行才能到。在这样的烈日炎炎下，背负着总重达二十斤的“行李”负重前行，光是走到建材市场，都是一个不小的挑战。

想想未来很长一段日子都可能要这样度过，云飞真有点后悔，一失足成千古恨，掉进了这个万劫不复的“土匪窝”。或许，当时如果选择跟向南留在报社，局面远比现在要好得多。

靠着铁一般的坚强意志，云飞终于熬过了这艰苦卓绝的最后一公里。好不容易来到了建材市场的大门口，形象却让人颇感失望。里面规模倒是不小，只可惜破破烂烂的，有一种陈旧和衰败的感觉。

云飞先找了个阴凉的地方坐下，他抹了抹满头的大汗，打开水杯贪婪地“咕咚咕咚”喝了几大口水。这时，一阵微风吹来，他才爽爽地吁了口气，总算恢复了点体力。

独自开发经销商，这是云飞的第一次实战，难免有些紧张。可不管怎么说，他现在也算是个有点“经历”的人了，不论销售的经验，还是谈判的技巧，与刚来广州时相比都有了长足的进步。

更何况，他还有一种无形的力量在支持他。云飞拿着婉清送给他的水杯看了又看，他绝不能让这段感情白白地牺牲。无论如何，他都要做出点成绩来，这才对得起他赔了夫人又折兵的错误选择。

云飞壮着胆子走进一家瓷砖店，他装模作样地在琳琅满目的样板前走走停停。想以此吸引销售员过来，开启聊天的窗口。

但经验十足的店老板，一眼就看出来云飞不是来买东西的客人了。他微笑着说道：“小伙子，这么勤快是哪家的业务员啊？”

“呃……”云飞没想到店老板一眼便看穿了他的身份，心里是又佩服又尴尬。

愣了一下之后，云飞不好意思地笑笑说道：“您可真是火眼金睛啊，一眼就看出来我是厂家的了！”

老板闻言，呵呵一笑说道：“你的样子哪像是来买东西的啊？倒像是考古学家在研究出土文物。这都看不出来，我还做什么生意啊！”

好在老板人还不错，也没揪着不放。而是鼓励地说道：“一看你就是刚毕业的大学生吧？现在干什么都不容易啊！不过，天道酬勤，只要你有毅力，肯努力，就没什么事做不成！”

“谢谢您的鼓励，看来我今天真是出门遇上贵人了。既然这样，那您就给我个机会，让我介绍一下我们的产品吧，有什么不足的地方，您也给我指点指点！”云飞谦虚地说道。

“你还挺会说话！好吧，反正现在还早也没什么客人，那就跟你聊聊！”老板爽快地答道。

云飞想不到，今天开门见喜，第一站竟然如此顺利。于是精神大振，把平生所学一股脑地都和盘托了出来。

老板饶有兴致地听云飞龙飞凤舞地讲了近半个小时，直到有客人进店才打住云飞说道：“小伙子，你讲的是不错，可惜你没有给客户思考的余地。你记住，做销售不能太心急，你要学会跟客户双向沟通，诱导客户提问，而不是唱独角戏。更不能让人有老王卖瓜——自卖自夸的感觉啊！”

说完，老板递上一张名片，对云飞说道：“我姓王，今天咱们就先聊到这里吧，我要做生意了，以后有机会咱们再切磋！”

云飞感激地收起王老板的名片，虽然收集信息的任务尚未完成，但受到高人指点也是受益匪浅。更何况，占用了人家半个小时，已经大大超出了云飞的期望。

云飞知趣地正准备离开，忽然听到王老板又补充道：“做厂家的业务员，要多了解行业的发展，光讲产品是不足以打动别人的。广东是中国的陶瓷生产基地，大大小小的工厂少说也有上百家。你们虽然是大品牌却是外来户，在广东名气不够响，本地人未必会买账。所以，要想和本土的地头蛇来一争高下，你还得多用点心思啊！”

云飞听完，感激地点了点头，忽然有一种茅塞顿开之感。他告别了王老板，赶紧找了个阴凉地，将王老板刚才的一席警世名言通通记了下来。要知道，这些过来人的经验可是无比宝贵的财富，具有相当高的指导和参考意义。

记录完毕，云飞看了看时间已经远远超出了规划，不由得有些紧张。看来，后面的任务就更加艰巨了。

接下来的拜访可就没那么顺利了，云飞接连吃了几个闭门羹。一直到十二点多才收集了五六家店面的资料，而且信息还不是很齐全。这让他刚刚建立起来的信心，难免又受到了严重的打击。

正午的广州烈日当头，热浪似火！云飞又累又渴，经过一上午的意志消磨，样板箱和公文包也似乎越来越沉了。

看来必须得找个地方先填饱肚子，恢复一下体力，再这样下去人恐怕会虚脱的。更何况，中午店家们都有午休的习惯，中午去打扰人家那是自找没趣。

眼见马路对面有一排小饭店，饥渴难耐的云飞便扛着样板箱，迈着沉重的脚步，急不可待地向饭店走去。

路上正好经过一段新修的柏油马路，表面的沥青似乎已然被烈日的炙烤融化，伴随着滚滚热浪发出刺鼻的味道，弥漫在整个空气里令人窒息。鞋底踩在上面还会发出滋滋的声响，并有一种黏黏的感觉，仿佛踩在松软的棉花糖上，黏性十足且富有弹性。

云飞脸上的汗水，顺着脸颊留下来滴在柏油马路上，会如同蒸气一般瞬间不见了踪影。如果不是因为太浪费，云飞真想试试在这样的路面上煎个荷包蛋，会是怎样的感觉。

云飞正在边走边想，却忽然觉得右脚底有一股热乎乎的气流，像穿破了鞋底一般直达脚心。这种热与地面滚烫炙热的灼烧感不同，这是一股流动的热浪钻进了脚趾缝的感觉。云飞不由得低头望去，一看之下不禁立刻皱起了眉头。

原来是皮鞋头张开了大嘴，想不到真被沥青给撕裂了。这真是屋漏偏逢连夜雨，越是穷困潦倒得一塌糊涂，就越是有意想不到的意外破财。在这个节骨眼上皮鞋坏了，这简直就是晴天霹雳啊！

而更令云飞心碎的，还不光是钱的问题。对于一个平均每天要步行超过十公里的业务员来说，穿新皮鞋长途跋涉简直无异于给自己上“脚刑”，这种惩罚可不是一般人可以忍受得了的。

但相对于这么“长远”的问题而言，云飞眼前还面临着更加尴尬而棘手的局面。那就是如何穿着这双“张嘴”的破皮鞋，去完成下午收集资料的任务呢？

第四十七章　夜战江堤人间苦，纸醉金迷两世隔

好在，只要思想不滑坡，办法总比困难多。云飞“幸运”地找到一根黑色的细绳，凭借灵巧的双手和大胆的创意，他把皮鞋头张开的大嘴完美地结合到了“天衣无缝”的地步，总算是勉强可以走路了。

此时，刘经理的“法宝”还真派上了用场。在和客户洽谈时，云飞就把那宽大的样板箱挡在右脚前做掩护，反正客户没事也不会专门注意他的脚。

终于勉强度过了这短暂的尴尬，可接下来要面对的，将是一场旷日持久的噩梦。从此，不管风吹雨打、日晒雨淋，建材市场里总会看到一个，走路一瘸一拐的小伙子。他一肩背着公文包，一手提着沉重的样板箱，穿梭在广州各大建材市场之间收集资料。

这个人当然就是云飞，因为他的脚被新皮鞋折磨得伤痕累累。所以，他走路的样子看起来几乎像个伤残人士。

但这些疼痛并没有成为云飞偷懒的理由，为了尽快完成任务，他甚至连周末的时间也没有放过。云飞这么做只有一个原因，就是不让刘经理把他看扁。

就这样，云飞靠着坚强的毅力，走遍了广州所有建材市场的几乎每一个店面，光名片就收集了有一千多张。

当云飞把一书包的名片倒在桌子上的时候，刘经理惊讶得几乎说不出话来了。就连平时总没个正经的王经理，也瞪大眼睛看着云飞，默默赞许地点了点头。

所有在场的人都惊呆了，他们不相信真有这样的傻瓜，会扛着十几斤重的样板箱，走遍了广州所有建材市场的每一个角落。

与此同时云飞才知道，被派去另一个区域做同样收集工作的吴刚，因为不堪其苦，已经主动辞职了。

这件事虽然让云飞吃了不少苦头，但对他而言也收获颇丰。首先，此一战令云飞威信倍增，也让包括刘经理在内的所有人，都对云飞刮目相看了。就连号称“土匪”的卢总，也对云飞留下了深刻的印象。

其次，在搜集资料的过程中，云飞也认识了不少的行业精英，从中吸收到了无比宝贵的从业经验和行业知识。令云飞初步建立起对行业的认知，和自己独立

的判断能力。这也为他后来的独立工作打下了坚实的基础。

这一个月来，云飞对自己也有了全新的认识。他不但战胜了各种困难，更战胜了自己，强化了对成功的信念。

其实，在这个涅槃重生的过程中，云飞也不止一次想要放弃过。尤其是每天晚上，泡脚敷药膏时那种钻心的疼痛，曾让他产生过无数次想放弃的念头。

可每天早晨，当太阳再次升起的时候，云飞就好像又看到自己站在梦想起飞的地方，他又会想尽一切理由说服自己咬牙挺过去，这就是闯广州必须具备的心态！

随着时间的推移，这件事渐渐也被大家淡忘了。云飞一如既往地埋头苦干，王经理一如既往地笑逐颜开，刘经理一如既往地冷若冰霜，卢总则一如既往地喜怒无常。

一切看似矛盾的表现，在这家公司都显得平淡无奇。仿佛这家公司最大的特点，就是能将各路神仙聚在一起，创造令人不解的奇迹。

一天，临近下班的时候，卢总不知为什么忽然又对刘经理发起飙来。两人虽然在里间，可卢总那强大的"土匪"气场，还是把外面所有的人都笼罩在了他的阴影之下。

眼看已经到了下班的时间，大家都巴不得快点离开这个是非之地。但在这种情况下，哪个又敢先走呢？现在最安全的做法，就是跟大部队保持同步。大不了挨顿骂，至少也有一堆人陪着嘛！

王经理见大家归心似箭，而卢总却丝毫没有停骂的意思。于是他敲敲门，硬着头皮走进了里面的办公室。这个时候，除了他谁还敢没事找事啊？

果然，里面的骂声很快就停止了。接下来，只听到卢总和王经理用上海话叽叽呱呱地说了一阵。虽然听不明白具体的意思，但多少也猜出来一些。王经理是在劝卢总，让他别再骂刘经理，应该先想办法解决眼前的问题。

里面一下子陷入了可怕的沉默，就像一个炮火连天的战场，忽然之间变得寂静无声了。这难免会让人联想到大战前夕最后的平静，反而让人更加不安起来。

隔了一会儿，卢总果然又发起飙来，只是这次用的是普通话："你问问他，现在这个情况怎么解决？他要有办法解决，我还用得着跟他发这么大火吗？"

原来，从上海总部发来的货车，已经快进入广州市区了。本来刘经理应该一早就安排好装卸工在仓库等着卸货。可不知为什么，他竟把这事情忘记得一干二

净了。直到刚才司机打电话通知刘经理时，他才想起来。可现在天色已晚，仓库附近根本找不到装卸工了，所以这才被卢总骂得狗血喷头。

王经理看着刘经理那可怜巴巴的样子，不知是出于同情，还是出于为公司设身处地的着想。他忽然大义凛然地说道："这样吧，外面的兄弟们都还没走，实在不行就我们一起上，一个晚上应该可以搞得定！"

"什么……你们一起上？你的意思是……你们自己搬？"卢总疑惑地看着王经理问道，显然连卢总也没有考虑过这种不近人情的处理方法。更让他想不通的是，竟然会有人不怕麻烦，主动把事往自己身上揽。

"那现在还有更好的办法吗？"王经理反问道。

"你别问我，你问他啊！还从来没有人，出过这种问题来考我呢！"卢总指着刘经理怒吼道。

此时，刘经理像个受了委屈的小媳妇，低着头一个字也不敢吭。与往日面对下属时那种耀武扬威、冷若冰霜的劲头，完全不可同日而语。

王经理善意地拍了拍刘经理的肩膀，然后主动把责任揽到了自己身上："放心吧，卢总！有我跟刘经理在，一定搞得定！"

卢总见此情景，不知是被王经理主动担当的义举感动，还是再次被刘经理玩忽职守的行为激怒，只见他忽然指着刘经理又怒吼道："你学着点儿，做事情就要像这样有担当！遇到事就会给我报丧，你就不能跟老王多学学？以后多给我提解决方案，别总拿问题来考我！"

刘经理似乎有点被骂傻了，此时他吓得连大气都不敢出。除了一个劲儿地点头之外，似乎已经手足无措。竟连向卢总表个态的基本意识都没有了，这也就难怪卢总大发雷霆了。

"行了！别骂了，我们得抓紧时间出发了！"王经理一边帮刘经理解围，一边拽了拽刘经理的胳膊，示意让他赶紧趁机离开这个是非之地。

哪知，刘经理似乎真被吓傻了，任凭王经理怎么拉他，他只是弱弱地看着卢总。没得到卢总的批准，他竟然半步都不敢移动。

卢总一看，更来火了："你还不赶紧出去办事，留在这里找骂啊？"

刘经理见状，这才连忙点点头，灰溜溜地走出了办公室。这时，又听卢总对着刘经理的背影恶狠狠地补充道："记住，你是第一责任人！搞不好，你别回来见我！"

卢总的嗓门极大，刘经理踏着卢总的骂声从里间走出来时，正好撞到大家都在外面眼巴巴地看着他，不由得脸上一阵发烫。

他知道刚才自己挨骂的糗样一定是惨不忍睹，所以是又羞又恼。但他又不敢发作，只好一忍再忍，把所有的恼羞成怒都极不情愿地吞进了肚子里。

接下来，便是艰苦的动员工作了。大家本来都做好了回家吃饭的准备，一听说在毫无征兆的情况下，要被派去做苦力，心里自然是一百个不乐意。销售的职责范围再怎么拓展，也轮不到兼职去做装卸工吧？

但鉴于一边是“土匪”的淫威，令人望而生畏；一边是王经理的三寸不烂之舌，让人义不容辞，大家也只好向刘经理学习，把一肚子的委屈，硬生生地吞到肚子里嚼吧嚼吧咽了。

王经理带着大家赶到仓库时，一辆巨无霸货车已经停在仓库门口等候多时了。看到这么长的大家伙横在那里，每个人心中都感到从没有过的压力山大。

王经理自然明白大家的想法，所以他自嘲地说道：“想不到四十多岁了，还要再体验做装卸工的滋味，生活真是待我不薄啊！”说完，他脱掉上衣，第一个纵身爬上了货车。

云飞一看也毫不含糊，紧跟着第二个爬了上去。接着，大家一个接一个地脱掉背心光着膀子，有的爬上货车，有的在下面接应。像接龙似的把一箱箱瓷砖，从货车搬到地下，再从地下转移到仓库。

一箱砖少说也有三十斤，这帮城里出来的大学生，虽然都正值年轻力壮，可他们在家里过的都是衣来伸手、饭来张口的生活，哪吃过这种苦啊？也就才搬了几十箱，就个个都累得腰酸背痛，气喘吁吁了。

这要搁在古时候，他们就是一群手无缚鸡之力的秀才。吟诗作对，把酒言欢可能还行。让他们做这种体力活，也的确是有点勉为其难了。

云飞也一样，干了还不到半个小时，就觉得腰椎好像被抽空了似的，越来越直不起来了。到后来，干脆就只能弯着腰搬了。

一直干到晚上九点钟，王经理才带着大家去简单地吃了个晚饭，算是中场休息吧！吃完饭回来，没休息一分钟，大家便又接着继续干起来。谁不想早点干完，早点回家睡觉啊？

不知不觉间，繁星渐渐隐去，天边泛起了鱼肚白。当大家把最后一箱砖圆满地搬进仓库里时，已是凌晨三点多了。

此时，大家已是筋疲力尽，全部横七竖八地瘫在地上，再也动弹不得。只是，这项看似不可能完成的任务，在大家的齐心协力下竟奇迹般地完成了。也不得不令人感叹，人真的是潜力无限啊！

对于云飞来说，这是一次极限挑战，也是一次难忘的经历。这让他越来越意识到意志的重要性，也许世界上真的没有什么不可能，只有愿不愿意。

同时，刘经理这次阴差阳错的失误，也给云飞和王经理创造了一个进一步建立互信的机会。

凌晨三点多，若是在北方，或许整个城市还依然处在甜美的沉睡中。而广州不同，这里是开放的都市，是美食的天堂，是灯红酒绿的花花世界，也是冷酷无情的人间地狱。

这里从不缺人气，更不缺夜生活。本地人喜欢享受，外地人需要放纵，所以这个都市一天二十四小时都是醒着的。

云飞跟大家一样，早已经体力透支。即使走在路上，眼睛也是半合半闭地昏昏欲睡。现在，大家心中最大的愿望，就是赶紧回家痛痛快快地洗个澡，然后把自己扔到床上，睡到天荒地老，海枯石烂。

可干了一整晚的活，空着肚子如何能睡踏实？更何况，广州人的生活是早茶、宵夜一个都不能少。

于是，王经理带着大家来到一个大排档，继续喝早茶。隔着珠江水，对岸正好有一家 KTV，耀眼的霓虹灯，在夜色里显得特别抢眼和华丽，把江水也染成了五颜六色。

彩灯下面一对对男男女女进进出出，他们好像披着五彩的霞衣，不时还变换着靓丽的颜色。出租车排在门口像一条长龙，这些司机就像沙滩上的寄居蟹，常年聚集在 KTV 的门口，靠着这些红男绿女来养家糊口。

当然，不时也有豪车来来去去。上上下下的，不是俊男靓女，就是贵妇绅士。他们代表着这个城市最有活力的一部分群体，有需求，有精力，有创意，能玩，会玩，不差钱。

一江之隔，对岸是有钱人的迷幻空间，灯红酒绿，香车美女，挥金如土，奢华享乐。而这边就是普罗大众的现实世界，白粥肠粉，油条豆浆，披星戴月，谨行俭用，靠出卖体力换得三餐果腹。

今天或许是个难得的机会，让云飞可以坐在这里一边吃早餐，一边做个驻足的观客，去欣赏和体会对岸有钱人的世界。

大家吃完早餐，正准备打道回府。云飞却忽然感到一阵酸楚痛彻入骨，整个腰椎都好像不是自己的一样，完全不听使唤了。

他连忙用手扶住椅背，保持原有的姿势停在原地。过了一会儿，疼痛才稍微有所缓解。

这是因为刚才一直保持着“战斗”状态，累到极点了，累到麻痹没感觉了。现在一休息下来，全身极度放松，战斗状态一消失，疼痛的感觉就被放大了。

其他人也都大同小异，一个个不是弯着腰，就是揉着胯。这群本来正值当年的“铁血汉子”，远远看去却像是一群弯腰驼背的老人，在夜色中蹒跚，真是让人惭愧。

回到家时，向南他们刚起床。云飞一夜未归，大家都很是担心。紫嫣本来正在洗手间刷牙，一听到云飞回来了，立刻手里拿着牙刷，嘴里还带着一嘴的白色泡沫，就忙不迭地跑出来了。

云飞见状，调侃着说道：“美女，赶紧把你那一嘴的白沫吐掉，这也太有损你在我心目中的女神形象了！”

“你昨晚去哪了？”紫嫣满嘴的牙膏沫，字也咬不清楚，几乎是用鼻子在哼哼。

云飞看大家如此好奇，就把昨晚做苦力的事，绘声绘色地跟大家讲了一遍。

紫嫣听完摆出一副同情的样子，拍了拍云飞的肩膀说道：“兄弟，辛苦了，那赶紧睡个回笼觉吧！睡他个天昏地暗，睡他个地老天荒……”

云飞一听甚是感动，无限感慨地说道：“遇人无数，始终还是觉得你最好啊！”

“那当然了！只要记得在我们回家前，把饭做好就行了！”紫嫣接着补充道。

紫嫣的前半句话，几乎把云飞感动得要热泪盈眶了。想不到，后半句话峰一转，差点没把他气晕过去。刚刚涌上心头的暖意，也瞬间化为了乌有，他忍不住失望地说道：“紫嫣……想不到你竟这么狠心！”

向南见状，不失时机地幸灾乐祸道：“再让你拍马屁！这下拍到马腿上了吧？该！”

等云飞洗完澡出来，大家都已经上班去了。房间里忽然静得出奇，让云飞一下子感觉还真有点不太适应。

云飞走到客厅，忽然发现餐台上摆着一瓶跌打酒，心里不由升起一股暖流，这一定是细心的紫嫣对他默默的关怀。

对云飞来说，在这个没有太多人情味的都市，偶尔的温存与感动，已是人间极度的奢侈品。或许能遇到紫嫣，已经足够……

第四十八章　酒里乾坤江湖道，不识人间话外音

晚上吃完饭，又到了“云飞讲故事”的时间。自从“土匪”出了场，整个故事也随即进入了高潮，大家对云飞的“传奇”经历，也越来越感兴趣。

云飞从小就喜欢听评书，多年的熏陶，再加上经历了几家公司各类演讲高手的耳闻目染，虽然还不能做到集大成于一身，但凭着较高的悟性和传统的文化底蕴，再加上他善于烘托气氛的肢体语言，已经足以吊尽大家的胃口。

只可惜，故事容易讲，生活却不易过。谁也预料不到，开心的日子才过了没多久，云飞刚刚走出孤独与失落阴霾的生活，就又不得不面临着再一次的重大选择。

而这次选择，就像蝴蝶效应一样，不但影响到了云飞的生活，也间接地影响到了住在这个房间里所有人的生活轨迹。

就在做完“装卸工”的第二天，王经理忽然把云飞叫到一边，小声对他说道：“今天下了班，先别急着走，卢总要请你吃饭！”

“请我吃饭？”云飞诧异地看着王经理，以为他是在开玩笑。

“那么震惊干吗？是请你吃饭，又不是要吃了你，怕什么？更何况不是还有我嘛！”王经理轻松地一笑，似乎给云飞带来了不少的安慰。

既然“土匪”已经发了话，云飞没有选择的余地，下班后只好硬着头皮，跟卢总和王经理一起来到一家饭店。一路上王经理和卢总有说有笑，云飞却一句话也插不上。当然，他本身也并不想插话。

服务员端了三瓶啤酒上来，见王经理拿起酒瓶正准备倒酒，云飞抢着说道：“王经理，我来吧！”

反正云飞也插不上话，倒倒酒排解一下尴尬，也是情理之中的事。更何况，这里他最小，从礼貌上来讲，这个工作也应该由他来做。

“好，那你来！”王经理似乎看透了云飞的心思，顺手把酒瓶递给了他。

云飞平时不怎么喝酒，所以倒酒的技术并不好。再加上有点紧张，结果手一松倒得太猛了，泡沫一下子就溢出了杯子。云飞连忙拿起餐巾纸，手忙脚乱地擦掉桌子上溢出来的泡沫，显得颇为尴尬。

云飞下意识地瞟了一眼对面的卢总，却见他纹丝不动地坐在那里，脸上冷若冰霜的，像个面无表情的泥胎似的。

云飞心中不由得一紧，心想："这下完了，本来王经理还想让我在饭局上表现一下，给卢总留下个好印象呢！这下可好，看卢总那阴沉的脸色，恐怕随时都可能会发飙啊！"

这时，王经理一看，赶忙笑着解围道："平时不喝酒吧？倒啤酒讲究是'歪门邪倒''杯壁下流''恶贯满盈'，最后再'改邪归正'！"

说完，王经理拿起桌上的啤酒瓶，给云飞演示道："首先要'歪门邪倒'，啤酒杯子要斜着拿，这样倒酒才有从容不迫的气度，喝酒也是讲究气度的啊！"

"哦！"云飞诺诺地点点头，心里感激地看了王经理一眼，他知道王经理是在给自己解围。

"这'杯壁下流'呢，是指啤酒要顺着斜身的杯子壁缓缓往下倒，这样啤酒流入杯子里，不仅没有酒花，倒酒的人也会显得很潇洒！"

"嗯，明白了！"云飞又点点头，看看王经理笑眯眯的样子，他心中暗想："如果今天没有王经理在这里打圆场，就算卢总不发飙，场面也一定难堪得很啊！"

"'恶贯满盈'呢，意思就是倒酒的时候，一定要倒满酒杯。中国人讲究浅茶满酒，斟茶的时候，倒一半就可以了，但是斟酒的时候一定要倒满，否则就失了礼数！当然，最后不要忘了'改邪归正'，酒倒满之后，斜着的酒杯要放正了。"

"知道了！"云飞虚心地点点头道。这些倒酒的门道，他的确一无所知，今天也算是大开眼界了。

看着云飞诚惶诚恐的样子，王经理又呵呵一笑，继续调侃道："我是强弩之末，准备要退休的人了，也就懂点歪门邪道的东西混混江湖！你是文化人，将来的世界是你们的。不过，人在江湖身不由己，江湖的东西虽然上不了大雅之堂，可是一点都不懂还真不行！"

云飞闻言，不好意思地点点头道："王经理说的是，其实像你这种人才，永远有市场，从古到今你这种人都最吃香！"

"呵呵！你想说我是韦小宝还是和珅啊？我可没有那么贪心啊！"

"不是，不是，我可没那个意思！"

云飞和王经理的整个对话过程，卢总没有说一句话。他腆着超级大肚子，坐在那里眯着眼睛，就像一个弥勒佛似的，不动声色地看着王经理讲解。又不动声色地听着他和云飞的对话，让人猜不出他到底在想什么，究竟是高兴还是不高兴，开心或者不开心。

在卢总面前说话，分寸拿捏的功夫必须得炉火纯青。说不到他心里，他会嫌你啰唆。要是闷不作声，他又会嫌你沉闷。总之，说多说少都不行。这世上能把他搞得服服帖帖的，恐怕也只有王经理了。

喝完第一杯酒，云飞立刻醒目地拿起瓶子，准备再帮卢总把酒满上，却发现瓶子里只剩下一个底儿了。云飞觉得，把这么一点底子倒给卢总，不太好吧！于是，他就把剩下那点儿底子，先倒在自己的酒杯里了。

他本想打开一瓶新酒再给卢总满上，哪知还没等他打开新瓶子，卢总就忽然把脸沉了下来："这酒文化，看来你还真得多学一学！斟酒哪有先给自己斟的？"

"我……"云飞本是一番好意，可他看看卢总阴沉的脸色，也不敢再多解释。恐怕激怒了这个"土匪"，再招来更猛烈的轰击。

王经理是老江湖，以他对云飞的了解，自然知道云飞是怎么想的，于是他笑笑说道："你是不是感觉我们这帮粗人，每天就知道吃喝玩乐，可毛病还不少啊？"

"怎么会呢？酒文化是社交礼仪的一部分，也是一个销售应该具备的基本素质。是我没学好，以后我一定好好恶补！"云飞颇感惭愧地说道。

酒过三巡，卢总终于开口了："云飞，王经理一直在我面前夸你，说你悟性高又勤奋好学，将来可以独当一面，希望我多给你些机会。"

云飞闻言，感激地看了王经理一眼。王经理则回之一笑，冲着云飞很随意地点了下头。

卢总接着又说道："今天吃饭，也算是我对你的一个考察。你的悟性是可以，反应也还算快！但经验方面就太欠缺，需要好好地历练。我们公司现在发展很快，人才储备却没有相应地跟上，光是从外面空降，很难融合到企业的发展，所以我更喜欢从内部培养提拔。"

云飞一听卢总的话里有话，不由得心里暗自激动，他心想："难道卢总是想培养我？"

卢总停了一下，又接着说道："做领导，人品很重要！虽然我脾气粗暴，你们在背后叫我'土匪'，但我做事一向公平公正，从不徇私。"

听到这里，云飞不由得在心里暗暗吐了吐舌头，他心想："原来卢总知道大家在背后这么叫他啊。不过，他虽然一如既往地这么粗暴，倒也算是本性体现，总好过那些装腔作势、溜须拍马之人！”

“你去建材市场收集资料这件事，令我对你刮目相看。同时，也让我对刘经理非常担心。他打压下属，出难题来抬高自己，无法形成团队的凝聚力和战斗力，这是非常危险的。这个人气量太小，官做得越大，对公司的危害就越大！”

云飞听卢总这么说，不由得倒吸了一口冷气，心想：“这个卢总看上去肥头大耳的，原以为他每天就知道发脾气，睡大觉，想不到他对公司的事务竟然了如指掌。看来，做领导真是门艺术，不能光看表面，领导的内心往往另有乾坤。看来我要学的东西真的很多啊！”

见云飞若有所思，卢总停顿了一下后，继续说道：“上次安排装卸工卸货，这么大的事情刘经理竟然会忘记，简直让人不可思议，可见他对工作并没有全心投入。你对王经理全力支持，才让卸货的事情顺利完成，说明有顾全大局的意识和团队精神。这件事也让我看清了每一个人的心态，心态往往比能力更重要啊！”

“卢总，我做这件事，当时并没有多想……”

难得“土匪”能这么语重心长地跟人掏心窝子，云飞真是有点受宠若惊了。可他还没把话说完，卢总就把他打断继续说道：“我明白你是怎么想的！所以，我也坦白跟你讲，我想培养你将来代替刘经理的位置。当然，这不是你马上可以承担的事，但只要你肯努力，磨炼个一两年，我相信你是一定可以做到的！”

听卢总这么说，云飞可真有点蒙圈了。在毫无准备的情况下，你的老板忽然对你说，准备培养你来替代你的上司，你该怎么反应才最合适，最安全，最能让老板满意呢？

是应该用一种勇于承担的大气欣然接受，还是用一种谦虚谨慎的态度再三推让？是应该站起来立表忠心，誓死追随，还是应该坚决地推辞，划清界限？

这到底是一种鼓励，一种真心的提携？还是一种试探，一种对欲望的考验？在任何公司，这都是一个充满陷阱的问题，随时可能令你粉身碎骨。更何况，欧施克是这样一个危机四伏，充满江湖气息的公司呢！

云飞无所适从地转过头，用求助的眼神看了看王经理，这是他目前唯一的希望，也是他唯一可以信赖的人。

王经理当然看出了云飞的疑惑，于是笑一笑说道：“兄弟，机会不是总有的！有能力的人多了，但是欣赏你的老板是可遇不可求的。你想想，以刘经理的气量，在他手下做事，你会有出头之日吗？”

“我……”王经理的话的确说到了云飞的心坎上，这是和尚头上的虱子——明摆着的事。可是，单凭这一句话，就足以打消云飞心中所有的疑虑吗？

当然不可能！暂且不说卢总这场考验到底是虚是实，就算他是真心实意想提拔云飞做办事处经理，但两年那么长，这期间会发生什么事，谁说得准啊？

两年以后，云飞还在不在欧施克都是个未知数，可刘经理的威胁却是实实在在地近在眼前。

以刘经理的精明老成，卢总有意走马换将，他又怎么会看不出一点端倪？如果云飞接受了卢总这张空头支票，那就无异于将自己推到万劫不复的悬崖边。以后在刘经理手下，那还会有好日子过吗？

而更让云飞想不通的是，这么宏大而遥远的计划，卢总需要这么早讲给他听吗？

云飞的表情自然逃不过卢总的法眼，他当然理解云飞的疑虑。于是轻轻叹了口气说道：“云飞，你有疑虑很正常！其实，这件事公司本不应该这么早跟你讲。我之所以这么早告诉你，一来是想让你有所准备，工作更有动力。二来，也是因为我确实等不及了！”

“等不及了？”云飞疑惑地看着卢总自言自语道。

“没错！上个星期，我把原本属于华东区的福建市场抢了过来。所以，我必须马上派人去接手。可现在蜀中无大将，我只能派刘经理暂时先去顶着。这也是为什么我看刘经理这么不顺眼，却还不得不重用他的原因，现在你明白了吧？”

“哦！”云飞机械地答应了一声，虽然脸上不露声色，心里却暗暗嘀咕道：“这跟我有什么关系啊？倒是刘经理离开了广州，大家都能过得轻松点！”

此时，云飞就像身处在一个纷繁复杂的江湖。周围高手如云，危机四伏。唯有他纯洁得像一张白纸，每天生活在刀光剑影之中，却懵懵懂懂过得稀里糊涂。

但有一点他很清楚，那就是这些各大区的老总们，整天都在忙着抢地盘。而且，这种激烈程度已经俨然到了，就像黑社会划分势力范围一般，刀光剑影，你来我往，不择手段。

可地盘抢到手了，却又找不到德才兼备的心腹帮他们操盘。即使有了操盘手，也还是疑神疑鬼地不放心。所以，只能用经常轮换驻地的方法，弱化操盘手的势力，并不断引进新鲜血液来制衡甚至取代他们，以免他们形成气候不好控制。这种状况已经成为欧施克内部，无法根治的循环死结。

其实，这些看似高大上的办事处经理，不过是老总们恶斗下，循环往复的棋局中信手拈来的棋子。终有一天在利益需要时，会随时变成为他们牺牲的弃子。

各办事处的经理对自己未来的结局，当然也是了然于胸。因此，他们在位置上的时候就会想尽办法拼命捞钱。谁知道哪一天需要弃车保帅的时候，就成了公司领导斗争的牺牲品呢？

福建区域的操盘手，想必就是这场角力中，又一个牺牲品的失败案例吧！

此时，云飞心中不禁暗暗问自己："如果有一天我真的成了卢总某个区域的操盘手，卢总真的就会信得过我吗？到头来，还不是注定只有一个归宿……"

卢总见云飞若有所思，忽然话锋一转说道："所以，为了培养你，我打算派你和刘经理一起去趟福建，让你好好跟他学习如何开发市场，如何经营办事处！"

"啊……那我还有机会被调回广州吗？"

"当然了！现在每个办事处都急缺人才，只要你有能力，想去哪都有机会。而且，厦门风景优美，福州办也有住的地方。你去了还可以省下房租，何乐而不为啊？"卢总诱惑地说道。

云飞没去过福建，但早就听说厦门是经济特区海滨城市，他打心眼儿里也想去开开眼界。但若是一去不回让他常驻，却是非他所愿的。

于是，云飞犹豫地说道："我是和几个同学一起来的，这么重大的决定，我得先跟他们商量一下！"

"行！那我等你的好消息！"卢总看似民主地点点头，云飞却感觉不到丝毫商量的余地。

"鸿门宴"总算是结束了，云飞怀着忐忑不安的心情回到家，把饭桌上的情况跟大家讲了一遍。

此时，云飞的心情异常纠结。一来，他不忍与大家分离。二来，他一个人独闯福建心里实在没底。更何况，是要与刘经理这个冷面杀手一起去，不免又增添了几分担忧。

可紫嫣好像是准备出去旅游似的，激动不已地说道："厦门可是个好地方，山美水美人更美。经济特区，海滨城市，旅游胜地！特别是厦门大学，那可是中国第一拍拖胜地！到时候，记得给我们多拍几张照片回来啊！"

"没错！听说厦门鼓浪屿堪比人间仙境，是一个风景宜人的海上小岛。风光秀丽，令人流连忘返。晚上海风习习，银涛拍案，钢琴的雅调从海岛上随风飘向岸边，简直就像天籁之音。我早就想去一览美景，可惜被你捷足先登了！”钱编辑说着，也有些陶醉了。

看来，两位女士并没有觉得此举有什么不妥。甚至，她们似乎更希望云飞能在福建生根发芽，这样她们就可以有一个去福建旅游的落脚点了。

于是，云飞终于把目光转向了向南。因为他真正要征求的，是向南的意见。

第四十九章 荒野秘透连环计，遥望他乡无限愁

作为长久以来的同学兼战友，这么长时间形成的默契，云飞眼神中的意思，向南自然明白。

只见他沉默了一下，然后坚定地点点头说道："去吧！机会不是总有的，放手搏过才不会留下遗憾！"

"可是……"

"没有什么可是，如果换成是我，你也一样会赞成的，对吗？"向南没等云飞把话说完就打断了他的话，他知道云飞想说什么。

第二天，云飞在公司见到王经理时，他依然是笑眯眯的。他那对天生的月牙儿眼，即使不笑的时候也给人一种亲切感。

王经理见到云飞，并没有问起昨天的事，而是神秘地说道："云飞，跟我一起出去办个事，我已经给你请好假了。"

"哦……"虽然满腹疑惑，但云飞还是二话不说就跟着王经理走了。

两人出了公司，一起坐上公交车。云飞才不解地问道："王哥，你到底带我去哪儿啊，怎么搞得这么神秘？"

云飞在私底下没人的时候，都管王经理叫王哥。此时，两人的交情已经非比寻常，可以说是无话不谈了。

"带你去我们的新仓库看看！"王经理带着一丝神秘的微笑说道。

"新仓库？我们又租了新仓库吗，怎么我从来没听公司里有人讲过？"

"你当然不会听到公司里有人讲过了，因为公司里除了卢总之外，只有我知道。当然，现在又多了个你！"

虽然王经理说话的时候显得轻描淡写，但云飞隐隐感到这话里，似乎隐藏着不同寻常的意义。甚至，他忽然竟有种脊背发凉的感觉。

这家公司的氛围显得神秘而诡异，从卢总到下面的每一个人，都好像武侠小说中形形色色的江湖人物。说话做事都让人难以捉摸，举手投足之间也是杀机重重。

说实话，他越来越不想知道公司太多的秘密。因为他明白，在这个像黑社会

一样的公司里，知道的秘密越多也就越危险。

于是，云飞坦然一笑说道："王哥，这么秘密的事情，你干吗要告诉我啊？我可不想背负这么大的压力！"

王经理闻言，却一本正经地说道："话可不能这么说，从昨天晚上开始，你已经是自己人了！"

"啊……"云飞听王经理这么说，不知是因为受宠若惊，还是感到有如晴天霹雳，心头忽然一震，内心竟燃起一种说不出的无奈感："我什么时候就变成他们的'自己人'了？他们可是压根没有征求过我的意见，更没有得到我的认可啊！这不是'拉壮丁'吗？"

云飞此时是有苦难言，想不到昨晚一顿饭，自己就"被选边站了"。可现在已经别无选择，云飞也只好苦笑一下不再作声。

王经理也没理会，只是继续说道："实话告诉你吧，卢总打算把刘经理调走之后，由我来接手广州办。其实，广州办的业绩上不去，原因固然是多方面的，但物流缓慢也是其中一个重要因素。所以，卢总准备加强广州在华南区的物流中转功能，更要提升广州办未来的核心作用！"

"这不是挺好的战略吗，干吗要偷偷摸摸地进行呢？"云飞莫名其妙地问道。

"唉！你怎么不动脑筋啊？你想想，刘经理刚一走，卢总就立刻安排自己人来接手广州办。然后又马上大力投入，换成你是刘经理会怎么想呢？你肯定会认为卢总这是早有预谋！"

王经理这么一解释，云飞终于有点明白了。原来，把刘经理调去福建，表面看来是因为无人可用，逼于无奈。实际上则是顺水推舟，把他远配'边疆'。既可让福建办立刻运转起来，又可以让王经理堂而皇之地接手广州办。这招瞒天过海、一石二鸟的做法，可真谓高明啊！

"可世上没有不透风的墙，既然我们已经找了新仓库，又可以瞒他多久呢？"云飞还是有些不解地问道。

王经理听完，脸上露出一丝不易察觉的微笑，说道："第一，我们并不需要瞒太久，少则一个月，多则几个月就足够了。等我们把一切都布局好，就算刘经理知道也无所谓了。第二，为了防患于未然，等刘经理一走，我们就会把所有可疑人物都统统'咔嚓'掉。以便把隐瞒的时间尽量拉长，让我有充足的时间做准备！"

“什么……统统‘咔嚓’掉？你的意思是要把所有人都炒掉？”云飞显然吓了一跳，这跟黑社会的做法有什么区别啊？

“当然！做大事就得不拘小节，刘经理可不是省油的灯，这件事如果被他提前知道了，他很有可能会和广州办的原班人马串通起来搞事，那公司可就要承担不必要的损失了。”

“可他们也没做错什么事，就被这样无缘无故地炒掉，也未免太……”云飞想了想，后面的话没好意思说出来。

王经理就像吃透了云飞一样，看云飞说了一半，就接上话茬说道：“太不近人情了，对吗？兄弟，你太单纯了！实话跟你说吧，刘经理早就开始利用公司资源带着他们在外面炒单了，这一点公司早就知道，而且是证据确凿。卢总之所以按兵不动，只是因为他们现在还有利用价值。而且不想逼得他们狗急跳墙，抱起团来对付公司。现在把他们打散了，就是要各个击破！”

“不可能吧？我前几天还看到过阿明和小海，当众顶撞过刘经理呢，他们不像是串通一伙的啊！”毕竟同事一场，云飞打心眼里还是想替他们说几句好话。

可王经理对此并不以为然：“云飞，你真是太天真了，这都看不出来？他们是在做戏啊！估计他们也感觉到公司盯上他们仨了，所以故意放烟幕弹，想让大家觉得他们之间有矛盾，这才是此地无银三百两啊！你想想，以刘经理的心胸，怎么可能容得下他们两个如此造次呢？”

“这倒也是啊！”

云飞此时心中真是无限感慨，本来以为公司越大制度就越健全，体制就越完善。谁想到，这家公司却搞得乌烟瘴气，好像人人都在谋私利，个个都在忙算计。生活在这样的氛围里，不是百炼成钢，就是久病成医，总之能活下来的都绝不会是普通人。

“你是不是觉得我们公司有点复杂啊？”王经理看着迷茫的云飞笑笑问道。

“不是有点儿，是太复杂了！”

“呵呵！像我们这种没什么文化的人，就最适合在这种没有文化的公司混日子了。这里其实就是一个小江湖，不重学历，不看文化，靠的是江湖的阅历。别看这里工资不算太高，但搞得好的话，收入分分钟超过那些外资公司的高管。”王经理得意地说道。

云飞听完，不由得感叹道：“唉！想不到连阿明和小海都这么有城府，就更加不用说刘经理了。我看我还是不适合做什么办事处经理，你们还是另请高明吧！”

“哎，别泄气啊！人都是在社会上慢慢磨炼出来的，经历得多了自然就成熟了。谁打娘胎里一出来就有社会经验啊？我读书那阵子，可也是个纯情少年啊！呵呵……”王经理自嘲地说道。

云飞跟王经理聊了一个多小时的天儿，才在一个鸟不拉屎的地方下了车。远远望去前面还有一些农田，看来这里是一个相当偏僻的城乡接合部。

两人沿着起伏不平的乡间土路继续前行，偶尔有货车或者摩托车擦肩而过，便会扬起铺天盖地的尘土，让人感觉呼吸困难，鼻子和嘴里都会充斥着一阵土腥气。就连十米开外的地方，都会变得若隐若现，好像被卷入了铺天盖地的沙尘暴似的。

道路两边的房子，都是些用破砖烂瓦组合而成的“艺术品”，看上去几乎已经摇摇欲坠。仿佛货车飞驰而过时卷起的大风，都足以瞬间将它们连根拔起。真是难以想象，在这种环境下成长的人生，是否也会有片刻令人难忘的美好回忆。

两人捂着鼻子，灰头土脸地快步前行，都不再说一句话。看着两边郁郁葱葱的庄稼地，云飞忽然心中暗怕：“这前不着村后不着店的地方，若是在这里杀个人，沉尸到庄稼地里，那可真是如人间蒸发一般，再难觅踪迹啊！”

这种充满江湖味的公司，是不是真有黑社会背景，又到底发生过多少不为人知的事情，云飞不得而知。但若触犯了他们的利益，他们会不会真的做出一些不可思议的事情，那可真不好说。

走过这段难挨的土路，再转一个弯，眼前终于变得豁然开朗了。首先是人多了，这点很重要，起码有了安全感。其次，终于重见天日了，土路变成了柏油马路，没有遮天蔽日的黄沙漫漫，立刻觉得呼吸也轻松了许多。

继续往前走了几百米，云飞忽然觉得眼前一亮，想不到里面竟别有洞天。马路两边开始出现了饭店、商店和各类食杂店，俨然多了很多生活的气息。

再穿过一条马路，便可以看到一座一座排列整齐的仓库。就像隐藏于世外桃源的海市蜃楼一般，突然让人难以接受。若不是亲眼所见，真是很难想象在这“不见天日”的农田焦土之间，竟然还别有洞天。

两人一路前行，云飞又有了一个意外的发现。那就是路边的饭店、大排档，还有便利店里的人，见到王经理时都会跟他打招呼。看他左右逢源的样子，不仅是这里的常客，简直就像好莱坞的明星在奥斯卡走红地毯一样，忙得不亦乐乎。

在物流区穿梭了好一阵，王经理终于在其中一座仓库前停了下来。里面有个值班的中年男人，正无聊地坐在门口发呆。一见王经理来了，赶忙站起身跟王经理打招呼。

王经理走过来笑呵呵地问道：“老刘，怎么样，一个人闷不闷？”

“还好，习惯了！”老刘讨好地笑一笑说道。

“这是我们仓库的负责人，老刘！这是我兄弟，云飞！”王经理帮两人互相介绍道。

老刘和云飞象征性地打了个招呼之后，便和王经理进到了仓库里面。云飞不想知道太多秘密，所以始终跟他们保持着一定的距离。只是偶尔听到他们讲话的一些内容，大概也是关于货期和仓库租赁手续的相关事宜。

两人又谈了一会儿，王经理把云飞叫到跟前说道：“福州办也有仓库，要想做办事处经理，学会管理仓库是最基本的条件之一。我们现在货还没到，仓库是空的，可以任由你怎么安排。可一旦装了货之后，进进出出就没那么容易了。所以，事先的规划很重要，按什么条件摆放货品，如何预留装卸的通道，你都要好好学学！”

“明白！”云飞感激地点点头道。

王经理给云飞大概讲了讲仓库管理的基本要领，然后说道：“师傅引进门，修行在个人。这么短的时间也给你讲不了太多，等到了福州，你边实践边体验吧！”

临走的时候，王经理将早已准备好的两包香烟，塞给老刘说道：“烟不是好东西，但在这个鸟不拉屎的地方，没有烟也是万万不行的。不过，切记安全第一啊！”

“明白，明白！”

看着老刘对王经理毕恭毕敬的样子，云飞不得不佩服王经理的处世之道。上至土匪头子，下至看门的跟班，都被他照顾得妥妥帖帖，也难怪卢总这么离不开他。试想，哪一个老板不喜欢这样能为自己排忧解难又忠心耿耿的帮手呢？

两人从仓库出来，云飞忍不住问道：“王哥，你在这里很久了吗？怎么感觉路边的人好像都跟你认识似的？”

王经理闻言，得意地一笑，反问道：“你说我来广州一共才多长时间啊？”

“大概也不过个把月吧！”

“就是了！那你说我到这个鸟不拉屎的地方，能有多少次？”

“可他们看上去跟你都熟得不得了啊！”

“呵呵！这就是功力了！你大哥我虽然没什么学历，但江湖阅历还是有一些的！不是吹牛，只要我愿意，三教九流什么人我都搞得定。老卢那么‘土匪’，还不一样被我搞得服服帖帖吗？”

这话倒真不是吹件，放眼望去公司里高手如云，可一遇到“土匪”卢总，个个都吓得连大气都不敢出一声。也只有王经理，能轻描淡写地化各种危机于无形。

王经理见云飞若有所思，于是笑笑说道：“看在你叫我王哥的份上，我就告诉你个小窍门。大多数人都喜欢占便宜，所以，为人处事你只要铭记这一点，让别人多占便宜，让自己多吃点亏。能做到这一点，就没人会讨厌你，而且谁都巴不得和你在一起！”

这道理虽然浅显，大家谁都明白，可是真正能做到的没几个人。想不到，王经理看似一个大老粗，却能把人情世故看得如此透彻，而且能身体力行，也难怪大家对他是人见人爱啊！

王经理看云飞似乎若有所悟，于是继续说道：“做企业讲究财散人聚，财聚人散。其实做人也是一样的，谁都喜欢跟大方的人在一起。财散出去了，人气就聚起来了，手里有了人还怕有什么事情做不成吗？更何况，墙里损失墙外补，散点小财把事情都做好了，赚大钱的机会不就自然来了吗？”

云飞赞同地点点头，但似乎还有什么问题想问，却欲言又止。王经理一看，鼓励地说道：“还有什么问题但问不妨，你王哥我今天可是跟你掏心窝子了！”

“呵呵！王哥，我还真有个小问题，说了你可别生气！你从理论到实践，都执行得挺到位，但为什么现在好像也没有大富大贵啊？”

云飞这一问，似乎触及了王经理的伤心处。他不禁叹了口气说道：“唉！你算问到点子上了！这财散，是要散给有价值的人。这人聚，也是要聚有价值的人。可你王哥我就是大手大脚惯了，没按这个原则办事。结果财散完了，交了一堆酒肉朋友。平时喝酒吹牛一呼百应，可真正能为你两肋插刀的，是凤毛麟角啊！”

看来，王经理这种玩世不恭的人生态度，和他丰富多彩的人生经历是息息相关的啊！

这时，云飞忽然想到了另一件事，便略带犹豫地说道：“王哥！既然已经决定由你来接手广州办了，那能不能把我留下来啊？我真的想跟着你多学习学习，你也知道，我跟刘经理合不来啊！”

王经理闻言，忽然显出略带失望的语气说道："唉！兄弟，说了半天你怎么还不明白？卢总跟刘经理翻脸只是迟早的事，这次他派你去福建，就是要找个人帮他盯着刘经理啊！你要跟刘经理合得来，你还会派你去吗？"

"什么，派我去盯梢？"云飞说话时那吃惊的样子，仿佛下巴都快被惊掉了。

云飞做梦也没想到，他此行竟还肩负着这么重大的"历史使命"。要不是今天王经理提醒，他压根就没往这方面想过，此时真是一语惊醒梦中人啊！

王经理一看云飞的表情，摇摇头苦笑道："你还是没开窍啊！卢总那天饭也请你吃了，饼也给你画了，愿也给你许了，对刘经理的不满也充分表达了，这么明确的信号你都没接收到？那你也太嫩了吧！"

看着王经理那无奈的表情，云飞这才明白，他比自己想象中还要单纯。看来，在这个复杂的江湖中如果没有高人指点，他能生存下来的概率恐怕几乎是零啊！

"要得到老板的赏识和信任，单靠努力是不够的，你还要能摸透他的心思！曾经有个同事一直跟我明争暗斗，有一次我俩跟卢总去见客户，谈判到一半，卢总忽然打了两个喷嚏，说有点着凉了，让我们去帮他买感冒药。换成是你会怎么做？"王经理忽然试探地问道。

"那就去买药啊！"

"然后呢？"

"然后赶紧给卢总送回来啊！"

"我的同事的确也是这么做的，可惜我当时忽然肚子疼，就眼瞅着这么大好的拍马屁机会，被他一个人给抢走了！"王经理略带惋惜地说道。

"那他后来一定成为卢总身边的红人了吧？他现在在做什么？"

"呵呵！他第二个月就被卢总开除了！"

"开除了，为什么啊？"

"因为他和你一样，做事不动脑筋啊！你想想，卢总在经销商的一亩三分地生病了，经销商还不抓住机会拼命表现吗？哪还轮得上我们拍马屁啊？然而，他眼睁睁地看着卢总把我们打发走却无动于衷，显然是要谈一些，我们在场不方便谈的事情嘛！"王经理点拨道。

"原来是这样！那你肚子疼一定也是装的了？"

"当然了，哪有那么巧的事啊？所以，你此去福建任重道远，一定要多长一个心眼儿！其实，这些话我本来是不应该说的，所以这里说完这里散，明白吗？”

“明白……”

云飞的心里此时就像打翻了五味瓶，有一种说不出的滋味儿。面对自己的单纯与肤浅，实在是让他大受打击。

王经理当然看得出来，于是安慰道：“我知道你刚刚毕业，忽然进到一家这么复杂的公司，可能有点不适应。但这对你也许是件好事，你可以在最短的时间里，经历比别人更多的事，可以成长得更快。说实话，这种公司肯定是不适合你长期发展的，只适合我们这种老油条在里面混日子。不过，如果学得快的话，一年之后就可以显山露水了。到时候是留是走，主动权就在你手上了。”

这几句话，倒是说到云飞的心坎里了，云飞的心里也的确是这么想的。听王经理这么说，云飞感激地点点头说道：“王哥，我明白了，谢谢你的提醒！”

去福建的时间大体就是这几天，却没有个定数。所以，对于云飞而言，接下来的每一天，都可能是在广州的最后一天。也都面临着与大家的分别，及对未来不可预知的挑战。

这场看似公司内部的正常工作调动，其实却隐藏着多方角力的神秘暗战。对云飞而言，这更像是一场为他量身定制的职场大考。

而这场大考的复杂性在于，云飞要真正独自一人，跟着一个充满敌意的上司，去一个完全陌生的城市，带着一个模糊不清的使命，走进一个未知的江湖，面对一场力不从心的较量……

第五十章　曲终人散别离苦，鹭岛情深戏更浓

自从云飞进入欧施克，他生命中的每一天，都注定会是不平凡的一天。用紫嫣的话说："能在这种公司活下来超过两年的，那都不是人！"

所以，对于云飞这样的菜鸟而言，能不能活过三个月的试用期，都是个不小的考验。

自从上次汪峰请云飞和向南吃过鸡腿之后，他们彼此之间就再没联系过。云飞甚至几乎已经忘了，自己在广州还有这么一个朋友。

对于汪峰的了解，只限于姓名、住址，仅此而已。甚至严格来说，他能不能算是朋友，云飞心里都觉得有些模糊。

在广州，这种由于机缘巧合而有一面之缘的人数不胜数。可转眼间，他们又会像一头扎进海里的雨点，在生命中消失得无影无踪。

云飞从来不曾想过，要在去福建之前再和这位萍水相逢的朋友见个面。可偏偏就在云飞离开的前两天，汪峰忽然鬼使神差地给云飞打了个电话。似乎冥冥中注定，他们的缘分远没有到此为止。

两人虽然已经久未谋面，但上次见面留下的美好回忆，依然让大家延续着往日的温度。当汪峰知道云飞要去福建后，便死活要抢着买单，说是要帮云飞饯行。这餐饭也让他们之间本来渐已模糊的友谊，再一次得到了延续。

告别了汪峰，云飞便立刻匆匆赶回了家里，因为他要珍惜跟大家在一起的每一分钟。毕竟，即将面临的这场别离实在难以预测，究竟什么时候能再次相逢，谁也说不清楚。

可当他到家时，发现家里的气氛似乎有些不同寻常。就连平时喜欢叽叽喳喳的语嫣，此时也显得异常严肃，甚至变得沉默不语了。

云飞不明就里，他实在想不通，早上出去时还好好的，一顿午饭的时间，到底什么事能让大家变得如临大敌般沉默寡言呢？

"怎么回事啊？一个个都板着脸，不舍得我走啊？"

云飞的调侃似乎并没有起到调节气氛的作用，听完他的话，大家反而把头埋得更低了。

见大家都不说话，云飞冲着紫嫣说道："紫嫣，你们中午吃的什么啊？怎么一顿饭的工夫，就突然变成淑女了？"

紫嫣听云飞这么问，就像个做错事的小孩，噘着嘴看了云飞一眼。然后什么也没说，就把头埋进膝盖里了。

最后还是钱编辑终于忍不住出声了："唉！女大不中留，我们家小姑娘长大了，开始谈恋爱了！"

云飞一听，"扑哧"一声忍不住笑了出来，他把脸凑近羞答答的紫嫣，故意调侃道："终于有人敢要你了？那是好事啊！还害什么羞，这可不像你的风格啊！"

"你可能还没明白我的意思，这也意味着，人家要搬走了！"钱编辑叹了口气补充道。

"什么……紫嫣，你要搬走？"云飞这时才明白大家一言不发的症结所在。

"嗯！"紫嫣隔了好一会儿，才终于勉强地点了点头。

"这……这是什么时候的事啊？我们同处一室都还没来得及下手，这从哪就蹦出个截和的啊？"云飞一脸茫然地说道。

其实，紫嫣在家里本来就有男朋友，而且是父母的朋友给介绍的，两人对彼此也都还算满意。可紫嫣想趁年轻出来闯一闯，而男方舍不得老家公务员的铁饭碗。因此，就暂时分开两地了。

现在，架不住双方父母苦口婆心的规劝和男孩山盟海誓的哀求，紫嫣终于决定放弃广州的梦想，回去做一个贤妻良母。说得不好听点，这简直就是婉清悲剧的另一个翻版啊！

紫嫣的去留是她的自由，即使大家不舍却也无权干涉，就像云飞决定去福建一样。可紫嫣离开的性质，与云飞有着天壤之别。

云飞去福建，抱的是暂时过度的心态。等经济状况有所好转，他还是一定要回来的。因为，这里才是他的终极目的地。

可紫嫣这一走，是有去无回了。而且，她的离开还会直接影响到钱编辑的去留。试想，如果云飞和紫嫣都走了，就只剩下向南和钱编辑"共处一室"，这事儿可是好说不好听啊！

如果两人是郎有情妾有意，那抓住这个难得的机会，顺水推舟地撮合他们喜结连理，也未尝不是好事一件，可惜他俩偏偏还不是一路人。既然勉强不来，钱编辑也只能做好搬走的准备了。

面对这突如其来的变化，云飞对他的福建之行开始变得有些犹豫起来。因为他不愿意让向南一人，独自面对未来不可预知的艰难生活。更不愿意让五朵金花离开时，那种被掏空的孤独感在向南身上再次重演。

于是，云飞走到向南跟前，拍了拍他的肩膀，似乎是在寻求他的答案。向南抬起头看了看云飞，苦笑一下说道："看来，我始终没你有桃花运啊！你在桃花在，你闪桃花散！"

见向南尚能苦中作乐，云飞心中略感安慰。看来，在广州的磨炼的确会让人变得坚强而成熟。

只是，云飞还是有点于心不忍："要不我不去福建了，大不了重新再找工作，反正我也不太喜欢我们那个领导！"

"干吗啊，你就那么瞧不起我？你觉得我的独立生存能力会比你差吗？看样子，我还非得证明一下不可！"向南好强地说道，当然他主要是为了打消云飞的顾虑。

事情来得太突然，每个人都没有充足的时间去思考。不管是为了爱情，还是为了证明自己。不管是出于无奈，还是为了面子。四个人都是匆匆做的决定，似乎一切都是冥冥中天意的安排，谁也无法逆转。

广州就是这样一个如流水线般的城市，每天都有人带着梦想而来，也有人带着绝望离去。今天可能还同处一室，明天就可能天各一方。而每一次分别，或许都会成为永远。

终于，云飞踏上了他的新征程。不过，他的行军路线临时做了一点调整。因为厦门正好有个建材展，所以卢总临时决定，先去厦门跟经销商参完展，然后再去福州。

为了更有效地利用时间并节约费用，公司给刘经理和云飞订了晚上出发的火车硬座。他们提前一天出发，经过十来个小时的车程，正好可以和迟一天坐飞机出发的卢总，在同一天到达厦门会合。

火车站的站台上，两对男女正在恋恋不舍地依依惜别。气氛显得略有严肃，这是一次不寻常的别离。虽然算不上是生离死别，可下次什么时候才能再相见，谁也说不准。

云飞每次来火车站，都是送别他人，今天终于尝到了被人送的滋味。但此时的心情，似乎并没有因为角色转换而好多少。

“相识虽短，但是缘分不浅！客气话就不说了，祝你一帆风顺，大展宏图！”钱编辑潇洒地说道。

“谢谢！”

云飞深有感触地说完，转头看了看紫嫣说道：“紫嫣，下次回来我一定要见见那个臭小子，看看他到底是何方神圣，竟有本事把你从我和向南的眼皮底下给骗到手。按理说，你也不笨啊！”

紫嫣听完，鼻子一酸，眼泪差点掉下来。她感动地说道：“云飞，对不起！这也许是我这辈子做得最傻的决定，可人一辈子总得傻一回吧？”

“没错！这次或许也是我这辈子做得最傻的决定，大家就都傻一回吧，人不犯错枉少年嘛！”

说完，云飞转过头看了看向南。两人相视而望，心中都是百感交集。他们在一起经历了太多的酸甜苦辣，这眼神中的无奈与坚持，恐怕也只有他们俩才能体会。

两人都没有多说话，只是相互点了点头。然后默默地把手紧紧握在一起，互道了一声保重。或许，此刻沉默才是最好的语言，一切尽在不言中，一句保重已胜过千言万语。

伴随着火车的鸣笛声，云飞毅然决然地转身上了车。这时，向南忽然发现，他手里竟多了一百块钱。原来，是云飞刚才跟他握手时悄悄留下的。也许，向南永远也不会知道，那一百块钱，几乎是云飞当时全部的积蓄。而他只身去福建，自己身上剩下的，只有不过区区的五十块钱零钱。

刘经理似乎没把这趟远行看得太重，竟然连一件大件行李都没有，只随身带了一个提包。看样子，刘经理压根儿就没想在那里长住。

第二天一早到了厦门，经销商早早就派司机在车站门口等候了。一见到刘经理他们出来，司机就赶紧热情地迎了上去。老司机都知道，厂家的人得罪不起。

路上，司机告诉刘经理，他们老板本想要亲自来接车的，但因为卢总的飞机也差不多这个时间到，所以他们老板不得不去机场接卢总了。

刘经理听完，微微一笑说道：“应该的，老板对老板，才门当户对嘛！”这句话虽然是笑着说出来的，但语气中透出一丝不甘心的酸楚。

入住的酒店很新很豪华，看来这次是跟着卢总沾光了，平时肯定没这么好的待遇。

云飞和刘经理刚一进到房间，他就把行李往桌子上一扔说道："坐了一天的火车，全身都快馊了，我先洗个澡，要是卢总到了，你叫我一下！"

云飞在外面没什么事干，于是就打开电视，边看电视边等着刘经理。过了一会儿，刘经理洗完澡一出来便问道："卢总没打过电话吗？"

"没有啊！"云飞摇摇头道。

刘经理一边用毛巾擦着头，一边走到床边从裤子里掏出手机查看。却忽然见他脸色一沉，没好气地说道："刚才卢总已经打过电话了，你怎么不叫我？"

"我……我没听到有电话铃响啊！"

"你把电视开这么大声，当然听不到了！让你来是出差的，你以为是来度假的吗？"刘经理大声地训斥道。

其实，电视的声音并不大，正常的电话铃声是完全可以听到的。很可能是刘经理忘记自己把电话调了静音，所以云飞才听不到电话响。但没办法，在刘经理眼里解释就等于掩饰，与其自讨没趣还不如忍气吞声，谁让他是领导呢！

刘经理训斥完云飞，立刻换了一种语气小心翼翼地拨通了卢总的电话："卢总，您刚才打我电话了？不好意思，我在洗手间没听到！"

"你们赶紧下来，我和林总正在讨论明天展会的具体事宜！"

"好的，卢总，我们马上到！"

刘经理那副毕恭毕敬的样子，如果不是知根知底的人，绝对看不出他与卢总之间早已是貌合神离，甚至随时都准备在对方背后互下狠刀了。刘经理的演技，也称得上是出神入化了。

林总是厦门的经销商，也是一个经验丰富的老江湖。一见刘经理和云飞走过来，立刻主动热情地招呼道："刘经理，好久不见，真是越来越帅了！"

刘经理见状，连忙迎合地说道："那都是因为想到今天要见林总了，所以精神振奋啊！"

两人握握手，林总转头对卢总笑着说道："刘经理可是不可多得的大将之才啊！有冲劲又有能力，卢总你真是好福气啊！"

卢总闻言，哈哈一笑说道："是啊！我们越来越老了，就得这样有冲劲的年轻人来顶我们的班啊！"

"是啊！再过几年我也要退休了，是得培养接班人了！"林总附和着说道。显然，他并不知道卢总与刘经理之间的故事。

如果给了以前，云飞一定不会对卢总的话这么敏感，或许也就当句玩笑话一笑而过了。但今天，不知是不是因为王经理点拨了关键，云飞怎么听都觉得卢总的话里有话。所以，他不由得悄悄瞟了刘经理一眼。

果然，刘经理似乎也听出了其中的味道，只见他略带尴尬地挤出一丝笑容，额头上却微微渗出几滴冷汗。

林总到底是老江湖，心思细腻，触觉敏锐。虽然这些微妙的变化，都发生在电光火石之间，但依然还是被他嗅到了一丝硝烟弥漫的味道。

于是，他赶紧转移话题道："刘经理，你旁边这位同事是……"

"哦！这是我的新同事马云飞，跟我一起来接手福建办事处的！"刘经理说着，拍了拍云飞的肩膀，似乎刻意想制造出一副和谐友好的氛围。

林总不愧是江湖老手，身为老总做人却十分低调圆滑。即使对于云飞这样一个刚刚毕业的新人，他也一样是以礼相待，客气有加。

寒暄完毕，林总带大家到餐厅落座。这是一家欧式风格的餐厅，低调奢华之中透出一丝高贵典雅的皇室风范，令人不由联想到古代宫廷的皇宫贵族。

林总拿起菜牌递给卢总说道："卢总，您是美食家，你来点吧！"

"这是你的地盘，你决定！"卢总说着一摆手，把菜单推了回来。

一听到卢总说"地盘"这两个字，云飞不由得感觉到，卢总身上似乎又隐隐散发出一种黑社会的土匪气息。如果早生几百年，他或许真能成为一代名匪也说不定。

"那我就恭敬不如从命了……我们喝点什么酒？"点完菜，林总习惯性地问道。

"中午工作时间不喝酒！"卢总好像很敬业似的说道。

"好！那我们晚上再喝，中午就喝点茶如何？"林总建议道。

"对！喝茶有益健康，更何况福建的茶这么出名，来到厦门不喝点好茶，岂不是太可惜了？"刘经理附和地说道。

哪知，说者无心，听者却有意。林总立刻会意地说道："没错！我们福建的茶很出名，你们走的时候每人带两盒回去尝尝！"

刘经理一听，吓得连忙解释道："林总，你误会啦，我可真没这个意思啊！你在我领导面前这么说，这不摆明是在说我索贿吗？"

林总一听，哈哈一笑说道："就是因为你领导在，我这么做才是光明正大的嘛！

要是你领导不在，那才叫作行贿受贿。是吧，卢总？哈哈哈！”

卢总听完，脸上闪过一丝难以捉摸的微笑，他不置可否地说道：“吃人嘴软，拿人手短！你们如果要是拿了林总的东西，那就要帮人家把业绩做起来，至少也得让林总把茶叶钱赚回来。要不然下次来，你们连白开水都没得喝了！”

卢总的话说得左右逢源，看似同意又似乎是在警告，怎么理解都有他的道理。

林总见状，半开玩笑地说道：“卢总，几盒茶叶而已，不用把事情说得那么严重吧！”

“哼哼！千里之堤毁于蚁穴。你不把话说得严重点，别人就会当作耳边风了！”

不知是因为被洗了脑的原因，还是云飞真的慢慢具备了江湖的敏感性。从卢总的话里，云飞总能体验到一种警告的意味。

这时，云飞又偷偷地瞥了一眼刘经理。刘经理此刻的表情，显得拘谨而尴尬。看来，卢总这招隔山打牛的手法收效不错。

展会的事其实林总早已安排妥当，事关自己的切身利益，他又怎么会掉以轻心呢？因此，饭桌上卢总只象征性地问了几句之后，大部分时间大家都是在吹牛和互捧。

午餐之后，卢总借口要处理邮件，大家便各自回了房间。林总坚持晚餐要带大家去厦门著名的鼓浪屿吃饭，让大家一睹厦门的风土人情。

其实，卢总已经去了不知多少次了。这些冠冕堂皇的借口，无非是经销商巴结厂家领导，为博取他们欢心，以便将来获取更大支持，而做的利益交换罢了。

看卢总略微客气了一下，便顺水推舟地同意了，就知道这些不过是商场上必须走的形式而已。

夜晚的厦门，就像一个活力无限的惊世美女，令人百看不厌。驱车从灯红酒绿的闹市到浩瀚无垠的海边，也不过是十几分钟的车程。

感觉只是转了几个弯，就开始渐渐闻到了海水淡淡的腥味儿。厦门真是个奇妙的城市，你很难想象，到底是苍茫的大海包围着繁华的都市，还是这繁华的都市隐身于无垠的大海。

城市与大海就像一个时尚的潮女与一个高雅的贵妇，各有各的美妙，各有各的韵味。但这两种截然不同的风格，在转角的一刹那，像一对姐妹花似的手挽着手，肩并着肩飘然而至，令你不得不叹服大自然鬼斧神工的巧妙绝伦。

她们融入得是那么和谐，那么自然，不留一丝人工雕琢的痕迹。你中有我，我中有你，仿佛是千百年来浑然天成一般。

对于一个在北方内陆城市长大的人来说，面朝大海、春暖花开的生活，永远都是新鲜而令人向往的。云飞尤其喜欢大海惊涛拍岸的恢宏气势，更欣赏她海纳百川的广阔胸襟，这也是他做人追求的最高境界。

汽车沿着海岸线飞驰而过，林总善解人意地摇下车窗，让大家尽情享受这惬意的海风，并一睹这个海滨城市特有的娇美与妖娆。

有海的城市真是幸福，即使在海边的沙滩上与自己心爱的人，沿着海边吹吹海风，说说知心话，也已经是内陆城市无法想象的浪漫。

想到这里，云飞不由得又想起了婉清。此时，若是能与婉清携手漫步在这碧海银沙之间，那该是多么令人惬意的体验啊？

只可惜，面对这美不胜收的浪漫画卷，他却是跟一帮洗脚上田的土匪，或者无商不奸的生意人坐在一起。虽然有踏浪而来、指点江山的意气风发，但却始终有种不可回避的虚伪和暴殄天物的遗憾！

林总订的饭店自然档次不低，说白了，这就是利益交换的筹码。餐桌上把厂家的老总服侍好，回头随便给两个扶持的政策，花多少钱都回来了。而且只有大赚没有小赔，这是江湖上不成文的规矩。

大家都是江湖场上的专业人士，每个人都明白自己的角色和定位。座位不能乱坐，敬酒也不能乱敬，一切都得依规矩行事。

今天的主角自然是卢总，谁也不会抢他的风头。林总为讨卢总的开心，还特意找了两位美女来陪酒助兴。俗话说，英雄难过美人关，用锦衣玉食和绝代佳人拿下目标，是经销商的惯用手法。而卢总号称“土匪”也绝非浪得虚名，想必也是正中下怀。

其实，这种交易几乎每天都在上演。今天的饭局充其量不过是这个利益链条上的旁枝末节，对于卢总这种见惯大场面的商场“大鳄”来说，这些不过是小儿科而已。

令云飞想不通的是，这两位美女姿色出众，虽然算不上是才华横溢，但也算是知书达理，秀外慧中，一看便知是读过书受过良好教育的女孩子。

以她们二人的条件，就算不是百里挑一，也算是鹤立鸡群，完全可以凭自己

的本事找到一份体面的工作。可不知为何，宁愿在这风花雪月的场合以姿色取媚于人，甘心做一个任人摆布的花瓶。

难道，为了换取一张进入快车道的入场券，真的可以不惜一切代价吗？世上恐怕没有什么捷径可走，用青春去赌明天到底值不值得，也许只有青春逝去的时候，才能给出她们想要的答案。

看着在场的众人言不由衷、笑不由心的虚伪面目，云飞忽然觉得有点害怕。

他心中暗想："近朱者赤，近墨者黑！与这些人长期相处，就如同温水煮青蛙一般。在长期的耳濡目染之下，真不知会不会有一天，我也会终将变成他们的样子。"

第五十一章　天籁之音靡靡路，鸿门宴上鬼见愁

生意场上的逢场作戏，在这场饭局上被体现得淋漓尽致。林总八面玲珑的高超手法，令人印象深刻。

虽然，他清楚今天的重头戏固然是卢总，但仍不忘忙里偷闲，来适时地照顾一下刘经理。

因为，县官不如现管的道理，林总是心知肚明的。服侍好卢总固然能给他带来巨大的利益，但要把利益落到实处，还得靠当地办事处的支持与配合。

办事处经理有如各地的封疆大吏，在自己的一亩三分地上，有着决定性的控制权。对公司总部而言，办事处的建议也会很大程度上影响到总公司对经销商的看法和对经销商的支持程度。

江湖老道的林总，对商场的游戏规则自然是了如指掌。他不但不敢怠慢刘经理，甚至就连云飞这样的新人，他也没敢等闲视之，还安排了专人来作陪。

在商场征战多年，林总对厂家形形色色的权力角逐游戏，见得越多也就越发小心谨慎了。云飞作为一个新人，能被派来和刘经理一起接手福州办，不是有特殊关系就是有特殊能力，绝不能等闲视之。

而且，经过这一天的接触，林总又敏锐地察觉到，卢总与刘经理之间微妙的神情，似乎在传递着某种不同寻常的“交锋”。如果果真如此，那林总就更要为自己留一条后路了。俗话说，世事无绝对，云飞这个年轻人会不会成为他们角力之下，渔翁得利的最后赢家，谁又说得准呢？

总之，小心驶得万年船，高估对手总比在阴沟里翻船要好。更何况，云飞这种刚毕业没什么经验的年轻人，最容易被收买成为经销商在厂家设的内线。倘若真能如此，那林总可就获益良多了。

看着饭桌上觥筹交错、推杯换盏的热闹场面，云飞更像是一个坐在拍摄现场角落里客串走场的群众演员。

戏份极少的他，大部分时间都是静静地坐在那里，欣赏着这出由林总导演，卢总主演的商场互捧大戏。再加上两位女配角和一堆临时演员的卖力演出，云飞仿佛在享受一场，比 5D 效果更加真实感人的视觉盛宴。

三天的展会，终于在林总的精心安排下圆满落幕。虽然这几天过得比较辛苦，每天不但要起早贪黑地接待客户，还得不辞辛劳地辗转应酬。但对于云飞而言，还是收获颇丰。

尤其是其对产品的了解程度和对客户的应变能力，都有了明显的提高。这段简短的经历，再一次证明了实践的重要性。看来，在实战中摸爬滚打，果然远比在办公室里纸上谈兵，效果要好得多。

当然，云飞的收获还远不止于此。他还发现了一件令他惊愕不已的事情，那就是一个完全不同于往日的卢总。

在平时的印象中，卢总整天都喜欢呼三喝四，匪气十足。但想不到的是，当这位一脸横肉、满嘴粗口的土匪，破天荒地穿上西装，打上领带之后，竟然也能摇身一变，成为一个温文尔雅、彬彬有礼的英伦绅士。

他不但能细心地为前来咨询的人，做出详尽而专业的讲解，还能亲力亲为地在现场为客户做各种示范。尽管他那粗线条的外形，与其细致的表现略微显得有点格格不入。

但的确令人意外的是，卢总那装满山珍海味的大肚子里，除了肥膘之外，竟然还真有不少硬货。真是“流氓不可怕，就怕流氓有文化”。看看卢总今天的表现，云飞不得不佩服地补充一句：“不怕流氓有文化，就怕土匪装高雅！”

当然，此行还有一个不为人知的好处，那就是这几天云飞不但一分钱没花，而且还能天天吃大餐。这跟在广州时一分钱掰成两半花的日子，简直是天壤之别。这也让他用手头仅存的五十块钱，撑到了发工资的日子。

厦门与福州很近，为了深入基层塑造一个亲民的形象，卢总决定委曲求全地与大家一起坐长途大巴去福州。要知道，福州之行才是卢总此行的重头戏，也是他华南区战略布局的重要一环。

福建不仅是他从华东大区收获的重要战利品，同时也是他扩充华南大区势力的重要一步。收编了福建，使华南大区在四大区的话语权又增加了不少。毕竟，话语权是靠地盘和实力来说话的。

可能是因为展会刚结束的缘故，来自五湖四海的参展单位和观众，也都在这个时候集中返程，所以车站比平时的人多了很多。

云飞他们最终只买到了最后一排的座位，谁都知道坐在最后一排是最颠簸的，可为了赶时间也别无选择，只好咬着牙迎难而上了。

最后一排总共五个座位，云飞他们买的正好是中间的三个位置。等他们上车时，两边靠窗的座位已经坐上人了。

卢总当然选择了坐在最中间，这样至少可以把腿伸到过道舒展一点。这也算是整个车厢里，最适合他的一个座位了。刘经理和云飞没什么好选择的，便一左一右坐在卢总的两边。

可卢总这近三百斤重的超大体型，一个人的位置哪里坐得下啊？他屁股往下这么一沉，就像一艘超重量级的破冰船似的，立刻把刘经理和云飞挤向了两边。

云飞还算走运，旁边坐的是个小姑娘。虽然他侵占了人家的一点空间，小姑娘多少也有点不高兴。但面对无可奈何的残酷现实，她也只好识趣地认命了。

可刘经理就没这么走运了，他旁边坐的是个膀阔腰圆的壮汉。体格虽然没有卢总那么"广阔"，但一身的肌肉显得孔武有力。胸口到脖子的位置，还露出一堆令人望而生畏的文身，一看就知道不是个善茬子。

刘经理被卢总挤得喘不过气来，他刚想往旁边挤一挤，却看到那文身壮汉正用充满挑衅的眼神瞪着他。刘经理立刻知趣地使出了江湖上失传已久的"缩骨功"，把两个肩膀使劲往里一缩，整个人立刻小了一圈。

由此看来，刘经理果然是个善于审时度势的人，自知惹不起的时候，他会很自觉地低调做人。

想不到，颠簸的节奏跟卢总的睡意如此协调。没过一会儿，卢总便鼾声震天，安然入梦了。只是，这情景却苦了夹在两座大山之间的刘经理，两边的人他哪个都不敢惹，所以只能委曲求全地偷偷在心里骂娘了。

只是那文身壮汉与卢总似乎是天生的绝配，卢总的呼噜声刚在刘经理左耳边响起，他便像立体环绕音响一般，立刻自动打开了右声道。

两边的呼噜声此起彼伏，就好像有指挥在控制节拍一般配合得天衣无缝。简直就像一曲人间少有的"天籁之音"，可以说是把打呼噜的境界推高到了登峰造极的地步。毫不夸张地说，真是此曲只应天上有，人间难得几回闻啊！

也不知过了多久，车子的一个深度颠簸，让浅睡中的刘经理，睁开了睡意蒙胧的眼睛。

他忽然觉得，两个肩膀像被压上了万斤巨石一般，完全动弹不得。这才发现，原来卢总和那壮汉，竟一人一边把头枕在他的肩膀上当枕头睡了。

刘经理一个姿势忍了这么久，本就血流不畅，现在又被两个庞然大物压着。

此时身体早已是又酸又麻，几乎没有知觉了。

他试图挣扎着调整一下坐姿，可刚动了一下，旁边的卢总就立刻不耐烦地抖了抖脑袋，嘴里还不自觉得发出一种无法比拟的怪声，似乎对有人惊扰了他的美梦感到极度不满。吓得刘经理立刻僵在那里不敢再动一下，却不知道卢总这是真睡着了，还是在有意消遣刘经理。

快乐的时光犹如蜻蜓点水，总是意犹未尽就已悄然而过！而痛苦的时光，则如芒刺在背，总是度日如年，如坐针毡。

刘经理一路上，就像被压在五行山下的孙悟空。不管当年大闹天宫时多么风光无限，彼时也只能蜷缩在缝隙之间，望眼欲穿地期盼着唐僧的出现！

卢总真是好福气，一上车就开始打呼噜，再睁眼时已经到了福州。车一靠站，他便如同闹钟般准时地睁开了睡意蒙胧的双眼。他先用手擦了擦嘴角流出来的哈喇子，然后爽爽地伸了个懒腰，看来这一路休息得颇为满意。

刘经理可就惨了，他的头发被压得像个凌乱的鸟窝，走路一瘸一拐地，要扶着大巴通道的椅背，才能步履蹒跚地向前移动。那副惨样就好像是刚受过大刑伺候似的，简直惨不忍睹又可笑至极。

车站外，福州办派来接车的郭师傅早已等候多时。一看到卢总一行人的身影，便立刻迎了上来。

其实，这位郭师傅并不是专职的司机，而是负责管理福州办仓库的仓管。今天他没什么事，所以被临时征调过来客串司机而已。

福州办事处跟广州办一样，租在一座商住楼里。对于公司而言，这样既可以降低办公楼的租赁费用，又可解决外派员工的住宿问题，可谓一举两得。

虽然楼有点旧，不过好在地处繁华闹市，靠近东街口的市中心。旁边就是卢总下榻的聚春园酒店，以及东百百货等当地知名的地标性建筑。

推门进来，办公室里坐着一男一女。男的看上去年近五旬，小平头，浓眉大眼，精神矍铄。

女的看上去却只有二十出头，长发披肩，眉清目秀，打扮时尚，浑身散发着青春与时尚的气息。

见卢总进来，男的主动迎上去一边跟卢总握手，一边笑着说道："卢总太看得起福州办了，竟然劳你大驾亲自来收编我们这些散兵游勇，太抬举我们了吧？"

想不到，此人在卢总面前讲话，竟然敢如此有恃无恐，看来绝非等闲之辈啊！

而卢总却一改往日的土匪作风，显得非常收敛。

他似乎并没有太在乎对方的调侃，而是颇为坦诚地说道：“陈总，这说的是哪里话啊？我这次来主要还不是为了见见你吗？要不等你移民了，再想见你就没那么容易了！”

“移民也只是移到国外，又不是移到阴曹地府，想见我有什么不容易的？你是盼着我再也不要回来了吧？”这位陈总说话时面带微笑，看上去似乎是在调侃，可言语之间多少充斥着一些火药味，令人感到深深的敌意。

以卢总的性格，从来都是高高在上，谁敢跟他这样说话啊？更何况还是在他的下属面前。

可今天，卢总竟然出奇地镇定，没有一丝的恼羞成怒。反而是一脸真诚地说道：“你看你这话说的，这么多年的兄弟，我是真心不舍得你走啊！”

“哈哈哈！这么多年了，你知道我这人不会说话，所以才会有今天的下场，你别见怪啊！还是给我介绍一下你身后的御林军吧！”陈总看了看卢总身后的刘经理和云飞说道。

从两人的对话中可以断定，这位陈总在公司一定有着特殊的地位，而且与卢总相识多年。他们的言语之间表面上惺惺相惜，互相也都尊重对方。但暗地里相互较劲，那种一触即发、硝烟弥漫的味道，却也是谁都可以闻得出来的。

而卢总这个以土匪自居的强势男人，今天为何步步忍让，完全处于被动防守之势，倒真让云飞感到百思不得其解。

经过介绍云飞才知道，原来这位咄咄逼人的陈总，就是当年大名鼎鼎的华东区总经理，曾经是四大区里最牛掰的人物。当年他叱诧风云的时候，卢总还是个跟班，对他只有点头哈腰的份儿。

想不到，风水轮流转，今天卢总强势崛起，收编了他的地盘。而陈总却成了明日黄花，落得个被公司扫地出门的结局，真是令人唏嘘不已啊！

“陈总，久仰大名，如雷贯耳，幸会幸会！”刘经理一边主动和陈总握手，一边赞扬道！

“呵呵！你跟我都没见过面，就对我如雷贯耳，看来卢总没少在你们面前骂我啊！”

刘经理一听，陈总对他拍马屁的功夫并不受用，还顺带把卢总也给骂上了，不由得一阵紧张。他抬眼向卢总望去，却见卢总狠狠地白了他一眼。

刘经理连忙给自己圆场道："陈总，你真会开玩笑！我在公司也有两年多了，与您虽未谋面，但四大区老总的威名，多少还是听过一些的嘛！"

"这位是……"陈总没有再接刘经理的话，转而看着云飞问道。

"陈总，你好！我是广州办新招的销售，我叫马云飞，这次是跟刘经理过来学习的，以后还请你多多指教！"云飞谦虚地说道。

想不到，陈总对云飞倒挺有眼缘的，他看着云飞点点头道："嗯！长江后浪推前浪，是应该有点新鲜血液进来了！指教嘛谈不上，恐怕也没时间指教了。不过，认识一场也算是缘分，福建的市场情况，有时间我倒是可以给你好好讲讲！"

"那就多谢陈总了！"云飞见这位陈总在面对卢总时都显得咄咄逼人，对刘经理也是爱答不理的，可对他反而是客气有加，不由得打心眼里对陈总产生了一丝好感。

"你也不必谢我，我这个人做事向来善始善终，有头有尾。既然你们来接手，该交代给你们的，我自然是知无不言，言无不尽！"

这话表面是在对云飞说，但大家都听得出来，其实是说给卢总听的。在这短暂的接触中，云飞感觉这位陈总说话虽然含沙射影，处处话中带刺，言语中充满了对卢总的不满，但句句掷地有声，让人莫名感觉到一种光明磊落、无愧于心的豪情。倒是卢总好像有什么把柄，被人握在手上似的处处忍让，完全不是他的风格。

"对了！光顾跟你们聊天了，不好意思冷落了我们的美女。这位是李淑华，李会计，你们的财神爷！你们的工资、奖金什么时候发，可都得看她的心情啊！"陈总说着，指了指身后那位清秀的女孩。

大家跟李会计寒暄之后，陈总招呼大家坐下。这种场合发号施令的依然是陈总，他一天没走这里都还是他的主场，谁也不敢喧宾夺主，包括卢总。

陈总一坐下，立刻就一本正经地进入了工作状态，和之前与卢总调侃之时简直判若两人。他说话头头是道，工作讲解细致明确，思路条理清晰，不愧是红极一时的东区霸主。这种大将之风，绝不输于卢总。

晚上，陈总请大家吃饭。不知是预先安排好的，还是真的有事。郭师傅和李会计都托词请假走了。

因此，这场"鸿门宴"也就只剩下卢总、陈总、刘经理和云飞，这四个"各怀鬼胎"的男人一较高下了。

第五十二章　谈笑一醉泯恩仇，扬刀立威强出头

四人来到饭店，陈总毫不客气地一口气就把菜点完了。虽然，这种做法略显失礼，但也尽显了他雄霸一方的“地主”之谊。

点完菜，陈总对着云飞微微一笑说道：“云飞啊！这福州可是个好地方。俗话说，福州福州，有福之州，天堂福地，百福临门啊！”

现场坐着霸气侧漏的卢总，又坐着不可一世的刘经理，怎么也轮不到跟云飞指点江山啊！可陈总偏偏选择跟云飞，用这句无关痛痒的闲聊做开场白，似乎颇有给他们二人一个下马威的意味。

云飞见状，当然不敢怠慢，连忙点点头应道：“陈总，借你吉言，但愿我在福州也能交点好运！”

云飞嘴上应着，心中却暗想道：“你们高手之间过招，何必把我掺和在里面啊？我一个打酱油的，要是被你们误伤了，那岂不冤枉？”

陈总当然是话里有话，听云飞这么说，他忽然叹了口气说道：“唉！不过，福州跟我是既相生又相克啊！曾带给我辉煌，又是我人生的滑铁卢之地啊！”

“陈总，别这么说嘛！塞翁失马，焉知非福？也许正是这小小的福州束缚了你的发挥，正所谓天高任鸟飞，海阔任鱼跃，以你的能力外面的世界那么大，还愁没有地方让你施展吗？咱们都是打工的，谁也不可能在这里待一辈子，迟早都得走。保不住有一天我还要去投奔你啊！”没等云飞说话，卢总忽然接上话茬说道。

“呵呵！卢总，你真是站着说话不腰疼啊！你现在风头正劲，可以说是要风得风要雨得雨，说起话来也比以前有内涵得多了！”陈总略带嘲讽地说道。

卢总听完，脸上显出一丝无奈，他摇摇头道：“兔死狐悲，物伤其类，我们不过都是老板棋盘上的棋子而已。我再红也红不过当年的你，你今天有此下场，我其实也深有唇亡齿寒之感啊！其实，做得越大我危机感就越重。你走到今天，说白了还不是因为功高盖主吗？我心里很清楚，步你的后尘只是时间问题。其实，这地盘争来争去，最终还不都是老板的吗？他不过是想让我们拼得头破血流，不能一枝独大而已！”

“呵呵！难得你在春风得意之时，还能居安思危！”陈总冷笑一声说道。

“那当然！功高盖主的人没有几个有好下场的，你的走对我来说是个教训，我真没有一点幸灾乐祸的意思！正所谓鸟尽弓藏，兔死狗烹，我们斗来斗去，其实最后的赢家只有一个，就是老板！”

“嗯！算你头脑还清醒，现在业务基本稳定了，老板准备扶他儿子上位。我们这些老臣子在老板的眼中，个个都是居功自傲、手握重权、拉帮结派、尾大不掉的绊脚石。他必须得在退休前，帮他儿子把我们这些眼中钉一根根全都拔掉。所以，我们被各个击破只是迟早的事。恕我直言，你在这个位置上最多也就是两三年的事！”陈总终于也说出了心里话。

云飞和刘经理坐在旁边，一句话也插不上，显得甚是尴尬。两位老大的对话，他们也不知到底该不该听。按常理来讲，这样的场合不应该有他们出现的份儿。可不知为什么，他们在错误的时间、错误的地点，被安排在了这错误的桌子上。

见陈总终于开了金口，卢总感叹地说道：“谢谢老哥的提醒，其实这个道理我何尝不明白？大家兄弟一场，虽然为了自己的一亩三分地，我们各自为政，偶有冲突。但到这把年纪了，还有什么看不透的？人无千日好，花无百日红，这个道理你我都懂。铁打的营盘，流水的兵，四大区早期开疆辟土的功臣，现在还有几个？往事如风，我们都得看开一点啊！”

或者是卢总的话真让陈总感到释怀了，或者是看到云飞和刘经理在旁边百无聊赖太被冷落了。陈总突然接着卢总的话题，对着他俩笑着说道：“你们卢总的境界总是比我高一大截，我真是自愧不如啊！来，为了欢迎你们的到来，咱们干一杯！”

陈总恐怕没想到，在他最后临走前，还能够听到昔日老对手，抢走他地盘的卢总，跟他敞开心扉说点掏心窝子的话。也算两人在最后一刻化敌为友，一笑泯恩仇，有个圆满的结局吧！

饭一直吃到了深夜，云飞和刘经理坐在旁边默默地听着，一句话也不敢插嘴，只有听故事和斟酒的份儿。

今天很多的话，本不应该当着他们的面说。这么多关于公司的负面信息和公司的前尘往事，该说的不该说的，今天一时趁着酒兴，两位老总都一股脑地说了出来。即使云飞不想听，也无法回避。

谁都知道，人在江湖有时秘密知道得太多，并不是一件好事。可今天，轮不到云飞做选择，他只希望第二天大家一觉起来，什么都想不起来了。

令云飞想不到的是，连卢总这样位高权重、大杀四方的“开国大将”，这样一个匪气张扬、目空一切的“土匪”，竟也有着不为人知的忧虑与烦恼。看来，果然是家家都有本难念的经，位高权重的人也未必就像他表面看上去那样风光无限。

终于如云飞所愿，第二天早晨卢总和陈总都没有出现在办公室。不知他们是否是在为昨晚的“失态”而刻意回避，还是想把昨夜敞开心扉畅谈的美好印象永远留在心里。总之，两人不约而同地都选择了失踪。

直到下午两点多，刘经理才接到卢总略带醉意的电话。他告诉刘经理，时间紧迫他直接去机场了。最后还叮嘱刘经理，一定要多花点心思把福建市场的业绩做起来。同时多教教云飞，把云飞培养成他的助手。

或许是因为这段时间有卢总在身边，刘经理作为一个从属的角色，被冷落压抑得太久了。

现在，没有这个“土匪”在旁边指手画脚，刘经理的官威立刻又显露了。他瞬间似乎得到了彻底的解脱，他要释放，他要爆发，他要找回真实的自己。他要给所有人一个下马威，他要让每一个人都臣服于他的威严之下。

于是，刘经理立刻组织大家，召开了他“主政”以来的第一次会议，并在会上严肃地宣布了他的各种管理要求和管理规范。

但其实，福州办真正受刘经理直接领导的，也就只有云飞一人。按公司的架构，会计和仓管都是虚线向他汇报的。他们的具体工作，实际上都是由总部的部门总监直接领导的。

也就是说，李会计和郭师傅，只要不迟到早退，不犯什么错误，人家的工作内容刘经理基本上是无权干涉的。

公司这么做，也是借鉴了美国的三权分立制度，尽量避免了办事处经理大权独握、不受控制的情况发生。但同时，也造成了部门之间的扯皮和对抗。

所以，今天刘经理一贯的强人作风，不但没有建立起他的威信，相反，引起了李会计和郭师傅的强烈反感。这也给他未来的工作埋下了巨大的隐患。

其实，大家都知道，财务部和销售部就是一对与生俱来的天敌。一个以节省成本为使命，一个以开拓市场为己任，在花钱与省钱的平衡游戏中，总是难免会出现分歧甚至战斗。

淑华虽然年轻，却很聪明，在这个充满江湖味的公司，一年多的熏陶已经足以让她磨炼得成熟老到。她知道该如何不卑不亢地，跟办事处经理和平相处。

而仓管郭师傅，是几个月前才从上海总部调过来的“老臣子”。虽然职位不高，但在公司的工龄比刘经理要长得多，而且在公司总部也人脉颇广。

在这种交接的特殊时期，能被总部派来接手仓库的人，当然是公司总部的亲信。说白了，郭师傅就是公司派来的监工，一方面协助福州办清点仓库，另一方面则顺便监视当地办事处的运营状况。办事处经理只要越出雷池半步，可能立刻就会被他报告到总部。

其实，郭师傅的作用有点类似广州办的王经理，只不过王经理更加技高一筹。所以，郭师傅这种人不但不能得罪，还应该好好维护。但刘经理今天竟然犯了这么低级的错误，不知是不是因为被压抑已久的心情冲昏了头脑。

当然，还有一种可能。那就是刘经理已经根本不在乎大家的感受和想法了。因为他已经清楚地知道，自己在这家公司的命运将不长矣，他心里有着更深一步的打算。

也许是为了显示自己的与众不同，也许是因为会议的氛围不适合集体用餐。中午吃饭时，刘经理并没有选择跟大家一起。这样反而给了云飞一个与郭师傅和淑华联络感情的机会。

郭师傅是个城府颇深的老江湖，脸上的表情不多，但眼神深邃，总让人有一种深不见底的感觉。淑华倒是蛮热情的，原来私下里也是个阳光开朗的女孩，跟云飞很谈得来。

“原来你们刘经理蛮有大领导的气派嘛，卢总一走就立刻像变了个人似的！”明知云飞是刘经理带过来的人，郭师傅说话却毫不隐晦。

“嗯……还好吧！”云飞不置可否地应付道，这个问题他也确实不知该如何回答。

“云飞，我跟淑华都是很简单的人，说话直来直去不会拐弯。你别在意，更不用防着我们。”云飞的敷衍行为，显然引起了郭师傅的不满。

云飞一听，连忙解释道：“郭师傅，你别误会。其实我更是个很简单的人，相处久了你就知道了。”

“那最好，心眼多的人我可对付不来！”

可能是淑华见郭师傅的语气太过生硬，于是她宛然一笑问道：“刘经理在广州也这么官威十足吗？”

云飞见淑华语气委婉，笑容可掬，于是坦诚地说道："其实，我也是刚被刘经理新招进来的，对他真谈不上了解。不过……他平时确实不苟言笑，跟我们也极少说笑。"

郭师傅闻言，不屑地说道："他平易近人也好，官威十足也罢，跟我也没什么关系！反正我平时都在仓库，眼不见心不烦。"

"那我就惨了，只有我天天八小时要坐在办公室面对他！"淑华闻言，显出一副痛苦的表情说道。

"你有什么惨？你的工作又不是直接汇报给他。心情好叫他一声刘经理，心情不好，你甩都不用甩他！"

郭师傅明知道云飞是刘经理带过来的人，可他在云飞面前说话，也一点也不客气。似乎还巴不得通过云飞把这番话传给刘经理，不知他是何用意。

三人不知不觉就聊到了上班时间，这次短暂的饭间交流，让云飞和郭师傅及淑华之间多了几分了解，少了几分提防和戒备心理，也算是不小的收获吧！

下午陈总回来了，见刘经理不在便问道："刘经理呢，出去了吗？"

郭师傅一脸不高兴地说道："上午开了一天的会，给我们定了一大堆的新规矩。估计是看我们的智商不可救药了，所以懒得再看到我们！中午吃饭也没跟我们一起，回来就不见人影了。"

"怎么好像满腹牢骚似的？人家是你未来的领导，你必须学会适应才行！"陈总教育道。

"他简直就是目中无人！仗着有卢总给他撑腰，说话没大没小的！还想给我们下马威，我才不吃他那套呢！我混江湖的时候，他还不知道在哪儿耍泥巴呢！"

之前，云飞一直觉得郭师傅不善言辞，为人很低调，想不到却也是个狠角儿。看他说话的语气，跟陈总的关系应该非同一般，而且绝对也不是一个省油的灯。

"说话不要带情绪，你要在这个公司生存就要学会适应，不适应就会像我一样被淘汰。你们不能指望每一个领导，都像我这样护着你们啊！"

"但尊重是互相的嘛！他初来乍到，还没见他有多大本事，就想先给我们下马威，我就最讨厌这种人！"

郭师傅虽然嘴硬，但显然语气已经舒缓了很多。看来，他对陈总的尊重是发自内心的，并没有因为他即将离去而有丝毫的冒犯之心。

“大丈夫要能屈能伸！我的资历比你老吧，我的职位比你高吧，我的脾气比你臭吧，我的功劳比你大吧，但那又能怎样？需要你的时候，你就是天上的鲜花，不需要你的时候，你就是地下的牛粪。在这里谈资论辈没用，这里也不是论功行赏谈民主自由的地方。一切都是以你当时当下的价值来衡量的，你也不是第一天进公司，这个道理还用我教你吗？”

陈总的一番话让郭师傅沉默了下来，不知是他接受了陈总的观点，还是不想再跟陈总争论，办公室一下子变得沉静下来。

可就在这时门突然被打开了，刘经理火急火燎地冲进来，见陈总坐在中间，而且里面是一片寂静。这让刘经理这位福州办的“新主人”，反倒有点像个走错了房门的外人一般颇为尴尬。

刘经理先是愣了一下，但转眼间就挤出一丝笑容，对陈总说道：“陈总回来了，酒劲过去了吧？”

“早就过去了，中午去见了个朋友。马上要走人了，该见的朋友都要去告个别啊！”陈总侧目看了刘经理一眼，淡淡地答道。

“那是！以陈总的为人，在一个地方待了这么久，一定会有不少朋友啊！”刘经理一边附和着说道，一边在陈总旁边坐下来。他心里清楚，陈总只要在这里一天，他就只有靠边坐的份儿。

刘经理对即将离任而且已经失势的陈总依然愿意保持如此低姿态，是因为他明白，陈总虽然在权力的大斗争中失败了，可他在公司的势力仍然根深蒂固，哪天卷土重来也未可知。

况且，陈总在公司耕耘了这么多年，公司各个部门还有不少他提拔的亲信。以后说不定还真有用到陈总的地方，给自己留条后路永远没错。

见刘经理坐下了，陈总忽然站起来说道：“那我也没什么事了，你们继续开会吧，我就不打扰你们了！”

刘经理不知是故意的，还是本能地也跟着站起来，一只手却不经意地拍了拍陈总的手臂，说道：“陈总，不打扰，不打扰！该说的我们上午开会都说了，下午也没什么事。你要有什么能跟我们分享的，不如给我们讲讲也好啊！”

刘经理这么说，不知是有意还是无意。可对于即将离任的陈总来说，可能多少会有一种让他加快“交代后事”的感觉。

于是，陈总看了刘经理一眼，点点头说道：“好吧！反正也要交接工作，早交接早了事！那我现在就把福建的市场情况跟你们讲讲，回头我打印一张客户清单给你们，有什么不明白的可以随时问我！”

陈总的会议，既没有官腔也没有废话，讲起东西来干净利落。而且，重点突出，细节分明。让在场的每个人，都像身临其境地走了一遍市场似的，简直可以用精彩纷呈来形容。

云飞一边认真地听着，一边详细地做着笔记。今天他真是受益匪浅，因为有很多东西，是刘经理不曾讲过的。不知是他水平有限，还是刻意隐瞒。

老实说，这间公司虽然江湖气息颇浓，但每个人至少都有一技之长，绝不是靠投机取巧可以侥幸存活的。

相对而言，陈总身上反倒少了些江湖气，更多的是一种正规大公司的高层管理者应有的气质。

晚上下班后，大家都走了。办公室里只剩下云飞和刘经理，感觉颇有些不自在。于是，云飞没话找话地问道：“刘经理，要不要一起去吃饭啊？”

“我中午吃得比较晚，现在不饿！”刘经理头也没抬地说道。

“那好吧，那我先去吃饭了！”

其实，云飞心里巴不得刘经理不去，跟他一起吃饭简直是一种折磨。自己能单独出去透透气，才是云飞现在最想要的。

云飞漫无目的地来到楼下，竟然不知不觉地走到了中午跟淑华还有郭师傅一起吃饭的小饭店门口。他隔着玻璃有意无意地向里望去，却忽然意外地发现，陈总竟然一个人坐在里面。

“陈总，您一个人在这里吃饭啊？”不知为什么，云飞对陈总有一种莫名其妙的亲切感。他竟然想都没想，就毫不犹豫地冲了过去。显然，他对陈总没有一点的防范和顾忌。

“云飞啊？来来，快坐下！我正一个人闷着呢，正好陪我一起吃饭！”陈总意外地看到云飞，似乎也很是开心。

两人一见如故，颇有点忘年交的味道。云飞对陈总的境遇颇感同情，对他本人也十分欣赏。因此，在谈话中他就毫无保留地，把自己如何与同学一起来闯广州，一直到最后如何应聘进欧施克的过程，详细地给陈总讲了一遍。

听完云飞的讲述，陈总若有所思地摇摇头说道：“看来你也是个重情重义之人，你这种人不适合在这样的公司发展啊！”

陈总的话耐人寻味，似乎颇有深意。这到底是一种善意的提醒，还是一种饱含深意的警告，云飞不得而知。

这场不期而遇的饭局，本来完全是一场机缘巧合的偶遇，但似乎又像是一种冥冥中注定的缘分。

因为，这位在云飞生命中一闪而过的陈总，却通过一顿饭的交流，给他带来了不可忽视的巨大影响。

第五十三章　醍醐灌顶催奋进，欲语还休乱我心

在陈总这种老江湖面前，云飞没什么可隐瞒的，就是想隐瞒恐怕也隐瞒不了。而且，不知为什么，云飞对陈总打心眼里有一种莫名的信任感，他潜意识里觉得陈总不会害他。

这段日子，积压在陈总心中的郁闷恐怕已经是罄竹难书了。虽然还没到了积郁成疾的地步，但事业的一落千丈，旧敌的步步紧逼，下属的四分五裂，旁人的冷眼相待，无不让这位曾经红极一时的“末代枭雄”，感受到世间的沧海桑田和人情冷暖。

但出于各种考虑，他又找不到一个可靠可信之人一诉衷肠。所以只能日日以酒为伴，将满腹的惆怅化为一醉解千愁的自我麻醉。

云飞的出现，无疑为陈总送来了一个绝佳的倾诉对象。云飞既无江湖经验，又无害人之心，在公司也没有复杂的裙带关系，纯洁得像一张白纸，正是一个既安全又可靠的好听众。

于是，陈总借着淡淡的醉意，便毫无顾忌、信马由缰地将积压在心中抑郁已久的心事全都讲给了云飞。

原来，公司除了号称“四大天王”的各区老总之外，其他部门也是各成一派。什么财务、审计、人事以及工厂的一大堆部门，都各有各的势力圈子。

为博得老板的信任，扩大自己的势力，各部门之间明争暗斗，互为掣肘。表面上老板在极力协调，实际上却是乐见其成。只要在可控范围之内，各部门之间斗得越厉害，互相监督得越严格，老板的江山就越稳固，也就越能获得渔翁之利。

只是，云飞想不明白，打一份工而已，用得着活得那么辛苦吗？更何况，也未必能在这家公司待一辈子，每天机关算尽搞得这么累，值得吗？

云飞的想法显然有点学生气，不在其位自然不谋其政。他又如何能体会到，人在江湖身不由己的那种无奈？有时是大势所趋，为求自保也只能随波逐流。又岂是凭一己之力可以逆流而上、力挽狂澜的？

陈总似乎也并不想让云飞这张白纸，这么快就被他消极的思想荼毒。应该说，

他潜意识里还是希望年轻人应该更朝气蓬勃，多看到阳光积极的一面，少接触一些阴暗消极的负能量。

于是，陈总在发泄完牢骚之后，话锋一转说道：“老天也算待我不薄，难得在我离开福州之前，还能让我认识一个像你这样积极向上又充满正义感的小兄弟。让我把在肚子里憋屈已久的心里话，今天都痛痛快快地讲了出来。”

陈总的感叹自然是发自肺腑，他没有必要欺骗云飞，更没必要去讨好云飞。倒是云飞好像误打误撞地结识了一位忘年之交，颇有郭靖偶遇洪七公的那种意外惊奇与受宠若惊之感。

讲完了自己的心事，陈总的心情显然舒爽了很多。他忽然开始关心起云飞的前途了：“云飞，你知道积累经验最快的方法是什么吗？”

“是……实践？”云飞不太确定地答道。

“当然是实践！这回答太笼统了，到底该怎么实践？”

“这个……”云飞真没仔细想过这个问题，所以一时不知该从何说起。

“趁着刚毕业，拼命换工作！”

“啊？”云飞听得有点傻了，他甚至怀疑自己有没有听错。从来只听说前辈教人都是要踏踏实实、勤勤恳恳的，还从来没听人对他说过，趁着刚毕业要拼命换工作的。

于是，云飞不解地问道：“陈总我刚毕业，不是应该勤勤恳恳、锲而不舍地在一家公司多干几年，积累经验吗？”

陈总似乎早就预料到云飞会有此一问，只见他淡淡一笑说道：“你这是书上的套路，这种老树盘根的做法，太虚度青春，进步的速度也太慢了！”

“那你的方法是……”

“我的方法是飞雪飘絮，在最短的时间内，尽量去不同的公司多实践。像漫天的飞絮一样，飘得远，见得多，才积累得快……”

“将别人几年的工作经验，浓缩到一年完成。这样不但可以节约大量时间，同时也可以快速积累不同的工作经验，对吗？”云飞没等陈总说完，就忍不住抢答道。

陈总闻言，微笑着点点头说道：“看来你的悟性很高，是块做销售的料！虽然你们刚毕业，起跑线都差不多，但不同的实践情况，在三五年后就会产生巨大的区别了。”

“嗯，有道理！我一定会好好努力的！”

“努力？我告诉你吧，努力只是那些成功人士骗人的幌子。其实，选择比努力重要得多！我不客气地说，以你今天的工作经验，凭什么可以来接手福州办？还不是因为你选择了跟卢总？如果你是跟着我，现在会是什么状况？”

这话虽然是没错，可听起来还是挺伤人的，不免让云飞心里倍受打击。

陈总自然明白云飞的感受，于是呵呵一笑说道：“云飞，你别往心里去，苦口良药利于病，忠言逆耳利于行。这话虽然有点糙，但是千古不变的真理。我并不是说你不优秀，跟你本人见了面我感觉还是不错的。可你有没有想过，广州人才济济，刘经理为什么会偏偏选择了你这样一个几乎完全没工作经验的人呢？”

“我……”这个问题云飞还真没考虑过，他一直想当然地认为，是因为他的综合条件和性价比是最高的，所以刘经理才选择了他。

陈总似乎也不想为难云飞，于是他停顿了一下继续说道：“如果我没猜错的话，你们卢总跟刘经理之间必然有矛盾。而你，恰恰是他们矛盾的产物。”

“他们矛盾的产物？”

云飞闻言，心中不由得暗暗佩服陈总的火眼金睛，只有短短两天的相处，他竟然就看出了卢总和刘经理之间的矛盾所在，果然不愧为老江湖。可云飞还是不明白，自己为什么会是他们矛盾的产物！

陈总似乎看透了云飞的心思，于是得意地说道：“他们之间有没有矛盾，我想你比我更清楚吧？卢总霸气成性，有性格的人对他都难以长忍。而刘经理也绝对不是没性格的人，他愿意长期隐忍，必然有让他委曲求全的理由。你说，会是什么理由呢？”

“这个……我真没想过！”

陈总似乎也没指望云飞，能做出深入浅出的高质量分析。他问云飞其实只不过是出于客气，甚至是一种卖弄，答案其实都在他的脑子里，云飞又如何能猜到呢？

“刘经理不但有性格，而且是个很有野心的人，能够让他长期忍气吞声的理由只有一个，那就是利益。”

“利益？”

“没错！可你们卢总是个眼里容不得半点沙子的人，如果他无法给到刘经理想要的利益。那么，能支持刘经理继续忍下去的理由就只有一个，那就是他找到了自己获取利益的渠道。但这必然就触碰到了卢总的底线，所以我想卢总对刘经理采取行动只是迟早的事。说不定，这次调他来福州就是调虎离山之计，刘经理恐怕是有来无回了。”

云飞听完陈总的分析，不由得暗暗竖起了大拇指。陈总不愧是“一代枭雄”，看问题果然比一般人要深入得多。他敏锐的洞察力和严密的逻辑推理，简直是天衣无缝。恐怕比身在广州，令他佩服得五体投地的王经理，还要更加技高一筹啊！

陈总远在福州，可就像全程参与了广州的龙争虎斗一般，比云飞了解得还要清楚明白。要不是王经理给他指点迷津，他现在还是一头雾水呢！

陈总说完，停顿了一下，似乎是想给云飞一点消化的时间。又似乎是想从云飞的表情上看出一些端倪，来验证自己的推测。

“刘经理是个聪明人，卢总准备对他有所行动，他不会感觉不到。所以，他招了你这个毫无工作经验的人进来，就是要让广州办一时之间没有可以取代他的人。可惜，卢总技高一筹，早就想好了调王经理过来接手他的工作。我想刘经理接手福建地区的消息，也是在你们临走前最后一刻，才通知他的吧？这样可以打刘经理个措手不及，让他来不及做安排。我说的对吗？”

陈总的话令云飞惊起一身冷汗，看来真是魔高一尺，道高一丈啊！原以为卢总和王经理深不可测，他们缜密的布局必然是滴水不漏。想不到，陈总身在千里之外却洞若观火，一切都逃不过他的慧眼。

可是，陈总如此高深莫测的世外高人，又为何最后会输得一败涂地呢？其实，归结起来也很简单，就是性格所致。管不住自己的脾气，自然也就驾驭不了自己的未来，真是可惜可叹啊！

“现在对你来说正是个千载难逢的机会，你若能在刘经理离开之前，显山露水有所表现，或许真有可能成为福州办经理。卢总现在正在用人之际，一切皆有可能。不过……这也得看你的造化了，形势瞬息万变，也不是想象得那么简单啊！”

云飞当然明白陈总的一番好意，只是经过陈总刚才的分析之后，他越发觉得自己不适合这家公司了。一个在狼群里生活的菜鸟，是多么危险又是多么悲哀的事情啊！

于是，云飞笑着摇摇头道：“陈总，我现在真没那份奢望。正如你所言，也许我真的应该趁着第一年毕业，多试几家公司才是正道啊！”

云飞与陈总相谈甚欢，一不小心就聊到了深夜。当他回到办公室时，刘经理早已经睡着了。云飞蹑手蹑脚地回到自己房间，随便洗漱一下就赶紧睡下了，他可不想吵醒刘经理再节外生枝。

躺在床上，云飞翻来覆去却怎么也睡不着。陈总的话就像录音机一样，在他脑海里反复不断地重播着，让他有一种如履薄冰的危机感。唯有陈总的“飞雪飘絮”法，对于来广州后一直处于频繁换工作状态的云飞而言，算是一种小小的安慰吧！

在这个孤独的城市，云飞孑身一人，甚至比在广州更加凄凉。在广州至少还有向南、紫嫣、钱编辑和汪峰这些朋友可以互诉衷肠。可在福州，他连一个可以说真心话的人都找不到，甚至比陈总还惨。

云飞这时忽然又想起了婉清，每当寂寞难耐或者压力重重时，他就难免会想起婉清。这段时间由于工作应酬，每天的惺惺作态和逢场作戏，已经让他身心俱疲，根本没有时间静下来去思考其他的东西。

也不知过了多久，云飞才迷迷糊糊地睡着了，这是自厦门展会以来他睡得最香的一次。

“咚咚咚”忽然一阵急促的敲门声惊醒了云飞，他猛然睁开眼睛，发现窗外天已大亮。赶忙一骨碌爬起身来，一边穿衣服，一边应道：“来了，来了！”

门外，刘经理黑着脸，怒气冲冲地问道：“都几点了还不起床？难道还要我做你的秘书，每天叫你起床吗？昨天跑哪去了？几点钟才回来的？”

还没等云飞反应过来，刘经理就劈头盖脸地问了一大串问题。云飞当然不能跟他说昨晚是跟陈总去吃饭了，在这种非常时期，要尽量避免引起刘经理不必要的猜忌和嫉妒。

于是，云飞只好硬着头皮撒了个小谎：“昨晚吃完饭出去逛了一下，不小心迷路了。所以……很晚才绕回来。”

把云飞借题发挥地狠狠训斥了一顿，刘经理这几天被卢总压抑的心情终于得到了宣泄，整个人也似乎渐渐平静了下来。

不一会儿，淑华也来了。刘经理忽然命令道：“淑华，你和云飞今天跟我去趟仓库。趁着陈总还在这里，我们先把仓库盘点一下！”

“哦……好的！”面对刘经理冷若冰霜的表情，淑华委屈地与云飞对望了一眼，却不知发生了什么事情。

一个小时后，刘经理带着淑华与云飞来到了仓库。不知他是否有意为之，在出发之前，刘经理特意提醒他俩不要通知郭师傅。

三人出现在仓库时，郭师傅还躺在床上睡觉。见他们三人突然来到，郭师傅显得有点意外而尴尬。

“怎么过来也不打个招呼，我也好收拾一下，泡点茶等你们过来喝啊！”郭师傅勉强挤出一丝微笑说道，但言语之中隐隐透出一丝不满的怨气。

“不用了！我们过来盘点一下仓库就走，没时间喝茶！”

刘经理的话一听就知道，是在含沙射影地批评郭师傅。他摆出一副大义凛然的样子，好像只有他一心扑在工作上，别人都是在混日子。而谁又知道，他却是拿着公司的订单，在外面炒单的带头大哥啊？

货物堆得都有一人多高，三个人只能像走迷宫似的，在货物间留出的狭窄缝隙中穿梭。偌大的仓库里，平时就郭师傅一个人。不要说寂寞难耐了，单是晚上住在这里也需要极大的勇气和胆量。

“货堆得太高，在下面数不方便，我上去数吧！”说着，郭师傅就打算往上爬。

云飞一看，连忙挺身而出道：“郭师傅，我喜欢登高爬低，还是我来吧！”

在领导、女士和前辈面前，这种活云飞必须当仁不让，主动出击。这是他这段时间从实践中得到的教训，也标志着他在慢慢成长。

在仓库里盘点了一整天，个个都被搞得灰头土脸。云飞忙上忙下的，更是满头满身的灰尘，脏得像从煤矿里刚出来的矿工一样。

不过，过程虽然艰苦，但结局还算圆满。货和账全部对得上，大家终于在下班前完成了任务，也算是大功告成。云飞虽然累得腰酸背痛，但与那次在广州仓库卸货相比，已经好得多了。

清点完毕，收拾好东西，云飞和刘经理先回到办事处洗了个澡。今天实在找不到什么借口再分开吃饭了。于是，两人终于有了第一次单独一起吃饭的经历。

刻意回避彼此的目光和没话找话地干聊，的确是世界上最尴尬的事情。而且，这就像一个恶性循环，越逃避就越生疏，越生疏就越没有话题。

“你来了福州，你那个同学就一个人留在广州了？”刘经理终于打破了沉默问道。

“是啊！你还记得我那个同学啊？”云飞显得有点意外。

“当然记得，你们俩一起来面试的嘛！”

“嗯！要是你当时……把我们俩都招进来就好了！”云飞也不明白，他为什么会跟刘经理说这个，可能是实在找不到更好的话题了吧！

刘经理闻言，闷闷地说道：“公司是有编制的，怎么可能想招几个就招几个呢？更何况……我也没想到会来福州啊！”

刘经理的话说了一半，忽然停住了，他若有所思地低下头，似乎有什么事引起了他的思考。不过，从这句话可以判断出，福州之行看来的确是在他的意料之外。

云飞见刘经理忽然低头不语，一时也不知该说什么。于是，两人再次陷入了尴尬的沉默。直到刘经理忽然再次抬起头说道：“你现在是公司最需要的人，应该要有冲劲，我想你一定会大有前途的！”

刘经理这句话说得实在太突然，太莫名其妙，表面看是在赞扬云飞，但隐隐有一种旁敲侧击的警告意味。

云飞心里不由得暗暗一抖，心想：“刘经理为什么会忽然这么说？我怎么突然之间就大有前途了呢？难道……刘经理知道公司要对他下手了，是在警告我老实点？还是他根本就已经知道，公司打算培养我来接他的班？如果真是这样，那我以后可就没好日子过了啊！”

第五十四章　钦差岂是池中物，夜夜笙歌酒做舟

听到刘经理若有所指的暗示，云飞心里现在只有一个念头，那就是必须要尽力打消刘经理的疑虑。

于是，云飞诚恳地说道：“刘经理，我刚毕业什么也不懂，现在做个业务员都不一定够格，哪还敢想什么前不前途的啊？”

不知刘经理是真的相信了云飞的话，还是刻意在说反话，只见他摇摇头目光坚定地说道：“云飞，我看人还是比较准的，只要你肯努力，你将来的成就肯定会超过我的！”

云飞做梦也想不到，一向自负的刘经理竟然会说出这样的话。但与其把这句话当成是一种发自肺腑的真情流露，云飞更愿把它理解成是一种欲擒故纵的小心试探。

这让云飞以后说话做事，都变得更加小心翼翼了。他生怕自己一个不小心行差搭错，就会被刘经理推入万劫不复的深渊。此时此刻，在福州办的一亩三分地，可还是刘经理的天下。

日子过得很快，陈总终于要回上海了。送陈总走的那天，云飞的心情非常失落。未来的日子里，少了这个老大哥，他将更加无所寄托，只能完全靠自己摸着石头过河了。

陈总走后，本以为日子就此进入了常态化，以后就可以按部就班地掰着手指头熬日子了。可万万没想到，几天之后总部忽然派来一个戴着金丝边眼镜，皮肤白嫩，看上去很斯文的“江南书生”来到了福州办。

此前，云飞只知道江南盛产美女，却不知道江南的水土，竟连男人也可以养得如此细腻精致。只是，这位“江南书生”内在的底气，绝非他表面展现出来的那种斯文可以掩盖。

看看一向冷若冰霜的刘经理，面对他时那种毕恭毕敬，不敢有丝毫怠慢的态度，就知道这个人的分量恐怕不亚于飞扬跋扈的卢总。

果然，经郭师傅点拨云飞才知道，原来这个人就是传说中，专门去各办事处挑毛病的“钦差大臣”，被各办事处视如瘟神的审计部经理梁世宽，背后大家都叫

他“管得宽”。

审计部本应是个查遗补漏、维护正义的部门，可欧施克内部因世风日下，搞得乌烟瘴气。审计去到各地有如钦差巡游，搞得鸡犬不宁让人又爱又恨。讨厌他们的人，像躲避瘟神一样对他们避之若浼。但想巴结他们迎合献媚的人，也是趋之若鹜。

与平日里总是冷若冰霜的刘经理截然不同，梁经理是个十足的笑面虎。他一到办公室，就笑容满面地跟每一个人都热情地打招呼。不像是个自远方来的客人，倒更像是远游而归的主人回到自己家一样。

但在面对刘经理时，他反倒并没有显得特别热情，只是象征性地握了握手，敷衍地说道：“你就是刘经理啊？卢总跟我提起过你，幸会幸会！”

刘经理脸上敏感地闪过一丝不易察觉的尴尬，但他毕竟是老江湖，知道审计是得罪不起的。于是，马上笑脸相迎道：“梁经理！欢迎光临指导，幸会幸会！”

寒暄之后，又到了排座次的时候了。刘经理主动客气地请梁经理坐中间的主位，梁经理却笑着摇摇手说道：“这是你的地盘儿，你是主我是宾，哪有喧宾夺主的道理啊！”说完，他伸手拉出旁边的椅子坐了下来。

刘经理巴结不成，反而自讨没趣地被晾在当场，甚是尴尬。只好勉强挤出一丝微笑，满脸不自在地坐在了主位。从梁经理对刘经理的态度上，云飞隐隐觉得，这位“钦差大臣”似乎是来者不善。

审计到办事处来，当然是想查什么就查什么。好在刘经理已经带着云飞和淑华把仓库盘点了一遍，仓库的情况早就了然于胸。所以，在与梁经理“畅谈工作”时，也算如行云流水一般对答如流，让梁经理无可挑剔。

梁经理忍不住赞道：“刘经理办事效率果然是高，才来了几天就把福州办的底摸得清清楚楚了！不过这样也好，也省了我不少麻烦事啊！”

梁经理的话表面听起来是在赞扬，可仔细一琢磨，又觉得有点指桑骂槐的味道。什么叫作把福州办的底摸得清清楚楚啊？刘经理身为福州办事处的经理，了解福州办的情况是他的职责所在，也是理所应当的事。可是这话从梁经理嘴里说出来，怎么听都觉得有点儿把刘经理当成家贼的味道。

梁经理话里的意思，刘经理自然感觉得到。只是，这“钦差大臣”实在得罪不起，不能为了逞一时口舌之快，而无端端地把自己陷入被动无助的境地，这一点刘经理还是有自知之明的。

因此，刘经理虽然有一肚子的不高兴，但还是强颜欢笑地说道：“梁经理过奖了，就是因为刚刚接手情况不太熟悉。所以，我更得勤快一点嘛！你在这里的这段时间，我会全力配合你的工作，希望能让你满意而归！”

刘经理本来是想拍马屁，没想到梁经理闻言，似乎又不高兴了：“刘经理这么快就想下逐客令了？本来我还想在这里多住几天呢，现在看来我可以提早结束福州的行程了！”

刘经理一听，这话显然是在挑理，赶忙赔着笑脸解释道：“梁经理你误会我的意思了！我的意思是说，我会全程陪着你把工作做到你满意为止。再说了，梁经理难得过来一次，怎么也得了解一下福建的市场情况再走啊，是不是？”

刘经理的言外之意，梁经理自然听得懂。所谓了解市场情况，其实是公司内部的行话。实质上就是向梁经理表达诚意，说明他会尽地主之谊，好好招待梁经理这位远道而来的“贵客”的一种委婉说法。

审计的工作性质和权力，注定了他们走到哪里，都会受到皇帝般的待遇。只有让他们满意而归，他们才会“上天言好事，回宫降吉祥”。

要想让审计回到总部之后大开方便之门，对所审查地区工作上的“小瑕疵”睁一眼闭一眼，你就得把审计当作上帝来对待，这已经是欧施克内部公开的秘密。

梁经理闻言，终于露出了一丝笑容：“呵呵！刘经理不但工作效率高，头脑反应也很快啊！看来让你接替陈总真是选对人了，他老人家也应该可以放心地离开了！”

俗话说，锣鼓听音，说话听声。刘经理也是老江湖，他听梁经理这么说，立刻警觉地嗅出了其中含沙射影的味道。

虽然，这话说得轻描淡写，可仔细听起来，隐隐有一种在替陈总打抱不平的意味在里面。

刘经理不禁心中暗想：“难道梁经理跟陈总之间，有什么不同寻常的关系？甚至是来帮陈总出口恶气的？如果真是这样，那我可就冤枉了。陈总的离开，跟我半毛钱的关系都没有，这个黑锅我可不能帮别人背啊！”

想到这里，刘经理委婉地说道：“梁经理，我怎么能跟陈总相提并论呢！再说了，我来福州是临时被调过来凑数的，公司也是出发前一天才通知我的。将来接手陈总的人另有其人，我始终还是要回广州的。”

刘经理这么说，一来是故意抬高陈总，博得梁经理的好感。二来是想撇清关系，证明自己接手陈总的工作，也是情非得已。

但梁经理似乎并不领情，仍步步紧逼地说道："不管怎么说，刘经理的才华我们是有目共睹的。你临危受命，更说明卢总对你的倚重。总部也对你寄予了厚望，我们可是都拭目以待，等着看你带领福建区域再造辉煌的啊！"

这话表面是在奉承刘经理，可以刘经理的江湖经验自然听得出，这明显就是在给他下套嘛！把这么多光环扣在他身上，他将来还能有好下场吗？

刘经理早前也有耳闻，在收拾陈总之前，总部就是先给他下了一个不可能完成的销售指标。然后，在资源配置上又找尽各种理由处处刁难，让他的业绩惨不忍睹。最后可想而知，欲加之罪何患无辞呢？

一想到梁经理似乎在故伎重演，刘经理不由得感到阵阵寒意。他心中暗想："看来梁经理此访，大有给我挖坑的嫌疑，他现在把我捧得越高，将来我就会摔得越狠，看来我得小心应付才是啊！"

想到这里，刘经理故意叹了口气说道："唉！谋事在人，成事在天。陈总是为公司开疆辟土，立下过汗马功劳的人。论管理和销售能力，公司恐怕无出其右者，我的能力更是不能与陈总相提并论。如果福州办未来的业绩真能有所提高，那也是陈总打下了良好的基础，让我捡个便宜，侥幸为之罢了！"

刘经理果然是江湖老手，他先把陈总的业绩拿出来晾一晾，表面是在歌功颂德，实际却是在为自己开脱。试想，以陈总的能力和背景都做不好，那么他做不好当然也就情有可原了。

同时，他又不忘把陈总再往上抬一抬，这样既肯定了陈总过去的功绩，也为自己将来一旦真走个狗屎运把业绩做好了，埋下个往脸上贴金的伏笔，真可谓刀切豆腐——两面光。

刘经理想借机为自己开脱的意图，梁经理自然心领神会。不管怎么说，刘经理也还算识相，这番话说得让人听起来还算舒服，也算是借他之口，当众对陈总的过去给予了肯定，甚至是盛赞，也算是还了陈总一个公道。

梁经理听完，脸上闪过一丝替陈总沉冤昭雪之后的欣慰，看来他跟陈总的关系确实非同一般。

俗话说，杀人不过头点地，更何况刘经理与陈总的离开，确实是没有半毛钱关系。行走江湖一定要得饶人处且饶人，不能把事做绝了。

所以，梁经理微微一笑说道："那也不能都算是侥幸，刘经理之前把深圳办搞得不错，已经证明了你的能力，就不用谦虚了！"

两人在台面上看似笑容可掬，相敬如宾。殊不知言语之间，却已经刀来剑往交手了几个回合。

要是搁在以前，云飞一定会觉得，这次"会谈"是在非常友好热烈的气氛下进行的。但此时的云飞经过长期的历练，也初步具备了行走江湖应有的敏感，对他们刚才的隔空过招，多少也看出了一点门道。

晚上，刘经理带着云飞和郭师傅，给梁经理接风洗尘。刘经理之所以带着他们俩一起，并不是因为喜欢他俩。

一来是为了避免冷场，毕竟他跟梁经理不太熟悉。特别是梁经理之前显露出来的敌意，让刘经理仍心有余悸。

二来，办事处的费用都花在梁经理身上了，刘经理需要找人做个见证。现在处于多事之秋，他不得不心思缜密，考虑周到。像郭师傅这种总部派来的"暗线"，就是最好的证明人。

吃喝完毕，四人又来到当地一家高档的夜总会。夜总会装修豪华，灯光璀璨，美女云集。一走进大堂，就看到走廊两边齐刷刷地站着两排美女，她们穿着时尚，打扮妖艳，一个个造型甜美，性感迷人。

云飞从来没见过这种阵势，立刻被"吓得"手心出汗，心跳加速，耳根也像装上了加热棒一般，红到了脖子根。

梁经理和刘经理走在前面谈笑风生，显然早已司空见惯，习以为常，不时地还跟两边的美女嬉戏挑逗，眉来眼去。

郭师傅虽然没有这么高调，却也显得悠然自得，乐在其中，脸上始终保持着淡定的微笑。就像驾车行驶在高速公路上，一边享受着和煦的微风，一边欣赏着沿途的美景。偶尔也和两边的美女挤眉弄眼一下，一副游刃有余的样子。

整晚歌舞升平的景象，似乎衬托出公司内部一片和谐的场面。随着醉意渐浓，卸下白天的伪装，脱下一层层戏服，由雅到俗的祝酒词，逐渐显露出每个人本质的一面。伪装的绅士，逐渐显露出流氓的本性。衣冠楚楚的白领精英，也逐渐变成放荡不羁的衣冠禽兽。

云飞不胜酒力，但在刘经理的督战下，只好硬着头皮向梁经理频频敬酒。战场上，第一波倒下去的基本上都是虾兵蟹将。因为，他们本来就是用来挡子弹和侦察火力的嘛！

果然，几杯酒落肚之后，云飞便躺在沙发上渐渐失去了意识。不过，这其实也正是他想要的。

一觉醒来，云飞只觉得头疼欲裂，酒精的作用让他感觉喉咙里像火烧似的，简直快要冒烟了。他迷迷糊糊地打量四周，却惊奇地发现，自己竟然已经躺在办事处的床上和衣而卧。

看看窗外天还没亮，云飞用手使劲敲了敲自己的头顶，想让自己麻木的脑袋清醒一点。当然，这一定是徒劳。

他咬紧牙关，吃力地穿上鞋，走到厨房倒了杯水，"咕咚咕咚"，云飞一口气将杯子里的水喝了个底朝天。

"啊……"云飞长长地吁了口气，这才感觉舒缓了一些。他放下手中的杯子，试图回忆昨天发生的事情。但他只记得自己向梁经理频频敬酒，之后的事便什么也不记得了。

云飞捂着头，踉踉跄跄地回到床上。头还是疼得厉害，他想借着酒劲儿赶紧再睡着。但事与愿违，他越是想睡就越睡不着。满脑子都是昨天夜总会里发生的画面，笑声、色子声、互相的恭维声、酒杯的撞击声，还有酒液穿肠而过的吞咽声。

云飞越想越头疼，甚至有种要被撕裂的感觉。在半睡半醒之间，在一种天马行空的胡思乱想和真实如身临其境的梦境交替之间，云飞几乎已经无法分辨出想象与梦境的区别。

忽然，"砰"的一声巨响，将云飞震得猛然坐了起来。放眼望去，这才发现自己依然睡在办公室那张布置简单的床上。只是，被一阵急促的敲门声惊醒。

此时，天已经大亮。一缕阳光透过窗帘射进屋内，将房间照得通亮，看来今天是个阳光明媚的艳阳天。

这时，急促的敲门声再次响起，云飞赶紧大声应道："来了，来了！"

想想一睁眼，就要面对刘经理那张黑脸，云飞的心情立刻变得郁闷起来。

打开门，外面敲门的人果然是刘经理。云飞只好悻悻地打招呼道："刘经理，早上好！"

"还早啊，也不看看几点了！我要不叫你，你准备睡到什么时候啊？"

云飞再一次因为起晚了被训，他无话可说，只好无奈地低下了头等着挨批。却

忽然意外地发现，刘经理连裤子都没穿，竟然只穿了条短裤站在他门口。

云飞不由得使劲眨了眨眼睛，他以为自己仍然在做梦。可经过反复确认他才发现，他确实处于现实状态中。

云飞不好意思盯着刘经理的下身看，又不想盯着他的眼睛看。所以只好无奈地把目光望向墙上，这时他才发现，墙上的表针已经指向了八点四十五分，离上班只剩下十五分钟时间了。

沉默不是办法，云飞只好主动认错道："不好意思！昨天喝多了，完全没意识了，我连自己怎么回来的都不知道！"

"你当然不知道了！你就这点酒量，还想做销售啊？客户还没开始喝，你就先倒下了，你让客户一个人自斟自饮啊？"

"我……我以前确实不喝酒，昨天又喝得太猛了，所以……"

"所以你就先下火线了，留下我一个人在那儿拼？我不管你是有意的，还是无意的！总之，从今天开始你要记住一个原则：在我倒下之前，你不能先倒下！而且，你只能比我喝得多，不能比我喝得少，你要学会保护领导，这是做销售的基本素质……"

"哦！"云飞一大早就被劈头盖脸地训了一顿，醉意立刻清醒了不少。

刘经理训完，没好气地正准备离开。忽然又好像想起来什么似的，转头说道："对了，有你的电话！也不知道谁这么一大早找你……"

原来，刘经理连裤子都没来得及穿就跑出来了，是因为有电话打进来，他急着去接电话。

福州办只有他和云飞住在办公室，云飞睡得不省人事，刘经理只好亲自跑出来接电话，因为他不敢怠慢，万一是卢总打来的呢？

不过由此看来，刘经理刚才也正在做着春秋大梦，他只不过是五十步骂百步罢了。要不是被这通意外的电话惊醒，恐怕他也会睡到天荒地老。

不过，云飞在福州可以说基本没什么朋友，知道他公司电话号码的人更是少之又少。现在还没到上班时间，谁又会一大早打电话给他呢？

第五十五章　云中谁留锦书走，釜底抽薪撵客还

云飞来不及细想，赶忙冲到客厅的办公桌一看，电话的话筒果然被横放在桌面上。云飞拿起话筒还没来得及说话，可不知为什么，忽然觉得心情有点紧张。

“喂……你好！”云飞略带忐忑地说完之后，只觉得心中怦怦直跳，似乎对即将跳出来的这个声音，充满了莫名其妙的期待。

“喂……是我！” 对方“喂”了一声之后，犹豫了良久才说出了后面两个字。

虽然加起来也只是短短的三个字，可这三个字听在云飞的耳朵里，有如惊涛拍岸一般，让他为之一震。云飞实在不敢相信，这话筒里传来的声音，竟来自他朝思暮想、魂牵梦萦的那个人。

“你…… ”云飞激动得有点说不出话来。因为他实在不敢相信这一切会是真的，他真怕是昨天喝得太多，到现在还处在半梦半醒的状态，把梦境又误当成了现实。

“你为什么不说话？难道我们分别太久，你已经听不出我的声音了吗？还是你……根本就不想再听到我的声音？”对方虽然在刻意保持镇定，但言语间那种紧张与期望的心情仍然显而易见。

“婉清……你真的是婉清吗？”云飞终于鼓起勇气，略带颤音地问道。

“难道……你连我的声音都听不出来了吗？你把call机停了，又躲到千里之外的福州，但还是被我找到了，是不是有点失望？”婉清的语气显得咄咄逼人，却又充满了委屈。

“婉清，你怎么这么说？我是感到欣喜若狂啊！你现在在哪里，你过得好吗？”

“我很好！我打电话来就是想告诉你，我……订婚了！”婉清的语气忽然变得异常镇定，却充满了无奈与忧伤，令人心碎。

“什么，你……订婚了？那你还打电话给我干吗？难道你千辛万苦地联系到我，就是为了通知我这个喜讯吗？”婉清的话如晴天霹雳一般，让云飞刹那间像火山爆发似的被激怒了。

听到云飞愤怒的语气，婉清并没有生气。相反，她好像终于松了口气似的

语气一转，略显调皮地说道："是啊！你毁了我的幸福，我又怎么可能会轻易放过你？"

"你……你这话是什么意思？"云飞被婉清的话说得彻底蒙圈了。

婉清见云飞还没反应过来，于是略带生气地说道："还问什么意思，我怎么收了你这么笨的徒弟？简直把我的智商都拉低了！如果你想我放过你也行，那你就诚心诚意地祝福我吧！"

"你的意思是……那你还是别放过我了，我宁愿你阴魂不散地永远跟我纠缠不清……"云飞恍然大悟地说道。

"你会不会聊天啊？怎么说话呢？"没等云飞把话说完，婉清就气呼呼地打断了他的话，但言语之间充满了抑制不住的喜悦和幸福感。

"智商低可以慢慢提高，不会聊天可以慢慢学习，但前提是你必须千万不能放过我！"

"你是在让我冒着天下之大不韪逃婚吗？"

婉清的语气显得有些无所适从，但仔细琢磨起来更像是在给云飞指出一条明路……

或许昨晚梁经理也确实喝多了，整个上午他都没有来办公室。不过这很正常，"钦差大臣"是来视察工作，当然不用按时坐班。

可这就难为了刘经理，他既不敢离开又无事可做，只能对着云飞和淑华，大眼瞪小眼地呆坐了一上午。

眼见已经到了中午吃饭的时间，梁经理依然还没有出现。很明显，这位钦差大臣根本没把刘经理这个福州衙门的芝麻官当回事。

渐渐地，云飞留意到刘经理的一些肢体语言，慢慢开始释放出一些细微的变化。或许，这是他即将爆发的前兆。

一开始，刘经理的手放在椅子的扶手上搓来搓去。过了一会儿，他忽然把身体前倾，将两只手臂都摊在了台面上。接着，他的手指开始非常有节奏地敲击桌面，发出向马蹄声一样有规律的声响。

最后，刘经理终于有些按捺不住了。他忽然握起拳头，用力地在台面上狠狠地一击，把云飞和淑华都吓了一跳。这既像是一种情绪的宣泄，又像是做出了某种重大的决定。

听到响声，云飞和淑华都抬起头来望向刘经理，等着他做进一步的指示。刘经理似乎也觉察到自己的失态，于是赶忙缓和了一下情绪问道："淑华，梁经理是上海人，这附近有什么出名的上海菜吗？"

"你准备带梁经理去吃上海菜啊？人家是从上海总部过来的，福州的上海菜做得再好，肯定也没有上海本地做得那么正宗吧？"淑华反问道。

"哦……对对！"刘经理心不在焉地答道。显然，他的问题是临时憋出来的，这根本不是他关心的重点。

眼见已经十二点半了，梁经理还是没有现身。这"钦差大臣"不吃饭，谁也不敢去吃。刘经理没办法，只好硬着头皮给梁经理打了个电话。

果然，梁经理还在酒店睡得天昏地暗，他一口的醉话，甚至有些词不达意。最后好不容易才说清楚了，约定一个小时后见面。

云飞看看表，心想："这梁经理也真是太大牌了吧！为了等他一个人，整个办事处的人都得饿着肚子。工作也不用做了，这也太离谱了吧！难道他去到哪里都是这么嚣张吗？"

果然，陪着这位"钦差大人"吃完饭时，已经是下午三点多了。酒足饭饱的梁经理抹抹嘴，先打了两个饱嗝，然后又伸了个懒腰，才心满意足地说道："下午咱们去仓库看一看吧！"

钦差一语，莫敢不从。刘经理立刻带着大家屁颠屁颠地，簇拥着梁经理杀向仓库而去。

要说生活最惬意的，还得说郭师傅。虽然一个人在仓库是闷了点儿，苦了点儿，孤单了点儿，寂寞了点儿，但胜在自由自在。只要这盘数搞清楚，再别发生意外重大的恶性事故，那就像住在世外桃源，过着神仙般的生活。

那真是：上班就在枕头旁，瓜果蔬菜屋后长。睡觉睡到自然醒，空气清新精神爽。打打太极做做账，吃吃早餐聊街坊。拿着工资退休状，赛过神仙赛皇上。

郭师傅和陈总都是上海人，原来陈总在的时候，对郭师傅从来都是睁一眼闭一眼，采取放养的方式管理。

这也许就是陈总的管理艺术。一方面大家是老乡，漂泊在外有个照应也无可厚非。另一方面，跟广州的情况类似，福州的仓库也是租在偏远的郊区，这种鸟不拉屎的地方，谁愿意去啊？

在这种环境下，想找个能帮你把账做得天衣无缝，把仓库管理得井井有条，经验老到，工作不需要你操心，还能信得过的人，谈何容易啊？

所以陈总当然也乐得自在，反正工资是上海总部发，他完全没必要像拧螺丝一样，把郭师傅看得紧紧的。正所谓各司其职，各取所需嘛！更何况，郭师傅是总部派来的人，一定也不是什么省油的灯，何必得罪他呢？

在公司里，上海人通常都会照顾上海人。梁经理在出发前先让淑华通知了郭师傅，这个小小的举动也证明了这一点。

刘经理上次突击检查时，就刻意不让提前通知郭师傅。这个看似微小的动作，却传递了一个强烈的不友善信号。

四人来到仓库的时候，郭师傅早已准备就绪，精神抖擞地等在那里，完全看不出昨天喝过大酒之后的颓废。

其实，梁经理来仓库不过是走走过场而已。他知道刘经理他们才盘点过，数据清晰明了，又有淑华和郭师傅把关，这趟来不来本质上没什么区别。只是为了象征性地留下他“到此一游”的证据，好歹他也是花着公司的钱，名义上是来出差的嘛！

一个小时后，盘点工作在闲聊中就顺利结束了。大家又浩浩荡荡地杀回了办事处，此时中午吃的饭还没消化掉，却已然又到吃下午饭的时间。

淑华深谙公司的潜规则，每次都识趣地找各种借口，尽量回避他们的饭局。她知道审计部派来的男人没一个好东西，更干不出什么好事来，她在场多有不便。

就这样，梁经理无所事事地在福州办闲晃了几天。既没有走的意思，也没有什么实际的事情可做。每天除了吃吃喝喝，就是在办公室跟大家吹牛。

刘经理虽然有一肚子的不满，却半点也不敢表现出来，甚至还得寸步不离，鞍前马后地伺候着。因为他不能给梁经理创造与云飞和淑华单独相处的机会，以免他们在闲聊之中撞出什么对他不利的火花。

刘经理明白，现在的局势可谓扑朔迷离，瞬息万变，对他尤为不利。卢总对他磨刀霍霍，把云飞安插在他身边做眼线，让他有如芒刺在背。只可惜，云飞自己却完全没有做潜伏的意识，更没有付诸任何的行动。

广州办已被王经理接手，刘经理心里清楚，他回广州的希望已然非常渺茫。可以说他现在是前无去路，后有追兵。因此，他每走一步都必须加倍小心，不能给卢总或者任何人留下任何的把柄。

现在公司高层内斗正酣，陈总出走，福州办留下一个烂摊子让他接手，使他无端端地成了众矢之的。梁经理对他表现出来的态度，也让他逐渐意识到卢总这招借刀杀人，真可谓不留痕迹啊！

可以说，刘经理现在的处境是如临深渊，一步不慎就可能万劫不复。所以他宁愿每天耗上大把的时间，无所事事地陪着梁经理，也不敢有片刻的离开，或者丝毫的怠慢。

只是，应付梁经理的花销巨大，几天的工夫就把办事处一个月的应酬费花得所剩无几了。再这么下去，恐怕就只能靠透支下个月的应酬费来勉强度日了。作为偏安一隅的福州办主事人，刘经理不能不为区域未来的运作有所考虑。

这天，刘经理破天荒地，以去工地对账为借口主动闪人了。临走时，他故意把梁经理交给了云飞。

刘经理嘴上说得好听，让云飞把梁经理照顾好，可实际给到云飞的费用，只够在小饭店点几个小菜，喝上几瓶啤酒。

刘经理还怕云飞向梁经理诉苦，所以特别交代云飞，让他体谅自己的苦衷，绝不能让梁经理知道这是他的安排。

当然，心思缜密的刘经理，绝不会忘记支走与他不睦的郭师傅。他要绝对避免让两个上海人凑在一起，有私下互打小报告的机会。

中午，云飞按照刘经理的交代，带梁经理和淑华去了他指定的那家小餐厅。其实，与其说是餐厅，倒不如说就是一个大排档。

三人找了个角落刚坐下，云飞就发现梁经理平时那如影随形的微笑，早已不见了踪影。看来今天的安排，让他大为窝火。

云飞心里也不由得暗暗叫苦，他心想："刘经理，有你这么做老大的吗？你带梁经理出来就是夜夜笙歌，让我带梁经理出来就吃大排档，就算你想摆我上台，也不用这么明显吧？"

淑华深知云飞的苦衷，她对刘经理也早就心怀不满了，于是便仗义地帮云飞解围道："梁经理，刘经理说你这两天吃得太油腻了，所以专门让我们带你来这里，吃些清淡的东西清清肠胃，晚上他再带你去吃大餐！"

"哦！难得刘经理一片苦心啊！"梁经理恍然大悟地说道。

云飞明白淑华的用意，也深知她的良苦用心，不由得向她投出感激的眼神。

三人吃完饭，来到办事处楼下。梁经理借口要回酒店处理一些邮件，便与两人分道扬镳了！

自从来到福州，一直都处于忙乱的状态。难得今天手头没什么活干，又没领导在身边盯着，云飞和淑华难得清静，也终于有了一个独处的机会。两人年龄相仿，志趣相投，没多一会儿，便如同相识多年的老友无话不谈了。

下班前，刘经理和梁经理先后脚回到办公室，云飞和淑华则整整聊了一个下午。

一见到梁经理，刘经理便摆出一副无奈的样子说道："梁经理，不好意思啊！中午被拖在工地上走不开，那帮人太野蛮了，简直不可理喻！"

"明白！在其他办事处也常听他们这么抱怨！"梁经理顺水推舟地说道。

"也到饭点儿了，那咱们去吃饭吧！我可真有点饿了，到现在还没吃中午饭呢！"刘经理显然是在故作姿态，把自己表现得很敬业。

"是吗？那赶紧走吧，千万别把身体累坏了，福州办的未来还都指望你呢！"梁经理也不戳破刘经理的伪装，大家都隔着一层窗户纸，认真分饰着自己的角色。

淑华还是一如既往地借故抽身离开了，但这次，她在临走的时候悄悄跟云飞点了点头。看样子她很同情云飞的身不由己，但也说明两人经过一个下午的交流，关系已然深入了很多。

点完菜，刘经理慷慨地说道："梁经理，市区咱们也都熟悉得差不多了，我想明天让郭师傅带你到郊区转一转，也好了解一下福州人民的风土人情嘛！"

哪知，梁经理闻言，却引来一声长叹："唉！谢谢刘经理的美意了，可惜天不遂人愿啊！偏偏你们卢总今天给我下逐客令了！"

"什么？梁经理，你这话是什么意思啊？"刘经理惊讶地问道。

"你们卢总真是比诸葛亮掐得还准啊！我刚把手里的活干完，他就给我打过电话来了。说跟我有什么要事相商，我也不知道他跟我会有什么要事？"

"多待两天不行吗？我都安排好了啊！"刘经理不无遗憾地说道。

"你们卢总叫人三更走，谁敢留下到五更啊？我已经订了明早的机票，明天一早我就打道回府了！"

"唉！那真是太可惜了！这段时间跟梁经理相处得这么投缘，跟你喝酒还没喝够呢，怎么说走就走啊？那今晚咱们可得喝个一醉方休啊！"刘经理言不由衷地说道。

"谢谢刘经理的美意，心领了，咱们来日方长吧！"梁经理心知肚明，却也并不点破。也许，这就是江湖的相处之道吧！

第二天，目送着梁经理的车慢慢远去，刘经理心中的大石头也终于放下了。经过这几天的折腾，他已经身心俱疲，现在终于感到一种从未有过的放松。

此时，刘经理嘴角忽然露出一丝得意的微笑。世界上哪有那么巧的事情，卢总更不是神机妙算的诸葛亮。他怎么可能这么巧，就在刘经理邀请梁经理畅游福州的同时，就打来那催命的电话呢？

这显然是刘经理无奈之下，兵行险着的破釜沉舟之计。他私下与卢总沟通好，两人合演了一出围魏救赵的双簧戏而已。

送走卢总、陈总，今天又终于送走了梁经理，福州办终于可以清静几天了。这三个“瘟神”有如三座大山，让刘经理每天如坐针毡，寝食难安。如今，山中无老虎，他终于又可以称大王了，刘经理等这一天已经等太久了。

刘经理的好日子来了，云飞的苦日子也就到了。虽然陈总对工作做了详细的交接，但福州这么大一个陌生的市场，只是道听途说地听人讲一讲，而不亲自走一遍，如何能了解透彻？

所以，云飞再次被安排了充当开荒牛的角色。刘经理要求他把在广州建材市场收集信息的工作，在福州再重做一遍。

好在，有了广州的经验，再战福州也就驾轻就熟了。况且，这样云飞也可以有借口，不用整天面对刘经理那张冷脸，他也乐得自在。

工作辛苦点，对云飞而言早已是家常便饭，他倒是并没觉得怎么样。只是，自从上次和婉清通完电话之后，婉清就如石沉大海一般再没有出现过。也不知她的“逃婚”大计是否能够成功。

时间在焦急的等待中，一点一点无情地流逝着。有时，云飞甚至怀疑，那通电话到底是否真的存在过，抑或是一场超真实的梦，让他把梦信以为真了！

第五十六章　苦尽甘来终有报，坠欢重拾梦难圆

伴随着云飞的不懈努力，福州市场终于渐渐有了起色。客户越来越多，云飞一个人已经没有办法应付自如了。

其实，根据办事处的配置标准，福州办本来也还有三个销售人员的名额，只是这些人在刘经理来之前就全都走光了。现在看来，终于到了不得不扩军备战的时候了。

经过数轮的面试筛选，刘经理终于确定了两个人。而且，这两个人正好都姓王。所以，大家就亲切地叫他们大王和小王。

大王三十五岁，小王二十三岁。留下他们俩，并不是因为他们最优秀，而是因为他们的性价比最高。

大王刚从上一家公司辞职，他有丰富的销售经验，但苦于学历不高，所以一直没做到管理岗位。他现在正处于一个逆水行舟、不进则退的尴尬年龄。如果再挤不进管理层，将来就算想做个普通的销售人员，恐怕都没人肯要了。

所以，大王现在急需的是一个不太看重学历，却有良好发展机会的平台。而刘经理恰恰是个敢于承诺的人，因此两人一拍即合。

而小王则正好相反，他与云飞类似，占有年龄优势。有冲劲，能吃苦，却没有大王的经验和阅历。不过，在欧施克的队伍中，似乎永远都需要一两张白纸来做陪衬，尤其是在刘经理的麾下。

大王和小王都没有瓷砖行业的从业经验，所以云飞便自然而然地，成了办事处里除刘经理之外，经验最丰富的“老资格”了。

而且，更令云飞意想不到的是，刘经理竟然把培训新人这么重大的任务交给了他来做，这真是大出云飞的意料。

作为一直都还把自己当成新人来看的云飞，忽然有了一种长江后浪推前浪的感觉，怎么自己不知不觉间就已经变成“老人”了呢？这不由得让他想到了刚刚进公司时，卢总对他说的一句话，“新人新三天”，其实在公司眼里，他早就不是什么新人了。

虽然，云飞并没有做好以老人的身份，来培训新人的准备。但既然被赶鸭子

上架了，云飞也还是能够硬着头皮迎难而上的。毕竟，云飞这几个月的经历，每天游走于各类江湖高手之间，耳闻目染也受益匪浅，总算是今非昔比了。

更何况，他还有三个无形的优势为他保驾护航：首先，先入为主的印象，让云飞在资格上有了天然的优越感。其次，福州的客户基本都是云飞开发的，所以也让云飞有了不可置疑的话事权。再加上大家都知道，云飞是跟刘经理一起从广州过来的，所以会想当然地认为，云飞是刘经理的“自己人”。

所以，虽然在行政头衔和组织架构上并没有得到体现，但在实际管理中，云飞还是俨然成了大王和小王的直属领导，并受到他们毕恭毕敬的尊重。

这让云飞第一次尝到了，在职场上倍受人尊重的感觉，也第一次体验了“管理者”的角色，更让他深深体会到了，地位对一个人的重要性。

当然，云飞并没有因此而忘乎所以。经过这段时间“腥风血雨”的洗礼之后，云飞为人处事也变得更加成熟谨慎了。他生怕自己对大王和小王的领导显得过于高调，而激起刘经理的不满和猜忌。所以云飞总是刻意保持低调，并时刻不忘征求刘经理的管理意见，与刘经理保持着紧密的联系。

但奇怪的是，刘经理对云飞的工作似乎表现出前所未有的满意。他不但破天荒地表扬了云飞，而且竟然还鼓励他放手去做，并告诫云飞要学会做领导，学会自己做判断，不要动不动就请示，这在从前简直是不可思议的。

刘经理还说，之前因为应付各路领导浪费了太多时间，他现在必须抓紧时间把落下的业绩补回来，所以手头有很多重要工作要跟进。因此，办事处的日常运作，就全权交给云飞来打理了。

俗话说，事出反常，必有妖孽。一向飞扬跋扈、冷若冰霜的刘经理，态度忽然来了一百八十度大转变。这一方面令云飞觉得有点受宠若惊，可另一方面，也让云飞觉得心里有点没底了。

云飞不明白，刘经理这葫芦里究竟卖的是什么药。但不管怎么说，既然刘经理释放出了前所未有的“善意”，那他自然也应当竭尽所能，不负众望地把事情办好。

时间匆匆而过，似乎也从侧面证明了云飞的顾虑是多余的。刘经理忽然间像变了个人似的，他果真几乎没有插手过云飞的“管理工作”，只把心思全部花在了更重点的工作上。这不免让云飞心中燃起了一丝以小人之心度君子之腹的惭愧之感。

大王和小王的工作，在云飞的带领下也逐步走上了轨道。他们慢慢也开发出了自己的客户，并渐渐开始独当一面地工作了。

云飞以前一个人的工作，现在变成了三个人来分担，总算是可以喘口气了。而就在这时，另一个天大的喜讯也从天而降，让他激动得彻夜未眠……

福州火车站川流不息的人群中，一个焦急的身影不断在站台之上打着转儿。他不时地眺望远方，然后又失望地低下头，心神不安地踱来踱去。显然这辆即将到来的火车上，一定有他盼望已久的心上人。

这个焦急的身影，当然就是云飞。而他焦急等待的人，不用想也知道，一定是与他相约“逃婚”，姗姗来迟的婉清。

婉清在经过一段时间的人间蒸发后，终于再次联系了云飞，并不顾一切地乘风而来，与这个曾经让她肝肠寸断的负心人破镜重圆。

一声长长的鸣笛声，撕开了云飞痛楚的回忆。那些不堪回首的往事，随着火车徐徐驶进站台的身影，如万马奔腾般在心中掀起滚滚红尘。

数月前，在广州火车站的站台上，婉清那饱含泪水，带着绝望与心碎的眼神，负气而走的情景，清晰得就像昨天才发生的一般。

此情此景是何等相似？只不过，令人颇感欣慰的是，斗转星移时空转换，此时，怀着的却是截然不同的心情。

那一刻的撕心裂肺与寸断肝肠，在这一刻都变成了翘首以盼的思念，与重逢前内心无法抑制的欣喜若狂。或许，没有经过那场心如刀割的痛苦别离，也就无法体会到今天失而复得的无限珍惜。

火车沉重的身体，终于徐徐地停了下来，云飞迫不及待地顺着车厢一路小跑。他一边数着车厢号，一边寻找着婉清那熟悉的身影。期待着四目相对时，那个在梦中出现过无数次的历史时刻的到来。

终于，透过明亮的车窗，云飞看到了婉清那熟悉的面庞。婉清一如他记忆中那样清纯、美丽。那双炯炯有神的大眼睛，依然清澈得像一潭溪水，又像是一台会说话的机器，向云飞传递着只有他们俩才读得懂的复杂信息。

此刻，再华丽多彩的语言，也道不尽久别重逢的内心激荡。再传神的妙笔生花，也述不尽魂牵梦萦的相思之苦。或许，也只有那饱含深情的眼神，才能表达出只可意会不可言传的丰富情感。

云飞从车上接过婉清手里的行李，他避开人流，拉着婉清急不可待地快速走到站台边上。

两人并没有像想象中那样来一个激情释放的拥抱，而是相对而视，久久都没有说一句话。

直到婉清终于忍不住开口道："你瘦了！"话音还未落地，眼泪却已经夺眶而出。

"嗯……你倒是胖了，看来在家养得不错！"

云飞一边点头，一边略带调侃地说道。似乎婉清那令人不寒而栗的眼神，才是他最想回味和重温的旧梦。

"你……"果然，婉清闻言气得杏眼圆睁。那含情脉脉的眼光，忽然间也变得杀气重重。

"我就喜欢看你生气的样子，尤其是胡搅蛮缠、蛮不讲理的时候！"云飞笑笑说道。说完，他一把将婉清揽入怀中，两人久久地相拥在一起，似乎永远都不想再分开了。

"难道你气得我还不够吗，一见面又想惹我生气？"婉清在云飞怀里撒娇地说道。

"再怎么生气，这次我也不会放你走了，以后你就是我的人了！"云飞动情地说道。

"凭什么你说让我走我就走，你说不让我走我就不走？我可是新时代的独立女性，我才不会受你摆布呢！"婉清嘴上这么说，可那含情脉脉的眼神无论如何也凶不起来了。

"好吧！新时代的独立女性，一路上舟车劳顿，想必也饿了吧？我还是先带你这个吃货去领略一下福州的地方美食吧！等吃饱了，才有力气好好教训我这个笨徒弟啊！"

"哼！算你有良心！"

婉清与云飞的师徒关系，是一种既特殊又暧昧的关系。却也是两人相识相知的纽带，说起来既觉得温馨，又觉得特别。

婉清刚来福州，只能先在建材市场附近的快捷酒店暂时安顿下来，然后再慢慢从长计议。

好在，刘经理现在对云飞的工作几乎是不闻不问。云飞除了每天晚上回办公室睡个觉之外，其他时间都是自由安排。所以，才有大把时间陪着婉清。

如果婉清再早一点来，那时没有大王和小王分担云飞的工作，恐怕他自顾不暇，也没办法抽出这么多时间来陪婉清。所以，婉清现在来得可以说是正当其时。

两人久别重逢，难免有千言万语要互诉衷肠。云飞和婉清，各自讲述了他们离别之后的各种经历，都深觉人生无常，感慨万千。

婉清回家之后，在父母的软硬兼施下，终于迫不得已地答应了一桩，他们认为是天作之合的亲事。

可究其原因，主要还是因为云飞的call机停了机。这一“绝情”的举动，令婉清寸断肝肠，才一时间心灰意冷，冲动地做出了破罐子破摔的决定，答应了这门婚事。

可转眼间婚期逼近，婉清那种对幸福的渴望，以及对现有生活莫名的恐惧开始变得与日俱增，令她寝食难安，彻夜难眠。

婉清本就是一个对命运不甘屈服的人，又怎么能轻易接受让自己一生的幸福，在麻木的隐忍中悲惨度过的命运呢？于是才有了今天的逃婚和与云飞的重逢。

也许，正是因为有过失去的痛楚分离，才会特别珍惜这份来之不易的破镜重圆。两人对这份失而复得的感情，都表现得无比珍惜和热情。

他们相拥着走遍了福州的大街小巷，婉清就像一只逃出生天的笼中之鸟，终于恢复了往日的激情与活力，贪婪地吸收着大自然赋予她的自由与真情。

他们甚至计划着等将来回到广州，再把向南和阿冰撮合起来，重新回到以前的快乐四人组。一切，似乎都在朝着美好的方向发展……

这天，云飞应客户的要求，去仓库拿一块样板。他见到了久违的郭师傅，两人相谈甚欢。

随着时间的沉淀，以及彼此之间了解的日渐加深，云飞与郭师傅也变成了无话不谈的好朋友。甚至，郭师傅还逐渐成为云飞事业上的顾问。公司里发生的很多事情，云飞不但不会瞒他，而且还会咨询他的意见和看法。

在婉清到来之前，云飞可是郭师傅的常客。仓库也成了他除办公室之外去得最多的地方。当然，凭郭师傅的江湖阅历，他自然看得出云飞是个没什么坏心眼儿的人。

中午，久别不见的郭师傅非要拉云飞一起吃饭。虽然，云飞心里挂着婉清，但和郭师傅久未谋面，也实在是盛情难却，于是两人便一起来到了平时常去的那家小饭店。

“看你最近好像有点春风得意，工作都挺顺利吧？”郭师傅一边点菜，一边问道。

“还行，还算挺顺利吧！”

“怎么个顺利法，说来听听！”

“我觉得，我们以前对刘经理可能有点成见，其实他也并不是那么难相处。而且，他一旦信任你了，还是很愿意放权的！”云飞颇有感触地说道。

“哦？怎么个放权法？”郭师傅饶有兴趣地问道。

云飞见郭师傅兴致勃勃，于是就把刘经理这段时间让他培训大王、小王，并全权让他负责办事处日常运营管理的事情，一五一十地跟郭师傅讲了一遍。

郭师傅听完，若有所思地问道：“那刘经理在忙什么？”

“他说他在跟几个大项目分不开身，还说让我学会自己做判断，并鼓励我放手去做，不要什么事都问他。我真没想到，他竟然还真的说到做到了，有好长一段时间，他都没有再插手过我的管理了！”

云飞的话，似乎也有点出乎郭师傅的意料。郭师傅闻言，若有所思地点点头，半调侃地说道：“你现在也是管理层了，那你跟大王、小王是怎么分客户的啊？”

云飞一听郭师傅说他是管理层，立刻有点不好意思了：“嗨！郭师傅，你就别寒碜我了，我这叫什么管理层啊！我就是把福州市场分成了三个区，我和大王还有小王每人各负责一区。为公平起见，我们用抓阄的方式来选择区域！”

云飞说得很轻松，可郭师傅听完却摇摇头叹道：“看来，你磨炼得还不够啊！”

“郭师傅，你这话是什么意思啊？”

“唉！依我看，就要出事情了！”

“出事情，出什么事情啊？”云飞看郭师傅一脸的严肃，并不像开玩笑的样子，于是急切地问道。

郭师傅并没有直面回答，只是略显无奈地说道：“现在我也只是猜测而已，没有把握也没有证据，所以不能乱说。总之，你小心为上吧！现在平静得出奇，只怕是山雨欲来风满楼，这是暴风雨来临的前奏啊！”

“郭师傅，你能不能把话说清楚啊？我听得一头雾水，那我该怎么小心为上啊？”

郭师傅看着云飞着急的样子，反而显得淡定下来。像一代大师似的，摇摇头说道："师傅引进门，修行在个人，无凭无据地我也只能说这么多了。其他的，就只能看你的悟性了。总之，你凡事要多个心眼，不要被表象所迷惑。"

郭师傅始终没有把话挑明，这让云飞感觉如鲠在喉，也没了吃饭的胃口。更何况，一天都没见婉清了，云飞心中实在挂念。于是，他也没有心思去深究此事。便匆匆吃完饭，告别郭师傅回去见婉清了。

云飞回到婉清住的酒店，在她门口轻轻敲了敲门，里面却毫无反应。这让云飞感到奇怪，平时一听到云飞敲门，婉清便会像一只迫不及待的小鸟，飞也似的跑过来给他开门。可今天，里面怎么会如此安静呢？

"难道是闷得发慌，自己出去闲逛了？"云飞心中一边暗自猜测，一边又加大了力度，使劲敲了敲门，可里面还是没有任何反应。

云飞心中着急，赶忙来到楼下的前台问道："你好！请问520房间的那个女孩子，是不是出去了？"

前台小姐闻言，抬头上下打量了一下云飞，然后客气地问道："请问，您怎么称呼？"

"我姓马！"

"是马云飞先生吗？"

"是啊！"

云飞一听前台竟然能直接叫出他的名字，不由得愣了一下，他想不到这小姑娘的记忆力竟然这么好。

前台的女孩确认完云飞的身份之后，从柜桶里拿出一个信封递给云飞说道："这是520房那个女孩儿留给你的信！"

"留给我的信？"云飞疑惑地接过信封，心中忽然有一种不祥的预感冉冉升起。

前台的女孩看着云飞凝重的表情，忽然好像想起来什么似的，不无遗憾地补充道："她走的时候看上去很伤心，两只眼睛都哭肿了。她让我一定要转告你，请你多多保重，还说让你把她彻底忘了吧！"

"什么……你说什么？"云飞听前台这么说，忽然觉得一阵天旋地转，整个大堂似乎都旋转了起来。

"唉！我从来没见过一个女孩哭得那么伤心，那么绝望。说句不该说的话，如果你辜负了她，那你一定会后悔一辈子的！"前台女孩的语气中充满了惋惜，似乎隐约还有一点抱打不平的味道。

“我……”云飞现在可以说是比窦娥还冤，到目前为止，他还不知道发生了什么事！可此时此刻，他也没有必要跟一个不相干的人去做这种无聊的解释了。

云飞无奈地叹了口气，一屁股瘫坐在大堂的沙发上，急不可待地拆开了信封。他想要赶紧知道，到底是发生了什么天大的事，能让婉清在一切发展近乎完美的情况下，哭得如此伤心。

又是什么刻骨铭心的恨，才会让婉清说出让云飞彻底忘记她这么绝情的话呢？

第五十七章　一纸离书相思斩，咄咄烽火寸喉间

云飞怀着极其复杂而矛盾的心情，匆匆打开了婉清留给他的信。信纸上娟秀的字迹，一看便知是婉清的笔迹。

只是，那工整如刀切一般整齐的字里行间，处处透着一种几乎可以力透纸背的劲道。显然，婉清在写这封信的时候，必然是怀着万分沉重的心情，承受提笔千斤的压力。纸上的每一个字，一定都让她心如刀割，痛入骨髓，刻骨铭心。

云飞：

当你看到这封信的时候，我已经再次踏上了回家的列车。请原谅我的再一次不辞而别，因为在这个世界上，很多事情我们都身不由己。我们活着，永远都不仅仅是为了自己。

每次离开，我的眼睛都哭得又红又肿。但值得欣慰的是，这次的离开，与上一次的心情截然不同。

虽然同样充满了无奈与痛心，但这次我的心感到无比的踏实。你的承诺和你对我的怜爱，让我对这份感情再没有半分的怀疑。可以说，此生拥有与你在一起的这段快乐时光，已经足慰平生，此生无憾。

云飞，我本以为自己可以成为命运的主人，可以像小说里的新时代女性一样，为你放弃一切奔向自由。可是我错了，面对母亲撕心裂肺的哀求，面对父亲老泪纵横的苦劝，面对家族为我而承受的巨大压力，我的幸福早已不再属于我个人。甚至连我的生命，也将成为一种责任。

我不能因为我的任性，而让白发苍苍的父母颜面尽失，更不能让信守承诺一辈子，把信誉看得比生命更重要的父母，因为我而永远抬不起头来。

所以，请原谅我的自私与懦弱，请原谅我再次的不辞而别。因为我知道，如果见到你，我会舍不得离开。

如果见面只是为了让难舍的分离更加痛心，那么见面不如不见。我已经无法承受，再次经历那种生离死别的揪心之痛，就让这份最美好的

回忆，永远留在我们心底吧！

云飞，也许我们真的是有缘无分，我甚至真希望我们从来就不曾相识，那样也就不必承受这种种别离的相思之苦。

请忘记我吧，就当我是一个梦！梦醒了，沿着你梦想的方向继续前行，成就你的事业，找到你的归宿！

这次，我会把所有人的联系方式通通删掉，从你们的世界永远消失，就像我从不曾进入过你们的世界！保重！

婉清

一九九八年 × 月 × 日

看完婉清的信，云飞只觉得肝肠寸断，这突如其来的打击，简直就如五雷轰顶一般，让云飞痛不欲生。

既然注定要分离，何必又要再相聚？刚刚修复的伤疤，又再次被无情地揭开，这是何等的残忍，又是何等的无奈？

云飞满脸颓废地走到前台问道："请问，那个女孩子是什么时候离开的？"

前台的女孩看到云飞那痛不欲生的表情，似乎意识到刚才自己错怪了他。于是略带歉意地说道："她上午就已经走了，早上她好像出去打了个电话，回来时眼睛已经哭红了，她回到房间没多久就退房了。我想……你现在再想追她，恐怕是来不及了！"

"谢谢！"云飞麻木地点了点头，然后转身拖着疲惫的脚步，慢慢走出了酒店。

云飞忽然觉得，柳暗花明的世界其实根本就不存在。一切峰回路转，都只不过是一厢情愿的心理安慰而已。谁说车到山前必有路，谁说船到桥头自然直？这些根本就是自我安慰的鬼话。

云飞仰望着天空，心中无奈地叹道："婉清，你到底是上帝派来安慰我的天使，还是地狱派来的折磨我恶魔啊？为什么你把我带进天堂，却又狠心地把我推进地狱？难道，一切真的都可以随风而逝吗？"

因为婉清不辞而别的巨大心理影响，在接下来的很长一段日子里，云飞都没办法集中精力，恢复到良好的工作状态，郭师傅对他说过的话，也早就被他抛到九霄云外了。

与云飞的颓废相反，大王很快就凭借自己的人脉和经验开始逐渐崭露头角，并从他新开发的客户手里得到一单大工程的信息。

刘经理知道后，立刻要求云飞全力协助，不得有失。这可把云飞难住了，因为他虽然有心帮忙，可大王似乎并不领情。

其实，云飞也能明白大王的心理，这单工程对他来说意义非凡，他现在急需要用一场漂亮仗来证明自己的实力。

大王可是个有想法有野心的人，他来欧施克是为了能找到一个可以让他登高远眺、一展抱负的平台。他是不会甘心一直屈居于云飞这个毛头小子之下的，他有更高的目标。

况且，大王的销售经验远比云飞更加丰富，他有自己的思路。如果云飞在旁指手画脚，反而会让大王心存芥蒂。甚至，不排除大王为了证明自己更胜一筹，而刻意选择与云飞截然不同的方法，这样反而可能会适得其反。

特别是，这里还涉及复杂的利益关系，单是大王可能得到的丰厚奖金和提成，就足以让他对任何可能的“来犯之敌”虎视眈眈了。再加上经销商的利润和费用，项目方的回扣等各种敏感的话题，除非是自己的上司，否则大王是不愿意提及的。

既然大王有志在必得的雄心壮志，又有拒人于千里之外的自我保护意识，云飞也就不费事自讨没趣了。他不希望给大王造成自己想跟他争功夺利的错觉。

而且，婉清不辞而别给云飞造成的心理阴影面积之大，也不是俯仰之间可以化为乌有的，云飞此时也没有心情跟大王争一日之长短。

所以，云飞考虑再三，还是决定让大王按照自己的思路去操作，他则只是旁敲侧击地给一些建议，真正到了非得出手的时候再出手相助。

没有云飞的帮忙，大王似乎应付得更加得心应手。每天早出晚归却忙而不乱，看样子，整个项目的进展都尽在大王的掌握之中。

直到有一天，大王忽然神情沮丧地走到云飞身边，喃喃地说道：“云飞，我那单项目……丢了！”

“丢了？”云飞闻言深感震惊，他几乎以为大王是在跟他开玩笑。直到他从大王那认真的表情上再三确认后，他才意识到大王的确不是在说笑。

“嗯！”大王失落地点了点头道，脸上显然有点难为情。

可现在情况之严重，远远不是难不难为情的问题了。事情发生得这么突然，云飞真不知该怎么向刘经理交代。一个项目的丢失总该有些先兆，可在捷报连连的情况下，一夜之间毫无征兆地把一个胜券在握的大项目给丢了，这是无论如何都说不过去的。

“怎么会这样，不是一直都进展得很顺利吗？”云飞焦急地问道。

此时，大王一改往日雄心勃勃的劲头，就像霜打的茄子一般蔫了下来：“我也不知道啊！本来一切都挺顺利的，甲方也一直都很欣赏我们的品牌。可不知为什么，项目方今天突然跟我讲，说他们已经定了另外一个品牌，叫我以后不用再去了。”

为了避嫌，云飞对大王的这单项目几乎完全没有介入，对跟进的过程也根本不了解。所以，现在除了干着急，他也是束手无策。

想来想去，云飞还是决定第一时间把结果汇报给刘经理。虽然这么做也未必能够亡羊补牢，但现在除了这么做，也别无选择了。

电话里，刘经理听到这个消息显得非常震怒，他冷冷地对云飞说道：“我正在厦门出差，明天早上才能回来。你让大家明天都不要出去，在办公室集合开会。每人准备一份详细的月度报告，告诉我……你们这段时间到底都在做什么？”

云飞碰了一鼻子灰，只好板着脸把刘经理的要求转达给大家，让大家做好挨批的准备。

第二天，大家一早都来到办公室，围着会议台心情忐忑地等着刘经理的到来。这种在焦虑中的等待，简直就是一种让人不堪忍受的折磨。就像头顶悬着一把达摩克利斯之剑，不知什么时候会砍下来。

刘经理直到十点多才回到办公室，一见刘经理进来，大家不由得都心头一紧。刘经理那本来就冷冷的眼神，此时便显得更加寒气逼人了。

他一屁股坐在会议室中间的大班椅上，面带杀气地狠狠扫了大家一眼，让在座的每个人都有一种人人自危的紧张感。大家都不敢与刘经理的眼神对视，谁都知道事态的严重性，避之唯恐不及。

“都低着头干什么啊？云飞，这单项目到底是怎么丢的，你先来说。”果然，刘经理第一个就拿云飞来开刀了。

“我……我没有怎么参与，所以也不太清楚。”云飞小声说道。

“什么，你没有参与？我是怎么跟你说的？我让你全力协助，不得有失！你竟然没有参与，你把我的话当耳边风啊？”刘经理忽然怒吼道。

“我……这确实是我的责任，我该担当的我绝不回避！”

“你该担当的？你能担当什么？几百万的项目就这样莫名其妙地丢了，你怎么担当，你拿什么担当，你让我怎么跟总部交代？”刘经理一改往日对云飞的赞赏有加，忽然就像变了一个人似的怒吼道。

“我……”

虽然云飞有一定的心理准备，但面对刘经理歇斯底里的咆哮，还是显得有些错愕。他知道丢了这个项目，自己有一定的责任，也做好了挨批受罚的准备。可他万万没想到，刘经理竟然当着众人的面，让他如此下不了台。

这种咄咄逼人的语气，虽然不能说小题大做，但分明也是借题发挥，故意让云飞当众出丑。话说回来，这多大的项目，刘经理如果真的如此重视的话，怎么不自己亲自过问？若要按罪论处，刘经理自己恐怕也难辞其咎啊！

刘经理的态度大转变，对云飞好不容易在大家心目中建立起来的威信无疑是个巨大的打击。更何况，淑华也在场，这让云飞情何以堪啊？

大王一看情况不妙，立刻以退为进地先自责起来：“刘经理，这单项目丢了，主要责任在我。怪我没有跟云飞及时沟通，所以才……要罚你就罚我吧！”

“你也出来逞英雄是吧？罚你？你一个新人，我罚你有用吗？几百万的项目丢了，罚你能解决问题吗？你别跟在这里凑热闹了！”刘经理对大王义无反顾的英勇行为显然并不买账。

他似乎也并打算因为大王不识时务的打断，而将对准云飞的枪口有些许的偏离。

他训完大王之后，继续说道：“云飞，你作为办事处的老员工，从广州到福州，你接受过多少培训？卢总带过你，王经理带过你，你又跟了我这么长时间，怎么就不长记性啊！你还一天到晚给别人培训呢，你连个做基本判断的能力都没有，你还凭什么给人家做培训啊？”

云飞固然理亏，可他一听刘经理这么不讲理，心里真有点不乐意了，心想：“培训大王、小王，这可是你安排的呀！事情一码归一码，这怎么还来人身攻击了？”

想到这里，云飞不由得血往上冲，一股怒火在胸口开始慢慢聚集。他不服气地瞪了刘经理一眼，但最后还是强忍住没吱声。

刘经理见云飞胆敢瞪了他一眼，更加来气了：“怎么，你还不服气啊？是不是觉得自己长本事了，福州办撑不下你了？”

云飞越听越来火，这分明就是想逼他爆发嘛！但他想想在这种场合发飙有失风度，于是强忍了忍心头的怒火，终于还是没有爆发出来。

云飞一忍再忍虽然没有发作，但脸上怒火中烧的表情是人都能看得出来。按理说，刘经理该说的话也说了，该逞的威风也逞了，就此打住见好就收也就算了。

可刘经理好像不把云飞激怒就不甘心似的，见云飞低头不语，他又得寸进尺地说道："我在跟你说话呢，你爱答不理的，这算什么？你好歹也是个大学生，做人基本的素质总要有吧？"

"你还真是蹬鼻子上脸了？我不吭气也就算了，你还越说越离谱了。士可杀不可辱，大不了老子不干了。此处不留爷，自有留爷处，老子凭什么为了五斗米向你折腰啊？"

云飞越想越憋屈，胸中的这团怒火，开始慢慢燃烧起来，但他为了顾全大局，那股火冲到脑门还是又被他强压了下来。

"马云飞，有什么想法你就说出来，别闷声不吭地窝在那里。我最讨厌像你这样的销售，三棍子也打不出一个屁来！"

刘经理的话越说越过分，不但没有收手的意思，似乎还得寸进尺，大有不达目的誓不罢休的架势。

本来做销售丢了项目也是常有的事，刘经理自己丢掉的项目也不计其数。他作为办事处负责人，对这个项目不闻不问，其实也是责无旁贷的。按道理他在批评下属之际，也应该自我反省。

如果真是抱着解决问题的态度，他应该跟大家好好分析原因总结经验教训，更应该找个私下的场合与云飞单独交流。

可他不但没有这么做，反而是在会议上当着大家的面不断让云飞下不了台。这个意图就非常明显了，他摆明就是要把云飞往绝路上逼，现在就看云飞的反应了。

办公室里呈现出死一般的寂静，云飞铁青着脸一动不动地坐在椅子上，眼神中充满了令人畏惧的杀气。

空气好像在瞬间被凝固了，大家全都屏息凝视着云飞，甚至连大气都不敢出。每个人仿佛都能感受到云飞身上的雄性荷尔蒙在急速飙升，似乎预示着一场男人之间的战争，已经到了一触即发的边缘……

第五十八章　意气风发辞旧地，对酒独酌故人临

面对刘经理的步步紧逼，云飞终于选择了不再隐忍。他忽然抬起头看着刘经理大义凛然地说道："好吧！既然这件事情一定要找个人来背锅，那就让我来吧！我现在就向公司正式提出辞职。"

云飞的决定似乎在情理之中，却又在大家的意料之外。辞职的决定显得有些草率且意气用事，显然有点过于冲动了。但一场酝酿已久的世纪大战，就这样风轻云淡地化于无形，也未免让大家觉得有点意犹未尽之感。

甚至连云飞自己都没想到，他竟然可以用如此淡然的态度，来了结他与刘经理之间的恩恩怨怨。他那少不经事、一点就炸的火爆脾气，在这次事件中竟能表现得如此超脱释然。真不知道到底是他成熟了，还是婉清的离开让他把这些红尘往事都看淡了。

刘经理的处理态度，再次证明了云飞的猜测。收到云飞的辞职信，没有一句挽留，刘经理立刻大笔一挥，写下了龙飞凤舞的"批准"二字。看来，这正是他想要的结局，甚至他的急不可待，已经到了毫不掩饰的地步。

"福州福州，有福之州，天堂福地，百福临门！不过，福州跟我看来有点相生相克，带给我辉煌，又是我人生的滑铁卢之地啊！"

云飞忽然想起陈总曾经对他说起的这段话，看来这个天堂福地，对他来说也一样是有甜蜜、有酸楚的伤心地。既有刻骨铭心的爱情重逢，也有发人深省的失败教训。

对于云飞的冲动行为，淑华和郭师傅都深感惋惜。淑华苦于无能为力，眼见云飞一步步掉入刘经理设下的陷阱，却只能望洋兴叹。而郭师傅当时不在会议现场，所以也无法阻止这件事情的发生。

再次见到云飞时，郭师傅不无惋惜地说道："你呀，还是太嫩了！你输在了黎明前最黑暗的时刻。只要你能咬紧牙关再挺一挺，结局可能就完全不同了。你不记得我曾经对你说过，可能会有大事发生吗？"

"你说的，就是这件事情？"云飞忽然如梦方醒般想起了郭师傅曾经的忠告。

"这件事情只是个导火索，未来肯定还会有更多大事发生。刘经理这么急着

逼走你，说明他已经感觉到自己时日无多，开始狗急跳墙了！”

“那……还会有什么事情发生啊？”云飞不解地问道。

“唉！现在发生什么事情，都与你无关了。离开这个是非之地，对你来说也未必是件坏事！”郭师傅感叹地说道。

在郭师傅的提议下，刘经理不情愿地为云飞安排了一个“欢送会”。也算是为他与云飞的这段“不解之缘”画上了一个圆满的句号。

那一晚，云飞用一首《大约在冬季》，结束了他在福州的最后一个晚上。

“你问我何时归故里，我也轻声地问自己。不是在此时，不知在何时，我想大约会是在冬季……”

也许这是一种告别，也许这是一种期许，也许这是一种承诺，也许……这只是一种也许。

云飞终于回到了阔别已久的广州，这个熟悉而又陌生的城市，承载着他无数的梦想，记录着他成长的足迹。曾给过他无数的教训，也给他留下了无数美好的回忆。有爱也有恨，有喜也有悲。

火车终于徐徐驶进了站台，每次到火车站，云飞的心情都如翻江倒海一般难以平静。不是目送友人挥泪离去，就是情断义绝的撕心裂肺。不是给予厚望的石沉大海，就是独走他乡的落寞感慨。没有一次，能在平静中保持一颗安详的心。

这次，云飞终于如愿以偿了。他平静地走出车站，没有人来为他接车，也没有任何期盼在家中守候。

紫嫣和钱编辑早已搬走，而向南也在不久前离开了这座城市。独自承担巨大的房租压力让向南不堪重负，“高额”的生活成本，也让他举步维艰。

好在天无绝人之路，在濒临绝境的时刻，向南和云飞一样，找到了一份长驻外地的工作。这样既有了收入来源，又解决了租房的压力，如此一举两得的美事，向南当然只能是“欣然接受”了。

只是，向南做梦也想不到，云飞竟然会毫无征兆地突然杀回到广州。否则，他必然会咬紧牙关挺过去，等云回来再重整旗鼓。

现在，云飞回来了，向南却走了。听起来，这简直就像个一点也不好笑的冷笑话。

云飞千里走单骑，在福州和广州之间杀了个来回。如今他又回到了故事的原点，可结局似乎比故事的开始变得更加凄惨。这座城市对云飞而言再没有一点牵挂，冷得就像一片孤独的森林，一眼望不到边。

再次回到棠下，看着那熟悉的景象，云飞真是百感交集。一切都还是他离开时的模样，只可惜如今已是人去楼空，物是人非。这里再没有那些曾经熟悉的面孔，再没有那些挥之不去的欢声笑语。留下的只有无尽的回忆，和数不尽的相思与寂寞。云飞从此将不得不面对他真正意义上，完全独立的新生活。

为了省钱，云飞在"握手楼"的一线天之间，租了一间不见天日的"小黑屋"。孤独和寂寞云飞早就习以为常，只是时至今日云飞身边都没有一个可以互诉衷肠的朋友在身边，这不得不说是一种内心无法弥补的缺憾。在广州这个城市，人们太急功近利，想交个知心的朋友真的很难。

十二月底，北方有些地方已经是千里冰封，万里雪飘，一副北国风光的冬意盎然。厚厚的羽绒加身，让纤纤淑女也不得不接受，臃肿外形给她们内心带来的残暴摧残。

而在广州，男士们偶尔还能穿着轻装短打，悠闲地喝着冰镇可乐，沐浴在烈日骄阳的紫外线下，享受着另一个世界全然不同的温暖与惬意。

爱美的女士们，则更加可以穿着性感迷人的超短裙，全副武装地招摇过市，享受着与夏季一样高的回头率，带给她们的满足与自信。

元旦将至，很多人在这个时候早已经无心恋战，纷纷开始计划春节回家的美好行程了。毕竟，每逢佳节倍思亲，春节作为中国人一年之中最重要的节日，是一定要回家的。

而一票难求的中国式春运举世罕见，也让在外漂泊的浪子们不得不早做打算。

但对于云飞而言，此时他最担心的是如何在过年前找到一份工作，给来年南下广州打下一个基础。这样，他回家也才有个交代。

虽然，此时的云飞已经有了些家底，在福州这段时间省吃俭用，加上待遇也还不错，他多少也有了一些积蓄，眼前的生活是没什么问题了。

但以前至少还有向南做个伴，可现在他孑身一人，每天独来独往地，穿梭于他那个小小的蜗居和人才市场之间，让他倍感无聊与空虚。

临近年底，也不是找工作的好时机。这个时候跳槽的人不多，大部分人都会顶住煎熬，拿到翘首企盼的年底双薪或者奖金，享受完春节长假之后，来年年初再另谋高就。

同样，企业也不想白白支付春节这么长时间的带薪假期，给一个还没有创造任何价值的新人。所以，云飞此时回广州，绝对是在一个错误的时间，做了一个冲动而错误的决定。

如果喜欢喝酒，还可以借酒消愁。但本就滴酒不沾的云飞，碰上百无聊赖的寂寞，也就只能睹物思人，信马由缰地在回忆中寻得一点解脱了。

一天，云飞路过一个烧烤摊，那熟悉的烧烤香味让他忽然想到了汪峰，这个在他脑海中几乎已经被磨灭的名字。

细数起来，在这座炎热无比却令人心寒如冰的城市，现在可以称得上朋友的人，恐怕也勉强只有汪峰了。

一想到汪峰，云飞的内心似乎终于找到了一丝丝的归属感。于是，他立刻迫不及待地拨通了汪峰家的电话。

几声铃响之后，电话里终于传来一个男人的声音。但云飞立刻意识到，这个声音并不是他期盼中的汪峰，估计应该是跟他一起做生意的朋友，刘洋辉或者江浩吧！

于是，云飞客气地问道："你好，请问汪峰在吗？"

"汪峰，你哪里找他啊？"对方的语气似乎并不友好，甚至还带着一点警觉的味道，这让云飞颇感意外。

于是，云飞试着提醒对方道："我是汪峰的朋友马云飞啊，几个月前我去过你们那里的，还有印象吗？你是刘洋辉还是江浩啊？"

"哦……是你啊！"对方经云飞提醒看来已经记起他来了，但并没有因为知道云飞的身份而变得友善。

相反，似乎还有点咬牙切齿的感觉。那语气就好像是在说："原来是你小子啊！我可找到你了，就是化成灰我都记得你！"

对方的语气让云飞感到既纳闷又尴尬，于是他小心翼翼地问道："呃……汪峰在家吗？你能帮我叫他一下吗？"

"哼！那孙子我们也正找他呢！他趁我们不在家，卖掉设备卷款潜逃了！你要是看到他，记得通知我们一声啊！"对方的声音忽然提高了八度，好像恨不得把汪峰给生吞活剥了似的。

"什么？卷款潜逃了？"云飞闻言，心里感到一阵发凉，他简直不敢相信自己的耳朵，这怎么可能呢？

刹那间，汪峰那豁达的性格，大气的风范，在云飞脑海里如风起云涌般地跳了出来。大家一起面试，一起吃烧烤、喝啤酒的情景仍然历历在目。怎么突然之间，他就变成了卷款潜逃、不仁不义的小人了呢？这绝不可能！

人性本善的认知被云飞当作千古不变的真理，在他内心经过二十多年的沉淀，已经形成了根深蒂固的意识。

可在广州一再被骗的经历，终于让他对这个认知开始慢慢产生了怀疑，尤其是在叶爽骗钱出走之后，云飞对这一认知的信心已经变得极其脆弱。现在，汪峰的行为几乎冲垮了他心理的最后一道防线。

“有点意外吧？看来你真是不知道发生了什么事！这已经是一个多月前的事情了，我劝你忘记这个朋友吧，他没有你想象的那么善良！”说完，对方没等云飞反应，就冷冷地挂上了电话。

广州的最后一个朋友跑路了，这让云飞最后的一丝希望也破灭了。他无精打采地回到家，呆若木鸡地躺在床上，脑子里闪现的全是汪峰的影子。

他无论如何也不相信汪峰是这样的人，可电话里他朋友那最后一句对云飞的忠告，就像一句魔咒似的，一直在云飞的耳边环绕，久久不能散去：“忘记这个朋友吧，他没有你想象的那么善良……忘记这个朋友吧，他没有你想象的那么善良！”

“为什么在广州交的朋友，就没一个能靠得住呢？”云飞自言自语地喃喃道，他真是彻底地心凉了。人与人之间的基本信任，在他心中也彻底崩塌了。

时间不会因为你心情的好坏而停滞，生活更不会因为你抱怨的多少而改变。成功是因为选择了正确的方向并不断努力，失败则是因为寻找了太多的借口，却没有看清自我。这就是云飞来广州最大的体会与收获。

日子就像有起有落的潮水，时而波涛汹涌，时而波澜不惊。让人时而感到恐惧无助，时而又感到平淡无奇。

在福州的每一天都过得惊心动魄，可在广州的日子又显得过于沉闷无聊。这两种生活可谓是人世间两种难以忍受的极端状态，但如果人生只能二选一，你宁愿选择哪一种呢？

云飞的工作还是没有着落，可时间却丝毫没有停慢它的脚步。转眼到了元旦，在这座无亲无故的城市，云飞必须学会如何一个人寂寞独处。这或许将成为他人生中最孤单的一个元旦，但也尤为值得纪念。

云飞买了瓶啤酒和一些小吃，算是为自己置办的“年货”。虽然他平时并不喝酒，但在这个举家团聚的日子，他除了对酒当歌一醉解千愁，又能如何呢？

云飞尝了一口略带苦涩的啤酒，不由得皱了皱眉头。此时，酒味的苦涩，与他内心的感受或许是如出一辙。

忽然间，五朵金花的嬉闹声，婉清与阿冰的欢笑声，还有紫嫣与钱编辑的调侃声又混杂在一起跳了出来。它们在云飞的心头缠绕回荡，久久不能散去。仿佛那些早已远去的往事，一下子又变得清晰可见，就像一面历史的镜子让人回味无穷。虽然一切都历历在目，却又如雾里看花触不可及。

云飞闭上眼睛仔细回味了一番，再睁开眼时，看到眼前凄凉的情景，不由得感到一阵心酸。想不到，拼搏了大半年，到头来陪伴他过元旦的，除了遍体鳞伤的梦想，就只有这间不足十平方米的小黑屋。这里不但没有一点过年的气氛，而且除了寂静，就是寂寞与无奈。

正当云飞郁郁寡欢，思悲伤而兴感叹之时。忽然，一声清脆的鸣叫声打破了这份寂静。云飞定睛一看，竟然是他久违的 call 机发出了新年的欢叫声。

云飞不由得闻声一震，他心中暗自激动：“难道，在这个形影相吊的孤城之中，竟然还有一个被我忽略，而在默默关心我的人吗？”

想到这里，云飞迫不及待地冲向了楼下的电话厅。他急于想知道，在这个亲人聚首的跨年夜里，还有谁会惦记着他这颗被遗忘在城市角落的孤独的心。

第五十九章　后来竟有无穷事，不觉已是局外人

在一个幽静的咖啡厅里，一个四十多岁的中年男人端坐在云飞的对面。看上去，两人聊得兴致勃勃，颇有一见如故，抑或是相见恨晚之感。

尽管那个男人的声音有点嘶哑，脸上的表情也并不是很丰富，但似乎并不影响他们全情投入的和谐氛围。

“郭师傅，这都快过年了，公司怎么还把你大老远地从福州调过来啊？”原来，这个在元旦仍然惦记着云飞的人，正是同为天涯沦落人的郭师傅。

“唉！我们这些小角色，那就是革命的一块砖，哪里需要哪里搬嘛！”

“你可不是小角色，公司是不是出什么大事了？年底把你调过来，一定不同寻常啊！”云飞猜测道。

“呵呵！看来你在公司也算没白待，多少还是学到了点儿皮毛！”

“就算是吧，那你也是功不可没啊！对了，公司到底出什么大事了，快说来听听？”显然，云飞虽然已经离开了欧施克，但他对自己离开后福州办后续发展的情况，依然是兴趣十足。

郭师傅见云飞的胃口已经被吊起来了，于是卖了个关子问道：“你有没有想过，你的离开并不是一个意外，而是人家一早布好的局？”

其实，刘经理想逼云飞走，这是瞎子都能看出来的事。可是，如果把这说成是刘经理一早布好的局，云飞就有点想不明白了。

看着一脸迷茫的云飞，郭师傅叹了口气说道：“唉！你倒现在还不明白？他当时放权给你，就是在布局啊！”

“这话怎么讲，我还是不太明白！”云飞摇摇头道。

“大王刚进公司没多久，这么快就接到一个如此之大的项目，你不觉得奇怪吗？以陈总的经验在福州做了这么久都没做到的事，他一个新进来的业务员又怎么可能做到，难道你就从来都没有怀疑过吗？”郭师傅提示性地问道。

“这……我还真没想过！我一直觉得大王销售经验丰富，他又是本地人，有些人脉也很正常，再加上运气好点，碰到个大单也不足为奇啊！”

郭师傅闻言，摇摇头说道：“不要说他的经验和人脉无法跟陈总相比，就算他

有足够的经验和人脉，但隔行如隔山，大王以前根本不是做我们这行的，他要想接单这么大的工程，也总需要点时间吧？”

“那倒是！难道大王是在骗我们？为了证明自己的能力，这个项目是他虚报的？”云飞忽然大有茅塞顿开之感。

云飞自以为猜到了重点，却见郭师傅仍然失望地摇摇头说道：“大王可没这个胆子，你别总往大王身上想啊！你应该多想想刘经理，这么大的工程要是被你们轻易搞定了，那他的面子往哪搁啊？更何况，这里面涉及的利益巨大，以刘经理的性格，眼看到嘴的肥肉，他会这么好心交给你们跟？”

“是啊！我怎么没想到这一点，这的确不是刘经理的性格！”

见云飞终于有所觉悟了，郭师傅继续说道：“如果这个项目真的存在，都到临门一脚的时刻了，经销商还不找刘经理要点扶持政策？还会整天跟大王这样一个业务员纠缠在一起？这合理吗？”

“这……确实是啊！这里的利益关系重大，非普通业务员所能把控，我当时怎么就一点都没想过这些问题呢？”

此时细想起来，当初的安排真可谓是漏洞百出。可云飞还是轻易就被刘经理布的局蒙蔽了双眼，不但没对他产生些许的怀疑和警惕，反而还对他的信任与放手感恩戴德。甚至，还一度对自己以小人之心度君子之腹的狭隘心胸，而感到惭愧。现在想想，简直是可笑之极，也说明自己还是火候未到啊！

“你还记不记得，我当时就跟你说可能要出大事了，让你万事小心？”

“我当然记得！当时我还问你要出什么大事了，可你最终也没有给我指明道路啊！”云飞略带责怪地说道。

郭师傅闻言，长叹一声说道：“唉！当时我无凭无据，也只是凭感觉瞎猜而已。你们的业务情况我又不了解，怎么能跟你乱说呢？况且，他若有心算计你，恐怕就算你躲了初一，也躲不过十五，始终是在劫难逃啊！”

“那刘经理费尽心机逼走我，他到底有什么惊天计划啊？”

郭师傅并没有急着回答云飞的问题，而是悠闲地端起咖啡，慢慢地品了一口。然后他微闭上眼睛，似乎是在细细地品味着其中的滋味。却不知，他到底是在品味咖啡的浓香，还是在回味刘经理那老谋深算的妙招。

云飞也不去打扰，他想让郭师傅尽情去回味，这样讲出来的故事才更加生动，也更有味道。

过了一小会儿，郭师傅终于睁开了眼睛，他好像过足了瘾似的继续说道：“其实，大王那单项目根本就没戏。大王也没胆子虚报，这全是刘经理凭空捏造出来的！”

“什么，那单项目是刘经理捏造出来的？不可能，整件事他都没有出现，他怎么捏造啊？”

看着云飞那一脸迷茫的样子，郭师傅似乎很是享受。他想要吊足云飞的胃口，所以故意咳了两声才继续说道：“要不怎么说刘经理城府深呢？他当然不会自己去捏造一个项目出来，这样做他的风险太大了，他是利用经销商去充当马前卒的！”

“你的意思是说，这个项目是刘经理让经销商捏造出来的，可为什么啊？”直到此时，云飞还是有些疑惑不解。

“你问的还真天真，当然是为了利益，难道是因为刘经理长得帅啊？”

“利益？什么利益啊？郭师傅，你就别考我了，一口气给我讲完行不行啊？”

郭师傅听云飞这么说，立刻把脸一沉说道：“没劲！做销售不动脑筋，还做什么销售啊？刘经理和经销商之间的具体秘密，我当然不得而知了，但是可以推测嘛！你想想，经销商为什么愿意跟他同流合污，还愿意冒天下之大不韪，替他效犬马之劳？那必然是刘经理许诺了经销商，某种足够吸引的利益啊！”

“那他费这么大劲布这个局，跟我有什么关系啊？他看我不顺眼，炒掉我不就行了吗？”

郭师傅闻言，瞪了云飞一眼：“唉！看来你离开是对的，你怎么到现在还不明白？你摆明是卢总派来监视他的卧底，他怎么敢随便拔掉卢总插在他眼里的这根眼中钉呢？只有你自己主动辞职，他才能顺水推舟地跟卢总交代过去啊！这种心照不宣的事，不到万不得已，那层窗户纸是不会捅破的！”

听郭师傅随口就说出了自己“卧底”的身份，云飞真有点不好意思。他本以为这是他跟卢总之间唯一天机不可泄露的机密，却想不到，原来全世界的人都早已知道了，只有他自己还是糊里糊涂的。

而且细想起来，云飞也根本配不上如此称号。因为，他压根也没肩负起这个光荣使命。或许卢总没有对云飞的走做任何挽留，也正是因为对他不进职进责的表现颇感失望吧！

为了减少自己卧底身份被戳穿的尴尬，云飞接着问道：“那刘经理干吗不把那单假项目，直接丢给我来跟进？这样项目丢了我就负有直接不可推卸的责任，逼我走不就更加顺理成章了吗？”

“福州的客户大部分都是你开发的，你也最熟悉市场。如果这单假项目直接给你跟进，会增加刘经理的不确定性。假如你从其他渠道打听到信息，他存在穿帮的风险。但丢给大王跟进就不同了，大王自我表现的欲望强烈，他的戒心会像一道防火墙，把你和这个项目隔离开来。这样刘经理就可以轻松控制项目的节奏，在需要赶你走的时候，他只要随时按下项目的暂停键，给你安个欲加之罪就可以了！”

“原来是这样！看来刘经理真的很了解我，他明知我不会跟大王去争，却故意让我去协助大王，果然是老谋深算！”

“螳螂捕蝉黄雀在后，要说老谋深算，那还得说你们卢总啊！”

“哦？此话怎讲？”

显然，郭师傅的话引起了云飞更大的兴趣。现在卢总不再是他的领导了，脱离苦海的云飞，当然很想见识一下魔高一尺，道高一丈的“土匪”，究竟有什么更厉害的撒手锏，能让心思缜密的冷面杀手刘经理成为他的瓮中之鳖。

见云飞兴致盎然，郭师傅也不愿扫云飞的兴，于是他又品了一口咖啡，这才娓娓道来。

原来，给大王介绍项目的那个经销商，根本就不是大王凭自己本事开发出来的，而是刘经理故意安排好，带着“大项目”主动找上门来的。

大王自以为是天上掉馅饼捡了个大便宜，因此藏着掖着，对谁都不敢说起这单项目的来龙去脉。可他做梦也想不到，这竟然是刘经理煞费苦心布的一个局，目的就是顺理成章地干掉他和云飞。而他在这个局里的角色，不过是刘经理手中那个可以随时被按下的暂停键。

而刘经理所谓要向总部有个交代的言辞，不过是他逼云飞主动辞职的借口而已。项目根本就子虚乌有，他又怎么敢上报给总部呢？

刘经理当初之所以把办事处交给云飞打理，一方面是为了博得云飞的信任，让他放松警惕。另一方面，就是准备在关键时刻抓云飞出来帮他背黑锅。但更重要的，还是为了能让他自己抽身出来，在有限的时间里，把手上抄的单尽快做个了结。

俗话说，马无夜草不肥，人无外财不富。刘经理知道自己在欧施克的时日不

多，所以终于决定铤而走险，在离开之前放手一搏。

但云飞的存在，让刘经理总觉得好像卢总安插了一双眼睛在他身边，让他如芒刺在背，惶惶不可终日。

所以，刘经理为了拔掉云飞这个眼中钉，才煞费苦心布了这个局。只是云飞实在是委屈，他有幸成为卢总与刘经理矛盾的产物，却还是逃脱不了变成他们斗争下牺牲品的命运。

云飞知道事情的来龙去脉之后，终于松了口气。虽然他为自己在一场别人的斗争中，受到殃及池鱼的不白之冤而感到委屈，却也为自己能及时逃离苦海而暗自庆幸。这个江湖本就不属于他，没有泥足深陷，对他来讲也未必是件坏事。

想到这里，云飞深有感触地说道："真是人情似纸张张薄，世事如棋局局新啊！郭师傅，既然你知道得这么清楚，看来公司必然是已经找到证据了吧？"

想当初，卢总调刘经理去福州时，早就对他心怀不满。卢总想对刘经理下手，这一点云飞是知道的。只是卢总到底是怎么神机妙算，又是具体怎么布的局，他到现在还一直蒙在鼓里。

郭师傅闻言，脸上露出一丝得意的笑容说道："那当然了！刘经理城府这么深，要不是你们卢总技高一筹，想抓住他的把柄还真不容易！"

原来，刘经理自以为通过利益诱惑搞定了那个经销商，一切就可以按照他的剧本往下演绎了。但他做梦也没想到，卢总早就为这个客户写下了另外一套剧本。

刘经理利用经销商放假项目出来，先控制了大王进而逼走云飞，这招引蛇出洞，瞒天过海，不可谓不高明。

但刘经理万万没想到，这个被他搞定的经销商，竟是卢总一手安排，准备放长线调他上钩的鱼饵。刘经理天衣无缝的计划，最终却变成了他人赃并获的证据，真是聪明反被聪明误啊！

所以世事难料，太精于算计未必是件好事。当别人是你眼中的鱼饵时，你又何尝不是别人眼中砧板上的鱼肉呢？

两人难得一见，此时云飞又已经离开了公司，所以郭师傅说话更加肆无忌惮。晚上，云飞又请郭师傅喝了顿小酒，一直到很晚两人才带着几分醉意，互相告别而去。

从此，云飞与郭师傅再没有见过面。那天晚上他们俩聊的那些往事，就像一部江湖不灭的传奇，永远地刻在了云飞的心里……

转眼便到了春运期，返乡大军犹如八仙过海，各显神通。每个人都使出了浑身解数，不管多辛苦，他们共同的目的都只有一个，那就是回家团圆。

向南终于在年底被公司派回广州前来述职，与云飞再次相见，两人都有一种世事无常、人生莫测之感。

历尽千辛万苦，云飞终于用高价从票贩子手里，幸运地买到了两张回家的车票。在回家的前一晚，他和向南在城中村里一家最廉价的卡拉OK厅，疯狂地吼了一个晚上。

他们需要把这一年积压在心里的各种情感，好好地发泄出来。唱出这一年的孤独、寂寞、委屈和遗憾。

春节前后，广州也变得阴冷起来。但穿着丝袜短裙、风雨无阻的女孩子依然随处可见。也许，回家的热情让她们变得无所畏惧。

云飞和向南终于踏上了回家的路，承载着大半年来的酸甜苦辣、爱恨情仇，他们驶向了那个出发的地方。云飞始终坚信，今天所承受的一切苦累，都是对明天成功最美丽的注脚。只要心不死，终有出头日。

火车站千军万马的震撼场面，比他们来的时候更加恐怖百倍。从桥上到地下，从站台到广场，全是密密麻麻的人。全副武装的武警表情严肃，如临大敌般地观察着每一个角落，甚至每一个人群。

也只有亲身经历过这种“乾坤大挪移”的人，才能感受到它规模的宏大，和在外打工的人对回家的向往。因为，亲人的感召是任何力量都不可阻挡的。

这真是：乾坤挪移百万师，风霜不改少年志。一归故里一年轮，儿女思亲恐归迟。

第六十章　冰雪封心归故里，笑望他年马蹄疾

好不容易跟着人流进了站，等挪到熙熙攘攘的候车室时，那里早已人满为患。连一排排长条的候车椅之间都挤满了人。不要说坐了，就是想找个下脚的地方站着，都不是件容易的事。

云飞和向南提着行李挤在人群之中，任他们是两个年轻力壮的小伙子，也还是被挤得像丢盔弃甲的逃兵。出门时塞在裤子里整齐的衬衣，此时也被挤得歪七扭八、浑身是褶了。

向南一边往前挪，一边对云飞调侃道："真是来时不易回更难啊！终于要回家了，你现在是什么心情？"

"复杂！"云飞心不在焉地答道。不过，这也确实是他现在内心的真实感受。

"这算回答吗？"

"唉……"云飞叹了口气，正想发表点什么感慨，却忽然像发现了什么宝贝似的，两眼一动不动地盯着眼前脚下不远的地方呆住了。

"怎么了？"向南顺着云飞眼神所及的方向望去，却发现地上掉着一个女孩子书包上的挂饰，不由得有点诧异。

"你什么时候开始对女孩子的东西感兴趣了？"向南调侃地问道。

要是搁在平时，云飞早就反唇相讥了。可今天，他却一反常态地完全没有理会向南。而是一把捡起那个挂饰，转头在人群中不断地搜索起来。就像一部扫描仪，三百六十度无死角地观察着每一个人的表情。

"这是婉清书包上的挂饰，婉清一定就在附近！"云飞一边焦急地四处张望，一边肯定地说道。

"这种挂饰满大街都有，任何人在任何地方都可能买到，你别疑神疑鬼的了！"

"不是！这里……你看到没有？这里碰掉了一点儿，这是我有一次帮她拿书包时不小心碰掉的，一定不会错的！"云飞指着挂饰上有损伤的地方肯定地说道。

看着云飞那认真的样子，向南也开始有点相信了。于是，向南也开始四处张望，万一是真的呢？他当然也希望能再见婉清一面，他更希望能有机会与阿冰也

重归于好。

“不行，我一定要找到她！你帮我看着行李，如果上车时还没见到我，你就带着行李自己先上去！”说完，云飞不等向南反应，就消失在了拥挤的人群之中。

云飞在乱糟糟的人群中，一边呼唤着婉清的名字，一边焦急地东张西望。他生怕因为自己的疏忽，错过了此生可能唯一与婉清重逢的机会。至少，他也要问个清楚，至少他也要知道婉清现在过得怎么样。

那个挂饰肯定就是一种冥冥中的指引！否则，这么一个不起眼的小东西，怎么可能在成千上万的密集人群中偏偏被云飞看到呢？云飞忽然无比坚信地认为，这绝不是巧合，也许这就是上天赐给他们再次重逢的最后机会。

候车室内，不时有开始检票的站口对旅客放行，每当此时云飞便拼命挤过去，死死地把每个人都扫描一遍。他绝不允许任何一个可能的机会，在自己眼皮底下消失，但每一次等来的都是毫无例外的失望。

云飞和向南所乘坐的火车终于开始检票了，向南提着两个人的行李，艰难地跟着人群缓步前行。他不时地左顾右盼，真怕云飞走得太远赶不及回来。

向南终于找到了他们的座位，他安置好两人的行李后，便趴在窗口上向外不停地张望。可眼见列车就要启动了，还是没见到云飞的影子，向南此刻真是心急如焚。

这时，火车“轰隆”一声，抖动了一下它那老态龙钟却又巨硕无比的身躯。似乎是在提醒大家，这条沉睡的巨龙已经苏醒，它即将龙腾四海，一飞冲天，承载着成千上万个、千里迢迢回家过年的感人故事，踏上漫漫归途。

而向南在焦虑的等待中，始终没见到云飞的身影。随着一声长鸣，火车抖动着身体，终于徐徐启动了。

站台上的风景开始慢慢向后移动，接着便越来越快，直到外面的物体已经快得连成一条线再也看不清楚，向南才失望地一屁股坐在卧铺上，长长地叹了口气，他说不出现在是一种怎样的心情。

想当初七个人众志成城、排除万难一起来闯广州，那是何等的豪迈？可现在返程的车厢里，只剩下他孑身一人，谁能料到故事的结局竟会如此伤感？

“向南！”

就在向南静静发呆的时候，他忽然听到有个熟悉的声音在耳边响起，他不由得抬头望去，发现竟然是云飞。

“原来你赶上了！”向南兴奋地说道。

“嗯！眼看来不及了，我就从前面的车厢先上车了！”云飞点点头，无精打采地坐了下来。

“婉清……没找到吧？”

云飞并没有回答向南的问题，只是失望地摇了摇头。

火车一路向北方行驶越走越冷，尤其是入夜之后寒意渐浓。让云飞和向南终于找回了那种被他们久已淡忘的寒冬的感觉。在广州这大半年，他们整年都被烈日围绕，几乎已经忘了冬天的感觉。

云飞和向南都穿着厚厚的羽绒裹在被子里，但仍然被冻得缩成一团。这是一个无比漫长的夜，不但天冷而且心寒。

就这样，在半睡半醒的交替中，当云飞再次睁开眼睛的时候，他忽然感到一种很久不曾有过的激动。原来外面下雪了，苍茫的天地间，变成一片白茫茫的北国风光，竟是如此的壮丽秀美，简直就像一卷锦缎，甚至美得令人感动。

青山、绿水、花木、房屋、铁轨，一夜之间都隐藏得无影无踪。只有偶尔的一两只飞鸟经过，才让人陡然清醒，这如画的美景，竟非墨笔丹青。

雪，是北方特有的产物，也寄托着北方人一种特殊的情感。云飞甚至连自己都不明白，为什么会突然之间有一种按捺不住的兴奋，他索性拿出笔来对景抒情，一气呵成地写下了一首《咏雪》：

窗映鱼肚白，疑是三更来。乍闻鸟啼鸣，心喜卷帘开。天地浩瀚在，只是妆颜改。冰清无瑕疵，万里裹素白。提笔可山水，刺绣花常开。天地如锦卷，何忍着墨哉。冥思卷中行，欲语词又衰。寒风拂衣带，人醒卷轴外。

云飞一口气写完这首长诗后，他长长地吁了口气，似有一种如释重负之感。看着窗外白衣素裹的苍茫大地，他的内心忽然觉得豁然开朗。

火车开始拐弯了，云飞猛然看到前面的绿皮车厢，似乎已经颇为陈旧，甚至已经有些褪色。在电视里，他不止一次地看到日本新干线高速列车，以惊人的速度在富士山前呼啸而过的场景，那画面每每都令他羡慕不已。

“不知道哪一天，中国才能有自己的高速列车啊！”云飞不禁感叹地自言自语道。

和所有中国人一样，那个时候云飞根本不敢想象，跨入二十一世纪后，中国竟然会成为世界上高铁最发达的国家。并且是一骑绝尘，令其他国家都望尘莫及。

可一九九九年的中国，云飞不得不蜷缩在破旧的绿皮车厢里，以高不可攀的羡慕眼神去仰望日本新干线，以壮怀激烈的心情去憧憬祖国的新未来。

面对近四十个小时的车程，简直无法想象那些硬座车厢里的人，是如何挺过这漫长的一天两夜的。

眼看就要到太原了，云飞的心情忽然变得激动起来。第一次离开这个孕育自己长大的城市，第一次离开跟自己形影不离的父母亲人，第一次千里迢迢独闯一个充满神秘色彩的国际都市。如今又回到了她的怀抱，内心却是一种五味杂陈、说不清道不明的感觉。

云飞终于回到了久违的家乡，这个充满了儿时记忆，他曾经熟悉得不能再熟悉的地方，却不知为什么竟忽然有一种奇怪的陌生感。就像当初两眼一抹黑，刚刚来到广州的时候一样，一切都显得生疏和不适应。

亲朋好友都希望从云飞身上，揭开广州遥远而神秘的面纱。所以，云飞的每每出现，就会像个稀有的天外来客，被好奇的地球人重重包围。

那些包括极度隐私在内的，千奇百怪的问题常常令他尴尬得无言以对，所以这更加坚定了云飞要尽快逃离这个城市的决心。

云飞忽然清醒地发现，他已经不再属于这个世界。尽管广州的生活孤独苦闷，可他的心似乎已经在那片土壤偷偷扎下了根。

正月十五一过，云飞便迫不及待地再次踏上了去广州的征程。尽管那里没有任何期待，等待他的只有冷酷无情的角逐，和那间不见天日的“小黑屋”，以及他那没有完成的梦想。

回到棠下熟悉的小屋，刚打开那尘封了近一个月的房门，一股刺鼻的霉味儿便迎面扑鼻而来。

春节前后是回南天的高发季节，也是广州一年中最难熬的时间。阴暗潮湿的房子里，每天都像被水洗过一样，地下是湿的，墙上是湿的，楼梯也是湿的，就连被子也有一种永远都晒不干的潮湿感。对北方人来讲，适应这样的环境绝对是个不小的挑战。

在通风和大扫除之后，这间“小黑屋”终于又恢复了一点点“家”的气息。过年震耳欲聋的鞭炮声依旧在耳边此起彼伏，亲朋好友的喧闹声浮现在眼前，也仍历历在目。游走在各种应酬之间，让云飞几乎头疼欲裂。现在忽然一下子清静下来，巨大的反差又的确让他一时有点不太适应。

向南按照公司的指示，被直接派往外省的办事处了。现在广州只剩下云飞，一切将回到起点重新开始。令云飞聊以自慰的是，此时的经济状况已不再像从前那般窘迫。

时间就像在与云飞赛跑，不给他留下一丝喘息的机会。转眼一个月就过去了，可工作的事还是一筹莫展。沉闷的生活让云飞如坐针毡，也让他开始渐渐变得颓废起来。

直到有一天，一个偶然的机会，云飞在人才市场认识了一个在校的女大学生——夏雨婷。

雨婷是广州一所专科院校的大三学生，即将面临毕业的她，也如云飞一样深深感受到了竞争的压力，早早地便开始未雨绸缪了。

只是，在广州读书三年，雨婷除了能听得懂广州话，人长得还比较出众之外，似乎也找不到什么其他更明显的优势了。

作为“过来人”，云飞终于在雨婷身上找到了一些优越感。他毫不吝啬地向雨婷讲述了自己在广州所经历的各种失败与教训，让雨婷引以为戒，避免重蹈覆辙。当然，云飞也因此得到了回报，那就是他终于找到了一个新的红颜知己。

雨婷的出现，让云飞茕茕孑立、形影相吊的一人世界，立刻增添了不少的光彩。美中不足的是，雨婷的学校距离市区很远。所以，两人也不是随心所欲，想见面就能见的。

但这反而让云飞在这个城市有了一个牵挂，有牵挂便会有寄托，有寄托的生活也便有了希望。

也许是雨婷的出现给云飞带来了好运，也许是云飞不懈的努力终于感动了上天，又或许是云飞在福州那段不寻常的江湖经历，让他在不知不觉的潜移默化中，发生了翻天覆地的变化。

在经过多次的失败后，云飞终于如愿以偿地成功应聘进了一家中文译名叫“川奇”的外资企业。而且，这家公司还是行业里的龙头企业。

第一次能进入跨国公司，云飞的心里激动得一晚上几乎都睡不着觉。想想终于算是混出头了，云飞又是欣慰又是感慨。不管怎么说，皇天不负有心人，云飞终于得到了他应有的回报。

如果婉清要是现在还在广州那就好了，当初他对婉清说过，希望婉清能给他半年的时间让他出去闯荡。如今可以兑现诺言了，可惜事过境迁，婉清已经从他的世界里永远地消失了。

时至今日，云飞也不能确定他当初的选择到底是对还是错。得与失往往就像一个硬币的正反面，永远都不可能兼得。

虽然整夜的失眠让云飞感觉有点头痛，但去大公司上班的激动和诱惑，还是让他第二天起了个大早。挤在上班高峰的人群之中，云飞终于觉得他融入了这座城市。

跨国公司就是不一样，办公室都在商业中心的甲级写字楼里。这里进进出出的都是高学历、高收入、高颜值的俊男美女。就算你是一不小心偶然混进这支高大上的队伍里的，你也会立刻觉得信心爆棚，有一种前途无量之感。

云飞今天是第一个到达公司的，站在走廊透过明净的落地玻璃门，看到前台醒目的公司标志，不知为什么，云飞有一种很强烈的归属感。仿佛他寻寻觅觅，兜兜转转了一年，冥冥中注定等待他的就是这家公司。

当云飞正沉浸在回忆的旋涡中，畅想着打开这扇门之后，他即将面对的工作和未来将会怎样的一幅情景时，云飞忽然听到一阵杂乱而急促的脚步声，由远及近匆匆而至。他连忙抬头向远方望去，只见走廊的尽头有一个娇小的身影，正急匆匆地向这边跑来。

清脆的高跟鞋声在寂静的走廊里显得格外刺耳，云飞不由得暗自皱了皱眉头，他心想："这女孩这么急着赶来开门，八成应该是个前台。但这个前台似乎远没有阿冰和紫嫣那样的个头和身材，想不到一向自诩高标准的外企，竟然如此不注重公司的对外形象。要么就是这个女孩儿必有超凡的能力……"

云飞的思绪还没有来得及停息下来，那女孩转眼便已经来到了云飞的眼前。只见她客气地说道："不好意思啊，星期一太塞车了，让你久等了！我是华南区负责行政的 Abby，你是新同事吧？"

"是的！我叫马云飞，英文名叫 Arthur，今天第一天来报到！"云飞微微一笑，也客气地答道。

外企里面喜欢称呼英文名，以至于大家叫久了，甚至都会忘记彼此的中文名叫什么。好在云飞在大学里有自己的英文名，所以，以后他将被大家习惯地称呼为 Arthur。而从这一天开始，云飞这个名字，也将在江湖上越来越不为人所熟知了。

两人边说边走进门，Abby一边打开灯，一边继续说道：“这两天我家里有事，刚好请假了。所以你来面试的时候没见到我，欢迎你的加入，我们现在可是正缺人手呢！”

“哦……是吗？”云飞闻言不由得愣了一下。因为在他概念中，这样的大公司应聘者应该是趋之若鹜，怎么可能会缺人手呢？

云飞本以为进入大公司，他的梦想就可以从此展翅高飞。而他万万没想到，生活又跟他开了一个不大不小的玩笑。

这的确是一家世界级龙头企业，可云飞此时不曾想到，他所要面对的将是比欧施克更加残酷的现状。

更让他不敢想象的是，眼前这个看上去知书达理、贤良淑德的精灵女孩Abby，日后竟会掀起一场“腥风血雨”的惊涛骇浪。

如果说云飞之前的职场路，是游走在一场江湖下三流、旁门左道之间的尔虞我诈中。那么云飞未来的职场路，将面临穿梭于江湖上三流、名门正派之间的明争暗斗之中。

虽然格局显得高大上了一点，但手段的阴险隐蔽，比之在欧施克是有过之而无不及。有人的地方就会有利益，有利益的地方就会有斗争，有斗争的地方就会有恩怨，有恩怨的地方就会有江湖。

都市职场的竞争，是一条超乎想象并充满荆棘的艰辛之路，它考验的不光是你的经历与能力，还有你的耐力与定力。

其实，跨国公司远非云飞想象的那般纯洁美好，他真正的职场成长之路，由此才刚刚开始……